《圣经》文学阐释教程

刘意青　编著

《21世纪英语专业系列教材》编写委员会

(以姓氏笔画排序)

王守仁　王克非　申　丹
刘意青　李　力　胡壮麟
桂诗春　梅德明　程朝翔

总 序

北京大学出版社自2005年以来已出版《语言与应用语言学知识系列读本》多种，为了配合第十一个五年计划，现又策划陆续出版《21世纪英语专业系列教材》。这个重大举措势必受到英语专业广大教师和学生的欢迎。

作为英语教师，最让人揪心的莫过于听人说英语不是一个专业，只是一个工具。说这些话的领导和教师的用心是好的，为英语专业的毕业生将来找工作着想，因此要为英语专业的学生多多开设诸如新闻、法律、国际商务、经济、旅游等其他专业的课程。但事与愿违，英语专业的教师们很快发现，学生投入英语学习的时间少了，掌握英语专业课程知识甚微，即使对四个技能的掌握也并不比大学英语学生高明多少，而那个所谓的第二专业在有关专家的眼中只是学到些皮毛而已。

英语专业的路在何方？有没有其他路可走？这是需要我们英语专业教师思索的问题。中央领导关于创新是一个民族的灵魂和要培养创新人才等的指示精神，让我们在层层迷雾中找到了航向。显然，培养学生具有自主学习能力和能进行创造性思维是我们更为重要的战略目标，使英语专业的人才更能适应21世纪的需要，迎接21世纪的挑战。

如今，北京大学出版社外语部的领导和编辑同志们，也从教材出版的视角探索英语专业的教材问题，从而为贯彻英语专业教学大纲做些有益的工作，为教师们开设大纲中所规定的必修、选修课程提供各种教材。《21世纪英语专业系列教材》是普通高等教育"十一五"国家级规划教材和国家"十一五"重点出版规划项目《面向新世纪的立体化网络化英语学科建设丛书》的重要组成部分。这套系列教材要体现新世纪英语教学的自主化、协作化、模块化和超文本化，结合外语教材的具体情况，既要解决语言、教学内容、教学方法和教育技术的时代化，也要坚持弘扬以爱国主义为核心的民族精神。因此，今天北京大学出版社在大力提倡专业英语教学改革的基础上，编辑出版各种英语专业技能、英语专业知识和相关专业知识课程的教材，以培养具有创新性思维的和具有实际工作能力的学生，充分体现了时代精神。

北京大学出版社的远见卓识，也反映了英语专业广大师生盼望已久的心愿。由北京大学等全国几十所院校具体组织力量，积极编写相关教材。这就是说，这套教材是由一些高等院校有水平有经验的第一线教师们制定编写大纲，反复讨论，特别是考虑到在不同层次、不同背景学校之间取得平衡，避免了先前的教材或偏难或偏易的弊病。与此同时，一批知名专家教授参与策划和教材审定工作，保证了教材质量。

当然，这套系列教材出版只是初步实现了出版社和编者们的预期目标。为了获得更大效果，希望使用本系列教材的教师和同学不吝指教，及时将意见反馈给我们，使教材更加完善。

航道已经开通，我们有决心乘风破浪，奋勇前进！

胡壮麟

北京大学蓝旗营

前 言

自从 2004 年 6 月《〈圣经〉的文学阐释——理论与实践》问世和 2005 年 11 月该书再版以来，笔者得到了业内外许多学者和读者的鼓励，不少人认为把这个领域介绍到国内有很大意义，因为在非宗教范围内细读《圣经》文本，用现当代多种文学理论和阐释手段对《圣经》的叙事做解读，加深了我们对这部经典著作的文学价值的了解，大有耳目一新的感觉。在各种肯定的反馈之外，也有一些读者感觉该书中只列举了 12 则故事为例，分量少了一些。他们希望能够读到更多故事的阐释。鉴于《〈圣经〉的文学阐释——理论与实践》的专著性质，笔者无法对该书做大幅度增补，北京大学出版社的相关负责人便提出是否能够重新做一本这方面的书，这次把它编写成教程，以故事阐释为主，配以适当的讨论题目，便于各高校的文学系科采用。实际上，在美国，自上个世纪 80 年代这一学科发展得如火如荼以来，不但几乎所有大学都设置了这类课程，而且有不少类似教程的《圣经》导读书籍出版。因此，在我国出版一部《圣经》的文学阐释教程也是在这方面与西方接轨的努力，并且应该争取做得比一般导读更好。但因工作繁忙，对出版社的这个提议笔者始终下不了决心，一直拖到 2008 年暑假前才正式商定动工。然而真正动手之后，又感到有些后悔，因为工程并非想像得那么简单。就拿节选故事来说，有几则故事该如何处理着实煞费脑筋。而具体到每则故事的解读，即便近年来笔者一直在北大英语系开设这门研究生课程，对相关内容还是熟悉的，但牵涉到的工作量仍旧相当大，如事先需要尽量了解能找到的各家说法，再根据自己的理解给以评介，甚至表示异议。通过一年多的努力，目前这本《〈圣经〉文学阐释教程》终于完工了，希望它的出版能进一步推动我国高校外国文学的教学与研究工作。

下面介绍一下这部教程的体例和编写原则。

首先要说明的是，在内容方面这部教程解读的《圣经》故事以《旧约》为主。这不是笔者本人的独特做法，而是这个领域研究中的常见现象。这是由《新约》和《旧约》各自的文本特点和性质所决定的，因为《旧约》比《新约》的文类更丰富，文学性也更强。有的西方学者，如梅厄·斯腾伯格，在讨论《圣经》的文学性时基本只局限于《旧约》。为了给我国的学生和读者提供比较全面的《圣经》知识，笔者还是把《新约》包括在内了，尽

i

管从《新约》选来解读的故事相对少些,但只要有一定数量的范例,应该也就达到了目的。

具体来说,这部《〈圣经〉文学阐释教程》编入了《新·旧约》一共 30 则故事,尽量含括了《圣经》里除去律法、族谱、诗篇、雅歌、箴言、传道书、教会历史和保罗书信之外具备情节或故事内容的重要篇章。为了体例更加明确,笔者把《旧约》故事分成了四个单元:(1) 神话("创世记"中从上帝创世到巴别塔的故事);(2) 传奇("创世记"中从亚伯拉罕到约瑟的故事);(3) 历史(从摩西出埃及到所罗门王的故事)——它们构成了前三单元;(4)"路得记"、"以斯帖记"和"约伯记"被归为短篇小说和哲理故事,作为第四单元。《新约》故事主要根据文类分成了"福音"及"神迹和寓言比喻",列为第五、六两个单元。这种归类法,特别是把《旧约》分为神话、传奇和历史的做法,不是笔者的创造,而且也不是唯一的分法。笔者主要依据了戴维斯编写的《圣经文学导读》,①感觉这样划分有助于我们对《圣经》文本的整体把握。

关于节选的困难,主要牵涉了四个故事。它们是(1) 摩西的生平和业绩,(2) 参孙是怎样被捕和死去的,(3) 扫罗的业绩和他与大卫的争斗,还有(4) 约伯的故事。这几方面的内容不能缺少,因为这几个人物或是《圣经》中关键的领袖人物,或是文学和艺术中不断采用和描绘的对象,缺一就会造成这部教程整体上的零碎和偏颇感。但是摩西的故事牵涉从"出埃及记"到"申命记"的整整四卷书,不仅篇幅奇长无比,而且中间夹杂了许多神迹、律法、仪礼和族谱,很散乱。扫罗的一生从被撒母耳涂膏为王到战死,占据了"撒母耳上"和"撒母耳下"整整两卷书;参孙的故事在《圣经》里也不是连续讲述的,如果从他母亲受孕生他开始算起,篇幅也相当可观;而"约伯记"的长度令所有做这种教程的国外学者都望而生畏。笔者曾翻阅美国出的导读,他们处理上述几个故事的办法是:(1) 做一些删节,尽可能地在较短的篇幅里给出一个完整的叙述;(2) 或者不作为个人的故事来处理,比如摩西和扫罗的故事阐释往往变成总括地对整个的摩西五经或扫罗的悲剧经历做些概括评介。由于上述的第二种处理(即国外通常解决这一困难的办法),会造成摩西和扫罗的讨论同其他故事的文本阐释风格相左,思考再三,对摩西和扫罗,笔者决定在教程里只取他们漫长和丰富业绩的一部分来读,如"摩西受命"和"扫罗的衰亡"。这样选出的段子就变成类似"雅各异乡娶妻"或"所罗门断案"的相对独立的故事了。不过,在阐释过程中笔者还是特别注意了适当联系他们整个一生的经历。对"约伯记"这类相当长,但故事情节单薄并充满对话和重复的文本,笔者基本采用了上述的第一种删节办法处理,而且参照戴维斯的删节本子做了进一步节选。即便这样,节选后的"约伯记"文本段落仍旧很长,不但相当数量的删节号很刺

---

① 戴维斯(O. B. Davis)著《圣经文学导读》(*Introduction to Biblical Literature*. New Jersey:Hayden Book Company, Inc., 1976)。

眼，而且上下文常有连接不上的感觉。对这种无法全载，但又无法节选或选出独立故事的文本，我们不妨只把现在选编的删节文本看做是"约伯记"的一个替代符号，而真正解读该卷书时请读者务必参看《圣经》里的全文。对参孙的传奇经历，笔者重点分析他成年后的经历，但他出生的传奇也得到了关照。至于《新约》的故事，四部福音书实际是耶稣传记的不同版本，各有千秋。笔者没有只认同某一部，也没有从它们各自的宗教意义角度来考虑，而是以叙述详尽为主要标准从四部福音书里来选取。因篇幅所限，在耶稣的业绩和生平讲述中笔者也做了删节，删去的内容主要是神迹和训导。尽管节选遇到种种困难，笔者主观上是尽力了。肯定仍存在不少不当之处，为此笔者在这里向读者们道歉。

英文文本没有采用《钦定圣经》，因为它比较古老，而选择了读者普遍容易找到的《福音圣经：当今英文版本》。然而在做书的过程中发现这个本子因简略而与所用的中文版本，即中国基督教协会1998年于南京出版的《圣经》不能一字一句的对上，因此采用了加注释的办法提醒读者。中文文本的输入基本遵照了这本南京基督教协会的《圣经》译本。对这文本中的章节安排，比如有的时候节与节之间隔开一行，笔者就照搬过来。但有三点需做简单说明：(1)除了在所有的章和有些节与节之间隔开了一行，南京基督教协会译本在有些隔行处添加了中文小标题，以便利使用者把握中心内容；由于这些标题有内容提示作用，我也采用了。(2)中文中使用了着重点，但置放处常显得莫名其妙，甚至不成为一个完整的语法或词语单位，比如"创世记"中"我将青草赐给它们作食物"，"约伯记"中"善恶无分，都是一样"等等。这实际是因为中文译者严格按照了英文本(或甚至更早的希伯来、希腊和拉丁文本)里的标识来做的。这个教程就去掉了这些着重点。(3)译本按照原文在人名和地名下面都划了线，天使名字也都划下线，但是耶和华、耶稣和异教诸神名字例外。我们这里也是这样做的。但有趣的是，在这个本子里，天使变魔鬼的撒旦却被给予了等同耶和华和耶稣的不划下线的地位。

有关正文和附录里出现的《圣经》中人名、地名、事件和组织名称，以及各卷正经和次经的名称的译法，很难完全沿用一个体系。这是由于《圣经》成书坎坷、翻译过程特别复杂、不同教会派别又各有所持意见，以及中文翻译有不同时代版本的影响等因素而造成的。在这部教程里，笔者所选用的中文译名基本来自(1)中国基督教协会1998年于南京出版的《圣经》，(2)许鼎新先生的《希伯来民族简史》和(3)文庸先生的《圣经蠡测》，还参考了白云晓编著的《〈圣经〉地名词典》、《〈圣经〉人名词典》和《〈圣经〉语汇词典》。但这些来源的译名在许多情况下也有很大的出入，好在这个问题不会影响文学阐释之主要目的。

关于使用的意见，这部教程可用于本科和研究生课程。如果用于研究生教学，则应要求学生去读许多这一领域的其他著作，书后所提供的参考书目可以引导学生进行更深入和宽泛的研读。另外，这门课程虽然内容是《圣经》，但它对学生进行的却是跨学科的训练，因为《圣经》的文学阐释作为一门研究学科，从一开始就同后现代文论的产生紧密地联系在一起，它着重揭示《圣经》文本的深刻内涵和不可穷尽性。因此，在教学中一定要结合教程内容教授各种文论的基本知识和解读手段，特别是叙事理论、文化批评和细读文本的技巧，并鼓励学生自学，提倡他们在阐释《圣经》文本时要有自己的观点，而且还要勇于评论那些西方权威学者读《圣经》文本的意见。

书后的教辅资料基本采用了笔者前面出版的《〈圣经〉的文学阐释——理论与实践》中历史和文本历史的一些内容，为了便利使用者对背景资料的需求附加在本教程后面。由于在30个故事阐释中已经涉及了这个领域里主要专家学者们的见解和成果，因此在教辅资料里关于《圣经》文学性研究的介绍就没有完全沿用《〈圣经〉的文学阐释——理论与实践》一书第三章对这方面成就的管窥，而是更简略地介绍了各个主要派别。如需较系统的析介，可参看该专著第三章、还有那部书"前言"中关于这个新领域产生过程和"后记"中关于文学阐释发展的介绍内容。

早在19世纪的英国，著名思想家、教育家和文人马修·阿诺德就曾提倡在大学里开设非宗教目的的《圣经》课程，并把设置这一课程看成是规范英国和西方文化的一个重要举措。随着《圣经》文学阐释的蓬勃开展，20世纪80年代以来的西方已基本做到了阿诺德一百多年前提出的设想。在中国，《圣经》研究近年来也取得了前所未有的成绩，然而，过去的分析和《圣经》研究多是《圣经》在西方文化、文学和艺术等方面的影响，或是《圣经》的宗教、社会和历史研究。尽管我国这些方面的出版物质量越来越好，深度和准确度都大有进步，但上述的诸多研究，除了教会的宗教阐释外，绝大多数仍旧是外化的研究，没有真正进入文本。尤其是关于《圣经》的文学和文化影响的出版物更是在功不可没的前提下，给人以绕着《圣经》来说的感觉。有一位业内学者说得好，这类著作就好像把《圣经》一会挂在苹果树上，一会挂在桃树上来看相关性，而不进入文本自身。而即将问世的这部《〈圣经〉文学阐释教程》所介绍的对《圣经》的文学阐释恰恰改变了停留于外围研讨的做法。笔者希望这部教程的出版能推动《圣经》作为文学文本进入课堂，能使这门课程在我国高校中逐渐普遍起来。

最后要说明的是，由于这部教程的故事阐释中除了借鉴国外学者的内容外，有不少是笔者自己的看法，难免有以不信教者和现当代视角来评判他者，评判古代文化、思想和宗教的片面地方。为此，特别希望得到多方指正和宝贵建议。

刘意青
2009年夏
完稿于新疆石河子，定稿于法国

目　录

第一部分　《圣经》故事的文学阐释

单元一　《旧约》：神话 …………………………………………… 3
　故事一　开天辟地 ………………………………………………… 4
　故事二　失乐园 …………………………………………………… 14
　故事三　该隐杀弟 ………………………………………………… 22
　故事四　大洪水与挪亚方舟 ……………………………………… 29
　故事五　巴别塔 …………………………………………………… 38

单元二　《旧约》：传奇 …………………………………………… 43
　故事六　亚伯拉罕献祭以撒 ……………………………………… 44
　故事七　以撒迎娶利百加 ………………………………………… 50
　故事八　雅各异乡完婚 …………………………………………… 60
　故事九　底拿受辱 ………………………………………………… 68
　故事十　犹大和他玛 ……………………………………………… 78
　故事十一　约瑟和波提乏之妻 …………………………………… 85
　故事十二　购粮认亲 ……………………………………………… 91

单元三　《旧约》：历史 …………………………………………… 102
　故事十三　摩西受命 ……………………………………………… 103
　故事十四　西西拉之死 …………………………………………… 111
　故事十五　耶弗他和他的女儿 …………………………………… 117
　故事十六　力士参孙 ……………………………………………… 126
　故事十七　利未人和他的妾 ……………………………………… 137
　故事十八　扫罗的衰亡 …………………………………………… 146
　故事十九　大卫和米甲 …………………………………………… 159
　故事二十　大卫和拔示巴 ………………………………………… 166
　故事二十一　所罗门断案 ………………………………………… 176

1

单元四 《旧约》：短篇小说和哲理故事 ………………………… 182
　　故事二十二　路得记 ……………………………………………… 182
　　故事二十三　以斯帖记 …………………………………………… 194
　　故事二十四　约伯记 ……………………………………………… 210

单元五 《新约》：福音书 ………………………………………… 230
　　故事二十五　耶稣降生 …………………………………………… 233
　　故事二十六　耶稣遇难与复活 …………………………………… 242
　　故事二十七　伯大尼女人膏泼耶稣 ……………………………… 259

单元六 《新约》：神迹、寓言和寓言比喻 ……………………… 265
　　故事二十八　好心的撒玛利亚人 ………………………………… 266
　　故事二十九　浪子回头 …………………………………………… 274
　　故事三十　拉撒路死而复活 ……………………………………… 280

第二部分　教辅资料

第一章 《圣经》文学性研究介绍 ………………………………… 291
　（一）概述 …………………………………………………………… 291
　（二）俄尔巴赫：简约、含蓄的《圣经》文体 …………………… 293
　（三）艾尔特：《圣经》叙事的潜在关联 ………………………… 295
　（四）斯腾伯格：《圣经》叙事的意识形态研究 ………………… 298
　（五）弗莱：《圣经》的神话批评 ………………………………… 303
　（六）巴尔：《圣经》的女性主义批评视角 ……………………… 306
　（七）韩德尔曼：现当代多元文论之溯源 ………………………… 309

第二章 《圣经》背景知识介绍 …………………………………… 314
　一、历史概况 ………………………………………………………… 314
　　（一）希伯来历史、文化和地域背景简介 ……………………… 314
　　（二）耶稣和使徒们出现及活动的历史背景简介 ……………… 328
　二、《圣经》的成书过程和翻译史概况 …………………………… 337
　　（一）《旧约》/《希伯来圣经》的成书概况 …………………… 337
　　（二）《新约》的成书概况 ……………………………………… 341
　　（三）《圣经》的文学形式 ……………………………………… 347

（四）《圣经》的英语翻译历史简介 …………………………………… 350
　（五）次经和伪经问题 …………………………………………………… 353

教学参考书目 ……………………………………………………………… 355

附录

一、历史朝代与事件年表 …………………………………………………… 360
　1.《旧约》/《希伯来圣经》期间以色列和周边国家年表 ……………… 360
　2.《新约》"福音书"和"使徒行传"时期简单年表 …………………… 367

二、汉英对照表 ……………………………………………………………… 369
　1.《圣经》人名汉英对照表 ……………………………………………… 369
　2.《圣经》地名、部族和国名汉英对照表 ……………………………… 375
　3.《圣经》宗教派别、节日和习俗汉英对照表 ………………………… 379

人名索引 …………………………………………………………………… 381

第一部分　《圣经》故事的文学阐释

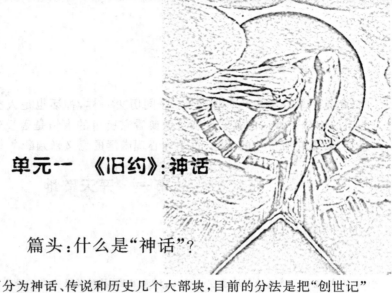

单元一 《旧约》:神话

篇头:什么是"神话"?

　　《圣经·旧约》诸卷可分为神话、传说和历史几个大部块,目前的分法是把"创世记"中从"上帝造世界和生灵万物",到"巴别塔的故事"算做神话。当中主要的神话故事还有"人类犯罪被逐出乐园"、"挪亚方舟"以及"该隐和亚伯"。[①] 人们提到"神话"立刻就联想到那"是假的","是真实生活中不存在的"等类似的概念。在一般意义上来说,神话是这样的,它是人们在数千年存活斗争和发展中用来表现美好愿望,反映善恶概念,令想像任意驰骋的一种文学形式。个别的、独立的神话故事(英文里用"myth"或"fairy tale"来表达),与形成体系和链接的神话(mythology)是不同的。前者的代表如安徒生童话、格林童话,如宝莲灯和七仙女下凡的故事,大家都熟知;而后者的最著名代表就是希腊、罗马神话。除去是否形成体系,彼此紧密关联之外,这两类神话的不同还见于前者具备流动性,其情节和格局在不同民族和文化里都有渗入或变化后的再现;而后者虽然成为许多后世文学作品的原型和参照,却代表着一个特定的地域文化,把该文化与其他文化区别开来,甚至构成该民族文化历史的一个部分,或形成一个意识形态体系。

　　《圣经》中的创世神话首先应该归类为构成体系的 mythology,并且它因其宗教性质而绝对上升到了意识形态的层面或范畴。世俗神话,不论是单独的故事,还是成为了体系,都可以用"不是真事"这个结论来一言以蔽之。但是《圣经》的创世神话就不那么简单了,它是不能用"奇想","与历史事实不符",或任何"真"与"假"的概念或标准来审视的。因为,《圣经》的创世神话已经远远地超越了世俗神话的范围。用戴维斯的话来说就是:"在这个故事里(指亚当和夏娃的故事),具体发生的事件的重要意义已经不在于它们是否真正发生在某时、某地了,而在于它们让我们部分地看到了那超越了时

---

① 见戴维斯(O. B. Davis)著《圣经文学导读》(*Introduction to Biblical Literature*. New Jersey: Hayden Book Company, Inc., 1976)。该书就是按照神话、传说和历史三个部分来分析阐释《旧约》故事的。

间,超越了事件本身的一种现实。"① 同历史一样,神话也是人类知识结构中一个重要的组成部分。神话的真实性和价值要看它所讲的事情是否反映了我们对生活的真实感觉,要靠它所传达的道德、哲学和心理内涵的意义来判断。

故事一　开天辟地

《旧约》经文②

"创世记"1,2

*神的创造*③

1 起初神创造天地。² 地是空虚混沌,渊面黑暗;神的灵运行在水面上。

³ 神说:"要有光",就有了光。⁴ 神看光是好的,就把光分开了。⁵ 神称光为昼,称暗为夜。有晚上,有早晨,这是头一日。

⁶ 神说:"诸水之间要有空气,将水分成上下。"⁷ 神就造出空气,将空气以下的水、空气以上的水分开了。事就这样成了。⁸ 神称空气为天。有晚上,有早晨,是第二日。

⁹ 神说:"天下的水要聚在一处,使旱地露出来。"事就这样成了。¹⁰ 神称旱地为地,称水的聚处为海。神看着是好的。¹¹ 神说:"地要发生青草和结种子的菜蔬,并结果子的树木,各从其类,果子都包着核。"事就这样成了。¹² 于是地发生了青草和结种子的菜蔬,各从其类;并结果子的树木,各从其类,果子都包着核。神看着是好的。¹³ 有晚上,有早晨,是第三日。

¹⁴ 神说:"天上要有光体,可以分昼夜,作记号,定节令、日子、年岁,¹⁵ 并要发光在天空,普照在地上。"事就这样成了。¹⁶ 于是神造了两个大光,大的管昼,小的管夜,又造众星,¹⁷ 就把这些光摆列在天空,普照在地上,¹⁸ 管理昼夜,分别明暗。神看着是好的。¹⁹ 有晚上,有早晨,是第四日。

---

① 见戴维斯,第10页。原文是:"... in this story the major importance of actual events is not that they literally occurred at some particular date and place, but that they reflect a partial glimpse of a reality beyond dates and events themselves."

② 这部教程的故事阐释里所有中文经文来自中国基督教协会负责编辑,由南京爱德印刷有限公司出版的《圣经》(南京,1998),因为它是简体字,而且所用的译名既继承了大部分早期我国《圣经》译本的译法,又兼顾了时代发展在名称、特别是地名上的当代译法。在分析中有必要引用英文时,为了避免古英语用法,也为了语言通俗简练些,所有的英语引文均选自《福音圣经:当今英文版》(*Good News Bible: Today's English Version*, United Bible Societies, American text 1966, British text 1976)。

③ 这是南京爱德印刷有限公司出版的《圣经》为了方便读者所添加的小标题,本教程决定保留它们。

20 神说:"水要多多滋生有生命的物,要有雀鸟飞在地面以上,天空之中。"[21]神就造出大鱼和水中所滋生各样有生命的动物,各从其类;又造出各样飞鸟,各从其类。神看着是好的。[22]神就赐福给这一切,说:"滋生繁多,充满海中的水,雀鸟也要多生在地上。"[23]有晚上,有早晨,是第五日。

24 神说:"地要生出活物来,各从其类;牲畜、昆虫、野兽,各从其类。"事就这样成了。[25]于是神造出野兽,各从其类;牲畜,各从其类;地上一切昆虫,各从其类。神看着是好的。

26 神说:"我们要照着我们的形象,按着我们的样式造人,使他们管理海里的鱼、空中的鸟、地上的牲畜和全地,并地上所爬的一切昆虫。"[27]神就照着自己的形象造人,乃是照着他的形象造男造女。[28]神就赐福给他们,又对他们说:"要生养众多,遍满地面,治理这地;也要管理海里的鱼、空中的鸟,和地上各样行动的活物。"[29]神说:"看哪,我将遍地上一切结种子的菜蔬,和一切树上所结有核的果子,全赐给你们作食物。[30]至于地上的走兽和空中的飞鸟,并各样爬在地上有生命的物,我将青草赐给它们作食物。"事就这样成了。[31]神看着一切所造的都甚好。有晚上,有早晨,是第六日。

2 天地万物都造齐了。[2]到第七日,神造物的工已经完毕,就在第七日歇了他一切的工,安息了。[3]神赐福给第七日,定为圣日,因为在这日神歇了他一切创造的工,就安息了。

伊甸园

4 创造天地的来历在耶和华神造天地的日子,乃是这样:[5]野地还没有草木,田间的菜蔬还没有长起来,因为耶和华神还没有降雨在地上,也没有人耕地,[6]但有雾气从地上腾,滋润遍地。[7]耶和华神用地上的尘土造人,将生气吹在他鼻孔里,他就成了有灵的活人,名叫亚当。[8]耶和华神在东方的伊甸立了一个园子,把所造的人安置在那里。[9]耶和华神使各样的树从地里长出来,可以悦人的眼目,其上的果子好作食物。园子当中又有生命树和分别善恶的树。

10 有河从伊甸流出来滋润那园子,从那里分别为四道:[11]第一道名叫比逊,就是环绕哈腓拉全地的。在那里有金子,[12]并且那地的金子是好的。在那里又有珍珠和红玛瑙。[13]第二道河名叫基训,就是环绕古实全地的。[14]第三道河名叫底格里斯,流在亚述的东边。第四道河就是幼发拉底河。

15 耶和华神将人安置在伊甸园,使他修理看守。16 耶和华神吩咐他说:"园中各样树上的果子,你可以随意吃,[17]只是分别善恶树上的果子,你不可吃,因为你吃的日子必定死。"

18 耶和华神说:"那人独居不好,我要为他造一个配偶帮助他。"[19]耶和华神用土所造成的野地各样走兽和空中各样飞鸟都带到那人面前,看他叫什么。那人怎样叫各样的活物,那就是它的名字。[20]那人便给一切牲畜和空中飞鸟、野地走兽都起了名,只是那人没有遇见配偶帮助他。[21]耶和华神使他沉睡,他就睡了;于是取下他的一条肋骨,又把肉合起来。[22]耶和华神就用那人身上所取的肋骨造成一个女人,领她到那人跟前。[23]那人说:

"这是我骨中的骨,
肉中的肉,
可以称她为女人,
因为她是从男人身上取出来的。"

24 因此,人要离开父母与妻子连合,二人成为一体。[25]当时夫妻二人赤身露体并不羞耻。

预习问题

故事内容问答题：

1. 耶和华是在第几日造出了人？他是怎样造出了亚当和夏娃？
2. 在这个故事中两次提到了造人，即第1章26—31节和第2章7—9节。为什么要有两次？为什么说法不完全相同？
3. 伊甸园的位置在哪里？它的位置相当于今日地球上的什么地方？
4. 耶和华为什么只禁止人类食用知识树上的果子？另一棵是什么树？
5. 耶和华为什么要造女人？他是怎样造出夏娃的？

深入思考题：

1. 《圣经》里的上帝用语言把世界"说"了出来。这与世俗的创世神话有何区别？
2. 从社会学和心理学角度来察看，为什么这个创世神话是男性的上帝用语言来创造了万物和人类？
3. 上帝授予亚当给走兽、飞鸟、昆虫等万物命名的权力，这意味着什么？
4. 我们后来的哪些社会规则和人际关系与上帝制造女人的方法有关？
5. 为什么在开天辟地的故事中要特别提到伊甸园的边界和它的贵金属矿藏和珍宝？

故事阐释

分析要点：

1. 《圣经》的创世神话与世俗创世神话的区别
   (The Differences between the Myths in Genesis and the Secular Myths)
2. "创世记"中出现的两种版本
   (Two Different Versions of the Creation of Man in Genesis)
3. 《圣经》的创世神话中隐埋的社会和政治内容
   (The Social and Political Implications in the Biblical Myth of Creation)

阐释解读[①]：

1. 《圣经》的创世神话与世俗创世神话的区别

从上面的文本可以看到，在《圣经》的创世神话中创造宇宙和人类的神是男性，而且完全像个家长。这是它与世俗神话的一大区别。在世俗神话中造人和世界的神往

[①] 这则故事的阐释很多借鉴了诺索普·弗莱(Northrop Frye)在《伟大的代码》(*The Great Code: The Bible and Literature*. New York and London: Harcourt Brace Jovanovich, Publishers, 1982)里对神话的讨论，见该书的第一部分第二章"Myth I"，第33—35页；还有戴维斯的《圣经文学导读》，第10—13页。

往是女性,或有女性神参与,而且常常伴随有性交的隐喻或暗指。我国的女娲神话就是个例子。在《楚辞·天问》里屈原就曾提过疑问:"女娲有体,孰制匠之?"①王逸注:"传言女娲人头蛇身,一日七十化。"③《淮南子·说林训》对女娲造人的说法是:"黄帝生阴阳,上骈生耳目,桑林生臂手;此女娲所以七十化也。"④ 黄帝,上骈,桑林皆为中国神话里史初之造世男性神祇,"化"乃化生、生育之意。上面的说法因此可以理解成诸男性神都来帮助女娲造人,这里就有了两性交合生育的隐含意思,而她一日七十化也是十分多产的,不像《旧约》里的上帝制造男女各一个,再让这一对人去慢慢繁衍。在这种世俗创世神话里,女娲这样的神祇非常呵护和关照人类,比如她为了人类能生存就斩鳌足去撑住天,炼五色石去补天上漏水的窟窿,还亲手杀死残害人类的黑龙。⑤ 与《圣经》里上帝一心要惩罚邪恶,发大洪水绝灭犯了错误的人类来比较,女娲就像个慈爱的母亲。⑥ 这样看来,《圣经》的创世神话颠倒了男女出现的自然顺序,不是女人在先,由她生孩子(包括男孩子),而是先有了男性上帝造男人亚当,然后用亚当的肋骨最后造出女人夏娃。

《圣经》的创世神话更大的一个特点就是这个不靠生育方式的男性上帝,是使用语言来创造了世界。也就是说,他把世界万物用话"说"了出来:1:³ 神说:"要有光",就有了光。(Gen 1:³ Then God commanded, "Let there be light"— and light appeared.)⑦ 1:⁶ 神说:"诸水之间要有空气,将水分成上下,"⁷神就造出空气,将空气以下的水、空气以上的水分开了。事就这样成了。(Gen 1:⁶ Then God commanded, "Let there be a dome to divide the water and to keep it in two separate places"—and it was done. ⁷ So God made a dome, and it separated the water under it from the water above it.) 1:¹⁴ 神说:"天上要有光体,可以分昼夜,作记号,定节令、日子、年岁,¹⁵并要发光在天空,普照在地上。"事就这样成了。(Gen 1:¹⁴ Then God commanded, "Let lights appear in the sky to separate day from night and to show the time when days, years, and religious festivals begin; ¹⁵ they will shine in the sky to give light to the earth"—and it was done.)如此等等,一直到第六天:1:²⁶ 神说:"我们要照着我们的形象,按着我们的样式造人,使他们管理海里的鱼、空中的鸟、地上的牲畜和全地,并地上所爬的一切

---

① ③ ④ 见 1958 年上海辞书出版社出版的《中国神话传说词典》第 30 页关于女娲的词条。

⑤ 见《淮南子·览冥训》:"往古之时,四极废,九州裂,天不兼覆,地不周载,火监焱而不灭,水浩洋而不息。猛兽食颛民,鸷鸟攫老弱。于是女娲炼五色石以补苍天,断鳌足以立四极,杀黑龙以济冀州,积芦灰以止淫水。"出处同上。也可直接看看《淮南子·览冥训》。

⑥ 对两种创世神话的比较还可参看刘意青的文章"中外创世神话小议",《外国文学》,1999 年第 6 期,第 61—63 页。

⑦ 在此后所有阐释部分出现的引文后面都给出了英文。这是因为这部教程面对的不少读者学了英语,甚至就是学英语语言文学专业的学生,有英语文本参照符合使用者利益。

昆虫。"(Gen 1:²⁶ Then God said, "And now we will make human beings; they will be like us and resemble us. They will have power over the fish, the birds, and all animals, domestic and wild, large and small.")于是神造出了人,让他统管世界万物。

那么,为什么《圣经·创世记》要强调用语言创造世界呢? 也许我们可以从历史发展的角度猜测希伯来神话成型晚于女娲这类有母系社会影子的传说;可以察看在《圣经》从口头流传发展到书面记载时,是否犹太各游牧民族正在向封建父系社会发展。这样,《旧约》,即《希伯来圣经》,创世的神话所要强调的,实质上就是男权家长制统治的权威。而女性创造世界却表现了比男性造人更早,也更朴素的大自然神的概念。但是弗莱的解释还要更深一层,他指出《圣经》中要一个男性神把世界"说"了出来,是因为人类在大自然中周而复始地进行着生死的轮回,通过两性交合来生殖、繁衍和消亡的这种循环是没有头尾的。当人类社会进一步发展之后,人们对精神的追求多起来。这种无休止的循环让人类感到窒息,感到毫无长进和超越现实的希望。于是要跳出大自然那无所不包罗的怀抱,要通过人类自身的努力去够及高于这个世界的天堂,就成为一种理想,一种追求和心理需要。犹太教和基督教信仰的这种由一个男性上帝创造了世界和人类的说法,就与上述的人类心理需要有关。在这样的创世故事里人类诞生时并无死亡,生死轮回是人类犯戒之后才出现的,是惩罚。这样就为人类在心理上假设了一个可满足他们超越生死轮回愿望而回归的制高点。① 相对这个起点的就是基督教警告人类不要忘记的世界末日,那是一切的终结。② 于是在人们的意识里,原来停留在同一个平面上的人生成圆圈形的无首尾格局,就此变成了有起点,有终点,并且可以飞升向上的线形。

有趣的是,《圣经·旧约》,即《希伯来圣经》,所宣传的用语言创造世界,实际上把语言抬到了高于存在的地位。这种认识观与希腊哲学的存在先于话语的认识相悖。希腊哲学认为先有形而上的"理念",才有由"理念"而来的"存在";语言用来模仿和表述"存在",因此相对第一位的"理念"来说它已经是第三位了。文学艺术是对"存在"的"模仿",属于语言范畴;由于"模仿"距离第一位的理念相去甚远,所以人们应认识它的不可信,应对语言保持怀疑的态度。上帝是生成一切的"原因",因此可以等于希腊哲学所说的那个高于并超越"存在"的"理念",又叫做逻各斯。它是绝对的真理,是世上一切终结的存在。人类必须在我们这低层的现实存在中不断透过语言去够及上帝代表的理念和终极存在,但却又永远无法真正达到这个目的。这就是数千年来西方形而上哲学的基本立足点。具体到宗教范畴内,上帝的话语,即《圣经》经文(the Word),用

---

① 参看《伟大的代码》,第五章"Typology Ⅱ",特别是第 106—114 页。
② 见弗莱著的《伟大的代码》第一部分第二章"Myth Ⅰ";也可参看本教程第二部分"教辅资料"第一章第五节"弗莱:《圣经》的神话批评"里对他关于创世神话分析的简介。

希腊哲学观念来审视绝对不等于"理念",不等于上帝。于是,在希腊哲学思想影响下产生的基督教就把耶稣看得重于经文,是代表上帝来贯彻教义精神的本体,又称"道成肉身"。这是基督教与其演变前的犹太教的根本区别。经书、经文在基督教的传统中是不能等同或取代上帝的,信仰基督教意味着紧跟耶稣和三位一体的圣父、圣子和圣灵。相反,在犹太教传统里一直延续至今的仍然是对经文的无限推崇。对犹太教信仰者来说,上帝是无处不在的,在整个《旧约》里上帝大多以话语指点和控制人类。因此对人类来说,上帝的话语(the Word),即经文,与无形的上帝就是一回事。基督教出现后,犹太教仍旧奉行经文是上帝的有形代表,因此就高于一切的这个宗旨,仔细地读经和阐释语言也就构成了犹太教教士、先知和信徒与上帝沟通和同在的重要手段。

两希传统的认知对立一直存在,但西方通常都以希腊一元化哲学理念为主流意识形态。但是20世纪发生了巨大变化。20世纪从语言学得以阔步发展起始,出现了认知的多元化。语言、文化和文学在理论上的多元现象被许多学者称之为希伯来认知传统对希腊哲学和逻各斯中心主义的反叛。实际上,从结构主义和形式主义开始,强调的就是"语言"和"形式"独立的自身存在和意义,从而大大抬高了"语言",甚至挑战了希腊哲学给语言规定的第三位属性。到后来出现的弗洛伊德心理学理论的解梦学说和德里达领军的解构主义,在对话语的态度上也都是希腊认知传统的对立面。他们追随希伯来的传统,大力推崇语言,以至他们宣称说没有在语言之外的存在。① 这样的认识完全逆希腊哲学的逻各斯中心主义而行,但如果追根溯源,我们可以说今天多种理论置语言于至高地位,并通过对语言的多元阐释来否定一元化认识论的一个重要来头,就是《圣经·旧约》的上帝用语言来创造了万物。②

弗莱还提出了为什么创造世界只用了6天和为什么死亡来自人类堕落之后。如果用一般社会学观点来回答这些问题,答案并不复杂。创世用了6天,因为这样才能解释以色列民族实施的第7天必须休安息日的宗教习俗。其实这是因为人类在实践里总结出,7天是人类计算时间,安排年、月、日和时令、季节的最好周日数目。上帝创世的神话反映了人类社会的现实和现行的制度,但它来源于上帝,这就给了7天为一

---

① 关于弗洛伊德这个方面的言论和表现,本教程第二部分"教辅资料"第一章第七节"韩德尔曼:现代多元文论之溯源"中也有提及。

② 这方面的讨论以苏珊·韩德尔曼(Susan Handelman)为最具代表性。可参看她的著作《杀死摩西的人:现代文学理论中出现的拉比解读影响》(*The Slayers of Moses*: *The Emergence of Rabbinic Interpretation in Modern Literary Theory*. Albany: The State University of New York Press, 1982)。也可参阅这部教程第二部分"教辅资料"第一章第七节"韩德尔曼:现代多元文论之溯源"。杰弗里的文章"逻各斯中心主义与灵性传统"("Logocentrism and Scriptural Tradition"),李毅译,载于中国人民大学基督教文化研究所主编《基督教文化学刊》,2000年第4辑,以及刘意青的文章"《圣经》的阐释与西方对待希伯来传统的态度",载于《外国文学评论》2003年第1期,第26—33页,都有这方面的探讨。

周的规定以神圣的色彩,从信仰的角度加强了这种日期计算的合法性,并使其得到认真遵守。不过,7 这个数目还真有点神秘,或凑巧,因为查看一下我们的现实,就会发现大自然和人类的活动常常与 7 这个数字分不开。除了上面说到一周为 7 天(时间计算之基础),此外还有光谱是 7 个颜色(颜色构成之基础),音乐是 7 个音符(音乐构建之基础),算盘的计算靠其竖棍上的 7 个子儿(7 在数学计算方面的作用),还不算比较随意的"七七四十九难"一类的比喻性表述。这是个奇异的现象,不能完全用"凑巧了"来解释。注意到 7 这个数目的特殊性,当我们看到在《圣经》后面的故事和事件里不断出现"逢 7 做事",或"以 7 成事"的现象时,也就有了思想准备。

至于弗莱提出的死亡为什么来自人类犯戒的这个问题,用社会学和心理学观念分析也不难解答。首先如上面所讲,人类因为心理上受到无止境并缺乏意义的生死循环的压抑,就造出了一个不需通过生育来造人的神话。这样,死后就有望超越死亡,升华到高一个层次的存在中去,于是人生有了进取和追求。其次,从宗教上对上帝的崇信角度来看,死亡要与人类堕落联系还因为在人们的信念里,一个扬善惩恶的上帝不会无缘无故地主动创造黑暗和死亡。如此爱人类,充满好意的上帝不可能将死亡最初就设计在他创世的内容里。既然死亡是后来才添加到人类头上来的,就必须有个正当的理由来合理地解释上帝的做法。这个理由当然就是人类自身犯了错误,失去了永生。第三个原因来自人类惧怕死亡。人类从来都不能接受死亡为一种自然现象,是自然的法则。相反,他们不愿意死,总把死亡当作强加在人们头上的坏事,当作一种惩罚。所以,用一个因偷食禁果的犯戒行为而被逐出乐园并剥夺永生的故事来引入人类的死亡,就符合了我们普遍不欢迎死亡的心理。

2. "创世记"中出现的两种版本

不少学者注意到并指出"创世记"在造人的叙述上是有矛盾的,这是最早不同来源版本遗留的痕迹。在 7 日造完万物休息之后,"创世记"第 2 章进入伊甸园故事时又讲人是上帝用泥土捏出来的。经文是这样记载的:2:⁷耶和华神用地上的尘土造人,将生气吹在他鼻孔里,他就成了有灵的活人,名叫亚当。①⁸耶和华神在东方的伊甸立了一个园子,把所造的人安置在那里。(Gen 2:⁶ Then the Lord God took some soil from the ground and formed a man out of it; he breathed life-giving breath into his nostrils and the man began to live. ⁸ Then the Lord God planted a garden in Eden, in the East, and there he put the man he had formed.)紧接下来上帝又为他造了个女人作伴侣:2:¹⁸耶和华神说:"那人独居不好,我要为他造一个配偶帮助他。"……²¹耶和华神使他沉睡,他就睡了;于是取下他的一条肋骨,又把肉合起来。²²耶和华神就用那人身

---

① 这里中文翻译中增加了"名叫亚当",在一般英文圣经里此时都没有提及亚当的名字。

上所取的肋骨造成一个女人,领她到那人跟前。(Gen 2:¹⁸ Then the Lord God said, "It is not good for the man to live alone. I will make a suitable companion to help him."... ²¹ Then the Lord God made the man fall into a deep sleep, and while he was sleeping, he took out one of the man's ribs and closed up the flesh. ²² He formed a woman out of the rib and brought her to him.)因此,第 2 章读起来,就好像在创世的 6 天中,上帝先是用语言命令的方式开了天,辟了地,并催生出天空、陆地和海洋万物,而且也说了要按照自己的模样造人。可是人比其他万物难造,光说不行,于是他就具体动手像工匠那样做出了男人和女人。按照常理,这种含混不一的讲法怎么能出现在自诩为真的上帝造人的经文里?但有趣的是,对此矛盾基督教和犹太教的信徒们并不追究,他们认为只要关键是上帝造就了万物和人类,那么这种不一致就不伤《圣经》本质。换句话说,他们信仰的关键在于相信这个有序的大千世界是出自一个最高的、终极的精神。至于他具体是如何操作的,以及叫他耶和华也好,上帝也好,甚至超然存在也好,对信仰者都没有什么关系。不过,这第二种用泥土造人的说法就让《圣经》的创世神话接近了世俗的这类神话。弗莱指出,用泥土捏出人来有通过母体和性交造人的寓意,因为泥土即大地,大地在象征体系内一般有女性、特别有母亲的含义。这样,上帝用泥土造出人来就与各民族传说中的天父和地母结合的概念相关联了。这说明,尽管《圣经·创世记》与众不同,它仍然要受到全世界流行的民间神话的影响。还以女娲为例,她的传说也是撮黄土造人,尽管过程中明确地写出她有好几位男性造物神帮她捏腿脚、胳膊,并帮她决定做出来的人的性别。据说她一共用了 10 天,第 7 天捏出了人。① 她创世的神话多用了几天时间完成工作,但造人也是在造好其他生物之后的最重头任务。在这些方面我们看到了"创世记"中第二种说法与世俗创世神话确实接近了。

3. 《圣经》的创世神话中隐埋的社会和政治内容

作为《圣经·旧约》的头一篇,也是在世界,特别西方传播最广,影响最深的故事,"创世记"里的隐喻和象征内容十分丰富,它看似简单,实际上却隐埋了许多与人类相关的哲学、社会及政治方面的思想。

首先,上帝用泥土造亚当,又取亚当的肋骨造出夏娃,泥土和骨头与死亡有密切联系,甚至暗指死亡。因此,我们可以说在人类诞生之际就已经同时有了死亡的提示;在伊甸园鸟语花香的极乐美景中已经嗅到一点死亡的气息了。在人生成的过程中已经埋藏了死亡,这是一个有哲理的事实。在《圣经·创世记》的叙事里,这一辩证的理念通过用泥土和骨头造人而得到了喻指。

---

① 见刘意青文章"中外创世记神话小议"。

然后,我们注意到,上帝把人类的始祖亚当和夏娃放在伊甸园里。"创世记"的文本在此处给出了该园子的详细位置和状况:2:⁸耶和华神在东方的伊甸立了一个园子,把所造的人安置在那里。⁹耶和华神使各样的树从地里长出来,可以悦人的眼目,其上的果子好作食物。园子当中又有生命树和分别善恶的树。¹⁰有河从伊甸流出来滋润那园子,从那里分别为四道。¹¹第一道名叫比逊,就是环绕哈腓拉全地的。在那里有金子,¹²并且那地的金子是好的。在那里又有珍珠和红玛瑙。¹³第二道河名叫基训,就是环绕古实全地的。¹⁴第三道河名叫底格里斯,流在亚述的东边。第四道河就是幼发拉底河。¹⁵耶和华神将人安置在伊甸园,使他修理看守。(Gen 2:⁸ Then the Lord God planted a garden in Eden, in the East, and there he put the man he had formed. ⁹ He made all kinds of beautiful trees grow there and produce good fruit. In the middle of the garden stood the tree that gives life and the tree that gives knowledge of what is good and what is bad. ¹⁰ A stream flowed in Eden and watered the garden; beyond Eden it divided into four rivers. ¹¹ The first river is the Pishon; it flows round the country of Havilah. ¹² (Pure gold is found there and also rare perfume and precious stones.)¹³ The second river is the Gihon; it flows round the country of Cush. ¹⁴ The third river is the Tigris, which flows east of Assyria, and the fourth river is the Euphrates. ¹⁵ Then the Lord God placed the man in the Garden of Eden to cultivate it and guard it.) 这里介绍的有伊甸准确的地理位置,经它流淌的河流,园子的四周边界,还有那地域的丰富物产,如金子、珍珠和红玛瑙。我们也读到上帝责令亚当和夏娃修理和看守这个园子。虽然亚当和夏娃对政治和经济一无所知,但是"创世记"的作者(们)却看得出来是具备这些方面意识的。有国家才有边界,因此边界是个政治概念;而丰富的宝藏则暗示了这个地域的巨大经济实力。综上所述,伊甸园并非彻底意义的超然世界,人类初始的故事已经涉及一系列与他们存活相关的话题。比如生死、劳作、政治和经济等,这些内容在开天辟地之初都已经有了埋伏。

弗莱在讨论"创世记"的意象时还进一步对死亡和睡眠做了类比,他指出创世神话里的中心比喻并非"诞生",而是"苏醒",它所建立的人类死后回到犯罪之前的天堂之再生说,与从梦境苏醒而进入现实世界时那种超越原有自我的感觉相似,因此它与人类这一实际生活经验之间有着一种隐喻的关系。这就可以解释为什么在"创世记"的叙事里白天和黑夜会数次被重复和强调,甚至在耶和华上帝还没有造出太阳和月亮之前的创世第一天,"日"(day)和"夜"(night)就已经出现了。①

上帝创世牵涉的政治性还表现在他造夏娃的方式上。由于《圣经》是个男权思想

---

① 见弗莱《伟大的代码》,第108页。

为中心的文本,在开篇的创世故事里,自然就不会是同时制造男人和女人。他不仅先造了男人,而且女人是用男人的一根肋骨生成的,因此取名叫女人(woman),即来自男人的人。① 之后,上帝又十分明确地规定了女人的功能是陪伴男人以及她从属于男人的地位。亚当也欢呼说:2:23……"这是我骨中的骨,肉中的肉,可以称她为女人,因为她是从男人身上取出来的。"(Gen 2:23 Then the man said,"At last, here is one of my own kind —Bone taken from my bone, and flesh from my flesh. Woman is her name because she was taken out of man.)《圣经》由此想传达的思想意识是十分清楚的,那就是:数千年人类历史上男女不平等的现象是上帝的安排,自人类被创造时就已经成为了定局,所以人类必须遵从,不应该产生异议。这也是女权主义阐释《圣经》文本时往往要提到的内容。

最后,还要提及一个与哲学和认知有关的有趣问题。在乐园里有两棵大树,一棵是生命树,一棵是知识树,也叫做区分善恶的知识树。按照中国的神话传统,人们,特别是帝王将相,感兴趣的都是长生不老,即生命树结的果子,比如《西游记》里的玉皇大帝、王母娘娘吃蟠桃,太上老君炼仙丹,猪八戒偷吃人参果,一路的妖魔想吃唐僧肉,无一不是做的长生不老的文章。虽然在亚当和夏娃食禁果之后,上帝逐他们出乐园的最终理由也是怕他们会进一步去摘生命树的果子而获得与神无异的永生,②但是这只是上帝的一个说法而已,因为人类的始祖在犯禁之前本来就具有永生,《圣经》明确指出死亡是犯戒而获的惩罚。如此推论的话,上帝原本没有必要禁止亚当和夏娃偷吃生命树的果子。相比之下,好像在我们的神话里没有类似《圣经·创世记》强调知识重要的例子,更没有把知识看成比生命更关键的概念。这是一个不可能靠《创世记》故事的有限阐释篇幅讲清楚的问题。但是知识树和它的含义,以及知识在《圣经》整个叙事体系中的关键作用是此后我们讨论其他故事时还要不断提到的,也是我们读懂《圣经》文本的重要环节。实际上,伊甸园的知识树和生命树可以看做同一棵树,而知识在人与上帝的关系里也是最至关紧要的因素。围绕人有没有对上帝的认识,以及认识的深浅就演绎出了《圣经》人物的不同命运。对知识这个问题的分析可以帮助我们把握《圣经》的叙事特质,也可以拓宽我们对西方形而上层面的研讨。

结　语

《圣经·创世记》这个与大自然规律相悖的造人神话,基本是一个反映了《圣经》成

---

① 女人"woman"这个字就是"of man"或"from man"的意思。翻成中文后看不出该词的原意了。
② 见《创世记》3:……22 上帝说:"那人已经与我们相似,…… 现在恐怕他伸手又摘生命树的果子吃,就永远活着。"(Gen 3:…22 Then the Lord God said,"Now the man has become like one of us,… He must not be allowed to eat fruit from the tree of life, and live for ever.")

书时代人类,特别是埃及、约旦和美索不达米亚一带犹太民族所处的历史阶段和意识形态的故事。同时,死亡是对人类犯戒的惩罚的说法给予了人类超越简单生死轮回的生活目的和追求。它与整个《圣经》的宗旨一致,它是宣讲人类在有生之年要为超越死亡努力行善,以求获得上帝宽恕而回归乐园的起因和基础。有了这样的信念,人们再也不觉得自己在懵懵懂懂地度过一生。相反,在相信可以自己把握命运,而且有奔向天堂的盼头之后,他们也更能承受今生的痛苦。从这个角度来看,《圣经·创世记》的神话也有其积极的意义,它大大地满足了人类的心理需要,让人类能通过信仰弥补生命中的种种遗憾,并承受生活的平庸和重负。

故事二 失乐园

《旧约》经文

"创世记"3

人违背命令

3 耶和华神所造的,惟有蛇比田野一切的活物更狡猾。蛇对女人说:"神岂是真说不许你们吃园中所有树上的果子吗?"² 女人对蛇说:"园中树上的果子,我们可以吃,³ 惟有园当中那棵树上的果子,神曾说:'你们不可吃,也不可摸,免得你们死。'"⁴ 蛇对女人说:"你们不一定死,⁵ 因为神知道,你们吃的日子眼睛就明亮了,你们便如神能知道善恶。"⁶ 于是,女人见那棵树的果子好作食物,也悦人的眼目,且是可喜爱的,能使人有智慧,就摘下果子来吃了,又给她丈夫,她丈夫也吃了。⁷ 他们二人的眼睛就明亮了,才知道自己是赤身露体,便拿无花果树的叶子,为自己编作裙子。

8 天起了凉风,耶和华神在园中行走。那人和他的妻子听见神的声音,就藏在园里的树木中,躲避耶和华神的面。⁹ 耶和华神呼唤那人,对他说:"你在哪里?"¹⁰ 他说:"我在园中听见你的声音,我就害怕,因为我赤身露体,我便藏了。"¹¹ 耶和华说:"谁告诉你赤身露体呢?莫非你吃了我吩咐你不可以吃的那树上的果子吗?"¹² 那人说:"你所赐给我、与我同居的女人,她把那树上的果子给我,我就吃了。"¹³ 耶和华神对女人说:"你作的是什么事呢?"女人说:"那蛇引诱我,我就吃了。"

神的宣判

14 耶和华神对蛇说:
"你既作了这事,就必受咒诅,
比一切的牲畜野兽更甚。
你必用肚子行走,
终身吃土。

15 我又要叫你和女人彼此为仇；
你的后裔和女人的后裔也彼此为仇。
女人的后裔要伤你的头，
你要伤他的脚跟。"
16 又对女人说：
"我必多多加增你怀胎的苦楚，
你生产儿女必多受苦楚。
你必恋慕你丈夫，
你丈夫必管辖你。"
17 又对亚当说：
"你既听从妻子的话，
吃了我吩咐你不可吃的那树上的果子，
地必为你的缘故受咒诅。
你必终身劳苦，才能从地里得吃的。
18 地必给你长出荆棘和蒺藜来，
你也要吃田间的菜蔬。
19 你必汗流满面才得糊口，
直到你归了土；
因为你是从土而出的。
你本是尘土，仍要归于尘土。"
20 亚当给他妻子起名叫夏娃，因为她是众生之母。21 耶和华神为亚当和他妻子用皮子作衣服给他们穿。

亚当和夏娃被赶出伊甸园

22 耶和华神说："那人已经与我们相似，能知道善恶。现在恐怕他伸手又摘生命树的果子吃，就永远活着。"23 耶和华神便打发他出伊甸园去，耕种他所自出之土。24 于是把他赶出去了。又在伊甸园的东边安设基路伯，和四面转动发火焰的剑，要把守生命树的道路。

预习问题

故事内容问答题：
1. 是谁诱惑了女人去吃知识树上的果子？它利用了女人的什么弱点？
2. 偷吃了知识树上的果子，人首先就有了什么样的知识？
3. 当耶和华责问亚当为什么违反了神的约法三章时，亚当是怎样回答的？你认为他为什么明知夏娃犯了天条，仍旧吃了夏娃给他的苹果？
4. 耶和华的宣判说明了哪些问题？
5. 耶和华把人类的祖先逐出伊甸园有哪些考虑？从他的话里你能发现他最怕的事情是什么？

深入思考题：
1. 人类失去乐园是好事还是坏事？
2. 请从这整个事件中亚当和夏娃的表现来分析这两个人物。
3. 始祖犯戒在宗教上引发了哪些信念和教义？
4. 举例说明失去乐园的故事在文学和艺术上产生的影响。
5. 你同意说《圣经》的创世神话充满了辩证法吗？如果同意，请尝试论证这一观点。

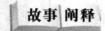

分析要点：
1. 失乐园故事的异化主题
  （The Alienation Theme in the Story of Paradise Lost）
2. 失乐园故事的辩证内涵
  （The Dialectic Nature of the Story of Paradise Lost）
3. 弥尔顿再现失乐园故事
  （Milton's Presentation of Paradise Lost）

阐释解读：
1. 失乐园故事的异化主题①

失乐园的故事应该说是《圣经》中传播最广也最有影响的故事了，由它而引起的"原罪说"更是基督教信仰中构成罪与罚，赎罪和获得拯救的教义之核心。人类的堕落是因为偷吃了知识树上的禁果，从而获得了本不该属于他们的善恶知识，但弗莱指出这个堕落的经验直接说就是性的经验，而亚当和夏娃获得的知识首先是关于性别和性的知识：他们知道了男人和女人的区别，马上为自己赤身露体感到羞耻；3：⁷他们二人的眼睛就明亮了，才知道自己是赤身露体，便拿无花果树的叶子，为自己编作裙子。(Gen 3：⁷ As soon as they had eaten it, they were given understanding and realized that they were naked; so they sewed fig leaves together and covered themselves.) 于是上帝来园子里看望时，他们不好意思出来见神；3：⁸天起了凉风，耶和华神在园中行走。那人和他的妻子听见神的声音，就藏在园里的树木中，躲避耶和华神的面。⁹耶和华神呼唤那人，对他说："你在哪里？"¹⁰他说："我在园中听见你的声音，我就害怕，因为我赤身露体，我便藏了。"(Gen 3：⁸ That evening they heard the Lord God walking in the garden, and they hid from him among the trees. ⁹ But the Lord God called out to the man, "Where are you?" ¹⁰ He answered, "I heard you in the garden; I was afraid

---
① 关于异化的分析主要来自弗莱的《伟大的代码》，第109—110页。

and hid from you because I was naked."）从此身体必须用衣物遮盖，性交必须在隐秘中进行。用现当代的概念去分析，我们可以说这是第一个异化的故事（Alienation Story），即第一个造成了"自我"和"他者"意识的故事。自从发觉自己是宇宙间唯一裸露的动物（无毛皮、羽毛或鳞片覆盖）之时起，自从用树叶和兽皮把自己包裹起来之时起，人类就把自己同大自然，还有其他生物区别和隔离开来，向着"视自然为他者"迈出了第一步。随着人类社会的发展，人类利用、剥夺和残害自然的倾向演化得越来越严重，甚至发展到几乎是敌对的态度，以至于环境保护成为今天人类不得不急切落实的、性命攸关的问题。

但这个异化还不止于此，失乐园故事还开启了男女彼此间的异化。在获得了男女性别不同的知识后，人就失去了动物那种自发性交的天真。虽然在经文中亚当曾高兴地描绘女人说："这是我骨中的骨，肉中的肉，可以称她为女人，因为她是从男人身上取出来的，"虽然紧接着经文就指出：2:²⁴ 因此，人要离开父母与妻子连合，二人成为一体。（Gen 2:²⁴ That is why a man leaves his father and mother and is united with his wife, and they become one.）但毕竟他们已经形成了两个个体，而且是性别和多种特征差异很大的个体。他们互为他者，从此就开始了男人和女人无止境的相互交合与离异的关系，一种合中有分的矛盾对立关系。这样，也才有了如此多的讲述爱情、追求完全合一，但总是感觉失落的文学作品。弗莱认为这种男女无法真正成为一体的失落感觉是绝对的，因为即便在男女交合成为一体的性行为中他们仍意识到是两个不同的人，无法真正合一。所以，人类同自然的异化以及人类之间的彼此异化作为一个社会和文化、文学议题并非20世纪的创新，它早就存在，它植根在人类原初获得的性知识中。①

2. 失乐园故事的辩证内涵

在谈论上帝创造世界，人类犯罪而失去乐园，认识了善恶并要终生劳作这个议题时，现当代无数西方作家和学者都注意到了其中的辩证关系。比如上帝制造了光亮、也制造了黑暗，没有恶岂能知善，善从恶中出等等。又比如失去了乐园里那无忧无虑、有永生的日子固然是个遗憾，但是那种做上帝豢养的宠物的生活远不如奋斗终生来得雄壮和有意义，起码人从此可以自己选择和创造生活。20世纪著名的弥尔顿学者梯利亚德（E. M. W. Tillyard）就曾对亚当和夏娃在乐园里的"幸福"生活做过幽默的评论，把那种安稳而不需操心的生活叫做"领养老金的退休生活"。他的原话为：亚当和夏娃"被降至可笑的地位，在一个自动就会生产的花园里劳作，它实际上［不用管理］

---

① 见弗莱《伟大的代码》，第109—110页。

就会满足他们所有的需求……。[他们]过的是领养老金的日子,享受着永恒的青春。"①因此,失去乐园是坏事,更是好事,否则人类怎么会有自身的价值？所以,虽然亚当和夏娃知道这是上帝对他们严厉的惩罚,他们还是勇敢地面对了充满辛苦、操劳、疾病和危险的未来。弥尔顿在《失乐园》的结尾处写道:"他们流下了眼泪,但很快把泪水擦干;/ 整个世界展示在他们眼前;任由他们 / 选择栖身之地,并有上帝作他们的指导;/ 手牵着手,无目的地迈着缓慢脚步,/ 他们孤独地走出了伊甸园。"②失乐园的故事是个悲剧。但任何读者读到这个结局时,除了对我们的始祖充满同情,除了为他们茫然的前途担忧,都会佩服他们巨大的勇气,他们要携手共同面对一切艰难困苦,在赎罪过程中创造大千世界。

这里的辩证关系还可以用基督教强调的"幸运的堕落"（The Happy Fall）来概括。说这是好事,从基督教的观点来看,是因为如果亚当、夏娃没有犯罪,就不会有基督耶稣的降临。另外,单纯或纯洁的人,没有犯过罪的人,就不懂得谦卑,更不会怀有基督教宣传提倡的包容忍让（Tolerance）、同情怜悯（Compassion）、理解（Understanding）和慈善（Charity）这些美德。自身没有过错的人不会理解和原谅别人的过错,也不会成为需要帮助的罪人的朋友。而且亚当和夏娃犯错误的经历是有普遍代表意义的,因为每个人从懵懂的童年长成人的过程里都会遭遇邪恶,并逐步认识自身的不完美。只有接受了错误教训,从盲目自信或骄傲中猛醒过来,愿意改正（用基督教的话说就是愿意接受"圣恩"来赎罪）,我们才真正找到了人生的位置和道路。在这个意义上,亚当和夏娃的犯戒故事具有高度的概括性,上升到了象征的层面。

人类始祖犯天条而引入了罪恶和死亡也并非坏事。为此他们的确失去了乐园,不可能有永生了。但是由于犯了罪之后即便永生也是痛苦的,会备受煎熬,基督教因此宣传死亡恰恰帮助罪人结束过去的罪孽,以便进入一个新的生活。在弥尔顿的《失乐园》里,特别设计了在亚当和夏娃离别之前,上帝派了天神迈克尔来预示人类后代的生与死。迈克尔告诉亚当,人在充满邪恶的世上从幼小变得年迈,如果他们一生向善,就

---

① 可参见迪可夫（John S. Diekhoff）著《弥尔顿的〈失乐园〉》（*Milton's Paradise Lost*. New York: Columbia University Press, 1946），第93页。也可以见但尼尔森（Dennis R. Danielson）著《弥尔顿的好上帝：文学理论研究》（*Milton's Good God: A Study in Literary Theory*. London, New York, Sydney, etc.: Cambridge University Press, 1982），第181页。这段引文的英文是：Adam and Eve "reduced to the ridiculous task of working in a garden which produces of its own accord more than they will ever need,… are in the position of old-age pensioners enjoying perpetual youth."

② 弥尔顿著《失乐园》（*Paradise Lost*. Norton Critical Edition. Ed. Scott Elledge. New York and London: W. W. Norton & Company, 1975），Book XII, p. 281。英文原文是："Some natural tears they dropped, but wiped them soon; / The world was all before them, where to choose / Their place of rest, and Providence their guide; / They hand in hand with wand'ring steps and slow, / Therough Eden took their solitary way." 中文为笔者自译。

会很平静地接受死亡,死亡则会让他们返回上帝身边。①

3. 弥尔顿再现失乐园故事

弥尔顿的巨篇史诗《失乐园》可以说是迄今为止对《圣经》里这个故事最全面的演绎,它把《旧约》才有寥寥二三十行的叙述用洋洋洒洒12卷的无韵诗展示得淋漓尽致,其中加进了诗人自己对基督教教义的理解,也无意识地反映了他作为反王权的清教革命斗士的不屈精神。

首先要提到的是弥尔顿的撒旦形象。在《失乐园》里撒旦是邪恶的总代表,他引诱人类犯了天条。但是由于在该史诗的第二卷对堕落到地狱里的撒旦有过非常生动的描写(尤其是他那对上帝仍旧不屈服并要斗争到底的宣言),②他曾经引起了英国的革命浪漫主义诗人拜伦和雪莱等人的共鸣。他们赞扬弥尔顿的撒旦不惧怕镇压的反抗精神,因此由他们代表的这一派别被戏称为弥尔顿研究中的"撒旦派"(The Satanic School),但是西方的学界人人都知道浪漫主义诗人并不自诩为《失乐园》评论专家,也从没有全面地就《失乐园》的12卷内容做过系统的评价,他们只不过是借题发挥而已。遗憾的是,在我们国家上个世纪的50到60年代,由于受占垄断地位的苏联评论的影响,也由于教学中避开基督教内容以及很少接触西方正宗的《失乐园》研究等多种原因,在高校里学到的只有赞扬撒旦的这一种意见,而且课程中一般也只读前一两卷。

实际上,弥尔顿写这部史诗的目的十分明确,他在第一卷开篇就表明,通过《失乐园》他要展示上帝这样惩罚人类的道理,从而证明上帝对人类是公正的。③ 因此,尽管为了艺术需要或受其本人革命经历和被镇压的影响,弥尔顿的撒旦在头两卷里显示了英雄气概,但虔诚的基督教信徒弥尔顿绝对没有要支持撒旦造反或贬损《圣经》原来教义的念头。如果把整部《失乐园》细读完毕就会看到撒旦在不断造反的过程中是不断堕落的。刚落入地狱时,他还保留着原来在天堂时的最漂亮的大天使的许多体貌特征,但当他进入伊甸去勾引人类堕落时,他一路上变化着形体来掩护自己:先是走兽,后变飞鸟,最后变成最低级的爬行的蛇。在他引诱夏娃时,他哪里还有一丝原来的光辉?这个形体的变化在象征层面上就是撒旦不断堕落的表现,是他的万劫不复在形体上的体现。

撒旦的丑陋面目还不止于此。弥尔顿十分天才地描绘了魔鬼撒旦(Devil)飞越混沌向伊甸进发前在地狱门口遇见了人首蛇身的罪孽(Sin),即他头痛时从裂开的左边

---

① 要了解天神都向亚当展示了什么未来的景象,可参阅《失乐园》第11卷,第334—901行。

② 见诺顿版《失乐园》第1和第2卷所描写的撒旦。他醒过来之后在地狱里召开会议,商讨对付上帝的办法。其中最有名的是第1卷的第105—124行,撒旦声称:失去了天堂并不等于真正失败,他决不向上帝屈服,要聚集众堕落入地狱的天使发起反击。诺顿版《失乐园》,第9页。

③ 这句英文非常有名:"That to the highth of this great argument / I may assert Eternal Providence; / And justify the ways of God to men."见诺顿版《失乐园》,第7页。

脑袋里生出来的女儿。这里弥尔顿也许借鉴了希腊神话,因为雅典娜就是从宙斯的脑袋里生出来的。但不同于希腊神话,他的借用有许多基督教含义。比如罪恶始于头脑,始于不该有的知识。这个设计与吃知识树的禁果会犯罪是一致的。而且后来的许多西方作家,如斯威夫特、歌德、霍桑等,在他们的作品里都不断探讨过知识和罪恶的关系。接着,罪孽提醒撒旦他们的乱伦关系让她怀孕生出了死亡(Death),并告诉他死亡又强奸了她,以至滋生了无数丑陋狰狞的怪物,有的就盘绕在她的腰身上,扭动着、嚎叫着。这些内容自然是《圣经》里完全没有的。弥尔顿设计的罪孽、死亡和魔鬼撒旦这三者的关系实际上是对基督教理念最生动的阐释,而且他有意地用这个罪恶的三位一体与后面第三卷上帝和圣子、圣灵的神圣三位一体构建了鲜明的对照。① 然后管理地狱大门的罪孽给撒旦打开了门,把他放了出去。这里的描写也很贴切,因为在寓意的层面上,只有罪孽和死亡能把人们引向地狱,也只有罪孽才能把魔鬼从地狱里放出来扰乱人世。在第十卷中弥尔顿再次强调了两个三位一体的对比,圣子对圣父表态要降入人世替人类赎罪,而撒旦的女儿罪孽和与她寸步不离的死亡也在此时"堂堂正正"地进入世上,来扰乱并试图统治人类。②

  弥尔顿在《失乐园》里证明上帝处罚人类是公正的关键论点就是:上帝给了人类"自由选择"(freedom of choice)的权利。这也是《圣经》文本本身并没有太多笔墨的一个重要议题,它也是基督教教义中的一个核心概念。在《失乐园》第三卷里上帝从天上他的宝座上看到了撒旦的行为,觉察了他的意图,而且他预见了人类必然犯戒。此时圣子在身边替人类说情,但上帝说他给了人足够的力量和圣恩去抵御撒旦,但也给了人自由意志;如果人听从了撒旦,那就是他们自己的选择。弥尔顿的上帝进一步指出如果他出手阻止撒旦成功,那就意味着他用自己的意愿和力量控制人类,人类也就成为他的奴隶了。他不要人类落到没有自由的奴隶地位。③ 然而违背天命的选择就等于自视为上帝,是必须受到惩罚的,天庭里的众神为此都很难过。这时,上帝就承诺要对堕落的人类施圣恩,只要愿意接受圣恩的人最终都可以获得救赎。然而犯罪后的人类是不完美的、脆弱而有原罪,他们自身不可能完成赎罪的艰巨任务,除非有人替他们死来代替他们受惩罚。于是圣子提出要用自己的性命替人类赎罪,他得到上帝的同意和肯定。一切就这样预定好了,上帝在天庭和所有的天神就耐心地观察撒旦如何引诱亚当和夏娃,考验他们如何运用自己的自由选择。因此,在《失乐园》的第三卷里弥尔顿已经用他的阐释说明了人类犯戒是咎由自取,而上帝既惩罚又设法挽救,甚至献出自己最爱的儿子,因此他完全是公正的。

---

① 见诺顿版《失乐园》第 3 卷,第 56—134 行,第 58—60 页。
② 同上书,第 10 卷,第 85—125 行,第 215—216 页和 585—609 行,第 228 页。
③ 同上书,第 3 卷,第 122—134 行,第 60 页。

上帝的公正和仁慈还不仅限于此。在第五卷中上帝看到了撒旦给夏娃托梦,引诱她吃禁果,就派天使拉斐尔到乐园对亚当讲述了上帝如何创造了天地,如何造了亚当和夏娃,向亚当显示了整个宇宙的博大,①还告诉了他撒旦的反叛和天庭里的战斗,并警告说撒旦会引诱他们犯戒。② 然而,上帝的挽救措施未能奏效,夏娃的虚荣使她不能抵御魔鬼的诱惑。在亚当和夏娃吃了禁果后,第十一章中上帝又派了大天使迈克尔去开导悲观和茫然的亚当。他向亚当显现了人类入世后的生活环境,树木、草地、河湖,还有发明音乐、发现矿藏等等的美好前景,但也警示了人类的种种问题,包括展示他们的后代该隐如何杀害亚伯,以让他们对死亡的频繁和多样类型有心理准备。③ 在警示的诸多事情中,迈克尔特别警告亚当不能听信女人。他展示了一幅美丽的景象,帐篷里走出漂亮的女人,然后是男婚女嫁的快乐场面。但迈克尔指出这些都是假象,因为这些人都是该隐的后代。那些女人虽美丽,但很虚荣,她们不久就会腐蚀她们的丈夫。于是亚当立刻就表示了对那些受害的丈夫的同情。④ 虽然天神有必要特别向亚当强调男人不要耳朵软,不要太娇宠妻子,因为这是亚当犯罪的原因,但是《圣经》文本,尤其是《旧约》文本的男权话语在弥尔顿的《失乐园》里也时有体现。

　　弥尔顿和他的《失乐园》话题太大,也太丰富,决非我们在这个《圣经》故事的短短阐释里能够穷尽的。比如,没有讨论的还有亚当、夏娃这两个人物的塑造:夏娃的虚荣、轻信和自恋,亚当无原则地溺爱妻子,以及两个人认识了错误后的勇气;史诗中描绘的三个不同的地狱;人类堕落给自然带来的影响和变化;弥尔顿的上帝与《旧约》的上帝是否完全一样等等。我们只能引介上面的皮毛内容,旨在帮助读者理解这个《圣经》故事。事实上,弥尔顿通过类似斯腾伯格在他的现代叙事理论中提出的填补空白的解读方式,⑤首次或空前绝后地充分阐释了《圣经》中人类违背上帝和失去乐园的故事。因此他这部史诗对后世人影响深远,特别是文学家们常常无区别地把《失乐园》当作创作的参照。甚至可以说,除去宗教界之外,世俗读者常常把弥尔顿的《失乐园》故事等同于《旧约》经文本身,在讨论人类首次犯罪时不论是相关的概念还是详细的情节都常见两者不加区别或以假代真的现象。

---

① 见诺顿版《失乐园》第 7 卷,第 243—640 行,第 156—166 页;第 8 卷,第 66—178 行,第 168—171 页和第 452—499 行,第 178—179 页。
② 同上书,第 5 卷,第 209—307 行,109—112 页,第 561—907 行,第 117—126 页;第 6 卷,第 127—149 页。
③ 同上书,第 11 卷,第 556—580 行,第 255 页和第 429—499 行,第 252—253 页。
④ 同上书,第 11 卷,第 581—637 行,第 255—257 页。
⑤ 本教程第二部分"教辅资料"第一章第四节简单介绍了斯腾伯格的理论和他对《旧约》文本的解读。

结　语

弗莱提出《圣经》中有两个层次的现实存在，低层的现实是人类犯了天条后进入的世界，由人类祖先，先是亚当和夏娃，后来又有挪亚，和耶和华订立的契约来体现。①据此约，人类被给予一个生活的世界，成为自然万物的主人。高层存在则指的是亚当和夏娃被造出来之初生活的乐园、天堂。它就是人类毕生努力要争取死后返回的世界。因此，这故事里的"原罪"和"赎罪"主题就成为基督教教义的核心所在。在宗教之外，这一主题也以各种变体形式出现在两千多年的西方文学和艺术作品中，而且与西方意识形态，思想和哲学产生了错综复杂的交织关系。其重要性不言而喻。

在理解这则《圣经》故事时，弥尔顿的《失乐园》无疑是最好的辅助读物，诗人用浩宏的气魄，讲天论地，对简约、含蓄的《圣经》文本做了详尽的阐释，以超人的丰富想像，描绘了撒旦和天庭的矛盾，天使之间的大战，地狱里的状况，亚当和夏娃被引诱的戏剧过程以及他们的成熟等等。但是作为基督徒，弥尔顿的基本立场是理解和接受上帝对人类的惩罚的，并且做到了在史诗中一分为二地对待人类的这一悲剧经历。

故事三　该隐杀弟

《旧约》经文

"创世记"4:1—16

该隐和亚伯

4 有一日，那人和他妻子夏娃同房，夏娃就怀孕，生了该隐（就是"得"的意思），便说："耶和华使我得了一个男子。"² 又生了该隐的兄弟亚伯。亚伯是牧羊的，该隐是种地的。³ 有一日，该隐拿地里的出产为供物献给耶和华，⁴ 亚伯也将他羊群中头生的和羊的脂油献上。耶和华看中了亚伯和他的供物，⁵ 只是看不中该隐和他的供物。该隐就大大地发怒，变了脸色。⁶ 耶和华对该隐说："你为什么发怒呢？你为什么变了脸色呢？⁷ 你若行得好，岂不蒙悦纳？你若行得不好，罪就伏在门前。它必恋慕你，你却要制服它。"

8 该隐与他兄弟亚伯说话，二人正在田间，该隐起来打他兄弟亚伯，把他杀了。⁹ 耶和华对该隐说："你兄弟亚伯在哪里？"他说："我不知道！我岂是看守我兄弟的吗？"¹⁰ 耶和华说："你作了什么事呢？你

---

① 本教程第二部分"教辅资料"，可见第一章第三节介绍弗莱有关《圣经》里两个层次现实的论述。

兄弟的血有声音从地里向我哀告。¹¹地开了口,从你手里接受你兄弟的血。现在你必从这地受咒诅。¹²你种地,地不再给你效力,你必流离飘荡在地上。"¹³该隐对耶和华说:"我的刑罚太重,过于我所能当的。¹⁴你如今赶逐我离开这地,以致不见你面。我必流离飘荡在地上,凡遇见我的必杀我。"¹⁵耶和华对他说:"凡杀该隐的,必遭报七倍。"耶和华就给该隐立一个记号,免得人遇见他就杀他。¹⁶于是该隐离开耶和华的面,去住在伊甸东边挪得之地。

预习问题

故事内容问答题:

1. 耶和华为什么不喜爱该隐的供物?
2. 该隐杀亚伯的原因是什么?
3. 耶和华如何处置杀死弟弟的该隐?
4. 为了保护该隐不在流亡中被杀害,耶和华采取了什么办法?

深入思考题:

1. 作为人类第一起兄弟残杀的案例,该隐杀亚伯反映出哪些这种案件的共同特点?
2. 请尝试解读耶和华在该隐头上所做记号的多重含义。
3. 该隐杀弟的故事在西方文学中曾被多次借鉴,试举一两例进行讨论。
4. 试讨论罪与罚问题,特别是如何看待上帝对人类犯罪的惩罚和惩罚方式。

故事阐释

分析要点:

1. 人类第一起兄弟残杀的案例解析
   (An Analysis of the First Fratricide of Mankind)
2. "该隐杀弟"与西方文学
   (Cain's Story and the Western Literature)
3. 爱德蒙·李奇的二元对立阐释
   (Edmund Leach's Reading of Binary of Oppositions)

阐释解读:

1. **人类第一起兄弟残杀的案例解析**

相对前面的两则故事,"该隐杀弟"的故事属于轻量级了。然而,内容相对简单,牵涉的哲理和影响面不如上帝创世及始祖犯戒受罚的故事,并不等于它不重要。它包含了人类在社会、经济、心理和律法等诸多方面的原始成分,值得我们仔细地探讨。

莎士比亚在《哈姆莱特》中把克劳狄斯谋杀其兄,哈姆莱特的父亲,与这人类第一起兄弟残杀的故事做了比较。他让克劳狄斯说:"啊,我的罪恶的戾气已经上达于天;

我的灵魂上负着一个元始以来最初的咒诅,杀害兄弟的暴行!"①除了纯洁的伊甸乐园时期,谋杀是所有时代和地域通通存在的现象,它是罪行,毫无疑问。但是它也牵涉许多其他因素,比如心理问题,甚至近现代的研究还提出了生理的某些原因。严格来说,只要是人和有人的地方,就都存在杀人和被杀的可能。《圣经》里有许多谋杀,谋杀未果,和对谋杀的指涉。有的谋杀,如雅亿骗西西拉进入她的帐篷,乘他熟睡的时候杀死他,在经文中是被肯定和赞扬的,不算犯罪。它是拯救一个民族不受敌人涂炭的壮举。②但是绝大多数的谋杀是出于自己的不良动机或私利,是残害无辜。这种谋杀即便借司法之手的形式出现,也是罪恶的谋杀,如犹大国王亚哈之妻耶洗别诬告拿伯并命手下将他用乱石打死,来占有他的葡萄园,这也是一种谋杀。③

该隐杀死亚伯是人类第一次凶杀,也是一起手足相残的谋杀案(fratricide),它具备谋杀案的基本要素。但是,这起谋杀却没有通常这类案件的作案动机,比如兄弟争财产——该隐杀亚伯并非为了夺他的牛羊;也不是要报复——亚伯没有伤害过哥哥。该隐杀弟是出于妒忌的心理,是因为上帝只接受亚伯的供奉。但如果把供奉的被接受或被拒绝看成上帝是否接纳和喜爱供奉者本人,而由此再联想到自己是否受到上帝保佑和恩赐的话,那么该隐杀亚伯的动机就与兄弟姐妹争父母宠爱和争继承权无异了。在这之后的《圣经·旧约》文本里充满了类似的兄弟(也时有姐妹)之间的争权夺利,随便就可以列举许多,如以扫和雅各、约瑟和他的兄长们、押沙龙和暗嫩、所罗门和亚多尼雅等等。因此,该隐杀亚伯就是人类无数手足相残历史的发端,而"创世记"除了介绍上帝如何创造万物和人类的主要内容之外,讲的就是世间各种现象和事情的开端,就如同下面"巴别塔的故事"讲的就是人类语言多样和各个民族产生语言隔阂的来由。

人类第一次凶杀同后来所有的凶杀案一样是受到审判和惩罚的。审判者是上帝,惩罚是被驱逐离家,永远在世上漂泊。经文里说:4:⁴……耶和华看中了亚伯和他的供物,⁵只是看不中该隐和他的供物。该隐就大大地发怒,变了脸色。(Gen 4:⁴... The Lord was pleased with Abel and his offering, ⁵but he rejected Cain and his offering. Cain became furious, and he scowled in anger.)上帝就责问该隐,实际上是进行了一个心理探测:4:⁶……"你为什么发怒呢?你为什么变了脸色呢?"(Gen 4:⁶... "Why are you angry? Why that scowl on your face?")并且警告他:4:⁷你若行得好,岂不蒙悦纳?你若行得不好,罪就伏在门前。它必恋慕你,你却要制服它。"(Gen 4:⁷"If you had done the right thing, you would be smiling; but because you have done evil, sin

---

① 见朱生豪译《莎士比亚全集》第 5 卷,第 362 页。该引文的英文是:"O my offence is rank, it smells to heaven; / It hath the primal eldest curse upon it. / A brother's murder."
② "士师记"4。这个故事的阐释见本教程故事十四"西西拉之死"。
③ 见"列王纪上"21:1—10。

is crouching at your door. It wants to rule you, but you must overcome it.")耶和华指出神接受或拒绝供奉是根据供奉者的表现来决定的,因此责任在该隐自己。该隐非但没有改正,反而妒火中烧,不能控制自己,应验了上帝的预言:"罪就伏在门前"等着他了。这里牵涉到一个经文没有给以解释,而我们又很难推测的理解障碍,那就是为什么耶和华不喜欢该隐供奉的农作物,偏喜欢杀生,喜欢头生的羊和油脂？全凭猜测,我们是否可以找到以下的一些理由:(1)《圣经》,特别《旧约》里有上帝惠顾小儿子的传统,长子一般都得不到上帝的惠顾,而因此也得不到父亲的赐福和家族继承权。该隐是长子,也就得不到上帝喜爱。(2)上帝处罚亚当和夏娃的同时也诅咒了大地,因此大地所产之物为不洁,要到大洪水冲洗了全地之后才没有了这个问题。(3)《圣经》里的祭祀通常都是用牲畜,特别是羊,羊和羊羔有一层献祭人以自己的血肉相许的含义,比如上帝要求亚伯拉罕把以撒杀死,烧祭给他,就是对亚伯拉罕忠心程度的严峻考验。而谷物杂粮就不会有这样的分量。(4)也许我们还可以推测,在该隐和亚伯的始初时代,应该是狩猎、捕鱼和牧放为主要营生的阶段,农业还是十分次要的经济成分,农产品因此也没有地位。(5)有的《圣经》导读还猜测是否因为亚伯献祭的肥羊比农作物值钱,因此显得更诚心。① 这种推测把供物直接与价格贵贱连上,似乎有些亵渎上帝嫌贫爱富,但也是一种解释。

  最后我们来看看该隐所受的惩罚。上帝听到亚伯的血从地上呼叫,就审判了杀人犯该隐,但没有杀他,而是判他终生流放:4:¹⁰"……你兄弟的血有声音从地里向我哀告。¹¹地开了口,从你手里接受你兄弟的血。现在你必从这地受咒诅。¹²你种地,地不再给你效力,你必流离飘荡在地上。"(Gen 4:¹⁰". . . your brother's blood is crying out to me from the ground, like a voice calling for revenge. ¹¹You are placed under a curse and can no longer farm the soil. It has soaked up your brother's blood as if it had opened its mouth to receive it when you killed him. ¹²If you try to grow crops, the soil will not produce anything; you will be a homeless wanderer on the earth.")按理,流放比偿命要轻得多,但是该隐还是嫌判重了,因为当时的现实是一个杀人犯不论行走到哪里都可以被别人杀死。所以,流放就等于上帝不亲手处死他,而把他交在愤怒的群众手里。为了该隐不被暴民杀死,上帝在他的额头上做了个标志,这个标志在后世的文学作品里常被引用,称为"该隐的烙印"(the brand of Cain)。

  上帝放在该隐额上的记号是十分有趣的话题。它首先是杀人犯的标记,告诉天下人这是个有罪的人。但是它同时又是保护杀人犯安全的记号,因为上帝做记号的目的

---

  ① 见迪亚斯(Dee Dyas)和修斯(Esther Hughes)编写的《西方文学里的〈圣经〉——学生导读》(*The Bible in Western Culture: The Student's Guide.* London and New York:Routledge,Taylor & Francis Group,2005),第22页。

是"免得人遇见他就杀他",并说:"凡杀该隐的,必遭报七倍。"(Gen 4:15 But the Lord answered, "No. If anyone kills you, seven lives will be taken in revenge." So the Lord put a mark on Cain to warn anyone who met him not to kill him.)这个标记因此有它的双重性。犯罪标记的双重性在霍桑的小说《红字》里得到最好的翻版。海丝特·白兰犯了通奸罪,因此被罚要终生在胸前佩戴一个猩红的 A 字(代表 Adultery)。这个 A 字开始使人们像瘟疫一样躲避她、仇视她、虐待她。但是,随着她用善良之心对待周围的人,虔诚地赎罪,并帮助社区的民众,许多年之后这个标记就逐渐有了其他含义。它不再提醒人们海丝特是个罪人,反而被解读为"能干"(Able),甚至是"天使"(Angel)。所以该隐的故事是《圣经》里善恶辩证关系的又一个例子,那就是在惩罚罪恶时包含了挽救。而在霍桑的小说《红字》里善恶辩证关系则体现为"善从恶里生",或用中国方式来说,就叫做"变坏事为好事"。而且,在上帝不杀该隐的审判中,也预示了后世司法中的一些原则,比如以教育为主,以惩前毖后为宗旨。杀人犯该隐到处行走,其实就成为警醒众生不能学他,上帝是会惩罚罪人的一个活生生的样例。

2. "该隐杀弟"与西方文学

"该隐杀弟"的故事成为西方文学中竞争、仇恨和暴力主题的一个原型(archetype),是人类的堕落在人际关系方面带来的恶果。而该隐被放逐可以说是亚当和夏娃被逐出乐园后人类第二次遭到放逐,放逐使该隐离上帝,离救赎更远。在西方文学里该隐的故事不断被借用和参照,比如早在古英语史诗《贝奥武甫》(*Beowulf*)中,吃人恶魔格兰代尔(Grendel)就被说成与该隐有亲缘关系;英国浪漫主义诗人拜伦在 1821 年发表了《该隐:一个神秘的故事》(*Cain:A Mystery*);柯尔律治在 1828 年发表了《该隐的流浪》(*The Wanderings of Cain*)的片段;著名英国维多利亚小说家狄更斯在他未完成的侦探小说《艾德温·德鲁德之谜》(*The Mystery of Edwin Drood*,1870)中利用了该隐故事的原型,等等。但最典型的一个例子还要数美国诺贝尔文学奖获得者约翰·斯坦贝克的著名小说《伊甸园以东》(*East of Eden*,1952)。

斯坦贝克出生在加利福尼亚州蒙特雷县塞利纳斯镇,从小就深受《圣经》影响。《伊甸园以东》以蒙特雷县和塞利纳斯镇为背景,描写了汉密尔顿(作者自己母亲的家庭)和特拉斯克这两户人从美国内战到第一次世界大战的家史,以后者为善与恶斗争的中心。作为家族史小说虽然人物繁多,情节十分复杂,但整个中心建构在"亚当和夏娃"以及"该隐和亚伯"这两个《旧约》神话上。小说充满了欺骗、犯罪和暴力。特拉斯克家族的亚当暗指了《旧约》里的同名人,他的妻子凯茜是个比夏娃坏得多的邪恶女人。她与亚当的同父异母弟弟查尔斯通奸生下一对儿子该勒伯和亚荣,①后来就消失

---

① 该勒伯和亚荣的英文是 Caleb 和 Aron。这里 Caleb 翻成卡勒伯更合理。但是为了传达斯坦贝克有意地给他们两人起了与该隐(Cain)和亚伯(Abel)相同字头的名字,在这里就权且译成"该"了。

了,改名换姓在多处行骗、卖身,并操妓院行业,真与蛇蝎无异。有许多年亚当只当儿子是自己的,但是偏爱小儿子亚荣,这就进入了该隐和亚伯的故事格局。该勒伯不但在爱情方面成为亚荣的对手,两人爱着同一个女孩,而且他特别渴望获得父亲亚当的喜爱。斯坦贝克的小说当然比《圣经》故事复杂了百倍,但作者明确地设计了一个等同于该隐和亚伯向上帝供奉的情节。该勒伯把自己找来的一大笔钱送给父亲,却难过地看到父亲不以为然,并同时表示更喜爱亚荣书念得好并马上可以升入大学。最后,该勒伯设法把亚荣送上战场,造成弟弟死亡。这里《圣经》的参照不仅表现在故事的格局上,比如亚当和夏娃被逐后生了该隐和亚伯,然后上帝/父亲偏爱弟弟而造成哥哥杀死弟弟;而且还表现在对母亲凯茜的邪恶和带给丈夫的危害描写上,甚至在人物名字的设计上都影射了《圣经》。虽然斯坦贝克写的是一部现实主义的小说,从家族发展史中展示了 20 世纪初期美国社会的多重矛盾,并深刻地揭示了人性善恶的方方面面,但对《圣经》神话的依托使得他这部小说具备了超越现实主义的道德深度。

3. 爱德蒙·李奇的二元对立阐释[①]

如果细读该隐和亚伯的对立关系,我们还会有趣地发现他们只是《圣经》中无数这类对立关系中的一对。爱德蒙·李奇在他研究创世记神话的文章里指出,许多神话里都存在二元对立关系(binary oppositions),比如神和人、天堂和地狱、永生和死亡、男人和女人、合法和非法、善与恶等等,但是在两者间往往存在一个中间的因素,比如各样的妖魔既非神,也非人;又比如处女母亲,既非法又合法,也不能用善与恶的简单标准来衡量。这个中间地段是不正常、不自然,或甚至神圣的,如圣母,她生耶稣就没有与男人形成二元关系。在夏娃被造出之前亚当是可以独立生存的,李奇认为,这种独立生存就同伊甸园里那些自己就可以开花结果的树木花草一样。相反那些动物,飞鸟都成双成对,因此亚当很孤单,需要个伴侣。然而夏娃是用亚当的骨头造出来的,他们的关系就相当父女和兄妹。在吃了知识树的果子之后,亚当和夏娃有了男女区别的概念。亚当结束了植物那样的单性生活,但他和夏娃开始的性生活却是乱伦的关系。也是为此,上帝必须惩罚和诅咒他们,让他们降入人世,有了生死。所以知识树也被称为与生命树相对的死亡树。

乱伦是西方文学里的常见议题。李奇的分析把它用到了该隐和亚伯的故事上,即由于该隐是种地的,他的世界是单性的,都是那些自己就可以开花结果的树木花草,而亚伯牧放牲畜,他是与两性交合的正常生活相连的。这就是为什么上帝更惠顾亚伯。该隐习惯单性的世界,他独自一人是不育的。李奇认为他不但不育,而且身上隐含着

[①] 参见爱德蒙·李奇(Edmund Leach)著"Genesis as Myth",载于《文学背景里的〈圣经〉:当代评论文集》(*The Bible in its Literary Milieu: Contemporary Essays*. Ed. John Maier and Vincent Tollers. Grand Rapids, Michigan: William B. Eerdmans Publishing Company, 1979),第 411—422 页。

对弟弟乱伦的同性恋可能。如果想要让该隐改变伊甸园里那种没有生育的单性生活，真正入世，并通过女人生育后代，那么该隐必须丢掉他的兄弟，去找一个妻子。他也就必须像亚当那样，通过犯罪，获得性知识，从而改变他和夏娃的兄妹关系。这里李奇提出了亚当犯罪和该隐犯罪，以及亚当和夏娃的兄妹关系与该隐和亚伯的兄弟关系之间的对称结构。

接下来，李奇又把这两对关系与希腊神话俄狄浦斯的故事做了比较。俄狄浦斯同亚当和该隐一样起初牢牢地绑在土地上，定居在一个地方。由于听信了雅典娜关于他要弑父娶母的神谕，他就自我流放，离开了原来的家园，在外面流亡，但仍然受到神的庇佑。这里可以看到俄狄浦斯神话与亚当被逐出乐园以及该隐被流放的对称内容和格局。而且，李奇指出在雅各逃离家园，受到耶和华的保佑一路流浪的故事里这个主题格局又再次浮现。除了都具备流放格局，在亚当、该隐和俄狄浦斯的神话中还都牵涉乱伦的人际关系。李奇的分析一直把这种乱伦延伸至挪亚和他的儿子含，他认为经文说含偷看了赤身露体的挪亚，指的就是他勾引自己的父亲，因此挪亚才会大动肝火，并诅咒含和他的后代。当然，乱伦议题还可以明显地从罗得和他的女儿，亚伯拉罕和他的同父异母的妹妹/妻子撒拉等许多《圣经》故事里找到。在多数情况下上帝并没有谴责这种异常的关系。这正是上面李奇所说的介于合法与非法、善与恶之间的存在，往往无法简单给以是非判断。因此要因情况、因人而异，还要重在效果。比如罗得就有了后人，比如亚伯拉罕就有了上帝眷顾的嫡出之子以撒。李奇的阐释似乎在说上帝最关心的是人类的繁衍，他诅咒的是男性之间不能生育的同性恋，该隐杀死亚伯并被惩罚而流浪四方，在这个过程里他最终成家，养育了自己的后代。

<h2 style="text-align:center">结　语</h2>

该隐和亚伯的故事主要意义在于它是人类被逐出乐园后的第一起凶杀案，是"创世记"里许多"第一"或"首次"之中十分重要的一个，它把人类犯罪从抽象的"吃禁果"变成了具体的杀人罪行。但它又不是一般的谋杀，而是兄弟之间的手足残杀，这就给李奇这样的文学批评家一个探讨家庭关系，夫妻和兄弟姐妹，异性恋和同性恋，以及乱伦等问题的机会。虽然李奇根据形式主义理论家雅各布森(Roman Jakbson)和结构人文主义学者列维—斯特劳斯(Claude Lévi-Strauss)的理论而读出的这些内容似乎有些牵强，但是他所发现的《圣经》里重复出现的对称结构，从另一个角度印证了其他学者对《圣经》叙事存在内在关联的理论，比如艾尔特提出的"类型场景"讲的也是重复

出现的相似格局。① 所以,李奇的阐释还是可以帮助我们获得对《圣经》叙事文学性的更深入的认识。

故事四　大洪水与挪亚方舟

《旧约》经文

"创世记"6:5—22,7,8,9

人类的邪恶

6:⁵耶和华见人在地上罪恶很大,终日所思想的尽都是恶,⁶耶和华就后悔造人在地上,心中忧伤。⁷耶和华说:"我要将所造的人和走兽,并昆虫,以及空中的飞鸟,都从地上除灭,因为我造他们后悔了。"⁸惟有挪亚在耶和华眼前蒙恩。

挪亚

⁹挪亚的后代记在下面。挪亚是个义人,在当时的世代是个完全人。挪亚与神同行。¹⁰挪亚生了三个儿子,就是闪、含、雅弗。

¹¹世界在神面前败坏,地上满是强暴。¹²神观看世界,见是败坏了;凡有血气的人,在地上都败坏了行为。¹³神就对挪亚说:"凡有血气的人,他的尽头已经来到我面前,因为地上满了他们的强暴,我要把他们和地一并毁灭。¹⁴你要用歌斐木造一只方舟,分一间一间地造,里外抹上松香。¹⁵方舟的造法乃是这样:要长三百肘,宽五十肘,高三十肘。¹⁶方舟上边要留透光处,高一肘。方舟的门要开在旁边。方舟要分上、中、下三层。¹⁷看哪,我要使洪水泛滥在地上,毁灭天下。凡地上有血肉、有气息的活物,无一不死。¹⁸我却要与你立约。你同你的妻,与儿子、儿妇,都要进入方舟。¹⁹凡有血肉的活物,每样两个,一公一母,你要带进方舟,好在你那里保全生命。²⁰飞鸟各从其类,牲畜各从其类,地上的昆虫各从其类,每样两个,要到你那里,好保全生命。²¹你要拿各样食物积蓄起来,好作你和它们的食物。"²²挪亚就这样行。凡神所吩咐的,他都照样行了。

洪水

7耶和华对挪亚说:"你和你的全家都要进入方舟,因为在这世代中,我见你在我面前是义人。²凡洁净的畜类,你要带七公七母;不洁净的畜类,你要带一公一母;³空中的飞鸟也要带七公七母,可以留种,活在全地上。⁴因为再过七天,我要降雨在地上四十昼夜,把我所造的各种活物都从地上除灭。"⁵挪亚就遵着耶和华所吩咐的行了。

⁶当洪水泛滥在地上的时候,挪亚整六百岁。⁷挪亚就同他的妻和儿子、儿妇,都进入方舟,躲避洪水。⁸洁净的畜类和不洁净的畜类,飞鸟并地上的一切昆虫,⁹都是一对一对地,有公有母,到挪亚那里进入方舟,正如神所吩咐挪亚的。¹⁰过了七天,洪水泛滥在地上。

---

① 见罗伯特·艾尔特(Robert Alter)著《圣经的叙事艺术》(*The Art of Biblical Narrative*. New York: Basic Books,1981),第3章,第47—62页。

《圣经》文学阐释教程

¹¹当挪亚六百岁,二月十七日那一天,大渊的泉源都裂开了,天上的窗户也敞开了。¹²四十昼夜降大雨在地上。¹³正当那日,挪亚和他的三个儿子闪、含、雅弗,并挪亚的妻子和三个儿妇,都进入方舟。¹⁴他们和百兽,各从其类;一切牲畜,各从其类;爬在地上的昆虫,各从其类;一切禽鸟,各从其类,都进入方舟。¹⁵凡有血肉、有气息的活物,都一对一对地到挪亚那里,进入方舟。¹⁶凡有血肉进入方舟的,都是有公有母,正如神所吩咐挪亚的。耶和华就把他关在方舟里头。

¹⁷洪水泛滥在地上四十天,水往上涨,把方舟从地上漂起。¹⁸水势浩大,在地上大大地往上长,方舟在水面上漂来漂去。¹⁹水势在地上极其浩大,天下的高山都被淹没了。²⁰水势比山高过十五肘,山岭都淹没了。²¹凡在地上有血肉的动物,就是飞鸟、牲畜、走兽,和爬在地上的昆虫,以及所有的人都死了;²²凡在旱地上、鼻孔有气息的生灵都死了;²³凡地上各类的活物,连人带牲畜、昆虫,以及空中的飞鸟,都从地上除灭了,只留下挪亚和那些与他同在方舟里的。²⁴水势浩大,在地上共一百五十天。

洪水消退

⁸神记念挪亚和挪亚方舟里的一切走兽牲畜。神叫风吹地,水势渐落。²渊源和天上的窗户都闭塞了,天上的大雨也止住了。³水从地上渐退。过了一百五十天,水就渐消。⁴七月十七日,方舟停在亚拉腊山上。⁵水又渐消,到十月初一日,山顶都现出来了。

⁶过了四十天,挪亚开了方舟的窗户,⁷放出一只乌鸦去。那乌鸦飞来飞去,直到地上的水都干了。⁸他又放出一只鸽子去,要看看水从地上退了没有。⁹但遍地上都是水,鸽子找不着落脚之地,就回到方舟挪亚那里,挪亚伸手把鸽子接进方舟来。¹⁰他又等了七天,再把鸽子从方舟放出去。¹¹到了晚上,鸽子回到他那里,嘴里叼着一个新拧下来的橄榄叶子,挪亚就知道地上的水退了。¹²他又等了七天,放出鸽子去,鸽子就不再回来了。

¹³到挪亚六百零一岁,正月初一日,地上的水都干了。挪亚撤去方舟的盖观看,便见地面上干了。¹⁴到了二月二十七日,地就都干了。¹⁵神对挪亚说:¹⁶"你和你的妻子、儿子、儿妇都可以出方舟。¹⁷在你那里凡有血肉的活物,就是飞鸟、牲畜,和一切爬在地上的昆虫,都要带出来,叫它在地上多多滋生,大大兴旺。"¹⁸于是挪亚和他的妻子、儿子、儿妇都出来了。¹⁹一切走兽、昆虫、飞鸟,和地上所有的动物,各从其类,也都出了方舟。

挪亚献祭

²⁰挪亚为耶和华筑了一座坛,拿各类洁净的牲畜、飞鸟献在坛上为燔祭。²¹耶和华闻那馨香之

气，就心里说："我再不因人的缘故咒诅地（人从小时心里怀着恶念），①也不再按着我才行的，灭各种的活物了。²²地还存留的时候，稼穑、寒暑、冬夏、昼夜就永不停息了。"

神与挪亚立约

⁹神赐福给挪亚和他的儿子，对他们说："你们要生养众多，遍满了地。²凡地上的走兽和空中的飞鸟，都必惊恐、惧怕你们；连地上一切的昆虫并海里一切的鱼，都交付你们的手。³凡活着的动物，都可以作你们的食物，这一切我都赐给你们，如同菜蔬一样。⁴惟独肉带着血，那就是它的生命，你们不可吃。⁵流你们血、害你们命的，无论是兽是人，我必讨他的罪，就是向各人的弟兄也是如此。……⁷你们要生养众多，在地上昌盛繁茂。"

⁸神晓谕挪亚和他的儿子说：⁹"我与你们和你们的后裔立约，¹⁰并与你们这里的一切活物，就是飞鸟、牲畜、走兽，凡从方舟里出来的活物立约。¹¹……凡有血肉的，不再被洪水灭绝，也不再有洪水毁坏地了。"¹²神说："……¹³我把虹放在云彩中，这就可作我与地立约的记了。¹⁴我使云彩盖地的时候，必有虹现在云彩中，¹⁵我便纪念我与你们和各样有血肉的活物所立的约，水就不再泛滥毁坏一切有血肉的物了。……"¹⁷神对挪亚说："这就是我与地上一切有血肉之物立约的记号了。"

预习问题

故事内容问答题：

1. 上帝为什么要发洪水来淹没世界？
2. 他为什么选中挪亚一家作为唯一存留的人类？
3. 上帝给挪亚的具体指示是什么？
4. 大洪水开始是什么时候？雨下了多少天？洪水在地上多久才退尽？挪亚的方舟停在什么地方？
5. 水退去多少天之后挪亚打开窗户？他是怎样试探地上的水情的？

深入思考题：

1. 洪水在许多神话里都有反映。你能否查阅相关资料来进行世俗洪水神话和《圣经》洪水神话的比较？
2. 大洪水除去灭绝万物的惩罚功能之外，有没有其他的作用和效果？试讨论大洪水的辩证性质。
3. 上帝在用洪水惩罚人类之后，发誓再也不采用类似的方式全面地灭绝人类了。你认为上帝为什么会得出这样的决定？
4. 挪亚并非完人，说他是"义人"主要肯定的是他哪个方面？
5. 根据弗莱的分析，大洪水是一个符号，有多重的象征意义。试分析大洪水的象征性。

---

① 在我选的英文《圣经》里这部分上帝的话"from the time he is young his thoughts are evil"没有括号。括号是我选用的这个译本自己加上去的。

6.《圣经》的《旧约》和《新约》是前后关照和接应的,"新约"有许多事件、人物和情节都可以在"旧约"中找到先声,甚至"旧约"本身作为一个文学整体,里面也不乏前后照应。请尝试在这则故事之后的《圣经》文本里找出隐含的大洪水主题,或与大洪水照应的例子。

7. 挪亚和大洪水的故事到底是悲剧还是喜剧?你为什么这么认为?

8. 人类面临大自然的灾害常常是微不足道的渺小,人与自然,或与超越一切的绝对存在的关系,一直是西方神学和哲学探讨的议题。挪亚和大洪水的故事体现了哪些哲学和人生观的思考?

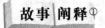

分析要点:

1. 大洪水神话考

   (A Study of the Flood Myths)

2. "挪亚方舟"的喜剧性

   ("Noah's Ark" as a Comedy)

阐释解读:

1. 大洪水神话考

洪水自古以来都是人类不断面对和经历的一个灾难。这类故事往往有共同之处,如大片土地被淹没,水到之处生灵绝灭,存活者一般都依靠一条船等等。所以,我们不好断定有上述特点的故事指的就是同一次洪灾。由现实而来的《旧约》大洪水神话在世界文化里不是孤立存在的,它与中近东一带的神话有密切的亲缘关系,也可以同世界其他地区的洪水传说进行比较,特别与巴比伦的洪水故事共同点多,以致无法否认它们彼此的密切关联。

现今遗留下来的巴比伦洪水故事来自公元前17和公元前7世纪,分别叫做《阿特拉哈西斯史诗》(*The Epic of Atrahasis*)和《吉尔迦美什史诗》(*The Epic of Gilgamesh*)。② "创世记"里的大洪水出现在上古何时没有定论,争议不断。但上述的两个巴比伦洪水故事都有一个虔诚信神的主人公,在洪水来到前都得到神的警告,并且造了一只大船,而且不仅全家登船,还挑选了一些牲畜、禽鸟和动物带上船。洪水发作后,万物皆亡,只有他们的船平安无事地落在亚美尼亚的山上。然后他们就下船祭祀神灵,而神也许诺从此绝不发大水来惩罚人类。后来的巴比伦神话里又加上了主人

---

① 这个故事的阐释主要根据戴维斯编著的《圣经文学导读》中的分析,还参照了弗莱的著作《伟大的代码》。

② 可查阅美茨格(Bruce M. Metzger)和库根(Michael D. Coogan)编《牛津圣经词典》(*The Oxford Companion to the Bible*),牛津大学出版社,1993年,第231页。《吉尔迦美什史诗》(*The Gilgamesh Epic*)是《希伯来圣经》和荷马史诗之前最伟大的文学作品,它在近东地区广为流传,并被翻译成其他文字。关于这部史诗的详细情况,可查阅《牛津圣经词典》,第254页。

公放出鸟雀去找陆地和植物。学者们都认为希伯来的洪水故事受到了巴比伦故事的影响，只是它进一步强调了希伯来人崇拜耶和华的一神教信仰。但是，更可能是巴比伦和希伯来的洪水故事都来自某个共同的渊源，因为它们实际上都属于全世界流传下来的这类神话的大家族。

到底上古时代有没有这样一次大洪水，目前仍旧没有确定的说法。考古学家们发现三个巴比伦城市的地层里有淤泥沉淀，但它们彼此不连接，而且不属于同一时期。所以"创世记"里的大洪水只是指代性的，它代表一种超越了希伯来地域的人类普遍的灾难经历。洪灾之后上帝重新与人类的代表挪亚立约，①从此开始了农耕的社会。

弗莱在《伟大的代码:〈圣经〉与文学》一书中多次讲到大洪水。他也认为世上普遍有大洪水的说法并不能证明真发生过这次洪水，就像上帝创世的故事虽被许多人接受也不能证明真正有过此事一样。他着重分析的是这个神话原型所代表的集体潜意识，不论它是源于柏拉图写的沉没于大西洋的阿特兰提斯岛传说(The Atlantis)，还是如弗洛伊德指出的与我们要小便时做的梦有关，它是人类的一种意识存在的表现，带有心理效果。② 在"创世记"开篇处，我们读到上帝用苍穹隔开了天外之水，就像中国神话里女娲要用石头补天上的漏洞那样不让天外的水肆虐人间。在挪亚的故事里，上帝又打开了所有的泉口和天窗来惩罚大地和所有的活物：7:"¹¹当挪亚六百岁，二月十七日那一天，大渊的泉源都裂开了，天上的窗户也敞开了，雨下了四十天，四十夜。(Gen 7:¹¹ When Noah was six hundred years old, on the seventeenth day of the second month all the outlets of the vast body of water beneath the earth burst open, all the floodgates of the sky were opened, and rain fell on the earth for forty days and nights.)上帝通过发大水来消灭世上生灵万物，这是对他自己创世的否定。但是，洪水过去之后，上帝与挪亚重新立约，他说:9:"¹¹我与你们立约，凡有血肉的，不再被洪水灭绝，也不再有洪水毁坏地了。"(Gen 9:"¹¹ With these words I make my covenant with you: I promise that never again will all living beings be destroyed by a flood; never again will a flood destroy the earth.")他还把彩虹放在天上作为所立之约的记号。我们可以说大洪水既是邪恶的摧毁力量，又是拯救人类重新开始的契机。弗莱认为，由于上帝在贬黜亚当、夏娃时诅咒了土地，这场洪水的一大功能就是解除了诅咒，大地获得更新。因此，他与挪亚立的约似乎标志着农业经济文化的开端。③ 上帝应允挪亚将给他四季和农耕的基本条件，他说：8:"²²地还存留的时候，稼穑、寒暑、冬夏、昼夜就永不停息了。"(Gen 8:"²² As long as the world exists, there will be a time for

---

① 见《创世记》9:12—17。
② 参见弗莱《伟大的代码》，第36页。
③ 参见弗莱《伟大的代码》，第143页。

planting and a time for harvest. There will always be cold and heat, summer and winter, day and night.")挪亚于是成为农人,他头一次收割了葡萄、酿了酒,然后喝得酩酊大醉。

　　上帝与挪亚立约时强调了将万物交在人的手里,他说:9:"² 凡地上的走兽和空中的飞鸟,都必惊恐、惧怕你们;连地上一切的昆虫并海里一切的鱼,都交付你们的手。³ 凡活着的动物,都可以作你们的食物,这一切我都赐给你们,如同菜蔬一样。"(Gen 9: "²All the animals, birds, and fish will live in fear of you. They are all placed under your power. ³Now you can eat them, as well as green plants; I give them all to you for food."①)他曾在造人之初对人说过类似的话:1:²⁸……又对他们说:"要生养众多,遍满地面,治理这地;也要管理海里的鱼、空中的鸟,和地上各样行动的活物。"²⁹神说:"看哪,我将遍地上一切结种子的菜蔬,和一切树上所结有核的果子,全部赐给你们作食物。"(Gen 1:²⁸... and said, "Have many children, so that your descendants will live all over the earth and bring it under their control. I am putting you in charge of the fish, the birds, and all the wild animals. ²⁹I have provided all kinds of grain and all kinds of fruit for you to eat.")②把世间万物分成了等级,置人于上帝之下,万物之上。他还让亚当给万物和生灵起名字。然而,在乐园里的亚当、夏娃实际是并不需要认真劳作和渔猎,也体现不出把握万物的地位来。直到他们被逐出乐园,他们才有了独立的生活。弗莱认为到挪亚的时候,上帝立约将万物交在他的手里意味着从此真正建立了一个两层的世界,天堂和人类失去的乐园属于人类与自然发生关系的一个高层现实,而亚当、夏娃离开乐园进入的这个世界,也就是上帝交在挪亚手中的世界则是人类和自然之间产生关系的一个低层现实。③ 这个现实世界虽然归人类把握,但它也是陌生的、异己的,人既依靠它,又把它视为对自己有威胁的力量。而由于《圣经》里有了两个层次的存在,它引导人类在低层劳碌一生的同时,去向往最终达到高层,回到失去的天堂乐园。

　　弗莱在讨论大洪水时,还把它升华为一个符号,一个象征性的指代。他指出,在《圣经》里,水既是惩罚方式,也是拯救手段。在摩西带领犹太人逃出埃及途经红海时,红海水在摩西杖下分开,形成通道让亚伯拉罕的子孙通过,然后又合起来淹没了埃及的追兵。④ 对那些葬身海底的埃及人来说,被红海水淹没无异于大洪水中没有登上方

---

① 这里的英文翻译比较随意,省略了如昆虫(insects)及"地上"、"海里"、"结种子的"和"结有核的"这些原《钦定圣经》的英文里有的内容。
② 这里的英文翻译有同上一个注提到的同样省略。
③ 弗莱《伟大的代码》,第75页。
④ 同上书,第146页。

舟的生灵。再衍生一步,我们可以把经历洪水而后生当作洗礼。基督教里的洗礼仪式确实有从水中再生,或用水洗去罪恶的含义。弗莱认为《旧约》和《新约》里有相通的模式和格局,《新约》里面重复再现着《旧约》的内容和意象。他举的一个例子就是挪亚的洪水洗礼,摩西带领以色列人经历的红海洗礼和《新约》里多次出现的洗礼,其间是一脉相承的,都含有在旧的世界里死去,再在新的世界里复生的意思。①

这里面有一个有趣的问题,历来的学者们都没有答案。那就是:《圣经》告诉我们大洪水灭绝了挪亚方舟之外的一切生灵,但是水里的鱼到哪儿去了?它们不怕水,也不用登上方舟,而且一个也死不了。也许上帝把它们忘掉了,也许上帝既然选择了洪水来惩罚众生灵,就只能承认鱼类豁免的特殊地位。但是,弗莱在他的书里进一步提出洪水作为一个象征的意象从未真正退下,我们是否可以认为人类和万物始终都生活在水下的现实中,等待拯救。这样连起来看,就可以较容易地解释为什么《新约》里耶稣多次和鱼、海豚,还有钓鱼有联系。其实,耶稣和鱼的关系早就有人注意到。"耶稣,上帝之子,救世主"这几个字的希腊文取第一个字母可排列成 *ichthys*,意思是鱼,在"诗篇"69 中被淹没的人从水底深处向上帝求助,祈祷灵魂超度,就是一个人像水底鱼的意象,也是洗礼的象征。② 而用鱼去比较智慧的导师或某个文化的英雄这种传统做法,可以一直上溯到古代巴比伦的神话。

2."挪亚方舟"的喜剧性

"挪亚方舟"虽然讲的是人类遭到绝灭之灾,但是由于它包含了戏剧性的不协调因素(incongruity)和挪亚一家逃出了洪灾的喜剧结尾,因此内含了喜剧的因素。

不协调因素指的是和周围大环境不一致或颠倒的行为或事物,或者与一般期望不一致的言行,是形成喜剧效果的重要原因。比如,一个人抱着一大捧书走进屋子,他如果稳稳当当,甚至很轻松地走到桌子前面把书放下,那么一切正常,无滑稽可谈。这叫"正剧"。但是如果他因为书没有码好,像卓别林那样走得左摇右摆,一本书要掉下来他忙伸手去抢救,结果整捧书都落在地上。这就出现了不协调因素,在场的人大概就会大笑。这叫"喜剧"。然而,如果这人因此还摔了跤,并且断了腿,那么这个不协调因素就太大了,效果也就从喜剧变成了悲剧。③ 而且,喜剧或相声的受众之所以笑,是因为他们实际上都感到自己比剧中或相声里的那个人高明,自己绝对不会犯那种可笑的错误。所以,受众并没有直接意识到的自身优越感也是喜剧有效果的一个因由。被笑

---

① 弗莱《伟大的代码》,第 147 页。
② 同上书,第 192 页。"诗篇"里的原文是:69 神啊,求你救我,/因为众水要淹没我。/² 我陷在深淤泥中,没有立脚之地;/我到了深水中,大水漫过我身。/³ 我因呼求困乏,喉咙发干;/我因等候神,眼睛失明。
③ 这里提到的关于不协调因素(incongruity)的理论和例子是笔者在美国纽约州立大学念书时该校英语系主任、马克·吐温专家约翰·格伯(John Gerber)讲授的。该词翻译比较难,权且先译成不协调因素。

的对象或事物被置于了低一级的地位,这里面也暗藏着悲剧因素。比如,巴黎圣母院的敲钟人,他的丑陋外表很吓人,是一种与正常外表不协调的因素,因此也有人拿他的丑陋和怪诞取乐。但是这种取乐根本上是悲剧性的。从此例推广一下,我们也可以说马戏团的小丑令观众开心,他利用的观众心理基本上等同那些拿巴黎圣母院敲钟人取乐的心理,追根也可以从喜剧追到悲剧上。所以悲喜剧并非截然没有联系,或者是对立的。大洪水当然是灾难,是悲剧性的事件,但是并不排斥挪亚一家人获救及获救的方式是喜剧性的。

中世纪以宗教为题材编写戏剧,其中的"神迹剧"(miracle plays)就有过上演挪亚方舟的记录。当时演戏在街上,往往由木匠行会上演这出戏,他们负责做出一只道具船,观众围着挪亚、他的家人、他的方舟,还有他的动物边看边笑,整个气氛是哄闹和开心的。到了现当代,挪亚的故事被制作成了卡通片,成为很好的喜剧题材。美国有名的黑人喜剧演员比尔·科斯比(Bill Cosby)就表演过非常滑稽的挪亚同上帝对答的单口相声。在孩子们喜爱的卡通片和图画书里,挪亚像个船长,留着大胡子,叼着大烟斗,坐在他的船舱内,身子却从窗户里探出来,望着岸上排出去好几里路的各种动物、昆虫、牲畜和禽鸟,它们一对儿一对儿地排在长长的队伍里,乖乖地等着登上挪亚的船。

挪亚的故事讲的是上帝摧毁人类和世界生灵,这种生杀大事并非喜剧。但是它描述了面临宏大自然力量的弱小和蠢笨的人类,这里面就包含了极端的不协调性,也就是前面已经提到过的喜剧因素。何况对上帝偏爱和选中的挪亚一家来说,并无真正危险,大洪水只是一次以喜剧结尾的经历而已,连冒险都算不上,把它说成是造成了生活上的多种不便还差不多。而且,如果从这方面仔细想想,就可以质疑上帝发大水淹没所有人类是否是个聪明的做法。因为即使挪亚一家不是上帝眼里的恶人,他们也和其他被洪水杀死的人一样在上帝斥责为邪恶的世界上生活过,也存在潜藏的恶。而这种大规模灭绝虽然恐怖,却并没有使挪亚一家感到害怕或经受半点威胁和考验。他们身上潜在的恶并得不到纠正,一旦发作起来,他们身后的世界必然同已经淹没的世界大同小异。这一点在"创世记"里很快就得到了证实,挪亚自己就贪酒,酒醉后会赤条条地睡卧在地。他的儿子含不但不关心老父亲,还要去偷看他的丑态,并由此招来挪亚的诅咒。正因为大洪水后人类又败坏了,所以虽然上帝答应过挪亚不再发大水灭绝全世界,但他还是又用大火灭了所多玛和蛾摩拉。他最后不得不认识到人类会不断犯罪和做错事,想一次性打杀是解决不了问题的。而且他也不能把人类全部消灭,因为反讽或辩证的事实是,上帝必须有人类他才能成其为上帝。在这种无可奈何的处境下,后来变得聪明了的耶和华选中亚伯拉罕和他的后代雅各,单独与他们立约,退而求仅仅管好这一小部分人。可见上帝的无奈!

然而,正如前面提到的,大洪水不仅是《圣经》神话的一部分,它在许多地区和民族的神话传说里都存在,当然细节不大相同。这种神话的存在反映了人类共同存在的对世界开始和终结的思考。①如果我们读到大洪水的神话时能够相信世界会这样毁灭的话,那是因为我们潜意识里存在世界有末日的想法。在近现代历史上,当希特勒不可一世时,当冷战双方用原子武器互相威胁时,我们大概都有过世界灭绝的恐惧。挪亚按照上帝意图用木料和松香建造了方舟,他肩负着拯救全人类和宇宙生灵的高尚任务。但是,他建造木船来抵挡宇宙灾难的形象既有他的尊严又有十分不协调的可笑之处。他让我们联想小松鼠或小蚂蚁如何用他们可怜的伎俩来逃脱覆灭性的灾难。

上帝的洪水是一次惩罚,这样的惩罚贯穿了整个《圣经》,只不过每次惩罚的规模大小和方式不同而已。事实上,如斯腾伯格指出的,《旧约》叙事里存在着"犯罪—惩罚—呼救—拯救"这样一个反复出现的模式。大洪水,灭所多玛和蛾摩拉是大规模的灭绝,约拿故事里上帝威胁要灭尼尼微,以及"士师记"里记载的上帝无数次把以色列人交在外族人和非利士人的手里,让他们受奴役,然后再拯救他们。《圣经》在善恶无休止斗争方面反映了真理,它说明善恶是一对永恒的矛盾,善与恶的斗争就构成了人类的历史。上帝从奢望一劳永逸地消灭恶到逐步认识到这不可能,而承认人类是不完美的并与人类达成协议,这样开始了《圣经》所宣传的无止境的扬善惩恶的斗争。因此,我们可以认为《圣经》既是宗教文献,也是象征意义上人类的善恶斗争史,这是一个有人类就永远存在的、连万能的上帝都不能终止的斗争。

结　语

大洪水和挪亚方舟是《旧约》里脍炙人口的神话故事,在西方文学和文化里挪亚方舟已经成为避难所的代名词。这个故事紧接着创世的神话,从中读者可以进一步认识和了解上帝。在大洪水和挪亚的故事里上帝首先是令人畏惧的,他操有生灵万物的生杀大权,但是他也是讲理的。他看见挪亚是个义人,就把他和他全家人留下,并委以拯救物种的重任。在故事里上帝好像采用了循环式的行为方式,他在头一次创世之后把万物交于亚当,用大水灭绝了世界,然后又赐福挪亚,重新开头,把万物交在他手里。这种循环实际上同生、死、再生的自然界循环吻合。另外,上帝虽然威严,好像还挺健忘。在他同挪亚立约时,反复讲他要把虹放在云彩里,为的是提醒他自己再不要发大水来淹没世界。在这一点上他的形象接近一个人家里的老父亲,让人感到靠近他了。而且上帝不断提醒自己不要忘记不再发大水的承诺,这个形象也带上了一些喜剧性的滑稽色彩,它同挪亚的喜剧形象形成了呼应。

---

① 见弗莱《伟大的代码》,第36页。

故事五　巴别塔

《旧约》经文

"创世记"11:1—9

巴别塔

11 那时，天下人的口音言语都是一样。²他们往东边迁移的时候，在示拿地遇见一片平原，就住在那里。³他们彼此商量说："来吧，我们要作砖，把砖烧透了。"他们就拿砖当石头，又拿石漆当灰泥。⁴他们说："来吧，我们要建造一座城和一座塔，塔顶通天，为要传扬我们的名，免得我们分散在全地上。"⁵耶和华降临，要看看世人所建造的城和塔。⁶耶和华说："看哪，他们成为一样的人民，都是一样的言语，如今既作起这事来，以后他们所要作的事就没有不成就的了。⁷我们下去，在那里变乱他们的口音，使他们的言语彼此不通。"⁸于是，耶和华使他们从那里分散在全地上，他们就停工不造那城了。⁹因为耶和华在那里变乱天下人的言语，使众人分散在全地上，所以那城名叫巴别（就是"变乱"的意思）。

预习问题

故事内容问答题：

1. "巴别"与英语词"babble"有关。请查看该英语词的含义，并用它的意思来解释为什么这座塔最后被命名为"巴别塔"。
2. 人类计划建一座通天的塔，他们的目的是什么？
3. 耶和华为什么不愿意人类修建这样一座塔？
4. 他采用了什么方法破坏了人类的这次行动？

深入思考题：

1. "巴别塔"的故事主要说明了一些什么问题？
2. 人类想通天是否自不量力？
3. 你能否从"巴别塔"的故事谈谈语言的重要性？
4. 如果结合《旧约·创世记》中上帝用语言创造了世界，我们能否说《圣经》超乎寻常地强调了语言在人类存在中的地位？你同意对语言的这种重视吗？你不认为过分抬高属于上层建筑的语言是与唯物主义的观念相悖吗？

单元一 《旧约》：神话

故事 阐释

分析要点：
1. 巴别塔故事的多重寓意
（The Multiple Layers of Meaning in the Story of the Tower of Babel）
2. 巴别塔故事强调的语言的重要性
（The Story's Emphasis on the Importance of Language）

阐释解读：
1. 巴别塔故事的多重寓意

巴别塔这则神话十分短小，但是它有多重寓意。故事讲的是，始初，天下人聚到一起，想合力建一座城和一座塔。经文写道：11:⁴他们说："来吧，我们要建造一座城和一座塔……"（Gen 11:⁴ They said, "Now let's build a city with a tower..."），因此故事首先讲的是城市文明的开端。虽然当时还谈不到大都会，所谓的城市也不过就是相当于村镇的商贸集聚中心，但是建楼盖房有别于住帐篷的流动牧放生活格局。后世的城市就是从这样的小建筑，或建筑群发展而来的。

然而，他们还要造一座塔。塔不属于可居住建筑，也与集贸无关。那么，建造这座塔是为了什么呢？经文里也给了交代：11:⁴"……塔顶通天，为要传扬我们的名，免得我们分散在全地上。"（Gen 11:⁴ "... a tower that reaches the sky, so that we can make a name for ourselves and not be scattered all over the earth."）话虽不多，含义却不少。第一，建塔的目的是要张扬名声，即人类的存在，他们不但是能工巧匠，而且能合力做出壮举。第二，塔有指点方向之意，如灯塔。高塔可以从远处望见，在人口分散的，多沙漠和荒野的地区，在以流动游牧生活为主的社会里，这样从远处可望见的高塔，自然不但指点方向，也成为人们仰望的中心。第三，人类不想分散，想集中和团结起来。第四，建塔的人类还设计要让它通天，塔要如此的高，以至塔顶能接到天上。这样一个要与天比高低的计划实在是雄心勃勃，以致上帝不高兴了，采取了果断措施破坏了人类的计划，制止了他们的野心。

在这个故事里上帝看起来十分不可爱，他显示了要戒备和控制人类，甚至妒忌的面目。但是仔细分析之后，我们会认识《圣经》把上帝描写成这样也有它的道理。犹太教和基督教都谴责人类的狂妄自大，在教义里告诫人类的七大罪（seven deadly sins）之首就是骄傲，目中无人，而相对骄傲提倡的则是主要的基督教美德，即谦卑（humility），尤其指在上帝面前要知道自己有几斤几两。凡是越位的言行，都是罪行，要受到惩罚。这个道理是比较不容易被接受的，因为人们往往不把骄傲看得同盗窃、通奸和杀人那么严重。然而，基督教宣讲的恰恰是，有罪的人只要知罪，向上帝悔过，就会被原谅、被接纳，哪怕你曾卖淫、曾烧杀。抹大拉的马利亚原是妓女，悔过后就得到耶稣的喜爱和庇佑。相反，自以为是完人或强人而傲慢无比、目无上帝者则是最大的罪人，一般都没有好结果。在西方文学里传达这个基督教思想的作品比比皆是，比如梅尔维尔的《莫比·迪克》(*Moby-Dick*)里那位一意孤行的船长亚哈，他不顾现实可能性，不听来自各方的警告，非要挑战庞大的白鲸，以至船沉身亡。如果说大白鲸象征超越人类力量的神秘自然，那么，自视太高的亚哈，要做的是在人世间扮演上帝的角色；如果大白鲸象征的是上帝，则公开挑战上帝的亚哈就是魔鬼，是撒旦。《圣经》里撒旦造反也是因为不服气，也是出自骄傲。不论是哪种读法，亚哈都越位了，他就犯了大罪，就没有好下场。① 霍桑是个纠缠在原罪和赎罪议题里不能脱身的作家，他在多部作品里都谈了人如何认识自己的问题。比如与人类自不量力的主题有关的短篇小说《拉巴契尼的女儿》(*Rappaccini's Daughter*)就描写了拉巴契尼在人世间充当上帝角色来仿造伊甸园的故事。但是，自以为有知识、能创造奇花异草用以治病的拉巴契尼医生，结果种了满园子的毒花恶草，最后连心爱的女儿也成为他这种野心的牺牲品。在巴别塔的神话里，人类首次表现出无比的自信和骄傲，想同上帝比肩，这按照上述的宗教教义是大错特错的事，因此必然被上帝阻止。

　　然而，从另一个角度去看，造通天塔所表现的登天愿望也是基督教教义的核心。基督教一直宣传自从亚当、夏娃被逐出乐园来到下面的世界时起，人类就应该不断努力，通过赎罪争取回到上帝身边，而不是下地狱，万劫不复。不过，基督教的上帝要人类借助他的力量完成这个愿望，而不能允许把他抛开。他惊呼：11:⁶"……如今既作起这事来，以后他们所要作的事就没有不成就的了。"(Gen 11:⁶ "... this is just the beginning of what they are going to do. Soon they will be able to do anything they want!")所以，他对人类团结强大之后无法控制的担忧，还不仅是他个人有无权威的问题。他必须把人类牢牢把握住，否则基督教要人们先赎罪才能回天堂就行不通了。

　　巴别塔的神话还是人类的第一个乌托邦理想。所谓乌托邦就是不能实现的美好设想或建构。我们从摩尔(Thomas More)的作品《乌托邦》(*Utopia*, 1516)熟悉了这个词。社会主义作为一个社会制度，在出现之前很早的时候也曾经是乌托邦理想。所以，有的情况下乌托邦会被后来的世人们变为事实的。这里谈的通天塔没有成功，变成了当时人们的乌托邦理想。但是如果我们跳出神话和寓意的范畴，来谈人类发展的实情，我们是否可以说后来飞机的发明，以及现在又向宇宙进发所做的一切努力，都是人类在逐步地修建通天的塔？是否可以认为这个超前的乌托邦理想正在逐步地得以实现？然而，答案并不能太乐观。如果把上帝看做超过人类的绝对存在，看做类似大自然的力量，那么我们还是要永远承认自己的局限性，承认上帝/自然永远大于人类，

---

① 这只是对该小说的多种解读之一。

通天也好,征服自然也好,只能是相对的。在这个意义上巴别塔神话的寓意永远是正确的,因而通天在哲学层面上永远是乌托邦理想。

2. 巴别塔故事强调的语言的重要性

《圣经》是个抬高语言地位的文本,上帝用语言创世,又通过他的使者、先知等传达话语指示来指点和引导他的子民,有时他还直接对他的亲信说话,比如亚伯拉罕和摩西都听到过上帝从天上呼唤他们去完成某个旨意或要求。而后来口头的语言又通过摩西五经落实成书面文字。从此在上帝的希伯来子民心中,经文就代表至高无上的上帝,服从上帝就等于严格遵守经文。在巴别塔这则神话里,上帝又赋予了语言新的功能,那就是通过造成语言隔阂来对人类分而治之。由此开始了语言的双重性,它既能沟通、交流,又是阻挡和割离的手段。然而,不论是哪种功能,语言在《圣经》文本里至关紧要的地位是不容忽视的。

众所周知,语言是人类不同于动物的主要特点。尽管动物也有自己用声音交流的方式,但那没有形成体系,不是真正意义的语言,更谈不上书面文字。语言又与知识和文化相连,是它们的载体。斯腾伯格从上帝通过语言驾驭他的子民出发,引申出他对《圣经》叙事的核心观点,那就是《圣经》的叙事是围绕人类对知识的把握程度来展开的。斯腾伯格提到的所谓的知识,在这里就专指《圣经》人物对上帝意图的了解程度和把握,那是他们被惠顾还是被抛弃的要害所在。正因如此,从一开始在伊甸园里,知识树就比生命树重要,而整个《圣经》所讲述的的确也就是人类怎样理解上帝,从而能够更好地跟从上帝。[①]

《圣经》对语言的抬高有趣地在后现代多元的语言和文学理论里得到了呼应。从形式主义和结构主义一直到弗洛伊德心理阐释和德里达的解构主义,无一不是在强调形式(包括语言),把语言置于存在之上。按照弗洛伊德和德里达的论点,在语言之外就没有存在。[②] 虽然他们对传统的存在决定上层建筑(包括语言)的挑战只是一家之说,但是形式对内容会产生影响,而且到了一定程度就变成了内容的这种意见也很有道理。因此,在20世纪多元文论的影响下,对形式实验的文学作品就层出不穷了。艾略特的《荒原》和乔伊斯的《尤利西斯》都是很好的例子。事实上,打破时空的结构和散乱无序的意识流叙述都以其艺术形式本身体现了后现代破碎和琐细的现实,从而强化

---

① 见斯腾伯格(Meir Sterberg)著《圣经的叙事诗学:意识形态文学和解读的戏剧性》(*The Poetics of Biblical Narrative: Ideological Literature and the Drama of Reading*. Bloomington: Indiana University Press, 1987)。他的整本书的阐释都围绕着由《圣经》人物和读者对信息和知识把握的差距而造成的解读戏剧性,最具代表性的是第五章"The Play of Perspectives",第153—185页和第七章"Between the Truth and the Whole Truth",第230—264页。也可参见刘意青文章《〈圣经〉的阐释与西方对待希伯来传统的态度》或本教程第二部分"教辅资料"第一章第四节"斯腾伯格:《圣经》叙事的意识形态研究"。

② 这个问题在韩德尔曼的著作《杀死摩西的人》里得到了充分的阐释。

了作品的主题,使形式本身就成为了内容,不再是包装内容的外壳。在对语言和语言代表的形式的重视和抬高方面,后现代文论、文学作品和文化的走势完全符合在《圣经·旧约》开篇的这几个神话里体现的希伯来认知传统。

语言是文学的载体,不同的语言还生成不同的文明,包括不同的思想、文化和宗教。所以上帝让建巴别塔的民众说不同的语言后,人类从此才有了多样的文化、意识形态和宗教信念。巴别塔的神话因此是世界多元化的开端。但从此就有了更多的不和、矛盾和争端,甚至战争。在这个故事里,我们看到人类争取协调一致的最大努力却反讽地走向了相反的方向。难道这不是现当代国际政治中常见的现象吗?所以,巴别塔的故事讲的还是人类不认识自己的局限性,以为可以主宰一切,以为有足够的力量来实现愿望。因此,与挪亚的故事相反,巴别塔神话是个悲剧故事,它已经包含了悲剧文类的基本元素。

结　语

巴别塔是经典的神话,它的寓意非常丰富,因此生命力很强。它传达的一些观念被世世代代广泛地引用,从中获取生活的智慧,比如人类要知道自己在自然里的地位,不要狂妄,要谦虚谨慎;比如语言十分重要,不同语言的存在导致了多元文明,但也带来了无尽的分歧和矛盾。巴别塔显示了人类的局限和追求改进的艰难,因此陀思妥耶夫斯基把社会革命比作建造巴别塔。巴别塔还显示了世界存在的矛盾的绝对性以及团结、联合的相对性,因此也有人称当今的联合国和它的任务就无异于想建造巴别塔。

单元一读后思考题/写作题(Essay Questions):

1. 从文化视角略谈《圣经》创世神话。
2. 试评弗莱对《圣经》创世神话的阐释。
3. 浅析本单元五个神话故事的社会、文化、经济和政治等方面内涵。

单元二 《旧约》：传奇

篇头：什么是"传奇"？[①]

　　传奇基本上是一种象征文学，它同神话类似，不能认真要求所讲的人物和事件都是历史上真正有过的，也就是说传奇不以真为目的，也不追求真实。但它与神话有一个巨大的区别，那就是它所讲的内容（包括人物和事件），都不能完全无中生有。传奇介于神话和历史之间，往往是过去的确有过的人和事的传闻，有具体的时间和地点，但不对所讲的内容负历史的责任。因此，它同神话一样，有"不真实"的名声，有时几乎与"假话"、"瞎编"等同。

　　传奇作为一个文类，也是十分重要的。它与其他文学形式同样是对生活，对现实的一种反映，是一个单位——小至家庭、学校、俱乐部等，大到家族、种族、民族和国家，对自身的过去的一种记忆，有很强的传统承传效果和目的。传奇首先讲的是过去的名人和重要人物的故事。这些人在他们所属的单位或群体里留下了不可磨灭的印迹。拿家庭来说，家中的长辈们，甚至祖宗八代传下来的故事，不论有无书面记载，都有传奇色彩，会在这个家庭小单位里一代代传下去。但如果只牵涉一个普通家庭，外界对这些故事就不会有太大兴趣。学校也有传奇，比如北京大学的校园里就流传着一些名师的故事，其中关于林徽音、周培源等教授学者的传闻就有传奇色彩，构成了校园文化的一部分。当然传说与传奇还是有质的区别，传说必须重要到构成一个民族文化的部分内容时才堪称传奇。

　　在这个被列为"传奇"的单元里阐释了《圣经·旧约》中以色列的族长亚伯拉罕、以撒、雅各，直到约瑟的经历，但没有可靠的历史文献来证明所涉及的内容全部都真的在历史上发生过。所以，说这些族长是历史人物有些勉强。但是，类似我们中华民族的黄帝和大禹，他们的故事早有口头流传，后来又记载下来。他们已经成为以色列民族对过去记忆和认识的一部分，是那个奇特的，被称为"以色列"的古老犹太家族的神奇经历。这些故事并不坚持它们的真实性，只是把这些人和事当成真的来讲。正如戴维

[①] 这里关于传奇的定义参照了戴维斯的《圣经文学导读》，见该书第 36—37 页。

斯所说,它们要传达给后世读者的仅仅是以色列人怎样看待他们自己这个民族。① 从他们民族的传奇故事开始,读者会逐步进入真正的以色列历史,但那将是本教程下一个单元的内容了。

故事六　亚伯拉罕献祭以撒

《旧约》经文

"创世记"22:1—19

神吩咐亚伯拉罕献以撒

22 这些事之后,神要试验亚伯拉罕,就呼叫他说:"亚伯拉罕!"他说:"我在这里。"²神说:"你带着你的儿子,就是你独生的儿子,你所爱的以撒,往摩利亚地去,在我所要指示你的山上,把他献为燔祭。"³亚伯拉罕清早起来,备上驴,带着两个仆人和他的儿子以撒,也劈好了燔祭的柴,就起身往神所指示他的地方去了。⁴到了第三日,亚伯拉罕举目远远地看见那地方。⁵亚伯拉罕对他的仆人说:"你们和驴在此等候,我与童子往那里去拜一拜,就回到你们这里来。"⁶亚伯拉罕把燔祭的柴放在他儿子以撒身上,自己手里拿着火与刀,于是二人同行。⁷以撒对他父亲亚伯拉罕说:"父亲哪!"亚伯拉罕说:"我儿,我在这里。"以撒说:"请看,火与柴都有了,但燔祭的羊羔在哪里呢?"⁸亚伯拉罕说:"我儿,神必自己预备作燔祭的羊羔。"于是二人同行。

9他们到了神所指示的地方,亚伯拉罕在那里筑坛,把柴摆好,捆绑他的儿子以撒,放在坛的柴上。¹⁰亚伯拉罕就伸手拿刀,要杀他的儿子。¹¹耶和华的使者从天上呼叫说:"亚伯拉罕!亚伯拉罕!"他说:"我在这里。"¹²天使说:"你不可在这童子身上下手,一点不可害他。现在我知道你是敬畏神的了,因为你没有将你的儿子,就是你独生的儿子,留下不给我。"¹³亚伯拉罕举目观看,不料,有一只公羊,两角扣在稠密的小树中,亚伯拉罕就取了那只公羊来,献为燔祭,代替他的儿子。¹⁴亚伯拉罕给那地方起名叫耶和华以勒(意思是"耶和华必预备"),直到今日人还说:"在耶和华的山上必有预备。"

15耶和华的使者第二次从天上呼叫亚伯拉罕说:¹⁶"耶和华说'你既行了这事,不留下你的儿子,就是你独生的儿子,我便指着自己起誓说,¹⁷论福,我必赐大福给你;论子孙,我必叫你的子孙多起来,如同天上的星,海边的沙。你子孙必得着仇敌的城门,¹⁸并且地上万国都必因你的后裔得福,因为你听从了我的话。'"¹⁹于是亚伯拉罕回到他仆人那里,他们一同起身往别是巴去,亚伯拉罕就住在别是巴。

---

① 这里关于传奇的定义参照了戴维斯的《圣经文学导读》,第37页。原话是:"This is how we see ourselves as people."

单元二 《旧约》:传奇

预习问题

故事内容问答题:
1. 上帝在何时何地向亚伯拉罕呼唤?他要求亚伯拉罕做什么事?
2. 亚伯拉罕何时动身?他带了哪些人和什么东西出发?
3. 什么时候他们到达神指定的地方?亚伯拉罕和以撒上山时以撒问了什么问题?
4. 谁制止了亚伯拉罕杀死以撒?最后亚伯拉罕烧了什么献给耶和华上帝?
5. 上帝最后嘉奖亚伯拉罕时,赐予了他什么?

深入思考题:
1. 这个故事要传达的主要思想是什么?
2. 你认为它的讲法有什么特点?能否把它的叙事特点与其他文学作品进行比较?
3. 这里的两个主要人物亚伯拉罕和以撒描写得怎么样?
4. 试评论上帝的赐予,从中体现了哪些社会和政治内容?

故事阐释

分析要点:
1. 简约、含蓄的《圣经》文体考
   (A Study of the Bible's Simple and Reticent Narrative Style)
2. 耶和华、亚伯拉罕和《圣经》的选民主题
   (The Bible's Theme of the Elect Represented in Abraham's Story)

阐释解读:

1. 简约、含蓄的《圣经》文体考

首次提出《圣经》叙事文体以简约、含蓄为特质的是俄尔巴赫,他在其重要著作《模仿:西方文学中对现实的表现》的第一章"奥德修斯的伤疤"中通过对比分析荷马史诗和《旧约》故事"亚伯拉罕献祭以撒",对《圣经》叙事的简约、含蓄文体做了透彻和富有启发性的阐释。[①] 通过与铺陈、华丽的荷马文体的详尽对比,他提出了一些重要的看法。首先,荷马史诗因目的是愉悦听众,因此可以任由诗人发挥想像,极尽能事去追求语言和意境之美;而《圣经》宣称它所言皆真理和事实,并且涉及上帝的宏大意图和超越人类理解层面的内容,因此作者(们)往往不可以随意发挥。由此而形成了两个完全不同的叙事文体:前者是前置所有内容,毫无保留;而后者则高度精简和省略,留下了

---
① 见俄尔巴赫(Erich Auerbach)著《模仿:西方文学中对现实的表现》(*Mimesis*:*The Representation of Reality in Western Literature*. Princeton,New Jersey:Princeton University Press,1953),第3—23页。

很大的阐释、理解和猜测的余地。俄尔巴赫还提出荷马史诗的叙述实际上没有悬念，他认为在老保姆摸到奥德修斯腿上的伤疤，认出主人并即将叫出来时，诗歌却绕出几十行去插叙伤疤的来历，这并非制造悬念，而恰恰相反，是要让紧张的听众得到放松，能被小奥德修斯回姥爷家的浓浓亲情和猎野猪的庞大捕猎场面吸引而暂时忘记他即将暴露身份的危险。亚伯拉罕献祭以撒的情况就不同了。俄尔巴赫认为这个故事全力要成就悬念：到底小以撒的命运如何？而它的简约文体恰恰能够最有效地让读者全神贯注在这个悬念上，得不到半点宽松，直到最后上帝提供了一只羊做替代，我们才把悬在心里的担忧放下。最后俄尔巴赫得出了结论：《圣经》同荷马史诗一样是伟大的文学作品，其简约含蓄给了它巨大的解读空间，在这个意义上它比文笔优美但一览无余的荷马史诗更深邃，也更前卫。① 虽然俄尔巴赫在"奥德修斯的伤疤"中十分生动有趣地展示了荷马史诗与《圣经》在叙事方面的天壤之别，并从此引发了20世纪下半叶如火如荼的《圣经》文学性质的研究，尤其是叙事特点研究，但仔细推敲之后也还可以提出一些进一步思考的问题。

　　首先，把《圣经》的许多写作特点（包括它的简约、含蓄文体）完全上升到文学技巧的层面实际上是文学阐释《圣经》范畴内所有的学者，比如斯腾伯格和艾尔特，所共有的一种倾向。为了强调《圣经》的文学性，这些学者对作者（们）在这方面有意识的追求强调得有点过头也是难免并可以理解的。在解释简约、含蓄的原因时，俄尔巴赫也强调了"省略"和"简约"是作者有意采取的文学手段，为的是突出《圣经》的意识形态内容。不过，我们还是可以提出一些不同的看法。其实，《圣经》的叙述主要目的是劝人信上帝，重点在传达宗教信息。为此，它的作者（们）没有必要，也没有时间和篇幅去做类似荷马史诗那样的渲染和描述。比如，故事里没有交代亚伯拉罕听见上帝呼唤是在什么时候，在什么地方，而且一笔带过了一路上三天之久的行程，没有描述途中发生的任何事情，以及亚伯拉罕和以撒，还有仆人说过些什么话，更谈不上交代一下亚伯拉罕面临即将杀死儿子的前景时的心情或复杂的心理活动。俄尔巴赫指出，这种省略为的就是突出亚伯拉罕对上帝的绝对服从，这是故事作者（们）有意要取得的效果。然而，他自己分析时举的例子就不是特别令人信服。他分析说，亚伯拉罕听见神呼唤就马上答应说，22："我在这里。"（Gen 22："Yes, here I am!"）经文并没有说清楚他在哪里，他可能在家中，也可能在田地里，可能在帐篷内，也可能在羊群旁。故事的作者（们）略去了这些精确的细节，因为从意识形态的角度去看，它们是无关紧要的。重要的就是他

---

① 在本教程的第二部分"教辅资料"第一章第二节"俄尔巴赫：简约、含蓄的《圣经》文体"中对俄尔巴赫这一贡献也简单做了评介，如要较仔细地了解他的理论可阅他的《模仿》第一章，或参看刘意青著《〈圣经〉的文学阐释：理论与实践》（北京大学出版社，2004），第三章第一节，第81—88页。那里有荷马的奥德修斯故事和这个《圣经》故事的详细分析介绍。

立刻答应了,并在次日一早就带着以撒和仆人们起程;22:³亚伯拉罕清早起来,备上驴,带着两个仆人和他的儿子以撒,也劈好了燔祭的柴,就起身往神所指示他的地方去了。(Gen 22:³ Early the next morning Abraham cut some wood for the sacrifice, loaded his donkey, and took Isaac and two servants with him. They started out for the place that God had told him about.)前一天得到指令后的心情及晚上发生的事情也都略去了,这种省略就突出了他对耶和华的绝对服从和忠诚。而且,俄尔巴赫用荷马史诗里奥德修斯隐瞒身份回到家中的故事描述之详尽做对比,进一步有力地证明了对亚伯拉罕这种简单和省略的处理是着眼把故事讲得头头是道并愉悦听众的荷马史诗绝对不可能采用的文体。应该承认,俄尔巴赫的确看到了《圣经》叙事文体的一个重要特点,他所指出的这种文体所收到的突出亚伯拉罕忠于上帝的意识形态效果也很有说服力。但是,就在这个故事里,当亚伯拉罕和童子以撒走向祭祀的山头时,天真的孩子问爸爸为什么没有看见祭祀的羊羔,亚伯拉罕答应儿子呼唤他所用的语言也是22:⁷"我儿,我在这里。"(Gen 22:⁷ "Here *am* I, my son."①)如果俄尔巴赫赋予亚伯拉罕回答上帝的"我在这里"以"表示绝对服从"的含义,那么以撒叫了声爸爸后,亚伯拉罕也做了同样的回答,难道也是忠心或服从的表示吗?"我在这里"也许是当时人们回应呼叫的习惯说法,也可能是亚伯拉罕自己的习惯。因此俄尔巴赫在亚伯拉罕对上帝的这个回应上大做文章②反而削弱了他的结论,那就是《圣经》的简约、含蓄是作者(们)有意识采用的文学手法。换句话说,俄尔巴赫指出的《圣经》的文体简约、含蓄是实际情况,他说作者(们)不做旁支细节渲染是服从宗教目的的需要也没有错。但是《圣经》的作者(们)未见得就意识到了不能写得细致,写细致了就会冲淡亚伯拉罕立刻服从的态度以及他行动的迅速,或意识到写了他心里的难过和思想斗争就会产生相反的效果。

其次,俄尔巴赫指出这种简约、含蓄的文体实际上给读者留下了更大的解读空间,可以发掘出故事背后无穷的含义。这个说法是有道理的。正因为《圣经》,特别是《旧约》,确实吝啬笔墨,才给了现当代的文论家和叙事专家们一个显示阐释能力的场所。但是俄尔巴赫把《圣经》和荷马文体相比较而得出的结论,即类似荷马史诗这样描述详尽、细致,渲染故事细节的文体就没有什么阐释余地和理解多元的可能,也有点一概而论的嫌疑。其实,文学作品能否提供无穷尽的阐释余地最主要因素在于它的写法是荷

---

① 这里我用了《钦定圣经》的原文。我选用的《福音圣经:当今英文版》里只简要地译成"Yes, my son?"还按照亚伯拉罕是回话的逻辑,把标点改成了问号。我这里的分析以《钦定圣经》为准。

② 这里我用了《钦定圣经》的原文。俄尔巴赫解释该句时把亚伯拉罕回答上帝的"我在这里"添补成"我在这里等着您的指令。"(Here I am awaiting thy command.)并由此引申出整个具体时间、地点在这个故事里不重要的分析。

马史诗式的透明和详尽呢,还是充满了象征、模棱两可又含蓄的寓意。后者往往也很冗长,不一定像《圣经》以简约为手段。后现代的长篇巨制作品中,特别是意识流和心理类小说,有很多都故意地选择描述琐碎和细腻,但它们同《圣经》的简约文体一样能取得丰富的阐释效果。所以,当俄尔巴赫把荷马史诗和《旧约》故事做对比来表现两种不同文体的区别时,他的确达到了突出《圣经》是与荷马史诗比肩的优秀文学作品的目的,但同时他的两元对立分析也有一定误导。文学作品的丰富内涵和阐释多元的可能性其实不由其文字是否细腻和详尽来决定。《圣经》的深邃与它的简约和含蓄文体因此也不是必然的一对因果关系,它的多元阐释性质仍旧主要取决于它那丰富的,关于人类存活的形而上议题和内容。

2. 耶和华、亚伯拉罕和《圣经》的选民主题

"亚伯拉罕献祭以撒"是一个经受考验的故事,是上帝要测试他选中的人亚伯拉罕到底有多么忠心耿耿。这个故事因此是构成以亚伯拉罕开始的以色列选民意识的重要环节,是犹太教和基督教的一个中心思想。

亚伯拉罕原名亚伯兰(Abram),是挪亚儿子闪(Shem)的后代。他父亲他拉(Terah)的一家人生活在迦勒底的吾珥。亚伯兰有拿鹤(Nahor)和哈兰(Haran)两个兄弟。耶和华看上了亚伯兰,原因是什么,《圣经》里没有交代。在《创世记》第12章里耶和华要求亚伯兰离家到他指定的地方去发展。经文是这样的:12 耶和华对亚伯兰说:"你要离开本地、本族、父家,往我所要指示你的地去。² 我必叫你成为大国,我必赐福给你,叫你的名为大,你也要叫别人得福。³ 为你祝福的,我必赐福与他,那咒诅你的,我必咒诅他。地上的万族都要因你得福。"(Gen 12: The Lord said to Abram, "Leave your native land, your relatives, and your father's home, and go to a country that I am going to show you. ² I will give you many descendants, and they will become a great nation. I will bless you and make your name famous, so that you will be a blessing. ³ I will bless those who bless you. But I will curse those who curse you. And through you I will bless all the nations.")亚伯兰就照办了。他先是同妻子撒莱(Sarai)带着侄子,哈兰的儿子罗得(Lot)下到埃及,之后与罗得分开迁往希伯仑。这一路上耶和华都保佑了亚伯兰,比如降灾埃及,逼迫埃及法老放弃了对撒莱的非分之念。但是,直到亚伯兰自立和发展,在神的庇佑下战败基大老玛和他的同盟之后,耶和华才和他首次正式立约。① 在亚伯兰九十九岁那年,耶和华又许愿要给他和九十岁的撒莱一个儿子,并再次同亚伯兰立约,而且给他们夫妻改了名字,从此他们叫做亚伯拉罕和撒拉。到亚伯拉罕献祭以撒的时候,他已经一百多岁了。由于他毫不犹豫地执行

---

① 见《旧约·创世记》,12、13、15。

上帝要他献祭以撒的旨意,证明了他爱耶和华超过了世间的一切,所以神在救下以撒后第三次同亚伯拉罕立约,而且这次包括了以撒。① 但是由于以撒的两个儿子以扫和雅各表现不同,上帝不得不最后又同雅各单独立约,并给他改名为以色列。② 到此为止结束了《旧约》里上帝和人类的多次立约。按照这样的约定走向,耶和华的子民范围越来越窄小,不仅不是始初的全人类,不仅不包括全部犹太人,而且连先前与之立约的亚伯拉罕和以撒的后代以扫都排斥在外了。他的选民最后只局限在雅各这一个家族支派上。直到基督教诞生和《新约》出现,上帝的选民才打破了民族,或家族承传的资格局限,从《新约》开始任何人只要信奉基督都可以争当选民。

"立约"是《圣经》的主题,因此连它的两大部分都被命名为"约",分为《旧约》和《新约》。前者指耶和华从开天辟地起始到雅各为止同人多次立下的协定,而后者则指耶和华通过儿子耶稣降临人世,代人类赎罪而重新与人类订立的协约。在《旧约》部分的数次立约中,耶和华经历了一个认识上的转变。他创造了亚当、夏娃,把他们放置在伊甸园内时,就与人类订立了第一个约,即他将呵护他们只要他们不偷吃知识树的果子。然而亚当和夏娃破坏了这个约定,他们被逐出乐园。第二次立约是在大洪水之后,上帝用水清洗了全地,然后与他的选民挪亚和他的后代立约,希望人类从此向善,远离邪恶。但是,此时耶和华已经意识到自己想用发大水这种极端办法消除地上的罪恶是徒劳无益的,所以他向挪亚保证再也不行这种绝灭宇宙的惩罚了,并且把彩虹挂在天上以作为此约的证明。但是出自挪亚的后代依旧犯罪,这才迫使上帝进一步缩小他的子民范围。他选来选去,最后选到了亚伯拉罕头上。也就是说,耶和华已经放弃了对全人类的希望,他选择了一个家族,而后发展成了以色列这个民族,把他们作为自己的关爱对象,赐福给他们,让他们壮大发展,得以立于民族之林,甚至许愿让他们成为最强大的力量。在数次与亚伯拉罕和他的后人所立的协约里,主要的内容不外有二:(1)要让他所庇佑的立约方人丁兴旺,像沙滩上的沙子那么多,还要遍布全球;(2)要让他所庇佑的立约方富足、强大,战无不胜,打败敌人,称霸一方,乃至全球。在这方面,《旧约》的上帝形象就是个封建君王或专断家长,顺我者昌,逆我者亡,而且考察臣民的忠贞采用的方法也十分残酷和极端,比如要亚伯拉罕亲手杀死儿子,比如让约伯倾家荡产,子女全部丧命之类。"亚伯拉罕献祭以撒"和"约伯的故事"位置分别在《旧约》的开头和结尾两处,但是在受考验的内容上形成了前后照应。也许"亚伯拉罕献祭以撒"的考验是具体的,老人所受的痛苦是看得到终结点的,而约伯的灾难好像无头无尾,并且漫无边际,因此也更令人绝望。然而,正是由于这样的区别,"亚伯拉罕献祭以撒"只能就事论事,讨论上帝的目的、形象,研究亚伯拉罕的态度,和最终上帝与之立约的意义

---

① 见《旧约·创世记》,见 15、17、21、22。
② 同上书,见 35。

等等。而"约伯的故事"就可以上升为寓言和人生哲理的探讨，那里面的上帝也好，撒旦也好都可以成为自然力量的代表，以察看人类面对无端灾祸时的思考和态度。

结　语

　　亚伯拉罕是上帝的选民，受到上帝的特别恩赐，但是因此他也必须付出代价，因为《旧约》的上帝是以立约进行交换来行事的。上帝答应了要让他繁盛，强大，但是要求他离开家乡去他指定的一个地方，并且用杀死和烧祭以撒的要求来考验他。这个故事的《圣经》文本十分简约，只讲了亚伯拉罕服从命令的迅疾行动。我们一点都不知道亚伯拉罕心里的痛苦，有没有暗中咒骂上帝等等。这是因为《圣经》的目的就是要表现亚伯拉罕的无限忠贞，以他为上帝选民的榜样，并解释为什么上帝会继续信任他，与他和他的子孙立约。但也许我们也会猜想，一直受到耶和华惠顾的亚伯拉罕是否已经猜到了上帝不会真的要他杀死他和撒拉唯一的儿子，因为那样做与上帝自己立约保证他会子孙众多是相违背的。在这个意义上，我们就不能太较真地去对待这个故事了。它毕竟只是一个传奇。

故事七　以撒迎娶利百加

《旧约》经文

"创世记"24

以撒娶妻

　　24 亚伯拉罕年纪老迈，向来在一切事上耶和华都赐福给他。² 亚伯拉罕对管理他全业最老的仆人说："请你把手放在我的大腿底下。³ 我要你指着耶和华天地的主起誓，不要为我儿子娶这迦南地中的女子为妻。⁴ 你要往我本地本族去，为我的儿子以撒娶一个妻子。"⁵ 仆人对他说："倘若女子不肯跟我到这地方来，我必须将你的儿子带回你原出之地吗？"⁶ 亚伯拉罕对他说："你要谨慎，不要带我的儿子回那里去。⁷ 耶和华天上的主，曾带领我离开父家和本族的地，对我说话向我发誓说：'我要将这地赐给你的后裔。'他必差遣使者在你面前，你就可以从那里为我儿子娶一个妻子。⁸ 倘若女子不肯跟你来，我使你起的誓就与你无干了，只是不可带我的儿子回那里去。"⁹ 仆人就把手放在他主人亚伯拉罕的大腿底下，为这事向他起誓。

　　10 那仆人从他主人的骆驼里取了十匹骆驼，并带些他主人各样的财物，起身往美索不达米亚去，到了拿鹤的城。¹¹ 天将晚，众女子出来打水的时候，他便叫骆驼跪在城外的水井那里。¹² 他说："耶和华我主人亚伯拉罕的神啊，求你施恩给我主人亚伯拉罕，使我今日遇见好机会。¹³ 我现今站在井旁，城内居民的女子们正出来打水。¹⁴ 我问哪一个女子说：'请你拿下水瓶来，给我水喝。'她若说：'请喝，我也给你的骆驼喝。'愿那女子就作你所预定给你仆人以撒的妻。这样，我便知道你施恩给我主人了。"

15 话还没有说完,不料,利百加肩头上扛着水瓶出来。利百加是彼土利所生的,彼土利是亚伯拉罕兄弟拿鹤妻子密迦的儿子。16 那女子容貌极其俊美,还是处女,也未曾有人亲近她。她下到井旁打满了瓶,又上来。17 仆人跑上前去迎着她说:"求你将瓶里的水给我一点喝。"18 女子说:"我主请喝。"就急忙拿下瓶来,托在手上给他喝。19 女子给他喝了,就说:"我再为你的骆驼打水,叫骆驼也喝足。"20 她就急忙把瓶里的水倒在槽里,又跑到井旁打水,就为所有的骆驼打上水来。21 那人定睛看她,一句话也不说,要晓得耶和华赐他通达的道路没有。

22 骆驼喝足了,那人就拿一个金环,重半舍客勒,两个金镯,重十舍客勒,给了那女子,23 说:"请告诉我,你是谁的女儿?你父亲家里有我们住宿的地方没有?"24 女子说:"我是密迦与拿鹤之子彼土利的女儿。"25 又说:"我们家里足有粮草,也有住宿的地方。"26 那人就低头向耶和华下拜,27 说:"耶和华我主人亚伯拉罕的神是应当称颂的,因他不断地以慈爱诚实待我主人。至于我,耶和华在路上引领我,直走到我主人的兄弟家里。"

28 女子跑回去,照着这些话告诉她母亲和她家里的人。29、30 利百加有一个哥哥,名叫拉班,看见金环,又看见金镯在他妹子的手上,并听见他妹子利百加的话,说那人对我如此如此说。拉班就跑出来往井旁去,到那人跟前,见他仍站在骆驼旁边的井旁那里,31 便对他说:"你这蒙耶和华赐福的,请进来,为什么站在外边?我已经收拾了房间,也为骆驼预备了地方。"32 那人就进了拉班的家。拉班卸了骆驼,用草料喂上,拿水给那人和跟随的人洗脚,33 把饭摆在他面前,叫他吃。他却说:"我不吃,等我说明白我的事情再吃。"拉班说:"请说。"

34 他说:"我是亚伯拉罕的仆人。35 耶和华大大地赐福给我主人,使他昌大,又赐给他羊群、牛群、金银、仆婢、骆驼和驴。36 我主人的妻子撒拉年老的时候,给我主人生了一个儿子。我主人也将一切所有的都给了这个儿子。37 我主人叫我起誓说:'你不要为我儿子娶迦南地的女子为妻,38 你要往我父家,我本族那里去,为我的儿子娶一个妻子。'39 我对我主人说:'恐怕女子不肯跟我来。'40 他就说:'我所侍奉的耶和华必要差遣他的使者与你同去,叫你的道路通达,你就得以在我父家、我的本族那里,给我的儿子娶一个妻子。41 只要你到了我本族那里,我使你起的誓就与你无干;他们若不把女子交给你,我使你起的誓也与你无干。'

42 我今日到了井旁,便说:'耶和华我主人亚伯拉罕的神啊,愿你叫我所行的道路通达。43 我如今站在井旁,对哪一个出来打水的女子说:请把你瓶里的水给我一点喝。44 她若说:你只管喝,我也为你的骆驼打水。愿那女子就作耶和华给我主人儿子所预定的妻。'45 我心里的话没有说完,利百加就出来,肩头上扛着水瓶,下到井旁打水。我便对她说:'请你给我水喝。'46 她急忙从肩头上拿下瓶来,说:'请喝,我也给你的骆驼喝。'我便喝了;她又给我的骆驼喝了。47 我问她说:'你是谁的女儿?'她说:'我是密迦与拿鹤之子彼土利的女儿。'我就把环子戴在她鼻子上,把镯子戴在她两手上。⁴⁸随后我低头向耶和华下拜,称颂耶和华我主人亚伯拉罕的神,因为他引导我走合式的道路,使我得着我主人兄弟的孙女,给我主人的儿子为妻。⁴⁹现在你们若愿以慈爱诚实待我主人,就告诉我;若不然,也告诉我,使我可以或向左,或向右。"

⁵⁰拉班和彼土利回答说:"这事乃出于耶和华,我们不能向你说好说歹。⁵¹看哪,利百加在你面前,可以将她带去,照着耶和华所说的,给你主人的儿子为妻。"⁵²亚伯拉罕的仆人听见他们这话,就向耶和华俯伏在地。⁵³当下仆人拿出金器、银器和衣服送给利百加,又将宝物送给她哥哥和她母亲。⁵⁴仆人和跟从他的人吃了喝了,住了一夜。早晨起来,仆人就说:"请打发我回到我主人那里去吧!"⁵⁵利百加的哥哥和她母亲说:"让女子同我们再住几天,至少十天,然后她可以去。"⁵⁶仆人说:"耶和华既赐给我通达的道路,你们不要耽误我,请打发我走,回我主人那里去吧!"⁵⁷他们说:"我们把女子叫来问问她。"⁵⁸就叫了利百加来问她说:"你和这人同去吗?"利百加说:"我去。"⁵⁹于是,他们打发妹子利百加和她的乳母,同亚伯拉罕的仆人,并跟从仆人的,都走了。⁶⁰他们就给利百加祝福说:

"我们的妹子啊,愿你作千万人的母!
愿你的后裔得着仇敌的城门!"

⁶¹利百加和她的使女们起来,骑上骆驼,跟着那仆人,仆人就带着利百加走了。

⁶²那时,以撒住在南地,……⁶³天将晚,以撒出来在田间默想,举目一看,见来了些骆驼,⁶⁴利百加举目看见以撒,就急忙下了骆驼,⁶⁵问那仆人说:"这田间走来迎接我们的是谁?"仆人说:"是我的主人。"利百加就拿帕子蒙上脸。⁶⁶仆人就将所办的一切事都告诉以撒。⁶⁷以撒便领利百加进了他母亲撒拉的帐棚,娶了她为妻,并且爱她。以撒自从他母亲不在了,这才得了安慰。

预习问题

故事内容问答题:
1. 亚伯拉罕托付老仆人去给以撒物色妻子时提出了什么条件?
2. 老仆人在井台上遇见了谁?在井台上发生了哪些事情?
3. 老仆人是怎样介绍他主人和以撒的情况的?
4. 为什么他不能多住几日,非要立即把姑娘带回迦南?

深入思考题:
1. 能否谈谈这个故事最突出的叙事特点?
2. 从有限的笔墨中能否看出故事中拉班的为人?
3. 试分析老仆人游说的策略。
4. 试分析和评论亚伯拉罕为选儿媳所规定的原则。

分析要点:
1. 叙事技巧与意识形态的关系
   (Narrative Technique and Its Relevance to the Bible's Ideology)

2. 《旧约》中婚娶的"类型场景"之一

(An Illustration to the Marriage Type-scenes in the Old Testament)

阐释解读：

1. 叙事技巧与意识形态的关系[①]

斯腾伯格在纠正《圣经》文学阐释的偏差时，特别强调了《圣经》是个意识形态至上的文本，因此我们对它的解读不可完全采用对其他文学作品的自由态度，要念念不忘它是一个宣称自己代表真理的文本(the text with a truth claim, or committed to truth value)。为此，在他自己建树《圣经》叙事理论体系并阐释《旧约》故事时，他十分强调《圣经》作者(们)是如何用叙事技巧来突出它旨在宣扬的意识形态主旨。这方面例子很多，以撒娶利百加的故事就是斯腾伯格最杰出的阐释演示之一。通过非常细致地分析故事中选用的字词和视角的变化，以及查看重复叙述中的变换等手段，他令人信服地展示了所有这些技巧的采用的确突出了《圣经》想要强调的思想。

首先斯腾伯格把这个故事放在它所处的上下文中，来查看作者(们)如何从前面对以实玛利婚事的交代中为以撒的婚姻做了铺垫，从而给读者某些暗示和思想准备。以实玛利是亚伯拉罕与撒拉的婢女夏甲生的儿子，后来撒拉有了以撒就坚持要亚伯拉罕赶走夏甲母子。多亏耶和华的帮助和保护，夏甲和以实玛利在沙漠中生存下来。后来以实玛利迎娶了一个同他母亲一样国籍的埃及姑娘，有了自己的族群，但他们不是上帝选中的子民。[②] 斯腾伯格指出了以实玛利娶妻与以撒婚娶故事的对称和平行关系：以实玛利和以撒都是亚伯拉罕老年时才得到的儿子，两个孩子都在幼年时遭到过生死的考验——以实玛利在被赶出家园后差一点和母亲死在沙漠里，是耶和华显现并指点水源才令他们逃脱厄运；而以撒在父亲举刀要宰杀他的刹那，也是神的声音制止了亚伯拉罕，并提供了一头代替祭品的羊。有了这些雷同之处，细心和有训练的读者就会期盼在以实玛利顺利成家后，文本接下来就会讲述以撒的婚娶。而且因为他是亚伯拉罕的正出之子，又特别受到耶和华上帝的恩宠，[③]他的婚姻肯定会比以实玛利的强。所以平行和对比的叙事结构已经让读者有了对以撒婚姻成功的心理准备。斯腾伯格

[①] 这篇故事的阐释要点主要使用和参照了斯腾伯格关于《圣经·旧约》叙事的"重复"技巧。见斯腾伯格著《圣经的叙事诗学》，第131—152页。也可参见本教程第二部分"教辅资料"第一章第四节"斯腾伯格：《圣经》叙事的意识形态研究"，或刘意青的《〈圣经〉的文学阐释：理论与实践》第三章第三节"思想意识形态对《圣经》叙事的决定意义"，第102—112页。

[②] 见《创世记》21：14—21。

[③] 在以撒被免去烧祭给上帝之后，上帝明确地向亚伯拉罕保证："论福，我必赐大福给你；论子孙，我必叫你的子孙多起来，如同天上的星，海边的沙。你子孙必得着仇敌的城门，[18]并且地上万国都必因你的后裔得福，因为你听了我的话。"(《创世记》22：17—18)

把这种保底式的叙事结构称为"保证傻子不会读错的写作措施"(the foolproof composition)。① 但这时我们还不知道这个姑娘是谁,也不知道以撒怎样把她娶到了手。

接着,斯腾伯格又讨论了《创世记》第22章里交代的亚伯拉罕兄弟的族谱。该族谱明确地写着:22:²⁰这以后,有人告诉亚伯拉罕说:"密迦给你兄弟拿鹤生了几个儿子;²¹长子是乌斯,他的兄弟是布斯和亚兰的父亲基母利,²²并基薛、哈琐、必达、益拉、彼土利(彼土利生利百加)。²³这八个人都是密迦给亚伯拉罕的兄弟拿鹤生的。²⁴拿鹤的妾名叫流玛,生了提八,迦含、他辖和玛迦。"(Gen 22:²⁰ Some time later Abraham learnt that Milcah had borne eight children to his brother Nahor:²¹ Uz the first-born, Buz his brother, Kemuel the father of Aram,²² Chesed, Hazo, Pildash, Jidlaph, and Bethuel,²³ Rebecca's father. Milcah bore these eight sons to Nahor, Abraham's brother.²⁴ Reumah, Nahor's concubine, bore Tebah, Gaham, Tahash, and Maacah.)他指示在上面的家谱名单内孙辈的成员只提了利百加一个。但是她的名字又是故意夹在一连串长辈名字当中,好像是不经意地捎带上了,她都没有得到拿鹤妾的女儿玛迦那种排在最后的压轴地位。而利百加这种特别的夹在父辈名单里的地位,恰恰等于是给她名字下面画了着重点一样突出了她。可见《旧约》的作者(们)叙述时是多么精心和策略地暗示了读者利百加就是以撒娶回的媳妇。

在讨论了以撒婚娶利百加故事之前的对比结构和拿鹤的家谱之后,斯腾伯格进入了正文分析。故事一开始是衰老之极的亚伯拉罕把老仆人叫到床前,托付他回到故土去为以撒寻找一个终生伴侣。他的吩咐是:24:²"请你把手放在我的大腿底下。³我要你指着耶和华天地的主起誓,不要为我儿子娶这迦南地中的女子为妻。⁴你要往我本地本族去,为我的儿子以撒娶一个妻子。"(Gen 24:² "Place your hand between my thighs and make a vow. ³ I want you to make a vow in the name of the Lord, the God of heaven and earth, that you will not choose a wife for my son from the people here in Canaan. ⁴ You must go back to the country I was born and get a wife for my son Isaac from among my relatives.")一般情况下作父亲的托人说儿子的亲事时没有固定人选也起码要提出希望找一个什么样的姑娘,比如健康、善良、端正等,而这里我们不由得不注意亚伯拉罕很奇怪,他好像对儿媳本身条件毫无兴趣。他只要老仆人保证两件事:(1)不要在当地为以撒选对象,一定要回老家,到本族人中去找;(2)一定要把姑娘带回迦南来,绝不可以让以撒随妻子回那地去做倒插门女婿。甚至当我们联想到前面交代的亚伯拉罕完全知道拿鹤有个孙女叫利百加时,我们就更奇怪他为什么不对老

---

① 见斯腾伯格《圣经的叙事诗学》第一章,第四节"The Drama of Reading",第51—56页。

仆人直接提利百加的名字？当然，一个可能的解释是，亚伯拉罕也许以为除了利百加还会有其他合适的人选，他不想先入为主地影响老仆人。但是这个推测不大站得住，因为拿鹤一家就是亚伯拉罕在老家的全部本族人，可选的其他姑娘不多。但更重要的是，如果按斯腾伯格的说法，即在族谱里作者（们）已经暗示了这个人选就是利百加，亚伯拉罕也知道有利百加这个侄孙女，那我们就更不理解为什么亚伯拉罕不指定人选，或者说为什么作者（们）非要这样写，他们通过这样的叙事安排想突出什么思想内容？

　　斯腾伯格对此做了精彩的意识形态分析。他说亚伯拉罕不同于一般求婚的父母对未来的儿媳相貌、人品提出要求，而是再三强调与地点相关的原则：回到家乡找姑娘，并一定要带回迦南来成亲，这是因为亚伯拉罕与耶和华上帝立的约就是要在赐给他的迦南地定居并繁衍。这是亚伯拉罕忠不忠于耶和华的大事，是他一生致力去完成的事业。迦南地有许多异族姑娘，她们可以做妾的儿子以实玛利的妻子，却配不上以撒，所以以撒必须回到亚伯拉罕本族宗亲里去寻找配偶。但是，如果以撒就此回到老家去生活，放弃了亚伯拉罕在迦南辛苦开拓的家业，那么他不但毁了亚伯拉罕终生的追求，而且还背叛了他和他父亲的神，耶和华上帝。就这样，在亚伯拉罕要老仆人发誓做到的托付里，《旧约》的作者（们）突出了《圣经》的意识形态内容，即亚伯拉罕和他的后人必须把完成与上帝立的约作为高于一切、压倒一切的考虑，否则宁可不为以撒娶亲。因此，他决不会指定具体姑娘人选，以防被指定的姑娘不愿离家远行，不愿跟老仆人回到迦南来。

　　下面的故事就进入了老仆人如何去拿鹤家为以撒寻找到利百加做妻子。这里，斯腾伯格主要分析了故事的叙事如何利用重复的技巧来展现一个机智的老仆人全力去完成主人的重要嘱托。斯腾伯格的解读丝丝入扣，非常详细，也比较冗长，笔者不打算在这里逐句重复。① 简单地说就是《旧约》的文本采用了叙事重复中的细微变化来揭露老仆人的良苦用心，以保证万无一失地说服利百加的家人把姑娘嫁给以撒，并同意马上让他把人带回迦南。比如，老仆人一到拿鹤住的地方就在城外的井台上祈祷，让耶和华保佑他能遇到那个神为以撒选择的姑娘。刚祈祷完毕，利百加就来打水了，她一点不差地应验了老仆人的祷告内容：热情地给老人饮水，又汲水饮他的骆驼。双方交换了身份后，老仆人高兴地发现他碰到的就是主人亚伯拉罕兄弟拿鹤的孙女，于是赠给她贵重的金首饰，利百加就奔回家去把这个好消息告诉家人。利百加的哥哥，贪心的拉班，看见了妹妹佩带的贵重金饰便十分热情地把客人迎进家门。下面我们读到的是老仆人对此行的目的的陈述，这叙述看似十分啰嗦，因为他又把前面亚伯拉罕嘱咐的话和他在井台上的祈祷全都重复一遍。但是仔细查看就会发现他已经在以下几

---

① 可参见斯腾伯格《圣经的叙事诗学》第四章，第二节"求聘利百加"（The Wooing of Rebekah），第131—152页。

个地方对前面的话做了改动。首先斯腾伯格指出，因为他已经感觉到拉班是个爱财的人，所以一落座他介绍亚伯拉罕和以撒时，首先就大谈亚伯拉罕多么富有：24："³⁵耶和华大大地赐福给我主人，使他昌大，又赐给他羊群、牛群、金银、仆婢、骆驼和驴。"(Gen 24："³⁵ The Lord has greatly blessed my master and made him a rich man. He has given him flocks of sheep, and goats, cattle, silver, gold, male and female slaves, camels, and donkeys.")然后就指出以撒是独子，唯一的继承人：24："³⁶我主人的妻子撒拉年老的时候，给我主人生了一个儿子。我主人也将一切所有的都给了这个儿子。"(Gen 24："³⁶ Sarah, my master's wife, bore him a son when she was old, and my master has given everything he owns to him.")在上述的介绍中，我们注意到老仆人连以撒的名字都略去了。为什么不提求婚的男人，这个最重要的当事人的名字？按一般求婚惯例这已经是不合情理了。但是这合乎老仆人的情理——他必须尽量减少以撒和遥远的迦南可能带给利百加和她的家人的陌生感。因此不提以撒的名字，只把他当作亚伯拉罕老年得到的儿子和唯一家业继承人介绍，就可以把大家的注意力从陌生的以撒身上引开了。

讲完经济实力后，老仆人就打出了亲情这张牌。我们注意到亚伯拉罕嘱托的原话是：24："⁴你要往我本地本族去，为我的儿子以撒娶一个妻子。……你就可以从那里为我儿子娶一个妻子。"(Gen 24："⁴ You must go back to the country where I was born and get a wife for my son Isaac from among my relatives.")亚伯拉罕并没有具体说出要去他兄弟拿鹤的家。但是，当老仆人对利百加家人转达主人的嘱托时，他就把"本族"具体化了：24："³⁷我主人叫我起誓说：'你不要为我儿子娶迦南地的女子为妻，³⁸你要往我父家，我本族那里去，为我的儿子娶一个妻子。'……'你就得以在我父家、我的本族那里，给我的儿子娶一个妻子。'"(Gen 24："³⁷ My master made me promise with a vow to obey his command. He said, 'Do not choose a wife for my son from the girls in the land of Canaan. ³⁸ Instead, go <u>to my father's people</u>, to my relatives, and choose a wife for him.'")①他把本族具体为"我父家"，并两次重复这个说法,②这是老仆人对亚伯拉罕原话的增添。斯腾伯格指出这样的添加是老仆人的有意所为，通过强调亚伯拉罕和拿鹤是同父兄弟，并且他嘱咐要在自己兄弟的后人里为儿子娶妻，老仆人希望让利百加的家人感到是一家人，拉近由地域造成的距离，用亲属关系来感动对方，以取得求婚的成功。

老仆人说媒的第三张牌是抬出耶和华上帝，把这门婚事说成是耶和华的旨意，是上帝恩准并保佑的。我们先看到他在井台上祈祷时的话：24："¹²耶和华我主人亚伯拉

---

① 这里引文下面的着重点是笔者加的，下面出现的英文引文中下划线也同样。
② 《福音圣经》的英文比《钦定圣经》简略，这里的中文译文更忠实后者。

罕的神啊,求你施恩给我主人亚伯拉罕,使我今日遇见好机会。¹³我现今站在井旁,城内居民的女子们正出来打水。¹⁴我问哪一个女子说'请你拿下水瓶来,给我水喝。'她若说:'请喝,我也给你的骆驼喝。'愿那女子就作你所预定给你仆人以撒的妻。"(Gen 24:"¹²Lord, God of my master Abraham, give me success today and keep your promise to my master. ¹³ Here I am at the well where the young women of the city will be coming to get water. ¹⁴ I will say to one of them, 'Please lower your jar and let me have a drink.'If she says, 'Drink, and I will also bring water for your camels,'may she be the one that you have chosen for your servant Isaac.")这里他没有提利百加,而且由于他主人在嘱托时也没有提过利百加,所以他根本不知道有这么个姑娘。但是,当他对利百加全家复述他在井台上的祷告时,他把话说得好像亚伯拉罕早就告诉了他姑娘的人选是利百加,而且他刚祷告完毕上帝就把利百加引到井台上来应验他的祈祷。经文是:24:"⁴⁵我心里的话没有说完,利百加就出来,肩头上扛着水瓶,下到井旁打水。"(Gen 24:"⁴⁵Before I had finished my silent prayer, Rebecca came with a water-jar on her shoulder and went down to the well to get water.")按照他上文的走势,按照当时他并不知道有个叫利百加的姑娘,他讲到这里时,实际应该说类似"我心里的话没有说完,就来了一个姑娘,给我饮水并喂水给我的骆驼。然后通过交谈,我得知她叫利百加,是拿鹤儿子彼土利的女儿。我的祈祷应验了"这样的话。然而他却直接说刚祷告完就看见利百加来了,同样是说他的祈祷应验了,但这种巧妙的说法却加深了他早就被上帝或亚伯拉罕告知了是利百加,让他的听众更坚信利百加是上帝选定给以撒的,这桩婚事因此是顺天命的。

在这样三重保险的求婚叙述之后,利百加的家人就没有拒绝婚事的任何理由了。而且,既然是嫁到至亲的人家去,又是十分富有的人家,还是上帝的意思,利百加的家人甚至也没有能够坚持让女儿多留几天。老仆人就这样顺利地完成了亚伯拉罕的重托,在给以撒娶妻的大事上维系了亚伯拉罕与耶和华立的约,保证了他主人在迦南开创的业绩得以通过后代发扬光大。斯腾伯格通过这种解读成功地显示了:(1)《圣经》叙事是以其意识形态为主旨的;(2)《圣经》的作者(们)确实采用了文学技巧和叙事手段来突出文本要宣传的意识形态。

2.《旧约》中婚娶的"类型场景"之一①

继俄尔巴赫提出《圣经》本身就是一部具备高超文学叙事技巧的作品之后,最活跃的追随者之一就是罗伯特·艾尔特。为了证明《圣经》的貌似杂乱仅仅是外表现象,他

---

① 阐释要点二主要根据艾尔特著《圣经的叙事艺术》第三章,第47—62页。也可参见本教程第二部分"教辅资料"第一章第三节"艾尔特:《圣经》叙事的潜在关联"和刘意青的《〈圣经〉的文学阐释:理论与实践》第三章第二节"《圣经》叙事的潜在关联",第89—101页。

提出了《圣经》,尤其是《旧约》各章节和故事的叙事里存在着关照和联系。艾尔特把这种由内在关联形成的《圣经》叙事叫做"通过提示性手段形成的整体"(Narrative Unity in Allusion,或 The Allusive Character of the Biblical Narrative),它是通过一系列提示性的叙事和修辞等文学手段来取得的,从而证实《圣经》堪称伟大的文学文本。[①] 他所指的提示性关联就是在文本中前后多次出现的字词和主题的重复,以及文本中存在的相似的行为和场景格局。比如《旧约》里总是小儿子,而非长子,得到上帝的惠顾(亚伯、雅各、约瑟、大卫等等);又比如一般被丈夫宠爱的妻子都有怀孕生子的困难。在艾尔特挖掘出来的这些将前后叙事连成一体的重复出现的语言、主题和结构中,最突出也最具说服力的要属他称之为"类型场景"(the type scenes)的写作手段,而类型场景中最有趣的就是"求/订婚场景"(the betrothal scene)。在他的著作《圣经的叙事艺术》第三章里,他对比了以撒、雅各和摩西这三位以色列古代族长的婚娶故事,在类似的"求/订婚场景"中寻找区别与变化,从中分析出这种手段在人物塑造、人物命运和情节前瞻等方面的作用。下面我们就简单介绍他对以撒迎娶利百加这个类型场景所做的阐释。

按照艾尔特的分析,《旧约》里几个重要族长的婚事,主要指求婚和订婚,都有以下的共同之处:(1)男方本人,或他的代理人,要长途跋涉到远方去找未来的妻子;(2)第一次相遇几乎毫无例外地都发生在一口井旁边;(3)男方或者向女方要水喝,或者替女方排解困难并汲水,之后双方交换身份;(4)女方跑回家去报告来人的消息,或者把来人领回家去。这四个特点构成了艾尔特说的这种场景的相同之处,因此称之为一个类型。首先男方要到远距离外去找伴侣,艾尔特认为这在象征层面上就代表女方相对男方来说是"他者",双方之间原本存在一个难以消除的距离。其次求/订婚发生在井台上,并且都有汲水的行为发生,有时是女方汲水,有时是男方。但不管是男人还是女人主动,艾尔特指出这里都隐含了性交的含义,因为按照弗洛伊德学说,井可以象征女性生殖器官,也就象征了女性。当然,我们也可以以我们的社会和历史常识来解释为什么男女双方总是在井旁相遇。那是因为在中东多沙漠的地区,井在每日生活中的重要性不言自明,而且井台也自然成为许多居住分散的百姓有机会碰面,以及长途跋涉的路人可以歇脚的地点。不过,艾尔特的理解还是让我们看到了普通常识性理解之外的寓意。

仅仅找出共同处意义不大。在文学阐释和分析中,对比的目的往往是通过有类似特点的现象的比较找出其不同之处,然后再分析为什么会有这些区别,或者作者制造这些区别要取得何种效果。艾尔特认为《圣经·旧约》里以撒、雅各和摩西三人的求/订

[①] 见艾尔特和柯莫德(Frank Kermode)编《圣经的文学导读》(*The Literary Guide to the Bible*. Cambridge, Massachusetts: The Belknap Press of Harvard UP,1987)中艾尔特捉笔的《旧约》部分"前言",第 11—35 页。

婚场景的细微区别实际上起到了人物塑造和前瞻人物不同命运的作用。具体到以撒迎娶利百加的求/订婚场景,它与这类场景的突出区别就是:以撒没有自己出面到老家去求婚,而是由他父亲派去的使者代替他完成的。他对娶谁,条件是什么,以及整个过程都没有发言权。由此,艾尔特指出,以撒的婚娶场景完全与他这个人的一生状态吻合。事实上,以撒是亚伯拉罕、雅各和摩西这四个族长里最最无作为,也最被动的一个。他幼小时就听天由命地被父亲带到耶和华吩咐的地方去做烧祭的祭品,不但听由别人摆布,而且直到被绑起来放在祭坛上的时候还不明真相;他生活舒适,有父母呵护、疼爱,终日不愁吃穿;婚后又有极端能干的妻子代他管家和操劳。这一切都与他求婚是别人代替的形成了一致,或者说他被动无为的一生和他这个人的特点全都在他求婚的场景里预示了出来。这不能说不是《圣经》作者(们)的有意之为,它证明了《圣经》文本采用了文学手段。

而且,在这个井台会面的场景里,我们看到一个非常漂亮、积极主动又活跃的利百加。24:[15]话还没有说完,不料,利百加肩头上扛着水瓶出来。……[16]那女子容貌极其俊美,……她下到井旁打满了瓶,又上来。[17]仆人跑上前去迎着她说:"求你将瓶里的水给我一点喝。"[18]女子说:"我主请喝。"就急忙拿下瓶来,托在手上给他喝。[19]女子给他喝了,就说:"我再为你的骆驼打水,叫骆驼也喝足。"[20]她就急忙把瓶里的水倒在槽里,又跑到井旁打水,就为所有的骆驼打上水来。(Gen 24:[15] Before he had finished praying, Rebecca arrived with a water-jar on her shoulder. ...[16] She was a very beautiful young girl. ... She went down to the well, filled her jar, and came back. [17] The servant ran to meet her and said, "Please give me a drink of water from your jar."[18] She said, "Drink, sir," and quickly lowered her jar from her shoulder and held it while he drank. [19] When he had finished, she said, "I will also bring water for your camels and let them have all they want."[20] She quickly emptied her jar into the animals' drinking-trough and ran to the well to get more water until she had watered all his camels.)在她从出场到同老仆人交换身份的短短的这段叙述里,她就像一阵旋风,不停地打水供给老仆人和他的骆驼,前后一共有"扛着水瓶"、"出来"、"下到井旁"、"打满了瓶"、"又上来"、"急忙拿下瓶来"、"托在手上"、"给他喝"、"把瓶里的水倒在槽里"、"又跑到井旁"、"打上水来"等一连串十多个动作,把她的能干、热情和活泼表露无余。对她的描写恰恰同以撒的被动无为形成了强烈对比,并预示了在婚后漫长的岁月里谁是家里真正做主和起作用的人。所以,在雅各骗取父亲的祝福和剥夺哥哥以扫的长子名分的策划和实施过程里,利百加起了关键作用也就不足为奇了。如果考虑上帝一贯惠顾小儿子,利百加帮助雅各欺骗以撒的所作所为就不能按照一般欺骗行为来判断和斥责。何况在利百加怀孕期间耶和华明确表态说25:[23]"两国在你腹内,/两族要从你身上出来,/这族必强于那族,/将来大的要服侍小的。"(Gen 25:[23] The Lord said to her,"Two nations are within you; / You will give birth to two rival peoples. / One will be stronger than the other; / The older will serve the younger.")所以利百加的作为可以说是在执行耶和华的旨意。由于以撒不能按照耶和华意图行事,只喜欢能给他提供好吃的鹿肉的以扫,利百加的介入实际上纠正了偏差,保证了亚伯拉罕的后代继续得到耶和华的钟爱。而年老并双目失明的以撒,在晚年治理家业和决定重大事情时再次重复了他的被动和无能,就像他的求婚场景已经预示的那样。

结　语

  一反《圣经》叙事的简约、含蓄传统,"以撒迎娶利百加"篇幅相当长,讲述十分详尽,而且同样的话两三次地重复。但是斯腾伯格的解读让我们理解了重复并非无目的,故事通过重复中的细微变化突出了《圣经》叙事的意识形态主旨。艾尔特的分析进一步显示了《圣经》文本的文学性,在类型场景理论的指点下我们看到了叙述中作者(们)如何通过字词、格局和主题的前后联系来把貌似杂乱的《圣经》叙事构成了一个整体,而婚娶场景里的区别又帮助我们深入了解了其中牵涉到的人物和他们的命运。
  不过,对以撒这个人物是否真的可以用被动和糊涂来概括也有不同的看法。有的读者就提出过以撒实际是大智若愚,他不可能真的分不出两个儿子的声音,也不可能被雅各套在手上骗他的皮毛哄住。他心里全明白利百加和雅各在做什么,也清楚大儿子以扫是个四肢发达,头脑简单,不合适接他族长班的孩子。但是,他也爱以扫,做不到亲自废掉他的继承权。于是他就将错就错,装成糊涂,任凭利百加代替他完成了把继承权转交给雅各的艰难任务。这种不同的理解更证实了《圣经》叙事的多元阐释性质,它是一个有无限解读可能的文本。

故事八　雅各异乡完婚

《旧约》经文

"创世记"29:1—30
雅各到了拉班的家
29 雅各起行,到了东方人之地,² 看见田间有一口井,有三群羊卧在井旁,因为人饮羊群,都是用那井里的水,井口上的石头是大的。³ 常有羊群在那里聚集,牧人把石头转离井口饮羊,随后又把石头放在井口的原处。

4 雅各对牧人说:"弟兄们,你们是哪里来的。"他们说:"我们是哈兰来的。"⁵ 他问他们说:"拿鹤的孙子拉班你们认识吗?"他们说:"我们认识。"⁶ 雅各说:"他平安吗?"他们说:"平安。看哪,他女儿拉结领着羊来了。"⁷ 雅各说:"日头还高,不是羊群聚集的时候。你们不如饮羊再去放一放。"⁸ 他们说:"我们不能,必等羊群聚齐,人把石头转离井口才可饮羊。"

9 雅各正在和他们说话的时候,拉结领着她父亲的羊来了,因为那些羊是她牧放的。10 雅各看见母舅的女儿拉结和母舅拉班的羊群,就上前把石头转离井口,饮他母舅拉班的羊群。11 雅各与拉结亲嘴,就放声而哭。12 雅各告诉拉结,自己是她父亲的外甥,是利百加的儿子,拉结就跑去告诉她父亲。

13 拉班听见外甥雅各的信息,就跑去迎接,抱着他,与他亲嘴,领他到自己的家。雅各将一切的情由告诉拉班。14 拉班对他说:"你实在是我的骨肉。"雅各就和他同住了一个月。

雅各为拉结和利亚服侍拉班

15 拉班对雅各说:"你虽是我的骨肉(原文作'弟兄'),岂可白白地服侍我?请告诉我,你要什么为工价?"16 拉班有两个女儿,大的名叫利亚,小的名叫拉结。17 利亚的眼睛没有神气,拉结却生得美貌俊秀。18 雅各爱拉结,就说:"我愿为你小女儿拉结服侍你七年。"19 拉班说:"我把她给你胜似给别人,你与我同住吧!"20 雅各就为拉结服侍了七年。他因为爱拉结,就看这七年如同几天。

21 雅各对拉班说:"日期已经满了,求你把我的妻子给我,我好与她同房。"22 拉班就摆设筵席,请齐了那地方的众人。23 到晚上,拉班将女儿利亚送来给雅各,雅各就与她同房。24 拉班又将婢女悉帕给女儿利亚作使女。25 到了早晨,雅各一看是利亚,就对拉班说:"你向我作的是什么事呢?我服侍你,不是为了拉结吗?你为什么欺哄我呢?"26 拉班说:"大女儿还没有给人,先把小女儿给人,在我们这地方没有这规矩。27 你为这个满了七日,我就把那个也给你,你再为她服侍我七年。"28 雅各就如此行。满了利亚的七日,拉班便将女儿拉结给雅各为妻。29 拉班又将婢女辟拉给女儿拉结作使女。30 雅各也与拉结同房,并且爱拉结胜似爱利亚,于是又服侍了拉班七年。

预习问题

故事内容问答题:

1. 雅各为什么逃离家园?他来到了什么地方?
2. 在井台上他遇见的姑娘是谁?她到井台上来做什么?
3. 雅各如何帮助她?
4. 雅各同意给拉班打工多久?他的条件是什么?
5. 第一期合同满了之后,发生了什么事情?
6. 为了得到心上人,雅各又做了什么决定?
7. 最后雅各得到了几个妻妾?

深入思考题：
1. 雅各与拉结成亲的故事是否符合艾尔特的"类型场景"理论？
2. 试比较它与"以撒迎娶利百加"故事的异同。
3. 这个故事告诉了我们哪些关于雅各这个人物的特点？
4. 试评艾尔特的"类型场景"理论。它是否有助于我们理解《圣经》故事？
5. 故事反映了哪些古代希伯来婚姻传统？那时的家庭状况和妇女地位是怎样的？

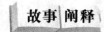

分析要点：
1. 《旧约》中婚娶的"类型场景"之二
   (Another Illustration to the Marriage Type-scenes in the Old Testament)
2. 古代希伯来婚姻传统和妇女地位
   (The Position of Women in Ancient Hebrew Society)

阐释解读：
1. 《旧约》中婚娶的"类型场景"之二①

手足和妻妾之争是《圣经·旧约》故事的一大主题，兄弟争父爱、争继承权以及女人争丈夫之宠反复出现在文本中。雅各从以扫那里争夺长子的继承权是其中最重要的一则例子，其原因有二。（1）在该隐和亚伯的故事里耶和华虽然偏爱小儿子亚伯，但是它发生在大洪水之前，而且其中争夺继承权的主题并不明显。因此雅各和以扫的争斗可以说是首次真正的兄弟争权夺利。（2）由于亚伯拉罕只有一个正出的儿子以撒，上帝与他立约要保护他的后人时不牵涉做选择的问题。但是以撒的妻子生了双胞胎，其长子以扫不但没有头脑，而且在宗教信念上也不够专一。若按照神与亚伯拉罕和以撒的约定，他应该庇佑亚伯拉罕和以撒所有的后人。面临这样的局面，耶和华感到有必要重新立约，把自己的选民进一步划定。这就是为什么又有了神与雅各立约，而且这次立约非同小可，耶和华像对雅各的祖父亚伯拉罕那样也给雅各赐了名字，叫做以色列。从此，雅各，即以色列，这一支脉就成为上帝唯一保佑和赐福的子民，由此也演绎出《创世记》后面一直到约瑟为止的许多传奇故事。摩西领导以色列人出埃及后，局面比雅各活着时扩大了，但基本上还是雅各家族的历史，讲的是由他后人构成核心的以色列民族如何在上帝的庇佑下存活和立国的过程。由此可见以扫和雅各之争在《圣经》中的重要地位。

雅各骗取了父亲的祝福后，不得不逃离家园，以躲避愤怒的以扫。他母亲指点他，

---

① 可参见艾尔特著《圣经的叙事艺术》第三章，第47—62页。

叫他投奔舅舅拉班。他长途跋涉后在拉班家附近的一口井旁休息时,拉班的小女拉结恰好赶着羊群来喝水。这就进入了艾尔特所说的《旧约》中婚娶的第二个"类型场景",它具备艾尔特这类场景的基本特点:(1) 男方从遥远的地方来到女方家;(2) 两人在一口井旁相遇,并相识;(3) 女方奔回家中去报告这个消息。但这个场景与以撒迎娶利百加有如下的区别:(1) 雅各来的目的不是求偶,而是避难,因此他与拉结偶然相遇而相爱很自然,没有任何人工痕迹,是一见钟情;(2) 后来的求婚和最后把拉结娶到手,都是雅各自己进行的,没有老仆人那样的代理人;(3) 老仆人替以撒求婚的场面实际上是两个家庭间的谈判,大家端坐,双方各呈自己的条件,最后达成协议把姑娘带走;雅各追求并得到拉结虽然也有给拉班打工的条约性质,但是整个过程用了14年完成,而且不是靠巧言取信,是实打实地卖劳力换来的。那么,雅各成婚的故事与整体《圣经·旧约》叙事有什么样的关系?两个类型场景的上述这些区别是怎样服务于塑造雅各这个人物的,又怎样预示了他一生的前景和命运呢?

相对以撒被动和无能的一生,雅各可谓是个斗士,他甚至和神的使者摔过跤。他不但有胆量去争夺他想得到的东西,而且有智慧。比如他用一碗红汤(red stuff)[①]换得了以扫的长子名分,又抢在哥哥之前用羊肉冒充鹿肉骗取父亲的祝福;后来他同拉班斗心计,巧妙地获得了许多羊群、骆驼和仆婢,并成功地带着全家人逃离拉班。可以说,他的确是通过自己的努力打下了家业,并翻开了以色列民族历史的第一页。艾尔特指出他的性格在求偶和完婚的类型场景里已经得到了表现。他不像父亲以撒要别人替他去选对象并克服求亲的困难。他追求拉结不需要别人代理,而且在多年出卖劳力的过程中,他因为有爱情支撑而不觉辛苦。我们读到:29:……[20]雅各就为拉结服侍了七年。他因为爱拉结,就看这七年如同几天。(Gen 29:...[20] Jacob worked seven years so that he could have Rachel, and the time seemed like only a few days to him, because he loved her.)但开始他受了骗,娶的是他不爱的利亚。为了得到心爱的人,雅各毫不犹豫地又签约为拉班再干七年。在《圣经》这样一个很少谈及爱情的文本里,雅各对拉结的深情实在是十分难得的。它不但塑造了雅各的顽强和锲之不舍的个性,也为后来雅各特别偏爱拉结的儿子约瑟和便雅悯做了铺垫。

婚娶的"类型场景"区别了能干的雅各和他那无为的父亲。到衰老时雅各的精明能干再次形成了同老年以撒的鲜明对比。以撒失明后,家政全部由妻子利百加治理,他连该祝福哪个儿子都搞不清楚,差一点就违背了耶和华的意愿。可是雅各就完全不一样。当他十分衰老,眼睛也看不见了之后,约瑟带领两个儿子来接受雅各祝福。这里的故事很有戏剧性:

---

① 这里的"红"字在希伯来文里是"以东"(Edom),所以在接受了这碗汤之后,以扫的名字又叫做"以东",从他的后人中发展出的族群就叫做以东人(Edomites)。见《旧约》25:27—34。

"雅各祝福以法莲和玛拿西"
48 这事以后,友人告诉约瑟说:'你的父亲病了。'他就带着两个儿子玛拿西和以法莲同去。² 友人告诉雅各说:'请看,你儿子约瑟到你这里来了。'以色列就勉强在床上坐起来。……⁸ 以色列看见约瑟的两个儿子,就说:'这是谁?'⁹ 约瑟对他父亲说:'这是神在这里赐给我的儿子。'以色列说:'请你领他们到我跟前,我要给他们祝福。'¹⁰ 以色列年纪老迈,眼睛昏花,不能看见。约瑟领他们到他跟前,他就和他们亲嘴,抱着他们。¹¹ 以色列对约瑟说:'我想不到得见你的面,不料神又使我得见你的儿子。'¹² 约瑟把两个儿子从以色列两膝中领出来,自己就脸伏于地下拜。¹³ 随后约瑟又拉着他们两个,以法莲在他的右手里,对着以色列的左手;玛拿西在他的左手里,对着以色列的右手,领着他们到以色列的跟前。¹⁴ 以色列伸出右手来按在以法莲的头上,以法莲是次子,又剪搭过左手来按在玛拿西的头上,玛拿西是长子。……¹⁷ 约瑟见他父亲把右手放在以法莲的头上,就不喜悦,便提起他父亲的手,要从以法莲头上挪到玛拿西的头上。¹⁸ 约瑟对他父亲说:'我父,不是这样,这本是长子,求你把右手按在他的头上。'¹⁹ 他父亲不从,说:'我知道!我儿,我知道!他必成为一族,也必昌大,只是他的兄弟将来比他还大,他兄弟的后裔要成为多族。'²⁰……于是立以法莲在玛拿西以上。"

我们不做宗教研究,也讲不清楚为什么《圣经·旧约》里上帝总是选择小儿子来颠覆长子继承父业的传统。但是,就故事论故事,老迈的雅各虽然同以撒老年时一样眼睛失明,他却完全不是一个听任儿子摆布的糊涂老头。以撒吃了冒充鹿肉的羊肉便把祝福赐予了雅各,以为他是以扫;而雅各在儿子约瑟设法让他用右手放在大孙子头上时,毫不糊涂地交叉自己的双手去首先祝福小孙子。他到最后也是个精明、能干的族长。失明并卧床不起后,仍旧把握着家族的秩序,严格按照耶和华意愿行事。这样一个强干的族长在他婚娶的故事里就已经清楚地显示了他与父亲以撒完全不同的为人和风格。

然而,这个场景的内涵还不止于此,艾尔特指出在雅各费力把井口上石头推开来汲水饮拉结的羊群的情节里,《圣经》的作者(们)利用了这个场景突现了雅各不同于其父以撒的更多地方。他引用了一位评论家的观点说,雅各推开石头为拉结的羊群获得饮水是他终生奋斗命运的预示和象征。他曾经枕石而眠,立石为证,借石说话并与石搏斗,①这象征了他一生充满坎坷却顽强拼搏。搬开井口石头还有更深一层的寓意。拉结婚后久久不能怀孕,而姐姐利亚却连续生养了好几个孩子。《圣经》说这是上帝封闭了拉结的子宫,令她非常焦心。雅各第一次在井台上与她相遇时井口被巨石封堵就预示了他们成婚后的这个大难题。就像雅各费力挪开石头帮拉结汲水饮羊那样,为了打开拉结封闭的子宫,他们夫妻不断祈祷。最后上帝被感动了,他打开了拉结的子宫,让她怀孕。拉结最后生养了两个儿子。因此不止一个评论者注意到在雅各的一

---

① 见艾尔特著《圣经的叙事艺术》,第55页。雅各两次立石为证的故事见《旧约·创世记》第28和第31章,"用石说话"指他堆石头或立石柱来纪念发生的重大事件。关于雅各一生中石头格局的英文是:"Jacob is a man who sleeps on stones, speaks in stones, and wrestles with stones."

生中石头形成了一个重要格局(motif)。

艾尔特的类型场景分析并没有到雅各为止,他还提到了摩西的婚事。当我们把他娶妻的故事同后来摩西成婚的经历做比较时,《圣经·旧约》叙事利用类型场景来塑造人物和前瞻人物使命的论点就更不容置疑了。摩西杀死了一个埃及人后,出逃到米甸,在那边的井旁歇息时,遇见了祭司流珥的七个女儿来饮羊。看见她们受到一帮牧人的欺负,摩西就拿起木杖驱赶入侵者。把他们赶跑后,他被迎进流珥的家,并最终娶了流珥的一个女儿。摩西成亲的故事没有多少篇幅,但的确也具备艾尔特所说的这类场景的基本元素。不过,与前面以撒和雅各娶妻的故事的区别除了他遇见的不是一个女孩,而是七个姑娘,不同之处主要在于他在双方相遇的井台上不是推开石头,与困难搏斗,而是赶走了欺负本族姑娘们的外来者。这一设计很重要,它预示了摩西后来的人生使命,即穷尽一生带领以色列人抗击埃及人的迫害和暴行,把整个民族从埃及人手中拯救出来。如此看来,"类型场景"的确具备艾尔特所指出的那些功能。

作为艾尔特的"类型场景"的第二例,夹在以撒和摩西成亲的故事中间,雅各娶拉结的叙述是最曲折,也最精彩的。通过与前后两则成亲故事的对比,我们还是能比较信服艾尔特对这些故事的分析,并从而认识到《圣经》的叙事的确是有技巧、有塑造人物等艺术考虑的,因此它的文学性也就进一步得到了证实。

2. 古代希伯来婚姻传统和妇女地位

雅各异乡完婚的故事显示了一些古代希伯来婚姻现象。首先,雅各和拉结一见钟情,因为拉结是个漂亮姑娘。但她的美貌并没有像利百加的美貌在出场时就得到交代,这方面《圣经》的叙事做了与以撒迎娶利百加的故事不同的处理。在以撒和利百加的故事里,整个求婚是两个家庭的协商,利百加的处女身和美貌都是老仆人选她的条件,所以必须一开始就摊摆出来。相反,雅各一眼就看中了拉结,但原因却是在后来作为与利亚对比时才交代的。经文说"拉结生得美貌俊秀",而"利亚的眼睛没有神气"。(Gen 29:17 Leah *was* tender eyed; but Rachel was beautiful.)[①]"没有神气"(tender eyed)在当时希伯来语里指的是眼睛近视。所以,利亚长得不好看,雅各从来就没有被她吸引过。艾尔特认为这样安排交代拉结容貌的美丽是因为《圣经》作者(们)要对姐妹模样对比着做文章,以便讲清楚雅各家里妻妾和子女争斗的来龙去脉。

当雅各发现自己新婚晚上在黑暗中同房的是他毫不喜爱的利亚时,他便愤怒地质问拉班。结果拉班理直气壮地解释说:29:26 "大女儿还没有给人,先把小女儿给人,在我们这地方没有这规矩。"(Gen 29:26 "It is not the custom here to give the younger daughter in marriage before the elder.")这是当时的规矩。结果,尽管雅各不爱利亚,

---

① 这里我用了《钦定圣经》的英文,在我采用的《福音圣经:当今英文版》里这句话是"Leah had lovely eyes."但在该版本的注释里把"lovely"解释为"weak"。

他也只能接受安排先娶利亚，并为娶到心爱的拉结再卖身给拉班干七年活。有趣的是，最后雅各不仅有两房妻室，还得到两个妾，她们分别是利亚和拉结的婢女悉帕和辟拉。虽然在古代希伯来传统里，婢女是主人的财产，可以任由主人支配，包括收为自己的妾，或赠予他人，甚至在面临危难时，把妻妾推出门任歹徒侮辱以求自保，就像"士师记"里那个利未人那样，但是在收婢女为妾时，男人一般都要得到妻子的同意，或者是妻子因自己不能生育而主动把自己的婢女塞给丈夫，为的是生下一男半女可以算在自己名下。亚伯拉罕的妻子撒拉在不能生育时就把夏甲给了丈夫，生下以实玛利。然而，当她最终有了自己的儿子以撒之后，她就容不得夏甲和以实玛利了。悉帕和辟拉是在拉结和利亚争宠的矛盾争斗中送给雅各的。由于拉结久久没有生育，却看见姐姐已经为丈夫生了三个儿子，她就把婢女辟拉交给雅各做偏房。她说：30：³"有我使女辟拉在这里，你可以与她同房，使她生子在我膝下，我便因她也得孩子（'得孩子'希伯来原文作'被建立'）。"(Gen 30：³ She said, "Here is my slave-girl Bilhah; sleep with her, so that she can have a child for me. In this way I can become a mother through her.")

请注意，通过上面拉结话的希伯来原文，我们知道"得孩子"就等于"被建立"。反之，没有孩子的女人在家庭和宗族里就没有地位。可见，生育对古代希伯来女人是多么重要。事实上古代以色列妇女的人生目的就是为丈夫的家族传宗接代，没有孩子的女人是十分悲惨的，未婚处女就死去也被视为人生最大遗憾。这就是为什么耶弗他的女儿在被杀死献给耶和华之前要求到山里去哀痛她还没成婚生子就要死去，这也是为什么参孙的母亲要不断祈祷耶和华恩赐她一个儿子，他玛竟然采取欺骗手段从自己的公公犹大那里受孕生子，而大卫的妻子米甲与大卫不和而终生无子自然就被视为上天对她的严厉惩罚。生儿以传承后代的重要性还表现在古代希伯来的一些习俗里，比如哥哥死去了，弟弟就该把他的遗孀接收过来，与她同房生子，并把这个孩子算成死人的，以便让死去的兄长有个后代。犹大的二儿子不愿意为死去的哥哥传宗接代，被上帝索了命；而路得和波阿斯就很好，他们把头生的儿子按照这个习俗算在拿俄米名下，让她有了后人。这种传宗接代的思想在古代希伯来社会里具有压倒其他任何考虑的重要性，以至罗得的妻子死去后，他的两个女儿为家族考虑把父亲灌醉后，与他发生关系，各自生下一子，分别成为摩押人和亚扪人的始祖。① 这种行为在人类开化之后是不能被接受的，它的原始性不言而喻。但是它有力地说明了在古代希伯来族群里，生养后代和繁衍不息几乎是超乎一切的、唯一重要的考虑。

既然能否生养成为古代希伯来女人所命系的问题，拉结和利亚这对亲姐妹围绕生

---

① 这里提到的一些例子中除了罗得女儿的故事之外，在本教程里都得到了单独的故事解读，在此就不注释出处了。罗得和他女儿的故事见《创世记》19：30—38。

育和由此而得到丈夫宠爱的争斗就贯穿了她们的一生。拉结的婢女辟拉很快就为雅各生了两个儿子。这让已经停止生育的利亚非常着急,于是她也把婢女悉帕给雅各做妾,悉帕又为主人生养二子。于是拉结又处于劣势了。还不止于此,利亚的儿子流便采摘到能使人怀孕的风茄,拉结索要风茄时,利亚要求让她与雅各同寝作为交换,于是利亚前后又给丈夫生下两个儿子和一个女儿。到了最后,耶和华终于可怜拉结,她怀孕生下约瑟和便雅悯。① 他们是雅各妻妾所生的 12 个儿子中最小的两个,又是爱妻拉结好不容易才得到的,因此成为雅各的至爱,也因此引发了后来家里儿子们之间的剧烈矛盾。在《旧约》里受丈夫宠爱的妻子都很难受孕生子,这成为了一个反复出现的格局,而且这样困难生养下来的孩子一般都被耶和华委以延续或拯救家族或民族的重任。为什么会有这样的叙事格局到目前还没有多少学者探讨过,但是拉结和利亚围绕生养和丈夫宠爱而发动的旷日持久的拉锯战却得到了非常生动的描述。从中反映了许多早期希伯来的社会习俗和文化现象,也揭露了妇女的从属和低下地位。

拉结虽然终生得到雅各的专宠,但是死后却没有能够躺在丈夫的身旁。她死于生产便雅悯,死在离开父亲家后随丈夫流离颠沛的路途中,被埋葬在以法他,也就是伯利恒的路旁。② 当雅各 147 岁去世之前,他嘱咐约瑟不要把他葬在埃及,一定要和列祖一道葬在迦南地的以弗伦田间的山洞里,那里有亚伯拉罕和撒拉,以撒和利百加,还葬了利亚。雅各吩咐将他葬在利亚身边。③《圣经》叙事没有交代利亚在什么时候、什么地方去世的,我们也不知道她如何被运回迦南祖坟安葬的,因为作为雅各婚姻生活主要角色的始终是拉结。但是,不管我们怎样为拉结和雅各最终分离伤感,我们却不得不看到,作为以色列民族的主要祖先,雅各这个人从来就是有原则和理智的。尽管他只爱拉结,利亚却是他的正房妻子。第二个娶进门的拉结实际上也是妾的身份,只不过她与利亚的姐妹关系让她享受了与姐姐平等的待遇,而雅各对她的专宠又造成了她地位最重要的假象。然而雅各并不糊涂,所以最后他还是舍弃了拉结,同利亚永远相伴躺在了祖坟里。

结　语

雅各异乡完婚的故事是艾尔特的第二个"求/订婚类型场景"例子,与前面以撒迎娶利百加和后面摩西在米甸成婚的故事放在一起进行对比之后,的确可以看到这些故事在塑造以撒、雅各和摩西的不同形象和性格特点以及预示他们各自的人生使命方面

---

① 关于拉结和利亚之争可见《创世记》29 和 30:1—24。
② 见《创世记》35:16—21。
③ 见《创世记》49:29—33。

所起到的重要作用。事实上,这个故事讲述了雅各从不大懂事,要母亲扶持的小年轻逐渐入世并成长为精明干练的以色列族长的主要经历。单就他返回迦南地时处理与以扫的旧仇多么有手段这一点,就可以看出他已经远不是惧怕哥哥而逃离家园时的雅各了。在外飘零的生活教育了他,拉班的剥削教育了他。他成熟了。因此在这个故事里可以找到许多讲述青年成长的文学作品所共有的内容和写作特点。另外艾尔特学者提醒读者去注意这些故事中采用的词语、格局、重复叙述、并列对比和视角变化等文学手段,因为它们说明了《圣经》作者(们)的确不满于简单地进行意识形态宣传和说教,他们有认真的文学艺术追求。此外,在拉结和利亚为得到丈夫喜爱的戏剧性争斗中,我们还可以了解到许多古代希伯来社会的习俗、价值观,还有妇女所处的地位。把这个故事里有关妇女和家庭的内容与其他涉及类似问题的许多故事联系和结合起来,就变成了另外一个值得我们认真进一步探讨的重大议题。

故事九　底拿受辱

《旧约》经文
"创世记"34

底拿受辱

34 利亚给雅各所生的女儿底拿出去,要见那地的女子们。² 那地的主希未人、哈抹的儿子示剑看见她,就拉住她与她行淫,玷辱她。³ 示剑的心系恋雅各的女儿底拿,喜爱这女子,甜言蜜语地安慰她。⁴ 示剑对他父亲哈抹说:"求你为我聘这女子为妻。"⁵ 雅各听见示剑玷污了他的女儿底拿,那时他的儿子们正和群畜在田野,雅各就闭口不言,等他们回来。⁶ 示剑的父亲哈抹出来见雅各,要和他商议。⁷ 雅各的儿子们听见这事,就从田野回来,人人忿恨,十分恼怒,因示剑在以色列家做了丑事,与雅各的女儿行淫,这本是不该作的事。

8 哈抹和他们商议说:"我儿子示剑的心恋慕这女子,求你们将她给我的儿子为妻。⁹ 你们与我们彼此结亲,你们可以把女儿给我们,也可以娶我们的女儿。¹⁰ 你们与我们同住吧!这地都在你们面前,只管在此居住,作买卖,置产业。"¹¹ 示剑对女儿的父亲和弟兄们说:"但愿我在你们眼前蒙恩,你们向我要什么,我必给你们。¹² 任凭向我要多重的聘金和礼物,我必照你们所说的给你们,只要把这女子给我为妻。"

13 雅各的儿子们,因为示剑玷污了他们的妹子底拿,就用诡诈的话回答示剑和他父亲哈抹。¹⁴ 对他们说:"我们不能把我们的妹子给没有受割礼的人为妻,因为那是我们的羞辱。¹⁵惟有一件才可以应允,若你们所有的男丁都受割礼,和我们一样,¹⁶我们就把女儿给你们,也娶你们的女儿,我们便与你们同住,两下成为一样的人民;¹⁷倘若你们不听从我们受割礼,我们就带着妹子走了。"

18 哈抹和他的儿子示剑喜欢这话。¹⁹那少年人作这事并不迟疑,因为他喜爱雅各的女儿。他在父亲家中也是人最尊重的。²⁰哈抹和他的儿子示剑到本城的门口,对本城的人说:²¹"这些人与我们和睦,不如许他们在这地居住,作买卖,这地也宽阔,足可容下他们。我们可以娶他们的女儿为妻,也可以把我们的女儿嫁给他们。²²惟有一件事我们必须作,他们才肯应允和我们同住,成为一样的人民,就是我们中间所有的男丁都要受割礼,和他们一样。²³他们的群畜、货财和一切的牲口岂不都归我们吗?只要依从他们,他们就与我们同住。"²⁴凡从城门出入的人,就都听从哈抹和他儿子示剑的话。于是,凡从城门出入的男丁都受了割礼。

25 到第三天,众人正在疼痛的时候,雅各的两个儿子,就是底拿的哥哥西缅和利未,各拿刀剑,趁着众人想不到的时候,来到城中,把一切男丁都杀了,²⁶又用刀杀了哈抹和他的儿子示剑,把底拿从示剑家里带出来就走了。²⁷雅各的儿子们因为他们的妹子受了玷污,就来到被杀的人那里,掳掠那城,²⁸夺了他们的羊群、牛群和驴,并城里田间所有的,²⁹又把他们一切货财、孩子、妇女,并各房中所有的,掳掠去了。³⁰雅各对西缅和利未说:"你们连累我,使我在这地的居民中,就是在迦南人和比利洗人中,有了臭名。我的人丁既然稀少,他们必聚集来击杀我,我和全家的人都必灭绝。"³¹他们说:"他岂可待我们的妹子如同妓女吗?"

预习问题

故事内容问答题:
1. 故事发生在以色列历史传说的什么阶段?雅各一家人与希未人是什么关系?
2. 谁是底拿?她遭到谁的奸污?
3. 底拿受辱后父亲雅各的反应如何?她的兄弟们的反应如何?
4. 底拿受辱后,哈抹父子向雅各提亲是为什么?
5. 对哈抹父的提亲,雅各的儿子们提出了什么要求?此时雅各知道儿子们的真实意图吗?
6. 哈抹和他的儿子示剑对这个条件如何反应?他们如何说服本族百姓同意接受提的条件?
7. 西缅和利未与底拿有什么特殊关系?他们在报复行动中干了什么?其他的兄弟们干了什么?
8. 雅各对儿子们的报复行为是什么态度?他是如何责备西缅和利未的?

深入思考题:
1. 以雅各为族长的上帝选民以色列人为什么要屈从于希未人和周边的其他部族?请交代这里涉及的历史背景知识。
2. 割包礼什么时候成为了犹太民族的风俗习惯?比起一般的风俗习惯,它有什么特别的意义?
3. 作为父亲,哈抹与雅各在对待儿女的情感和态度上表现了巨大反差。试比较两人的不同,并分析原因。

4. 你认为底拿兄弟的报复是否合情理？联系以色列人在民族纠纷中的一贯态度来给这次屠杀做个评论。

5. 西缅和利未只屠杀而不劫掠的表现是否有其特殊的原因？你认为他们与其他抢掠财富和女人的兄弟们相比是否有优劣之别？

6. 雅各对此事无动于衷，是否他不爱底拿？如果是如此，为什么他不喜爱自己的女儿？如果不是如此，他为什么看起来无动于衷？

7. 为什么雅各最后只是严厉地责备了西缅和利未，而没有责备那些贪婪和打劫的儿子们？你认为雅各是个公正和称职的父亲吗？

8. 作为宗教和意识形态文本，《圣经》的文学阐释是否具备合法性？

9. 探究《圣经》的文学和叙事学成就是否有助于我们对它的理解和认识？

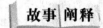

分析要点：

1. 斯腾伯格的《圣经》叙事"说服艺术"介绍

   (Introduction to Sternberg's Narrative Theory of Persuasion)

2. 斯腾伯格解读"底拿受辱"

   (Sternberg's Reading of "the Rape of Dinah")

3. 对斯腾伯格阐释的置疑

   (A Different Interpretation of the Story from Sternberg's)

阐释解读：

1. 斯腾伯格的《圣经》叙事"说服艺术"介绍

斯腾伯格在他的著作《圣经的叙事诗学》中讨论了叙事如何努力影响读者的感情判断，并称之为"说服艺术"。他做演示的例子是"创世记"里雅各的女儿底拿被强暴后，她的兄弟们如何用诡计诈骗去获取对方信任，然后出其不意地把他们全部诛杀，还祸及了许多无辜的百姓。斯腾伯格指出司法的法庭和人们情感的法庭经常不能等同，而且有时会相反。他称这种感情法庭为 The Court of Conscience，即凭各人的良心和感知来判断是非，给以同情或憎恶。不论在日常生活还是在文学作品里，这种人情不随司法判断的例子都是不胜枚举的。最显然的例子是德伯家的苔丝，因为杀死了艾里克，司法把她送上了绞架，但是哈代让每个读者为这个可怜的女人悲痛，不把她当作凶犯，反而看成是残酷命运的牺牲品。她始终是个美丽而纯洁的形象。反之，霍桑小说《红字》里面海丝特的丈夫奇林渥斯虽然没有在司法意义上犯法，但是他化名靠近丁梅斯代尔，对年轻神父进行心理和精神折磨，看着对方逐步走向死亡来消除自己的妒火的做法在读者心中的道德和情感法庭上他是犯有重罪的一个丑陋之人。在我们的日常生活中，伦理标准往往是定得死死的：杀人要偿命，偷盗和奸淫都要受到法律制裁和社会舆论谴责。但是尽管如此,在具体的情况下同样的杀人和欺骗却完全可能是出自良好的愿望,比如为了安慰别人而撒谎,或为了让重病人解脱而施以安乐死。在文学描述比较规范的法律案例时,它的叙事所承担的引导读者情感取向的任务就较轻,反之作者则必须使出全身解数来说服读者在感情上接受他的是非判断。斯腾伯格认为"底拿受辱"的故事就显示了作者如何通过叙事手段来保证读者不会憎恶屠杀希未人的西缅和利未。①

2. 斯腾伯格解读"底拿受辱"

"底拿受辱"故事的开篇相当直截了当。我们读到:34:利亚给雅各所生的女儿底拿出去,要见那地的女子们。²那地的主希未人,哈抹的儿子示剑看见她,就拉住她与她行淫,玷辱她。³示剑的心系恋雅各的女儿底拿,喜爱这女子,甜言蜜语地安慰她。(Gen 34:One day Dinah, the daughter of Jacob and Leah, went to visit some of the Canaanite women. ²When Shechem son of Hamor the Hivite, who was chief of that region, saw her, he took her, and raped her. ³But he found the girl so attractive that he fell in love with her and tried to win her affection.)这里面交代了底拿是利亚的女儿,希未人哈抹的儿子示剑喜欢她并强暴了她。但是,此处作者留下了操纵叙事的明显痕迹。首先,示剑奸污底拿没有只用一个动词来解决问题。在第二句里有三个动词,他看见了女孩子之后,拉住她(took her),然后玷污了她(raped her)。这样连用三个动词把整个过程全部展现出来,既排除了读者对示剑会不会先向底拿求爱,底拿是否半推半就等猜测,又通过一连串动词形成的强暴过程加深了这个行为在读者头脑中的印象。② 接下来,叙事才倒过来交代示剑爱上了底拿。③ 这里又是三个动词连用:他喜爱她(found the girl so attractive),心里系恋底拿(fell in love with her),要赢得她(tried to win her)。这三句话并不能完全抵消前面暴行给读者留下的恶劣印象,但是它说明《圣经》叙事并不搞黑白分明的简单说教,它把生活的复杂性和方方面面都描述了出来。通过这样的找补,暴力的三个激烈动作被情感的三个动词缓冲下来,我们从中可以推断底拿一定是个可爱的姑娘,强奸的后果是示剑爱上了底拿。这样才会有

---

① 见斯腾伯格著《圣经的叙事诗学》第十二章"说服的技巧"(The Art of Persuasion),第441—445页。

② 斯腾伯格在书中特别解释了动词"lay with",主要是说明"lay"在这里用做不及物动词,并不等于这个动作不强暴。因为在希伯来原文里的说法"va'yishkab ittah"等于"laid her",是及物动词,意思是"男方对女方施性关系"。见《圣经的叙事诗学》,第446页。

③ 斯腾伯格明确认为示剑是先堕入爱河,然后施暴。叙事因此是采用了倒叙,见《圣经的叙事诗学》,第447页。他认为这样安排事情的先后顺序主要为了加强强奸的震撼。我以为,强奸前示剑肯定对底拿有好感,喜欢她,但是他爱她却不一定是叙事倒置的内涵,因为示剑看见底拿不久就发生了强暴之事,谈不上深刻的爱情。而示剑事后才感到自己的感情是爱情,觉得离不开底拿,这种可能性也存在,而且也合理。我这样理解不会影响叙事以此交代示剑和哈抹求婚的急切的心情,但是却破坏了斯腾伯格提出的此处为了达到震撼效应叙事故意倒置的说法。

他央求父亲去提亲的下文。但是《圣经》叙事的艺术性就在于它敢于把示剑真情的一面写出来。这样，故事会更好看、更真实，但是它必然冒着读者最后有可能同情被杀戮的示剑、他父亲和全城人的危险，会觉得他的罪行绝不够这样严厉的惩罚。然而，斯腾伯格指出只有先将读者的感觉朝着与作者意图相反的方向推一步，才能更展示其叙事说服技巧的高超。

下面叙事介绍的是雅各和儿子们对这件事情的反应：34：⁵雅各听见示剑玷污了他的女儿底拿，那时他的儿子们正和群畜在田野，雅各就闭口不言，等他们回来。⁶示剑的父亲哈抹出来见雅各，要和他商议。⁷雅各的儿子们听见这事，就从田野回来，人人忿恨，十分恼怒，因示剑在以色列家做了丑事，与雅各的女儿行淫，这本是不该做的事。(Gen 34：⁵Jacob learnt that his daughter had been disgraced, but because his sons were out in the fields with his cattle, he did nothing until they came back. ⁶Shechem's father Hamor went out to talk with Jacob, ⁷just as Jacob's sons were coming in from the fields. When they heard about it, they were shocked and furious that Shechem had done such a thing and had insulted the people of Israel by raping Jacob's daughter.)这段话里雅各和他儿子们对此事的态度显得截然不同：老头子听见女儿被强暴不但没有对哈抹父子提出抗议，而且连愤怒和悲伤都没有。反之，当儿子们听到不幸的消息后他们都非常难过和气愤。斯腾伯格通过细读"雅各的儿子们听见这事，就从田野回来"这句话的英文的两种解释，还进一步证实了雅各不可原谅的冷淡。这里的中文翻译"雅各的儿子们在田间听到了消息就赶回家来"是严格按照《钦定圣经》的英文来的（And the sons of Jacob came out of the field when they heard it,...）。但斯腾伯格认为这句英文还有可能是"雅各的儿子们到家后才听到了这件事"，而本教程所选这部《福音圣经》的英文："⁶Shechem's father Hamor went out to talk with Jacob,⁷just as Jacob's sons were coming in from the fields. When they heard about it, ..."恰恰证明真有斯腾伯格这种到家之后才听到底拿被奸污消息的理解。如果是第二种可能，斯腾伯格认为雅各就更是没心没肺了，因为他居然不打发人火速到田间去通告儿子们出了这等事，而是在家不表态，优哉游哉地等待他们收工回来。在这里斯腾伯格又进一步把雅各同哈抹作了对比。他认为哈抹是这个故事里作者通过叙事树立的雅各的对立面，以哈抹对儿子的溺爱和依从来反衬雅各对女儿的无情。在做过上述分析和比较之后，斯腾伯格指出雅各的反常表现原因就是因为底拿是利亚的女儿，而利亚是雅各被迫娶进门的，他始终就不喜欢她，也不喜欢她的孩子。斯腾伯格在此很有力地对比了雅各失去约瑟时的强烈悲痛，他不吃不喝地哀伤，而且说要一直伤心到死去，却对底拿的不幸如此麻木。相反，底拿的兄弟们听到消息后不仅有愤怒，还有伤痛；他们气愤的理由不只是妹子受辱，而且更认为这是希未人对以色列的侵犯和侮辱，这在上面引文的第7句里已经表明。儿子们原本更多考虑了父亲的声誉和家族的耻辱,但是雅各的偏心已经达到对女儿受辱无动于衷的地步,他的表现是火上浇油,更伤害和激怒了底拿的哥哥们,最后才造成了他们的极端报复行动。这是斯腾伯格基于"说服艺术"对底拿故事分析的王牌观点。

然后,分析转向了哈抹父子的求婚。他们看似在求以色列一家答应让底拿嫁到他们家,但是没有半点歉意,始终扣留着底拿,好像什么都没有发生过。他们大谈两族通婚的种种好处,其中之一就是以色列人可以被允许购置产业居住在哈抹辖下的地区。他们这种姿态实际是居高临下、盛气凌人的。再者,哈抹父子不断地允诺要给底拿贵重的聘金和礼物,使这个不平等的求婚又带上了浓厚的以物换物和用钱买物的商业操作色彩。这样的婚姻,不论从道德伦理、人情世故,还是从家族、民族尊严和宗教圣洁方面考虑都不可行。如果答应了这桩婚事,雅各一家将颜面无存。底拿的哥哥西缅和利未在故事最后回答雅各的指责时就是这么说的:"他岂可待我们妹子如同妓女吗?"(Should he deal with our sister as with an harlot?)①此话的意思是:哈抹和示剑把底拿当成可以玩弄,之后又可以用钱财买到手的妓女。于是,雅各的儿子假装答允这门婚事,但提出了要哈抹全族的男丁行割礼的要求。斯腾伯格指出,在象征层面上,对示剑和他族里的男人行割礼其实是对他强奸底拿的针锋相对的回应,真正处置了行凶的"工具"。

哈抹父子痛快地同意了,但是他们内心也存着其他的企图。他们父子看似天真,但在城门口他们对本城人说的话就暴露了他们也在欺骗,他们说:34:"²¹这些人与我们和睦,不如许他们在这地居住,作买卖,这地也宽阔,足可容下他们。我们可以娶他们的女儿为妻,也可以把我们的女儿嫁给他们。²²惟有一件事我们必须作,他们才肯应允和我们同住,成为一样的人民,就是我们中间所有的男丁都要受割礼,和他们一样。²³他们的群畜、货财和一切的牲口岂不都归我们吗?只要依从他们,他们就与我们同住。"(Gen 34:"²¹ These men are friendly; let them live in the land with us and travel freely. The land is large enough for them also. Let us marry their daughters and give them ours in marriage. ²² But these men will agree to live among us and be one people with us only on condition that we circumcise all our males, as they are circumised. ²³ Won't all their livestock and everything else they own be ours? So let us agree that they can live among us.")从这引文中我们清楚地看到哈抹和示剑在欺骗,他们为了说服本城居民同意行割礼,就许诺说以色列人一旦住下去同他们通婚,那么以色列人的财产和牛羊就都属于希未人了。而且,从他们的话里也不难看出他们头

---

① 这是《钦定圣经》的英文原文和按照该版本翻译的中文。在《福音圣经:当今英文版本》中英文被译成更直截了当的表述:"34:³¹But they answered, 'We cannot let our sister be treated like a common whore.'"而不是用反问的语气。

脑里未来与以色列的合作是他们为主人，以色列为臣仆的不平等关系。如果说这些话都是哈抹父子的真心打算，并非欺骗本族百姓，那么他们表面上答应雅各的儿子们行以色列的割礼，实际上有长远占有他们产业的阴谋，他们还是在欺骗，只不过骗的不是本族人而是以色列和他的儿子们。这种揭露无疑会使读者少些对哈抹父子的同情，是叙事左右读者感情判断的重要环节。

　　哈抹父子求婚中的欺骗在叙事里得到了交代，但是对雅各的儿子们玩弄的诡诈，叙事却制造了一个小小的悬念。我们只见哈抹和示剑说服了族人，他们都按照以色列人的习俗行了割礼。好像一切都在按照双方的协议进展，待他们的伤口长好，底拿就会如约嫁给示剑，起码这是示剑一家人相信的，读者暂时也这么想。然后，故事突然出现意想不到的转折。西缅和利未第三天持刀进城，乘希未男人都受了割礼，还不能动弹的时机，杀死了哈抹和示剑，还有对方所有的男丁，从示剑家中带回了妹子底拿。接着，雅各的其他儿子们全部出动去进行了抢掠，他们夺了希未人的钱财、牛羊和牲畜，还有女人和孩子。真正是希未人的一场血腥劫难。到此为止，尽管叙事一直在为最后这场屠杀和洗劫铺垫，在暗中努力把读者的同情向雅各的儿子们引导，但是我们的印象仍旧不免是雅各的儿子们做得太过分，对方不应该遭受这么严重和残酷的惩罚。斯腾伯格在这里又进一步做了很精明的分析。他指出，在这场洗劫和屠杀中雅各的儿子分成了两拨：西缅和利未一拨，他们杀死仇人，解救底拿，却不打劫财物；其他人为另一拨，他们完全是强盗式的抢掠。理由很简单，西缅和利未是底拿同父同母的哥哥，其他去打劫的兄弟都是同父异母。他们是真正要为妹妹伸张正义，要维护以色列家族荣誉的人；而那些同父异母的兄弟们明显的是对抢钱财更感兴趣，他们利用这个机会饱了私囊。但是雅各事后并没有责备那些借机私饱中囊的儿子们，他只狠狠地指责西缅和利未给他和全家惹了大麻烦。他是这样说的：34：30 "……你们连累我，使我在这地的居民中，就是在迦南人和比利洗人中，有了臭名。我的人丁既然稀少，他们必聚集来击杀我，我和全家的人都必灭绝。"(Gen 34:30 "... You have brought trouble on me; now the Canaanites, the Perizzites, and everybody else in the land will hate me. I haven't many men; if they all band together and attack me, our whole family will be destroyed.")斯腾伯格从这里引出更多的对雅各偏心的分析。他指出利亚生下西缅时取这个名字的意思是"因为上帝听到了我被恨"(because he heard that I was not loved)，所以上帝可怜她给了她这个儿子。而利未的名字表示了利亚希望"这一次我的丈夫要同我和好了"(now my husband will be bound more tightly to me)①。利亚是拉班用掉包计偷偷塞给雅各的妻子，为了得到他爱的拉结，雅各不得不又给拉班当

---

① 见《圣经的叙事诗学》，第468—469页。

长工7年。之后,拉结很长时间不育,雅各格外心疼她。姊妹之间和孩子们之间矛盾不断。拉结终于生养了约瑟和便雅悯之后,这两个出自爱妻的最年幼的儿子就占去了父亲全部的爱。以至兄弟间矛盾剧烈到哥哥们阴谋要除掉约瑟,把他卖到了埃及。所以,斯腾伯格认为底拿的故事看起来是对外的一场争斗,但其实反映了雅各家里内部的紧张人际关系。两个不被爱的儿子为自己不被父亲爱的亲妹妹复仇,而且他们要的是以牙还牙的复仇,并没有像其他兄弟那样借机去发财。因此尽管他们多杀了无辜,做得过分,但读者难免对他们寄予一些同情。斯腾伯格指出《圣经》的叙事并没有设法遮掩雅各儿子们过分的报复行为,也没有直接谴责他们,而是通过非常精心的技巧不断地揭示各方面的因素和对比各种不同的表现。这样达到说服读者,让他们能够原谅西缅和利未,或者在情感上不憎恶他们。雅各一直不吭气,最后当他发表意见时却是十分自私地责备西缅和利未把他的安危置之不顾。斯腾伯格说这样结束故事就让不称职的父亲的恶劣表现达到了顶点,从而让读者更加同情西缅和利未。他们才是底拿故事里的英雄。

3. 对斯腾伯格阐释的置疑

但是,所有的文本都可以进行多元阐释,特别是在这则故事的解读中,斯腾伯格似乎忽略了事件发生的历史背景,因此可以对他的分析提出异议。

文学细读因时代和读者等许多因素而异,它是一个很自然的现象,而且值得鼓励。斯腾伯格在解读"底拿受辱"的故事时,很有说服力地展现了《圣经》叙事在"说服艺术"方面的辉煌成就。但是,为了证明西缅和利未屠城值得同情,他的细读就把他们这样做的心理原由归咎到雅各身上,而把西缅和利未分析成正面的、可理解和原谅的形象。这样分析就出现了一定程度的失误,没有把雅各的表现放在整个《旧约》中古代希伯来世界的人际关系和以色列初起之时的困难处境里来察看。

其实斯腾伯格曾在他的《圣经的叙事诗学》的第一章里提出了对艾尔特等人的纯文学阐释的严厉批评,强调指出了《圣经》是个意识形态文本,如果脱离其历史背景和意识形态目的来探究其文学特点和叙事技巧,那就会造成纯文学追求的偏差。在他讨论"阐释观点变换"和"重复"等叙事技巧如何服从于《圣经》意识形态大目时,斯腾伯格在实践他自己的"历史编纂学原则"上做得十分出色。他对亚伯拉罕的老仆人如何利用"重复"中微妙的言辞变动来顺利完成主人要他为以撒迎娶一个媳妇回迦南的指示,做了透彻的阐释,从始至终紧扣亚伯拉罕为以撒娶妻的政治原则。[①] 然而,斯腾伯格本人在进入具体的叙事技巧分析时,有时也忘记了他自己谆谆告诫《圣经》学者们的这一重要历史编纂学原则。我以为他在"底拿受辱"的故事里对雅各的误读就是这样

---

① 见《圣经的叙事诗学》,第四章中"求聘利百加"(The Wooing of Rebekah)的故事分析,第131—152页。

一个例子。

　　斯腾伯格对底拿的故事分析总体上是很精彩的,他通过细读揭示出的雅各的偏袒和兄弟姊妹之间的感情纠结也是实际存在的。但是为了证明《圣经》叙事的说服艺术高超,斯腾伯格对雅各行为的定位和理解脱离了《旧约》的历史和意识形态大背景,因此对雅各的分析出现了偏差。按照斯腾伯格的解读,故事叙述者有意识地用哈抹如何疼爱儿子来对照雅各对底拿受辱的漠不关心;并且由于雅各的冷漠,西缅和利未只能自己独自担当为妹妹复仇的任务,他们心中为底拿不得父爱而受到刺激,以致复仇行动更加变本加厉。斯腾伯格认为这样一来,叙述者通过精心安排的细节就唤起读者对西缅、利未和底拿的同情,以至达到在情感上说服读者不那么憎恶这个令人发指的大屠杀。首先,我们不应忘记从亚伯拉罕到处流浪以寻求一席存生之地,到后来大卫建立统一的以色列王国,这中间经历了一个很漫长和艰苦的历程。亚伯拉罕与耶和华立约,然后到了应许地,虽然按《旧约》上说的有上帝保佑他和他的家族,但直到约瑟那一代人时,他们仍旧过着担惊受怕、没有自己家园和国土的日子。在士师阶段以色列仍旧不断为居住地遭到外族人,特别是非利士人侵扰而争战。底拿被辱的事件发生在雅各好不容易脱离了拉班,自立了门户,但是还需谨小慎微才能求平安的历史时期。如果不脱离这样的背景来看雅各对底拿被他寄居地的头人儿子侮辱的低调态度的话,我们首先应该把雅各不敢报复看成是为整个家族存活的政治行为,而不是与维系周边部族关系无关的纯家庭矛盾带来的问题。我这样说是有根据的。在这之前,亚伯拉罕寄居基拉耳时,曾为了惧怕被该地的国王亚比米勒杀害而把撒拉冒充自己的妹妹献给亚比米勒。因此,面临存活的大问题时,以色列的族长们是可以牺牲自己的妻子和孩子的。雅各虽然狡诈,能骗取以扫的长子继承权,但是他流落外乡时一直十分小心谨慎。底拿的事情发生时,雅各寄居希未人篱下,他们的这种依附的处境可以从哈抹以答应他们居住在当地为条件交换底拿看出来。当然,我们不好说如果这时是约瑟受到伤害,雅各是否会不顾家族安全而主张采取报复行动。但是,在这个故事的特定处境下,雅各的沉默肯定与他对全家的处境考虑有关。所以在听到儿子们屠杀和洗劫希未人的消息后他说的是:"你们连累我,使我在这地的居民中,就是在迦南人和比利洗人中,有了臭名。我的人丁既然稀少,他们必聚集来击杀我,我和全家的人都必灭绝。"明显的,他担心周边人憎恨他,攻击他和他一家人,以致让他全家绝灭。

　　出于这样的担忧,雅各听到底拿被强暴而按兵不动就可以理解了。而且古代以色列是个重男轻女的部族,为了大的政治利害关系,以色列的男人曾不止一次地牺牲他们的妻女。亚伯拉罕会把撒拉冒充成妹妹来救自己的命;耶弗他为了自己战胜敌人被立为部族头领而把女儿杀死献给耶和华;那利未人可以把妻子推出门让敌对部族暴民奸污,然后把她大卸12块分送各以色列部族来发起对敌人的战争。因此,在雅各的眼里女儿被侮辱绝对没有他自己和整个家族的安全重要。在对雅各不喜欢利亚的孩子大做文章来解释雅各的冷漠态度时,斯腾伯格起码应该提及重男轻女这个因素。也许因为斯腾伯格本人是男人,所以对《旧约》里如此明显的性别歧视不太敏感。

用雅各的无动于衷和哈抹宠爱儿子来做比较,并以此责备雅各也有问题。首先在《圣经》的意识形态里,雅各是耶和华庇佑和支持的,哈抹却不是。在多数这种情况下《旧约》叙事不会表扬雅各的敌人。另外,哈抹的儿子示剑强暴女孩子,哈抹不但不责备反而对示剑有求必应,而且为达到娶底拿的目的父子两人联手欺骗本城百姓,劝他们行不属于他们民族习俗的割礼,以至断送了所有男性居民的性命。这样来看,哈抹溺爱孩子怎么可以作为正面形象与雅各相比较。与斯腾伯格的读法相反,我们虽然可以认为雅各在考虑家族安全的大前提下,对底拿缺乏父爱,但是恰恰是雅各不顺从孩子的盲动显示了他比一味溺爱纵容儿子行恶而忘记整个城市安全的哈抹更是《圣经·旧约》叙事树立的典范。如果叙事真是有意地把这两个父亲进行了对比,那么它的倾向不一定是要突显雅各做父亲多不称职。

很明显,雅各的儿子们此时还很不成熟,还没有经历过后来的饥荒、到埃及赈粮。如果斯腾伯格在阐释"约瑟和他的兄弟们"的故事里提出约瑟通过考验发现哥哥们都成熟了,因此具备了全家团聚的条件的立论成立的话,那在底拿受辱的这个早期,雅各的儿子们必然还是狭隘的、妒忌的、行事莽撞不顾后果的。他们很野蛮、任性,对雅各偏袒拉结和拉结的孩子有妒恨,自然不能理解父亲从全局考虑的低调处理。知子莫如父,在这种情况下雅各不高兴,并责备他们屠杀也是情理之中的事。至于雅各只责备西缅和利未,而没有责备其他抢劫的儿子,我想这主要是因为他们两人是带头的。斯腾伯格指出他们两人是底拿的同父同母哥哥,所以特别要为底拿复仇,这一点看法没错。但是雅各责备他们并不是因为他当时想:"这两个儿子是利亚生的,我最不喜欢他们两人。"而是因为他们在这件雅各认为会危害全家的行动中起了主导作用。这就是为什么雅各到死前都没有原谅西缅他们,正如斯腾伯格注意到的,在他临死之前总结一生和叮嘱后事时,雅各又提到了西缅和利未的这次报复行动,称之为残忍可诅。(Gen 49:5—7)然而,如果我们不过分强调雅各是出于偏心才念念不忘诅咒他们的话,我们就能够把他临死对这两个儿子的责备看成是对家族事业各种经历的总结,特别叮嘱后人不能学西缅和利未那样把家族整体安全和发展置于不顾。这样看还可以以雅各临死前对犹大的评价来作旁证。如果雅各是个狭隘而无政治头脑的家长,到死都被自己偏心左右,那么他为什么临死前高度赞扬了犹大,而不恨他带头骗他,把约瑟卖到埃及,让雅各受了好多年以为约瑟死了的痛苦?雅各赞扬犹大,说明他临终的总结、嘱托和对每个儿子的评价和预测是基于儿子在以色列历史发展中的作用来做的。斯腾伯格为了说明一个文学技巧或叙事特点时,有时的确好像忽略了他自己提倡的《圣经》的意识形态大背景十分重要的原则。

顺带我还想谈一个想法。哈抹父子想做到的是与以色列人通婚,把他们纳入自己的管辖之下,达到不同部族和宗教的人们同住,通商、通婚,和平共处。且不要说雅各一家愿不愿意久居他人之下,这种各民族共同生活也是耶和华所不喜欢看见的。早在人类试图建巴别塔时耶和华就出面干涉过,他说:11:……⁶"看哪,他们成为一样的人民,都是一样的言语,如今既作起这事来,以后他们所要作的事就没有不成就的了。"(Gen 11:...⁶and he said,"Now then, these are all one people and they speak one language; this is just the beginning of what they are going to do. Soon they will be able to do anything they want!")于是,他让造塔的人突然彼此言语不通,无法合作,从此世界四分五裂。这个神话虽然重点在于介绍人类语言多样的起因,但是也可以看到耶和华对人类联合和强大的担忧。他愿意人类争斗,他只惠顾人类中一部分他的选民。在这个意义上,哈抹父子的企图是不可能实现的。因此,也因为耶和华是雅各的神,雅各儿子们的屠杀和洗劫也不会遭到耶和华的谴责。作为这个理解的佐证,我们看到就在雅各担心儿子们惹恼了周边的迦南人和比利洗人而难以存身时,耶和华马上告诉雅各:"起来!上伯特利去,住在那里。"(Gen 35:God said to Jacob,"Go to Bethel at once, and live there.")雅各就离开了那片是非之地,在耶和华的庇护下,落户在另一个地方,努力保存和发展以色列的力量。

结 语

斯腾伯格对《圣经·旧约》叙事研究的贡献是第一流的,十分可钦可佩。但是他在具体故事阐释上确有勉强的地方,尤其在纠正纯文学解读偏离《圣经》历史和思想意识主题的同时他有时也难免犯同样毛病。当然,任何的阐释和解读都不可能是唯一正确的,特别在思想和理论十分活跃的多元化现当代更是如此。为此,我在斯腾伯格阐释的"底拿受辱"的故事基础上做了一个辨析性的解读,提出一些不同看法。看法上谁是谁非并不那么重要,重要的是通过不同看法的交流和互补,我们能够发现更多的解读视角和途径,并且建立多元讨论的习惯和氛围。

故事十 犹大和他玛

《旧约》经文

"创世记"38

犹大和他玛

38 那时,犹大离开他弟兄下去,到一个亚杜兰人名叫希拉的家里去。²犹大在那里看见一个迦南人名叫书亚的女儿,就娶她为妻,与她同房,³她就怀孕生了儿子,犹大给她起名叫珥。⁴她又怀孕生了儿子,母亲给他起名叫俄南。⁵她复又生了儿子,给他起名叫示拉。她生示拉的时候,犹大正在基悉。⁶

犹大为长子珥娶妻，名叫他玛。⁷犹大的长子珥在耶和华眼中看为恶，耶和华就叫他死了。⁸犹大对俄南说："你当与你哥哥的妻子同房，向她尽你为弟弟的本分，为你哥哥生子立后。"⁹俄南知道生子不归自己，所以同房的时候，便遗在地，免得给他哥哥留后。¹⁰俄南所作的在耶和华眼中看为恶，耶和华也叫他死了。¹¹犹大心里说："恐怕示拉也死，像他两个哥哥一样"，就对他儿妇他玛说："你去，在你父亲家里守寡，等我儿子示拉长大。"他玛就回去住在她父亲家里。

¹²过了许久，犹大的妻子书亚的女儿死了，犹大得了安慰，就和他朋友亚杜兰人希拉上亭拿去，到他剪羊毛的人那里。¹³有人告诉他玛说："你的公公上亭拿剪羊毛去了。"¹⁴他玛见示拉已经长大，还没有娶她为妻，就脱了她作寡妇的衣裳，用帕子蒙着脸，又遮住身体，坐在亭拿路上的伊拿印城门口。¹⁵犹大看见她，以为是妓女，因为她蒙着脸。¹⁶犹大就转到她那里去，说："来吧！让我与你同寝。"他原不知道是他的儿妇。他玛说："你要与我同寝，把什么给我呢？"¹⁷犹大说："我从羊群里取一只山羊羔，打发人送来给你。"他玛说："在未送以先，你愿意给我一个当头吗？"¹⁸他说："我给你什么当头呢？"他玛说："你的印，你的带子和你手里的杖。"犹大就给了她，与她同寝，她就从犹大怀了孕。¹⁹他玛起来走了，除去帕子，仍旧穿上作寡妇的衣裳。²⁰犹大托他朋友亚杜兰人送一只山羊羔去，要从那女人手里取回当头来，却找不着她，²¹就问那地方的人说："伊拿印路旁的妓女在哪里？"他们说："这里并没有妓女。"²²他回去见犹大说："我没有找着她，并且那地方的人说：'这里没有妓女。'"²³犹大说："我把这山羊羔送去了，你竟找不着她，任凭她拿去吧，免得我们被羞辱。"

²⁴约过了三个月，有人告诉犹大说："你的儿妇他玛作了妓女，且因行淫有了身孕。"犹大说："拉出她来，把她烧了。"²⁵他玛被拉出来的时候，便打发人去见她公公，对他说："这些东西是谁的，我就是从谁怀的孕。请你认一认，这印和带子并杖都是谁的？"²⁶犹大承认说："她比我更有义，因为我没有将她给我的儿子示拉。"从此犹大不再与她同寝了。

²⁷他玛将要生产，不料她腹里是一对双生。²⁸到生产的时候，一个孩子伸出一只手来，收生婆拿红线拴在他手上，说："这是头生的。"²⁹随后这孩子把手收回去，他的哥哥生出来了。收生婆说："你为什么抢着来呢？"因此给他起名叫法勒斯。³⁰后来，他兄弟那手上有红线的也生出来，就给他起名叫谢拉。

预习问题

故事内容问答题:

1. 犹大有几个儿子?为什么头两个儿子先后死去?
2. 为什么犹大不按规矩把他玛配给小儿子?他要他玛做什么?
3. 犹大的妻子死后,经文说"犹大得了安慰"。这是什么意思?
4. 听说犹大要去亭拿剪羊毛,他玛立刻做了什么决定?她是怎样行动的?
5. 犹大看见路边坐着的他玛,把她当成了什么人?
6. 描述一下犹大和他玛达成交易的过程。
7. 他玛要了犹大的哪两样东西做当头?为什么要这两样东西?
8. 犹大听说儿媳不守妇道的第一个反应是什么?当他知道他玛耍了诡计后,他说了什么?

深入思考题:

1. 这个故事所讲的弟弟必须娶亡故兄长的妻子是一条古代犹太习俗。你对这种习俗有更多的了解吗?你认为从人类学和社会学的角度它有什么道理?
2. 在《旧约》的其他故事里有没有类似这则故事里面的欺骗格局?试比较。
3. 他玛最后生了双胞胎兄弟,这说明什么?弟弟法勒斯抢先出娘胎,这符合《旧约》里的什么规律?法勒斯在以色列宗族里的重要性是什么?

故事 阐释①

分析要点:

1. 欺骗者被欺骗的故事

   (A Story of the Deceiver Deceived)

2. 叙事的繁简处理所达到的戏剧性和人物塑造效果

   (The Effects Achieved in the Narrative through Omissions or Detailed Narration)

阐释解读:

1. 欺骗者被欺骗的故事

犹大和他玛的故事出现在《旧约·创世记》第38章,被夹置在约瑟的故事当中,具体说就是放在约瑟被哥哥们卖给米甸人,再转卖到埃及的事件之后。这样就把约瑟的故事拦腰截断了。讲完了犹大和他玛这段关系,叙述者又捡起约瑟的故事,讲述他被卖到埃及后的遭遇。由于历来的《圣经》学者都认为犹大和他玛的故事完全是个独立的叙事,与约瑟无关,因此他们的评论总是说这样摆置它没有任何道理,割裂了约瑟的

---

① 这个故事的阐释主要根据艾尔特的解读,见《圣经的叙事艺术》第一章,第5—12页。

故事,是《圣经》文本没有叙事章法可循的杂乱面貌的有力例证。然而艾尔特却驳斥了过去这种习惯的看法,以犹大和他玛的故事的奇怪位置来证明《圣经》的作者是有心计的,要显示欺骗者被欺骗的主题,因此恰恰说明了《圣经》的叙事是一个有机的整体。由此他再次证明了他提出的理论,即《圣经》叙事是通过"提示性的隐喻"来形成整体的(Unity in Allusion)。① 它不但前后呼应,而且设计精致,颇具匠心。

首先让我们来熟悉一下《圣经·旧约》中亚伯拉罕一家的族谱。亚当和夏娃有三个儿子:亚伯、该隐和塞特。该隐杀死了亚伯,他有个儿子叫以诺。第三子塞特生子若干,其中一个叫做以挪士,他即是挪亚的先人。挪亚有三个儿子:闪、含和雅弗。闪的后代拿鹤生子他拉,他就是亚伯兰,即亚伯拉罕的父亲,亚伯拉罕有兄弟拿鹤和哈兰。拿鹤生子彼土利,彼土利的儿子就是拉班,女儿就是后来嫁给以撒的利百加。拉班有两个女儿:利亚和拉结,后来都许配给雅各为妻。对亚伯拉罕的后人我们比较熟悉,他们主要是亚伯拉罕和埃及使女夏甲所生的儿子以实玛利和撒拉生子以撒。以撒和利百加生以扫和雅各。雅各同他的两个妻子及两个使女生了12个儿子,最小的两个,约瑟和便雅悯为拉结所出,犹大是利亚所生,在兄弟们当中排行第四。

在进入犹大和他玛的故事之前,我们必须先介绍一下约瑟是怎样被哥哥们卖掉的。雅各和拉结一直没有孩子,拉结焦心欲焚,最后求助于上帝,得了约瑟和便雅悯,并在生产便雅悯时死去。自然雅各对自己真爱的妻子所生的这两个儿子便疼爱有加。约瑟17岁时雅各吩咐他同哥哥们一起放羊,给他缝制了一件彩色衣袍。众兄弟见父亲如此偏爱约瑟本来就已经耿耿于怀,年幼不懂事的约瑟还经常向父亲打小报告,将哥哥们的错事和恶行告诉雅各。这样一来,兄长们都恨他,不同他说话。

约瑟的哥哥们到示剑去放羊,雅各打发约瑟去查看他们是否平安无事。约瑟一直追到多坍才看见他们,不想他们正在密议谋害他。由于大哥流便坚持不许杀害约瑟,最后他们剥掉他的彩袍,将他丢在一个大坑里。此时,一伙以实玛利人从米甸的基列过来,要到埃及去做生意。犹大就出主意把约瑟卖给了他们。之后他们杀死一只羊,把血涂在彩袍上,骗雅各说他们发现了约瑟沾满血迹的衣服。雅各以为儿子被野兽吃掉了,痛不欲生,披戴上麻布,哀悼了多日,并且说他一直要哀悼约瑟,直到他入土的那一天。这段英文是:Gen 37:[34] Jacob tore his clothes in sorrow and put on sackcloth. He mourned for his son a long time. [35] All his sons and daughters came to comfort him; but he refused to be comforted and said, "I will go down to the world of the dead still mourning for my son." So he continued to mourn for his son Joseph.

就在约瑟生死不明的关键时刻,叙述者把他的故事搁置起来,开始讲犹大和他玛

---

① 有关这个叙事理论可见刘意青著《〈圣经〉的文学阐释》第三章第二节"《圣经》叙事的潜在关联",以及艾尔特著作《圣经的叙事艺术》,第5—12页。

的故事。我们可以说这是为约瑟的故事制造悬念,或吊人胃口。但是,悬念的说法并不能解释为什么插入的是犹大和他玛的故事,而不是什么别的。艾尔特在这里首先要我们注意两个故事的许多相同之处,以便找出它们的内在联系。先来看一下第一个可比之处。犹大的故事紧接在雅各失去爱子约瑟的情节之后。故事一开始叙述者迅速地交代了犹大如何在短期内失去了两个儿子:珥和俄南。这样就形成了一个比照:在约瑟的假死和犹大两个儿子的真死的对照中我们反讽地看到叙述者详尽报道了不知儿子假死的雅各如何的哀伤;而对真正接连失去两个儿子的犹大的反应,叙述却是三言两语地一笔带过,没有他心痛的描写,有的只是他决定把他玛遣返回家以保住小儿子不要重蹈二儿子的覆辙。这段英文是:Gen 38:[7]Er's conduct was evil, and it displeased the Lord, so the Lord killed him.[8]Then Judah said to Er's brother Onan, "Go and sleep with your brother's widow. Fulfil your obligation to her as her husband's brother, so that your brother may have descendants."…[10]What he did displeased the Lord, and the Lord killed him also.[11]Then Judah said to his daughter-in-law Tamar, "Return to your father's house and remain a widow until my son Shelah grows up."He said this because he was afraid that Shelah would be killed, as his brothers had been. So Tamar went back home.

　　难道犹大就没有伤心过吗?上述《旧约》叙事对雅各和犹大在丧子表现方面的不同处理起码可以引发以下两个分析意见:(1)正如俄尔巴赫、斯腾伯格等不少学者指出的,《圣经》叙事的意识形态决定它的繁与简。犹大和他玛的故事主要的议题是家族的血脉如何得以延续的问题,因此叙述只交代了必要的背景就尽可能快地进入他玛如何用计实现了为犹大家族延续后代的目的。(2)但是这种繁简也起到了人物刻画的效果,因为出卖过弟弟,又不兑现自己对他玛承诺的犹大是一个实用而冷酷的人,过多地用笔墨写他的情感与整个人物形象是背道而驰的。叙事对犹大感情的沉默反过来就进一步突现了雅各对约瑟之死的反应是超乎寻常的激烈,让我们更深地体味了他对约瑟的爱。

　　第二个可比之处也是这两个故事相关性的核心所在。约瑟的哥哥们是用那件涂了羊血的衣服欺骗父亲的;而他玛骗犹大相信她是个妓女时,首先是"脱了她作寡妇的衣裳",也就是说她换了衣服,并"用帕子蒙着脸",这样才骗过了犹大。于是我们看见了两个故事的欺骗都是通过衣裳。但是有趣的是,除去衣裳是共同的欺骗工具外,两个故事里都提到了另外一个用于欺骗的东西,那就是一只羊。在约瑟的故事里,血衣是用一只羊血染成的,而在犹大和他玛的故事里,羊也参与了通过欺骗达成的性交易。装成妓女的他玛向犹大要报酬,犹大答应用一只羊羔来偿付"妓女"的服务。犹大在第一个故事里是个带领兄弟们欺骗父亲的人,而在第二个故事里他却成为被儿媳妇欺骗的父亲。犹大和他玛的故事讲述的实际上是欺骗者被欺骗,因此,这个故事插在犹大等人卖掉约瑟又欺骗父亲之后,绝不是《圣经》叙事混乱随意的表现。它不是过去许多学者说的那样,是个独立的、上不着天、下不着地的故事,被随便地塞在了约瑟的故事中间。艾尔特认为上述分析的故事间的并列结构和两点可比性是《圣经》叙事者的有意识行为,是这些作者通过隐藏的关联编织了文学性极强的《圣经》叙事。这样的对比不但让读者加深了对意识形态内容的了解和接受,并且能够获得阅读精美文学的美学享受。

2. 叙事的繁简处理所达到的戏剧性和人物塑造效果

在证明了犹大和他玛的故事是被有机地织入了约瑟的故事之后,我们还要进一步查看一下这个故事是怎样加强人物塑造和突出主题内容的。犹大的故事始于他离开了众弟兄,独自到迦南地方娶了妻、生了子,过起自己的日子来。这个开头恰恰与前面约瑟离开了父亲和兄弟到埃及去形成呼应,只不过一个是自由人的选择,而另一个却是被强迫卖到了异乡。我们都知道整个《旧约》讲的都是继承权上小儿子必取代长子的铁一般的规律,叙事中这两个故事开头把约瑟和犹大列在可比的平行地位上并非偶然,作者是想通过类比的叙事结构来暗示犹大和约瑟在以色列家族史上的相似地位:约瑟非长子,但作为倒数第二个儿子,他最后如梦中所预示的统领了整个雅各的家族,包括他的10位兄长;犹大也非长子,但他却成为以色列民族后来领袖人物的祖先,是从他这个第四子的嫡传后人中出了大卫王和耶稣。

从珥死去,犹大吩咐俄南娶他玛以便替哥哥传接香火,再到俄南死去,犹大把他玛打发回娘家去等小儿子示拉长大,①这整个过程里叙述节奏迅疾,不但没有犹大对死去的儿子们的忧伤描写,也没有一点点对当事人他玛的心理和情感的揭示。如上面已经提到的,犹大的情感短缺同雅各丧失约瑟的铺陈式悲痛描绘形成了强烈对照,它使读者琢磨犹大到底是不是一个非常实用并冷酷的父亲。另一方面,对犹大让她回娘家他玛没有一句话就乖乖地走了,这种叙述突出了他玛对公公的服从,起码作为一个没有孩子的寡妇她没有地位,也没有资格表示她自己的意愿。但是这种省略的确让细心的读者关注她的真实想法和心情。在打发他玛回家这样简约的叙述中却特别强调地给她加上了是犹大"儿媳妇"的定语。这种似乎多余的"累述"实际上是作者的苦心所在,它通过重复犹大和他玛的公公—儿媳关系提示了读者犹大对他玛是负有家长责任的,他有责任在儿子当中为他玛找个丈夫,生子以续家族血脉。

他玛在娘家呆了许多年,示拉已经成长,但仍不见犹大兑现当年对她的承诺。对古代以色列女人来说为所嫁的男家生子是来到这个世上的重要使命,甚至是唯一的生活意义。但是,由于犹大的不负责任,他玛已经居丧太久。在故事的这个节骨眼上,有关他玛

---

① 古代犹太人在婚姻和家庭习俗方面有"叔嫂婚配",或称"为兄立嗣"的规定,可参看梁工主编《圣经时代的犹太社会与民俗》(宗教文化出版社,2002),第一章,9—49节。《旧约·申命记》25:5—10 对此也有明文规定。

的叙述忽然转了一个180度的大弯子。从第12节开始讲述节奏慢下来,以便让读者对下面出现的他玛的表现和采取的行动做好思想准备。此时犹大的妻子亡故,但是犹大在一段不长的伤痛后,恢复了情绪,接着就去剪羊毛。他玛闻讯后一反过去的被动姿态,立刻把命运操在自己手中。我们看到这里的叙述连续采用了一串动词:她脱下寡妇的衣裳、用手帕盖住脸、又遮住身体、奔向伊拿印城门口,然后坐下等候犹大途经此地。这段话的英文是:Gen 38:14 So she changed from the widow's clothes she had been wearing, covered her face with a veil, and sat down at the entrance to Enaim, a town on the road to Timnah. 换衣服象征她重新担任起居丧之前的角色,勇敢地用计谋改变自己的命运。犹大在居丧后一直没有女人,因此很容易上钩,这也已在他玛的算计之中。两人会面后的交谈完全是做一笔交易。在拿到信物后,他们发生了关系,他玛回到家中不久发现怀孕了。

这之间夹着一段亚杜兰人希拉去送羊羔并取回信物的描述,里面两次重复"这里没有妓女"。这段英文是:Gen 38:20 Judah sent his friend Hirah to take the goat and get back from the woman the articles he had pledged, but Hirah could not find her. 21 He asked some men at Enaim, "Where is the prostitute, who was here by the road?" "There has never been a prostitute here," they answered. 22 He returned to Judah and said, "I couldn't find her. The men of the place said that there had never been a prostitute there." 按照《圣经》叙事一般的简约风格,在这种非重要情节上本不该使用这么多笔墨。艾尔特认为这是《圣经》叙事意识形态决定其简繁的好例子,并且也特别显示了使用叙事的重复手段所取得的特别效果。亚杜兰人在这里的重复突出了他玛不是妓女,而是一个被忽视和错待了的女人,是一个自己解决困境的机智勇敢的女人。

当犹大听说儿媳与他人不轨而怀孕时,他说的话是极其简短和残暴的。他命令说:38:24 "拉出她来,把她烧了。"(Gen 38:24 "Take her out and burn her to death.")但是,这是他最后一次施他的威风,也是他最后一次企图摆布他玛的命运了。她送还了印、带子和杖,犹大低下了头,承认了他自己的过错。

他玛生下了一对双胞男孩,就像利百加生的以扫和雅各,老大谢拉没有老二法勒斯在家族史上的重要作用。法勒斯同《旧约》里所有的小儿子一样特别受到上帝的顾爱,他的后人里有耶西,大卫王就出自他。他玛终于完成了自己为犹大家族添丁的心愿,而且是双倍地完成了任务。

结　语

通过上述的阐释解读,犹大和他玛的故事在《旧约·创世记》中的尴尬地位得以正名。它讲的是一个欺骗者犹大被欺骗的故事,同前面雅各被犹大欺骗形成了精彩的对仗结构,大大增加了《圣经》文本的深度和美学效果。因此,把它放在约瑟故事的中间恰恰是《圣经》作者们的精心安排,而非偶然巧合。从细读故事我们看到作者如何把握简繁和重复叙述,以及如何刻画人物等技巧,也就更进一步地体会了《圣经》叙事艺术不亚于任何经典文学作品的精湛之处。

故事十一　约瑟和波提乏之妻

《旧约》经文

"创世记"39

约瑟和波提乏之妻

39 约瑟被带下埃及去。有一个埃及人,是法老的内臣,护卫长波提乏,从那些带下他来的以实玛利人手下买了他去。² 约瑟住在他主人埃及人的家中,耶和华与他同在,他就百事顺利。³ 他主人见耶和华与他同在,又见耶和华使他手里所办的尽都顺利,⁴ 约瑟就在主人眼前蒙恩,伺候他主人,并且主人派他管理家务,把一切所有的都交在他手里。⁵ 自从主人派约瑟管理家务和他一切所有的,耶和华就因约瑟的缘故赐福与那埃及人的家;凡家里和田间一切所有的都蒙耶和华赐福。⁶ 波提乏将一切所有的都交在约瑟的手中,除了自己所吃的饭,别的事一概不知。

约瑟原来秀雅俊美。⁷ 这事以后,约瑟主人的妻,以目送情给约瑟,说:"你与我同寝吧!"⁸ 约瑟不从,对他主人的妻说:"看哪,一切家务,我主人都不知道,他把所有的都交在我手里。⁹ 在这家里没有比我大的,并且他没有留下一样不交给我,只留下了你,因为你是他的妻子。我怎能作这大恶,得罪神呢?"¹⁰ 后来她天天和约瑟说,约瑟却不听从她,不与她同寝,也不和她在一处。¹¹ 有一天,约瑟进屋里去办事,家中没有一个在那屋里,¹² 妇人就拉住他的衣裳,说:"你与我同寝吧!"约瑟把衣裳丢在妇人手里,跑到外边去了。¹³ 妇人看见约瑟把衣裳丢在她手里跑出去了,¹⁴ 就叫了家里的人来,对他们说:"你们看!他带了一个希伯来人进入我们家里,要戏弄我们。他到我这里来,要与我同寝,我就大声喊叫。¹⁵ 他听见我放声喊起来,就把衣裳丢在我这里,跑到外边去了。"¹⁶ 妇人把约瑟的衣裳放在自己那里,等着他主人回来。¹⁷ 对他如此如此说:"你所带到我们这里的那希伯来仆人进来要戏弄我,¹⁸ 我放声喊起来,他就把衣裳丢在我这里跑出去了。"

¹⁹ 约瑟的主人听见他妻子对他所说的话说,你的仆人如此如此待我,他就生气,²⁰ 把约瑟下在监里,就是王的囚犯被囚的地方。于是约瑟在那里坐监。²¹ 但耶和华与约瑟同在,向他施恩,使他在司狱的眼前蒙恩。²² 司狱就把监里所有的囚犯都交在约瑟的手下。²³ 凡是约瑟手下的事,司狱一概不察,

因为耶和华与约瑟同在,耶和华使他所作的尽都顺利。

预习问题

故事内容问答题:
1. 以实玛利人把约瑟带到埃及后,把他卖给了谁?
2. 约瑟的主人对他如何?
3. 他在这家遇到了什么头痛的问题?
4. 请讲述有一天女主人怎样勾引约瑟。
5. 约瑟拒绝并逃跑后,女主人对家里的仆人们说了些什么?
6. 她对丈夫是怎么告的状?
7. 这事的后果是什么?

深入思考题:
1. 这个故事的开始(1—6),与结尾(19—23)的叙述有没有雷同之处?这是一种什么样叙述结构?它起到何种作用?
2. 这个故事的戏剧性怎样体现?
3. 试分析故事里的两个主要人物。
4. 《圣经》作者(们)要通过约瑟在护卫长波提乏家的遭遇说明什么?

故事阐释①

分析要点:
1. 对故事的框架分析
   (An Analysis of the Story's Frame Structure)
2. 叙事中通过重复手段而造成的戏剧性
   (Drama Achieved through Variations in Repetition)

阐释解读:

1. 对故事的框架分析

约瑟被卖到埃及之后,由于耶和华神的庇佑他很快就得到主人波提乏的全面信任,他把一切家务全交在了约瑟手里。"创世记"第39章开篇的1—6节里有许多引人注意的重复话语,我们读到:"耶和华与他同在,他就百事顺利。"(Gen 39:³ The Lord was with Joseph and had made him successful.)"他主人见耶和华与他同在,又见耶和

---

① 这个故事的阐释主要根据罗伯特·艾尔特对《圣经》叙事如何使用"重复"来达到艺术效果和意识形态目的所做的范例演示。见《圣经的叙事艺术》,第107—111页。

华使他手里所办的尽都顺利。"(Gen 39:³[his Egyptian master] saw that the Lord was with Joseph and had made him successful in everything he did.)及"把一切所有的都交在他手里,派约瑟管理家务和他一切所有的。"(Gen 39:⁴... so he put him in charge of his house and everything he owned.),"……凡家里和田间一切所有的都蒙耶和华赐福。"(Gen 39:⁵ the Lord blessed the household of the Egyptian and everything that he had in his house and in his fields.)"波提乏将一切所有都交在约瑟的手中。"(Gen 39:⁶ Potiphar handed over everything he had to the care of Joseph.)在前两例里"百事顺利",即昌盛之意得到重复,而前后加在一起,"所有一切"(all / everything)重复了4、5次之多。对一般读者来讲,这种重复似乎是近乎荒唐的没有必要,但是如果我们把约瑟这个故事放在《旧约》叙事的大框架内来看,与它的上下文紧密连接起来,我们就可以看出其间的奥妙了。

首先,上述的重复明显超出了《圣经》叙事简约的范畴,它完全是为了强有力地突出《圣经·旧约》的主题,那就是:由于亚伯拉罕与上帝立了约,约瑟是上帝挑选出来继承和捍卫亚伯拉罕业绩的人,因此他无时无处不得到耶和华的保佑,他永远是成功的,而且还给他伺候的主人一家带来福气。其次,在结尾时我们再次读到:"但耶和华与约瑟同在,向他施恩,使他在司狱的眼前蒙恩。"(Gen 39:²¹ But the Lord was with Joseph, and blessed him, so that the jailer was pleased with him.)"司狱就把监里所有的囚犯都交在约瑟的手下。"(Gen 39:²² He put Joseph in charge of all the other prisoners.)"凡是约瑟手下的事,司狱一概不察,因为耶和华与约瑟同在,耶和华使他所作的尽都顺利。"(Gen 39:²³ The jailer did not have to look after anything for which Joseph was responsible, because the Lord was with Joseph and made him succeed in everything he did.)很明显,这结尾21—23节对开头2—6节中"耶和华与约瑟同在"、"把一切都交在约瑟手中"、"蒙恩"和"尽都顺利"的重复决不属于口头流传或记录错误而造成的杂乱现象,而是作者有意做的精心的艺术安排。它们与故事开头的重复呼应,在结构上形成了故事核心之外的一个完整的框架,以说明约瑟即便命运变迁,遭了劫难,在监狱里他受到上帝惠顾的事实仍然不变。因此,这种重复有效地起到了用重锤把经文的主旨凿入我们每个读者头脑中的作用。

2. 叙事中通过重复手段而造成的戏剧性

罗伯特·艾尔特认为《圣经》叙事构成一个整体是靠他称之为"潜在提示"的各种手段来实现的,其中一个非常主要的手段就是"重复"。而且"重复"也是《圣经》最早的口头流传所必然造成的叙事现象。甚至,语句的重复可能来自经文从口头流传到记录下来以及不断誊抄过程中所造成的错误。许多人在认为《圣经》杂乱无章、叙述原始、根本谈不上有技巧时,往往都引用这些重复的语句为例证。但是,艾尔特指出《圣经》行文中的大部分重复并非口头的随意或记录的错误,它们是作者们有意识的叙述手段,

而且显示了极高超的艺术性。他归纳出了《圣经》重复叙述的五种方式,即:

词根的重复(the repetition of word-root)。这种重复主要通过对一些词和词组,如"来"、"去"、"离开"、"离乡"、"到异地"等的重复出现,来暗示故事、事件或人物的对等或对比地位,以形成叙述的内在关联。这种词语的重复还包括同音词,以及同义和反义词,而且主要根据希伯来原文来查看,较少依照后来的希腊、拉丁或英文译文。

模式的重复(the repetition of motif)。动作(打水、献祭)、意象(牧人和羊)和事物(石头、衣袍)本身并无多于它们字面所表达的意义,但是当它们被置于一定的上下文或情景之中时,它们的重复出现便构成一个个叙事中的格局,并传达出远远超出语言范围的含义。

主题(或内容)的重复(the repetition of theme)。在《圣经》中经常重复的内容就是婚娶、繁衍和继承祖业这一系列关系以色列种族存活和延续的议题,比如其中特别引人注目的重复就是继承家业的斗争中长子无一不被淘汰,而年幼的儿子总是最终胜出的这一内容。通过上下两千多年各个以色列族长在婚娶和家族承传上的异同经历和表现,《圣经》巧妙地塑造了一大批生动的人物形象,并反复加强了它要宣传的意识形态。

情节(或称系列动作)的重复(the repetition of actions)。艾尔特在这里主要指《圣经》叙述中类似童话和传说的"事不过三"的情节重复。每一次在重复前一次所经历或发生的事情时都不完全相同,一般均有程度上的加剧或削弱,或者形势上的改善或恶化。

类型场景或格局的重复(the repetition of type-scene)。以撒、雅各和摩西的求/订婚场景就是十分突出的例子。对这种重复的界定和分析也是艾尔特对《圣经》叙事艺术特点的一大贡献。[①]

艾尔特受俄尔巴赫的影响很大,他同意《圣经》叙事的整体是简约而含蓄的。正因为它的文体一般不铺陈,所以反复重复某些字词、模式或情节就绝非偶然。基于这种认识艾尔特对《圣经》的重复叙述作了仔细的研究,约瑟和波提乏之妻的故事就是他察看这一叙事艺术手法的一个优秀范例,并演示了细读文本所牵涉的许多方面技巧。

波提乏的妻子看上约瑟之后便提出了非分的要求,她说:"你与我同寝吧!"在英文原文里这是"Lie with me."约瑟并没有简单回绝她,而是讲了相当长的一段话:39:8 "看哪,一切家务,我主人都不知道,他把所有的都交在我手里。9 在这家里没有比我大的,并且他没有留下一样不交给我,只留下了你,因为你是他的妻子。我怎能作这大恶,得罪神呢?"(Gen 39:8 "Look, my master does not have to concern himself with

---

[①] 这五种《圣经》叙事的重复手段来自《圣经的叙事艺术》,第95—96页。

anything in the house, because I am here. He has put me in charge of everything he has. ⁹ I have as much authority in this house as he has, and he has not kept back anything from me except you. How then could I do such an immoral thing and sin against God?")从这段话里我们看到约瑟的正直、洁身自爱、知恩必报等优秀品质,也认识到他这一切表现的最终原因是他敬畏上帝,处处遵循上帝的教导。此外,我们不能忽略这段话里面重复出现的"把一切交在约瑟手中"的主题,这与头尾框架中重复手法的目的和效果一致。但是在这里,对"交与约瑟一切"或"没有一样不交与约瑟"的重复强调还起到了另一个作用,那就是通过波提乏"没有一样不交给约瑟"来反衬"惟一没有交给的就是你(这妇人)",因为她是他的妻子。这种绝对信任令约瑟兢兢业业,他要对得起波提乏的信任,他不能借信任之机而行伤天害理之事。

然后在第 10 节里我们读到"后来她天天和约瑟说"。虽然波提乏妻子"与我同寝"这句话没有被重复,但是我们仍能从"天天和约瑟说"当中感到这妇人想做此事的急切。于是,在日复一日的要求得不到回应时,她就动手了,她乘屋里无其他人时一把抓住了约瑟。另一个反复提到的字是"家/房子(house)"。在故事里,我们读到主人波提乏如何离开家又回到家中。从故事层面上,离开家和回到家中只是个行为,但在寓意层面上波提乏离开家就意味他不再是这个家的主人,而由于约瑟的忠贞,当他回到家中时,他不但身体进了家门,而且他回到了主人的地位上。如果约瑟真同主人的妻子通奸,睡到一处去了,那么他就等于篡夺了这个家的主人地位。所以"离家"和"回家"在这个故事里的意思也不简单。

下面的重复手法主要见于波提乏的妻子向不同的对象讲述所谓约瑟要对她非礼的叙述之中。当约瑟挣脱她夺门而逃时,他把身上的袍子留在了妇人手里。这里的"留在手里"与故事开头和结尾以及约瑟拒绝妇人时所反复强调的主人"把一切交在/留在约瑟手中"形成了结构和叙事的反讽对照,很有意思。如果我们没有文学解读训练,我们在阅读中就会丢失许多类似的从赏析角度得来的乐趣。接着,这女人就大喊大叫起来。当仆人们都赶到现场后,她告诉他们发生了可怕的事情。在这段讲述中,我们应留意以下几个方面:首先,她说:39:¹⁴"你们看!他带了一个希伯来人进入我们家里,要戏弄我们。他到我这里来,要与我同寝,我就大声喊叫。¹⁵他听见我放声喊起来,就把衣裳丢在我这里,跑到外边去了。"(Gen 39:¹⁴"Look at this! This Hebrew that my husband brought to the house is insulting us. He came into my room and tried to rape me, but I screamed as loud as I could. ¹⁵ When he heard me sream, he ran outside, leaving his robe beside me.")这是中国俗话说的"恶人先告状"的典型一例。在对仆人的这段陈词里,我们注意到波提乏的妻子似乎在指责她的丈夫,因为他带进家中一个外来人,以此形成一个她和仆人们都是他们主人的不慎行为的受害者的局面。而且通过采用"我们家"和"戏弄我们"的措辞,她把原来与仆人们完全不相干的,所谓约瑟要对她施非礼的事情说成是对仆人和所有人的威胁,从而建立统一战线,获取仆人们的同情。这段话中还有两点值得注意:第一点就是波提乏的妻子把约瑟先跑掉她后喊叫,改成了她先"大喊大叫",然后约瑟就逃跑了;第二点是她强调约瑟逃跑时把衣袍留在她身边了,而不是留在她的手里,似乎约瑟先脱下了外衣,但正要行凶时被她的大叫吓跑了。

叙述中约瑟的衣袍被留在妇人的手里而因此成为她提供他行凶的证据的这一笔,令读者联想到约瑟被卖到埃及之后他的作恶的哥哥们如何用他留下的彩衣去欺骗父亲的,这种叙述中模式的重复也是艾尔特所说的构成《圣经》叙事整体的相互关联,它把约瑟在波提乏家的遭遇牢牢地置于了整个约瑟故事的大结构之中。

当波提乏的妻子最后向丈夫告状时,她在复述发生的事情时又做了改动,请看:39:17……"你所带到我们这里的那希伯来仆人进来要戏弄我,18我放声喊起来,他就把衣裳丢在我这里跑出去了。"(Gen 39:17..."That Hebrew slave that you brought here came into my room and insulted me. 18But when I screamed, he ran outside, leaving his robe beside me.")在前面她不敢提约瑟是仆人,以防得罪所有仆人。相反,她把自己放在仆人们的阵线内,指责波提乏为不负责任的丈夫和主人;而在此她就丢掉了这个伎俩,突出了约瑟的奴仆(slave)地位,这样加强了约瑟地位低下却敢图谋主人之妻的指控。而强调约瑟是"你所带到我们这里的"人,则意在暗示波提乏信任了约瑟反而没有好报,他被约瑟背叛了。于是这位丈夫便立刻中计,怒发冲冠地将约瑟打入大狱。

结　语

艾尔特的解读让我们认识到《圣经》叙述中出现的重复绝大多数是作者有意所为,它们往往承担着突出意识形态的作用。在这个故事里重复的词语和模式无疑加强了上帝主宰一切,无时无处不与他所庇护的子民同在的主题思想。然而艾尔特想要显示的更重要的方面是:《圣经》是个文学经典,它不同于说教文字,也不是一般宗教文献,它的作者选择了多种文学手段、技巧来表达其主旨。因此,在传授意识形态的同时,它的叙事还讲述了曲折的故事,塑造了像波提乏之妻这样生动的人物形象。我们也更深刻地认识了语言的力量:上帝用语言创造了世界,并在巴别塔修建中用不同语言将人类分割开来。语言既是人类理解上帝并获得启示的途径,也能欺骗和迷惑,把人引上邪路、歧路。这样来理解,我们可以说语言不断演变为历史,这是一个由人和他的行动通过语言来构成的历史。

故事十二　购粮认亲

《旧约》经文

"创世记"42,43,44,45:1—15

约瑟的哥哥们到埃及买粮

42 雅各见埃及有粮，就对儿子们说："你们为什么彼此观望呢？² 我听见埃及有粮，你们可以下去，从那里为我们籴些米，使我们可以好活，不至于死。"³ 于是，约瑟的十个哥哥都下埃及籴粮去了。⁴ 但是约瑟的兄弟便雅悯，雅各没有打发他和哥哥们同去，因为雅各说："恐怕他遭害。"⁵ 来籴粮的人中有以色列的儿子们，因为迦南地也有饥荒。

⁶ 当时治理埃及地的是约瑟，籴粮给那地众民的就是他。约瑟的哥哥们来了，脸伏于地，向他下拜。⁷ 约瑟看见他哥哥们，就认得他们，却装作生人，向他们说些严厉的话，问他们说："你们从哪里来？"他们说："我们从迦南地来籴粮。"⁸ 约瑟认得他哥哥们，他们却不认得他。⁹ 约瑟想起从前所作的那两个梦，就对他们说："你们是奸细，来窥探这地的虚实。"¹⁰ 他们对他说："我主啊，不是的，仆人们是籴粮来的。¹¹ 我们都是一个人的儿子，是诚实人，仆人们并不是奸细。"¹² 约瑟说："不然，你们必是窥探这地虚实来的。"¹³ 他们说："仆人本是弟兄十二人，是迦南一个人的儿子，顶小的现今在我们的父亲那里，有一个没有了。"¹⁴ 约瑟说："我才说你们是奸细，这话实在不错。¹⁵ 我指着法老的性命起誓，若是你们的小兄弟不到这里来，你们就不得出这地方，从此就可以把你们证验出来了。¹⁶ 须要打发你们中间一个人去，把你们兄弟带来。至于你们，都要囚在这里，好验证你们的话真不真，若不真，我指着法老的姓名起誓，你们一定是奸细。"¹⁷ 于是约瑟把他们都下在监里三天。

¹⁸ 到第三天，约瑟对他们说："我是敬畏神的，你们照我的话行就可以存活。¹⁹ 你们如果是诚实人，可以留你们中间的一个人囚在监里，但你们可以带着粮食回去，救你们家里的饥荒。²⁰ 把你们的小兄弟带到我这里来，如此，你们的话便有证据，你们也不至于死。"他们就照样而行。²¹ 他们彼此说："我们在兄弟身上实在有罪，他哀求我们的时候，我们见他心里的愁苦，却不肯听，所以这场苦难临到我们身上。"²² 流便说："我岂不是对你们说过，不可伤害那孩子吗？只是你们不肯听，所以流他血的罪向我们追讨。"²³ 他们不知道约瑟听得出来，因为在他们中间用通事传话。²⁴ 约瑟转身退去，哭了一场，又回来对他们说话，就从他们中间挑出西缅来，在他们眼前把他捆绑。

约瑟的哥哥们回迦南地

25 约瑟吩咐人把粮食装满他们的器具，把各人的银子归还在各人的口袋里，又给他们路上用的食物。人就照他的话办了。²⁶ 他们就把粮食驮在驴上，离开那里去了。²⁷ 到了住宿的地方，他们中间的一个人打开口袋，要拿料喂驴，才看见自己的银子仍在口袋里。²⁸就对兄弟们说："我的银子归还了，看哪，仍在我口袋里！"他们就提心吊胆，战战兢兢地彼此说："这是神向我们作什么呢？"

29 他们来到迦南地他们的父亲雅各那里，将所遭遇的事都告诉他说：³⁰"那地的主对我们说严厉的话，把我们当作窥探那地的奸细。³¹我们对他说：'我们是诚实人，并不是奸细。³²我们本是弟兄十二人，都是一个父亲的儿子，有一个没了，顶小的如今同我们的父亲在迦南地。'³³那地的主对我们说：'若要我知道你们是诚实人，可以留下你们中间的一个人在我这里，你们可以带着粮食回去，救你们家里的饥荒。³⁴把你们的小兄弟带到我这里来，我便知道你们不是奸细，乃是诚实人。这样，我就把你们的弟兄交给你们，你们也可以在这地作买卖。'"

35 后来他们倒口袋，不料，各人的银包都在口袋里，他们和父亲看见银包就都害怕。³⁶他们的父亲雅各对他们说："你们使我丧失我的儿子：约瑟没了，西缅也没了，你们又要将便雅悯带去，这些事都归到我身上了。"³⁷流便对他父亲说："我若不带他回来交给你，你可以杀我的两个儿子。只管把他交在我手里，我必带他回来交给你。"³⁸雅各说："我的儿子不可与你们一同下去，他哥哥死了，只剩下他，他若在你们所行路上遭害，那便是你们使我白发苍苍，悲悲惨惨地下阴间去了。"

约瑟的哥哥们带便雅悯到埃及

43 那地的饥荒甚大。²他们从埃及带来的粮食吃尽了，他们的父亲就对他们说："你们再去给我籴些粮来。"³犹大对他说："那人谆谆地告诫我们说：'你们的兄弟若不与你们同来，你们就不得见我的面。'⁴你若打发我们的兄弟与我们同去，我们就下去给你籴粮；⁵你若不打发他去，我们就不下去，因为那人对我们说：'你们的兄弟若不与你们同来，你们就不得见我的面。'"⁶以色列说："你们为什么这样害我，告诉那人你们还有兄弟呢？"⁷他们回答说："那人详细问到我们和我们的亲属，说：'你们的父亲还在吗？你们还有兄弟吗？'我们就按着他所问的告诉他，焉能知道他要说：'必须把你们的兄弟带下来'呢？"⁸犹大又对他父亲以色列说："你打发童子与我同去，我们就起身下去，好叫我们和你，并我们的妇人孩子，都得存活，不至于死。⁹我为他作保，你可以从我手中追讨，我若不带他回来交在你面前，我情愿永远担罪。¹⁰我们若没有耽搁，如今第二次都回来了。"

11 他们的父亲以色列说："若必须如此，你们就当这样行：可以将这地土产中最好的乳香、蜂蜜、香料、没药、榧子、杏仁，都取一点收在器具里，带下去送给那人作礼物。¹²又要手里加倍地带银子，并将归还在你们口袋内的银子仍带在手里。那或者是错了。¹³也带着你们兄弟，起身去见那人。¹⁴但愿全能的神使你们在那人面前蒙怜悯，释放你们的那弟兄和便雅悯回来。我若丧了儿子，就丧了吧！"

15 于是他们拿着那礼物，又手里加倍地带银子，并且带着便雅悯起身下到埃及，站在约瑟面前。¹⁶约瑟见便雅悯和他们同来，就对家宰说："将这些人领到屋里，要宰杀牲畜，预备筵席，因为晌午这些人同我吃饭。"¹⁷家宰就遵着约瑟的命去行，领他们进约瑟的屋里。¹⁸他们因为被领到约瑟的屋里，就害怕，说："领我们到这里来，必是因为头次归还在我们口袋里的银子，找我们的错缝，下手害我们，强取我们为奴仆，抢夺我们的驴。"¹⁹他们就挨近约瑟的家宰，在屋门口和他说话，²⁰说："我主啊，我们头次下来实在是要籴粮。²¹后来到了住宿的地方，我们打开口袋，不料，各人的银子分量足数，仍在各人的口袋内，现在我们手里又带回来了。²²另外又带下银子来籴粮，不知道先前谁把银子放在我们的口袋里。"²³家宰说："你们可以放心，不要害怕，是你们的神和你们父亲的神赐给你们财宝在你们的口袋里。你们的银子我早已收了。"他就把西缅带出来交给他们。²⁴家宰就领他们进约瑟的屋里,给他们水洗脚,又给他们草料喂驴。25他们就预备那礼物,等候约瑟晌午来,因为他们听见要在那里吃饭。

26约瑟来到家里,他们就把手中的礼物拿进屋去给他,又俯伏在地向他下拜。27约瑟问他们好,又问:"你们的父亲,就是你们所说的那老人家平安吗? 他还在吗?"28他们回答说:"你仆人我们的父亲平安,他还在。"于是他们低头下拜。29约瑟举目看见他同母的兄弟便雅悯,就说:"你们向我所说那顶小的兄弟就是这位吗?"又说:"小儿啊,愿神赐恩给你!"30约瑟爱弟之情发动,就急忙寻找可哭之地,进入自己的屋里,哭了一场。31他洗了脸出来,勉强隐忍,吩咐人摆饭。32他们就为约瑟单摆了一席,为那些人又摆了一席,也为和约瑟同吃饭的埃及人另摆了一席,因为埃及人不可和希伯来人一同吃饭,那原是埃及人所厌恶的。33约瑟使众弟兄在他面前排列坐席,都按着长幼的次序,众弟兄彼此诧异。34约瑟把他面前的食物分出来,送给他们,但便雅悯所得的比别人多五倍。他们就饮酒,和约瑟一同宴乐。

约瑟用计留便雅悯

44约瑟吩咐家宰说:"把粮食装满这些人的口袋,尽着他们的驴所能驮的,又把各人的银子放在各人的口袋里,2并将我的银杯和那少年人籴粮的银子,一同装在他的口袋里。"家宰就照约瑟所说的话行了。3天一亮就打发那些人带着驴走了。4他们出城走了不远,约瑟对家宰说:"起来! 追那些人去,追上了就对他们说:'你们为什么以恶报善呢?5这不是我主人饮酒的杯吗?岂不是他占卜用的吗?你们这样行是作恶了。'"

6家宰追上他们,将这些话对他们说了。7他们回答说:"我主为什么说这样的话呢? 你仆人断不能作这样的事。8你看,我们从前在口袋里所见的银子,尚且从迦南地带来还你,我们怎能从你主人家里偷窃金银呢?9你仆人中,无论在谁那里搜出来,就叫他死,我们也作我主的奴仆。"10家宰说:"现在就照你们的话行吧! 在谁那里搜出来,谁就作我的奴仆,其余的都没有罪。"11于是他们各人急忙把口袋卸在地下,各人打开口袋。12家宰就搜查,从年长的起,到年幼的为止,那杯竟在便雅悯的口袋里搜出来。13他们就撕裂衣服,各人把驮子抬在驴上,回城去了。

14犹大和他弟兄们来到约瑟的屋中,约瑟还在那里,他们就在他面前俯伏于地。15约瑟对他们说:"你们作的是什么事呢? 你们岂不知像我这样的人必能占卜吗?"16犹大说:"我们对我主说什么呢? 还有什么话可说呢? 我们怎能自己表白出来呢? 神已经查出仆人的罪孽了,我们与那在他手中搜出杯来的都是我主的奴仆。"17约瑟说:"我断不能这样行,在谁的手中搜出杯来,谁就作我的奴仆;至于你们,可以平平安安地上你们父亲那里去。"

犹大替便雅悯哀求

18犹大挨近他,说:"我主啊,求你容仆人说一句话给我主听,不要向仆人发烈怒,因为你如同法老一样。19我主曾问仆人们说:'你们有父亲,有兄弟没有?'20我们对我主说:'我们有父亲,已经年老,还有他老年所生的一个小孩子。他哥哥死了,他母亲只撇下他一人,他父亲疼爱他。'21你对仆人说:'把他带到我这里来,叫我亲眼看看他。'22我们对我主说:'童子不能离开他父亲,若是离开,他父亲必死。'23你对仆人说:'你们的小兄弟若不与你们一同下来,你们就不得再见我的面。'24我们上到你仆人我父亲那里,就把我主的话告诉了他。25我们的父亲说:'你们再去给我籴些粮来。'26我们就说:

'我们不能下去,我们的小兄弟若和我们同往,我们就可以下去,因为小兄弟若不与我们同往,我们必不得见那人的面。'²⁷你仆人我父亲对我们说:'你们知道我的妻子给我生了两个儿子,²⁸一个离开我出去了。我说:他必是被撕碎了,直到如今我也没有见他。²⁹现在你们又要把这个带去离开我,倘若他遭害,那便是你们使我白发苍苍、悲悲惨惨地下阴间去了。'³⁰我父亲的命与这童子的命相连,如今我回到你仆人我父亲那里,若没有童子与我们同在,³¹我们的父亲见没有童子,他就必死。这便是我们使你仆人我们的父亲,白发苍苍、悲悲惨惨地下阴间了。³²因为仆人曾向我父亲为这童子作保,说:'我若不带他回来交给父亲,我便在父亲面前永远担罪。'³³现在求你容仆人住下,替这童子作我主的奴仆,叫童子和他哥哥一同上去。³⁴若童子不和我同去,我怎能上去见我父亲呢?恐怕我看见灾祸临到我父亲身上。"

约瑟和兄弟们相认

45 约瑟在左右站着的人面前情不自禁,吩咐一声说:"人都要离开我出去!"约瑟和弟兄们相认的时候,并没有一人站在他面前。²他就放声大哭,埃及人和法老家中的人都听见了。³约瑟对他兄们说:"我是约瑟,我的父亲还在吗?"他弟兄不能回答,因为在他面前都惊惶。

⁴约瑟又对他弟兄们说:"请你们近前来。"他们就近前来,他说:"我是你们的兄弟约瑟,就是你们所卖到埃及的。⁵现在不要因为把我卖到这里自忧自恨,这是神差我在你们以先来,为要保全生命。⁶现在这地的饥荒已经二年了,还有五年不能耕种,不能收成。⁷神差我在你们以先来,为要给你们存留余种在世上,又要大施拯救,保全你们的生命。⁸这样看来,差我到这里来的不是你们,乃是神。他又使我如法老的父,作他全家的主,并埃及全地的宰相。⁹你们要赶紧上我父亲那里,对他说:'你儿子约瑟这样说:神使我作全埃及的主,请你下到我这里来,不要耽延。¹⁰你和你儿子、孙子,连牛群羊群,并且一切所有的,都可以住在歌珊地与我相近,¹¹我要在那里奉养你,因为还有五年的饥荒,免得你和你的眷属,并一切所有的,都败落了。'¹²况且你们的眼和我兄便雅悯的眼,都看见是我亲口对你们说话。¹³你们也要将我在埃及的一切荣耀和你们所看见的事,都告诉我父亲,又要赶紧地将我父亲搬到我这里来。"¹⁴于是约瑟伏在他兄弟便雅悯的颈项上哭。¹⁵他又与众弟兄亲嘴,抱着他们哭,随后他弟兄们就和他说话。

预习问题

故事内容问答题:
1. 雅各为什么让儿子们去埃及?为什么把便雅悯留下?
2. 约瑟见到哥哥们跪拜在他面前时想起了什么?
3. 约瑟指控他哥哥们犯了什么罪?如何处罚了他们?
4. 释放哥哥们的条件是什么?谁被留下做了人质?
5. 约瑟命令仆人在哥哥们的粮食口袋里放了什么?路途中哥哥们发现了吗?
6. 当雅各看见他们各人袋子里的银子时,他如何反应?他说了些什么?
7. 流便怎样回答雅各的猜疑?
8. 第二次去埃及购粮时他们带上了小弟弟吗?雅各是怎样被说服的?

9. 在宴席上约瑟怎样对待便雅悯？
10. 雅各的儿子们准备返程时，约瑟命令仆人做了什么手脚？
11. 便雅悯被差役带回埃及时，哥哥们如何表现？
12. 描述最后约瑟认亲的场面。

深入思考题：
1. 约瑟头一次看见哥哥们时他的心情是怎样的？他当时想要报复还是想要考验哥哥们？
2. 约瑟为什么指控哥哥们是奸细？为什么把他们关了三天？
3. 约瑟让仆人把哥哥们的银两偷偷归还他们的目的是什么？
4. 雅各看见儿子们的银子时为什么说了那样一番话？当时他想到了什么可怕的事情？
5. 犹大出面说服父亲同意他们带上便雅悯再次去埃及的意义是什么？
6. 约瑟为什么要在宴席上明显地偏爱便雅悯，而后又栽赃便雅悯偷盗？
7. 约瑟搞清楚了哪些情况之后才认了哥哥们？
8. 这个故事如何塑造了约瑟这个人物？他在以色列家族及民族发展中的贡献是什么？
9. 故事中犹大这个人物有哪些值得肯定的表现？为什么如此突出他的作用？

故事 阐释①

分析要点：
1. "好奇与回顾审视互动"带来的阐释戏剧性
   (Drama of Retrospection Brought by Curiosity)
2. 人物塑造的技巧
   (Skills in Characterization)

阐释解读：

1. "好奇与回顾审视互动"带来的阐释戏剧性

"好奇"同"悬念"一样，是通过叙述中有意造成的信息缺失而引发的一种阅读兴趣。为了引起读者的好奇心，作者必须打乱叙事的时间顺序，对有的情节或信息引而不发，或推延提供信息的时刻，也就是有意造成叙事的间空，或称断缺（gaps）来制造读者阅读的心理效果。斯腾伯格对此提出了"好奇与回顾审视的互动"（Curiosity and the Dynamics of Retrospection）这一叙事理论。他首先把叙事分成对未来将发生的事情的期待和对过去已发生了的事情的好奇这两种不同的类型，然后提出前者要制造

---

① 这个故事的解读基本是参照斯腾伯格的"好奇与回顾往事的互动"一节的理论进行的。虽然笔者认为斯腾伯格在界定"悬念"和"好奇"方面有不够全面之处，而且"好奇"也绝非仅仅牵涉过去发生的事情，但是他对约瑟和他哥哥们的故事阐释得十分精彩，值得借鉴。见斯腾伯格《圣经的叙事诗学》，第285—308页。

的是悬念(suspense),①而后者的推动力则是好奇心(curiosity)。不同于"悬念",斯腾伯格强调"好奇"这种阅读兴趣是仅仅针对已经发生了的,有了结果和定论的事情而言的。因此,读者不必担忧人物的最终命运和结果,他的全部兴趣只在于挖掘人物行为背后的动机和原由。"约瑟和他的兄弟们"是《圣经·旧约》里最精彩和富于戏剧性的故事之一,它被斯腾伯格用来说明他的"好奇与回顾审视之间互动关系"这一理论。尽管斯腾伯格在这样绝对地把"悬念"和"好奇"分归两个领域时暴露了逻辑不够严谨的破绽,尽管他把"好奇"局限在对过去发生过的事情上相当牵强,似乎对将要发生之事的期待之中就没有"好奇"的因素存在,但是在解读"约瑟和他的兄弟们"的故事时,斯腾伯格通过一路挖掘发生的事情背后的"原因",即人物行为的"动机",确实展现出"好奇"所推动的回顾性审视在细读故事时所生成的阐释戏剧性,是十分精彩的解读范例。

"约瑟和他的兄弟们"讲述的是饥荒时期约瑟的哥哥们到埃及去籴粮,约瑟起初不肯同他们相认,在玩了一场猫捉老鼠般的游戏之后才最后接纳了他们。约瑟被迫离家多年,十分想念老父亲和小弟弟,那么为什么不马上就与他们相认?他为什么要这样捉弄他的哥哥们?对这样的疑问,故事的叙述里没有任何交代,或提供我们些许信息。过去一般的理解有三种:(1)约瑟对卖掉他的哥哥们始终耿耿于怀,现在有了权力和机会就想惩罚和报复他们;(2)由于他的哥哥们过去表现恶劣,多年过去了,他必须先测试他们,了解他们是否有变化和长进,以便决定如何行动;(3)他幼时曾经做过梦,在一个梦里他见到哥哥们的稻禾捆都向他的稻禾捆下拜,在另一个梦里,他见到太阳(父亲)、月亮(母亲)和十一颗星星(兄弟们)向他下拜,因此这回他要显示威风,应验自己幼年的梦。到底约瑟捉弄他的哥哥们是哪个动机呢?有素养和训练的读者在阅读时就会主动地探究其中的原由,而这个阅读过程则必然是由好奇心驱使的一个不断填补缺失信息的过程(a gap-filling process)。

让我们从头来察看约瑟和他兄弟们的故事。当约瑟的哥哥们被带到他面前、脸伏于地向他跪拜时,毫无疑问约瑟会想起他从前做过的梦。此时旧事涌上心头,他起了报复之意是完全可能的。在文本中我们可以找到约瑟报复他哥哥们的证据。他指责他们是奸细,并下令把他们全部打入监狱三天。这些做法使我们回想起当初约瑟备受雅各宠爱时,年轻幼稚的他时时恃宠而示骄傲,自己不干活,并为父亲监视哥哥们,不断打小报告,给哥哥们带来许多父亲的责骂。当初哥哥们就因为他的"奸细"地位而憎恨他,因此他回想起往事时十分自然的报复行为就是指责哥哥们是奸细,是来打探埃及国情的。约瑟被卖之后吃了许多苦头,其中最严重的灾难就是被波提乏的妻子诬陷后蹲了三年大牢。所以约瑟看见哥哥们伏在他面前并意识到他终于有报复之日时,他

---

① 对"悬念与前瞻的互动"见下面阐释的故事"西西拉之死"。

就命令将他们下了监狱。在这之后,约瑟必定经历了思想斗争,对父亲和弟弟的想念,对哥哥们仍有的亲情,最重要的是耶和华对约瑟的指引,赋予他保护和振兴以色列家族大业的任务,都使约瑟最终要超越起初的报复念头。因此,在关押了哥哥们三天之后,他下令把他们带到他面前,开始了他对哥哥们的测试和考验。而关押的三天,就可以被看做是象征意义上对约瑟自己被关押了三年的以牙还牙的惩罚。所以说,约瑟的确有过应验自己的梦和报复、惩罚哥哥们的冲动,但是那只是很短的一个过程,很快他就从狭隘的私人恩怨中走了出来,进入了认兄的第二阶段。

当约瑟的十个哥哥匍匐在他面前时,他感慨万千。除了想起梦里所预示的稻禾和太阳、月亮、星星向他下拜,他自然会想到母亲已去世,再也见不到了。由此约瑟生出了为什么他的亲弟弟便雅悯没有一同前来的疑惑。他忽然担心起来。以他多年前被出卖的经历,他完全有理由怀疑他的哥哥们。他们曾经憎恨他,因为他们不是同一个母亲所生,而且他们不得雅各的宠爱。那么,便雅悯也是父亲十分宝贝的儿子,也不是他们的同母弟兄,他会不会遭到这些哥哥们的残害?这些哥哥们做了坏事还善于撒谎,那么他们告诉他小弟弟在家中和父亲一道,会不会是假话呢?于是约瑟决定第二天提出扣押一个哥哥为人质,要求他们把便雅悯带来作为交换。这样就开始了对哥哥们的测试阶段,其中还包括调查研究。

他是怎样进行测试的呢?为什么要把哥哥们的银子都放回每个人的袋子里呢?当然按照中国的习俗和观点,我们可以说约瑟怎么肯要自己父亲的钱呢?但是,这只是个十分肤浅的回答。经文里说当他们其中一个在路上发现了银子时,42:28他们就提心吊胆、战战兢兢地彼此说:"这是神向我们作什么呢?"(Gen 42:28 Their hearts sank, and in fear they asked one another, "What has God done to us?")他们为什么这么害怕?到家后,他们向雅各讲述了遭遇,并告诉他西缅被留下做了人质。但就在他们打开各自的口袋把粮食倒出来时,每个人的袋子里都滚出来了银子。他们吓呆了,而雅各马上就哀伤地说:42:36……"你们使我丧失我的儿子:约瑟没了,西缅也没了,你们又要将便雅悯带去,这些事都归到我身上了。"(Gen 42:36…"Do you want to make me lose all my children? Joseph is gone; Simeon is gone; and now you want to take away Benjamin. I am the one who suffers!")为什么一看见银子,雅各会联想起丢失约瑟,并指责这几个儿子让他一而再、再而三地失去儿子?《圣经》简约的叙事在这中间省去了许多。如果我们把背后的意思都填补上,没有讲明的内容应该是这样的:约瑟的测试的第一步就是制造一个当初哥哥们卖掉他,把钱藏起来,回家向父亲撒谎的相似局面。他扣留了西缅,把钱都还给了兄弟们。如果兄弟们仍旧是以前那样的恶棍,那么他们完全可以扔下西缅不管,回家对雅各编些谎话,把钱各自揣起来了事。而显然他们都没有忘记曾经卖掉了弟弟并瓜分了赃款的罪行。所以看到钱莫名其妙地回到袋子里时,他们首先想到这是上帝对他们恶行的惩罚。由于不知这个惩罚将怎样进行,这些钱会导致什么后果,所以个个提心吊胆。同样,当他们对雅各解释为什么西缅没有回来,为什么还要交出便雅悯时,雅各也没有忘记约瑟丢失后他们回来对他讲的丢失过程。其实,雅各一直就没有完全相信这些儿子的话。银子一滚出来就加深了雅各的怀疑,他疑心是儿子们为了钱财做了伤害西缅的事。约瑟一去不复返了,雅各因此这时就认为他也永远失去了西缅。这就是为什么他即刻就反应为斥责这些不肖子夺去了约瑟和西缅,还想夺走他的小儿子便雅悯。老人伤心已极。正因为大家虽不提丢失约瑟的过错,但心里时时都没有忘记,所以当雅各责怪他们时,流便马上就拿自己儿子的性命作担保,试图证明这一次他们没有欺骗老人。

  雅各怕失去便雅悯,他对大儿子们始终心存怀疑。但是饥荒不饶人,不久粮食吃完了,面临全家老小即将断粮的绝境,雅各不得不同意儿子们带上便雅悯再次下到埃及去籴粮。但行前,犹大站出来主动地承担了将便雅悯安全带回来的责任。为什么作者不让老大流便出面来说服雅各并承担责任呢?细心的读者一定没有忘记当初流便是唯一不同意伤害约瑟的,而把约瑟卖掉的主意是犹大出的,流便没能阻挡弟弟们。如果这个故事要充分显示约瑟的兄弟们改正了,并且要说服故事里的人物和故事外的读者,以色列一家人的积怨、隔阂和彼此的仇恨现在的确有了化解的基础,那么就必须让最主要的作恶之人充分表现出洗心革面的转变。俗话说解铃还需系铃人,安排犹大在约瑟认亲的故事里起主要的作用应该说是绝妙的一笔,它展示了作者的细致周到,更进一步证明《圣经》叙事确非散乱随意的零篇故事的集合,而是前后呼应和对照的一个有机整体。犹大站出来向父亲保证不惜用自己的性命换取西缅和便雅悯安全归回。雅各被迫同意他们再次下埃及。到此,读者已经明白犹大和那几个做过恶的儿子翻悔了、改过了,但是约瑟还摸不清他们的真面目。这里存在故事里的人物和故事外的读者在信息知情方面的差距,即斯腾伯格提出的三种知情地位的一种。[①] 知道内情的读者满怀好奇地等着看不知情的约瑟如何进一步测试他的哥哥们。

  由于雅各没有马上同意他们带便雅悯回埃及,他们在家逗留了相当长的时间,直到吃完了第一次买回的粮食。所以当他们再次回到约瑟面前时,约瑟对他们是否已洗心革面的疑问并没有得到解答。他们好像这一段时间里并没有为留做人质的西缅着急,任他在埃及监狱里关押着。约瑟想知道他们是不是又对父亲撒了谎话,说西缅已经死了,同时把放回口袋的银子各自私下吞了。但是,哥哥们一到达就忙着归还上次的买粮钱,并解释了是父亲舍不得便雅悯才延误了他们来搭救西缅。这些都说明他们改正了。约瑟看见了自己的亲弟弟,他感情冲动,跑回屋里去痛哭一场。到此,似乎一

---

  ① 这三种不同的知情状态是:(1)人物比读者知情;(2)读者比人物知情;以及(3)两者同样知情。他对"所罗门断案"的分析就是采用了两者同样知情的阅读地位来演示。见斯腾伯格《圣经的叙事诗学》,第163—172页。

切条件都具备了,约瑟应该与他们相认了吧。但没想到,他并没有这样做。这时读者就不知道人物心里想的是什么,属于不如故事中人物知情的阅读状况。因此读者此时必须根据文本里提供的人物行动来推测他的意图。

约瑟放出了西缅,宴请了兄弟们,但是在席间他对便雅悯显示了特别的偏爱:43:³⁴约瑟把他面前的食物分出来,送给他们,但便雅悯所得的比别人多五倍。(Gen 43:³⁴ Food was served to them from Joseph's table, and Benjamin was served five times as much as the rest of them.)然而他又暗地令仆人把银器放在便雅悯的袋子里,并通过搜查把他抓回来,要留下便雅悯终身为奴。读到这里,我们就不大明白如果约瑟想留小弟弟在身边,为什么他不正大光明地与兄弟们相认,然后把小弟弟留下?故事的曲折好看也就在此处。大家没有忘记约瑟和便雅悯是拉结的儿子,他们同前面十位哥哥同父而不同母。又由于雅各只爱拉结,所以从小约瑟和便雅悯就得到父亲的特别宠爱,并因此引来哥哥们的嫉恨,甚至不惜联手除掉约瑟。这个经历太惨痛,约瑟要搞清楚的不仅是他们是否悔过自新了,而且还必须明确地知道十位兄长的亲情是否能包容他和便雅悯在内。他们的确如约回来救了西缅,但这只说明他们不再是见了钱就忘情忘义之徒。西缅是利亚的儿子,他们回来救他,不等于他们也同样能爱拉结的儿子。为此,约瑟特别布下了这最后的机关。他在席间特别偏爱便雅悯是有意要测试弟兄们是否还会妒忌。这一笔描写又是同前面雅各偏爱约瑟,给他特别缝制了一件彩衣互相对应的。雅各的偏爱引出了手足相残,但约瑟的偏爱却没有同样的后果。因为,他们在便雅悯被"人赃俱在地抓获"后,并没有弃他而去。他们都撕裂了衣裳痛哭,并全部回到约瑟面前。以犹大为代表,他们诚恳地诉说了便雅悯对老父亲多么重要,讲述中流露出他们对父亲、对弟弟的真情,以及对他们伤害约瑟给父亲带来的痛苦的悔过之心。他们要求全部留下为奴,来换取便雅悯的自由。终于,约瑟被感动了,他再也忍不住自己的感情,他大声告诉他们自己就是被卖掉的约瑟。兄弟们抱头痛哭。

到此,我们终于搞明白了为什么约瑟要关押他们,扣留西缅来换取便雅悯;为什么又把银子偷偷放回哥哥们的粮食袋子里;为什么要在宴席上特别偏爱小弟弟,而接着就栽赃他偷盗把他抓回扣押。这整个的阐释过程我们都是在探究约瑟行为的动机,填补了许许多多文本没有明确交代的空缺信息。当约瑟和哥哥们,还有父亲及全家最终团圆时,读者的好奇心也在步步解读中得到了满足,充分体会了《圣经》阐释的戏剧性。

2. 人物塑造的技巧

约瑟的故事,从被卖到埃及一直到最后身居显赫的地位和认父认兄而全家团圆,是《圣经•旧约》里篇幅最长的故事之一。除去强烈地传达了上帝实现他与亚伯拉罕和雅各所立之约,保佑以色列家族繁荣昌盛的主题思想之外,它还是一个年轻人经受磨炼和成长的故事，可以算做西方成长小说（bildungsroman）的最早源头。① 其实，按照卢卡契（Georg Lukács）的小说理论，不同于史诗、希腊悲剧和传奇，随着资本主义社会形成而发展成熟的小说本身就必然围绕着个人的成长来建构，而且这个个人也不再受英雄、神人和贵族这些等级概念的限制。在小说中普通人开始成为主人公，他因此把小说定义为：描绘个人人生途程，特别是认识自身的心路历程的文类。② 成长小说公开获得这一称谓大概从歌德关于威廉·迈斯特的故事起始，但正如卢卡契所指出，几乎所有的小说都在讲述个人的遭遇，讲述人生途程上个人的转变，其中因此不乏描绘年轻人成长的故事。很多小说的主人公都经历了身份和等级的突变带来的意识形态变化，几乎失落自我，但最终成熟，回到了正确的道路上。同样，约瑟与兄弟相认的故事也展示了主人公曲折的人生途程，成为《圣经》叙事完成人物的成长、成熟和性格塑造的一个极好的例子。

故事发展到约瑟的哥哥们来埃及购买粮食时，约瑟成长的过程已经近于尾声，他已人近中年，是埃及的高官。虽然经过苦难的磨炼他不再是早年在家中被父亲宠坏了的少年，但却仍旧为被兄长卖到外乡的遭遇耿耿于怀。所以当看见他们对他跪拜时，约瑟首先想到的是他的梦果然应验了。这其中不乏得意的感觉，哥哥们困难的处境也引起他些许的幸灾乐祸。这可算约瑟认亲故事中主人公发展的第一阶段，是他开始见到哥哥们的心理和思想状态。接下来，他的表现令人失望，因为他立即指责哥哥们是奸细，并把他们下在大狱里。这明显是在实施报复。如果那三天监禁是针对自己三年牢狱之灾而定的，那么进行以牙还牙报复的约瑟不但形象丑陋，而且也显得很不成熟。报复可说是约瑟发展的第二阶段。哥哥们在监狱里的三天也是约瑟进行痛苦思想斗争的三天。他对父亲的思念，以及对家族的责任感逐渐取代了报复的冲动。约瑟很快便转入了第三阶段，即测试他的哥哥们，并设置机关来考验他们。第一步考验是试探哥哥们是否还像从前那样见利忘义，为了钱出卖兄弟并欺骗老父亲。当他看到哥哥们并没有把第一次买粮的银子私吞掉，能够诚实地把钱交回，也没有背弃西缅时，他又进一步测试他们是否仍旧好妒忌，是否能够实心实意地接受和爱护拉结的儿子便雅悯。在上述的测试都得到满意的答复后，约瑟终于同兄弟们相认了。相认的场面不但十分动人，显示出约瑟多年在异乡的思乡、思父之痛，而且体现了约瑟的最终成熟。他以宽容的胸怀，高姿态地安慰深感内疚的哥哥们，把被卖到埃及的坏事说成好事，把他受的苦难当作耶和华的明智安排。

实际上，对哥哥们的测试过程也是对他们的一个教育过程。约瑟设置了与他被出

---

① 在本书后面讨论《新约》故事"浪子回头"时还会谈到成长小说。
② 见卢卡契（Georg Lukács）著《小说的理论》（*The Theory of the Novel：A Historico-philosophical Essay on the Forms of Great Epic Literature*. Cambridge, Massachusetts：The MIT Press, 1971）。

卖时类似的情景,强迫他的兄弟们经历了被诬陷、被监禁和再次失去弟弟的过程。由此,他们压抑在心底多年的内疚被唤醒并浮出水面。他们惧怕了,以为这是上帝要惩罚他们所行的罪孽。他们也被迫头一次来正视这件往事,有了悔过之心。由于他们这一次经住了考验,约瑟才能认亲。因此,他们的悔改为以色列家族的重新团聚和会合提供了必要条件。

结　语

约瑟认亲的故事十分成功地塑造了主人公约瑟的形象。我们看到他如何从一个恃父宠而骄视兄长,并总是监视他们和告状的不成熟也不可爱的少年,吃尽艰辛后成熟起来。他能把家族的利益放在第一位,并且十分负责任地考察了哥哥们。因为他时刻不忘耶和华的关照和期望,能把个人受的灾难看做是耶和华的安排:是把他提前遣送到埃及来,以便在后来的灾荒时期拯救以色列整个民族。最后这个约瑟跳出了个人恩怨的小我,具备了民族的胸怀和视野,成长为以色列的一位民族英雄。而《圣经》的意识形态,即上帝选择了亚伯拉罕一族并时时处处与他们同在,也通过约瑟的成长和他们全家苦尽甘来的经历得到了进一步宣扬。

最后还要总结的是,上述进行的阐释分析立足于由读者的"好奇"引发的对已经发生的事情背后的动机的探讨,分析中要不断找出叙述的"断缺"和不明示之处,进行填空式的推理。这样的解读再次让我们领略了《圣经》叙事解读的戏剧性。

单元二读后思考题/写作题（Essay Questions）：

1. 综述从亚伯拉罕到雅各全家定居埃及这漫长过程中以色列家族的发展。
2. 试评俄尔巴赫对《圣经·旧约》文体的分析。
3. 简单介绍艾尔特如何进行《圣经》的文学阐释以及他的主要理论。
4. 试评斯腾伯格对《圣经》文学阐释的主要贡献。
5. 从单元二的故事阐释中举例说明叙事学在文本解读中的重要意义。

单元三 《旧约》：历史

篇头：什么是历史？[①]

"什么是历史？"这个问题问得似乎多余。人人都知道，历史就是个人、家庭、民族、国家等的过去，而且是对真实过去的记载。那么，怎么解释从"出埃及记"之后的以色列历史中记载的那么多神神怪怪的，不同于其他历史记载的事情和人物呢？许多内容都明显地不同于其他史书，如中国太史公司马迁的《史记》，或任何一部写二次大战或中国抗日战争的历史书。尤其是摩西的经历和他在带领以色列人走出埃及的过程中所实施的神迹，那真与前面的神话和传奇相差无几。为什么不能把"出埃及记"放在传奇部分里？主要的两个原因恐怕是：(1)历史上，犹太人的确受过埃及法老迫害而集体逃离，去寻找和建立新的家园；(2)在走出埃及的过程里，犹太人形成了一神信仰，初步有了民族一体的概念，并制定了一套与信仰相依托的律法，并延续至今。这些内容远远大于亚伯拉罕一家人的传奇经历，已经跨入了民族和国家历史的范畴。事实上，犹太人民用了整整5个世纪的艰苦和漫长时间才最后完成了定居迦南和建立自己统一王国的宏图大制。

其实，"历史"作为一个文类，长时期以来也不断遭到质疑。大家都熟悉的批评意见是："历史是强者的历史，是胜利者写的。"这种意见表示了对历史的真实和可靠的不信任。的确，历史基于真实，但其真实绝对具有相对性。它很难不受撰写人的立场、处境和认识水平等因素的局限。其中也因此难免渲染或简略，甚至包含偏见和歪曲，这些都使得历史带上了不同程度的文学故事性，即虚拟的成分。《圣经》是宗教文本，它写的不是真正的以色列历史，而是通过以色列民族的发展过程来宣扬耶和华上帝的存在和上帝在人类事务，特别在以色列事务中的绝对作用。因此它涉及历史的叙事就更不可能避免神话传奇式的虚拟。鉴于此，即便为了方便，这部分的故事阐释归在了"历史"的大范围内，它也是十分特殊的历史，是宗教视角下的一种史料叙述。

[①] 这里关于历史的定义参照了一点戴维斯的《圣经文学导读》，见该书第92—93页。

故事十三　摩西受命

《旧约》经文
"出埃及记"3,4:1—17

神呼召摩西

3 摩西牧养他岳父米甸祭司叶忒罗的羊群。翌日，领羊群往野外去，到了神的山，就是何烈山。² 耶和华的使者从荆棘里火焰中向摩西显现。摩西观看，不料，荆棘被火烧着，却没有烧毁。³ 摩西说："我要过去看这大异象，这荆棘为何没有烧坏呢？"⁴ 耶和华神见他过去要看，就从荆棘里呼叫说："摩西！摩西！"他说："我在这里。"⁵ 神说："不要近前来，当把你脚上的鞋脱下来，因为你所站之地是圣地。"⁶ 又说："我是你父亲的神，是雅各的神。"摩西蒙上脸，因为怕看神。

7 耶和华说："我的百姓在埃及所受的困苦，我实在看见了；他们因受督工的辖制所发的哀声，我也听见了。我原知道他们的痛苦。⁸ 我下来是要救他们脱离埃及人的手，领他们出了那地，到美好宽阔流奶与蜜之地，就是到迦南人、赫人、亚摩利人、比利洗人、希未人、耶布斯人之地。⁹ 现在以色列人的哀声达到我耳中，我也看见埃及人怎样欺压他们。¹⁰ 故此，我要打发你去见法老，使你可以将我的百姓以色列人从埃及领出来。"¹¹ 摩西对神说："我是什么人，竟能去见法老，将以色列人从埃及领出来呢？"¹² 神说："我必与你同在；你将百姓从埃及领出来之后，你们必在这山上侍奉我，这就是我打发你去的证据。"

13 摩西对神说："我到以色列人那里，对他们说：'你们祖宗的神打发我到你们这里来。'他们若问我说：'他叫什么名字？'我要对他们说什么呢？"¹⁴ 神对摩西说："我是自有永有的。"又说："你要对以色列人这样说：'那自有的打发我到你们这里来。'"¹⁵ 神又对摩西说："你要对以色列人这样说：'耶和华你们祖宗的神，就是亚伯拉罕的神，以撒的神，雅各的神，打发我到你们这里来。耶和华是我的名，直到永远；这也是我的纪念，直到万代。'¹⁶ 你去招聚以色列的长老，对他们说：'耶和华你们祖宗的神，就是亚伯拉罕的神，以撒的神，雅各的神，向我显现说：我实在眷顾了你们，我也看见埃及人怎样对待你们。¹⁷ 我也说：要将你们从埃及的困苦中领出来，往迦南人、赫人、亚摩利人、比利洗人、希未人、耶布斯人的地去，就是流奶与蜜之地。'¹⁸ 他们必听你的话。你和以色列的长老要去见埃及王，对他说：'耶和华希伯来人的神遇见了我们，现在求你容我们往旷野去，走三天的路程，为要祭祀耶和华我们的神。'¹⁹ 我知道虽用大能的手，埃及王也不容你们去。²⁰ 我必伸手在埃及中间施行我一切的奇事，攻击那地，然后他才容你们去。²¹ 我必叫你们在埃及人眼前蒙恩，你们去的时候，就不至于空手而去。²² 但各妇女必向她的邻舍，并居住在她家里的女人要金器和衣裳，好给你们的儿女穿戴，这样你们就把埃及人的财物夺去了。"

神赐摩西行神迹的权杖

4 摩西回答说:"他们必不信我,也不听我的话,必说:'耶和华并没有向你显现!'"² 耶和华对摩西说:"你手里是什么?"他说:"是杖。"³ 耶和华说:"丢在地上。"他一丢下去,就变作蛇,摩西便跑开。⁴ 耶和华对摩西说:"伸出手来拿住它的尾巴,它必在你手中仍变为杖。⁵ 如此好叫他们信耶和华他们祖宗的神,就是亚伯拉罕的神,以撒的神,雅各的神,是向你显现了。"⁶ 耶和华又对他说:"把手放在怀里。"他就把手放在怀里,及至抽出来,不料手长了大麻疯,有雪那样白。⁷ 耶和华说:"再把手放在怀里。"他就再把手放在怀里,及至从怀里抽出来,不料,手已经复原,与周身的肉一样。⁸ 又说:"倘若他们不听你的话,也不信头一个神迹,他们必信第二个神迹。⁹ 这两个神迹若都不信,也不听你的话,你就从河里取些水,倒在旱地上,你从河里取的水必在旱地上变作血。"

¹⁰ 摩西对耶和华说:"主啊,我素日不是能言的人,就是从你对仆人说话以后,也是这样,我本是拙口笨舌的。"¹¹ 耶和华对他说:"谁造人的口呢?谁使人口哑、耳聋、目明、眼瞎呢?岂不是我耶和华吗?¹² 现在去吧!我必赐你口才,指教你所当说的话。"¹³ 摩西说:"主啊,你愿意打发谁,就打发谁去吧!"¹⁴ 耶和华向摩西发怒说:"不是有你的哥哥利未人亚伦吗?我知道他是能言的,现在他出来迎接你,他一见你,心里就欢喜。¹⁵ 你要将当说的话传给他;我也要赐你和他口才,又要指教你们所当行的事。¹⁶ 他要替你对百姓说话;你要以他当作口,他要以你当神。¹⁷ 你手里要拿这杖,好行神迹。"

预习问题

故事内容问答题:

1. 耶和华如何向摩西显现?对他提出了什么要求?
2. 摩西愿意被耶和华选为以色列人民的领袖吗?他拒绝的第一个理由是什么?耶和华如何解答了他的第一个疑难?
3. 摩西提出的第二个困难是什么?耶和华怎样教他对以色列民众和长老说话?
4. 为了证实摩西是受命于神,耶和华给了他什么法宝?
5. 最后摩西提出了什么困难?耶和华如何帮他解决了这个问题?

深入思考题:

1. 摩西怎样看待被神选择并委以重任的命运?他为什么不愿意承担耶和华的使命?
2. 耶和华为什么发怒?
3. 从耶和华的指令谈谈当时以色列人在埃及的处境。
4. 从受命这则故事,我们如何认识摩西这个人物?
5. 出埃及在以色列民族史上的意义是什么?

单元三 《旧约》：历史

故事 阐释

分析要点：

1. 历史背景和摩西的传奇色彩
   (The Historical Background and Moses as a Legendary Figure)
2. 作为文学人物的摩西
   (Moses as a Literary Figure)
3. 摩西作为历史人物的功过
   (An Evaluation of Moses as a Historical Figure)

阐释解读：

1. 历史背景和摩西的传奇色彩

进入了《圣经》的历史叙事部分，①摩西和他牵涉到的四卷经书成为重头之重的内容。但是不论是"利未记"、"民数记"或"申命记"，还是故事性较强的"出埃及记"都很难找出适合文学阐释的故事。而摩西本人的身世和业绩则贯穿了整个四卷书，约150页的篇幅，因此也很难进行节选。然而作为一部《圣经》教程，本书希望体现内容上的完整，不能像艾尔特或斯腾伯格等人探讨《圣经》文学性或叙事特点的专著那样只需选用合适的故事说明自己的论点。这样一来，摩西和他的业绩就无法整体上省去或回避。为此，笔者采用了"摩西受命"这相对完整的开头来重点察看这个人物的文学性，而实际上却要借此题目尽量多地把出埃及的历史故事和摩西完成的业绩包容在内。这种尴尬决策也适用于后面对扫罗的分析。

出埃及的历史事件发生在拉美西斯二世（Rameses II）统治埃及的时期。雅各的12个儿子独自居住在土地肥沃的歌珊地区，同周边的埃及人保持了一定的距离。他们非常勤劳，生育繁衍得比埃及居民迅速，并坚信自己是个特殊的民族，必须繁荣昌盛。埃及法老需要以色列人的劳力和勤奋来完成他的许多建设工程，但是他对一个异族人口的膨胀始终怀着戒备之心。于是拉美西斯二世拼命役使以色列人，设法让他们的生活越来越艰苦，以为这样他们就无暇也无力去寻衅生事。他继而又采取了限制以色列人口的措施，责令产婆接生时把刚诞生的犹太男婴杀死。摩西就是在这样的历史背景中诞生的，传说他诞生后，被家人藏了三个月；藏不下去时就被放在篮子里，置于河边的芦苇丛中。法老的女儿和使女发现了孩子，可怜并收养了他。躲在一旁的姐姐

---

① 按照一般的编排办法，《圣经》的历史书从摩西死后的《约书亚记》算起，而摩西牵涉到的四卷书和《创世记》一起被归为律法书的范畴。这是以宗教上习惯的摩西五经的归类为准的分法。本书主要进行文学阐释，因此采取了更贴近文类区别的划分办法，依据主要是戴维斯的《圣经文学导读》。

见状就推荐自己的母亲去做奶娘。埃及公主为他取名"摩西",意思是"从水里拉出来的"。这样摩西就成为公主的养子,但因为被亲生母亲奶大他一直没有脱离自己的民族,并知道自己是希伯来人。长大成人后他常到家人那里去,也目睹了他们受埃及人欺压的许多事实。终于有一天,在忍无可忍的情况下他把一个对犹太人施暴的埃及人杀死了。事发后,摩西便逃到米甸,在那里娶了一个祭司的女儿西坡拉,便定居下来。①

摩西是《圣经·旧约》里最伟大的英雄之一。他勇敢、有头脑,一路带领以色列百姓克服了难以想像的困苦,最后完成了上帝的使命,把以色列民族带到了指定的迦南赐地。他无论在品格上,还是在智慧上都远远高于身边的民众,是"出埃及记"、"利未记"、"民数记"和"申命记"这四卷经文的主宰人物。与他这种伟大的使命相匹配,他的身世具备了传奇性,这是传统文学中神话般的英雄所不可缺少的背景特点,因为人类惯于认为英雄从出世就不同凡响。他们或者是神下凡或是神与人结合的产物,比如希腊神话中的赫拉克勒斯(Hercules),英国传奇里的亚瑟王;或者在诞生时和早年成长中有过类似大难不死这种十分特殊的经历,比如宙斯把他儿子狄奥尼索斯(Dionysus)②从化作灰烬的母亲那里救下来,放在自己大腿里养到足月。相比之下,摩西被埃及公主收养而逃脱了厄运只能算是巧合或好运,算不上真正的神奇。而且奇怪的是他与亚伯拉罕、雅各及约瑟不同,经文没有说他的这些好运是上帝的安排。但是这段经历已经足够让他与众不同,把他标志为特殊的人,历史将委他以重任。他诞生的传奇性以及之后他引领以色列人走向一神信仰的业绩,还使他同《新约》里的耶稣构成前后对照。不少评论家在论及《新约》和《旧约》的承袭关系时都提到了摩西前瞻耶稣的这一叙事结构上的特点。这种分析也并非空穴来风,它有文本的许多相关性来证明。比如摩西在荒原里走了40年,带领以色列人经受考验,而耶稣也在荒原里呆了40天,经受并战胜了魔鬼的诱惑。这样的对照又反过来加强了摩西不同凡人的传奇色彩。他成为了一个传奇英雄,对千万代后世人来说,摩西同耶稣一样永远代表人类同超越自身物质环境之上的一个至高现实的联系。这个现实就是上帝,而这个上帝在一般情况下,对一般人来说,都是不可及的。

2. 作为文学人物的摩西

"摩西受命"是整个牵涉摩西业绩的四卷书里最具有文学特色的相对独立的一段故事。它让读者看到英雄摩西的另一面:他是个普通人,他非神人或超人,他有私心和顾虑。他像我们大家一样,会惧怕,有许多弱点,并且要上帝不断纠正他的局限性。而正因为他是个有血有肉的形象,他的故事才生动有趣,才能吸引众多的读者。

---

① 见《出埃及记》第2章。
② 即希腊神话里有名的酒神。

摩西的故事也是一个成长的故事。他代表自己民族的第一个行动是杀死那个欺侮自己同胞的埃及人。这是个人冲动的行为,而谋杀则是一种带有恐怖主义的造反。这之后,他见到两个希伯来人争斗,就上前劝说,告诉他们要团结。这说明他初步有了民族整体的意识。但不论是他个人的暴力还是幼稚的劝说都无助于以色列的民族解放事业。受命故事开始在多年之后,摩西40岁。很显然他已经在米甸成家,而且由于米甸游离在埃及直接的控制之外,他的小日子很美满。他和西坡拉生有一子,并安于每日放牧岳父的羊群。显然他不再是那个有浪漫政治理想的年轻人,已经放弃了当初有意要从事的民族解放事业。但是他毕竟有过带着预示性的传奇式开头,这样的人不会平庸而终。而且,按照艾尔特的解读,在摩西与西坡拉井台相遇的婚娶类型场景里,①他作为以色列民族解救者的命运也得到了预示。以撒靠别人出面帮助娶回利百加,预示了他一生的被动为人;雅各奋力推开盖住井口的巨石来帮拉结汲水饮羊,则前瞻了他那困难重重的奋斗人生。摩西在井台上不是克服困难,而是帮助米甸祭司的女儿们赶走欺负她们的外族牧羊人。这样的设计预指的是他将领导以色列民族抗击压迫者。这样的一天到来时,上帝就召唤摩西,令其带领以色列人民离开受苦受难的埃及,并从燃烧的荆棘丛中对他说话。

但是,摩西不像祖先亚伯拉罕那样无条件地听从上帝,也不像后人耶弗他那样想出人头地。他一而再,再而三地推辞。首先他说自己没资格和身份扮演这样的角色。3:11摩西对神说:"我是什么人,竟能去见法老,将以色列人从埃及领出来呢?"(Ex 3:11 But Moses said to God,"I am nobody. How can I go to the king and bring the Israelites out of Egypt?")②上帝就立刻保证会保护和帮助他去完成这个任务,告诉摩西当他把百姓领出来之后,自己会在受命的这座山上向他们显现,以证实摩西作为自己代表的身份。可是摩西还是犹豫,他接着要求知道怎么称呼这个突然冒出来的神。他说 3:13"我到以色列人那里,对他们说:'你们祖宗的神打发我到你们这里来。'他们若问我说:'他叫什么名字?'我要对他们说什么呢?"(Ex 3:13 But Moses replied,"When I go to the Israelites and say to them,'The God of your ancestors sent me to you,'they will ask me,'What is his name?'So what can I tell them?")上帝马上告诉他:3:"14 我是自有永有的。"(Ex 3:14"I am who I am.")这个回答实际的意思是"我就是我,是不可究竟,也无法用名字来代表的"。但是上帝紧接着就重申自己是以色列人祖先亚伯拉罕、以撒和雅各的神,来安定摩西。而摩西借口需要回答以色列人的这个问题,其实是他自己想搞确实的问题。因为上帝要求的不是一件小事,他一旦答应了神,把自己交付给神,那就无回头之路了。这里我们看到中年的摩西不再像杀死埃及

---

① 见艾尔特著《圣经的叙事艺术》,第56—58页。
② 在我选的英文版《福音圣经》里,法老都改用了国王(king),可能是不想让生词难为现代读者。

人时那么莽撞了。不过,从双方上述的交流里我们还可以推测,自雅各和约瑟死去后上帝已经有很长一段时间没有同他们的后代密切联系了,只是在看到他们目前的苦情时才再次出面干预。上帝是在实践自己与老辈以色列人立的约,而这些后人却已经把他淡忘。他们不仅忘记了上帝,而且在后来重新回归上帝的过程中还不断生发异心,让摩西花了整整40年,在荒野里教育、团结大多数,并惩罚那些离经叛道者,才把他们最终引上正路。这其中的甘苦岂是一般。此时向摩西受命的上帝看来是过分乐观了,因为他以为只要说出自己是他们祖先的神,而且显示一些神迹,以色列人就会立刻跟从他。他还不如摩西了解这件事情的艰难。正因为摩西对此事不乐观,所以他仍然推辞。他问万一以色列人还不信他的话怎么办,上帝就赠他一根魔杖,并当场用它演示神迹,来证实自己是无所不能的。但是,摩西还是不肯领命,这次他找了个理由,说自己没有口才,不会在大庭广众面前说话。上帝马上保证会告诉他说什么内容,他还是不干。上帝终于生气了,知道他在找借口,就提出让他的哥哥亚伦做他的发言人。这样,不情愿的摩西一点借口也没了,只好领了命令。

从上述的梳理,我们看到一个非常实际,没有野心的摩西。有趣的是,似乎上帝比以色列百姓更急切地要重续立过的约,他更急于要有自己的臣民;或者从好里说,他为以色列人受的苦而焦急不堪,要拯救他们出火坑,以实现他对亚伯拉罕、以撒和雅各的诺言。而摩西虽然不情愿,一旦接受了使命,就像驾辕的马,从此付出了余生。在出埃及的途程中,他完成了自身的转变:从开始一个自以为是的毛头小伙子,怀抱理想主义的政治抱负,采取个人极端行动,——到安于现状的百姓,暂时脱离理想,意在小家安居乐业,——再到重新出山,在引领以色列人的过程里成长为一个干练的,承载着神意的权威代表。他从埃及王宫里的一个王子,落为中年的牧羊人,再变为以色列民族的英雄,这个跨度不可谓不大,在121岁去世时他可以说为自己的民族和耶和华的事业做到了鞠躬尽瘁,死而后已。

3. 摩西作为历史人物的功过

《出埃及记》从内容上可以分成(1)从奴役中获得解放(Liberation)和(2)与耶和华再次立约(Covenant)两个部分,中间以第15章摩西在渡过了红海,逃出了埃及后庆祝胜利时献给耶和华的歌为分界。第一部分主要讲摩西要求埃及法老允许以色列人离开,被拒绝后耶和华先是九次降灾埃及,即把尼罗河水变成血(Ex 7:14—25),蛙灾(Ex 8:1—15),鼠灾(Ex 8:16—19),蝇灾(Ex 8:20—32),牲畜疫病(Ex 9:1—7),埃及百姓患恶疮(Ex 9:8—12),雹灾(Ex 9:13—35),蝗灾(Ex 10:1—20)和三整天由黑暗笼罩遍地(Ex 10:21—29)。看到埃及法老还在犹豫,耶和华又击杀埃及人的头生子(Ex 11,12:29—36),这样全埃及都惧怕了,巴不得以色列人赶快离开。可是法老仍存侥幸,他派兵追杀离去的以色列人,结果在红海全军覆没。以色列人终于逃出虎口,结束了祖祖辈辈居住埃及430年的历史。这里必须解释一下为什么法老敢于不理睬摩西转达的上帝的警告,如此顽固地相信耶和华不能对他造成威胁。当时的神都是当地的,局部的(local gods)。埃及有自己的神保佑,一般相信别处的神管不着他们。因此,法老不在乎一个外来的神的话,他问道:5:²"耶和华是谁,使我听他的话,容以色列人去呢? 我不认识耶和华,也不容以色列人去。"(Ex 5:² "Who is the Lord?"the king demanded. "Why should I listen to him and let Israel go? I do not know the Lord; and I will not let Israel go.")直到付出了巨大的代价他才明白这个神不同于任何其他神,他必须听从。① 另外,耶和华一边作法降灾于埃及,一边却故意坚定法老和他臣仆的心,为的是制造更多的神迹来显示自己的威力。在这卷书第 10 章第 1 节他是这样对摩西说的:10:"你进去见法老;我使他和他的臣仆的心刚硬,为要在他们中间显我这些神迹,²并要叫你将我向埃及人所作的事,和在他们中间所行的神迹,传于你儿子和你孙子的耳中,好叫你们知道我是耶和华。"(Ex 10: Then the Lord said to Moses, "Go and see the king. I have made him and his officials stubborn, in order that I may perform these miracles among them² and in order that you may be able to tell your children and grandchildren how I made fools of the Egyptians when I performed the miracles. All of you will know that I am the Lord.")在这个意义上,埃及人为耶和华达到他的教育目的付出了惨痛的代价。

过了红海,② 在第二部分开始时,与前面降在埃及人头上的灾难结构上相对应的是以色列人在通向迦南途中经历的四次困境:(1)苦水(Ex 15:22—27),(2)断粮(Ex 16),(3)缺水(Ex 17:1—7),以及(4)与亚玛力人交战(Ex 17:8—16)。最后,在到达西奈山之前,在岳父叶忒罗建议下,摩西完善了以色列的行政组织,挑选了有才能的人,立为千夫长、百夫长、五十夫长、十夫长,为百姓的首领(Ex 18)。在圣山西奈,上帝颁给摩西以色列人要遵从的十诫,通常称为摩西十诫,即后来以色列的律法基础。此时摩西已经 80 岁,上帝具体指点摩西如何建造朝拜的圣所,即帐幕(the tabernacle of the congregation)和约柜,还有祭坛,以及如何准备供品、陈设的器物和祭司的圣服。但是就在这建造过程中,发生了崇拜金牛的事件,引得上帝震怒。以至摩西不得不清扫门户,让百姓重新站队,依附耶和华的人必须各人杀死叛离了耶和华的弟兄、同伴和邻舍。那一天被杀的百姓达到了三千,这样才平息了上帝的愤怒。最后,耶和华终于光辉和荣耀地进入了圣所,永远与他的选民以色列民族同在。这里,我们再次看到上帝的两重性。从上帝创造人类开始,人类依靠上帝和上帝需要人类一直是并存的。没

---

① 在此时虽然耶和华的法力超越了地域性,但仍旧只是以色列一个民族的神。一直要到《新约》,由耶稣代表的上帝才是全世界、全人类的上帝。

② 实际上并非红海(The Red Sea),而是当地的一片沼泽地,长满了芦苇,叫做苇子海(The Reed Sea)。见《牛津圣经词典》,"Red Sea"词条,第 644 页。

有他的选民,上帝也不能完整。在进入迦南赐地的前夕,耶和华再次与以色列人立了约。他早在米甸通过燃烧的荆棘丛就许愿把迦南赐给他们,并且把那里形容成非常富足和肥沃。(Ex 3:⁸And so I have come down to rescue them from the Egyptians and to bring them out of Egypt to a spacious land, one which is rich and fertile. ...)①且不要说那片富庶的土地此时已经有许多别的民族在居住,因此以色列人必须世代与他们争夺土地,仅仅把以色列百姓领到迦南赐地,就花了从第一个逾越节算起的整整40个年头。在摩西的带领下以色列各部族在荒原中一边像吉普赛人似的流浪,一边统一信仰和步调,并一路抵抗与他们敌对的个人和部族。当他们最终到达迦南时,他们已经形成了一个有律法、有政体的一神教民族,除了缺少土地,他们具备了建立国家的所有条件。然而,功臣摩西本人却没有能进入赐地,他死在摩押地。上帝对他说:34:⁴"这就是我向亚伯拉罕、以撒、雅各起誓应许之地,说:'我必将这地赐给你的后裔。'现在我使你眼睛看见了,你却不得过到那里去。"(Deut 34:⁴"This is the land that I promised Abraham, Isaac, and Jacob I would give to their descendants. I have let you see it, but I will not let you go there.")摩西死时 120 岁。

　　回顾摩西的业绩,我们可以说他完成了以下几件伟业:(1)带领受苦受难的以色列民众逃离埃及,获得了解放;(2)树立了耶和华的绝对权威,清除了离经叛道的势力,使全以色列从此信奉这一个神;(3)定立以耶和华的十诫为基础的律法和宗教仪礼,使以色列民族有了自己的节日,如安息日、逾越节和除酵节,②以及共同的礼仪文化;(4)做了立国的一切先期准备,到他把事业交到约书亚手中时,以色列民族整体上形成了统一的宗教、意识形态、文化、道德准则和律法,也有了以层层首领构成的初步行政体制。

　　但摩西本人却没有被允许进入应许地,进入他花了 80 年引领自己族人要去的地方。这令他的命运带上了一定的悲剧色彩。宗教上的解读倾向把他的这一待遇归咎于他自身的不足之处。首先他受命时就惹怒了上帝,如果还有更合适的人选,也许上帝就不必央求他了。另外,他虽然一路上与以色列百姓中的怀疑和动摇斗争,他自己也不是没有过怀疑。按照《民数记》20 章的记载,上帝在解决了缺水困难后,指责摩西和亚伦不坚信他。20:¹²耶和华对摩西、亚伦说:"因为你们不信我,不在以色列人眼前尊我为圣,所以你们必不得领这会众进我所赐给他们的地去。"(Num 20:¹² But the Lord reprimanded Moses and Aaron. He said,"Because you did not have enough

---

① 在有的版本里这一段写成了"流淌着牛奶和蜜糖"(flow with milk and honey)。
② 犹太逾越节(The Passover)来自出埃及时耶和华击杀埃及人的头胎婴儿。耶和华传话让所有的以色列家庭在 1 月 10 号选出,或联合选出一只一岁的公羊羔,将它在 14 日晚宰杀,把血涂在门楣上。然后把肉烤好,就着不发酵的面包吃下。这天夜间,耶和华出手杀死埃及人的头生子时,便会越过门楣上涂有羊血的人家。除酵节(The Festival of Unleavened Bread)因此就是从 1 月 14 至 21 日的这一周,此间以色列人不能吃发酵的面包,也不许生火和工作,家家吃早已备好的食物。见《出埃及记》,12。

faith to acknowledge my holy power before the people of Israel, you will not lead them into the land that I promised to give them.")不久亚伦在何珥山去世,那地离迦南还有一段距离。

结　语

摩西从勉强受命到进入应许地前夕去世,领导了他的族人经历了千辛万苦,成功地把他们带出埃及,在荒原的 40 年里努力平息百姓的怨言,甚至反抗,利用司法保持了以色列民族统一并对上帝忠诚。摩西的一生的关键词可以说是公正和律法。尽管上帝仍旧对他不够满意,他本人做到了忠心耿耿、自我牺牲。但是,他毫无疑问也是一个严厉、不妥协,而且暴躁的人,必要时也能采用暴力手段。这也是可以理解的,因为任何柔弱和优柔寡断的人都无法驾驭一路生事和怨声载道的族人,更无法带领他们完成耶和华的重托。

说起在荒原里滞留的 40 年,评论意见一致认为它是必要的,是教育和统一以色列民族信仰和意识形态的一个途程。途程(journey)是文学作品里常见的格局,而且往往都是实际上或象征意义上的一个转变过程。有个人成熟或寻求真理的途程,如班扬的著名宗教寓言《天路历程》中经历千辛万苦向天堂进发和 18 世纪笛福著英国小说《鲁滨逊漂流记》的海上成长和发展历程,等等。也有像出埃及这样集体进行的途程,它们往往带有明显的使命性,比如完成民族解放事业。因此,在这一意义上出埃及记永远是跨越时间、民族和国家界限的一个象征符号。

故事十四　西西拉之死

《旧约》经文

"士师记"4

底波拉和巴拉

4 以笏死后以色列人又行耶和华眼中看为恶的事,[2]耶和华就把他们付与在夏琐作王的迦南王耶宾手中。他的将军是西西拉,住在外邦人的夏罗设。[3]耶宾王有铁车九百辆。他大大欺压以色列人二十年,以色列人就呼求耶和华。

4 有一位女先知名叫底波拉,是拉比多的妻,当时作以色列的士师。[5]她住在以法莲山地拉玛和伯特利中间,在底波拉的棕树下。以色列人都上她那里去听判断。[6]她打发人从拿弗他利的基低斯,将亚比挪庵的儿子巴拉召了来,对他说:"耶和华以色列的神吩咐你说:'你率领一万拿弗他利和西布伦人上他泊山去。[7]我必使耶宾的将军西西拉率领他的车辆和全军往基顿河,到你那里去,我必将他交在你手中。'"[8]巴拉说:"你若同我去,我就去;你若不同我去,我就不去。"[9]底波拉说:"我必与你同去,只是你在所行的路上得不着荣耀,因为耶和华要将西西拉交在一个妇人手里。"于是底波拉起来,与巴拉一同往基低斯去了。¹⁰巴拉就招聚西布伦人和拿弗他利人到基低斯,跟他上去的有一万人。底波拉也同他上去。

¹¹摩西岳父(或作"内兄")阿巴的后裔基尼人希伯,曾离开基尼族,到靠近基低斯、撒拿音的橡树旁支搭帐篷。¹²有人告诉西西拉说:"亚比挪庵的儿子巴拉已经上他泊山了。"¹³西西拉就聚集所有的铁车九百辆和跟随他的全军,从外邦人的夏罗设出来,到了基顿河。¹⁴底波拉对巴拉说:"你起来,今日就是耶和华将西西拉交在你手的日子。耶和华岂不在你前头吗?"于是巴拉下了他泊山,跟随他有一万人。¹⁵耶和华使西西拉和他一切车辆全军溃乱,在巴拉面前被刀杀败。西西拉下车步行逃跑。¹⁶巴拉追赶车辆、军队,直到外邦人的夏罗设。西西拉的全军都倒在刀下,没有留下一人。

¹⁷只有西西拉步行逃跑,到了基尼人希伯之妻雅亿的帐篷,因为夏琐王耶宾与基尼人希伯家和好。¹⁸雅亿出来迎接西西拉,对他说:"请我主进来,不要惧怕。"西西拉就进了她的帐篷,雅亿用被将他遮盖。¹⁹西西拉对雅亿说:"我渴了,求你给我一点水喝。"雅亿就打开皮袋,给他奶子喝,仍旧把他遮盖。²⁰西西拉又对雅亿说:"请你站在帐篷门口,若有人来问你说:'有人在这里没有?'你就说:'没有。'"²¹西西拉疲乏沉睡。希伯的妻雅亿取了帐篷橛子,手里拿着锤子,轻悄悄地到他旁边,将橛子从他鬓边钉进去,钉入地里。西西拉就死了。²²巴拉追赶西西拉的时候,雅亿出来迎接他说:"来吧,我将你所寻找的人给你看。"他就进入帐篷,看见西西拉已经死了,倒在地上,橛子还在他鬓中。

²³这样,神使迦南王耶宾被以色列人制伏了。²⁴从此以色列人的手越发有力,胜了迦南王耶宾,直到将他灭绝了。

预习问题

故事内容问答题:

1. 谁是底波拉?故事开始时,她面对什么局面?
2. 她把将军巴拉招来,要他做什么?巴拉是什么态度?
3. 最后巴拉是怎样去迎战敌人的?
4. 西西拉是什么人?他的军队实力怎样?
5. 双方交战的结果是什么?
6. 雅亿是谁?她住在哪里?她有什么特殊地位?
7. 西西拉逃到雅亿处求救时,雅亿怎样迎接他?
8. 西西拉吩咐雅亿做什么?

9. 雅亿如何杀死西西拉？这应验了底波拉的什么预言？

深入思考题：
1. 按照斯腾伯格的理论，这个故事的悬念在哪里？
2. 西西拉为什么对雅亿没有戒备？
3. 雅亿杀死西西拉而为以色列建立功勋的故事说明了什么？
4. 用女权主义理论来解读，雅亿的故事在《士师记》的整体里起了什么样的作用？

故事 阐释①

分析要点：
1. "悬念与前瞻的互动"带来的阐释戏剧性
   (Drama of Prospection Brought by Suspense)
2. 女性主义批评视角的解读
   (A Reading from the Feminist Perspective)

阐释解读：
1. "悬念与前瞻的互动"带来的阐释戏剧性

"悬念"是对将要发生的事情的一种态度，制造"悬念"是一种叙事技巧。叙述为读者提供了一定的信息，但对至关紧要的信息却引而不发，这样造成的读者的紧张又急切期盼谜底揭晓的心态叫做"悬念"。斯腾伯格认为通过阅读过程去填补缺失信息就形成了他称之为"悬念与前瞻的互动"的戏剧性效果。

谈及"悬念"，斯腾伯格指出了《圣经》中"悬念"与普通叙事的一大区别。由于《圣经》是上帝的世界，因此时时处处都有上帝的存在和介入。他对以色列选民的庇佑和他对世界惩恶扬善的驾驭使得《圣经》中的"悬念"受到了限制。也就是说，《圣经》的作者（们）在运用叙事技巧制造悬念时不如一般文学作品自由，他们不能超越上帝的最终意志，也不可能出现与经文总旨意完全不合辙的结果。斯腾伯格把这种现象称作《圣经》里的"反悬念因素"。为此，《圣经》作者（们）只能制造"程度温和的悬念"（lowered suspense），叙述者尽量避免极端，仅在可能范围内使用悬念来增强叙事的艺术性。

---

① 本故事的解读首先依据斯腾伯格的"悬念与前瞻的互动"理论，它同上面故事展示的"好奇与回顾往事的互动"构成对称的一对。如果说"好奇"不一定如斯腾伯格所说只产生于对已经发生的事情的探究之中，"悬念"倒的确只是对将要发生的事情出现的心态。见斯腾伯格《圣经的叙事诗学》，第264—283页。其次，本故事也被米柯·巴尔（Mieke Bal）采用，在她的《死亡和相反的对称："士师记"里的对应政治》（Death & Dissymmetry: The Politics of Coherence in the Book of Judges, Chicago and London: The University of Chicago Press, 1988）一书中雅亿杀死西西拉得到从女权主义角度所做的详尽分析。可见该书第211—217页，但在巴尔书中 Jael 的拼写是 Yael。

"西西拉之死"的故事一开头的1—3节交代了底波拉做士师时以色列人的处境和历史背景:4:以笏死后以色列人又行耶和华眼中看为恶的事,²耶和华就把他们付与在夏琐作王的迦南王耶宾手中。他的将军是西西拉,住在外邦人的夏罗设。³耶宾王有铁车九百辆。他大大欺压以色列人二十年,以色列人就呼求耶和华。(Judg 4:After Ehud died, the people of Israel sinned against the Lord again. ²So the Lord let them be conquered by Jabin, a Canaanite king who ruled in the city of Hazor. The commander of his army was Sisera, who lived at Harosheth-of-the-Gentiles. ³Jabin had nine hundred iron chariots, and he ruled the people of Israel with cruelty and violence for twenty years. Then the people of Israel cried out to the Lord for help.)这段叙述除去介绍了故事的主要人物,以色列的敌人西西拉将军之外,还呈现了《圣经》,尤其是"士师记"叙事中不断出现的一个模式(paradigm)的前三个环节,那就是:(1)以色列人作了恶,(2)上帝惩罚他们,把他们交在敌对国家或部族的统治下,(3)最后他们受不了压迫向上帝呼救。这个模式的第四个环节就是上帝通过他的人间代理人把以色列人从水深火热中拯救出来。斯腾伯格把这个模式归纳为"作恶—惩罚—呼救—解救"(Evildoing—Punishment—Outcry—Deliverance),并进一步指出由于前面的经文中这一模式已经多次出现,当它在西西拉这个故事开始段中交代了"作恶—惩罚—呼救"三个步骤时,任何有细读文本训练的读者就应该期盼下面要讲的必然是最后的"解救"。这种联想和推理是通过"类推"(analogy)的叙事技巧实现的,而读者对下文产生的"期盼"就是个"悬念"设置。然而,"作恶—惩罚—呼救—解救"的模式已经暗示了上帝肯定会拯救以色列人,他们的斗争必定胜利,因此"悬念"有限,只是上面所说的《圣经》特有的"程度温和的悬念"。这种技巧又称为叙事中采用"预示"(foreshadowing)手段。

故事从第4节开始讲一个女士师底波拉,她住在以法莲山地拉玛和伯特利中间,在底波拉的棕树下办理公务。现在我们已经看到这故事里对立的一男,一女:西西拉住在外邦人的夏罗设,有九百辆铁车,而底波拉坐在大树下像个摇羽毛扇的军师。在当时的历史条件下铁制兵器表明生产力的先进,一个不会耍棍棒的女士师如何对付如此强大的敌人呢?我们虽然知道就像前面的左撇子以笏消灭了强敌,只会挥舞赶牛棍子的珊迦杀死了六百非利士人,有上帝的保佑底波拉也必然胜利,但巨大的强弱差别悬念吊起了我们的胃口,我们迫不及待地想看看底波拉拿出什么办法来迎战西西拉。

底波拉差人叫来了巴拉,命令他去征讨西西拉。但是巴拉害怕,他要底波拉陪同他前往。故事在这里近乎滑稽了,将军不敢作战,像个孩子离不开母亲,非要底波拉去给他壮胆。底波拉坦然接受他的要求,但是她说:4:⁹"……只是你在所行的路上得不着荣耀,因为耶和华要将西西拉交在一个妇人手里。"(Judg 4:⁹"... but you won't get any credit for the victory, because the Lord will hand Sisera over to a woman.")

到目前为止故事还没有提到底波拉之外的任何女人,读者此时有可能推测这个立功之人可能就是底波拉本人了,尽管她不会打仗。

西西拉听到敌人到达,就率领他的九百辆铁战车前来对阵。此时故事又进一步突出了巴拉的懦怯,他在紧要关头不敢迎战。于是底波拉再次督战并鼓励他说耶和华必定会助他:4:¹⁴"你起来,今日就是耶和华将西西拉交在你手的日子。耶和华岂不在你前头行吗?"(Judg 4:¹⁴ "Go! The Lord is leading you! Today he has given you victory over Sisera.")这样,巴拉才上了阵,果然耶和华使他的人马战胜了西西拉。全军溃败后,西西拉独自夺荒而逃。到此为止,由于西西拉的逃跑,底波拉和巴拉不能算是彻底胜利,我们也并没看到底波拉或任何女人创立奇功。悬念仍存在,底波拉的预言"耶和华要将西西拉交在一个妇人手里"将如何兑现呢?

故事最后没有让我们失望,但是悬念也不是立刻就得到破解的。我们跟踪西西拉在第 17 节里来到雅亿的帐篷前面。第 11 节非常随便地提到过基尼人希伯和他的妻子雅亿就住在双方交战地区的基低斯、撒拿音的橡树旁。雅亿住在帐篷里和底波拉坐在橡树下再次形成了对仗的格局,而且两个女人的丈夫在这个故事里都没有出面。雅亿与底波拉明确的平列地位和西西拉来投奔她的这一新的情节发展使我们预感这个名叫雅亿的女人至关重要,我们猜测她可能就是底波拉说的消灭西西拉的人。但是她接下来的举动却令人迷惑。由于希伯与耶宾王友好,西西拉就向希伯的妻子雅亿求救。雅亿十分恭敬地将他迎入帐篷,并让他不要害怕。西西拉向她讨水喝,她却殷勤地献上一罐奶,之后给他盖好被子,让他休息。有趣的是,西西拉从来没有想到一个弱女子会造成危险,所以死到跟前他都毫无觉察,反而叮嘱雅亿守在帐篷门口替他看着有没有追兵过来。西西拉只防男人,而且只认为危险来自帐篷外面。于是他安心地熟睡了。叙事中关键的转折时刻到了,雅亿静悄悄地走近熟睡的西西拉,稳稳当当地把一枚安置帐篷用的木橛子钉进西西拉的太阳穴,把他钉死在地上。她这个谋杀把故事引入高潮,破解了底波拉预言造成的悬念,并形成同前面几个士师以笏、珊迦的业绩平行而工整的叙事,在"作恶—惩罚—呼救—解救"模式变异的重复中与其他故事连接成了一个有机体,并通过不同类型的,男女兼有的以弱胜强、以奇取胜的方式来歌颂了以色列的神耶和华的无比英明和强大。当巴拉最后赶到雅亿帐前时,他已经晚了一步。荣耀被雅亿夺取,他只能成为雅亿获得消灭以色列敌人这个荣耀的第一个见证人。

2. 女权主义视角解读

对雅亿杀死西西拉在"士师记"叙事结构中所处的整体地位,米柯·巴尔有很精彩的讨论。"士师记"里充满了杀戮,是以色列部族为了在迦南立足而反抗周边国家和部族的战争史。为了取得战争的胜利或为个人赢得领袖荣誉,男人常常把女人作为牺牲品。巴尔在解读"士师记"时找到一个三对三的性别政治架构,并通过它们的对立关系分析揭示了不少阶级、历史、社会和文化的内涵。

巴尔在《死亡和相反的对称：:"士师记"里的对应政治》一书中把雅亿定位为一个被剥夺了权利的母亲，或称被取代的母亲（displaced mother）。在"西西拉之死"的故事里我们只读到雅亿是基尼人希伯之妻，而基尼是一个流动的部族。故事告诉我们希伯曾离开基尼族，到靠近基低斯、撒拿音的橡树旁支搭帐篷。然而，整个的叙述中并没有希伯，给人的印象是雅亿单独地住在那帐篷里，有充分的时间和自主权来处置西西拉。这一问题引起了评论家约翰·格雷（John Gray）的注意，他提出按照贝都因（Bedouin）游牧阿拉伯人的传统，雅亿可能是希伯多个外妾之一，住在希伯专为妾搭建的帐篷内。这种帐篷不对外，也不接待客人。所以，西西拉的来到置雅亿于困境，她必须决定是否遵守沙漠好客的传统，还是要保住自己清白的名声。以这种推理，雅亿杀死西西拉就是选择了后一个处理方法。但是，还有一种可能，那就是雅亿因为年纪大已被希伯抛弃掉了，所以独住在这个帐篷中。① 上述的两个可能代表了古代希伯来女人两个极端的命运，一个是完全附属于自己的男人，没有一点自由；另一个是完全被男人抛弃，任她自己去对付日子。如果雅亿曾有过孩子，他们属于父亲，她在被抛弃后则同时被剥夺了做妻子和做母亲的权利。但巴尔还指出雅亿的名字的希伯来字Jael（或Yael)含义为"野山羊"，这暗示了她是个有独立意志的女人，被抛弃后独自生活，并可以决定在两邻交战时自己支持谁、反对谁的政治态度。

西西拉进入帐篷后雅亿用一块毯子盖住他，并招待他喝牛奶，这些都是母亲对孩子照顾的行为。这些叙述加强了雅亿的母亲形象，或者说突现了"士师记"的相反对称叙述中雅亿作为被剥夺了儿女的母亲的身份。西西拉命她守候在帐篷口，防止有追杀他而来的男人，却对自己已落入一个复仇女人之手毫无意识。他像个婴儿那样被喂了奶、盖上被，最后杀死在梦中。在巴尔发表这部评论之前，评论中占统治地位的看法是雅亿违背了沙漠中传统的待客要热忱和诚信的原则，而且指责她杀死西西拉的方式太残酷。雅亿残酷吗？巴尔认为我们应该把这个杀人事件同利未人杀妻的事件并列来看。利未人受到暴民威胁时，那留宿之处的主人除了表示要把自己的女儿交出给暴民糟蹋以保护他的客人外，还建议利未人交出他的妻子。这主人的言行也违反了沙漠里热情待客并要保护客人的原则，它可以与雅亿所谓"不尽主人之道"形成对仗结构并进而抵消。尖利的木橛钉入脑袋，以至脑浆流泻在地上则完全可以与利未人妻子贝丝②被轮奸，男人的精液流淌在地上形成类比。因此，如果说批评雅亿杀西西拉有违道德准则，或太残酷，那么男人们杀死贝丝的方式不是更加有违道德和残酷吗！

---

① 见巴尔，第211—212页引用的约翰·格雷（John Gray）《"约书亚记"，"士师记"，"路得记"》（Joshua, Judges, Ruth）,《新世纪圣经评论》（New Century Bible Commentary）. Basingstoke: Marshall, Morgan & Scott Publishers, Ltd., 1986），第259页。

② 贝丝是巴尔为没有姓名的利未人妻子取的名字。

单元三 《旧约》：历史

巴尔的解读说明：在"士师记"里，《圣经》叙事证实了希伯来的历史虽然是族/家长统治的男权社会史，但女人仍然以自己独特的方式参与了惊心动魄的政治斗争，形成了一种与男权平衡或抵消的力量。

结　语

"西西拉之死"的阐释被斯腾伯格用来证明他的"悬念和前瞻的互动"叙事理论，同时展示了《圣经·旧约》叙事技巧超凡的戏剧性。斯腾伯格把"悬念"与"好奇"完全列为对立的两个范畴，一个是"前瞻"性的，而另一个只能是"回顾"那已经发生过的事情的原由和动机，就像我们前面在阐释约瑟和他的兄弟的故事时所展示的。然而，正如前面已经提到的，在这方面他的理论并不是很严谨，但是他用这两个叙事原则对"约瑟和他的兄弟们"以及"西西拉之死"的分析却很精彩，再次证实了《圣经》的文学性，它的确设法用文学的手段转达强烈的意识形态内容，它那简约的叙事在字里行间充满了未言明的人物思想和情感，动机和心计，让解读成为一个挑战，也成为了一种享受。

故事十五　耶弗他和他的女儿

《旧约》经文

"士师记"11

耶弗他

11 基列人耶弗他是个大能的勇士，是妓女的儿子。耶弗他是基列所生的。²基列的妻也生了几个儿子。他妻所生的儿子长大了，就赶逐耶弗他，说："你不可在我们父家承受产业，因为你是妓女的儿子。"³耶弗他就逃避他的弟兄，去住在陀伯地，有些匪徒到他那里聚集，与他一同出入。

⁴过了些日子，亚扪人攻打以色列。⁵亚扪人攻打以色列的时候，基列的长老到陀伯地去，要耶弗他回来。⁶对耶弗他说："请你来作我们的元帅，我们好与亚扪人争战。"⁷耶弗他回答基列的长老说："从前你们不是恨我，赶逐我出离父家吗？现在你们遭遇急难为何到我这里来呢？"⁸基列的长老回答耶弗他说："现在我们到你这里来，是要你同我们去，与亚扪人争战，你可以作基列一切居民的领袖。"⁹耶弗他对基列的长老说："你们叫我回去，与亚扪人争战，耶和华把他交给我，我可以作你们的领袖吗？"¹⁰基列的长老回答耶弗他说："有耶和华在你我中间作见证，我们必定照你的话行。"¹¹于是

耶弗他同基列的长老回去，百姓就立他作领袖、作元帅。耶弗他在米斯巴将自己的一切话，陈明在耶和华面前。

12 耶弗他打发使者去见亚扪人的王，说："你与我有什么相干，竟来到我国中攻打我呢？"13 亚扪人的王回答耶弗他的使者说："因为以色列人从埃及上来的时候，占据我的地。从亚嫩河到雅博河，直到约旦河。现在你要好好地将这地归还吧！"14 耶弗他又打发使者去见亚扪人的王，15 对他说："耶弗他如此说：以色列人并没有占据摩押地和亚扪人的地。16 以色列人从埃及上来，乃是经过旷野到红海，来到加低斯，17 就打发使者去见以东王，说：'求你容我从你的地经过。'以东王却不应允。又照样打发使者去见摩押王，他也不允准，以色列人就住在加低斯。18 他们又经过旷野，绕着以东和摩押地，从摩押地的东边过来，在亚嫩河边安营，并没有入摩押的境内，因为亚嫩河是摩押的边界。19 以色列人打发使者去见亚摩利王西宏，就是希实本的王，对他说：'求你容我们从你的地经过，往我们自己的地方去。'20 西宏却不信服以色列人，不容他们经过他的境界，乃招聚他的众民，在雅杂安营，与以色列人争战。21 耶和华以色列的神将西宏和他的众民都交在以色列人手中，以色列人就击杀他们，得了亚摩利人的全地。22 从亚嫩河到雅博河，从旷野直到约旦河。23 耶和华以色列的神，在他百姓以色列面前赶出亚摩利人，你竟要得他们的地吗？24 你的神抹所赐你的地，你不是得为业吗？耶和华我们的神在我们面前所赶出的人，我们就得他的地。25 难道你比摩押王西拨的儿子巴勒还强吗？你曾与以色列人争竞，或是与他们争战吗？26 以色列人住希实本和属希实本的乡村，亚罗珥和属亚罗珥的乡村，并沿亚嫩河的一切城邑，已经有三百年了。在这三百年之内，你们为什么没有取回这些地方呢？27 原来我没有得罪你，你却攻打我，恶待我。愿审判人的耶和华，今日在以色列人和亚扪人中间判断是非。"28 但亚扪人的王不肯听耶弗他打发人说的话。

29 耶和华的灵降在耶弗他身上，他就经过基列和玛拿西，来到基列的米斯巴，又从米斯巴来到亚扪人那里。30 耶弗他就向耶和华许愿，说："你若将亚扪人交在我手中，31 我从亚扪人那里平平安安回来的时候，无论什么人，先从我家门出来迎接我，就必归你，我也必将他献上为燔祭。"32 于是耶弗他往亚扪人那里去，与他们争战，耶和华将他们交在他手中，33 他就大大杀败他们，从亚罗珥到米匿，直到亚备勒基拉明，攻取了二十座城。这样，亚扪人就被以色列人制伏了。

耶弗他的女儿

34 耶弗他回米斯巴到了自己家。不料，他女儿拿着鼓跳舞出来迎接他，是他独生的，此外无儿无女。35 耶弗他看见她，就撕裂衣服，说："哀哉！我的女儿啊，你使我甚是愁苦，叫我作难了，因为我已经向耶和华开口许愿，不能挽回。"36 他女儿回答说："父啊，你既向耶和华开口，就当照你口中所说的向我行，因耶和华已经在仇敌亚扪人身上为你报仇。"37 又对父亲说："有一件事你允准：容我去两个月，与同伴在山上，好好哀哭我终为处女。"38 耶弗他说："你去吧！"就容她去两个月。她便和同伴去了，在山上为她终为处女哀哭。39 两个月已满，她回到父亲那里，父亲就照所许的愿向她行了。女儿终身没有亲近男子。40 此后以色列中有个规矩，每年以色列的女子去为基列人耶弗他的女儿哀哭四天。

预习问题

故事内容问答题：
1. 耶弗他是谁？他为什么被赶出家门？
2. 离家以后耶弗他如何谋生计？
3. 谁来攻打以色列？基列长老去见耶弗他的目的是什么？
4. 他们对耶弗他说了什么？耶弗他是怎样回答的？
5. 耶弗他派出使者质问亚扪王什么？亚扪王给了什么样的理由？
6. 对亚扪王的指责，耶弗他是如何反驳的？
7. 抗击亚扪人之前耶弗他向耶和华许了一个什么愿？
8. 获胜回家时谁第一个出来迎接耶弗他？
9. 耶弗他对此如何反应？
10. 他女儿提出了什么要求？

深入思考题：
1. 从耶弗他回答基列长老的话中我们可以看到这个人物的哪些情况？
2. 为换取耶弗他抗击敌人，长老们开出来什么样的回报条件？
3. 实际上耶弗他获得了什么身份？
4. 和亚扪人的交涉和对话显示了耶弗他这个人物的哪些特点？
5. 耶弗他为什么反而怪罪女儿让他愁苦？
6. 耶弗他用女儿换取胜利的故事能说明哪些问题？

故事阐释

分析要点：
1. 民俗起因故事

   (An Etiological Tale)
2. "起誓"和起誓带来的灾难

   (A Story of Vows and the Disaster of Vowing)
3. 女权主义视角解读

   (A Reading from the Feminist Perspective)

阐释解读:[1]

1. 民俗起因故事

"士师记"第 11 章讲了耶弗他为了打败亚扪人而求耶和华庇佑,他答应把回家时第一个出来迎接他的献给耶和华,结果牺牲了女儿。这个故事在历来的《圣经》研究中,历史学家们愿意强调它是个民俗起源故事,即用来解释某个民间习俗来源的故事。在故事里,耶弗他的女儿为自己还没有婚嫁便要死去而悲伤,因此要求父亲允许她死前到山里去哀痛两个月。这就是为什么以色列民族有个习俗,即每年女孩子都要进山去哀哭四天。这是当地百姓纪念这位被牺牲的姑娘而逐步形成的习俗。这种民俗起源的故事在《旧约》里还有例子,比如"创世记"第 32 章里雅各在逃离拉班后夜宿玛哈念附近,神的使者来同他摔跤,见胜不过他,便把他的大腿窝摸了一把,雅各的大腿窝就扭了筋。由此,以色列人不吃动物大腿窝的筋。[2]

2. "起誓"和起誓带来的灾难

虽然从民俗故事的角度去看耶弗他和他女儿的故事也是一种解读,但是早期的民间故事给人印象是比较原始和简单的。艾尔特用细读法揭示了这个故事在围绕发誓和发誓带来的灾难方面实际上演绎出了十分复杂的内涵,充分显示了《旧约》叙事的文学性和高超技巧。

历史的事实是否真如故事里讲的那样,现在已无法查考,但是很明显,在这个故事里作者做了十分自由的叙事技巧处理。首先,耶弗他(Jephthah)这个名字在希伯来文里是"他将启开"的意思。在他十分痛苦地对女儿说 11:35"哀哉!我的女儿啊,你使我甚是愁苦,叫我作难了,因为我已经向耶和华开口许愿,不能挽回"(Judg 11:35 When he saw her, he tore his clothes in sorrow and said, "Oh, my daughter! You are breaking my heart! Why must it be you that causes me pain? I have made a solemn promise to the Lord, and I cannot take it back!")的时候,在希伯来原文经文里使用的是动词"*patsah*",意为"开口",同他的名字印证。艾尔特认为不论耶弗他的名字和行为的关联是否偶然巧合,《圣经》的作者意识到了这个关联,并巧妙地利用了"开口"这个动词。因此,耶弗他故事的中心内容讲的是"开口"许愿,即发誓,和许愿造成的严重后果。

耶弗他是个妓女庶出的孩子,出身低微,被同父异母的兄弟们和族人蔑视。他被赶出部族,在外面流浪,并在身边聚集了一帮同他类似的无家可归的亡命徒。亚扪人来侵犯时,安营在基列。以色列人则聚集起来驻扎在米斯巴。基列的民众和长老们曾

---

[1] 这个故事的前面部分阐释主要根据艾尔特的分析。见艾尔特和柯莫德编《圣经的文学导读》的《旧约》部分,第 17—21 页。

[2] 见"创世记"32:24—32。

集体发誓:10:¹⁸"谁能先去攻打亚扪人,谁必作基列一切居民的领袖。"(Judg 10:¹⁸ There the people and the leaders of the Israelite tribes asked each other,"Who will lead the fight against the Ammonites? Whoever does will be the leader of everyone in Gilead.")这是耶弗他故事正式开始前已经埋伏下的第一个誓愿。接着,长老们到米斯巴的驻地来找耶弗他,他们许愿说:11:……⁶"请你来作我们的元帅,我们好与亚扪人争战。"(Judg 11:⁶ They said,"Come and lead us, so that we can fight the Ammonites.")但耶弗他并不领情。他被兄长们赶出家门,还剥夺了继承权,因此一直耿耿于怀。这种愤恨从他的回答中可以看出来,他说:11:⁷……"从前你们不是恨我,赶逐我出离父家吗?现在你们遭遇急难为何到我这里来呢?"(Judg 11:⁷But Jephthah answered,"You hated me so much that you forced me to leave my father's house. Why come to me now that you're in trouble?")这里作者不是不可以用耶弗他内心独白来处理他的这些想法,"约瑟和他的兄弟们"的叙述中就使用过这种办法来写约瑟的心里话。但是,采用直接的对答在这里强化了耶弗他和长老们的对峙,制造出了当时的紧张氛围。然而,耶弗他的气愤并不只是源于过去的欺侮和虐待。在长老们第二次的许愿里,我们明显地看到他们已经把原来集体的决定:让带领以色列人去抵御敌人的这个人做全部族的领袖,改成只让他带领军队。这个改动的背后原因明显的还是对耶弗他本人出身的歧视。难怪耶弗他要口出恶语讥讽长老们。《圣经》作者(们)在这个故事里反复使用对话,不仅为了清楚地反映各方的政治地位和态度,也是为了更生动地表现人物的心态和他们之间的复杂关系。而且深层上,叙述中不断出现的动词"来"(come)、"去"(go/leave)不但把耶弗他先前被迫离家(go)和现在被请求"回来"(come)紧密联系成一个对比格局,以突出故事的矛盾,而且还把耶弗他的故事同整个《圣经》的叙事连在了一起,因为《旧约》的叙事主题就是离家去应许地,从亚伯拉罕到雅各,再到约瑟和出埃及我们不断读到的都是与离家和返回有关的故事。"来"、"去"这一类动词甚至会在比喻的层面上出现,像音乐里的主旋律那样把整个《圣经》叙事贯穿起来。耶弗他在对女儿说他话已出口,不能挽回时,在希伯来原文中作者选用的词不是"cannot take it(my word)back",而是"cannot go back"。

在耶弗他讥讽了长老们之后,他们便回到许过的头一个愿,也就是请耶弗他做整个基列的领袖。他们说:11:⁸"现在我们到你这里来,是要你同我们去,与亚扪人争战,你可以作基列一切居民的领袖。"(Judg 11:⁸"We are turning to you now because we want you to go with us and fight the Ammonites and lead all the people of Gilead.")在这次表态里,长老们就收回了第二个意见,回到了头一次的承诺。耶弗他这次接受了他们的条件,但是他不相信自己的耳朵,进一步探问:11:⁹"你们叫我回去,与亚扪人争战,耶和华把他交给我,我可以作你们的领袖吗?"①(Judg 11:⁹"If you take me back home to fight the Ammonites and the Lord gives us victory, I will be your ruler.")他的问话表现出他不敢奢望当全部族的首领,所以他实际上说的是:你们叫我回去打亚扪人,如果耶和华让我取得了胜利,你们那时可以尊我为领袖吗?他给自己当领袖设置了要先打胜仗的条件,长老们表示了同意。可是,有趣的是,他一回到基列就改变了自己的承诺,他还没打仗就既担任了军事头领又当了部族领袖。在上述这样多次并反反复复的发誓和许愿之后,在他要真正出战敌人之时,耶弗他不敢有半点差错,他必须胜利。于是,这个充满了誓约的故事走向它的高潮:耶弗他向耶和华寻求庇护,并许愿如果取得胜利就把回到家中碰到的第一个来迎接之人献给耶和华。

以色列女人一生的最大目标就是为丈夫传宗接代,没有完成这个人生目的而作为处女死去就成为女人最大的悲哀,因此耶弗他的女儿要求死前为自己哀痛两个月。如果她被许给了一个凡人男子为交换代价,无疑,她仍旧可以完成生儿育女的人生任务,但被许给上帝就只能是死亡。于是,她在进山哀痛两个月之后就被耶弗他杀死献给耶和华,用她的性命来兑现父亲为对外族的征战大获全胜而发下的誓愿。反讽的是,因形势紧急,即便在获胜之前领袖的地位也已经预支了,"士师记"是这样写的:11:11于是耶弗他同基列的长老回去,百姓就立他作领袖、作元帅。(Judg 11:11 So Jephthah went with the leaders of Gilead, and the people made him their ruler and leader.)耶弗他这个出身卑微的男子终于如愿以偿地被拥戴为民族领袖。

把回家碰到的第一个人献出去以换取某件想要的东西在童话故事里不鲜见,比如大家熟知的"美女和野兽"一类的童话里就有某个男人误入了森林里一个怪兽的地域内,为了获得释放、保全性命,就答应把回家见到的第一样东西,不论是人还是猫狗送到林子里同怪兽做伴。男人回到家中出来迎接的是他最钟爱的女儿,他不舍得把她交给凶猛的野兽。但女儿却安慰父亲并自愿到野兽身边去履行父亲的诺言。当然,童话是美好的,这野兽原来是被施了魔法的王子,他需要一个美丽的少女爱上他之后才能恢复人形。美貌又善良的姑娘最终爱上了野兽,帮他摆脱了魔法的禁锢,有情人终成眷属。与童话的联系说明《圣经》出自古代中近东的肥沃民间传说土壤,并与世界文化和文学相通。但是不同的是,在这个故事里上升为宗教的《圣经》与历史事实和信仰交织在一起,没有了童话的天真烂漫。确有评论对耶弗他发这个誓时到底怎么想的做过猜测,分析他对耶和华说:11:"……³¹……无论什么人,先从我家门出来迎接我,就必归你,我也必将他献上为燔祭"(Judg 11:"...³¹... I will burn as offering the first person that comes out of my house to meet me, when I come back from the victory.

---

① 这里中文《圣经》把耶弗他提出的用打胜仗换取以色列领袖的条件翻译成了问话。

I will offer that person to you as a sacrifice.")的时候,他脑子里想到的可能是什么?他估计的是个仆人呢,还是他的妻子、儿女?按照《钦定圣经》的英文翻译,为他辩护的人可以用外文句子里并没有"人"字为理由。耶弗他用的字是"不论什么东西"(whatsoever),后面的代词用的也是"它"(it),而不是"不论什么人"(whosoever,或the person who),因此他想到的也许是一只狗或牛羊牲畜。① 然而除了人,牛羊不会出来迎接他,只能算是在门口碰巧遇见。这也许就是为什么大多数人仍旧认为他如非有意,许愿时无意识地也是在指人。不管是谁,他应该知道献给耶和华就意味这个人必须被杀死。这里我们不禁会联想到"创世记"里上帝考验亚伯拉罕,让他把以撒献为燔祭时,亚伯拉罕虽不能不服从,但他要亲手杀子是多么痛苦。而耶和华也是仁慈的,他只是考验亚伯拉罕是否忠心而已。在最后一分钟他用一只羊代替了活人。相比之下,耶弗他就差多了,他用别人的性命发誓、许愿来换取自己的前程功名,不论是不是自己的女儿,这样做都非常自私和残忍。这个誓言令我们看到耶弗他做人、行事的道德缺失。

《旧约》里除了记载离家和返回家园的议题之外,另一个叙事主题则是讲述一代又一代以色列人如何寻找正确的统治和公正的领袖。耶弗他具备作为领袖的一些条件,比如他显示出与敌人周旋的外交能力,作为军事头领他很强悍、迅猛,他同长老谈判时还表现了一种政客的狡猾。但是,他居然发下那么残酷的誓言,并且一点不通融地坚决把女儿杀死献祭。由此,耶弗他显露了他为人和性格上存在致命欠缺,他成不了像大卫王那样伟大的民族领袖也就不奇怪了。这样一个固执和铁石心肠的耶弗他后来果然把以色列领入了一场血腥的内战,造成成千上万人的死亡。然而,耶弗他被驱逐并在他乡纠结武装力量而后回到自己部族成为首领的这个故事格局却前瞻了后来青年大卫遭扫罗迫害,在外率领自己的人马游击作战的经历。这种故事之间的类似和相关性是《圣经》叙事的内在联系,也是它进行人物类比和塑造的有力手段。耶弗他实际上是个不完满的灾难型的大卫,他自然不可能最终获得大卫的荣耀,也建立不了统一的以色列国家。

3. 女性主义视角解读

"耶弗他和他的女儿"也可从女性主义角度来评论。让我们仍旧以米柯·巴尔的《死亡和相反的对称》一书为例。首先,在该书的第一章"政治的一致性和一致的政治"(The Coherence of Politics and the Politics of Coherence)里,巴尔提出了古代以色列

---

① 《钦定圣经》这里的译法是:"Then it shall be, that whatsoever cometh forth of the doors of my house to meet me, when I return in peace from the children of Ammon, shall surely be the Lord's, and I will offer it up for a burnt offering."《福音圣经》把《钦定圣经》英文翻译中"whatsoever"改成了"person",也就造成了耶弗他在发誓时就已经知道第一个出来的一定是个人的印象。

强悍男子的概念:了不起的男人,被叫做"gibbor hayil",即"了不起的英雄"(hero of might)。前一个字指年轻、强壮、充满活力的人,后面的形容词表示有权力、富有、勇敢善战,特别指具备这些特点并出身贵族世家或首领、头脑家庭的人,而且本人也被族人重视,或被视为领袖性人物。① 以这个词的定义来尺量耶弗他,我们就会发现他远远不够一个"gibbor hayil"的资格。古代以色列很讲究父母的身份,在同一个父亲的前提下,妾出的儿子就没有地位,比如亚伯拉罕同他的妾、埃及女奴夏甲的儿子以实玛利很小就被撒拉扫地出门,差一点死在沙漠里。就连母亲是否得到父亲宠爱也能够决定儿子们的地位。这方面雅各的两个妻子和她们儿子之间的矛盾大家都很清楚。因此,出自一个妓女的耶弗他自然地位就十分低下了,不仅被族人所不耻,而且被自己的兄弟们驱逐,到处游荡并打家劫舍。这样的身份和地位要担任基列地方全体居民的首领本来是绝不可能的事。但是亚扪人的入侵给他提供了机遇,基列人需要他带领军队抗敌,长老们无奈之下特别邀请他,对他许了宏愿。于是他的锦绣前途和翻身仗就完全系在这场战争的成败上了。为此,他愿意付出一切,最终用自己女儿的性命作为了代价。他和"士师记"第19章的利未人一样,本非勇士,更谈不上担任领袖。他们是通过谋杀了女儿或妻子,借女人的力量完成了自己的业绩。这样来看耶弗他为什么见到女儿出来迎接的第一句话是:11:³⁵ "哀哉!我的女儿啊,你使我甚是愁苦,叫我作难了,因为我已经向耶和华开口许愿,不能挽回。"(Judg 11:³⁵ "Oh, my daughter! You are breaking my heart! Why must it be you that causes me pain? I have made a solemn promise to the Lord, and I cannot take it back!")过去有过评论认为他太过分,把女儿陷入死地还要怪她给了自己尴尬处境。按照巴尔的"gibbor hayil"理论,他这个埋怨可以读成是承认了自己不是英雄,而真正的英雄是上帝。因为如果他向上帝许愿是私下进行的,没人知道的话,这一下他意识到把女儿献祭的做法本身就是向世人宣称和承认不是他打败了敌人,而是耶和华替他完成的业绩。人们对他的"gibbor"身份也会因此有新的看法。所以自私透顶的耶弗他见到女儿出来迎接的第一反应是怪罪她令自己愁苦了。

巴尔还讨论了死去的女孩子的处女身份所造成的困境。② 为此,她利用了弗洛伊德理论来进一步说明为什么处女是个引发性别矛盾的焦点。弗洛伊德曾经在一篇叫做"童贞的禁忌"("The Taboo of Virginity",1957)的文章里讨论过这个问题,虽然巴尔认为他的视角混乱,而且所谈论的议题常常从处女(virgins)跑到成熟并有力量报复的女人(phallic women)身上,但正是这种身份的不确定决定了"士师记"里女孩子们

---

① 见米柯·巴尔《死亡和相反的对称》,第21—25页。
② 见米柯·巴尔《死亡和相反的对称》,见第二章"处女和由此造成的困境"(Virginity and Entanglement),第41—68页。

十分敏感和脆弱的困境。作为处女她们的处境和地位十分尴尬,因为严格讲,她们是没有身份的人,婚前待嫁,暂时属于父亲,一旦结婚便属于了丈夫。这就是为什么在《旧约》里被杀害的大多是她们,她们是男权社会斗争的砝码和牺牲品。除去耶弗他的女儿,还有参孙的非利士新娘。在利未人的故事里,虽然因利未人而遭杀害的妾不是处女,但是当时的房东表示要同时交给暴民奸污的还有他自己的女儿。而"创世记"第19章里罗得为了保护被所多玛人威胁的客人,也打算牺牲自己的两个女儿。值得注意的是,利未人留宿处的主人和罗得都强调他们的女儿是处女,从未亲近过男人,似乎这是被献出做牺牲品的上上条件。耶弗他的女儿婚前暂时属于父亲,如果同正常人婚配,她在婚后就是丈夫的财产,为他生儿育女就成为她的人生使命。但是,耶弗他把女儿许给了耶和华,这种"财产"的过户不牵涉生育繁衍,而是要她的命。她不但同所有嫁出去的姑娘一样没有自由和独立身份,而且还被剥夺了那些女人完成女性生物功能和使命的机会。耶弗他的女儿处境更凄惨,所以她要求到山里去哀痛两个月,哀痛自己要作为处女死去。事实上,《旧约》叙事十分清楚地提供了一个由处女构成的阶层或群体,她们的故事和遭遇虽然没有一一得到讲述,但通过与遭涂炭的女子认同,我们不难察觉她们都有相同的处境。这就是为什么耶弗他的女儿到深山去哀痛自己的不幸命运时,会有不少女伴陪同她去,大家一起悲伤。

结　语

　　上述对"耶弗他和他的女儿"的阐释首先用了艾尔特的文学叙事理论。艾尔特的叙事解读重点抓住了耶弗他和基列长老们在许愿和发誓上的出尔反尔,从而显示了《旧约》叙事的生动,人物塑造的丰满,并最后引向这许多许愿所陪衬的核心许愿,即把头一个出门迎接的人献给耶和华来换取战争胜利,其灾难性结果就是年轻的女儿被杀戮。艾尔特还不忘把耶弗他放在整个《圣经》的框架内来察看,通过他同年轻时的大卫的类比分析了这个人物的不足。

　　对这个故事的女权主义阐释则采用了巴尔的著作《死亡和相反的对称》中很小的一部分内容,即耶弗他这样出身低下的男人要在古代以色列成为英雄(gibbor)往往要付出很大的代价。耶弗他的处女女儿身份尴尬,任由父亲摆布,而最终成为父亲获取功名的牺牲品。巴尔的分析以其独特的视角深刻地揭示了"士师记"里的性别政治,引导读者注意到一个被过去阐释忽略了的、无名无姓也无声无息的女子群体的命运。

故事十六　力士参孙

《旧约》经文

"士师记"14,15:1—8,16:4—31

参孙和亭拿的女子

14 参孙下到亭拿，在那里看见一个女子，是非利士人的女儿。² 参孙上来禀告他父母说："我在亭拿看见一个女子，是非利士人的女儿，愿你们给我娶来为妻。"³ 他父母说："在你弟兄的女儿中，或在本国的民中，岂没有一个女子，何至你去在未受割礼的非利士人中娶妻呢？"参孙对他父亲说："愿你给我娶那女子，因我喜悦她。"

4 他的父母却不知道这事是出于耶和华，因为他找机会攻击非利士人。那时非利士人辖制着以色列人。

5 参孙跟他父母下亭拿去。到了亭拿的葡萄园，见有一只少壮狮子向他吼叫。⁶ 耶和华的灵大大感动参孙，他虽然手无器械，却将狮子撕裂，如同撕裂山羊羔一样。他行这事并没有告诉父母。⁷ 参孙下去与女子说话，就喜悦她。⁸ 过了些日子，再下去要娶那女子，转向道旁要看死狮，见有一群蜂子和蜜在死狮之内。⁹ 就用手取蜜，且吃且走，到了父母那里，给他父母，他们也吃了，只是没有告诉这蜜是从死狮之内取来的。

10 他父亲下去见女子。参孙在那里设摆筵宴，因为向来少年人都有这个规矩。¹¹ 众人看见参孙，就请了三十个人陪伴他。¹² 参孙对他们说："我给你们出一个谜语，你们在七日宴席之内，若能猜出意思告诉我，我就给你们三十件里衣，三十套衣裳；¹³ 你们若不能猜出意思告诉我，你们就给我三十件里衣，三十套衣裳。"他们说："请将谜语说给我们听。"¹⁴ 参孙对他们说：

"吃的从吃者出来，
甜的从强者出来。"

他们三日不能猜出谜语的意思。

15 到第七天，他们对参孙的妻说："你诓哄你丈夫，探出谜语的意思告诉我们，免得我们用火烧你和你父亲家，你们请了我们来，是要夺我们所有的？"¹⁶ 参孙的妻在丈夫面前啼哭说："你是恨我，不是爱我，你给我本国的人出谜语，却没有将意思告诉我。"参孙回答说："连我父母我都没有告诉，岂可告诉你呢？"¹⁷ 七日筵宴之内，她在丈夫面前啼哭，到第七天逼着他，他才将谜语的意思告诉他妻，他妻就告诉本国的人。¹⁸ 到第七天，日头未落以前，那城里的人对参孙说：

"有什么比蜜还甜呢？
有什么比狮子还强呢？"

参孙对他们说：

"你们若非用我的母牛犊耕地,
就猜不出我谜语的意思来。"

19 耶和华的灵大大感动参孙,他就下到亚实基伦击杀了三十个人,夺了他们的衣裳,将衣裳给了猜出谜语的人。参孙发怒,就上父亲家去了。20 参孙的妻便归了参孙的陪伴,就是作过他朋友的。

15 过了些日子,到割麦子的时候,参孙带着一只山羊羔去看他的妻,说:"我要进内室见我的妻。"他岳父不容他进去,2 说:"我估定你是极其恨她,因此我将她给了你的陪伴。她的妹子代替她吧!"3 参孙说:"这回我加害于非利士人不算有罪。"4 于是参孙去捉了三百只狐狸(或作"野狗"),将狐狸尾巴一对一对地捆上,将火把捆在两条尾巴中间。5 点着火把,就放狐狸进入非利士人站着的禾稼,将堆集的禾捆和未割的禾稼,并橄榄园尽都烧了。6 非利士人说:"这事是谁作的呢?"有人说:"是亭拿人的女婿参孙,因为他岳父将他的妻给了他的陪伴。"于是非利士人上去,用火烧了妇人和她的父亲。7 参孙对非利士人说:"你们既然这样行,我必向你们报仇才肯罢休。"8 参孙就大大击杀他们,连腿带腰都砍断了。他便下去,住在以坦磐的穴内。……

参孙和大利拉

4 ……4 后来参孙在梭烈谷喜爱一个妇人,名叫大利拉。5 非利士人的首领上去见那妇人,对她说:"求你诓哄参孙,探探他因何有这么大的力气,我们用何法能胜他,捆绑克制他,我们就每人给你一千一百舍克勒银子。"6 大利拉对参孙说:"求你告诉我,你因何有这么大的力气,当用何法捆绑克制你?"7 参孙回答说:"人若用七条未干的青绳子捆绑我,我就软弱像别人一样。"8 于是,非利士人的首领拿来了七条未干的青绳子交给妇人,她就用绳子捆绑参孙。9 有人预先埋伏在妇人的内室里。妇人说:"参孙哪,非利士人拿你来了。"参孙就挣断绳子,如挣断经火的麻线一般。这样,他的力气的根由人还是不知道。

10 大利拉对参孙说:"你欺哄我,叫我说谎言,现在求你告诉我当用何捆绑你。"11 参孙回答说:"人若用没有使过的新绳捆绑我,我就软弱像别人一样。"12 大利拉就用新绳捆绑他,对他说:"参孙哪,非利士人拿你来了。"有人预先埋伏在内室里。参孙将臂上的绳挣断了,如挣断一条线一样。

13 大利拉对参孙说:"你到如今还是欺哄我,向我说谎言。求你告诉我,当用何法捆绑你。"参孙回答说:"你若将我头上的七条发绺与纬线同织就可以了。"14 于是大利拉将他的发绺与纬线同织,用橛子钉住,对他说:"参孙哪,非利士人拿你来了。"参孙从睡中醒来,将机上的橛子和纬线,一齐都拔出来了。

15 大利拉对参孙说:"你既不与我同心,怎么说你爱我呢?你这三次欺哄我,你因何有这么大的力气。"16 大利拉天天用话催逼他,甚至他心里烦闷要死。17 参孙就把心中所藏的都告诉了她,对她说:"向来人没有用剃头刀剃我的头,因为我自出母胎就归神作拿细耳人;若剃了我的头发,我的力气就离开我,我便软弱像别人一样。"

18 大利拉见他把所藏的都告诉了她,就打发人到非利士人的首领那里,对他们说:"他已经把心中所藏的都告诉了我,请你们再上来一次。"于是非利士人的首领手里拿着银子,上到妇人那里。19 大利拉使参孙枕着她的膝睡觉,叫一个人来剃除了他头上的七条发绺,于是大利拉克制他,他的力气就离开他了。20 大利拉说:"参孙哪,非利士人拿你来了。"参孙从睡中醒来,心里说:"我要像前几次出去活动身体,他却不知道耶和华已经离开他了。"21 非利士人将他拿住,剜了他的眼睛,带他下到迦萨，用铜链拘索他，他就在监里推磨。²²然而他的头发被剃之后，又渐渐长起来了。

参孙的死

23 非利士人的首领聚集，要给他们的神大衮献大祭并且欢乐。因为他们说："我们的神将我们的仇敌参孙交在我们手中了。"²⁴众人看见参孙，就赞美他们的神，说："我们的神将毁坏我们地、杀害我们许多人的仇敌，交在我们手中了。"²⁵他们正宴乐的时候，就说："叫参孙来，在我们面前戏耍。"于是将参孙从监里提出来，他就在众人面前戏耍。他们使他站在两柱中间。²⁶参孙向拉他手的童子说："求你让我摸着托房的柱子，我要靠一靠。"²⁷那时房内充满男女，非利士人的众首领也都在那里。房的平顶上约有三千男女，观看参孙戏耍。

28 参孙求告耶和华说："主耶和华啊，求你眷念我。神啊，求你赐我这一次的力量，使我在非利士人身上报那剜我双眼的仇。"²⁹参孙就抱住托房的那两根柱子，左手抱一根，右手抱一根，³⁰说："我情愿与非利士人同死！"就尽力屈身，房子倒塌，压住首领和房内的众人。这样，参孙死时所杀的人，比活着所杀的还多。³¹参孙的弟兄和他的父的全家，都下去取他的尸首，抬上来葬在琐拉和以实陶中间，在他父玛挪亚的坟墓里。参孙作以色列士师二十年。

预习问题

故事内容问答题：

1. 参孙爱上了一个什么样的姑娘？他向父母提出什么要求？此事的困难是什么？
2. 在去姑娘家求婚的路上发生了一件什么事情？
3. 参孙在宴席上出了个什么样的谜语？他答应给能猜到谜底的人什么奖赏？
4. 姑娘娘家的年轻人猜到谜底了吗？他们是怎样知道答案的？
5. 参孙发怒离去后用什么方法搞到了作为奖赏的物品？
6. 此事发生后，姑娘的父亲做了什么决定？当参孙回来讨妻子时，他岳父怎么回答他的？
7. 参孙如何报复了非利士人？为此，参孙的新娘一家付出了什么代价？
8. 在梭烈谷参孙喜爱的妇人叫什么名字？
9. 这个妇人想要知道什么秘密？她为什么要知道参孙的这个秘密？
10. 参孙告诉她之后遭到了什么命运？
11. 参孙在监狱里被迫做什么事情？
12. 他是怎样对非利士人进行了最后的报复？

单元三 《旧约》：历史

深入思考题：
1. 经文里有没有给出参孙要娶非利士姑娘的原因？你对这有何看法？
2. 参孙的谜语能叫做谜语吗？你的理由是什么？
3. 如果用弗洛伊德理论来解析参孙和非利士人围绕猜谜语的争斗，我们可能会有什么说法？试从文本中找到例子，来证实这种分析。
4. 你如何看待被烧死的参孙的新娘？她的死是她套出参孙答案而应有的报应吗？
5. 参孙为什么对大利拉一点都没有警惕？他的表现能用"愚蠢"或"贪恋女色"解释吗？
6. 参孙算不算英雄？你的理由是什么？

故事 阐释

分析要点：
1. 参孙这个人物的传奇色彩
   (Samson as a Legendary Figure)
2. 参孙故事的弗式阐释
   (A Freudian Reading of Samson's Story)
3. 参孙故事叙事结构的对应性别政治
   (The Story's Narrative Structure and Its Politics of Gender Binary)

阐释解读：
1. 参孙这个人物的传奇色彩

"士师记"里的以色列领袖，不论是耶弗他，还是俄陀聂、以笏或底波拉，虽有耶和华支持，做出了伟业，但却不是超人。参孙有所不同，他完全称得上是个传奇英雄，而且他的传奇性远远超过摩西。参孙的传奇性主要见于以下方面：(1)他那不同一般的诞生故事；(2)他有如赫拉克勒斯①和阿喀琉斯(Achilles)的超人体力；②以及(3)他最后与敌人同归于尽的神奇壮烈之举。读他的故事好像在读罗马和希腊神话，而不是历史故事，因为他的能力和经历都已经超乎寻常。

首先，让我们来察看一下参孙传奇的出生。"士师记"第13章介绍了参孙的出生。参孙的父亲是琐拉人，名叫玛挪亚。他们夫妻一直没有孩子。有一天耶和华的使者向玛挪亚的妻子显现，告诉她神将赐她一个儿子，但这个孩子必须一出生就归神所有，做一个拿细耳人(Nazirite)。拿细耳人就如同我们这里从小皈依佛门的出家人，食物不

---

① 宙斯和 Almene 的儿子，希腊神话称他赫拉克勒斯(Heracles)，罗马神话又叫赫丘利(Hercules)，力大无比。
② 阿喀琉斯(Achilles)，著名的希腊神话英雄，Peleus 和 Thetis 的儿子，力大无穷，只有脚后跟是他的致命之处，战死在特洛伊战争中。

能不洁,也不许喝酒。另有一条很特别的规定,那就是不能剃头。这些话,耶和华的使者都向玛挪亚的妻子宣布了,她又转告了丈夫。玛挪亚就跟随妻子来到使者面前,他问道:13:¹²"愿你的话应验,我们当怎样待这孩子,他后来当怎样呢?"(Judg 13:12 "When your words come true, what must the boy do? What kind of a life must he lead?")"13:¹³耶和华的使者对玛挪亚说:'我告诉妇人的一切事,她都当谨慎。¹⁴……凡我所盼咐的,她都当遵守。'"(Judg 13:¹³ The angel answered,"Your wife must be sure to do everything that I have told her. ¹⁴... She must do everything that I have told her.")使者在重复了禁忌的项目后,强调说他已经对女人讲清楚了,要女人严格遵照神意办事。这里巴尔注意到了两个问题。① 第一个是关于参孙人生定向的问题。巴尔指出在神的使者显现的过程中始终只直接指示女人,在头一次授意时他的原话是:13:"……⁵你必怀孕生一个儿子,不可用剃头刀剃他的头,因为这个孩子一出胎就归神作拿细耳人。他必起首拯救以色列人脱离非利士人的手。"(Judg 13:"...⁵ and after your son is born, you must never cut his hair, because from the day of his birth he will be dedicated to God as a Nazirite. He will begin the work of rescuing Israel from the Philistines.")但当那妇人去传话给丈夫时,她却把最后一句重要的话丢掉了。她说的是:13:⁷"你要怀孕生一个儿子,所以清酒浓酒都不可以喝,一切不洁之物也不可吃,因为这孩子从出胎一直到死必归神作拿细耳人。"(Judg 13:⁷ "But he did tell me that I would become pregnant and have a son. He told me not to drink any wine or beer, or eat any forbidden food, because the boy is to be dedicated to God as a Nazirite as long as he lives.")我们注意到女人已经把"他必起首拯救以色列人脱离非利士人的手"这句话改成了参孙"一直到死必归神作拿细耳人"。这样在不知觉中,参孙的人生命运已经被母亲的粗心篡改了,他没有开始完成解救以色列人的大业,只是用他的神力不断近乎盲目地打杀敌人,最后与敌人同归于尽。

巴尔注意到的第二个问题是神的使者在宣告玛挪亚妻子将怀孕生子时,在场只有女人一个人,而不像神告诉亚伯拉罕撒拉将怀孕的消息时,夫妻两人都听见了,撒拉还窃笑,不相信他们老两口能够生育。后来玛挪亚欲亲自同神的使者沟通时,又被告知去问他女人。于是巴尔提出以下的观点,即在《圣经》里上帝经常封住女人的子宫,而此时做丈夫的就变得很无能。上帝控制女人生育的地位就类似一个父亲同丈夫之间在争夺关系。巴尔引弗洛伊德理论说因此在象征意义上玛挪亚是个性无能的丈夫,参孙实际上是神的儿子。神的使者传达信息的那一刻就是神使玛挪亚妻子受孕的时刻。这种说法恐怕很多人不能接受,是很典型的一种后现代的理论游戏。但是巴尔还

---

① 请参看《死亡和相反的对称》,第 73—77 页。

是一个研究伦勃朗的专家,①她列举了伦勃朗的油画《玛挪亚的供奉》(*Manoah's Offering*)及其草图《天使向玛挪亚宣布参孙的降生》(*Angel Announcing the Birth of Samson to Manoah*)②来证明她的推断并非不着边际。在画里,我们看见神的使者飘在画布上方的空中,下方偏右处跪着玛挪亚的妻子,全神贯注地闭着眼睛在祈祷。她的丈夫则面对画外跪在女人的右边,但害怕得匍匐在地,用背脊对着神的使者。而在草图里,女人的后面斜上方,正对着神的使者,还有一扇门。巴尔因此认为,全神专注与神交流的女人,就在此时受孕了,因为神正要对着她身后的门飞去,这是性交的隐喻。③ 虽然在正式发表的画作中这扇门取消了,巴尔认为伦勃朗肯定是读出了参孙母亲受孕的隐含意思。不论我们同意还是不同意这种解读,它起码加强了参孙这个人物的传奇性,为他的神力提供了一种解释。

参孙的传奇性主要在于他的神力,这个超人的力量来自他的头发。他力大无穷,赤手空拳就撕裂了一头少壮的狮子,用一块驴腮骨就击杀了一千非利士人,后来几次睡梦中被敌人绑捆,醒来时都毫不费力地挣断了绳索。这是很常见的神话模式,比如上面提到的希腊神话里的阿喀琉斯,他神力无敌,但他的致命弱点在脚后跟上,最后敌人获悉此秘密后,枪刺其致命部位把他杀害。类似阿喀琉斯,参孙因泄露了自己神力的秘密,被大利拉把头发剃掉,出卖给非利士人,成为敌人的阶下囚。

参孙的壮烈牺牲也具有强烈的传奇性质。他的神力随头发长出而回到他的身上,就在被胜利冲昏头脑而麻痹的敌人举行盛大的祭庆典礼时,双目被剜掉的参孙用神力把托住大厅的两根柱子扳倒,与敌人同归于尽。当时砸死了三千多非利士人,传为一段英雄佳话。英国清教革命失败后,弥尔顿也曾被复辟的王朝关押,几乎丧命。在晚年,他双目失明时,依据《圣经》题材创作了伟大的史诗《失乐园》、《复乐园》和悲剧《力士参孙》。许多评论家都看到了在失去双目并沦为阶下囚的参孙身上,弥尔顿找到了认同感;而他对壮烈牺牲、不畏强暴的参孙的歌颂也是对他自己未泯灭的革命意志的最后表述。

2. 参孙故事的弗式阐释

在巴尔的专著《死亡和相反的对称:"士师记"里的对应政治》一书中,她把"士师记"里三个年轻女人被男人杀害,或因男人的利益而死,与三个男人被女人杀死,或因女人而遇害的故事做了对称解读,意在揭示古代以色列男权社会中地位低下的女人也

---

① 巴尔著有《读伦勃朗:超越文字意象的对立》(*Reading Rembrandt: Beyond the Word-image Opposition*. Amsterdam: Amsterdam University Press, 2006),专门解读伦勃朗绘画。
② 见《死亡和相反的对称》,第76—77页。
③ 后现代弗式解读可以非常机械地按照所谓"象征物"来联想和定论,比如枪、笔、树、伞等均为男性象征物;大地、树林、房子、洞穴等是女性象征物。而只要是水手、士兵这种人物,都会被猜疑是否是同性恋。其结果有时让人很难认同,但可以参考以了解后现代批评的全貌。

以自己独特的方式参与了政治斗争,并同样在历史上做出了贡献。① 比如前面耶弗他那无名无姓的女儿就被巴尔列入三个死去的女人中,她为了父亲做士师,为了打败以色列的敌人而献出了生命。巴尔指出在参孙的故事里就包含着一个被男权社会牺牲的女人和一个因女人而被敌人杀害的男人,并形成了这样一个相反的对称结构。所谓"相反对称"就是指死去的男女形成的性别对立的对称。这个女人就是参孙被烧死的亭拿新娘,之后因大利拉的出卖,参孙也落入非利士人之手,死于非命。

参孙看上了一个亭拿的非利士姑娘,非要娶她不可。于是他的父亲下去见那女子,接着参孙在那里设摆筵宴,因为那地有这个规矩。在席间参孙给那地来参加婚礼的年轻喜客们出了个谜语,并且以三十套衣裳就此与那些人打了赌。那些年轻人猜不出来,就不断威胁参孙的新娘,结果她就从参孙那里套出答案告诉了娘家这边的喜客们。到了喜宴的第七天,他们答出了谜语,参孙输了。他去打杀三十个非利士人,把他们的衣裳剥下来去还赌注,并一气之下离开新娘回到父亲家中。等参孙气消了去找妻子时,他才知道那姑娘的父亲又把她许配给了喜客中的一个年轻人。作为补救,老头子提出把第二个女儿嫁给参孙,做顶替。参孙一怒之下就驱赶了三百只尾巴上系了火把的狐狸到非利士人的田里,烧掉了他们的庄稼。非利士人马上采取报复行动,放火烧死了亭拿女子和她的父亲,连那个无辜的妹子也一同遭了毒手。

这个故事因叙事简约,有很多情节没有交代清楚,读者看过后起码会有不少疑问,比如:参孙为什么非要娶敌对部族的姑娘?为什么要在婚宴上出个谜语?那个岳丈怎么就会自作主张把女儿又许配给另一个人?而且猜谜语的胜负怎么至于导致血腥的后果?当然,经文里已经给了一个解释,那就是参孙所做的一切均身不由己,是耶和华的灵附在了参孙的身上,他才要娶那姑娘;也是耶和华的灵使他在去亭拿的途中杀死了狮子。因此,从宗教的角度,这些疑问就没有必要究竟了,反正是神让参孙做的这一切,为的是要制造机会让他重创非利士人,为以色列人出头。

但是作为故事,作为文学性的叙事,读者仍旧期盼能顺理成章,有个因果解释。巴尔在这里为我们提供了一个说法,她主要采用了弗式理论,引用了弗洛伊德关于处女的论述,指出处女的身份会造成若干问题。② (1)处女都处在非常尴尬的局面里,她们婚前属于父亲,但又不真正属于他,因为她们是待嫁状态,只有结婚从了丈夫后她们才有了自己终生的身份和归宿。所以,在婚前的处女阶段她们是没有身份的人,可任由男人们摆布,是最容易受伤害的群体。(2)处女的新婚夜是很麻烦的一关,搞不好就会有后遗症。弗洛伊德认为"取贞操"(defloration)是一种带有暴力色彩的行为,从基

---

① 见巴尔著《死亡和相反的对称》第一章,第 9—39 页。
② 见《死亡和相反的对称》第二章,第 41—68 页,第 42 页提到弗洛伊德 1957 年发表的 "The Taboo of Virginity"一文,第 52—59 页对弗氏理论的分析比较具体。

本上看是个制造敌对状态的举动,它会造成女方的仇恨心态和男方的内疚感。正因如此,在一些较原始的文化中,新婚夜的难题有专门的采花人来完成,甚至有时由父亲来代替。(3)按弗洛伊德理论,女孩子幼小时就有恋父情结,长大嫁人后丈夫便取代了父亲在女孩子心目里的地位,甚至需要摧毁父亲的形象来达此目的。这一变化牵涉到思想情感的巨大转变,再加上丈夫在新婚之夜取妻子处女贞操时往往要带来伤痛和流血,这个仪礼就加剧了女人用丈夫替代父亲的困难,使她们无法很快地忘掉父亲,把全副的忠诚交给丈夫。弗洛伊德把对父亲和父亲家庭的留恋称作"记忆"(memory),不能很快丢掉这种"记忆"并把对父亲的感情带到新婚中的妻子就会引发婚姻问题。①巴尔用弗洛伊德的这一套理论不外要说明女孩子在父系社会中从地位和情感上都被男人控制着,而且是两个男人,一个是父亲,另一个是丈夫。

那么,弗洛伊德关于处女的论述与参孙的新娘有什么相关性呢?这里牵涉的主要是那姑娘不能丢掉对父亲的记忆,或可说成是对娘家人的感情。在婚礼上,参孙出了个谜语,而这个谜语实际上算不得谜语。众所周知,谜语必须建立在某一共同社会文化或经历的基础上,否则就成了天书,无从猜起。但是参孙的谜语完全是根据他个人的一次很特殊的经历编造的,即他从自己打死的狮子尸骨里掏出蜂蜜来吃,这种谜语没有任何的社会或生活共识足以让猜谜的人推断出谜底。因此,只能理解为耶和华的有意安排,以挑动矛盾,让参孙出手打击非利士人。既然无法猜,那些喜客就软硬兼施地逼迫参孙的新娘给他们答案。这时,参孙的新娘就面临是忠于即将成为丈夫的这个男人呢,还是站在由父亲代表的娘家的男人们一边的考验。按照弗式的处女"记忆"造成困惑的理论,她显然是没能丢掉对父亲的记忆,把对娘家的忠诚带进了婚姻里,没能及时完成转换。所以丈夫发了怒,弃她而去。

为了进一步说明女孩子的父亲和丈夫之间的确存在相当尖锐的矛盾,巴尔又援引了文化背景知识。基于她对古代以色列社会文化的考据,巴尔分析说当时以色列存在两种不同的婚姻形式。一种婚姻比较普遍,即大多数游牧为生的年轻人把妻子娶到家中,住在帐篷里一道过流动的牧放生活。巴尔称这种婚姻为游牧式婚姻(virilocal marriage)。另一种婚姻就是女婿入赘,巴尔称其为入赘婚姻(patrilocal marriage)。②因为老人们一般家境殷实,有固定房产,所以婚后小夫妻就住在丈人家中。也有中间形式,就是丈夫和妻子有时住帐篷,有时住岳丈家,巴尔称这种形式为"双重性婚姻"

---

① 按照巴尔的考据,希伯来文里的动词"记忆"(to remember)和形容词"男性的"(male)是一个字"zachar"。由此,她引申出孩子接受父亲的姓氏就建立了对父亲的记忆,而失去贞操的过程中姑娘就必然会为保住这个记忆而承受痛苦。见《死亡和相反的对称》,第67页。

② virilocal marriage、patrilocal marriage 和 dualocal marriage 是巴尔的说法,不易翻成中文,"游牧式婚姻"、"入赘婚姻"和"双重性婚姻"是笔者的意译。

(dualocal marriage)。当时有不少婚姻矛盾由此而起,因为年轻的丈夫不全都欢迎丈人的约束;而不少年轻的妻子却愿意留在父亲家,过稳定和舒适的生活,她们的父亲一般也不想让女儿离开。参孙娶亭拿姑娘实际是一桩游牧婚姻,要把女孩从父亲家里娶到自己的帐篷里。而显然那家的父亲,对女儿去过游牧式生活并不十分愿意。这也许可以部分解释为什么参孙从婚宴上生气跑掉后,老人马上就把女儿许给了一个本族里愿意入赘的青年。

然而,巴尔的分析还没有到此为止。她把婚宴上的猜谜,上升到象征层面,提出它是一次竞争,是比试参孙和那些非利士青年谁更有能力完成新郎的职责。参孙输了,这说明他比那些男子性能力差(sexually impotent)。看到这一点,那姑娘的父亲当然就把她许配给了比参孙这方面能力强的人。这种弗式阐释再次让我们感到困惑,然而文本本身确实有例证,说明这比试不单纯,的确带有性和性行为的暗示。在事后愤怒地戳穿他们利用了他的新娘时,14:18 参孙对他们说:"你们若非用我的母牛犊耕地,/就猜不出我谜语的意思来。"(Judg 14:18 Samson replied, "If you hadn't been ploughing with my cow, / You wouldn't know the answer now.")英文的原话里用的"plough"这个字可用于性交。这样,巴尔认为此话暗指参孙没能完成新郎的职责,那姑娘父亲一族里有更好的对象。如此败下阵来,参孙自然很丢面子。而且,在隐含意义上,他的新娘背叛了他就意味着已经被娘家的年轻人玷污了。因此故事中猜谜并非娱乐性游戏,参孙大怒而去也就不奇怪了,他丈人马上把女儿许配给更合适的年轻人也容易理解了。

巴尔在这里又引用了伦勃朗的油画《参孙的喜宴》(Samson's Wedding Feast),①这幅画借用了达·芬奇的名画《最后的晚餐》的框架,但在耶稣的正中位置上伦勃朗画了参孙的新娘,用她的处境同被出卖而牺牲的耶稣做了类比。她身着白色婚纱、两眼垂下、两手合拢放在腹部。②围绕长桌席坐的不是原画中的使徒们,而是参加婚宴的那些男人,他们在大吃大喝的同时都围着参孙在猜谜语。有个男人膝上拥着一个极不情愿,一副无奈表情的女人。这幅画把参孙的新娘放在被出卖的耶稣的位子上,猜谜变成了赌博,它的赌注明显就是坐在那里等待命运裁判的新娘。伦勃朗的意图十分清楚,他用自己的画诠释了这个故事里参孙新娘是男人争夺对象的寓意。最后,那亭拿女子死于火,可以说她死于献牲之火,同耶弗他的女儿被献为燔祭一样,在象征意义上这些未嫁处女都是牺牲品。

---

① 见《死亡和相反的对称》,第 80 页。
② 巴尔用的英文是"护着子宫"(... two folded hands... protecting her womb),因为这女人对那些为她压赌注的男人而言,其价值就是生儿育女。

3. 参孙故事叙事结构的对应性别政治

上面已经提到在参孙的故事里存在一个对立的对应结构,即参孙的新娘因参孙的行为而被自己族人烧死,而参孙本人又由于大利拉的出卖沦为敌人的囚徒,最后与敌人同归于尽。下面我们就来看看巴尔怎样阐释这两个死亡的相关性,即它们相互对立的对应性。同前面一样在参孙之死的故事解读中巴尔仍然主要依靠弗式的阐释理论。

不同于希腊、罗马神话中常见的复仇的母亲,在耶弗他的女儿和参孙的新娘的故事里,我们看到的都是父亲/上帝—丈夫—女儿/妻子这种三角关系引发的矛盾,好像没有类似那些神话中母亲失去孩子引发的矛盾。其实,《圣经》里也有复仇的母亲,但是发展程度不够充分,主要表现为被取代或被丑化。前面提到耶弗他的母亲和下面会讲到的亚比米勒的母亲都是妓女或低出身的偏房,她们使儿子蒙羞耻,没有前途。因此,这样母亲的儿子就必须抹掉母亲加给他们的羞耻出身,用非常手段晋身。这种努力可以叫做抛弃母亲,他们的母亲就被剥夺了应有的位置。在大利拉出卖参孙的故事部分,巴尔就采用了"被剥夺了地位的母亲"的理论(displaced mother)来解释参孙为什么会愚蠢到一而再,再而三地上大利拉的当,最后泄露了自己神力所在的秘密。读者一般不能解释参孙两次被大利拉告密逃脱后还去找她,而且最后还把力量的秘密告诉她。也许从文学角度,这可以看做是"凡事都有三"的童话模式。但是作为以色列的士师,一个英雄,参孙这种没有头脑的表现仍旧让我们难以接受,起码读者会认为他太贪恋女人,以至误了大事。巴尔用"被剥夺了地位的母亲"的理论,就是试图在性别政治的大框架内给我们一个深层的解释。

参孙母亲从受孕到生产都扮演了主角,甚至用自己篡改神的话改变了儿子终生的使命,是个有男性力量的母亲(phallic mother)。但是随着参孙在男权社会成长起来,他就不愿意继续受控于母亲,而逐渐用父亲的权威替代了母亲的控制。比如他看中了亭拿的非利士姑娘后主要是央求父亲同意这门婚事,也是父亲出面去张罗的。他死后,是他的兄弟把他的尸体运回家,经文强调他埋葬在他父亲的坟地里。然而努力摆脱母亲的参孙,并不能真正改变他从出生就依赖母亲的心态,他需要找临时替代母亲的人。按照巴尔的弗式阐释,在他交往的女人身上,参孙往往寻找的是母亲的替代,特别是他喜爱的大利拉。这里巴尔又延用了上面笔者介绍过的弗式解读中惯用的挖掘象征含义的手段。她指出,大利拉剃掉参孙的头发时就彻底地颠覆了参孙母亲为他定位的做拿细耳人的宗旨,也就取代了他母亲的地位。经文说:16:[19]大利拉使参孙枕着她的膝睡觉。(Judg 16:[19] Delilah lulled Samson to sleep in her lap.)巴尔考据说"头枕膝盖"在希伯来语中还可以表示"把头放在两腿之间"的意思。如果用后一个意思,我们明显地得到一个母亲把孩子生出来的隐含图像。因此尽管参孙不一定意识到,大利拉实际上扮演了他的母亲。巴尔还进一步推论说,正因为参孙下意识里用大利拉替代母亲的角色(replaced Samson's mother),所以生怕她不高兴,要讨好她而无法抗拒她的要求。而大利拉就这样扮演了复仇的母亲的角色,代表所有被剥夺子女的母亲向男权社会和男人复仇。而且用弗式的"阉割"理论分析,剃头是阉割的象征,被剃掉头发的参孙实际上已经被阉割了。他失去了男性的力量(phallic power),暂时女性化了,就连他在被监禁的过程里被迫推磨,做的也是女人的家务活。直到头发长出来他才重新获得男人身份。参孙最终从出生时由母亲主导回归到死后在父亲代表的男权家族里寻到了他应有的位置,这就是他人生的轨迹,是个通向死亡的、痛苦的途径。

把大利拉定位为复仇的母亲,一个因为失去了子女,或者代表被剥夺了子女的母亲,去报复的女人,这种分析服从于巴尔设置的整个对立的对应框架的需要,以便赋予"士师记"中三起女人杀死男人的事件以性别政治和叙事对仗的意义。巴尔试图展示的是:女人杀死男人不是任意的或个人的行为,她们是为许多无辜的年轻姑娘报仇,替那些被男人为了自身的政治和自私的目的杀害的女孩子讨个公道。具体在参孙的故事里就包含了巴尔提出的三对对立的对应关系中的一对,不论是参孙还是大利拉恰恰都不是亲自杀害对方,而是成为对方被杀害或死亡的原由。但是巴尔在这里的分析中又出现了后现代这类解读游戏常见的问题,为了说明一个观点这些分析常常牵强附会,而且突出一点时就不顾其余。笔者认为巴尔的分析起码有两处漏洞。(1)在挖掘参孙为什么会不断向大利拉妥协的原因时,她强调在他摆脱母亲的控制过程中大利拉成了替代,但却忘记了她自己在讨论参孙母亲受孕部分里提到的观点,即参孙母亲改变了耶和华旨在让参孙带领以色列人开始民族解放大业的人生轨迹,而且到死他也没能摆脱或改变母亲在怀孕时给他定死了的这个命运。按照这样的说法,这个母亲怎么算得上是个被取代了的母亲呢?(2)大利拉也并没有类似雅忆那样,有孩子被丈夫独霸,因而算得上一个"被剥夺了地位的母亲",那么又怎么能封她为复仇的母亲呢?她与这样的母亲身份根本不沾边。如果要这么说她,那也只能是巴尔阐释体系里一个纯象征性的符号。何况,按照巴尔的分析,她取代了参孙的母亲的地位。那么,为什么被边缘化和失去了儿子的参孙的母亲反而不是复仇女人的代表?因此,巴尔的著作虽然对理解参孙故事中的许多疑问很有启发性,但是对其弗式阐释我们还是不得不一分为二,并有所保留。

结　语

巴尔提出"士师记"是全部《圣经》卷书里最血腥的,除了以色列人在士师们的领导下为了在迦南占据一席立足地而与原来的地方势力争战之外,战乱中双方妇女们也做出了重大牺牲,特别是待嫁的女孩子们;在参孙的故事里那无辜的亭拿女子被烧死;在耶弗他女儿的故事里一个清纯的处女被牺牲掉。在《圣经》中处女的处境最可悲,在"创世记"里罗得为了保护到他家里来的神的使者不受暴民欺侮,就表示可以把黄花闺女交给暴徒糟蹋。而且特别强调她们是没有被男人接触过的纯真姑娘。在"士师记"中,除了耶弗他的女儿这种处女做牺牲品的个案,还有一两处明确交代了对处女的大规模奸污、占有和杀害。比如第 21 章讲到以色列人为给娶不到同族女子的便雅悯支派找配偶,就血洗基列雅比,经文是这样说的:21:¹⁰ 会众就打发一万二千大勇士,吩咐他们说:"你们去用刀将基列雅比人连妇女带孩子都击杀了。¹¹ 所当行的就是这样:要将一切男子和已嫁的女子尽行杀戮。"¹² 他们在基列雅比人中,遇见四百未嫁的处女,就带回到迦南地的示罗营里。(Judg 21:¹⁰ So the assembly sent twelve thousand of their bravest men with the orders, "Go and kill everyone in Jabesh, including the women and children. ¹¹ Kill all the males, and also every woman who is not a virgin."¹² Among the people in Jabesh they found four hundred young virgins, so they brought them to the camp at Shiloh, which is in the land of Canaan.)女人做牺牲品的确是"士师记"里的事实,也难怪女性主义批评家巴尔要用这卷书来做文章,为受欺压的妇女鸣不平。

另外,巴尔揭示的女性被谋杀和杀死男人的对立的对称结构证实了"士师记"叙事的精美、工整,以及《圣经》阐释的巨大潜力,也说明了古代以色列的绝对男权话语里仍摆脱不了潜藏的女性话语的挑战。这个女性话语强调了处于弱势的女性还是以自己的方式或被动地,或积极地介入了古代以色列的政治斗争,其在历史上的贡献可圈可点。

故事十七　利未人和他的妾①

《旧约》经文

"士师记"19,20

利未人和他的妾

19 当以色列中没有王的时候,有住以法莲山地那边的一个利未人,娶了一个犹大伯利恒的女子为妾。² 妾行淫离开丈夫,回犹大伯利恒,到了父家,在那里住了四个月。³ 她丈夫起来,带着一个仆人,两匹驴去见她,用好话劝她回来。女子就引丈夫进入父家。她父见了那人,便欢欢喜喜地迎接。⁴ 那人的岳父,就是女子的父亲,将那人留下住了三天。⁵ 于是二人坐下一同吃喝、住宿。⁶ 到第四天,利未人清早起来要走,女子的父亲对女婿说:"请你再住一夜,畅快你的心。"⁷ 那人起来要走,他岳父强留他,他又住了一宿。⁸ 到第五天,他清早起来要走。女子的父亲说:"请你吃点饭,加添心力,等到日头

---

① "利未人和他的妾"这个故事不同于"士师记"里其他的故事,它不是以色列人为夺立足之地对抗外族或异教徒的斗争。它可以说是以色列人自己清理门户,因为便雅悯部族是由雅各 12 个儿子派生出的以色列 12 支派的第 12 支,后来带领以色列崛起的头领扫罗就出自这一支派。所以,"士师记"里讲的以色列历史统一前这段混乱时世也包括整肃自己内部的事件。但是,这一差别并不影响巴尔从女权主义角度来分析这个故事。

偏西再走。"于是二人一同吃饭。⁹那人同他的妾和仆人起来要走,他岳父,就是女子的父亲,对他说:"看哪,日头偏西了,请你再住一夜,天快晚了,可以在这里住宿,畅快你的心,明天早早起行回家去。"

¹⁰那人不愿再住一夜,就备上那两匹驴,带着妾起身走了,来到耶布斯的对面,耶布斯就是耶路撒冷。¹¹临近耶布斯的时候,日头快要落了。仆人对主人说:"我们不如进这耶布斯人城里住宿。"¹²主人回答说:"我们不可进不是以色列人住的外邦城,不如过到基比亚去。"¹³又对仆人说:"我们可以到一个地方,或住在拉玛。"¹⁴他们就往前走,将到便雅悯的基比亚,日头已经落了。¹⁵他们进入基比亚,要在那里住宿,就坐在城里的街上,因为无人接他们进家住宿。

¹⁶晚上有一个老年人,从田间作工回来,他原是以法莲山地的人,住在基比亚,那地方的人却是便雅悯人。¹⁷老年人举目看见客人坐在城里的街上,就问他说:"你从哪里来?要往哪里去?"¹⁸他回答说:"我们从犹大伯利恒来,要往以法莲山地那边去。我原是那里的人,到过犹大伯利恒,现在我往耶和华的殿去,在这里无人接我进他的家。¹⁹其实我有粮草可以喂驴,我与我的妾,并我的仆人,有饼有酒,并不缺少什么。"²⁰老年人说:"愿你平安!你所需用的我都给你,只是不可在街上过夜。"²¹于是领他们到家里。喂上驴,他们就洗脚吃喝。

基比亚人的恶行

²²他们心里正欢畅的时候,城中的匪徒围住房子,连连叩门,对房主老人说:"你把那进你家的人带出来,我们要与他交合。"²³那房主出来对他们说:"弟兄们哪,不要这样作恶。这人既然进了我的家,你们就不要行这丑事。²⁴我有个女儿,还是处女,并有这人的妾,我将她们领出来任凭你们玷污她们,只是向这人不可行这样的丑事。"²⁵那些人却不听从他的话,那人就把他的妾拉出去交给他们,他们便与她交合,终夜凌辱她,直到天色快亮才放她去。²⁶天快亮的时候,妇人回到她主人住宿的房门前,就仆(扑)倒在地,直到天亮。

²⁷早晨,她的主人起来开了房门,出去要行路。不料那妇人仆倒在房门前两手搭在门槛上。²⁸就对妇人说:"起来,我们走吧!"妇人却不回答。那人便将她驮在驴上,起身回本处去了。²⁹到了家里,用刀将妾的尸身切成十二块,使人拿着送以色列的四境。³⁰凡看见的人都说:"从以色列人出埃及地,

直到今日,这样的事没有行过,也没有见过。现在应当思想,大家商议当怎样办理。"

以色列人准备打仗

20于是以色列从但到别是巴,以及住基列地的众人都出来,如同一人,聚集在米斯巴耶和华面前。……³以色列人上到米斯巴……。以色列人说:"请你将这件事的情由对我们说明。"⁴那利未人,就是被害之妇人的丈夫回答说:"我和我的妾到了便雅悯的基比亚住宿。⁵基比亚人夜间起来,围了我住的房子,想要杀我,又将我的妾强奸致死。⁶我就把我妾的尸身切成块子,使人拿着传送以色列得为

业的全地,因为基比亚人在以色列中行了凶淫丑恶的事。⁷你们以色列人都当筹划商议。"……

攻打便雅悯人

19 以色列人早晨起来,对着基比亚安营。……²¹便雅悯人就从基比亚出来,当日杀死以色列人二万二千。……²³……以色列人上去,在耶和华面前哭号,直到晚上,求耶和华说:"我们再去与我们弟兄便雅悯人打仗,可以不可以?"耶和华说:"可以上去攻击他们。"

24 第二日,以色列人就上前攻击便雅悯人。……²⁵便雅悯人……又杀死他们一万八千,都是拿刀的。²⁶以色列人就上到伯特利,坐在耶和华面前哭号,²⁷、²⁸……耶和华说:"你们当上去,因为明日我必将他们交在你们手中。"

29 以色列人在基比亚的四围设下伏兵。……以色列的伏兵从马利迦巴埋伏的地方冲上前去。³⁴有以色列人中的一万精兵,来到基比亚前接战,势派甚是凶猛,……³⁵耶和华使以色列人杀败便雅悯人。那日以色列人杀死二万五千一百,都是拿刀的。

预习问题

故事内容问答题:

1. 一天以法莲山地的利未人到哪里去了?他去干什么?
2. 他的妾是个什么样的人?
3. 他在岳父家住了几天要离去?他走成了吗?为什么?
4. 日落时利未人一行到了哪里?为什么求宿困难?最后他们住在了什么地方?
5. 那晚发生了什么事情?房东是什么态度?利未人如何解决了危机?
6. 第二天早晨利未人开门时发现了什么?
7. 他接下来做了哪些举动?
8. 最终这个利未人达到了什么目的?

深入思考题:

1. 古代中东一带的同性恋习俗在《旧约》中还有其他的体现吗?以色列人的律法对此允许吗?你可以举一二例来证明在上帝眼里这是邪恶的表现吗?
2. 你如何看利未人的妾?如何看这个利未人?
3. 如果按照前面巴尔对耶弗他的故事阐释时提出的做以色列"gibbor"的条件,这个利未人够条件吗?他最后是怎样当上了领袖的?

故事阐释

分析要点:

1. 故事的文化和政治内涵
   (The Story's Cultural and Political Meanings)
2. 故事在"士师记"对立的对应叙事结构中的地位

《圣经》文学阐释教程

(The Story's Binary and also Coherent Position in the Narration of the Book of Judges)

阐释解读[①]：
1. 故事的文化和政治内涵

利未人的妾可能是"士师记"里死得最凄惨的女人，过去很少有评论过问她的遭遇，笔者曾经问过一些基督教徒，想听听他们对这个事情的看法，特别是如何评估那利未人用半欺骗的方法借此事造风波，造成愤怒的以色列人出动剿灭造成事端的便雅悯人，从而为自己在史册上留下一笔。但是，被问到的信徒有人说不知道有这等事情，也有人觉得这不值得去过多考虑，而且也不影响《圣经》的整体宗旨。巴尔是我知道的头一个如此认真地处理这个故事的批评家，当然她首先是为了从女性主义角度说明一个问题，她的解读涉及了当时许多政治和社会文化背景，特别是该故事反映的性别政治内涵。

首先，类似耶弗他，这个利未人出生低微，按照巴尔的考据，他这种人本无缘史册，也做不成勇武之士(gibbor)。他实际上是利用了基比亚人对他妾施暴的事件大做文章，才得以在以色列历史上留下了名声。虽然没有记载他的名字，他的业绩登载在"士师记"里也算得上是个英雄人物了。但是，读完故事后，我们不免觉得这个男人并非勇士。相反，他是个胆小、怯懦、牺牲自己的女人来保全性命的卑鄙之人。当然，在《旧约》里把女人，特别是女儿推出门去面对暴民的不止他一个。这里再次显示了上面几个故事已经分析过的问题，那就是：(1)女人的，尤其未婚女孩子的地位最可怜，她们经常变成男人的交易品，如耶弗他的女儿、参孙的新娘等。利未人的妾虽不是处女，但是她显然属于被男人出卖来换取政治利益或达到自私目的的弱势女子群体；(2)似乎当时的中东，包括以色列，有这样的习俗，罗得就曾经要把女儿交给暴民来换取他客人的安全。幸运的是那两位客人是神的使者，他们能够避免人间灾难，所以罗得的女儿们就逃过了一劫。在利未人的这个故事里，那个房主建议利未人把妾交出的同时也表示要把自己的未婚的女儿交给暴民，来保护利未人。看来古代以色列，或整个中东地区，把好客和善待来访者视为主人的起码义务，成为高于其他许多考虑的一条道德准则。难怪，有些评论怪罪雅亿杀死了投奔她的西西拉是违反了主人善待客人的这个通行的礼仪。不过令人注意的是，主人要保护的一律是男性客人，要牺牲的却都是自己或别人家的女人。

利未人的妾没有罗得的女儿们运气，没有神来搭救她。她被推出门外，代替她丈夫整夜受虐至奄奄一息，凌晨艰难地爬回投宿人家，倒在门槛上。她所遭遇的暴行令人发指，但长期以来人们只津津乐道以色列士师们的伟业，谈到这位被牺牲了的女人

[①] 这个故事的分析主要来自巴尔。见《死亡和相反的对称》，第80—93页。

时,甚至有评论强调这个女人本身就不正经,因此把她交出去是对她平时行淫的惩罚。经文一开始的确有这样的文字,我们读到:19:² 妾行淫离开丈夫,回犹大伯利恒,到了父家,在那里住了四个月。(Judg 19:² but she became angry with him, went back to her father's house in Bethlehem, and stayed there four months.)虽然在《福音圣经》的英文里见不到指责那女人行为不端的词语,但在《钦定圣经》的译文里的确用了妓女这样的字眼:And his concubine <u>played the harlot against him</u> and went away from him unto her father's house. ... And was there the space of four months.《圣经》显示了古代以色列在对男人和女人性行为上采用了双重标准,对"行为不检点"的人惩罚并没有包括随意找妓女寻欢的男人,而且这种说法本身的强词夺理也是显而易见的。巴尔在对这个故事分析时做的头一件事就是为被污蔑为淫妇的女人正名,从根本上替她翻案。请注意,这里的英文实际上用的是"像妓女那样行事",它和中文翻译的"行淫"不完全一样。巴尔查究了当时的社会文化状况之后,提出这个女人所谓的"像妓女那样行事"指的是她敢于自作主张离开了丈夫回到娘家去长住了4个月。这里巴尔主要采用了前面已经介绍的当时存在两种婚姻体制间矛盾的理论,指出利未人的妾夹在游牧婚姻(virilocal marriage)与招赘婚姻(patrilocal marriage)的冲突中,成为不成熟却自以为是的丈夫的牺牲品。那利未人尚没有固定的房地产,他和妾的婚姻属于婚后住帐篷过游牧生活的那一类;而女儿的老父亲显然比较富有、过着较安定和舒适的日子。这个女人婚后有可能始终不习惯游牧生活;有可能一直想念娘家,不能忘记父亲;还有可能与丈夫不和,总想回家;也许离开之前两个人还发生过争吵。不论怎样,巴尔认为经文里说的"像妓女那样行事"指的就是她没有嫁鸡随鸡,嫁狗随狗,而是自行离开丈夫回了娘家,并依仗父亲撑腰而长期不回夫家。在当时这个女人的做法还是很勇敢的,她不可能是妓女或性行为浪荡,因为没有哪个妓女一直同父亲住在一起。她这样的离家出走对她丈夫而言就是不忠,就是像妓女那样行事,令丈夫丢人。也因为如此,她的丈夫才到丈人家去同她"和好",劝说并接她回家。

按照巴尔的路子分析,这个利未人的妾的惨案实际是一桩由两种婚姻体制的矛盾造成的悲剧。故事告诉我们:19:³ 她丈夫起来,带着一个仆人,两匹驴去见她,用好话劝她回来。(Judg 19:³ Then the man decided to go after her and try to persuade her to return to him. He took his servant and two donkeys with him.)那利未人到丈人家去接妻子时表现得十分随和,想法讨好女人和她的父亲,女人心软被说服了,同意跟他回去。但老人明显地舍不得女儿离开,所以在他们走时一再挽留:19:⁷ 那人起来要走,他岳父强留他,他又住了一宿。⁸ 到第五天,他清早起来要走。女子的父亲说:"请你吃点饭,加添心力,等到日头偏西再走。"于是二人一同吃饭。⁹ 那人同他的妾和仆人起来要走,他岳父,就是女子的父亲,对他说:"看哪,日头偏西了,请你再住一夜,天快晚了,可以在这里住宿,畅快你的心,明天早早起行回家去。"(Judg 19:⁷ The Levite got up to go, but the father urged him to stay, so he spent another night there. ⁸Early in the morning of the fifth day he started to leave, but the girl's father said, "Eat something, please. Wait until later in the day."So the two men ate together. ⁹When the man, his concubine, and the servant once more started to leave, the father said, "Look, it's almost evening now; you might as well stay all night. It will be dark soon; stay here and have a good time. Tomorrow you can get up early for your journey and go home.")但利未人不肯再住一晚,所以造成启程时间已经很晚,才会在路途中被迫停在基比亚过夜。基比亚属于便雅悯人的地盘,他们虽然是以色列的一个支派,但常与以色列其他支派有摩擦。利未人停留的地方不是个住帐篷的游牧点,家家都定居,有自己的家园,但是治安很混乱。利未人到达后没有人家收留他们,最后住进了一个同乡老人的家。这个老人有待嫁的女儿,他代表了这个地区与住帐篷游牧的婚姻相对的招赘婚姻(patrilocal marriage)制度。利未人不接受招赘婚姻,把妾带走是对该婚姻体制的挑战,但因为启程晚不得不住进了实施他反对的体制的地区。当晚,遇见流氓和暴民围住住所要对他施暴时,他却没有拿出大丈夫敢作敢当的勇气,来面对艰险和困难。关键时,他把自己的妾推出门代他受辱。巴尔指出,由于他不满妾住在丈人家,自己也不肯两边住,又十分主观地停留在不安全的地方,这才引出被暴徒围攻的局面,但似乎很有胆量和主见并要挑战丈人代表的婚姻体制的利未人,面临生死大难时却显示了懦怯,让一个柔弱的女子承担了一切。其结果是,他在这件事上大大地丢了人、现了眼。所以,他制造以色列人剿灭基比亚人,也不是为了替自己受害的可怜女人报仇,而是为了挽回自己丢失的面子。

故事中利未人和他的房东虽然属于不同的婚姻体系,但在对待女人方面却是一个鼻孔出气。那利未人本无地位、无财产,在社会上也没有什么权力。他在岳丈家时对自己的妾就奈何不得,只能好言哄劝。但是,一旦出了丈人家门,他就有了做丈夫的权力:他有权决定坚持不顾天晚赶路并很不明智地选择了不利的留宿地,他还有权把妾推出门交给暴民,自己躲在屋里。经文并没有明确交代第二天开门发现妾时她是否已经断气了。我们只见利未人不顾女人死活,把她像包袱那样扔在驴背上,到家就用刀把她砍成12块,分送以色列四境,所有见到支解尸体的以色列人都对基比亚人的暴行十分愤怒,他们说:19:"³⁰……从以色列人出埃及地,直到今日,这样的事没有行过,也没有见过。现在应当思想,大家商议当怎样办理。"(Judg 19:³⁰... Everyone who saw it said,"We have never heard of such a thing! Nothing like this has ever happened since the Israelites left Egypt! We have to do something about this! What will it be?")利未人只字不提他自己充当了胆小鬼的角色,可耻地把女人交了出去。其实,这样的事才真正是"从以色列人出埃及地,直到今日""没有行过,也没有见过"的。至于那个房东老人,他本无权力建议把他人的妻子送交暴民的。他的做法也已经违反了保护留宿客人的礼仪，只能说明这个礼仪保护的对象大概并不包括妇女。

这里还牵涉了另外一个文化现象，即同性恋问题。在《圣经》里起码有两处公开写了当地的流氓、暴民索要外来者进行同性奸污，一处的暴民是针对罗得家来的两个神的使者，另一处就是针对这个利未人。同性恋自古有之，古罗马时期就很泛滥，本不需要在这里花笔墨。但是笔者想提醒读者，《圣经》对此是有明确的否定态度的。在罗得的故事里，那些暴民是上帝要灭掉的所多玛和蛾摩拉的居民。这种行为正是他们诸多邪恶的表现，他们来索要神的使者更是对耶和华的挑战和亵渎。在利未人的故事里，不论来者是习惯耍流氓、闹事，还是如巴尔所说是特意冲着敌对他们制度的利未人而来，同性恋的骚扰也是被否定的。同性恋是不合一般社会规则的性行为，《圣经》否定它也没有什么可以大惊小怪的。但是有趣的是，在《旧约》中，我们看到不少按常理不能被认可的性行为，但却被上帝默认。比如亚伯拉罕和妹妹撒拉的乱伦婚姻，罗得的两个女儿灌醉父亲后与他同眠。这些都被当作正当行为记载下来，那么《圣经》叙事为什么对有的不正常性行为指责，对有的就肯定呢？这恐怕仍然要到《圣经》宣传的意识形态中去找答案。上帝在《旧约》，特别是"创世记"里最强调的就是要让他的选民繁衍、昌盛。亚伯拉罕和他代表的以色列民族必须强大，不能后继无人。对每个以色列家族来讲，传宗接代是首要的事情。笔者的猜测是：在《圣经·旧约》里决定性行为是否合法，首先要看它与生子和繁衍有没有关系。正因为同性恋是不果的，所以它是邪恶的。而上述涉及了乱伦的性行为被默认，甚至称赞，就是因为它符合了耶和华的主要意旨，往往是以色列这个部族和构成它的每个家族存亡的利害所在。

2. 故事在"士师记"对立的对应叙事结构中的地位

前面已经提到了巴尔在"士师记"里找到的对立的对应结构是由三个被男人杀害的未嫁姑娘和年轻女人与三个被女人杀害，或因为受女人欺骗而被杀害的男人组成的。这六个故事中的四个在前面故事的分析中已经分别谈到了，利未人的妾被杀害是第五个故事。这里笔者做个总结，并在下面把还没有提及的第六个故事介绍一下，以便读者对巴尔的阐释能有个全面认识。巴尔的对立对应结构中三个被害的女人是耶弗他的女儿、参孙的新娘和利未人的妾。她们在经文里无名无姓的待遇就是她们低下处境的实在表现，尽管她们为了成就男人的业绩贡献了生命。深深为她们抱不平的巴尔，在自己的著作里给她们都起了名字：耶弗他的女儿叫芭丝(Bath)，参孙的新娘叫卡拉(Kallah)，利未人的妾叫贝丝(Beth)，这样也方便她进行分析。三个杀死男人，或导致男人死亡的女人是：雅亿，她亲手杀死了以色列的敌人西西拉；大利拉，通过她出卖，参孙落入非利士人之手，最终导致死亡；还有一个无名妇女，她在亚比米勒围攻提备斯时从城墙上扔下一个石头磨盘，把亚比米勒砸死。这个扔磨盘抗击敌人的女人巴尔叫她碧拉(Pelah)，意为"磨盘石"。通过这个对称结构，巴尔想说明："士师记"中男女杀害和被杀害的这个对应结构体现了以色列女人做出的牺牲在历史上同男人同样了不起但却被埋没了的作用。这六个人并非一个对一个,巴尔进行的是交叉对比,从而揭示它们之间许多具体的可比性。比如上面分析已提到,卡拉被害和参孙之死可以在间接被异性杀害方面彼此对仗:卡拉由于参孙的缘故被自己的非利士族人烧死,作为对立的对应参孙也不是直接被女人杀害,而是因大利拉这个女人出卖被敌人挖掉眼睛,最后死掉。在雅亿杀死西西拉和贝丝被暴民奸杀这两个故事之间,巴尔强调了杀害手段上的可比性。前面在西西拉之死的故事里已经提到,如果责备雅亿杀死西西拉方法残忍,那么它是与贝丝受到的残害对应的:不论固定帐篷的橛子还是男子的生殖器在各自的故事里都是穿透性的利器,只不过一个被钉进头上,一个用于强奸;流出的脑浆和溢在地上的精液都是白色的黏液。所以,巴尔认为我们可以象征性地把雅亿杀死西西拉看做是她对西西拉的强奸,刚好同贝丝被奸污对仗,因此也就不能单独指责雅亿手段残忍。其他的细小可比之处还有许多,比如芭丝之死是献祭,带有礼仪性质,因此它变成其后以色列的习俗发端;而对贝丝的奸杀引发了战争,接踵而来的就是更多的绑架、强奸和血案。所有三起男人杀害女人都不是在社会舞台上,缺乏光明正大,但是他们在家庭范畴杀害女人都是为了达到其个人的政治目的;而三起女人杀害男人中雅亿和碧拉都走出了家庭范畴,公开在战争或政治斗争舞台上展现身手,并且她们都是为以色列民族或自己城池和国家的利益才杀人的。

另外,巴尔除了在芭丝、卡拉和贝丝的故事里运用了两种婚姻体制矛盾和处女身份造成悲剧的理论,以及在芭丝和贝丝的故事里剖析了出身低微的男人如何牺牲女人来晋身勇武头领或获得历史地位之外,她在西西拉之死,大利拉出卖参孙和碧拉砸死亚比米勒的故事里都采用了"被剥夺了地位的母亲"的弗式分析。本教程没有用单独篇幅来分析亚比米勒的故事,在此有必要顺带把碧拉的业绩介绍一下。同耶弗他一样,亚比米勒的母亲身份低下,是士师基甸的妾生之子。他的母亲没有给他提供任何有利的背景,但是在基甸去世后他与母舅们联合杀死了其他70个同父异母的兄弟,自己登上了父亲的位子,十分暴虐。在他管理以色列三年后围攻提备斯城时,城墙上的提备斯妇女碧拉从上面抛下一块大磨石,把亚比米勒的脑袋砸开了。为了不落个死于女人之手的名声,他命令给自己扛兵器的少年赶快将他刺死。他的死一般都被看做是神对他凶残杀害自己手足兄弟的报应,但是只有巴尔用弗式"被剥夺了地位的母亲"的理论给予了它一个比较充分的阐释。这里巴尔又用了一幅图,一幅描绘围攻提备斯城的画来说明她的观点,在画中我们看到被围困的城墙上男人们有的高举双手向天呼救,有的正从墙上用绳子往墙背后坠下孩子,女人们则坐在墙头上哭泣、悲伤。① 她们代表了许多被剥夺了孩子,或即将失去孩子的母亲,而作为她们的代表,碧拉扔下了复

---

① 见《死亡和相反的对称》第219页的一幅埃及浮雕和相关的分析。

仇的磨盘。被剥夺了孩子的母亲在希腊、罗马神话里多半是复仇的母亲,如被阴间冥王夺走女儿珀耳塞福涅(Persephone/Proserpine)的收获之神德米特(Demeter)作为报复,让大地全年覆盖冰霜,直到宙斯干预后她得以每年见到女儿一次,此时就是大地回春和播种收割的春夏。但正如巴尔指出的,《圣经》里被剥夺母亲地位的女人,情况不是很典型,多数仅仅以被取代地位的情况出现,所以复仇母亲的形象不多。碧拉自己有没有失去孩子我们不得知,但是她可以代表被围攻的城市里所有失去或将失去孩子的母亲向入侵者复仇这一点是无庸置疑的,而且在象征意义上她也替被亚比米勒在一块石头上把头砍下来的70个兄弟的母亲们复了仇。应该说,在涉及这个理论的阐释中,碧拉是被巴尔分析的被取代了地位的母亲中最令人信服的例子,雅亿被丈夫冷落或抛弃而被剥夺了子女,则完全是巴尔推测得来的,没有文本证据;大利拉与母亲这种身份实际很难连上,巴尔把她出卖参孙说成是参孙要在她那里找到一个母亲的替代,证据主要靠参孙睡在她的膝上,说这个姿势象征了母子关系等等,因此也很勉强。所以笔者认为,使用"被剥夺/被取代了的母亲"的理论是巴尔在她阐释"士师记"叙事对立的对应结构的专著里比较牵强的一环。

结　语

像利未人利用妾来达到政治目的的这种事情在各个国家的历史上都可以找到例子,它一方面说明男权社会中女人的被动和悲惨命运,但另一方面也证明历史不是男人能够独霸的,它永远是有女人参与才能写成的。在中国的历史上轻易就可以举出貂蝉和西施的美人计故事,两者都是男人自身无力战胜强大的敌人而求助于女人以成大业。因此,作为记载以色列历史的《旧约·士师记》有利未人靠牺牲女人达到成名的故事也不奇怪。然而,在貂蝉和西施的历史故事里,做出牺牲的女人起码还有自己选择的余地。貂蝉受命于她的主人,但是她本人的确是怀抱了灭董卓救汉室的志向去做自我牺牲的。西施虽是范蠡从民间挖掘的美人,却也深明救国大义。正因她们都有一定的主动成分,才会给后人留下了她们各自的形象,也才可能有后来对她们各自品行、为人和感情所做的各种戏说描述的文学作品。但是,唯独利未人的妾没有这种被后世人不断描述、纪念或演绎的可能,因为她既无名字又无声音,更谈不上有什么可歌可泣的言行。利未人利用女人的政治把戏因此也是任何历史上都没有过的最恶劣的一例。更有甚之,《旧约·士师记》,作为以色列的历史记录,长期以来还称她为妓女,对她的牺牲毫无同情,把功劳记在她霸道而懦怯的丈夫身上。多亏巴尔从她的品行上为她正了名,把她的死放在了"士师记"的对立的对应结构里来阐释。这样,今天我们才能用新的眼光来审视这个女人和这个故事,同时还那利未人以真面目。

故事十八 扫罗的衰亡

《旧约》经文

"撒母耳记上"15:10—31,16,17:1—52,18:6—16,19:1—18,20:1—42,22:1—19,23:14—24,24:1—22,26:1—25,28:3—25,31

耶和华废弃扫罗

15 ……[10]耶和华的话临到撒母耳说:[11]"我立扫罗为王,我后悔了,因为他转去不跟从我,不遵守我的命令。"撒母耳便甚忧愁,终夜哀求耶和华。[12]撒母耳清晨起来,迎接扫罗。有人告诉撒母耳说:"扫罗到了迦密,在那里立了纪念碑,又转身下到吉甲。"[13]撒母耳到了扫罗那里,扫罗对他说:"愿耶和华赐福与你,耶和华的命令我已遵守了。"[14]撒母耳说:"我耳中听见有羊叫、牛鸣,是从哪里来的呢?"[15]扫罗说:"这是百姓从亚玛力人那里带来的,因为他们爱惜上好的牛羊,要献与耶和华你的神。其余的,我们都灭尽了。"[16]撒母耳对扫罗说:"你住口吧!等我将耶和华昨夜向我所说的话告诉你。"扫罗说:"请讲。"

[1]撒母耳对扫罗说:"从前你虽然以自己为小,岂不是被立为以色列支派的元首吗?耶和华膏你作以色列的王。[18]耶和华差遣你,吩咐你说:'你去击打那些犯罪的亚玛力人,将他们灭绝净尽。'[19]你为何没有听从耶和华的命令,急忙掳掠财物,行耶和华眼中看为恶的事呢?"[20]扫罗对撒母耳说:"我实在听从了耶和华的命令,行了耶和华所差遣我行的路,擒了亚玛力王亚甲来,灭尽了亚玛力人。[21]百姓却在所当灭的物中取了最好的牛羊,要在吉甲献与耶和华你的神。"[22]撒母耳说:

"耶和华喜悦燔祭和平安祭,
岂如喜悦人听从他的话呢?
听命胜于献祭,
顺从胜于公羊的脂油。
……
你既厌弃耶和华的命令,
耶和华也厌弃你作王。"

扫罗认罪

[24]扫罗对撒母耳说:"我有罪了,我因惧怕百姓,听从他们的话,就违背了耶和华的命令和你的言语。[25]现在求你赦免我的罪,同我回去,我好敬拜耶和华。"[26]撒母耳对扫罗说:"我不同你回去,因为你厌弃耶和华的命令,耶和华也厌弃你作以色列的王。"[27]撒母耳转身要走,扫罗就扯住他外袍的衣

襟,衣襟就撕了。⁸撒母耳对他说:"如此,今日耶和华使以色列国与你断绝,将这国赐与比你更好的人。²⁹以色列的大能者必不至说谎,也不至后悔。因为他迥非世人,决不后悔。"³⁰扫罗说:"我有罪了,虽然如此,求你在我百姓的长老和以色列人面前抬举我,同我回去,我好敬拜耶和华你的神。"³¹于是撒母耳转身跟着扫罗回去,扫罗就敬拜耶和华。……

膏立大卫为王
16 耶和华对撒母耳说:"我既厌弃扫罗作以色列的王,你为他悲伤要到几时呢?你将膏油盛满了角,我差遣你往伯利恒人耶西那里去,因为我在他众子之内预定一个作王的。"……⁴撒母耳就照耶和华的话去行。到了伯利恒,那城里的长老都战战兢兢地出来迎接他,问他说:"你是为平安来的吗?"⁵他说:"为平安来的,我是给耶和华献祭。你们当自洁,来与我同吃祭肉。"撒母耳就使耶西和他众子自洁,请他们来吃祭肉。

⁶他们来的时候,撒母耳看见以利押,就心里说,耶和华的受膏者必定在他面前。⁷耶和华却对撒母耳说:"不要看他的外貌和他身材高大,我不拣选他,因为耶和华不像人看人,人是看外貌,耶和华是看内心。"……¹⁰耶西叫他七个儿子都从撒母耳面前经过,撒母耳说:"这都不是耶和华所拣选的。"¹¹撒母耳对耶西说:"你的儿子都在这里吗?"他回答说:"还有个小的,现在放羊。"撒母耳对耶西说:"你打发人去叫他来;他若不来,我们必不坐席。"¹²耶西就打发人去叫了他来。他面色光红,双目清秀,容貌俊美。耶和华说:"这就是他,你起来膏他。"¹³撒母耳就用角里的膏油,在他诸兄中膏了他。从这日起,耶和华的灵就大大感动大卫。撒母耳起身回拉玛去了。

大卫在扫罗的宫里
14 耶和华的灵离开扫罗,有恶魔从耶和华那里来扰乱他。¹⁵扫罗的臣仆对他说:"现在有恶魔从神那里来扰乱你。¹⁶我们的主可以吩咐面前的臣仆找一个善于弹琴的来,等神那里来的恶魔临到你身上的时候,使他用手弹琴,你就好了。"¹⁷扫罗对臣仆说:"你们可以为我找一个善于弹琴的,带到我这里来。"¹⁸其中有一个少年人说:"我曾见伯利恒城耶西的一个儿子善于弹琴,是大有勇敢的战士,说话合宜,容貌俊美,耶和华也与他同在。"¹⁹于是扫罗差遣使者去见耶西,……²¹大卫到了扫罗那里,就侍立在扫罗面前。扫罗甚喜爱他,他就作了扫罗拿兵器的人。……²³从神那里来的恶魔临到扫罗身上的时候,大卫就拿琴用手而弹,扫罗便舒畅爽快,恶魔离开了他。

歌利亚向以色列军挑战
17 非利士人招聚他们的军旅,要来争战,聚集在犹大的梭哥,安营在梭哥和亚西加中间的以弗大悯。²扫罗和以色列人也聚集,在以拉山谷安营,摆列队伍要与非利士人打仗。……⁴从非利士营中出来一个讨战的人,名叫歌利亚,是迦特人,身高六肘零一虎口;⁵头戴铜盔,身穿铠甲,甲重五千舍客勒;⁶腿上有铜护膝,两肩之中背负铜戟;⁷枪杆粗如织布的机轴,铁枪头重六百舍客勒。有一个拿盾牌的人在他前面走。⁸歌利亚对着以色列的军队站立,呼叫说:"你们出来摆列队伍作什么呢?我不是非利士人吗?你们不是扫罗的仆人吗?可以从你们中间拣选一人,使他下到我这里来。⁹他若能与我战斗,将我杀死,我们就作你们的仆人,我若胜了他,将他杀死,你们就作我们的仆人,服侍我们。"……¹¹扫罗和以色列众人听见非利士人的这些话,就惊惶,极其害怕。……

大卫在扫罗的营中

24……²⁵以色列人彼此说:"这上来的人你看见了吗?他上来是要向以色列人骂阵。若有能杀他的,王必赏赐他大财,将自己的女儿给他为妻,并在以色列人中免他父家纳粮当差。"²⁶大卫问站在旁边的人说:"有人杀这非利士人,除掉以色列人的耻辱,怎样待他呢?这未受割礼的非利士人是谁呢?竟敢向永生神的军队骂阵吗?"²⁷百姓照先前的话回答他说,有人能杀这非利士人,必如此如此待他。……

31……³²大卫对扫罗说:"人都不必因那非利士人胆怯。你的仆人要去与那非利士人战斗。"³³扫罗对大卫说:"你不能去与那非利士人战斗,因为你年纪太轻,他自幼就作战士。"³⁴大卫对扫罗说:"你仆人为父亲放羊,有时来了狮子,有时来了熊,……³⁶你仆人曾打死狮子和熊,这未受割礼的非利士人向永生神的军队骂阵,也必像狮子和熊一般。"……³⁸扫罗就把自己的战衣给大卫穿上,将铜盔给他戴上,又给他穿上铠甲。³⁹大卫……就对扫罗说:"我穿戴这些不能走,因为素来没有穿惯。"于是摘脱了。⁴⁰他手中拿杖,又在溪中挑选了五块光滑石子,放在袋里,就是牧人带的囊里;手中拿着甩石的机弦,就去迎那非利士人。

大卫击杀歌利亚

41非利士人也渐渐迎着大卫来,拿盾牌的走前头。⁴²非利士人观看,见了大卫,就藐视他,因为他年轻,面色光红,容貌俊美。⁴³非利士人对大卫说:"你拿杖到我这里来,我岂是狗呢?"非利士人就指着自己的神咒诅大卫。⁴⁴非利士人又对大卫说:"来吧!我将你的肉给空中的飞鸟、田野的走兽吃。"⁴⁵大卫对非利士人说:"你来攻击我,是靠着刀枪和铜戟;我来攻击你,是靠着万军之耶和华的名,就是你所怒骂带领以色列军队的神。⁴⁶今日耶和华必将你交在我手里。我必杀你,斩你的头,又将非利士军兵的尸首给空中的飞鸟、地上的野兽吃,使普天下的人都知道以色列中有神;⁴⁷又使众人知道耶和华使人得胜,不是用刀用枪,因为争战的胜利全在乎耶和华。他必将你们交在我们手里。"

48非利士人起身,迎着大卫前来。大卫急忙迎着非利士人,往战场跑去。⁴⁹大卫用手从囊中掏出一块石子来,用弦机甩去,打中非利士人的额,石子进入额内,他就仆倒,面伏于地。

50这样,大卫用弦机甩石,胜了那非利士人,打死他;大卫手中却没有刀。⁵¹大卫跑去,站在非利士人身旁,将他的刀从鞘中拔出来,杀死他,割了他的头。非利士人看见他们讨战的勇士死了,就逃跑。⁵²以色列人和犹大人便起身呐喊,追赶非利士人,直到迦特(或作"该")和以革伦的城门。……

18……。

扫罗妒忌大卫

6大卫打死非利士人,同众人回来的时候,妇女们从以色列各城出来,欢欢喜喜,打鼓击磬,歌唱跳舞,迎接扫罗王。⁷众妇女舞蹈唱和,说:"扫罗杀死千千,大卫杀死万万。"⁸扫罗发怒,不喜悦这话,就说:"将万万归大卫,千千归我,只剩下王位没有给他了。"⁹从这日起,扫罗就怒视大卫。

10次日,从神那里来的恶魔大大降在扫罗身上,他就在家中胡言乱语。大卫照常弹琴,扫罗手

单元三 《旧约》：历史

里拿着枪。[11]扫罗把枪一抡，心里说，我要将大卫刺透，钉在墙上。大卫躲避他两次。

[12]扫罗惧怕大卫，因为耶和华离开自己，与大卫同在。[13]所以扫罗使大卫离开自己，立他为千夫长，他就领兵出入。[14]大卫作事无不精明，耶和华也与他同在。[15]扫罗见大卫作事精明，就甚怕他。[16]但以色列和犹大众人都爱大卫，因为他领他们出入。

……

扫罗逼迫大卫

[19]扫罗对他儿子约拿单和众臣仆说，要杀大卫；扫罗的儿子约拿单却甚喜爱大卫。[2]约拿单告诉大卫说："我父扫罗想要杀你，所以明日早晨你要小心，到一个僻静地方藏身。[3]我就出到你所藏的田里，站在我父亲旁边，与他谈论。我看他情形怎样，我必告诉你。"[4]约拿单向他父亲扫罗替大卫说好话，说："王不可得罪王的仆人大卫，因为他未曾得罪你，他所行的都与你大有益处。[5]他拼命杀那非利士人，耶和华为以色列人大行拯救。那时你看见，甚是欢喜，现在为何无故要杀大卫，流无辜人的血，自己取罪呢？"[6]扫罗听了约拿单的话，就指这永生的耶和华起誓说："我必不杀他。"[7]约拿单叫大卫来，把这一切事告诉他，带他去见扫罗。他仍然侍立在扫罗面前。

[8]此后又有争战的事。大卫出去与非利士人打仗，大大杀败他们，他们就在他面前逃跑。[9]从耶和华那里来的恶魔又降在扫罗身上（扫罗手里拿枪坐在屋里），大卫就用手弹琴。[10]扫罗用枪想要刺透大卫，钉在墙上，他却躲开，扫罗的枪刺入墙内。当夜大卫逃走，躲避了。

[11]扫罗打发人到大卫的房屋那里窥探他，要等到天亮杀他。大卫的妻子米甲对他说："你今夜若不逃命，明日你要被杀。"[12]于是米甲将大卫从窗户里缒下去，大卫就逃走，躲避了。……

[18]大卫逃避，来到拉玛见撒母耳，将扫罗向他所行的事述说了一遍。他和撒母耳就往拿约去居住。……

约拿单帮助大卫

[20]大卫从拉玛的拿约逃跑，来到约拿单那里，对他说："我作了什么，有什么罪孽呢？在你父亲面前犯了什么罪，他竟寻索我的性命呢？"[2]约拿单回答说："断然不是！你必不至死。我父作事，无论大小，没有不叫我知道的。怎么独有这事隐瞒我呢？决不如此。"[3]大卫又起誓说："你父亲准知我在你眼前蒙恩。他心里说，不如不叫约拿单知道，恐怕他愁烦。我指着永生的耶和华，又敢在你面前起誓，我离死不过一步。"[4]约拿单对大卫说："你心里所求的，我必为你成就。"[5]大卫对约拿单说："明日是初一，我与王同席，求你容我去藏在田野，直到第三日晚上。你父亲若见我不在席上，你就说，大卫切求我许他回本城伯利恒去，因为他全家在那里献年祭。你父亲若说好，仆人就平安了；他若发怒，你就知道他决意要害我。[8]求你施恩与仆人，因你在耶和华面前曾与仆人结盟。我若有罪，不如自己杀我，何必将我交给你父亲呢？"[9]约拿单说："断无此事！我若知道我父亲决意害你，我岂不告诉你呢？"……

[11]约拿单对大卫说："……明日约在这时候，或第三日，我探我父亲的意思，若向你有好意，我岂不打发人告诉你吗？[13]我父亲若有意害你，我不告诉你，使你平平安安地走，愿耶和华重重地降罚于我。……[14]你要照耶和华的慈爱待我。不但我活着的时候免我死亡，[15]就是我死后，耶和华从地上剪除你仇敌的时候，你也永不可向我家绝了恩惠。"[16]于是约拿单与大卫家结盟……。……

²⁴ 大卫就去藏在田野。到了初一日，王坐席要吃饭。²⁵ 王照常坐在靠墙的位上，约拿单侍立，押尼珥坐在扫罗的旁边，大卫的座位空设。

²⁶ 然而这日扫罗没有说什么，他想大卫遇事，偶染不洁，他必定是不洁。²⁷ 初二日大卫的座位还空设。扫罗问他儿子约拿单说："耶西的儿子为何昨日今日没有来吃饭呢？"²⁸ 约拿单回答扫罗说："大卫切求我容他往伯利恒去。²⁹ 他说：'求你容我去，因为我家在城里有献祭的事，我长兄吩咐我去。……'所以大卫没有赴王的席。"

³⁰ 扫罗向约拿单发怒，对他说："你这顽梗背逆之妇人所生的，我岂不知道你喜悦耶西的儿子，……？³¹ 耶西的儿子若在世间活着，你和你的过位必站立不住。现在你要打发人去，将他捉拿交给我，他是该死的。"³² 约拿单对父亲扫罗说："他为什么该死呢？他作了什么呢？"

³³ 扫罗向约拿单抢枪要刺他，约拿单就知道他父亲决意要杀大卫。³⁴ 于是约拿单就气忿忿地从席上起来，在这初二日没有吃饭。他因见父亲羞辱大卫，就为围愁烦。³⁵ 次日早晨，约拿单按着与大卫约会的时候出到田野，……。大卫就从磐石的南边出来，俯伏在地，拜了三拜。二人亲嘴，彼此哭泣，大卫哭得更恸。⁴² 约拿单对大卫说："我们二人曾指着耶和华的名起誓说：'愿耶和华在你我中间，并你我后裔中间为证，直到永远。'如今你平平安安地回去吧！"大卫就起身走了。约拿单也回城里去了。……

²² 大卫就离开那里，逃到亚杜兰洞。他的弟兄和他父亲的全家听见了，就都下到他那里。² 凡受窘迫的、欠债的、心里苦恼的，都聚集到大卫那里，大卫就作他们的头目，跟随他的约有四百人。

³ 大卫从那里往摩押的米斯巴去，对摩押王说："求你容我父母搬来，住在你们这里，等我知道神要为我怎样行。"⁴ 大卫领他父母到摩押王面前。大卫住山寨多少日子，他父母也住摩押王那里多少日子。⁵ 先知迦得对大卫说："你不要住在山寨，要往犹大地去。"大卫就离开那里，进入哈列的树林。

⁶ 扫罗在基比亚的拉玛，坐在垂丝柳树下，手里拿着枪，众臣仆侍立在左右。扫罗听见大卫和跟随他的人在何处，⁷ 就对左右侍立的臣仆说："便雅悯人哪，你们要听我的话。耶西的儿子能将田地和葡萄园赐给你们各人吗？能立你们各人作千夫长、百夫长吗？⁸ 你们竟然结党害我；我的儿子与耶西的儿子结盟的时候，无人告诉我；我的儿子挑唆我的臣子谋害我，就如今日的光景，也无人告诉我，为我忧虑。"⁹ 那时以东人多益站在扫罗的臣仆中，对他说："我曾看见耶西的儿子到了挪伯亚希突的儿子亚希米勒那里。¹⁰ 亚希米勒为他求问耶和华，又给他食物，并给他杀非利士人歌利亚的刀。"

¹¹ 王就打发人将祭司亚希突的儿子亚希米勒和他父亲的全家，……都招了来，他们就来见王。……¹³ 扫罗对他说："你为什么与耶西的儿子结党害我，将食物和刀给他，又为他求问神，使他起来谋害我，就如今日光景？"¹⁴ 亚希米勒回答王说："王的臣仆中有谁比大卫忠心呢？他是王的女婿，又是王的参谋，并且在王家中是尊贵的。¹⁵ 我岂是从今日才为他求问神呢？断不是这样！王不要将罪归我和我父的全家，因为这事，无论大小，仆人都不知道。"¹⁶ 王说："亚希米勒啊，你和你父的全家都是该死的！"¹⁷ 王就吩咐左右的侍卫说："你们去杀耶和华的祭司，因为他们帮助大卫，又知道大卫逃跑，竟没有告诉我。"扫罗的臣子却不肯伸手杀耶和华的祭司。¹⁸ 王吩咐多益说："你去杀祭司吧！"以东人多益就去杀祭司，那日杀了穿细麻布以弗得的八十五人；¹⁹ 又用刀将祭司城挪伯中的男女、孩童、吃奶的，和牛、羊、驴尽都杀灭。……

²³ ……。

单元三 《旧约》：历史

大卫在山地

14 大卫住在旷野的山寨里，常在西弗旷野的山地。扫罗天天寻索大卫，神却不将大卫交在他手里。

15 大卫知道扫罗出来寻索他的命。那时他住在西弗旷野的树林里。16 扫罗的儿子约拿单起身，往那树林里去见大卫，使他依靠神得以坚固，17 对他说："不要惧怕，我父扫罗的手必不加害于你。你必作以色列的王，我也作你的宰相。这事我父扫罗知道了。"18 于是二人在耶和华面前立约。大卫仍住在树林里，约拿单回家去了。

19 西弗人上到基比亚见扫罗，说："大卫不是在我们那里的树林里山寨中，旷野南边的哈基拉山藏着吗？20 王啊，请你随你的心愿下来，我们必亲自将他交在王的手里。"21 扫罗说："愿耶和华赐福与你们，因你们顾恤我。22 请你们回去，确实查明他的住处和行踪……，回来据实地告诉我，我就与你们同去。……24 西弗人就起身，在扫罗以先往西弗去。……

大卫不加害扫罗

24 扫罗追赶非利士人回来，有人告诉他说："大卫在隐基底的旷野。"2 扫罗就从以色列人中挑选三千精兵，率领他们往野羊的磐石去，寻索大卫和跟随他的人。3 到了路旁的羊圈，在那里有洞，扫罗进去大解。大卫和跟随他的人正藏在洞里的深处。4 跟随的人对大卫说："耶和华曾应许你说：'我要将你的仇敌交在你手里，你可以任意待他。'如今时候了。"大卫就起来，悄悄地割下扫罗的外袍的衣襟。5 随后大卫心中自责，因为割下扫罗的衣襟；6 对跟随他的人说："我主乃是耶和华的受膏者，我在耶和华面前万不敢伸手害他，因为他是耶和华的受膏者。"7 大卫用这话拦住跟随他的人，不容他们起来害扫罗。扫罗起来，从洞里出去行路。

8 随后大卫也起来，从洞里出去，呼叫扫罗说："我主，我王！"扫罗回头观看，大卫就屈身脸伏于地下拜。9 大卫对扫罗说："你为何听信人的谗言，说大卫想要害你呢？10 今日你亲眼看见在洞中耶和华将你交在我手里，有人叫我杀你，我却爱惜你，……11 我父啊！看看你外袍的衣襟在我手中。我割下你的衣襟，没有杀你，你由此可以知道我没有恶意叛逆你。……15 愿耶和华在你我中间施行审判，断定是非，并且鉴察，为我伸冤，救我脱离你的手。"

16 大卫向扫罗说完这话，扫罗说："我儿大卫，这是你的声音吗？"就放声大哭，17 对大卫说："你比我公义，因为你以善待我，我却以恶待你。…… 愿耶和华因你今日向我所行的，以善报你。20 我也知道你必要作王，以色列的国必坚立在你手里。21 现在你要指着耶和华向我起誓，不剪除我的后裔，在我父家不灭没我的名。"22 于是大卫向扫罗起誓，扫罗就回家去。大卫和跟随的人上山寨去了。……

大卫再次不加害扫罗

26 西弗人到基比亚见扫罗，说："大卫不是在旷野前的哈基拉山藏着吗？"2 扫罗就起身，带领以色列人中挑选的三千精兵，下到西弗的旷野，要在那里寻索大卫。3 扫罗在旷野前的哈基拉山，在道路上安营。大卫住在旷野，听说扫罗到旷野来追寻他，4 就打发人去探听，便知道扫罗果然来到。5 大卫起来，到扫罗安营的地方，看见扫罗和他的元帅尼珥的儿子押尼珥睡卧之处。扫罗睡在辎重营里，百姓安营在他周围。……

7 于是大卫和亚比筛夜间到了百姓那里,见扫罗睡在辎重营里,他的枪在头旁,插在地上。押尼珥和百姓睡在他周围。8 亚比筛对大卫说:"现在,神将你的仇敌交在你手里,求你容我拿枪将他刺透在地,一刺就成,不用再刺。"9 大卫对亚比筛说:"不可害死他。有谁伸手害耶和华的受膏者而无罪呢?"10 大卫又说:"我指着永生的耶和华起誓,他或被耶和华击打,或是死期到了,或是出战阵亡。11 我在耶和华面前万不敢伸手害耶和华的受膏者。现在你可以将他头旁的枪和水瓶拿来,我们就走。"12 大卫从扫罗的头旁拿了枪和水瓶,二人就走了,没有人看见,没有人知道,也没有人醒起,都睡着了,因为耶和华使得他们沉沉地睡了。

13 大卫过到那边去,远远地站在山顶上,与他们相离甚远。14 大卫呼叫百姓和尼珥的儿子押尼珥说:"押尼珥啊,你为何不答应呢?"押尼珥说:"你是谁?竟敢呼叫王呢?"15 大卫对押尼珥说:"你不是个勇士吗?以色列中谁能比你呢?民中有人进来要害死王你的主,你为何没有保护王你的主呢?16 ……现在你看看王头旁的枪和水瓶在哪里?"

17 扫罗听出是大卫的声音,就说:"我儿大卫,这是你的声音吗?"大卫说:"主我的王啊,是我的声音。"18 又说:"我作了什么?我手里有什么恶事?我主竟追赶仆人呢?19 求我主我王听仆人的话:若是耶和华激发你攻击我,愿耶和华收纳祭物;若是人激发你,愿他在耶和华面前受咒诅,因他现今逐我,不容我在耶和华的产业上有份,说:'你去侍奉别的神吧!'20 现在求王不要使我的血流在离耶和华远的地方。以色列王出来是寻找一个虼蚤,如同人在山上猎取一个鹧鸪一般。"

21 扫罗说:"我有罪了!我儿大卫,你可以回来,因你今日看我的性命为宝贵,我必不再加害于你。我是糊涂人,大大错了。"22 大卫说:"王的枪在这里,可以吩咐一个仆人过来拿去。23 今日耶和华将王交在我手里,我却不肯伸手害耶和华的受膏者。耶和华必照各人的公义诚实报应他。24 我今日看重你的性命,愿耶和华也重我的性命,并且拯救我脱离一切患难。"25 扫罗对大卫说:"我儿大卫,愿你得福!你必作大事,也必得胜。"于是大卫起行,扫罗回他的本处去了。……

28 ……。

扫罗求问女巫

3 那时撒母耳已经死了,以色列众人为他哀哭,葬他在拉玛,就是在他本城里。扫罗曾在国内不容有交鬼的和行巫术的人。4 非利士人聚集,来到书念安营;扫罗聚集以色列人,在基利波安营。5 扫罗看见非利士的军旅就惧怕,心中发颤。6 扫罗求问耶和华,耶和华却不藉梦,……或先知回答他。7 扫罗吩咐臣仆说:"当为我找一个交鬼的妇人,我好去问她。"臣仆说:"在隐多珥有一个交鬼的妇人。"

8 于是扫罗改了装,穿上别的衣服,带着两个人,夜里去见那妇人。扫罗说:"求你用交鬼的法术,将我所告诉你的死人,为我招上来。"9 妇人对他说:"你知道扫罗从国中剪除交鬼的和行巫术的。你为何陷害我的性命,使我死那?"10 扫罗向妇人指着耶和华起誓说:"我指着永生的耶和华起誓,你必不因这事受刑。"11 妇人说:"我为你招谁上来呢?"回答说:"为我招撒母耳上来。"12 妇人看见撒母耳,就大声呼叫,对扫罗说:"你是扫罗,为什么欺哄我呢?"13 王对妇人说:"不要惧怕,你看见了什么呢?"妇人对扫罗说:"我看见有神从地里上来。"14 扫罗说:"他是怎样的形状?"妇人说:"有一个老人上来,身穿长衣。"扫罗知道是撒母耳,就起身,脸伏于地下拜。

15 撒母耳对扫罗说:"你为什么搅扰我,招我上来呢?"扫罗回答说:"我甚窘急,因为非利士人攻击我,神也离开我,不再藉先知或梦回答我。因此请你上来,好指示我应当怎样行。"16 撒母耳说:"耶

单元三 《旧约》：历史

和华已经离开你，且与你为敌，你何必问我呢？¹⁷耶和华照他藉我说的话，已经从你手里夺去国权，赐与别人，就是大卫。……¹⁹并且耶和华将你和以色列人交在非利士人的手里。明日你和你众子必与我在一处了；耶和华必将以色列的军兵交在非利士人手里。"

²⁰扫罗猛然仆倒，挺身在地，因撒母耳的话甚是惧怕。那一昼一夜没有吃什么，就毫无气力。²¹妇人到扫罗面前，见他极其惊恐，对他说："婢女听从你的话，不顾惜自己性命，遵从你所吩咐的。²²现在求你听婢女的话，容我在你面前摆上一点食物，你吃了可以有气力行路。"²³扫罗不肯，说："我不吃。"但他的仆人和妇人再三劝他，他才听了他们的话，从地上起来，坐在床上。²⁴妇人急忙将家里的一只肥牛犊宰了，又拿面抟成无酵饼烤了，²⁵摆在扫罗和他仆人面前。他们吃完，当夜起身走了。……

扫罗及其众子战死

³¹非利士人与以色列人争战。以色列人在非利士人面前逃跑，在基利波有被杀仆倒的。²非利士人紧追扫罗和他的儿子们，就杀了扫罗的儿子约拿单、亚比拿达、麦基舒亚。³势派甚大，扫罗被弓箭手追上，射伤甚重，⁴就吩咐拿他兵器的人说："你拔出刀来将我刺死，免得那些未受割礼的人来刺我，凌辱我。"但拿兵器的人甚惧怕，不肯刺他，扫罗就自己伏在刀上死了。⁵拿兵器的人见扫罗已死，也伏在刀上死了。⁶这样，扫罗和他的三个儿子，与拿兵器的人，以及跟随他的人，都一同死亡。⁷住平原那边约旦河西的以色列人，见以色列军兵逃跑，扫罗和他儿子都死了，也就弃城逃跑。非利士人便来住在其中。

⁸次日，非利士人来剥那被杀之人的衣服，看见扫罗和他三个儿子仆倒在基利波山，⁹就割下他的首级，剥了他的军装，打发人到非利士地四境（"到"或作"送到"），报信与他们庙里的偶像和众民，¹⁰又将扫罗的军装放在亚斯他录庙里，将他的尸身钉在伯珊的城墙上。¹¹基列雅比的居民听见非利士人向扫罗所行的事，¹²他们中间所有的勇士就起身，走了一夜，将扫罗和他儿子的尸身从伯珊城墙上取下来，送到雅比那里用火烧了；¹³将他们骸骨葬在雅比的垂丝柳树下，就禁食七日。

预习问题

故事内容问答题：
1. 扫罗做了哪些让耶和华决定要放弃他的事情？
2. 撒母耳把耶和华的意见告诉他之后，扫罗是什么态度？
3. 大卫是谁家的孩子？撒母耳怎样发现了他？
4. 在失去耶和华的恩宠后扫罗得了什么病？大卫得到扫罗喜爱是为了什么？

5. 讲述大卫如何杀死了歌利亚。百姓们如何唱颂大卫的业绩？

6. 扫罗妒忌大卫后，第一次想亲自用枪刺死大卫，大卫怎样逃脱的？这之后大卫对扫罗持什么态度？

7. 米甲怎样帮助丈夫逃脱父亲的捕杀？

8. 讲述大卫最终被迫离开扫罗到外面去结帮游击之前约拿单怎样多次帮助他脱险。他和约拿单结盟的内容是什么？

9. 扫罗如何杀害了亚希米勒全家？

10. 大卫如何两次放过了来追杀自己的扫罗？

11. 扫罗借女巫与已死的撒母耳通话的内容是什么？

12. 讲述扫罗和他的儿子战死的过程。

深入思考题：

1. 扫罗有哪些功和过？

2. 你觉得大卫对待扫罗的态度如何？

3. 按照古代亚里士多德的悲剧理论，你觉得扫罗是否可以称得上一个悲剧英雄？

4. 谈谈你对扫罗儿子约拿单的看法。他帮助大卫是否背叛了父亲？

5. 我们如何理解耶和华对扫罗的要求和不满？

6. 作为历史故事，扫罗和中国历史上的帝王有无可比之处？

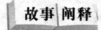

故事 阐释

分析要点：

1. 扫罗和大卫的比较分析

（A Comparative Analysis of Saul with David）

2. 作为悲剧英雄的扫罗

（Saul as a Tragic Hero）

阐释解读：

1. 扫罗和大卫的比较分析

扫罗和大卫是以色列建国的功臣，前者铺平了以色列从分散的士师统治向统一王国过渡的道路，而后者则完成了以色列的统一大业，建立了以耶路撒冷为首都的政治、宗教一体的犹太王国。从历史角度来看，先来者做前驱，为后面的接班人开路是很自然的事，扫罗执政之时统一的条件尚不具备。但是作为宗教文本，《圣经》却要强调因为耶和华上帝放弃了扫罗他才败落的，而大卫的成功则完全是由于上帝的护佑和支持，并从而指责扫罗如何辜负了耶和华对他的信任。作为文学文本，读者关注的内容又不一样了。因为扫罗的衰败过程就是大卫兴起和取代他的过程，所以一般会对他们两人进行比较，从这两个人物的形象分析和他们的矛盾演化来看《旧约》历史故事的文学色彩。

扫罗和大卫都出身农牧家庭，也都是相貌十分俊美的男子。斯腾伯格在他的著作《圣经的叙事诗学》中专门著有一节来对比《旧约》里的三个美貌的国王和王子，即扫罗、大卫和押沙龙。① 这种对比分析难免有些浅薄，但也不失为一种有参考意义的看法。他指出，虽然这三个人都有漂亮的外貌和魁梧的身材，但是他们的命运和结局却很不相同。大卫的儿子押沙龙因为私仇造反，之后野心昭揭，堕落又张狂，落了一个身败名裂的下场。但他不是我们这里要分析的对象，因此下面主要介绍一下斯腾伯格是如何比较扫罗和大卫的。扫罗和大卫虽然从出生背景到一表人才等方面都很类似，但在"撒母耳记上"中故事开始时他们的未来如何并不清楚。我们读到："9：²他（基士）有一个儿子，名叫扫罗，又健壮又俊美，在以色列人中没有一个能比他的；身体比众民高过一头。"(I Sam 9：² He (Kish) had a son named Saul, a handsome man in the prime of life. Saul was a head taller than anyone else in Israel and more handsome as well.) 这样写的目的不外是要告诉读者扫罗很不寻常，所以可以做百姓的领袖。但是情况真如此吗？读者的好奇心被勾起，想知道他的领导才能是否与出众的相貌匹配。在接下来撒母耳奉上帝之命挑选了扫罗并给他涂膏封王以及他任职初期的描述中我们看到了他身上的许多优点，比如淳朴、谦卑，自我节制，秉公办事等等，而且常有从耶和华处得来的灵感引导他行事。当撒母耳选中他时，他不敢接受这种命运的变换。他说自己只不过是以色列支派里最小的便雅悯人，自己的家族又是便雅悯支派中最小的，所以没有资格为王。不同于一心要出人头地的耶弗他，扫罗是被撒母耳推上了领袖的地位。在他执政的过程里他率领以色列人打过不少胜仗，比如打败了欺侮他们的亚扪人，显示了勇敢精神和一定的军事才能。在坚持秉公办事方面，最说明问题的例子就是当他的长子约拿单违反了军令时，他也要将爱子处死示众。

然而，我们的好印象随着文本叙事的进展很快就发生了逆转。在"撒母耳上"第13章里，扫罗没有遵从撒母耳的指示，表现出对上帝的信念不够坚定，同时也暴露了他十分缺乏心理承受力。这件事成为扫罗命运的转折点。耶和华令撒母耳选择和膏封大卫为以色列的领袖之后，在英勇、能干又得人心的大卫面前，扫罗更是暴露了自己的种种弱点，谦虚转为专制，自我约束被阵发性的暴怒代替，而强有力的领导也消退为无力、无效的勉强维持。这样，他一下子就变得毫无可取之处，甚至令人讨厌了。因此，他的相貌和他的为人及成就是不一致的，他最终落为一个被否定的角色。

大卫上场时和扫罗一样被描写为美貌的少年人，以至于米开朗琪罗专门为他塑了

---

① 见斯腾伯格著《圣经的叙事诗学》，第 354—365 页。

像。"撒母耳上"16:12 的经文写道：大卫"面色光红，眉目清秀，容貌俊美"。（I Sam 16:12 He was a handsome, healthy young man, and his eyes sparkled.）我们从撒母耳的话里得知上帝已经转而惠顾大卫了，挑选他来做以色列的国君。那么他是否也会像扫罗那样徒有外表呢？在接下来的叙述中我们发现这次耶和华选对了，大卫十分勇敢，杀死了所有以色列将领都惧怕的敌人歌利亚，他对耶和华非常忠诚，很有政治头脑，是一个十分合适的领袖苗子。

但是，在他统一大业已经完成并迁都耶路撒冷之后，我们看到了大卫身上类似扫罗的蜕变。他不再身先士卒地去征战了，而是让将士替他去攻占城池。他不但留在宫殿里享福，而且还与前方浴血的将士家属拔示巴通奸，最后甚至杀死拔示巴的丈夫乌利亚来掩盖自己的罪行。在他身上出现了疏忽领导职责、垂涎美貌女人、滥用王权去谋杀下属、喜爱金银财宝和享受、忽略子女教育等诸多问题，似乎他也会同扫罗一样迅速走向悲惨的下场。为了对乌利亚犯下的罪行，上帝严厉地惩罚了大卫，不仅让他失去了和拔示巴通奸生的儿子，而且使他的家庭内乱，发生儿女乱伦、谋杀和造反的惨剧。然而，在这样逆转的形势下，大卫却始终不疑上帝，忠心不二，并能深刻检讨反省。押沙龙反叛暂时的得逞使得这年轻人忘乎所以而做了一系列大逆不道的事情，而恰恰是爱子的造反和恶行震撼了大卫，使他回到遇见拔示巴之前的那个虔诚、果断、睿智、有自制力，并善于判断局势和对手的出色领袖。他既要平定内乱又想尽办法欲挽救儿子。当手下将领自作主张杀死了押沙龙时，他那深深的悲伤显示了他十分有人情味、心胸博大，不愧是个英雄。而他那些错误也就成为走过的一段弯路，他最终战胜了自己，获取了教训。与扫罗和押沙龙两个美貌的国王和王子貌不副实不同，大卫一直到终了都受到以色列人民的拥戴，成为他们民族历史上最伟大的领袖。

2. 作为悲剧英雄的扫罗

扫罗是个悲剧英雄吗？历来对待他都有这方面的争议。亚里士多德在《诗学》一书中对何为悲剧英雄有过如下的定义。首先，一个悲剧英雄必须经历命运由好转恶的变化；其次，这个转变和当事人的悲惨下场要引发读者/观众的怜悯和惧怕；第三，这个悲剧必须很大程度是此人自己造成的，而且往往不是因为他/她的缺失，而是由他/她的性格中某种执着和令人钦佩的力量给他/她带来了自身的灭亡。也正因如此，才会使读者/观众产生敬畏和惧怕；第四，当意识到自己面临的悲惨结局时，他/她能够勇敢直面后果，显示出英雄的气魄。这样的悲剧英雄在西方文学里有许多例子。比如希腊悲剧英雄俄狄浦斯和安提戈涅。前者为了解救受上苍降灾的百姓，不顾一切地追踪降灾的原因，结果追到自己于无知中弑父娶母的可怕罪行，落了个十分悲惨的下场。后者是明知埋葬反叛的哥哥会遭杀身大祸，但她根据不能让手足暴尸荒野的原则，决定要这样做，以至本人和未婚夫双双献出生命。莎士比亚的哈姆莱特也是这种悲剧人物。现代戏剧里类似的悲剧英雄似乎英雄气概大不如古代了，因为造成他/她悲惨遭遇的原因大多没有古代那么轰轰烈烈，或者说他们的悲剧命运因生活普通平庸而常常不如古代悲剧人物的故事震撼人心。比如亚瑟·米勒的名剧《推销员之死》的主人公威利·娄曼。他心怀一个美国梦，辛苦奋斗，最终不但没有获得幸福，反而梦想破灭。不论古代还是现代，读者/观众因此会十分同情这些受难的好人，我们会为他们的悲剧命运不公平而辛酸。特别是俄狄浦斯和安提戈涅，他们不但是好人，而且是崇高的人，他们遭到这样不公的命运令我们恐惧。他们的故事说明并非坏人才有悲惨下场，悲剧命运常超越了我们自己能把握的范围。因此，我们感到了不安全，觉得发生在他们身上的惨剧也完全可能落到我们的头上。

　　运用亚里士多德的这一套理论来察看扫罗，似乎他不属于这样的悲剧英雄类别。虽然如前面分析的那样，扫罗，特别在他封王的前期，表现出了领袖才能和英勇善战的良好品质，在团结本族百姓抗击敌人方面做出了成绩，为后来大卫统一以色列铺平了道路，而且最后他和约拿单在内的三个儿子英勇惨烈地战死疆场，但是他的衰亡并非他的优点或坚持正义而造成的。相反，在他感到自己要被大卫取代时，他近乎疯狂地迫害大卫。读到他的妒忌、出尔反尔、说话不算数和滥杀无辜的亚希米勒一家等恶劣表现时读者恐怕很难产生对悲剧英雄命运怀有的那种同情和恐惧。实际上，后期的扫罗是一个患有忧郁症，并时常遭受无法控制的情绪波动所折磨的病人。那么，为什么会提出扫罗是否够一个悲剧英雄的问题呢？主要原因在于读者读到他的命运之后也产生了某种同情和恐惧，那不是因为钦佩扫罗，觉得他不该被大卫取代，而是觉得他没有犯什么大逆不道的错误就被一个易怒而几乎不讲道理的上帝抛弃了，这十分可怜。从他被上帝指使的撒母耳推上了以色列的政治斗争前沿时起，他一直尽心尽力。所谓的错事主要是没有按照上帝的意思把战败的亚玛力人斩尽杀绝，为此撒母耳指责他说：15:[18]"耶和华差遣你，吩咐你说：'你去击打那些犯罪的亚玛力人，将他们灭绝净尽。'[19]你为何没有听从耶和华的命令，急忙掳掠财物，行耶和华眼中看为恶的事呢？"(I Sam 15:[18]"... and he sent you out with orders to destroy those wicked people of Amalek. He told you to fight until you had killed them all. [19] Why, then, did you not obey him? Why did you rush to seize the loot, and so do what displeases the Lord?") 其实这并非大罪，而且也并非扫罗执意不听从耶和华。扫罗对撒母耳做了解释：15:[20]"我实在听从了耶和华的命令，行了耶和华所差遣我行的路，擒了亚玛力王亚甲来，灭尽了亚玛力人。[21]百姓却在所当灭的物中取了最好的牛羊，要在吉甲献与耶和华你的神。"(I Sam 15:[20] "I did obey the Lord,"Saul replied,"I went out as he told me to, brought back King Agag, and killed all the Amalekites. [21] But my men did not kill the best sheep and cattle that they captured; instead, they brought them here to Gilgal to offer as sacrifice to the Lord your God.")之后扫罗苦苦哀求上帝原谅，拽住弃他而去的撒母耳的衣襟，把衣服都撕破了。应该说，这只是个错误，上帝不但不听他的悔过乞求，而且就此把他抛弃，另外找到了新宠。而大卫与拔示巴通奸并谋害其丈夫却是罪行，上帝虽然处罚了他，但在大卫悔过后，他仍旧宠爱他。因此，上帝这种近乎是非不分的不同态度让许多读者不由得要问："扫罗该这么被抛弃吗？"如果上帝可以这么不辨是非地惩处不喜欢的人，那么我们岂不是也有可能遭遇到扫罗的悲惨命运吗？虽然同古典悲剧受人敬佩的英雄不同，扫罗的悲剧也因此给读者造成了类似悲剧要求的读后的恐惧效果。

不过，上述对上帝的看法是按照我们日常非宗教的是非观念推论出来的，因此也可以算做对《圣经》的一种误读。从宗教的角度来看，扫罗的错误是不听从上帝直接对他的指示，而大卫的通奸杀人虽然是违反了耶和华给以色列和全体犹太信徒规定的律法，它却不是直接不听从上帝指示。如果这样来看，扫罗的问题自然严重得多了。而大卫的罪行就类似后来《新约》里愿意悔过的妓女，只要她改过并诚信耶稣，耶稣就非常喜爱她。尤其《旧约》的上帝要求子民绝对服从，同他是不能理喻的。所以，热衷讨论扫罗是否够得上悲剧英雄可以让我们更好地理解扫罗衰亡的故事，但是从宗教角度来看，这样的讨论没有实质上的意义，因为信仰者会看到扫罗不服从上帝的严重性，因此从来就不存在他很可怜，或我们要害怕一个被自己好恶左右而有失公平的上帝的这种问题。

相对看来，大卫是个比扫罗强百倍的政治家。他的政治头脑有多处体现，比如大卫让约拿单杀自己是很聪明的一手，（"撒母耳上"20:8）虽然明知约拿单不会这样做，他争取主动，先堵住了这种可能，他还提醒约拿单他们是受耶和华允准的结盟友情。约拿单意识到大卫在兴起，扫罗在衰败，因此也提出了要求大卫对他和他全家留情的条件，大卫最后也基本做到了。又比如，大卫两次不杀扫罗，除了表示自己的义，他还有更深远的考虑。他如果成功，就会是以色列统一后的第一个国王。他不杀耶和华膏立之人扫罗，实际上是为后世树立一个榜样，即建立忠诚于国王，国王不可轻易伤害的传统，以巩固他今后的王室，十分有政治远见。这对一直群龙无首的犹太民族进入王权时期十分重要。此处以色列历史的戏剧性可与我们的《三国演义》比美，诸葛亮七擒孟获收复了少数民族地区，而大卫在官兵面前两次放生扫罗也树立了类似的仁者形象。读完整个大卫取代扫罗的过程后，我们不得不承认，不论看上去扫罗是否得到了公正待遇，上帝舍弃扫罗并起用大卫绝对是有利于以色列民族的英明决策。

结　语

扫罗是从士师统治到建立统一王国的过渡人物，他的衰亡即大卫的兴起。扫罗允许百姓留下战利品中最好的部分只是出于不愿浪费，因此他开始没有意识到自己做了错事。如果不从宗教的角度来判断扫罗，我以为他的衰败实际原因是王权和僧侣之争,这是从"士师记"时代的僧侣专权向统一国家中王权至上的统治过渡的斗争。扫罗做国王后有时不听撒母耳的话,比如他不杀亚玛力国王亚甲,因此撒母耳指责他忘恩负义。而且有时明明是撒母耳不对,比如撒母耳不按时赴约,却责怪扫罗不等他到达就开始仪式,所以扫罗开始还不服气,矛盾严重时他甚至称耶和华为撒母耳的神(your Lord,"撒母耳上"15:20,30),但是当时得罪僧侣是不得了的事,等于得罪神。矛盾公开化之后撒母耳开始以耶和华的名义寻找接替的人,扫罗才真正害了怕,在这种压力下患了精神性疾病。正因为他发起病来不是个正常人,所以大卫对扫罗宽宏大量一则是表现了他始终忠于有恩于他的扫罗,另一方面也是因为知道扫罗是个病人。扫罗从妒忌大卫到杀耶和华的祭司,最后可以说的确直接反对耶和华了。这样,在《圣经》的意识形态框架内我们就不宜同情他,更谈不上视他为悲剧英雄了。他只是一个历史上的过渡人物,完成了过渡人物该完成的任务罢了。

故事十九 大卫和米甲

《旧约》经文

"撒母耳记上"18:17—30,19:11—44

18……。

大卫娶扫罗的女儿

17 扫罗对大卫说:"我将大女儿米拉给你为妻,只要你为我奋勇,为耶和华争战。"扫罗心里说:"我不好亲手害他,要藉非利士人的手害他。"18 大卫对扫罗说:"我是谁,我是什么出身,我父家在以色列中是何等的家,岂敢作王的女婿呢?"19 扫罗的女儿米拉到了当给大卫的时候,扫罗却给了米何拉人亚得列为妻。

20 扫罗的次女米甲爱大卫。有人告诉扫罗,扫罗就喜悦。21 扫罗心里说:"我将这女儿给大卫,作他的网罗,好藉非利士人的手害他。"所以扫罗对大卫说:"你今日可以第二次作我的女婿。"22 扫罗吩咐臣仆说:"你们暗中对大卫说:'王喜悦你,王的臣仆也都喜爱你,所以你当作王的女婿。'"23 扫罗的臣仆就照这话说给大卫听。大卫说:"你们以为作王的女婿是一件小事吗?我是贫穷卑微的人。"24 扫罗的臣仆回奏说,大卫所说的如此如此。25 扫罗说:"你们要对大卫这样说:'王不要什么聘礼,只要一百非利士人的阳皮,好在王的仇敌身上报仇。'"扫罗的意思要使大卫丧在非利士人的手里。26 扫罗的臣仆将这话告诉大卫,大卫就欢喜作王的女婿。日期还没有到,27 大卫和跟随他的人起身前往,杀了二百非利士人,将阳皮满数交给王,为要作王的女婿。于是扫罗将女儿米甲给大卫为妻。28 扫罗见耶和华与大卫同在,又知道女儿米甲爱大卫,29 就更怕大卫,常作大卫的仇敌。

30 每逢非利士军长出来打仗,大卫比扫罗的臣仆作事精明,因此他的名被人尊重。

扫罗逼迫大卫

19……。

11 扫罗打发人到大卫的房屋那里窥探他,要等到天亮杀他。大卫的妻子米甲对他说:"你今夜若不逃命,明日你要被杀。"12 于是米甲将大卫从窗户里缒下去,大卫就逃走,躲避了。13 米甲把家中的神像放在床上,头枕在山羊毛装的枕头上,用被遮盖。14 扫罗打发人去捉拿大卫,米甲说:"他病了。"15 扫罗又打发人去看大卫,说:"当连床将他抬来,我好杀他。"16 使者进去,看见床上有神像,头枕在山羊毛装的枕头上。17 扫罗对米甲说:"你为什么这样欺哄我,放我仇敌逃走呢?"米甲回答说:"他对我说:'你放我走,不然,我要杀你。'"

18 大卫逃避,来到拉玛见撒母耳,将扫罗向他所行的事述说了一遍。他和撒母耳就往拿约去居住。……

39 大卫听说拿八死了,……于是大卫打发人去与亚比该说,要娶她为妻。……42 亚比该立刻起身,骑上驴,带着五个使女,跟从大卫的使者去了,就作了大卫的妻。

43 大卫先娶了耶斯列人亚希暖,她们二人都作了他的妻。44 扫罗已将他的女儿米甲,就是大卫的妻,给了迦琳人拉亿的儿子帕提①为妻。

"撒母耳记下"3:6—16,6:1—23

3……。

押尼珥投效大卫

6 扫罗家和大卫家争战的时候,押尼珥在扫罗家大有权势。7 扫罗有一妃嫔,名叫利斯巴,是爱亚的女儿。翌日,伊施波设对押尼珥说:"你为什么与我父亲的妃嫔同房呢?"8 押尼珥因伊施波设的话,就甚发怒,说:"我岂是犹大的狗头呢?我恩待你父扫罗的家,和他的弟兄,朋友,不将你交在大卫手里,今日你竟以这妇人责备我吗?9、10 我若不照着耶和华起誓应许大卫的话行,废去扫罗的位,建立大卫的位,使他治理以色列和犹大,从但到别是巴,愿神重重地降罚与我。"11 伊施波设惧怕押尼珥,不敢回答一句。

12 押尼珥打发人去见大卫,替他说:"这国归谁呢?"又说:"你与我立约,我帮助你,使以色列人都归服你。"13 大卫说:"好!我与你立约。但有一件,你来见我面的时候,若不将扫罗的女儿米甲带来,必不得见我的面。"14 大卫就打发人去见扫罗的儿子伊施波设,说:"你要将我的妻米甲归还我,她是我从前用一百非利士人的阳皮所聘定的。"15 伊施波设就打发人去,将米甲从拉亿的儿子她丈夫帕铁那里接回来。16 米甲的丈夫跟着她,一面走一面哭,直跟到巴户琳。押尼珥说:"你回去吧!"帕铁就回去了。……

----

① 《圣经》里这个人名前后译法不一致。这里译为帕提,而在"撒母耳下"里却译为帕铁。我们引文就维持了中文《圣经》的原样,但在分析时就一律用了帕铁。

单元三 《旧约》：历史

运约柜到耶路撒冷

6 大卫又聚集以色列中所有挑选的人三万。[2]大卫起身率领跟随他的众人前往，要从巴拉犹大将神的约柜运来。这约柜就是坐在二基路伯上万军之耶和华留名的约柜。[3]他们将神的约柜从冈上亚比拿达的家里抬出来，就放在新车上。亚比拿达的两个儿子乌撒和亚希约赶这新车。……[5]大卫和以色列的全家在耶和华面前，用送木制造的各样乐器和琴、瑟、鼓、钹、锣作乐跳舞。……

[16]耶和华的约柜进了大卫城的时候，扫罗的女儿米甲从窗户里观看，见大卫王在耶和华面前踊跃跳舞，心里就轻视他。[17]众人将耶和华的约柜请进去，安放在所预备的地方，就是在大卫所搭的帐蓬里。大卫在耶和华面前献燔祭和平安祭。[18]大卫献完了燔祭和平安祭，就奉万军之耶和华的名给民祝福，[19]并且分给以色列众人，无论男女，每人一个饼，一块肉，一个葡萄饼。众人就各回各家去了。[20]大卫回家要给眷属祝福；扫罗的女儿米甲出来迎接他，说："以色列王今日在臣仆和婢女眼前露体，如同一个轻贱人无耻露体一样，有好大的荣耀啊！"[21]大卫对米甲说："这是在耶和华面前；耶和华已拣选我，废了你父和你父的全家，立我作耶和华民以色列的君，所以我必在耶和华面前跳舞。[22]我也必更加卑微，自己看为轻贱。你所说的那些婢女，她们倒要尊敬我。"[23]扫罗的女儿米甲，直到死日，没有生养儿女。

预习问题

故事内容问答题：

1. 扫罗为什么要把女儿许配给大卫？起初许给大卫的是谁？后来发生了什么变化？
2. 米甲是扫罗的第几个闺女？扫罗为什么要她嫁大卫？为此,他向大卫提出了什么条件？
3. 大卫对做扫罗的女婿是什么态度？听到扫罗的要求后他为什么高兴？他一共交给扫罗多少非利士人的阳皮？
4. 扫罗为什么更加害怕大卫？他如何设计害大卫？米甲如何搭救丈夫？米甲如何回答父亲的责备？
5. 大卫在什么历史条件下才再见到米甲？此时米甲已经是谁的妻子？大卫是如何把她要回来的？
6. 耶和华的约柜进城时，大卫有什么表现？米甲申斥他行为不检点的具体内容是什么？大卫如何回答米甲的批评？
7. 最后米甲有没有为大卫生儿育女？

深入思考题：

1. 米甲爱大卫，大卫是否也喜爱米甲？米甲和大卫的婚事是什么性质的婚姻？
2. 米甲搭救大卫而背叛了父亲，这说明了什么？
3. 扫罗死后，大卫开始在哪里为王？大卫向北边的叛将押尼珥提出了什么投降条件？
4. 你认为大卫为什么要扫罗的儿子把米甲送还他？
5. 从《圣经》有限的叙述中，你能否推测米甲和她的第二个丈夫帕铁感情如何？米甲是否愿意回到大卫身边？她是否还爱大卫？

6. 耶和华的约柜进城时，大卫在街上歌舞，米甲为什么蔑视他的行为？从米甲指责大卫的话语里我们能否看出他们平时的夫妻关系是怎样的？

7. 你认为《圣经》为什么要特别交代米甲终身没有养育孩子？这个事实说明了什么问题？

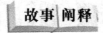

分析要点：

1. 大卫和米甲的婚姻性质

　　（The Nature of David's Marriage to Michal）

2. 作为政治斗争牺牲品的米甲

　　（Michal Sacrificed to the Need of Political Struggle）

阐释解读：

1. 大卫和米甲的婚姻性质

　　大卫是个很能干的政治家，像许多政治家那样他是从底层通过细心的经营逐渐上升，而最终到达了权力最高的位置上。他这方面的能力即便在《圣经》的简约叙事里也得到了充分的表述。从撒母耳挑选他并给他涂膏那一刻起，大卫就意识到自己被选中后的使命。但是，他是个极有耐心的人，而且始终注意抓住高端和下层两头，为自己发展铺平道路。在高端这一头，大卫主要做了三方面的事情。（1）他努力为扫罗服务，为他弹唱、解闷，讨得扫罗喜爱，把他留用身边。在他杀死歌利亚引起扫罗妒忌之前，他在扫罗宫中已经有一席之地，并且结识了扫罗的长子约拿单。（2）大卫和约拿单结为生死之交，后者多次在生死关头营救了大卫。这段友谊经常被后世歌颂，因为它表现出两个年轻人惺惺相惜的纯真感情。但是，他们的友情仍旧摆脱不掉当时的政治和历史环境影响，仍然有很强的功利性。特别是大卫这方面，可以说，他结交约拿单除去真正喜爱对方之外，主要是看中了约拿单的王子身份，在他那里寻求保护。多亏了约拿单不顾父亲的意愿多次相助，大卫才得以逃脱扫罗布下的陷阱。约拿单喜爱和仰慕大卫是真心实意的，为此他不惜多次违背，甚至是背叛了父亲。在这个意义上，他其实帮助了大卫取代自己的父亲。但是，经文里也明确地交代了他的私心。在他与大卫的盟誓里，他要求大卫成事后不伤害他的性命，并且永远恩待他的后人。他的原话是：20:[12]"……[14]你要照耶和华的慈爱恩待我。不但我活着的时候免我死亡，[15]就是我死后，耶和华从地上剪除你仇敌的时候，你也永不可向我家绝了恩惠。"(I Sam 20:[12] "...[14] And if I remain alive, please keep your sacred promise and be loyal to me; [15] but if I die, show the same kind of loyalty to my family for ever.")由此可见，约拿单营救大卫也有很强的功利成分。他背叛父亲是因为他很有政治头脑，已经看到扫罗的衰败是必然之势，与其让其他人取代他父亲,不如支持大卫。(3)大卫为在高端获得地位、支持和保护所做的第三件事情就是同扫罗的女儿米甲成婚。米甲喜爱大卫,很主动,大卫娶米甲却更多是从政治方面考虑的。这桩婚姻我们在下面要细致分析。

作为政治家,大卫还要得民心。因此在下层百姓中大卫也注意树立自己的高大形象,比如勇敢地迎对并杀死歌利亚,此事开门红地为他赢得了百姓的拥戴。街巷中流传百姓唱颂的 18:7…"扫罗杀死千千,大卫杀死万万"(I Sam 18:7…"Saul has killed thousands, but David tens of thousands,")就很说明问题。在他流亡期中,他聚集了一些受苦的百姓,建立了自己的武装,进行着类似中国的游击战争。他像西方的总统候选人既注意获取有权势的人支持,又注意讨好广大选民。大卫还极有耐性,行动非常谨慎并注意时机。这在他和米甲的婚姻关系中得到了充分的体现。

扫罗一开始要许配给大卫的是他的大女儿米拉,而且并不真心。扫罗只是想用此激励大卫拼死征战,好借敌人之手除掉这个劲敌。但他很快就言而无信地把米拉许给了别人。大卫对能娶扫罗的女儿从不抱希望,很谦卑地认为自己不配。18:18 大卫对扫罗说:"我是谁,我是什么出身,我父家在以色列中是何等的家,岂敢作王的女婿呢?"(I Sam 18:18 David answered, "Who am I and what is my family that I should become the king's son-in-law?")经文没有讲他是否看透了扫罗的恶毒用意,但他对米拉也谈不上有什么感情。所以,扫罗失言并没有引起大卫的不满。然而,米甲却爱上了大卫。这给要剪除大卫的扫罗一个新的机会。他再次要嫁女儿给大卫,并明确提出要一百个非利士人的阳皮为聘礼。表面看来,扫罗是照顾大卫贫寒,拿不出聘礼,于是建议他用战功来代替。而实际上,扫罗希望非利士人能替他杀死大卫。却不想,大卫轻易就超额杀死了两百个非利士人,完满地完成了任务。于是大卫便娶了米甲,成为扫罗的女婿。故事到此,我们从经文里明确知道了以下两点:(1)扫罗嫁女假戏成真,有些像《三国志》中周瑜出主意让孙权假装把妹妹嫁给刘备而弄假成真。扫罗心里有多么不是滋味就不用说了,而且经文明白交代说他更害怕,也更恨大卫了。(2)米甲爱大卫,她嫁给了心上人。虽然简约的叙述没有讲她是否幸福,但是在成婚的当时和婚后不长的共同生活中,米甲始终是爱丈夫的。我们从她不顾父亲愿意去搭救大卫的行动中就可以得到这样的答案。事后她父亲质问她时,她不得不编了谎话说大卫威胁要杀死她,并非她自愿放走丈夫。

除了这交代明白的两点外,叙述中从未提及米甲的相貌。不像美妇人拔示巴,大卫偶尔看见她沐浴就被她吸引住了。叙述对大卫的这两个女人强调的不同之处恰恰突出了米甲的长相在她和大卫的婚姻中并不重要,那是一桩政治婚姻;而大卫和拔示巴的结合主要是因为女方美貌,所以是以偷情开始,为欲念而犯下了罪行。与不交代米甲的相貌相应的是没有一个字涉及了大卫对米甲是否有感情。我们只能从他去迅速杀死非利士人,交上扫罗要的聘礼,推断出他愿意结这门亲。但他愿意的原因恐怕首先是寻求一个更加安全和牢靠的地位。当然,我们可以从米甲冒险救他这一情节,读出他们两人结婚初期感情不错,或者说作为驸马的大卫还是个不错的丈夫。但是,大卫对米甲感情的未知数在这里已经给米甲的悲剧埋下了伏笔。不论是扫罗嫁女不可告人的目的,还是大卫因自身不保,想通过联姻改变与扫罗的关系,都很清楚地告诉了读者:对两个男人来说这门婚事首先是政治行为,只是政治斗争中的一步棋而已。

2. 作为政治斗争牺牲品的米甲

正因为大卫娶米甲是扫罗和大卫的政治斗争所需,所以天真而怀有真情的米甲最终就成为了政治斗争的牺牲品。《圣经》叙事没有详尽交代大卫出逃后米甲的遭遇,只说她父亲又把她许配给了迦琳人帕提(铁)为妻,而且是在大卫娶其他女人之前。米甲就像参孙的新娘,再次由父亲做主嫁给了他人。我们不难想像一直爱大卫的米甲起码开始时会很痛苦,而这样的做法一定也伤害了大卫。

在扫罗死后,大卫索要米甲。此时米甲是否还爱大卫?或者她已经同帕铁产生了感情?《圣经》叙事没有交代。然而,经文却明确描述了米甲被带回大卫身边时,她的后任丈夫帕铁十分伤心,他跟在妻子身后"撒母耳下 3:16 一面走一面哭,直跟到巴户琳,"(II Sam 3:16 Paltiel followed her all the way to the town of Bahurim, crying as he went.)才不得以分手。这很像中国戏曲中情人十里相送那样难分难舍,从这段描述中我们可以推断米甲二婚的丈夫很爱她。虽然米甲的感情没有明说,但起码他们的生活还是融洽的。那么,大卫把米甲要回去是因为念及她旧日的爱情呢,还是要报答她的救命之恩呢?经文没有交代,但是从大卫在流亡期间和登基之后又喜爱了其他女人,以及后来他与米甲关系恶劣的叙述,我们基本可以否定大卫把米甲要回身边是因为还恋旧情。残酷的事实很可能是,当时扫罗那软弱的儿子伊施波设继承了以色列王位,大卫要称王仍旧名不正,言不顺。他只能在南边的犹大国称王。因此,他一方面耐心地等待伊施波设朝内自相残杀,另一方面就索要米甲,重新张扬他是扫罗女婿这一身份,这是一个使他在扫罗的儿子都死后有资格名正言顺接替王位的身份。这一步是为了政治权势的需要而走的,为此米甲的幸福,以及她的第二次婚姻和家庭都不在大卫考虑之列。这里,我们也不妨用巴尔爱用的弗式关于处女,即闺中待嫁姑娘最易成为父亲和丈夫矛盾的牺牲品的理论来分析米甲的悲剧。同耶弗他的女儿及参孙的新娘类似,米甲夹在了父亲和丈夫之间,先成为父亲消灭政敌的棋子,后来又被丈夫用做获取王权的政治阶梯。但是她比那两个女人都更悲惨的是她真正地爱过父亲的敌人并为他背叛了父亲。与美狄亚爱上伊阿宋并帮他偷金羊毛的故事雷同,她也没有得到对方的真情回报,而是一次次地充当男人的筹码。这样看来,她在大卫登基为以色列和犹大国王并欢庆约柜进入耶路撒冷时的冷嘲热讽态度就不奇怪了。她不是同庆,而是轻视他,讽刺地说:6:20 "以色列王今日在臣仆和婢女眼前露体,如同一个轻贱人无耻露体一样,有好大的荣耀啊!"(II Sam 6:20 Afterwards, when David went home to greet his family, Michal came out to meet him. "The king of Israel made a big name for himself today!" She said, "He exposed himself like a fool in the sight of the servant-girls of his officials!")

　　米甲的故事到此就没有下文了,最后只有一句话交代她的悲惨命运:6:"²³扫罗的女儿米甲,直到死日,没有生养儿女。"(Ⅱ Sam 6:"²³ Michal, Saul's daughter, never had any children.")没有儿女是古代以色列妇女最为不幸的事情,《圣经》里有许多例子来证明这一点,如耶弗他的女儿哀痛自己作为处子而死,路得为孤苦的拿俄米生育了后代给这个老女人带来的幸福,参孙和撒母耳的母亲不能生育时苦苦哀求耶和华赐她们儿子等等。所以,用这句话来结束米甲的一生就等于告诉我们她一生多么凄惨。对米甲的不育,在男权占统治地位的犹太拉比的阐释中不乏把罪过加诸女人自身的,当她的对立面是以色列最崇拜的英雄大卫王时情况尤其如此。他们评论说米甲的不育是耶和华上帝对她的惩罚,因为她竟敢对大卫王不恭。这种评论真是十分荒唐可笑。我以为,叙事虽然十分简约,但从已有的上下文中,已经可以判断米甲被招回王宫后并没有得到皇后应有的地位和宠幸。大卫有许多妻妾和女人,经文对大卫和亚比该以及拔示巴的艳情都有过很详尽的描写。米甲有过二婚,她是被大卫从帕铁身边生生拽回王宫的,目的是再重新续上扫罗女婿的身份。如果米甲回宫后始终被冷落这一推断正确的话,就能够解释她为什么会那么憎恶大卫,讽刺他在街上有失身份。美狄亚对负心的伊阿宋的报复是可怕的,她杀死了他们两人生的孩子。相比之下,米甲理智多了,她只是用批评和讽刺来还击了负心和无情的丈夫。不过有趣的是,她指责大卫失礼的话很明确地针对他在婢女和下人面前暴露了身体。这批评里是否含有对大卫可能引起其他女人的欲念而产生的妒忌?如果妒忌的说法成立,是否可以进一步推断出两点:(1)米甲回宫后大卫很少或者从来没有跟她同房;(2)米甲并非完全不爱大卫了,她还是等待他能亲近自己的。事实是,她回来后一直没有得到王的惠顾,而在她公开批评和讽刺大卫之后,就更遭到冷落。这就如同中国被打入冷宫的皇后或妃子,米甲又怎么可能怀孕生子呢?这样来读米甲的结局,我们就不难看到她是个牺牲品,她的一生毁在争权夺利的父亲和丈夫的手中。

结　语

　　米甲的故事在《旧约》里被当作大卫经历中的插曲断断续续地讲述着,很少被人注意。但是它实际上是个很凄惨和曲折的故事,而且由于叙述简约,是运用填补空白和推论来解读的上好材料。她的故事也十分有力地旁证了作为政治家的大卫是多么精明和无情。建战功以获美人是传统浪漫格局,在米甲和大卫的故事里却被讽刺性地使用了:它变成扫罗怀着要害死对手的阴险目的,让大卫去杀死非利士人,把阳皮作为战功的证据来换取自己并不喜爱的女人。因此,这个故事就从罗曼司变成了悲剧,不是大卫的悲剧,而是米甲这个作为政治牺牲品的女人的悲剧。所以,从女权主义的角度这个长期被忽略的故事实在应该得到认真的阐释。

故事二十 大卫和拔示巴

《旧约》经文

"撒母耳记下"11,12:26—31

大卫和拔示巴

1 过了一年,到列王出战的时候,大卫又差派约押率领臣仆和以色列众人出战。他们就打败亚扪人,围攻拉巴。大卫仍住在耶路撒冷。
2 一日,太阳平西,大卫从床上起来,在王宫的平顶上游行,看见一个妇人沐浴,容貌甚美。3 大卫就差人打听那妇人是谁。有人说:"她是以连的女儿,赫人乌利亚的妻子拔示巴。"4 大卫差人去,将妇人接来。那时她的月经才得洁净。她来了,大卫与她同房,她就回家去了。5 于是她怀了孕,打发人去告诉大卫说:"我怀了孕。"

6 大卫差人到约押那里,说:"你打发赫人乌利亚到我这里来。"约押打发赫人乌利亚去见大卫。7 乌利亚来了,大卫问约押好,也问兵好,又问争战的事怎样。8 大卫对乌利亚说:"你回家去,洗洗脚吧!"乌利亚出了王宫,随后王送他一份食物。9 乌利亚却和他主人的仆人一同睡在宫门外,没有回家去。10 有人告诉大卫说:"乌利亚没有回家去。"大卫就问乌利亚说:"你从远路上来,为什么不回家去呢?"11 乌利亚对大卫说:"约柜和以色列,与犹大兵都住在棚里,我主约押和我主(或作"王")的仆人都在田野安营。我岂可回家吃喝,与妻子同寝呢?我敢在王面前起誓(原文作"我指着王和王的性命起誓"),我决不行这事。"12 大卫吩咐乌利亚说:"你今日仍住在这里,明日我打发你去。"于是乌利亚那日和次日住在耶路撒冷。13 大卫召了乌利亚来,叫他在自己面前吃喝,使他喝醉。到了晚上,乌利亚出去与他主人的仆人一同住宿,还没有回到家里去。

14 次日早晨,大卫写信与约押,交乌利亚随手带去。15 信内写着说:"要派乌利亚前进,到阵势极险之处,你们便后退,使他被杀。"16 约押围城的时候,知道敌人那里有勇士,便将乌利亚派在那里。17 城里的人出来和约押打仗。大卫的仆人中有几个被杀,乌利亚也死了。

18 于是约押差人去将争战的一切事告诉大卫,19 又嘱咐使者说:"你把争战的一切事,对王说完了,20 王若发怒,问你说:'你们打仗为什么挨近城墙呢?岂不知敌人必从城上射箭吗?21 从前打死耶

单元三 《旧约》：历史

路比设(就是耶路巴力,见"士师记"9章1节)儿子亚比米勒的是谁呢?岂不是一个妇人从城上抛下一块磨石来,打在他身上,他就死在提备斯吗?你们为什么挨近城墙呢?'你就说:'王的仆人赫人乌利亚也死了。'"

22 使者起身,来见大卫,照着约押所吩咐他的话奏告大卫。23 使者对大卫说:"敌人强过我们,出到郊野与我们打仗,我们追杀他们,直到城门口。24 射箭的从城上射王的仆人,射死几个,赫人乌利亚也死了。"25 王向使者说:"你告诉约押说:'不要因这事愁闷,刀剑或吞灭这人或吞灭那人,没有一定的,你只管竭力攻城,将城倾覆。'可以用这话勉励约押。"

26 乌利亚的妻子听见丈夫乌利亚死了,就为他哀哭。27 哀哭的日子过了,大卫差人将她接到宫里,她就作了大卫的妻,给大卫生了个儿子。但大卫所行的这事,耶和华甚不喜悦。……

12 ……。

大卫攻取拉巴

26 约押攻取亚扪人的京城拉巴。27 约押打发使者去见大卫,说:"我攻打拉巴,取其水城。28 现在你要聚集其余的军兵来,安营围攻这城。恐怕我取了这城,人就以我的名叫这城。"29 于是大卫聚集众军,往拉巴去攻城。30 夺了亚扪人之王所戴的金冠冕("王"或作"玛勒堪",玛勒堪即米勒公,又名摩洛,亚扪族之神名),其上的金子,重一他连得,又嵌着宝石。人将这冠冕戴在大卫头上。大卫从城里夺了许多财物,31 将城里的人,拉出来放在锯下,或铁耙下,或铁斧下,或叫他经过砖窑(或作"强他们用锯,或用打粮食的铁器,或用铁斧作工,或使在砖窑里服役")。大卫待亚扪各城居民都是如此。其后,大卫和众军都回耶路撒冷去了。

预习问题

故事内容问答题:
1. 以色列将士全体出战亚扪人,围攻拉巴时,大卫在哪里?他每天做些什么?
2. 他怎样发现了美妇人拔示巴?然后,他做了什么事情?
3. 他为什么要把乌利亚从前线招回京城?他达到目的了吗?
4. 乌利亚在耶路撒冷一共几日?此间他住在哪里?
5. 大卫差乌利亚带信给将领约押,信里写了什么?
6. 乌利亚是怎样战死的?他死后大卫和拔示巴做了什么?
7. 上帝是怎样看待大卫这一罪行的?

深入思考题:
1. 你认为乌利亚拒绝回家休息真是如他所说的要与前方战士共甘苦吗?他有没有可能已经耳闻了妻子和大卫的奸情?你这样说的理由是什么?
2. 如果乌利亚已经听说了这件事情,他的身份和地位能允许他做些什么?他有没有可能公开批评国王?
3. 假设乌利亚已经听说了这件事情,他有没有猜测到大卫会加害他?他有没有偷看信的内容?

4. 知道了奸情的乌利亚和不知情的乌利亚在人物形象方面有何不同？
5. 请参看《圣经·撒母耳记下》的剩余部分来回答大卫受到耶和华的哪些惩罚？为什么？

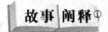 故事 阐释①

分析要点：

1. 叙事的反讽框架
　　（The Ironical Narrative Frame）
2. 叙事的空档和填补空档的解读
　　（Narrative Gaps and Gap-filling）

阐释解读：

1. 叙事的反讽框架

　　把故事置于一个由头尾构成的框架内是文学作品中常用的手段，以取得某种主题上的效果，但并不一定是反讽的。在前面阐释过的"约瑟和波提乏之妻"那则故事中，大家已经看到《圣经》作者（们）如何利用开始和结尾重复"上帝把一切都交在约瑟手里"、"上帝与约瑟同在"来形成一个首尾照应的故事框架，既增加了叙事的艺术性又突出了经文的主旨，那就是耶和华是万能的，他庇护以约瑟为代表的以色列人。在"大卫和拔示巴"的故事里我们又见到了类似的框架，但这个框架是反讽的，它旨在通过对比来突出大卫的堕落，有很强的艺术效果。

　　大卫和拔示巴的恋情及为此谋杀拔示巴的丈夫历来令犹太教的拉比们尴尬不已。这么伟大的领袖，又虔诚地跟随耶和华，怎么做出了这等恶行丑事？于是他们中有的人便想方设法替大卫开脱，用牵强附会的填补空档办法做了斯腾伯格指责为不合法的阐释（illegitimate reading）。这种解读是政治行为，即用政治来干扰文本和事实的客观性，其结果可以十分荒唐。比如有的拉比事先假设大卫不可能犯通奸和谋杀罪，先下了结论，然后去找论证理由。他们说在大卫统治时期不论谁去打仗，出发前都要给妻子一封离婚信，如果这男人活着回来了他们就再次结成夫妻。言下之意就是有离婚信在手的拔示巴等于一个自由女人，大卫通奸之罪就减轻或不存在了。② 这种读法之所以不合法理由很简单；这些拉比根本不顾文本证据，只凭主观臆断在胡说。紧接大卫和拔示巴的故事，我们就读到耶和华差遣拿单去指责大卫，拿单讲了一个富人夺走穷人唯一的一头小母羊的寓言来批评大卫，拿单还明确地指责了大卫的杀夫夺妻罪

---

① 见斯腾伯格《圣经的叙事诗学》，第186—221页。
② 同上书，第188—189页。

行,并预言了大卫和他的家族为此将遭到的报应。① 不合法的阐释往往出于某个阶级和集团的政治利益,在我国过去简单化的文学批评中不乏例证,是我们应该努力避免的。

作为一个精湛的叙事成品,"大卫和拔示巴"故事的作者并没有用说教的方法直接指责大卫,而是采用了反讽的框架来表明了他的价值取向,比较高层次和有阅读训练的读者不会漏掉作者在这里埋伏的关子和他的叙事技巧。故事一开始,我们读到:11:过了一年,到列王出战的时候,大卫又差派约押率领臣仆和以色列众人出战。他们就打败亚扪人,围攻拉巴。大卫仍住在耶路撒冷。(II Sam 11:The following spring, at the time of the year when kings usually go to war, David sent out Joab with his officers and the Israelite army; they defeated the Ammonites and besieged the city of Rabbah. But David himself stayed in Jerusalem.)不多的几句话就交代了故事发生的时间和历史背景,似乎一目了然。它首先交代了拔示巴被一个人留在家里的背景,给大卫造成了通奸的机会。然而这里面已经埋下了对比,这个开头所起到的作用远远超过了简单的讲述背景情况。请看英文中前一句很长的话交代了在战事纷乱的这个季节大卫派大将约押率领士兵去打亚扪人,他们英勇作战,取得了很大的胜利,最终把敌人团团围困在城池里。紧接这个长句是非常短的一句话,用"但是"转折了语气,十分显眼地突出了大卫留在了耶路撒冷,他没去打仗。在《钦定圣经》里用了"tarry"这个字,它不同于"stay",虽然中文都可以译成"呆在某个地方",但"tarry"给人传达的意思还有"逗留"、"延误"、"犹豫"等等,因此用这个字已经暗示大卫本来该亲自率领将士去冲锋陷阵,但是他却没有这样做。他把别人都差去打仗,而自己留在家里享福。事实上,在此之前大卫是个十分英勇善战的勇士,他完全靠争战打出了统一的以色列天下,而这是他头一次逃避战争。这第一次逃避就带来了与拔示巴的奸情,并因此成为他事业和家族走下坡路的转折点。

大卫一个人留在城里在做什么呢?下面我们读到:11:² 一日,太阳平西,大卫从床上起来,在王宫的平顶上游行,看见一个妇人沐浴,容貌甚美。³ 大卫就差人打听那妇人是谁。有人说:"她是以连的女儿,赫人乌利亚的妻子拔示巴。"⁴ 大卫差人去,将妇人接来。那时她的月经才得洁净。她来了,大卫与她同房,她就回家去了。(II Sam 11:² One day, late in the afternoon, David got up from his nap and went to the palace roof. As he walked about up there, he saw a woman having a bath. She was very beautiful. ³ So he sent a messenger to find out who she was, and learnt that she was Bathsheba, the daughter of Eliam and the wife of Uriah the Hittite. ⁴ David sent

---

① 《旧约》"撒母耳记下",12:1—15。

messengers to fetch her, they brought her to him and he made love to her. [She had just finished her monthly ritual of purification.] Then she went back home.)大卫不但不上前线,而且在家悠哉游哉。他睡到太阳平西才起身,然后到王宫屋顶上去远眺,这种举止进一步同在前方浴血奋战的将士形成极强烈的反差。于是,他偷看到美妇人拔示巴洗浴。在明知她是自己将士之妻的情况下,他仍然派人把她接进宫来共寝,造成奸情。叙述到此,这个故事就算进入了最要害的部分了,下面要讲的是大卫主要的罪行:谋杀。不过,有趣的是,上面这段描述还特别提到了拔示巴在丈夫离去后来过了例假。在《圣经》这样简约的叙述里居然还有这种婆婆妈妈的交代,我们在窃笑的同时不禁会产生疑问:为什么要插上这么一笔? 斯腾伯格指出这是故事情节里至关重要的交代,因为这才可以证明拔示巴所怀的孩子绝对不是乌利亚的,这也才能解释为什么大卫一定需要把乌利亚骗回家去同妻子同床才能把孩子算成乌利亚的。另外,我们也不要忘记,在《旧约》这个把继承和延续家族当成一个重要主题的文本里,父子的血缘关系是绝不能含糊的事情。所以,作者要明示拔示巴所怀的孩子毫无疑问是大卫的。

谈完开头,现在我们来看作者在这个故事的结尾上采取了什么手段来配合开头,以形成一个完整的反讽框架。围城和攻陷亚扪人的城池用不了两年,但是故事的作者有意地打乱了叙述的时间顺序,把攻占拉巴放在大卫娶了拔示巴,他们的婚外所怀的儿子死掉又生了所罗门之后。这样一来,作者就用战争的故事做了大卫个人故事的框架,以战争和将士们的表现同大卫的行为对比,更突出了大卫行事的不道德。在战争胜利之即,约押送信给大卫说,12:^{27}"现在你要聚集其余的军兵来,安营围攻这城。恐怕我取了这城,人就以我的名叫这城。"(II Sam 12:^{27} "Now gather the rest of your forces, attack the city and take it yourself. I don't want to get the credit for capturing it.")①约押和将士们已经胜券在握,只要大卫到前线来最后客串一下,毫不费力地获取荣誉和战利品。这样大卫就成了一个激战时在耶路撒冷享福,偷前方将士妻子,并在最后赶到前沿坐收渔利的不仁不义之君。作者在这个故事框架设置里所表现的高度创作意识再次证明了《圣经》的文学性。

2. 叙事的空档和填补空档的解读

(A) 叙事中的空档:

斯腾伯格在《圣经的叙事诗学》里提出了一系列《旧约》叙事特点,并演示了阐释的方法,其中十分精彩的一个例子是对"大卫和拔示巴"故事所做的填补叙事空档的解读。叙事中经常会有省约和不写明的地方,这是一种常见的写作手段,一般要读者根据上下文的提示来填补省去的内容以获得故事的全貌,或达到深一层的理解。像《圣

---

① 这里《福音圣经》的译文太自由了,它省略了《钦定圣经》中"lest I take the city, and it be called after my name"(恐怕我取了这城,人就以我的名叫这城),而用 get the credit(领功劳)给代替了。

经》这样含蓄、简约的文体,省约造成的叙事空缺处更是比比皆是,能否做好阅读中不断填补空档应该是每个《圣经》读者,特别《旧约》读者必须具备的能力。为了说明问题,斯腾伯格举了一首希伯来儿歌为例。它是这样的:

每一天,都那样,(Every day, that's the way,)
约拿丹到门外去玩耍。(Jonathan goes out to play.)
爬上一棵树。他看见了啥?(Climbed a tree. What did he see?)
小鸟雀,一个、两个、仨!(Birdies: one, two, three!)
淘气包!我们来看看你怎么啦?(Naughty boy! What have we seen?)
你的新裤子上出了个大口子!(There's a hole in your new jeans!)

这首十分简单、明快的儿歌里就有一个解读的缺漏点,或称叙述的省约处。在前面讲了约拿丹每天淘气,这一天爬上了树之后,忽然叙述就转到裤子破了,却没有交代破口子是怎么来的。由于上下文相关的情景的限定,我们不可能推测这个破洞原来就在裤子上或是被狗咬的;我们的常识也不容我们判断这个洞是那三只幼雏咬破的。毫无疑问,这首儿歌的读者都会领会到这裤子洞是男孩爬树时划破的。只有这样用填补的方法把这个叙述的空档读出来,才能领略这首儿歌的主要内容、写作技巧和温和的幽默口吻。

(B) 学会实践正确地填补空缺,反对不合法的填补空缺:

填补空缺是有一些因素限制的。简言之,它要靠文本的相关性因素和内容来决定填补得是否合理,是否能够成立。上面的儿歌已经提到,约拿丹的裤子不可能是狗咬的,因为文本里没有这样的提示。那样去解读为什么裤子上出了个洞,就叫做误读,它是不合法填补空缺的后果。

(C) 填补空档的解读对文本意义和人物形象的影响:

在"大卫和拔示巴"这个解读范例里,斯腾伯格向我们展示了与一切优秀的文学作品一样,《圣经》叙事留给读者太多的余地去做不同的理解,比如:海明威的两个杀手为什么要杀瑞典人安德森?福克纳的爱米丽为什么杀害了她的情人?斯特恩的特里川姆·商弟的鼻子被夹扁了有什么含义?这些问题都要靠读者自己去动脑筋解答。而正确地把握填补空缺的解读方法不仅可以防止误读,而且可以提供读者对文本含义和人物形象的全新认识。下面就介绍一下斯腾伯格如何用这则故事来演示他的填补空挡的解读方法。

大卫看上拔示巴,差人将她接入宫来并发生了关系。这整个过程的叙述中读者并没有被告知大卫对拔示巴到底是短暂的情欲呢,还是真正堕入爱河不能自拔。叙事里有的只是简略的事实:接来了、过夜了、又送回去了,然后拔示巴发现自己怀了身孕,赶快差人报告大卫。根据以色列的族轨和宗教训诫,通奸是不可饶恕的罪行,对女方尤其严厉,往往是拖出去让众人用乱石砸死。犹大以为他玛不守妇道时就曾命令把她拉出去烧死。所以大卫面临了自己名誉扫地而拔示巴可能被处死的局面。他于是把拔示巴的丈夫乌利亚从前线传回来，用尽心思让他回家与妻子团聚，以便把自己的孩子移嫁给乌利亚。由于《圣经》的简约，我们说不清大卫到底爱不爱拔示巴，因此也无法肯定他主要是为掩盖自己的问题，还是为了救心爱的人。① 这里就有需要读者根据上下文来填补叙述空档了。

乌利亚被十万火急地从战场上叫了回来。一般这种招回都是有头等重要并不能等待的国家大事，但是乌利亚见到大卫王时却只有无关紧要的寒暄，然后大卫就让他回家歇息。没想到灰尘扑扑，辛苦劳累的乌利亚居然过门而不入，他选择了同王宫卫士同睡，没有回家。当第二天大卫查问他原因时，他说：11:11"约柜和以色列，与犹大兵都住在棚里，我主约押和我主（或作"王"）的仆人都在田野安营。我岂可回家吃喝，与妻子同寝呢？我敢在王面前起誓，我决不行这事。"(II Sam 11:11 "The men of Israel and Judah are away at the war, and the Covenant Box is with them; my commander Joab and his officers are camping out in the open. How could I go home, eat and drink, and sleep with my wife? By all that's sacred, I swear that I could never do such a thing!")大卫仍不罢休，留乌利亚又在都城逗留两日，而且晚间为他摆席，把他灌醉，以为他酒醉后会忘了不回家的决心。然而乌利亚坚持在卫队住了三个晚上，大卫没有办法了，决心杀死乌利亚。他修了一封书信，让乌利亚带给约押。信中大卫命令约押把乌利亚安排到最危险的地方，以便借亚扪人之手将他杀害。约押果然这样做了。乌利亚遇难，拔示巴经过了必要的短暂的哀伤仪礼就被大卫娶进宫内。到此故事的情节大都交代清楚，道德是非也有定论，因为接下来拿单就受耶和华之托去指责了大卫，耶和华不但夺走了大卫和拔示巴这个儿子，而且降灾给他全家，让大卫的长子暗嫩奸污了异母妹妹他玛，押沙龙为同母妹妹他玛报仇而杀死暗嫩并最后造反。《旧约》作者无疑是把大卫遭遇拔示巴作为大卫从上升变成走下坡路的转折点，把他犯的这个罪行说成是大卫王朝后来经历的乱伦、凶杀、内乱和衰败的原因。

尽管没有道德含糊，尽管发生的事情也基本清晰，但是这个故事里的叙事空档还是不少，上面说的大卫对拔示巴的感情究竟是哪一种即一例。有空档就有疑团，这个故事主要的空档或疑团在于乌利亚的表现：他为什么拒绝回家？他在战场上浴血奋战很久，现在家就在咫尺，还有国王恩准和鼓励，他为什么就不能回家歇歇脚？斯腾伯格在这里提出了一个大问题，那就是乌利亚到底知不知道大卫和拔示巴的奸情？这是故事叙事留出来的一个大悬案。说知道，在文本里可以找出根据；说不知道，文本里也有

---

① 由格利高里·派克主演的好莱坞同名电影，同许多类似电影一样把大卫和拔示巴的恋情写成了虽然错误，但是浪漫并值得同情的。片中明确地有大卫和拔示巴看见一个妇女因这类罪行而被乱石打死的镜头。这部电影几乎明确地表示大卫这样出下策骗乌利亚，甚至杀死他，都是因为真爱拔示巴，要保护她不受残酷的刑罚。

依据可做此推断。但是乌利亚知道和乌利亚不知道会引出大卫知道乌利亚知道以及大卫认为乌利亚不知道的不同解读来,而最终我们对乌利亚和大卫这两个人物的认识也会产生极大的差别。

首先来看乌利亚不知道大卫和拔示巴的关系的理由,一般读者读了这个故事后得到的印象基本都是乌利亚始终被蒙在鼓里。文本证据如下:(1) 拿单在事后传耶和华指责大卫的话时说:12:"¹²你在暗中行这事,我却要在以色列众人面前,日光之下报应你。"(II Sam 12:"¹² You sinned in secret, but I will make this happen in broad daylight for all Israel to see.")他强调了悄悄在暗中行事,不仅通奸如此,谋杀也做得诡秘,上帝要揭露和惩罚他。(2) 大卫把乌利亚传回来,让他回家过夜,这么做的前提就是认为乌利亚是不知道情况的,不知情才可能上当去充当大卫孩子的父亲。(3) 最后大卫让乌利亚本人带一封内容是谋杀自己的信给长官约押,如果乌利亚知道实情,或者说大卫认为乌利亚知情,他就不可能让乌利亚带这样一封信。因此,这个故事的情节如要立得住似乎正确的读法就是乌利亚不知情。

那么,为什么说文本也给我们埋下了乌利亚知道奸情的可能呢?我们知道大卫接拔示巴进宫和拔示巴差人报告大卫她怀孕了,这前后起码有两个差人是知情的,很可能还多于两人,因为在英文译文里大卫派人用的复数(messengers),何况有可能他们这种往来不只一次。既然有人知道,就没有不透风的墙。如果乌利亚在战场上的确没听说,那他到了耶路撒冷之后就不一定了。他一到达就去见大卫报到,此时很可能仍旧不知道实情,而且等待大卫给自己指派重要任务。但是国王问了问前线状况就没事了,这不能不引起乌利亚奇怪:前沿战事激烈,将士们浴血奋战,在人手吃紧的情况下没有紧急任务是不会把他招回来的,但居然就让他回家休假。人有了疑团之后就要打听。乌利亚后来到宫门口去同卫队士兵们一起过夜,说明他在宫廷卫队里可能有认识的人,他完全有可能在离开王宫前听到了流言蜚语,明白了事情真相并决定了不回家睡觉。这就解释了为什么大卫叫他回家的当时他似乎没有异议,直到第二天面对大卫为什么不回家的问题时才说出了一套慷慨的言辞。否则,他可以在大卫头一天让他回家休息的当儿就告诉国王因战友们都在前线舍命厮杀自己不能回家享福。

用乌利亚知道奸情的思路来分析后面他说的话,我们就会对这段话产生新的认识。这段话的中英文上面都引过了,让我们重新查看一下它的含义。由于乌利亚的附属地位,他不可能直接揭露大卫王,更不能向他挑战。他的气愤是以比较隐晦的对比和讽刺性指责来体现的。在他的回话里,他首先提出了"约柜和以色列"都在前线,也就是说这场战争是耶和华神和以色列的事业;然后他说犹大士兵都住在帐篷里,将领约押也在田野里安营,大家都很辛苦,因此他不能独自回家享福。在他的话里还把约押称为"我主",把自己说成是约押的仆人。(这里的中文译者自己加了括号把"主"字等同"王"字,而实际上英文里用的是不大写的"lord"。)根据英文,斯腾伯格认为这里的"我主的仆人"指的是约押的仆人,而乌利亚这样称呼自己等于明确地告诉大卫,他只承认约押为自己的领袖。整段话不但指责了大卫置耶和华和以色列于不顾,在后方享乐偷情的可耻,而且表示自己要和前方将士一样为人行事,不愿与这样一个国王认同。一个知道奸情的乌利亚的话就成为对大卫的棉里藏刀的批评,而不是一个傻瓜在向自己的国王表忠心了。有乌利亚知情为前提,我们也就更可以理解不论大卫第二晚、第三晚如何努力,又宴请、又送礼,甚至把乌利亚灌醉,乌利亚也坚决不会上当。

不过,乌利亚知道,或大卫知道乌利亚知情的前提似乎解释不了大卫为什么仍旧让乌利亚带回要谋杀自己的信,而且乌利亚为什么不打开看看,为什么有可能猜到了信里的内容还照样带了回去,把自己置于死地?对这一点,斯腾伯格的解释有些牵强。他说我们不能这样去究竟为什么,如果这样推理,那么为什么大卫不让人在耶路撒冷把乌利亚暗杀了,还需要让他返回前线,拜托约押做圈套杀死他吗?显然,这些为什么都扯得远了些,也不是《圣经》文本提供的信息可以完满回答的了。尽管如此,乌利亚不拆信、不逃跑,明知危险仍把信带到还是可以理解为一个知道自己必死而选择了维护自己荣誉和自尊的人的诚实表现。

分析到这里,我们就要进一步看看两种可能是怎样影响对大卫和乌利亚的形象塑造的。如果乌利亚到死都是糊里糊涂,那么他的那番为什么不肯回家歇息的解释充其量只是一个头脑简单、愚忠之人的空洞口号。这个人物也就是扁平无深度的,简单得像一张硬纸板。他的死会引起读者的怜悯,但也就仅此而已。在乌利亚不知情或大卫认为他不知情的前提下,大卫的形象就相当糟糕了。他变成一个耍弄权力欺负傻子,残忍而奸诈的小人。这个故事整体上的文学性也比较差了,除了传达耶和华虽庇护大卫但赏罚分明的宗教意图,它只是大卫历史上一桩不光彩事情的简单记载,来说明后来的家族不和及内乱来由。

但是如果前提是乌利亚回来后知道了真情,而且大卫见乌利亚死不回家并听了他对自己的指责后也明白乌利亚知情的话,那他们两人的形象就都变得复杂和高大多了。知情的乌利亚是个悲剧英雄。他受了国王的欺负和侮辱,面对国王要他戴绿帽子还要冒充是孩子的父亲的形势,明知不服从就要被杀害的他选择了死亡,并义正严辞地批评了大卫王乘前方战士浴血奋战时在后方享乐、偷情、沉湎女色的卑劣行径,他还公开否认了这样的国王是他的主人。他没有闹事,或采取极端行动,他有可能经受了内心的痛苦斗争,在背叛和对国家的责任感之间犹豫不决。但最后他选择了忠于国家,以一种令人生畏和敬佩的骄傲的沉默,承受了将要到来的厄运。在大卫对他人格如此侮辱之后,他生命中剩下的最有价值的东西只有他一贯做人的诚实和正直了。他的正直不允许他揭露大卫,给以色列带来伤害。他也明白他的地位低下,即使想反抗也不会有结果。于是,他选择了死亡,而且坦然地带信,准备勇敢地面对死亡,为国家效力到生命的最后一刻。这样来读乌利亚,乌利亚就不是个没头脑的愚忠傻瓜了,不是《旧约》里数以万计死于政治斗争和风云变迁的无名之辈了。他可以和那些逃不脱命运把握却努力按照自己的准则结束生命的悲剧英雄比肩,他的悲剧故事带给了读者一种情感上的升华。

知道乌利亚知情却仍旧一意孤行将乌利亚谋杀的大卫形象也不再是个无端残忍和奸诈的小人了。在乌利亚当面讽刺和指控他不道德,并拿前方将士与他对比之后,大卫被激怒了。他要报复乌利亚,他在我们面前是一个敢爱敢恨的可怕的君王。即便我们因他为爱情不择手段和犯罪而指责他,我们却不能像鄙视一个杀害毫无反抗的乌利亚的大卫那样鄙视他了。如果大卫认为乌利亚不知道奸情而要把孩子转嫁给他,那么大卫对拔示巴的感情就更像是情欲,情欲满足后赶快想办法把自己的脚从污泥里拔出来。反之,如果大卫明知乌利亚知情而要这样做,那么就不存在自己脱身的问题了。他是在保护拔示巴,他对拔示巴好像就真是有情有意了。就同莎士比亚的麦克白一样,他是个作恶多端的野心家,但是读者不能把他与简单的恶人等同。他的罪行、他所受的惩罚和他挣扎的心理历程都对我们产生了巨大的冲击力。被讥讽和指责激怒的大卫尽管仍旧是杀死无辜的罪人,他还是摆脱了无端的恶毒和杀人的卑鄙。而整个故事的层次也丰富多了,解读的戏剧性大大增强。

约押不但执行了大卫的命令,而且很富有"创造性"。为了不让故意杀人的意图暴露在光天化日之下,约押派乌利亚送死时还搭上了好些无辜的将士,让他们陪同乌利亚一起到最险要的地方去攻城。由于死伤太多,在派使者回耶路撒冷复命时,狡猾的约押教给使者如何藏而不露地暗示已经顺利地消灭了大卫的情敌,为此才造成了较多伤亡。大卫一听就明白了,而且对此做法给予了肯定,他说:11:25……"你告诉约押说:'不要因这事愁闷,刀剑或吞灭这人或吞灭那人,没有一定的,你只管竭力攻城,将城倾覆。'可以用这话勉励约押。"(II Sam 11:25 ... "Encourage Joab and tell him not to be upset, since you never can tell who will die in battle. Tell him to launch a stronger attack on the city and capture it.")这一段主仆狼狈为奸的描写十分有戏,它进一步揭露了大卫的可耻和不择手段。他听明白了约押的暗示,而且虚伪地对使者说刀箭不长眼,他很理解伤亡大,并鼓励和褒奖约押继续奋战,夺取城池。这段描写同时也让我们看到约押的狡猾,以及他比大卫有过之而无不及的残忍。当然,正是因为大卫让他参与了这种不正当的阴谋,就给了他操纵自己的把柄,助长了他的气焰。他从创造性地执行大卫的指示,逐渐发展为越俎代庖,自作主张,为后来他剿灭押沙龙叛乱时不顾大卫爱子之心把押沙龙杀死做了铺垫。一个用武力起家,最后越过大卫弄权、野心又霸道的军人形象就这样很精心地塑造了出来。在这些精彩的历史人物和事件的记述方面,《圣经·旧约》可以让我们联想起中国的《史记》或记载古希腊历史的史书。

结　语

　　填补空档是我们读文学作品时必不可少的经历,能否有意识地发现作品中的省约和没有尽言之处并做出合理的填补阐释是区别阅读能力和层次的重要标尺。在"大卫和拔示巴"的故事里,斯腾伯格给我们做出了一个很生动的样例,让我们认识到《圣经》叙事里巨大的阐释余地。一个受到强权欺负,明知会有生命危险,但仍然尽微薄之力维护自身尊严并做出反抗的悲剧人物乌利亚,和一个被乌利亚激怒而杀死他来保护心爱的女人的大卫王,的确大大增加了两个人物的分量和整个故事的丰富内涵,也使这个故事成为《圣经》文本的文学性的强有力的例证。

故事二十一　所罗门断案

《旧约》经文

"列王纪上"3:16—28

3……。

所罗门审断疑案

16 一日,有两个妓女来,站在王面前。17 一个说:"我主啊,我和这妇人同住一房,她在房中的时候,我生了一个男孩。18 我生孩子后第三日,这妇人也生了孩子。我们是同住的,除了我们二人之外,房中再没有别人。19 夜间,这妇人睡着的时候,压死了她的孩子。20 她半夜起来,乘我睡着从我旁边把我的孩子抱去,放在她怀里,将她的死孩子放在我怀里。21 天要亮的时候,我起来要给我的孩子吃奶,不料,孩子死了。及至天亮,我细细地查看,不是我所生的孩子。"22 那妇人说:"不然,死孩子是你的,活孩子是我的。"她们在王前面如此争论。23 王说:"这妇人说:'活孩子是我的,死孩子是你的。'那妇人说:'不然,死孩子是你的,活孩子是我的。'"24 就吩咐说:"拿刀来",人就拿刀来。25 王说:"将孩子劈成两半,一半给那妇人,一半给这妇人。"26 活孩子的母亲为自己的孩子心里急痛,就说:"求我主将活孩子给那妇人吧!万万不可杀他。"那妇人说:"这孩子也不归我,也不归你,把它劈了吧!"27 王说:"将孩子给这妇人,万不可杀他,这妇人实在是他的母亲。"28 以色列众人听见王这样判断,就都敬畏他,因为他心里有神的智慧,能以断案。

单元三 《旧约》：历史

预习问题

故事内容问答题：

1. 一天两个妓女来所罗门面前告状，她们彼此告发的是什么事情？
2. 除了她们的口述之外，所罗门有没有任何其他证据和线索？
3. 所罗门突然吩咐拿什么？他要如何处理这两个妇人的争端？
4. 两个女人听到所罗门要把孩子劈成两半时，各自做出了什么反应？
5. 所罗门最后把孩子判给了哪个妓女？

深入思考题：

1. 所罗门断案的故事是后世什么文类的发端？
2. 故事那突然转变的结尾，在当今文学里一般称作什么结尾？
3. 这个故事具备哪些侦探小说和谜语的特点？
4. 《圣经》突出所罗门超凡的智慧要说明什么问题？
5. 在我国和一些其他国家也有类似的故事。你能否举出一两个这样的例子来？

故事阐释①

分析要点：

1. 文类特点分析
   （A Genre Analysis）
2. 多视角的叙事和知情的不同状况分析
   （The Multi-Perspective Narrative and the Different Knowledge Positions）

阐释解读：

1. 文类特点分析

在读"所罗门断案"的故事时，一个重要的分析点就是这个故事的跨文类性质以及它涉及的文类特点。"所罗门断案"是个多文类的故事，它首先是个谜语和解谜的故事，所罗门通过解开这个其他人全都束手无策的谜，给自己树立了名望，令大家知道耶和华上帝给了这个年轻人无上的智慧。但是又是一个侦探和破案的故事，这种文类叙述的第一要求就是必须遵循"游戏公平"（fair-play）准则。比如福尔摩斯的探案无一不是把有关案情的所有线索都摆出来，这样读者和侦探知道的信息一样多。在这个公平的认知基础上，侦探才能显示出使他找到答案的超凡的智慧。

---

① 这则阐释例子主要来自斯腾伯格，见《圣经的叙事诗学》第五章"视角的替换"（The Play of Perspectives），第163—169页。

另外一个侦探故事的叙事原则叫做"密封性"(the hermetic sealing),即被怀疑的罪犯被限制在一个划定的圈圈内,彼此的口供经常互相抵消。比如阿加莎·克里斯蒂的推理侦探小说《东方快车的谋杀案》或《尼罗河上的惨案》里作案的凶手就限于坐那节火车的乘客或在尼罗河游船上的客人。"所罗门断案"的叙事完全符合这两个侦探故事的原则,读者和所罗门一起听到两个妓女的陈述,所罗门并不比我们掌握更多的内情。而且犯罪时没有第三者在场,因此凶手只限于这两个女人。但因为没有其他人在场,她们的陈述彼此抵消后,就把这案子推进了死胡同。

2. 多视角的叙事和知情的不同状况分析

斯腾伯格在他的专著《圣经的叙事诗学》第五章里讨论了叙事的不同视角问题。在现当代叙事学十分发达的情况下,大家都相当熟悉作者(author)、隐含的作者(implied author)、读者(reader)、隐含的读者(implied reader)和叙述者(narrator)等概念以及他们彼此之间的关系。在《圣经的叙事诗学》里,斯腾伯格提出了《旧约》的叙事独特性,那就是在《圣经》的世界里多了一个地位处在叙述者之上的全知全能的上帝。一般的小说里第三人称叙述者可以是全知的,但是在《圣经》里他既与上帝的全知地位类似,却又必须低调,绝不能超过上帝。他讲什么,讲多少,以及什么时候讲都必须服从上帝的总安排。而且上帝既是这个世界的原由和终结,又在《圣经》里扮演一个角色。他的存在和绝对地位造成了《圣经》叙事比其他叙事多出了几层叙事关系,并且限制了叙述者的自由。然而,也正因为有上帝的存在,《圣经》的叙事就具备了任何其他叙事没有的时间、空间和思想上的连续性和一体性。尽管如此,叙述者仍然享有相当的自由度,但这个自由主要表现在美学方面。也就是说,《圣经》叙事可以在保证意识形态绝对服从上帝意图的前提下,在叙事视角、修辞手段、人物塑造、结构对应、比喻和意象等许多方面用文学原则来进行创造。上帝和叙述者的关系可以有如下多种:上帝是立法者,叙述者就是说服守法的人;上帝是创造者,叙述者就是根据上帝意图再进行创造的人,以便减少说教,使读者更好地接受上帝的思想和精神。在叙事里,通过人物和读者,以及人物之间的不同视角来展开故事就大大提高了美学效果,给读者以阅读的享受。

斯腾伯格提出《圣经》世界里的矛盾并不围绕生命和死亡展开,而是围绕着掌握知识的多少来演绎。这一点从人类的始祖亚当和夏娃在伊甸园里的时候就开始了,他们表现了人类想获得知识的强烈欲望,也因此犯下天条被赶出了乐园。从此人类的历史在《圣经》里就反映为不断努力了解上帝的意图,不断犯错误受惩罚,然后再继续努力去获得上帝的指点。受上帝关爱和庇护的个人、家族和国家就知道得多,因此行事正确,得到繁荣昌盛;反之则意味着灾难和灭亡。所以,整个《圣经》里的主要矛盾都围绕谁得到了上帝惠顾、谁知道上帝的安排来展开。在叙事中这种对知识掌握的不同程度被斯腾伯格列为"读者占上峰"(reader-elevating)、"人物占上峰"(character-elevating)和"两者持平"(even-handed)三种类型。

"读者占上峰"的叙事类型指故事发展中读者已经通过叙述把握了优于故事里人物所把握的信息,因此可以完全把注意力集中在故事如何演绎来让人物最后明白自己的命运。在《旧约》里有许多这样的例子。比如在"以斯帖记"里阴谋要灭除犹太人的哈曼造了一个五丈高的木架,预备用它吊死末底改,却不知末底改早有准备,已经通过王后以斯帖禀明了哈曼的阴谋。这些在哈曼背后进行的活动读者读到了,但哈曼本人却蒙在鼓里,所以我们十分有兴趣地看着不知死之将至的哈曼在那里狂妄自大,继续表演,直到国王下令把他送上他为末底改准备的绞架。"人物占上峰"的例子不如"读者占上峰"的轮廓清晰,但在《旧约》中也有不少。比如在老仆人去迦南为以撒定亲的故事里,拉班十分热情地欢迎老仆人,他的目的他自己知道,读者却没有被清楚地告知。直到故事继续展开,我们读到精明的老仆人面对利百加的家人大谈亚伯拉罕多么富有时,我们才通过分析明白了拉班的热情来自他的爱财,因为他看见了从井台上奔回来的利百加带着老仆人赠的贵重金环和金镯。

读者和人物在掌握信息知识上"两者持平"的叙事类型较之上面两种更为少见。斯腾伯格做了一个阐释范例,它就是"所罗门断案"的故事。我们将在下面比较详细地介绍他是如何用这个技巧来展现《旧约》的叙事视角变换所带来的戏剧性。

首先,所罗门面对的两个妓女诉讼人提供了两条平行的、完全相同的情况介绍,只是在指控部分颠倒过来。她们一个说:3:17"……我和这妇人同住一房,她在房中的时候,我生了一个男孩。18我生孩子后第三日,这妇人也生了孩子。我们是同住的,除了我们二人之外,房中再没有别人。19夜间,这妇人睡着的时候,压死了她的孩子。20她半夜起来,乘我睡着从我旁边把我的孩子抱去,放在她怀里,将她的死孩子放在我怀里。21天要亮的时候,我起来要给我的孩子吃奶,不料,孩子死了。及至天亮,我细细地查看,不是我所生的孩子。"(I Kgs 3:17". . . this woman and I live in the same house, and I gave birth to a baby boy at home while she was there. 18 Two days after my child was born she also gave birth to a baby boy. Only the two of us were there in the house—no one else was present. 19 Then one night she accidentally rolled over on her baby and smothered it. 20 She got up during the night, took my son from my side while I was asleep, and carried him to her bed; then she put the dead child in my bed. 21 The next morning, when I woke up and was going to feed my baby, I saw that it was dead. I looked at it more closely and saw that it was not my child.")而另一个完全重复同样的话,她们陈述中唯一的共同事实是这案子里有两个孩子,一死一活;而把彼此指责的相同处去掉后,剩下的争执只有"死孩子是你的,活孩子是我的"和"活孩子是我的,死孩子是你的"这种文字上颠倒的游戏。在她们的陈述里,读者和所罗门搞明白的有这几点:(A)她们两人是妓女,孩子没有父亲;(B)她们两人独住在一个地方,生孩子也好,孩子死了也好,都没有其他人在场;(C)叙述中这两个女人的名字也没有，我们称她们为"这一个女人"和"那一个女人"；(D) 头一个女人的陈述相当清楚和直截了当，但是第二个女人的陈述完全把它抵消了，她们两人也没有流露可供我们和所罗门作判断参考的任何感情上的迹象。因此她们的陈述，或彼此的指控都变成毫无意义。

在这样一个密封性的侦探叙事面前，读者和所罗门都面临了极大的困难：到哪里去找证据？从什么地方来突破？在中国的包公案里，有《灰阑记》采用了类似的断案方法，①而且包公断案如果出现了死无对证的绝境，他往往会求助迷信，让人扮作被害人的鬼魂来吓唬凶犯吐真情。《圣经》的意识形态目的是要证明所罗门有上帝赐予的智慧，他可以解决其他人无法解决的问题。在读者和人物持等同信息的状况下，我们开始也许还会窃笑：这难道就是上帝赐给了无上智慧的人吗？我看他也比我好不了多少。然而就在读者和所罗门都被叙事引导到把握了有关案情同样多少的信息知识时，就在读者以为他们和所罗门处于同样的断案地位时，忽然我们听到所罗门呼唤"拿刀来。"这个突然转折比现代推理侦探小说在抓获犯人前慢慢推理揭迷要突然得多，因为他这个出其不意的举动把悬念推向了极度，一下子就改变了读者似乎同所罗门一样享有的全知地位。读者，还有在场的两个妓女诉讼人和所有其他人物都被甩入迷惑不解的深渊，而此时所罗门却从急叫刀下留孩子的女人那里认出了孩子的亲生母亲，所有以色列民众和故事的读者，包括我们自己，都不得不惊叹所罗门的智慧，不得不承认自己远远不如他。就好像我们和他参加了一场赛跑，在起跑前我们穿一样的跑鞋，站在一条起跑线上，但裁判哨音一响我们马上就败下阵来。所罗门提出的是一个虚假的解决办法，用它震撼那真正的母亲显露真情。这个叙事的目的就是要显示所罗门能做到别人做不到的事情。他胜利了，上帝胜利了，叙事的意识形态目的也就达到了。

结　语

"所罗门断案"的故事中国读者并不陌生，除了我国的《灰阑记》，印度和西方其他国家也有类似的故事，德国的著名剧作家布莱希特还著有根据我国《灰阑记》改编的《高加索灰阑记》。然而这些故事和戏剧都没有《旧约》里"所罗门断案"古老。正因为对它太熟悉，所以人们不以为奇特，更不去研究它的叙事技巧。斯腾伯格的解读让我们看到《圣经》叙事在完成其沉重的意识形态任务时，的确采用了许多文学和叙事的技巧，因此它具有很高的文学价值。故事精心设置了在叙述者、人物和读者叙事视角上

---

① 《灰阑记》系元代剧作家李潜夫作品，写一恶妇人毒死丈夫后与奸夫合谋诬陷妾海棠，并欲夺其子。包拯将孩子放在石灰画的圈里，这两个女人用力拽，谁能拉出圈，孩子就是谁的。海棠不忍用力拽，怕伤儿子。这样包拯就把孩子断给了海棠，并进一步破了谋杀案。

的变换,达到了极佳效果。从文类的角度来看,这个故事也有经典意义。我们可以说它是侦探文类最早的起源,而它的跨文类,或叫做"一种以上文类出现在一个作品里"的特点在后来的文学名著中也是屡见不鲜的。因此,"所罗门断案"可以说是多个意义上的经典。

单元三读后思考题/写作题(Essay Questions):

1. 试析以色列民族出埃及壮举的重大意义。
2. "士师记"记载的是哪一段以色列历史?通过士师们的业绩,《旧约》要说明什么?
3. 简介并评论米柯·巴尔对"士师记"的女权主义阐释。
4. 试谈扫罗的功过以及他和大卫的权力之争。
5. 试评《旧约》塑造的大卫这个人物。

单元四 《旧约》：短篇小说和哲理故事

篇头：《旧约》的短篇小说和哲理故事介绍

短篇小说作为一个文类一般用散文（prose）撰写的虚构故事，长短应该适合读者一次性读完（read at a single sitting）。然而这样的定义基本无法囊括各式各样的短篇小说，特别是涉及《圣经》中的几个具备短篇小说色彩的故事，如"路得记"、"以斯帖记"和"但以理书"。按照宗教观念，所有经文里的叙述都是真正发生过的事情，因此无虚构可言。但是在《圣经》的文学阐释范围内，我们强调的是《圣经》叙事的文学性。这些卷章不但故事有相当的长度和相对的独立性，有完整的情节和起伏的情节发展，而且具备了小说的生动人物塑造。它们不但是艺术性很强的优美文字，而且可进行生动的文本细读来分析其叙事的多个层次和微妙的人物关系，从而体味《圣经》作为文学作品的精美。在这层意义上，许多评论家倾向把上述三个故事称为短篇小说并采用分析该文类的文学批评手段来阐释它们的丰富内涵，也就无可非议了。

"约伯记"虽有故事，但不是短篇小说。它是一篇主要用诗体来撰写的哲理故事。它通过主人公无端受灾祸折磨的经历讨论了一个神学上经久不衰的议题，即人类受难的问题。哲理故事一般都是通过人们的某个遭遇来阐明一个人生道理。它可以是道德的、哲学的或神学的某个理念，但因为有了生活层面的依托，这些深刻的道理就变得浅显易懂，能够被普通民众理解和接受。"约伯记"就是这样一个优秀的哲理故事，一个讲人生道理的作品，被公认为《圣经·旧约》中集文学、神学和哲学于一炉的经典。

故事二十二　路得记

《旧约》经文

"路得记"

以利米勒全家迁往摩押

1 当士师秉政的时候，国中遭遇饥荒。在犹大伯利恒，有一个人带着妻子和两个儿子往摩押地去寄居。[2] 这人名叫以利米勒，他的妻子名叫拿俄米。他的两个儿子，一个名叫玛伦，一个名叫基连，都是犹大伯利恒的以法他人。他们到了摩押地，就住在那里。[3] 后来拿俄米的丈夫以利米勒死了，剩下妇人和她两个儿子。⁴ 这两个儿子娶了摩押女子为妻,一个名叫俄珥巴,一个名叫路得,在那里住了约有十年。⁵ 玛伦和基连二人也死了,剩下拿俄米没有丈夫,也没有儿子。

拿俄米和路得回伯利恒

⁶ 她就与两个儿妇起身要从摩押地归回,因为她在摩押地听见耶和华眷顾自己的百姓,赐粮食与他们。⁷ 于是她和两个儿妇起行离开所住的地方,要回犹大地去。⁸ 拿俄米对两个儿妇说:"你们各人回娘家去吧!愿耶和华恩待已死的人与我一样。⁹ 愿耶和华使你们各在新夫家中得平安!"于是,拿俄米与她们亲嘴。她们就放声而哭,¹⁰ 说:"不然,我们必与你一同回你本国去。"¹¹ 拿俄米说:"我女儿们哪,回去吧!为何要跟我去呢?我还能生子作你们的丈夫吗?¹² 我女儿们哪,回去吧!我年纪老迈,不能再有丈夫;即或说,我还有指望,今夜有丈夫可以生子,¹³ 你们岂能等着他们长大呢?你们岂能等着他们不嫁别人呢?我女儿们哪,不要这样!我为你们的缘故甚是愁苦,因为耶和华伸手攻击我。"¹⁴ 两个儿妇又放声而哭,俄珥巴与婆婆亲嘴而别,只是路得舍不得拿俄米。

¹⁵ 拿俄米说:"看哪,你嫂子已经回她本国和她所拜的神那里去了,你也跟着你嫂子回去吧。"¹⁶ 路得说:"不要催我回去不跟随你。你往哪里去,我也往那里去;你在哪里住宿,我也在那里住宿;你的国就是我的国,你的神就是我的神。¹⁷ 你在哪里死,我也在那里死,也葬在那里。除非死能使我相离,不然,愿耶和华重重地降罚与我。"¹⁸ 拿俄米见路得定意要跟随自己去,就不再劝她了。

¹⁹ 于是二人同行,来到伯利恒。她们到了伯利恒,合城的人就都惊讶。妇女们说:"这是拿俄米吗?"²⁰ 拿俄米对他们说:"不要叫我拿俄米('拿俄米'就是'甜'的意思),要叫我玛拉('玛拉'就是'苦'的意思),因为全能者使我受了大苦。²¹ 我满满地出去,耶和华使我空空地回来。耶和华降罚与我,全能者使我受苦。既是这样,你们为何还叫我拿俄米呢?"

²² 拿俄米和她儿妇摩押女子路得从摩押地回来到伯利恒,正是动手割大麦的时候。

路得在波阿斯田里拾麦穗

² 拿俄米的丈夫以利米勒的亲族中,有一个人名叫波阿斯,是个大财主。² 摩押女子路得对拿俄米说:"容我往田间去,我蒙谁的恩,就在谁的身后拾取麦穗。"拿俄米说:"女儿啊,你只管去。"³ 路得就去了,来到田间,在收割的人身后拾取麦穗。她恰巧到了以利米勒本族的人波阿斯那块田里。⁴ 波阿斯正从伯利恒来,对收割的人说:"愿耶和华与你们同在!"他们回答说:"愿耶和华赐福与你!"⁵ 波阿斯问监管收割的仆人说:"那是谁家的女子?"⁶ 监管收割的仆人回答说:"是那摩押女子,跟随拿俄米从摩押地回来的。⁷ 她说:'请你容我跟着收割的人拾取打捆剩下的麦穗。'她从早晨到如今,除了在屋子里坐一会儿,常在这里。"

⁸ 波阿斯对路得说:"女儿啊,听我说,不要往别人田里拾取麦穗,也不要离开这里,要常与我使女们在一处。⁹ 我的仆人在那块田收割,你就跟着他们去。我已经吩咐仆人不

可欺负你。你若渴了,就可以到器皿那里喝仆人打来的水。"[10] 路得就俯伏在地叩拜,对他说:"我既是外邦人,怎么蒙你的恩,这样顾恤我呢?"[11] 波阿斯回答说:"自从你丈夫死后,凡你向婆婆所行的,并你离开父母和本地,到素不认识的民中,这些事人全都告诉我了。[12] 愿耶和华照你所行的赏赐你。你投靠耶和华以色列神的翅膀下,愿你满得他的赏赐。"[13] 路得说:"我主啊,愿在你眼前蒙恩!我虽然不及你的使女,你还用慈爱的话安慰我的心。"

[14] 到了吃饭的时候,波阿斯对路得说:"你到这里来吃饼,将饼蘸在醋里。"路得就在收割的人旁边坐下,他们把烘了的穗子递给她,她吃饱了,还有剩余。[15] 她起来又拾取麦穗,波阿斯吩咐仆人说:"她就是在捆中拾取麦穗,也可以容她,不可羞辱她。[16] 并要从捆里抽出些来,留在地下任她拾取,不可叱吓她。"

[17] 这样,路得在田间拾取麦穗,直到晚上,将所拾取的打了,约有一伊法大麦。[18] 她就把所拾取的带进城去给婆婆看,又把她吃饱了所剩的给了婆婆,[19] 婆婆问她说:"你今日在哪里拾取麦穗,在哪里作工呢?愿那顾恤你的得福。"路得就告诉婆婆说:"我今日在一个名叫波阿斯的人那里作工。"[20] 拿俄米对儿妇说:"愿那人蒙耶和华赐福,因为他不断地恩待活人死人。"拿俄米又说:"那是我们本族的人,是一个至近的亲属。"[21] 摩押女子路得说:"他对我说:'你要紧随我的仆人拾取麦穗,直等他们收完了我的庄稼。'"[22] 拿俄米对儿妇路得说:"女儿啊,你跟着他的使女出去,不叫人遇见你在别人田间,这才为好。"[23] 于是,路得与波阿斯的使女常在一处拾取麦穗,直到收完了大麦和小麦,路得仍与婆婆同住。

拿俄米促成路得的婚事

3 路得的婆婆拿俄米对她说:"女儿啊,我不当为你找个安身之处,使你享福吗?[2] 你与波阿斯的使女常在一处,波阿斯不是我们的亲族吗?他今夜在场上簸大麦,[3] 你要沐浴抹膏,换上衣服,下到场上,却不要使那人认出你来。你等他吃喝完了,[4] 到他睡的时候,你看准他睡的地方,就进去掀开脚上的被,躺卧在那里,他必告诉你所当作的事。"[5] 路得说:"凡你所吩咐的,我必遵行。"

[6] 路得就下到场上,照她婆婆所吩咐她的而行。[7] 波阿斯吃喝完了,心里欢畅,就去睡在麦堆旁边。路得便悄悄地来掀开他脚上的被,躺卧在那里。[8] 到了夜半,那人忽然惊醒,翻过身来,不料,有女子躺在他的脚下。[9] 他就说:"你是谁?"回答说:"我是你的婢女路得。求你用你的衣襟遮盖我,因为你是我一个至近的亲属。"[10] 波阿斯说:"女儿啊,愿你蒙耶和华赐福!你末后的恩,比先前更大,因为少年人无论贫富,你都没有跟从。[11] 女儿啊,现在不要惧怕。凡你所说的,我必照着行,我本城的人都知道你是个贤德的女子。[12] 我实在是你的一个至近亲属,只是还有一个人比我更近。[13] 你今夜在这里住宿,明早他若肯为你尽亲属本分,就由他吧,倘若不肯,我指着永生的耶和华起誓,我必为你尽了本分,你只管躺到天亮。"

[14] 路得便在他脚下躺到天快亮,人彼此不能辨认的时候就起来了。波阿斯说:"不可使人知道有女子到场上来。"[15] 又对路得说:"打开你所披的外衣。"她打开了,波阿斯就撮了六簸箕大麦,帮她扛在肩上,她便进城去了。[16] 路得回到婆婆那里,婆婆说:"女儿啊,怎么样了?"路得就将那人向她所行的述说了一遍,[17] 又说:"那人给了我六簸箕大麦,对我说:'你不可空手回去见你婆婆。'"[18] 婆婆说:"女儿啊,你只管安坐等候,看这事怎样成就,因为那人今日不办成这事必不休息。"

单元四 《旧约》：短篇小说和哲理故事

波阿斯娶路得

4 波阿斯到了城门，坐在那里，恰巧波阿斯所说的那至近的亲属经过。波阿斯说："某人哪，你来坐在这里。"他就来坐下。2 波阿斯又从本城的长老中拣选了十人，对他们说："请你们坐在这里。"他们就都坐下。3 波阿斯对那至近的亲属说："从摩押地回来的拿俄米，现在要卖我们族兄以利米勒的那块地。4 我想当赎那块地的是你，其次是我，以为再没有别人了。你可以在这里的人面前，和我本国的长老面前说明，你若肯赎就赎，若不肯赎就告诉我。"那人回答说："我肯赎。"5 波阿斯说："你从拿俄米手中买这地的时候，也当娶（原文作'买'）死人的妻摩押女子路得，使死人在产业上存留他的名。"6 那人说："这样我就不能赎了，恐怕于我的产业有碍。你可以赎我所当赎的。我不能赎了。"

7 从前，在以色列中要定夺什么事或赎回，或交易，这人就脱鞋给那人。以色列人都以此为证据。8 那人对波阿斯说："你自己买吧！"于是将鞋脱下来了。9 波阿斯对长老和众民说："你们今日作见证，凡属以利米勒和基连、玛伦的，我都从拿俄米手中置买了，10 又娶了玛伦的妻摩押女子路得为妻，好在死人的产业上存留他的名，免得他的名在本族本乡灭没。你们今日可以作证。"11 在城门坐着的众民和长老都说："我们作见证。愿耶和华使进你家的这女子，像建立以色列家的拉结、利亚二人一样。又愿你在以法他得亨通，在伯利恒得名声。12 愿耶和华从这少年女子赐你后裔，使你的家像他玛从犹大所生法勒斯的家一般。"

波阿斯和他的后代

13 于是波阿斯娶了路得为妻，与她同房。耶和华使她怀孕生了一个儿子。14 妇人们对拿俄米说："耶和华是应当称颂的，因为今日没有撇下你使你无至近亲属。愿这孩子在以色列中得名声。15 他必提起你的精神，奉养你的老，因为是爱慕你的那儿妇所生的，有这儿妇比有七个儿子还好。"16 拿俄米就把孩子抱在怀中，作他的养母。17 邻舍的妇人说："拿俄米得孩子了。"就给孩子起名叫俄备得。这俄备得是耶西的父，耶西是大卫的父。

18 法勒斯的后代记在下面：法勒斯生希斯仑；19 希斯仑生兰；兰生亚米拿达；20 亚米拿达生拿顺；拿顺生撒门；21 撒门生波阿斯；波阿斯生俄备得；22 俄备得生耶西；耶西生大卫。

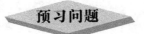

故事内容问答题：
1. 拿俄米同丈夫以利米勒在什么情况下离开了犹大伯利恒？他们移居到什么地方？
2. 为什么后来拿俄米要返回犹大地？
3. 她的两个儿媳是哪里人，叫什么名字？
4. 为什么拿俄米不让儿媳随她返回家乡？路得坚决要跟随婆婆时是怎么表态的？
5. 她们回到伯利恒是什么季节？路得每天做什么来维持婆母和自己的生活？
6. 波阿斯怎样吩咐手下关照路得？他为什么要关照她？
7. 得知波阿斯关照她们婆媳，拿俄米想了个什么主意？她是如何指点路得的？
8. 路得在打谷场夜间被波阿斯发现后，他怎样表的态？
9. 波阿斯如何行动才获得娶路得的合法权利？

10. 波阿斯与路得成婚后拿俄米得到了什么?

深入思考题:
1. 按照《圣经》的意识形态所宣传的,拿俄米一家在他乡的遭遇说明了什么?
2. 为什么拿俄米说她应该改名字?最后当她通过路得和波阿斯为她丈夫延续了后代,邻人又是怎么说的?这样的一个故事开始和结尾的框架如何突出了《圣经·旧约》的主旨?
3. 路得在争取嫁给波阿斯的过程中是完全被动听从婆婆的指点,还是也表现了主动?举例说明为什么你这样认为。
4. 从波阿斯迎娶路得的过程里我们可以了解哪些以色列的习俗和法律?
5. 异族女子路得为什么能被上帝和以色列民众接受?最后她在以色列历史上的地位如何?
6. 联系《新约》中基督教走向世界,路得被以色列人接受并成为其重要祖先有什么意义?

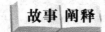
故事 阐释

分析要点:
1. 神话溯源
   (The Story's Mythical Origin)
2. 故事的主题和意义
   (The Story's Theme and Significance)
3. 叙事和结构特点
   (The Story's Narrative and Structural Features)
4. 文本细读和人物分析
   (A Close-reading of the Text and the Characters)

阐释解读①:
1. 神话溯源

路得的故事从渊源上来看与神话和民间传说有关,曾有学者指出它是埃及司生育和繁殖女神爱西斯(Isis)故事里一个片段的再现,也有人认为它是把迦南女神阿娜特(Anat)的史诗编成的历史故事。②

近年来,以俄国形式主义理论家弗拉季米尔·普罗普(Vladimir Propp)为代表的一些学者则从"路得记"的叙事结构、格局、口语化和大量依靠律法和历史背景等特点

---

① 这个故事的细读主要基于艾尔特和柯莫德编《圣经的文学导读》中"路得"一章,第320—328页,和约翰·H·哥特森特(John H. Gottcent)的著作《〈圣经〉:文学的研究》(The Bible: A Literary Study. Boston: Twayne Publishers, A Division of G. K. Hall & Co., 1986),第九章"路得:对人际关系的探讨",第74—81页。
② 艾尔特和柯莫德编《圣经的文学导读》,第320页。

来研究它的民间传说性质。①

如果《旧约》的作者利用了神话和民间传说做路得传记的背景,主要的目的是为了像许多希腊和罗马的英雄那样给大卫王创造一个神人的身世。

2. 故事的主题和意义

"路得记"从宗教、历史和道德三个层次上都是《圣经》里不可缺少的组成部分。在宗教上,它和"约拿书"成书的过程一般被看成是对以斯拉和尼希米统治时期排斥外族和异教政策的一种纠正和反抗。"路得记"十分明确地宣扬外邦人如果完全投奔以色列的神耶和华,那么耶和华照样会赐福给他们。这是犹太教从排外倾向朝着包容异族投诚者的表现。由于整个《旧约》里占主导地位的是强烈的犹太选民思想和与周边异教的其他民族对立和争斗的历史,这一两卷书里体现的包容精神就很重要。它是一个潜流,前瞻了《新约》中基督教普济世界众生的宗教宗旨。在历史上,这个故事的重要性在于路得在以色列家族史里的地位。她虽然是个摩押人,但是她用自己对拿俄米的孝顺、对以色列神耶和华的忠诚赢得了以色列人的尊敬。嫁给波阿斯之后她生下了儿子俄备得,最后成为大卫王的曾祖母,在她的后人里出了基督耶稣。② 在这个意义上,路得虽来自外邦,却最终成为以色列的女性祖先,她在以色列民族发展史上的地位可以与男性族长亚伯拉罕的地位类比。在道德上,这个故事宣传了从摩西五经就不断强调的以色列律法中婆媳间、兄弟妯娌间、夫妻父子间和族人亲属间行事该遵循的规矩,特别强调了对耶和华的忠诚和对亲属和邻人的关爱。实际上,"路得记"里充满了复杂的人际关系,并且用高度的艺术手法微妙地展现了路得如何在这场人际关系转换导致命运变化的斗争中取得了胜利。

3. 叙事和结构特点

(1) 口头流传历史的影响:"路得记"的叙事充满了对话,显示出这个故事曾经有较长久的口头流传历史。首先,故事分成了四个自然章节,同《圣经》的标号恰巧一致,每个章节里都有自己承上启下的小结性陈述,这种叙述是口头文学里常见的。它是讲故事的人为了抓住听众的注意力而常常需要的手法。而在面对阅读的读者时,这种多次的重复总结就没有必要了。第二个口头文学的特点就是对话特别多。整个故事的情节推进几乎全依仗对话,在整个故事的 85 节标号的句子里有 55 节/句是对话,约占总量的 70%。这在整个《圣经》各卷中是对话比例最高的。对话多使得叙事贴近生活,并加强了故事的戏剧性,人物往往话中有话,迫使读者仔细去推敲。在对话不能完

---

① 有关路得故事的民间传说形式讨论详情可参见杰克·M·萨森(Jack M. Sasson)著《"路得记":一个带有语文学评论和民间传说形式批评的新译本》(*Ruth: A New Translation with a Philological Commentary and a Formalist-Folklorist Interpretation*. Baltimore,1979)。

② 耶稣的家谱可见《新约》"马太福音"1:1—17。

成作者意图时,"路得记"里偶尔会插上类似旁白的叙述。最好的旁白例子是第4章的第7句:"从前,在以色列中要定夺什么事或赎回,或交易,这人就脱鞋给那人。以色列人都以此为证据。"(Ruth 4:⁷ Now in those days, to settle a sale or an exchange of property, it was the custom for the seller to take off his sandal and give it to the buyer. In this way the Israelites showed that the matter was settled.)用这种方式,作者就交代了下面为什么那近亲要脱下一只鞋给波阿斯,而且引用律法和部族的行为准则也加强了故事的时代性、历史真实性,波阿斯娶路得的合法性和正式性。在人物对话,特别是拿俄米说的话里反复出现的语句和关键词语不但起到了口头文学给听众提醒的作用,而且强化了故事的主题内容。

  如果"路得记"只停留在口头文学的水平上,那就是大家的遗憾了。可喜的是在收入《旧约》的过程中它明显地得到过作者的精心加工,采用了多种叙事的技巧。比如,在故事里我们不难发现安置了许多对两元对立的关系:饥荒对富足;逃亡对回归;不育对生育;独居对群体;奖赏对惩罚;传统对革新;男性对女性;生存对死亡等等。又比如,在希伯来原文里作者在不少句子里采用了头韵(Alliteration)和关键词重复,既帮助加强故事主题发展时的内在联系,又使得文字和谐优美。多次出现的人物间彼此招呼和祝福的词语特别营造了拿俄米流落外乡回家后的温暖、和谐气氛,以及波阿斯不把路得当外邦人的仁慈胸怀。

  (2)叙事结构:"路得记"的叙事结构十分清晰,全文分成四章,每一章工整地对应着故事的一个主要情节发展。第一章从1到6句就像是故事的"序"(prologue),而第四章的14—17句就如同"跋"或"尾声"(epilogue),最后从18—22句的结尾(coda)提供了一个家谱单子,先回顾亚伯拉罕以来到波阿斯的一代代以色列族人,然后预告了从波阿斯到大卫王的亚伯拉罕的后代,这样就把路得和波阿斯在以色列历史上的重要地位突现了出来,让读者明白了路得故事在《旧约》里的重要位置,而且对希伯来和以色列后代子孙传达了一个宗教和道德的教训,那就是:普通的以色列人只要坚信耶和华上帝并按照律法彼此无私地帮助和关爱就能够建树不一般的业绩。

  此外故事还有一个强烈对比的框架。故事开始时拿俄米说:1:²⁰"不要叫我拿俄米('拿俄米'就是'甜'的意思),要叫我玛拉('玛拉'就是'苦'的意思),因为全能者使我受了大苦。²¹我满满地出去,耶和华使我空空地回来。耶和华降罚与我,全能者使我受苦。既是这样,你们为何还叫我拿俄米呢?"(Ruth 1:²⁰ "Don't call me Naomi," she answered, "call me Marah, because Almighty God has made my life bitter. ²¹ When I left here, I had plenty, but the Lord has brought me back without a thing. Why call me Naomi when the Lord Almighty has condemned me and sent me trouble?")结尾时妇人们对拿俄米说:4:¹⁴"耶和华是应当称颂的,因为今日没有撇下你使你无至近亲属。愿这孩子在以色列中得名声。¹⁵他必提起你的精神,奉养你的老,因为是爱慕你的那儿妇所生的,有这儿妇比有七个儿子还好。"(Ruth 4:¹⁴ "Praise the Lord! He has given you a grandson today to take care of you. May the boy become famous in Israel! ¹⁵ Your daughter-in-law loves you, and has done more for you than seven sons. And now she has given you a grandson, who will bring new life to you and give you security in your old age.")这样的开头和结尾形成了一个背离耶和华就遭难,归附耶和华就得福的鲜明对照,以突显《旧约》的教义,应该说作者十分成功地安排了突出主题的叙事结构。

4. 文本细读和人物分析

"路得记"有完整的和起伏的情节,人物塑造生动,是个艺术性很强的优美的故事,具备多个层次和微妙的人物关系。

故事一开始的地理位置十分重要,伯利恒是犹太人的家园,而摩押地却是本与犹太人无关的他乡。但因耶和华用饥荒惩罚以色列,以利米勒一家就逃往崇拜异教神偶摩施(Chemosh)的地域摩押。在异乡摩押,信仰耶和华的以利米勒一家肯定不会昌盛。我们很快被告知拿俄米守了寡,两个儿子虽娶了摩押女,却不能生育。当儿子们也先后死去,拿俄米又听说伯利恒重获上帝恩宠,五谷丰登时,这个在摩押度过了十年辛酸日子的女人自然没有理由独自在外乡逗留。另外,在古代巴勒斯坦地区,一家人没有了男人又没有亲属关照,三个女人是无法维持生计的。于是,她决定返回伯利恒。以利米勒这个名字在希伯来文里意思是"上帝是我王"(My God is King),①有这个名字的人竟然背离耶和华到异教之乡,这里埋伏了作者的反讽含义,也暗含了他一家人为何不会顺利的原因。同许多文学著作一样,希伯来叙事里也常用名字含义来达到揭示和指认故事主题和教义的目的。

两个儿媳中,路得绝对是更重要的,但是在首次提到时俄珥巴的名字却放在路得的前面。这种安排是《圣经》里常用的手段,主要人物出现在一个名单的中间(如"创世记"22:20—24交代拿鹤的后代名单时,以撒婚娶的利百加就被放在22节的尾巴上,夹在众人名字的当中),或后面;而小儿子(这里是小儿媳)几乎总是得到上帝的恩宠而变成承传家业之人(如雅各、约瑟、大卫等)。

行前,拿俄米必须打发两个儿媳各奔前程。她的理由有三个方面。首先,她说:1:⁸"你们各人回娘家去吧!愿耶和华恩待已死的人与我一样②。⁹愿耶和华使你们各在新夫家中得平安!"(Ruth 1:⁸ "Go back home and stay with your mothers. May the Lord be as good to you as you have been to me and to these who have died. ⁹ And may the Lord make it possible for each of you to marry again and have a home.")这话是

---

① 艾尔特和柯莫德编《圣经的文学导读》,第322页。
② 这里的中文翻译与英文出入较大,按英文该翻为:"愿耶各华恩待你们如你们待我一样。"

祝愿两个儿媳赶快重新嫁人,指出她们还来得及找到新的归宿。当俄珥巴和路得哭着拒绝离开时,她又说:1:11"我女儿们哪,回去吧!为何要跟我去呢?我还能生子作你们的丈夫吗?12我女儿们哪,回去吧!我年纪老迈,不能再有丈夫;即或说,我还有指望,今夜有丈夫可以生子,13你们岂能等着他们长大呢?你们岂能等着他们不嫁别人呢?我女儿们哪,不要这样!我为你们的缘故甚是愁苦,因为耶和华伸手攻击我。"(Ruth 1:11 "You must go back, my daughters,"Naomi answered. "Why do you want to come with me? Do you think I could have sons again for you to marry?12 Go back home, for I am too old to get married again. Even if I thought there was still hope, and so got married tonight and had sons,13 would you wait until they had grown up? Would this keep you from marrying someone else? No, my daughters, you know that's impossible. The Lord has turned against me, and I feel very sorry for you.")这话里的两层意思是:(1)她已经老了,不可能再结婚生子,因此两个儿媳也不可能有丈夫的弟弟可嫁;(2)即便她真再次结婚生子,两个儿媳也无法等儿子长到可以婚娶的年龄。对拿俄米来说,她在提供儿媳们前程方面是进了死胡同的,所以她哭着求她们赶快离去。拿俄米知道自己有生之年不多,而且也没有希望重新开始新的生活。因此她话里表现出自我怜悯,也有对耶和华上帝不公正待她一家人的埋怨。这时的拿俄米是绝望的,她的前途渺茫,虽然返回家乡后会有亲属们,但是她认为自己不会再有女人的欢乐,不会有后代,将孤独地了此一生。

　　俄珥巴听劝了,她回娘家去自谋生路去了。她的离开是顺乎情理的,也是拿俄米坚持的。但是,与路得宁可自己终身不再嫁也坚决留在婆婆身边的行为相比较,俄珥巴就逊色多了。而且,路得的选择不仅是道德和爱心的表现,更重要的是宗教上的决定,她愿意抛弃自己的摩押神偶摩施而投奔以色列人的耶和华神。她的投奔是彻底的,她说:1:16"不要催我回去不跟随你。你往哪里去,我也往那里去;你在哪里住宿,我也在那里住宿;你的国就是我的国,你的神就是我的神。17你在哪里死,我也在那里死,也葬在那里。除非死能使你我相离,不然,愿耶和华重重地降罚与我。"(Ruth 1:16 "Don't ask me to leave you! Let me go with you. Wherever you go, I will go; wherever you live, I will live. Your people will be my people, and your God will be my God. 17 Wherever you die, I will die, and that is where I will be buried. May the Lord's worst punishment come upon me if I let anything but death separate me from you!")因此她追随拿俄米不是暂时的,她愿永远属于拿俄米的部族,信仰他们的神,并埋葬在异乡,对耶和华终生不渝。正因这一点,耶和华将加倍补偿路得,要让她不仅再次得到丈夫和幸福的家庭,而且生子,成为以色列民族的女性祖先。而顺理成章地回到娘家的俄珥巴在后来那地区的传说故事里变成少年大卫用石子打死的迦特人歌利亚的女性祖先,①与路得成为大卫祖先遥相呼应。从这里我们可以印证路得所作选择的宗教意义一刻也没有被希伯来人忽略。

第2章写这婆媳两人回到了伯利恒。由于是孤身妇女,她们一时的处境还是十分困难的。拿俄米此时仍旧怨天尤人,对那些来看望她的人说,她的名字不该是当"甜"讲的拿俄米,而应该叫她玛拉,意思是"苦"。这个短暂的困境恰恰给路得一个机会,进一步表现了她对不同族的婆母的爱心和为此做出的牺牲。因此,很快全伯利恒就流传开摩押女路得的美德,从波阿斯在田间见到路得时对她的称赞就可以知道路得已经用自己的行动赢得了拿俄米族人的尊重。第2章一开始就言简意赅地介绍了故事的男主人公波阿斯,他是个财主,又是拿俄米的至近亲属。然后讲路得去波阿斯地里拾麦穗。大家都知道从收割到打场大约就是90天的过程,而就在这90天内路得得到波阿斯的青睐,最终被他娶进家门。所以故事从这一章进入了主体和高潮,叙事速度也加快很多。

去拾麦穗是路得的主意,故事没有交代路得提出这个想法时是否已经听说了波阿斯,我们也不知道她去波阿斯的田间拾麦穗是无意还是有意。对此,哥特森特有很精彩的分析。② 他指出路得看起来十分单纯、天真,事事听婆婆的话,为婆婆考虑,比如去拾麦穗是为了养活她们两人,要得到拿俄米允许才去,后来又按照拿俄米教给她的办法去睡在波阿斯脚下。但是,《圣经》叙事的空档仍旧给我们留下了许多疑问。她仍旧有可能是个十分会算计的人。首先,她跟从拿俄米回家,看来是牺牲自己,却可以说比离开婆婆,靠自己找门路,完全重新开始要保险。俗话说:不知道的魔鬼比知道的更加可怕。也就是说,离开拿俄米去重新嫁人起码同跟随拿俄米,在互相有依靠的情况下再伺机行事这两者的祸福机遇差不多。也许聪明的路得在做决定时心里完全明白这一点。在人人都彼此认识的伯利恒居住下来之后,很难说路得没有听到邻里们提起过波阿斯。如果她因为知道波阿斯是个至近的亲属,有可能帮助她们,甚至因为她了解了以色列至近亲属可以娶死去亲人的妻子而想出了去波阿斯地里拾麦穗的主意,那么路得这个女人的聪明和心计就很不一般了。

第3章讲的是路得如何按照婆婆的主意到打谷场去夜访波阿斯。拿俄米显然开始没有往路得和波阿斯婚事这方面去想,因为当路得从田间回来时,她打听儿妇是在谁家田里拾取麦穗,并且告诉路得波阿斯是个近亲。听到路得受到波阿斯的特殊关照时,老太太忽然有了把路得配给波阿斯的想法;她开始策划,教给路得去躺在波阿斯脚下。但如果是路得有意去拾麦穗来接近波阿斯的,那么自以为在引导路得和策划她的前途的拿俄米实际上是被路得小小地操纵了一回。路得并非被动的另一个例子出现

---

① 艾尔特和柯莫德编《圣经的文学导读》,第323页。
② 下面这两段的分析思路来自哥特森特著《〈圣经〉:文学的研究》,见该书第80—81页。

在打谷场的夜晚。拿俄米教她沐浴和抹香膏,教她夜间去揭开波阿斯的被子,躺在他脚下。但是拿俄米没有让路得向波阿斯陈词。拿俄米说:3:"⁴……到他睡的时候,你看准他睡的地方,就进去掀开他脚上的被,躺卧在那里,他必告诉你所当作的事。"(Ruth 3:"⁴... and after he falls asleep, go and lift the covers and lie down at his feet. He will tell you what to do.")也就是说,只要路得躺在那里被波阿斯发现,她的任务就完成了。波阿斯自然明白,而且会告诉路得他的意图和接下来怎么办。但是事实是,一被发现,路得就主动地说了一番话:3:⁹"我是你的婢女路得。求你用你的衣襟遮盖我,因为你是我一个至近的亲属。"(Ruth 3:⁹"I am Ruth thine handmaid; spread therefore thy skirt over thine handmaid; for thou art a near kinsman.")①其中"求你用你的衣襟遮盖我"是路得用比喻的方式提出要求波阿斯娶她。而且,当她返回婆婆家时,她又主动告诉婆婆那带回来的六簸箕粮食是波阿斯给拿俄米的,而实际上波阿斯给她粮食时并没有说过任何这样的话。她在中间力促拿俄米对波阿斯的好感说明她很想这桩婚事被拿俄米认可。

波阿斯也是个有趣的人物。他在田间初遇路得之前肯定已经耳闻不少有关这个异族女子美德的传言了,这在他对路得说的话里已经反映出来。而且这也解释了为什么他特别关照她,不但让手下人不干涉她任意拾取麦穗,还吩咐仆人把麦捆里的麦子拉出一些在地上好让她拾取。吃饭时波阿斯又特别叫上她,管她吃饱,还让她有剩余带给拿俄米。最后波阿斯不放心路得的安全,叮嘱她不要去别处拾麦穗,天天都到他的田里来,而且要同他的使女在一起。波阿斯对路得的施恩已经很不一般了。这首先因为他是拿俄米的近亲,还因为他很尊敬和佩服这个摩押女子。但是,叙事仍旧隐含地提供了其他一些可能的原因,比如路得肯定是个年轻、讨人喜的姑娘。她年轻波阿斯许多,所以波阿斯叫她女儿。在故事里波阿斯对路得的情意和娶她的打算还有一个例证。他嘱咐路得每天同他的使女一道,"使女"(handmaid)这个字同女仆不大一样,在古代以色列这个字可以用来说"妾"(concubine)。路得最后嫁给波阿斯了,但我们并没有被告知她是做了正房还是做了妾。按波阿斯的年龄来推断,他不太可能仍旧没有妻室,路得很可能是波阿斯的妾。妾不妾,不重要,重要的是异族女子路得皈依了耶和华,得到了神的庇护,她成了正果,因为她是以色列大卫王和基督耶稣的老祖母。

第4章波阿斯同那个无名的至近亲属谈判继承权的描述可以使读者进一步了解以色列的律法和行事准则,但是它也同时描绘了波阿斯同路得一样的算计能力。拿俄米有另一个近亲,他比波阿斯离以利米勒关系还要近些。按照以色列的律法,他更有

---

① 这里我用了《钦定圣经》的英文,因为《福音圣经》的译法是:"It's Ruth, sir," she answered. "Because you are a close relative, you are responsible for taking care of me. So please marry me."这样翻译不仅太直白,离当时以色列女人的言行和风俗也太远,路得成了直截了当告诉波阿斯他必须娶她。

权继承以利米勒的产业，也更有义务接过死者的女人。所以，波阿斯对路得说他必须先问那人的意见。在简约的《圣经》叙述里不重要的人连姓名都可以省去，所以我们读到波阿斯招呼那人时，叙述里只有"某人哪"这样一个相当现在"xxx"的滑稽称呼。但是这个人不肯对邻人伸出救援之手，自私自利，因此他得不到耶和华的赐福，在以色列的历史上最终默默无闻也是《圣经》要强调宣传的。从波阿斯对该近亲提出这个事情的方式和步骤，我们进一步地了解到他是个十分能干、会办事的人。城门口是人来人往必经之处，古代很多交易都可以在这里进行。选择这个地方而不到那人家里去谈，意味着波阿斯要把他娶路得的事从头做成一个光明正大的行为。他在城门口等到了那人后，先客气地请他坐下，然后找来了十个长老做见证人，摆出了十分正式的谈判架势。有趣的是，波阿斯开始闭口不提他的主要目的，而是先向那近亲提出可以买以利米勒在家乡的土地的建议。这是他为那个近亲做的套子，即用有利益而无责任的部分做谈判的开头。让那人钻进套子。那人果然毫不犹豫地表示愿意买下以利米勒的土地。接着波阿斯就抛出了交易的核心问题，那就是承接土地的同时那人必须接过死者的遗孀，并且把头生子算在死人名下。那人一看有这么多附带的麻烦，他怕自己的产业将来受到影响，所以马上改变主意了，他说：4:⁶"这样我就不能赎了，恐怕于我的产业有碍。你可以赎我所当赎的。我不能赎了。"(Ruth 4:⁶ "In that case I will give up my right to buy the field, because it would mean that my own children would not inherit it. You buy it; I would rather not.")他不愿替死人接香火，不愿按照以色列的传统行事，这在耶和华的眼里是恶事。前面在"犹大和他玛"的故事里，我们已经看到犹大的儿子俄南就是因为不愿让他玛怀孕给死去的哥哥接续香火而被耶和华夺了命。这种策略突现了利益和职责之间的反差，波阿斯成功地吓跑了比他更有权娶路得的近亲，同时让长老们明确地看到他是在没有人愿意担负这个麻烦多于利益的责任时才将它承担下来的。当然，这些长老都不知道波阿斯已经喜欢上路得，而且两人有打麦场夜遇和约定。虽然，路得和波阿斯在故事里都显出是有心计的人，他们还为了成功而操纵别人，但是他们首先做到了忠于耶和华，对亲属和邻人富有爱心，他们主要的目的都是帮助别人：路得帮助拿俄米，波阿斯帮助路得和他的近亲拿俄米。在帮助别人的前提下，他们捎带地关照了自己的利益和情感，这是很自然并合情理的事。因此他们仍旧是《圣经》大力赞扬和肯定的正面人物。

以色列的这个替死人在产业上留名的规矩在现代人的眼里会有些莫名其妙，因为再婚后那孩子实际上是活人的骨血，死人或是孩子的叔伯，或者，像波阿斯的情况，以利米勒只是一个出二服、三服的亲戚。但是这孩子在名分上就是以利米勒的儿子。这个规定是这样的：死者如去世时仍无子嗣，他的弟兄，或在死者无弟兄的情况下，他的至近亲属，有义务娶死者的妻子，让她怀孕生子；这头一个男孩子要算死者的，以便死者有血脉留在人间；在这个孩子长大成人后，他就接过死者原来的产业或土地。这个至亲同死者的妻子接下去再生养的孩子就算是他自己的了。① 其实,按照这个规定,波阿斯该娶的是拿俄米,而不是路得。但是拿俄米已经不能生育了,所以大家,包括那些长老们都默认了他们在辈分上的替换。从把女人当作传宗接代的工具来看,以及从波阿斯谈判时用"买"(buy)字来谈买地,也用同一个字来谈"买"路得来看,古代以色列女人相当于男人财产的从属地位再次得到反映。按照这个规矩,路得同波阿斯生的头一个男孩俄备得一出生就认拿俄米为养母,交在拿俄米的手中。拿俄米十分满足,邻家妇女们都为此称颂耶和华,她们称颂耶和华,因为他没有撇下拿俄米,而是让她有了路得这样比亲生女儿还亲的儿媳,还给她生了将来可以为她送老的孩子。故事以此结尾意义重大。邻人小结般的评论把我们带回了故事的开始,逃离耶和华和伯利恒的以利米勒和拿俄米生活无着落,饥寒交迫,男人死光,女人不育;只有返回家园,寻求耶和华的庇佑,拿俄米才重获生命,安居乐业并通过路得给丈夫续了香火。这样的头尾呼应和对照再次证实了《圣经》叙事是采用了精湛的文学手段来达到它压倒一切的意识形态目的的。

结　语

　　"路得记"是《圣经·旧约》中十分完整的一件艺术品,它可以称作早期的短篇小说,后来曾被不少作家添补内容后改写成影视脚本和畅销传奇小说。它的吸引力主要还是在于它讲述了一对妇女,婆媳二人,动人的坎坷经历,其中路得表现的孝顺和爱心世代以来一直传为佳话,而好心必有好报的结局又让许多读者感到慰藉。尽管它一直广为流传,很受读者欢迎,但只有在《圣经》作为文学作品的研究中,在采用文学评论的方法解读它的结构和人物描绘技巧时,我们才能更深入、彻底地认识到这个故事的叙事成就。

故事二十三　以斯帖记

《旧约》经文

"以斯帖记"

瓦实提王后被废

1 亚哈随鲁作王,从印度直到古实,统管一百二十七省。² 亚哈随鲁王在书珊城的宫登基,³ 在位

---

① 对以色列这个传统的解释可见艾尔特和柯莫德编《圣经的文学导读》第 327 页。但是我认为萨森在解读波阿斯的时候,犯有一个小错误。在该书第 326 页,萨森把波阿斯对那近亲说"What day thou buyest the field of the hand of Naomi, thou must buy it also of Ruth the Moabitess……"。这句话变成间接引语转述时,萨森的英文中的"你"变为"他"。这个"他"仍应该指那近亲,但是萨森在把他定为波阿斯了。

第三年,为他一切首领、臣仆设摆筵席,有波斯和玛代的权贵,就是各省的贵胄与首领,在他面前。⁴他把他荣耀之国的丰富和他美好威严的尊贵给他们看了许多日,就是一百八十日。⁵这日子满了,又为所有住书珊城的大小人民,在御园的院子里设摆筵席七日,⁶有白色、绿色、蓝色的帐子,用细麻绳、紫色绳从银环内系在白玉石柱上,有金银的床榻摆在红、白、黄、黑玉石铺的石地上。⁷用金器皿赐酒,器皿各有不同。御酒甚多,足显王的厚意。⁸喝酒有例,不准勉强人,因王吩咐宫里的一切臣宰,让人各随己意。⁹往后瓦实提在亚哈随鲁王的宫内,也为妇女设摆筵席。

10 第七日,亚哈随鲁王饮酒,心中快乐,就吩咐在他面前侍立的七个太监米户慢比斯他、哈波拿、比革他、亚拔他、西达、甲迦,¹¹请王后瓦实提头戴王后的冠冕到王面前,使各等臣民看她的美貌,因为她容貌甚美。¹²王后瓦实提却不肯遵太监所传的王命而来,所以王甚发怒,心如火烧。

13、14 那时,在王左右常见王面、国中坐高位的,有波斯和玛代的七个大臣,就是甲示拿、示达、押玛他、他施斯、米力、玛西拿、米母干,都是达时务的明哲人。按王的常规,办事必先询问知例明法的人。王问他们说:¹⁵"王后瓦实提不遵太监所传的王命,照例应当怎样办理呢?"¹⁶米母干在王和众首领面前回答说:"王后瓦实提这事不但得罪王,并且有害于王各省的臣民;¹⁷因为王后这事必传到众妇人的耳中,说亚哈随鲁王吩咐王后瓦实提到王面前,她却不来。她们就藐视自己的丈夫。¹⁸今日波斯和玛代的众夫人听见王后这事,必向王的大臣照样行,从此必大开藐视和忿怒之端。¹⁹王若以为美,就降旨写在波斯和玛代人的例中,永不更改,不准瓦实提再到王面前,将她王后的位分赐给比她还好的人。²⁰所降的旨意传遍通国(国度本来广大),所有的妇人,无论丈夫贵贱都必尊敬他。"²¹王和众首领都以米母干的话为美,王就照这话去行。²²发诏书,用各省的文字,各族的方言通知各省,使为丈夫的在家中作主,各说本地的方言。

以斯帖被立为王后

2 这事以后,亚哈随鲁王的忿怒止息,就想念瓦实提和她所行的,并怎样降旨办她。²于是王的侍臣对王说:"不如为王寻找美貌的处女,³王可以派官在国中的各省,招聚美貌的处女到书珊城(或作'宫')的女院,交给掌管女子的太监希该,给她们当用的香品。⁴王所喜爱的女子可以立为王后,代替瓦实提。"王以这事为美,就如此行。

5 书珊城有个犹大人,名叫末底改,是便雅悯人基士的曾孙、示每的孙子、睚珥的儿子。⁶从前巴比伦王尼布甲尼撒将犹大王耶哥尼雅(又名"约亚斤")和百姓从耶路撒冷掳去,⁷末底改抚养他叔叔的女儿哈大沙(后名以斯帖),因为她没有父母。这女子容貌俊美,她父母死了,末底改就收她为自己的女儿。⁸王的谕旨传出,就招聚许多女子到书珊城,交给掌管女子的希该。⁹希该喜悦以斯帖,就恩待她,急忙给她需用的香品和她所当得的份,又派所当得的七个宫女服侍她,使她和她的宫女搬入女院上好的房屋。¹⁰以斯帖未曾将籍贯宗族告诉人,因为末底改嘱咐她不可叫人知道。¹¹末底改天天在女院前边走,要知道以斯帖平安不平安,并后事如何。

12 众女子照例先洁净身体十二个月：六个月用没药油；六个月用香料和洁身之物。满了日期，然后挨次进去见亚哈随鲁王。¹³女子进去见王是这样：从女院到王宫的时候，凡她所要的都必给她。¹⁴晚上进去，次日回到女子第二院，交给掌管妃嫔的太监沙甲，除非王喜爱她，再提名召她，就不再进去见王。

15 末底改叔叔亚比该的女儿，就是末底改收为自己女儿的以斯帖，按次序当进去见王的时候，除了掌管女子的太监希该所派定给她的，她别无所求，凡看见以斯帖的都喜悦她。¹⁶亚哈随鲁王第七年十月，就是提别月，以斯帖被引入宫见王。¹⁷王爱以斯帖过于爱众女，她在王眼前蒙宠爱比众处女更甚。王就把王后的冠冕戴在她头上，立她为王后，代替瓦实提。¹⁸王因以斯帖的缘故给众首领和臣仆设摆筵席，又豁免各省的租税，并照王的厚意大颁赏赐。

末底改救王的命

19 第二次招聚处女的时候，末底改坐在朝门。²⁰以斯帖照着末底改所嘱咐的，还没有将籍贯宗族告诉人，因为以斯帖遵末底改的命，如抚养她的时候一样。²¹当那时候，末底改坐在朝门。王的太监中有两个守门的辟探和提列，恼恨亚哈随鲁王，想要下手害他。²²末底改知道了，就告诉王后以斯帖。以斯帖奉末底改的名，报告于王。²³究查这事，果然是实，就把二人挂在木头上，将这事在王面前写于历史上。

哈曼阴谋除灭犹大人

3 这事以后，亚哈随鲁王抬举亚甲族哈米大他的儿子哈曼，使他高升，叫他的爵位超过与他同事的一切臣宰。²在朝门的一切臣仆，都跪拜哈曼，因为王如此吩咐，惟独末底改不跪不拜。³在朝门的臣仆问末底改说："你为何违背王的命令呢？"⁴他们天天劝他，他还是不听，他们就告诉哈曼，要看末底改的事站得住站不住，因他已经告诉他们自己是犹大人。⁵哈曼见末底改不跪不拜，他就怒气填胸。⁶他们已将末底改的本族告诉哈曼，他以为下手害末底改一人是小事，就要灭绝亚哈随鲁王通国的犹大人，就是末底改的本族。

7 亚哈随鲁王十二年正月，就是尼散月，人在哈曼面前，按日日月月掣普珥，就是掣签，要定何月何日为吉，择定了十二月，就是亚达月。⁸哈曼对亚哈随鲁王说："有一种民，散居在王国各省的民中，他们的律例与万民的律例不同，也不守王的律例，所以容留他们与王无益。⁹王若以为美，请下旨意灭绝他们，我就捐一万他连得银子，交给掌管国帑的人，纳入王的府库。"¹⁰于是王从自己手上摘下戒指，给犹大人的仇敌，亚甲族哈米大他的儿子哈曼。¹¹王对哈曼说："这银子仍赐给你，这民也交给你，你可以随意待他们。"

12 正月十三日，就召了王的书记来，照着哈曼一切所吩咐的，用各省的文字，各族的方言，奉亚哈随鲁王的名写旨意，传与总督和各省的省长，并各族的首领。又用王的戒指盖印，¹³交给驿卒传到王的各省，吩咐将犹大人，无论老少妇女孩子，在一日之间，十二月，就是亚达月十三日，全部剪除，杀戮灭绝，并夺他们的财为掠物。¹⁴抄录这旨意，颁行各省，宣告各族，使他们预备等候那日。¹⁵驿卒奉王命急忙起行，旨意也传遍书珊城。王同哈曼坐下饮酒，书珊城民，却都慌乱。

末底改向以斯帖求助

4 末底改知道所作的这一切事,就撕裂衣服,穿麻衣,蒙灰尘,在城中行走,痛痛哀号。²到了朝门前停住脚步,因为穿麻衣的不可进朝门。³王的谕旨所到的各省各处,犹大人大大悲哀,禁食哭泣哀号,穿麻衣躺在灰土中的甚多。

4 王后以斯帖的宫女和太监来把这事告诉以斯帖,她甚忧愁,就送衣服给末底改穿,要他脱下麻衣,他却不受。⁵以斯帖就把王所派伺候她的一个太监,名叫哈他革召来,吩咐他去见末底改,要知道这是什么事,是什么缘故。⁶于是,哈他革出到朝门前的宽阔处见末底改。⁷末底改将自己所遇的事,并哈曼为灭绝犹大人的旨意交给哈他革,要给以斯帖看,又要给她说明,并嘱咐她进去见王,为本族的人在王面前恳切祈求。⁹哈他革回来,将末底改的话告诉以斯帖。¹⁰以斯帖就吩咐哈他革去见末底改说:"¹¹王的一切臣仆和各省的人民,都知道有一个定例:若不蒙召,擅入内院见王的,无论男女必被治死;除非王向他伸出金杖,不得存活。现在我没有蒙召进去见王已经三十日了。"¹²人就把以斯帖这话告诉末底改。¹³末底改托人回复以斯帖说:"你莫想在王宫里强过一切犹大人,得免这祸。¹⁴此时你若闭口不言,犹大人必从别处得解脱,蒙拯救,你和你父家必至灭亡。焉知你得了王后的位分,不是为现今的机会吗?"¹⁵以斯帖就吩咐人回报末底改说:¹⁶"你当去招聚书珊城所有的犹大人,为我禁食三昼三夜,不吃不喝,我和我的宫女也要这样禁食。然后我违例进去见王,我若死就死吧!"¹⁷于是末底改照以斯帖一切所吩咐的去行。

以斯帖为王和哈曼设宴

5 第三日,以斯帖穿上朝服,进王的内院,对殿站立。王在殿里坐在宝座上,对着殿门。²王见王后以斯帖站在院内,就施恩于她,向她伸出手中的金杖;以斯帖便向前摸杖头。³王对她说:"王后以斯帖啊,你要什么?你求什么?就是国的一半也必赐给你。"⁴以斯帖说:"王若以为美,就请王带着哈曼今日赴我所预备的筵席。"⁵王说:"叫哈曼速速照以斯帖所预备的话去行。"于是,王带着哈曼赴以斯帖所预备的筵席。⁶在酒席筵前,王又问以斯帖说:"你要什么?就是国的一半也必为你成就。"⁷以斯帖回答说:"我有所要,我有所求。⁸我若在王眼前蒙恩,王愿意赐我所要的,准我所求的,就请王带着哈曼再赴我所要预备的筵席。明日我必照王所问的说明。"

哈曼图谋杀末底改

9 那日哈曼心中快乐,欢欢喜喜地出来,但见末底改在朝门不站起来,连身也不动,就满心恼怒末底改。¹⁰哈曼暂且忍耐回家,叫人请他朋友和他妻子细利斯来。¹¹哈曼将他富厚的荣耀,众多的儿女,和王抬举他使他超乎首领臣仆之上,都述说给他们听。¹²哈曼又说:"王后以斯帖预备筵席,除了我之外,不许别人随王赴席。明日王后又请我随王赴席;³只是我见犹大人末底改坐在朝门,虽有这一切荣耀,也与我无益。"¹⁴他的妻细利斯和他一切的朋友对他说:"不如立一个五丈高的木架,明日求王将末底改挂在其上,然后你可以欢欢喜喜地随王赴席。"哈曼以为这话为美,就叫人作了木架。

王赐末底改荣誉

6 那夜国王睡不着觉,就吩咐人取历史来,念给他听。²正遇见书上写着说:王的太监中有两个守门的辟探和提列,想要下手害亚哈随鲁王,末底改将这事告诉王后。³王说:"末底改行了这事,赐他什么尊荣爵位没有？"伺候王的臣仆回答说："没有赐他什么。"⁴王说："谁在院子里？"（那时哈曼正进宫的外院，要求王将末底改挂在他所预备的木架上。）⁵臣仆说："哈曼站在院内。"王说："叫他进来。"⁶哈曼就进去。王问他说："王所喜悦尊荣的人，当如何待他呢？"哈曼心里说："王所喜悦尊荣的，不是我是谁呢？"⁷哈曼就回答说："王所喜悦尊荣的人，⁸当将王常穿的朝服和戴冠的御马，⁹都交给王极尊贵的一个大臣，命他将衣服给王所喜悦尊荣的人穿上，使他骑上马，走遍城里的街市，在他面前宣告说：'王所喜悦尊荣的人，就如此待他。'"¹⁰王对哈曼说："你速速将这衣服和马，照你所说的，向坐在朝门的犹大人末底改去行。凡你所说的，一样不可缺。"¹¹于是哈曼将朝服给末底改穿上，使他骑上马走遍城里的街市，在他面前宣告说："王所喜悦尊荣的人，就如此待他。"

12 末底改仍回到朝门；哈曼却忧忧闷闷地蒙着头，急忙回家去了，¹³将所遇的一切事，详细说给他的妻细利斯和他的众朋友听。他的智慧人和他的妻细利斯对他说："你在末底改面前始而败落，他如果是犹大人，你必不能胜他，终必在他面前败落。"

14 他们还与哈曼说话的时候，王的太监来催哈曼快去赴以斯帖所预备的筵席。

哈曼被处死

7 王带着哈曼来赴王后以斯帖的筵席。²这第二次在酒席筵前，王又问以斯帖说："王后以斯帖啊，你要什么？我必赐给你；你求什么？就是国的一半，也必为你成就。"³王后以斯帖回答说："我若在王眼前蒙恩，王若以为美，我所愿的，是愿王将我的生命赐给我；我所求的，是求王将我的本族赐给我。⁴因我和我的本族被卖了，要剪除杀戮灭绝我们。我们若被卖为奴为婢，我也闭口不言，但王的损失，敌人万不能补足。"⁵亚哈随鲁王问王后以斯帖说："擅敢起意如此行的是谁？这人在哪里呢？"⁶以斯帖说："仇人敌人就是这恶人哈曼。"

哈曼在王和王后面前就甚惊惶。⁷王便大怒，起来离开酒席往御园去了。哈曼见王定意要加罪与他，就起来，求王后以斯帖救命。⁸王从御园回到酒席之处，见哈曼伏在以斯帖所靠的榻上，王说："他竟敢在宫内，在我面前，凌辱王后吗？"这话一出王口，人就蒙了哈曼的脸。⁹伺候王的一个太监名叫哈波拿，说："哈曼为那救王有功的末底改作了五丈高的木架，现今立在哈曼家里！"王说："把哈曼挂在其上。"¹⁰于是人将哈曼挂在他为末底改所预备的木架上。王的忿怒这才止息。

犹大人的反击

8 当日，亚哈随鲁王把犹大人仇敌哈曼的家产赐给王后以斯帖。末底改也来到王面前，因为以斯帖已经告诉王末底改是她的亲属。²王摘下自己的戒指，就是从哈曼追回的，给了末底改。以斯帖派末底改管理哈曼的家产。

3 以斯帖又俯伏在王脚前，流泪哀告，求他除掉亚甲族哈曼害犹大人的恶谋。⁴王向以斯帖伸出金杖；以斯帖就起来，站在王前，⁵说："亚甲族哈米大他的儿子哈曼设谋传旨，要杀灭王各省的犹大人。现今王若愿意，我若在王眼前蒙恩，王若以为美，若喜悦我，请王另下旨意，废除哈曼所传那意。⁶我何忍见我本族的人受害？何忍见我同宗的人被灭呢？"⁷亚哈随鲁王对王后以斯帖和犹大人末底改说："因哈曼要下手害犹大人，我已将他的家产赐给以斯帖，人也将哈曼挂在木架上。⁸现在你们可以随意奉王的名写谕旨给犹大人，用王的戒指盖印，因为奉王名所写，用王戒指盖印的谕旨，人都不能废除。"

单元四 《旧约》：短篇小说和哲理故事

9 三月，就是西弯月，二十三日，……10 末底改奉亚哈随鲁王的名写谕旨。用王的戒指盖印，交给骑御马、圈快马的驿卒，传到各处。11、12 谕旨中，王准各省各城的犹大人在一日之间，十二月，就是亚达月，十三日，聚集保护性命，剪除杀戮灭绝那要攻击犹大人的一切仇敌和他们的妻子儿女，夺取他们的财为掠物。……14 于是，骑快马的驿卒被王命催促，急忙起行。谕旨也传遍书珊城。……

犹大人除灭他们的仇敌

9 十二月，乃亚达月，十三日，王的谕旨将要举行，就是犹大人的仇敌盼望辖制他们的日子，犹大人反倒辖制恨他们的人。2 犹大人在亚哈随鲁王各省的城里聚集，下手击杀那要害他们的人，无人能敌挡他们，因为各族都惧怕他们。3 各省的首领、总督、省长和办理王事的人，因惧怕末底改，就都帮助犹大人。4 末底改在朝中为大，名声传遍各省，日渐昌盛。……6 在书珊城，犹大人杀了五百人。7 又杀……10 犹大人仇敌哈曼的儿子。犹大人却没有下手夺取财物。

11 ……13 以斯帖说："王若以为美，求你准书珊的犹大人，明日也照今日的旨意行，并将哈曼十个儿子的尸首挂在木架上。"……15 亚达月十四日，书珊的犹大人又聚集在书珊，杀了三百人，却没有下手夺取财物。

16 在王各省其余的犹大人，也都聚集保护性命，杀了恨他们的人七万五千，却没有下手夺取财物。这样，就脱离仇敌，得享平安。……

20 末底改记录这事，写信与亚哈随鲁王各省远近所有的犹大人，21 嘱咐他们每年守亚达月十四、十五两日，以这月的两日为犹大人脱离仇敌得平安、转忧为喜，转悲为乐的吉日。在这两日设筵欢乐，彼此馈赠礼物，周济穷人。

23 ……25 这事报告于王，王便降旨使哈曼谋害犹大人的恶事，归到他自己的头上，并吩咐把他和他的众子都挂在木架上。26 照着普珥的名字，犹大人就称这两日为普珥日。……

29 亚比该的女儿王后以斯帖和犹大人末底改，以全权写第二封信，坚嘱犹大人守这普珥日……。32 …… 这事也记录在书上。

亚哈随鲁和末底改的功绩

10 亚哈随鲁王使旱地和海岛的人民都进贡。2 他以权柄能力所行的，并他抬举末底改使他高升的事，岂不都写在玛代和波斯王的历史上吗？3 犹大人末底改作亚哈随鲁王的宰相，在犹大人中为大，得他众弟兄的喜悦，为本族人求好处，向他们说和平的话。

预习问题

故事内容问答题：

1. 亚哈随鲁王原来的王后是谁？他为什么罢免了她？
2. 末底改是什么人？他与以斯帖是什么关系？为什么他们的关系必须保密？
3. 讲一讲亚哈随鲁王宫里选后妃的过程。以斯帖是怎样入选的？
4. 哈曼是何人？他与末底改怎样产生了矛盾？
5. 哈曼如何向亚哈随鲁王进谗言要灭绝国中的犹太人？亚哈随鲁王是怎样答复的？这之后哈

曼在全国采取了哪些行动?

6. 面临民族灾难,末底改如何反应?他如何说服以斯帖冒险介入与哈曼的斗争?

7. 以斯帖第一次如何争取到面见国王?她提出了什么请求?

8. 哈曼得到以斯帖赴宴邀请后如何表现?他回家后妻子和朋友建议他如何处置末底改?

9. 史书上记载了末底改的什么功绩?哈曼如何出主意表彰立功的人?

10. 发现了立功之人是末底改时,哈曼如何反应?他的妻子如何预言他的结局?

11. 以斯帖在第二次宴请国王和哈曼的席前向国王讲述了什么?当哈曼被指证是要灭绝犹太人的恶人时,他如何反应?

12. 国王愤怒离席后哈曼做了什么?有什么后果?他最后的结局如何?

13. 处置哈曼之后以斯帖进一步向国王讲述了什么?国王随即授权末底改做什么?

14. 末底改拟定的亚哈随鲁王谕旨内容是什么?

15. 亚达月13至15日发生了什么事情?普珥节在什么时间?它是什么性质的犹太节日?

深入思考题:

1. 以斯帖的故事中有没有传奇因素?举例说明你的看法。
2. 以斯帖为什么开始有顾虑?她又为什么同意了按照末底改的意思去做?
3. 最后哈曼被送上绞架的原因有哪些?其中最重要的原因是什么?
4. 故事中的亚哈随鲁王是个什么样的君主?举例说明。
5. 这个故事中的反讽结构如何建构的?它在故事中的作用是什么?
6. 按照"以斯帖记"的叙述,普珥节在犹太历史上的重要意义是什么?

故事 阐释①

分析要点:

1. 民俗或民族节日的来由

    (The Story as Origin of a National Custom or Festival)

2. 故事的传奇成分和反讽架构

    (The Story's Legendary and Ironic Elements)

3. 人物分析和人物塑造的意识形态目的

    (Character Analyses in Relevance to Ideological Purposes)

4. 希腊文七十贤士版的"以斯帖记"

    ("Esther" in "The Septuagint")

---

① 这个故事的阐释主要参考了艾尔特和柯莫德编《圣经的文学导读》中杰克·M·萨森(Jack M. Sasson)撰写的"以斯帖",见第335—342页。

单元四 《旧约》：短篇小说和哲理故事

阐释解读：
1. 民俗或民族节日的来由

"以斯帖记"是一个民俗故事。但不同于耶弗他的女儿的故事那种引发了以色列女孩子每年到山里去哀痛4天的一般民俗来由，它是以色列民族纪念获救的"犹太纪念日"的发端。即从那时起，每年在以斯帖把犹太人①的死敌哈曼送上绞架及末底改获亚哈随鲁王信任后灭杀了所有波斯境内犹太人的敌人的亚达月（12月）14和15两日，犹太民族要大大庆祝一番。这个故事还解释了为什么这个节日的名字"普珥"不是希伯来文，②以及以色列民众是怎样纪念这两天的。每年这两天犹太人要设筵欢乐，彼此赠礼，并接济穷人。这个节日对犹太人十分重要，它大长了从远古开始为了立国吃尽千辛万苦，不断遭受外族欺侮的犹太民族的志气。这个胜利给整个民族赢得了生存和发展的环境，他们为自己的祖先在逆境中不屈不挠，战胜了强敌而自豪。

犹太民族是个多灾多难的民族。历史上从罗马人摧毁了耶路撒冷，以色列和犹大亡国后，犹太人就流落和散布到世界各地，特别是欧洲各国。他们的处境一直十分艰难，甚至悲惨。以英国为例，英国的犹太人在公元5世纪前后曾经因其勤奋富足而被列为国王的财产。他和属于他的一切都是国王的，不但没有人身自由，而且财富统统充公，成了国王的摇钱树。在社会上他们饱受歧视，狮心王理查（1157－1199）在位（1189－1199）前后的时日里，国王出师征战之前祭旗要屠宰牛羊，有时也杀死犹太人祭旗。犹太人后来曾经被驱逐出英国，又被容许返回。直到莎士比亚时期，犹太人在欧洲的处境仍旧相当凄惨。在他的名剧《威尼斯商人》中，莎翁难免受传统的社会影响，把犹太高利贷商人夏洛克当作他要赞颂的安东尼等威尼斯绅士的对立面，用他的贪财、小气、仇恨来衬托威尼斯绅士的仗义、宽怀、为友情能赴汤蹈火等高尚品质。但是，莎士比亚即便不能摆脱种族歧视，却并没有简单化、脸谱化地使用犹太角色。以他的人文和博大，莎翁描绘了一个有血有肉的犹太人形象，通过夏洛克的话，他揭示了犹太人在当时威尼斯社会的低下处境。他们被当作狗一样，受到歧视、咒骂，人们甚至可以任意朝他们身上吐唾沫。剧终，当他在法庭上被击败后，最让他屈辱的还不是经济上的损失，他被法庭强制要改信基督教，这对一个忠实的犹太教徒来说是天大的痛苦。直到20世纪的二战中，纳粹所代表的欧洲反犹太传统继续对他们残酷迫害，纳粹集中营对犹太人的屠杀令人发指。回顾这样的受迫害历史使我们能够更好地认识"以斯帖

---

① 虽然经文里用的是"犹大人"，在这故事分析中我用"犹太人"或"以色列人"与"犹大人"不矛盾，因为"犹大人"这称呼来自以色列统一王国分裂后南边的犹大国。它最后被罗马人击败后犹太人流亡各地，其中很主要的一支寄居在亚哈随鲁王境内。较详细的历史情况可见本教程附件中历史部分和年表。

② 按照萨森的说法这个名字不是希伯来文，因为当时末底改和以斯帖等犹太人是流亡在波斯地，普珥（purim）是掣签挑选吉日的意思。但是有字典把这个字的词根注为希伯来文，意思是"签"，也可译成"普林节"，该词典把亚达月（Adar）翻译成阿达尔月，见陆谷孙主编《英语大词典》这个词条。

记"的重要意义,体会为什么普珥节对犹太民族如此重要,为什么以斯帖成为犹太人的骄傲。

2. 故事的传奇成分和反讽架构

(1) 传奇成分:"以斯帖记"的作者用了不少文字来证明所发生的一切均为历史,因为其真实性对以色列民族事关紧要。比如,作者像写档案那样给出了重要事件的详细时间和地点,主要人物的家谱和先人,以及古希腊地区亚加亚人帝国(the Achaemenid Empire)的管理体制和律法,还不时插上一些用希伯来文解释的波斯词语,甚至编造些波斯人名来取信于读者。此外,故事叙述中夹有大量细致的宫廷礼仪、装饰和物品的描写,比如游行时御马要戴冠(Esth 6:8),又比如被王召见的规矩:4:[11]王的一切臣仆和各省的人民,都知道有一个定例:若不蒙召,擅入内院见王的,无论男女必被治死;除非王向他伸出金杖,不得存活。(Esth 4:[11] If anyone, man or woman, goes to the inner courtyard and sees the king without being summoned, that person must die. That is the law; everyone, from the king's advisers to the people in the provinces, knows that. There is only one way to get round this law: if the king holds out his gold sceptre to someone, then that person's life is spared.)但最具中东情调的描述是波斯王宫的选后妃细节,它占了故事里不短的篇幅:

"以斯帖记"2:

8王的谕旨传出,就招聚许多女子到书珊城,交给掌管女子的希该。[9]希该喜悦以斯帖,就恩待她,急忙给她需用的香品和她所当得的份,又派所当得的七个宫女服侍她,使她和她的宫女搬入女院上好的房屋。[10]以斯帖未曾将籍贯宗族告诉人,因为末底改嘱咐她不可叫人知道。[11]末底改天天在女院前边行走,要知道以斯帖平安不平安,并后事如何。

12众女子照例先洁净身体十二个月:六个月用没药油;六个月用香料和洁身之物。满了日期,然后挨次进去见亚哈随鲁王。[13]女子进去见王是这样:从女院到王宫的时候,凡她所要的都必给她。[14]晚上进去,次日回到女子第二院,交给掌管妃嫔的太监沙甲,除非王喜爱她,再提名召她,就不再进去见王。

15末底改叔叔亚比该的女儿,就是末底改收为自己女儿的以斯帖,按次序当进去见王的时候,除了掌管女子的太监希该所派定给她的,她别无所求,凡看见以斯帖的都喜悦她。

(Esth 2:[8] When the king had issued his new proclamation and many girls were being brought to Susa, Esther was among them. She too was put in the royal palace in the care of Hegai, who had charge of the harem. [9] Hegai liked Esther, and she won his favour. He lost no time in beginning her beauty treatment of massage and special diet. He gave her the best place in the harem and assigned seven girls specially chosen from the royal palace to serve her. [10] Now, on the advise of Mordecai, Esther had kept it secret that she was Jewish. [11] Every day Mordecai would walk to and fro in front of the courtyard of the harem, in order to find out how she was getting on and what was going to happen to her. [12] The regular beauty treatment for the women lasted a year—massages with oil of

单元四 《旧约》：短篇小说和哲理故事

myrrh for six months and with oil of balsam for six more. After that each girl would be taken in turn to King Xerxes. ①13 When she went from the harem to the palace, she could wear whatever she wanted. 14 She would go there in the evening, and the next morning she would be taken to another harem and put in charge of the Shaashgaz, the eunuch in charge of the king's concubines. She would not go to the king again unless he liked her enough to ask for her by name. 15 The time came for Esther to go to the king. Esther—the daughter of Abihail and the cousin of Mordecai, who had adopted her as his daughter; Esther—admired by everyone who saw her. When her turn came, she wore just what Hegai, the eunuch in charge of the harem, advised her to wear.）

这样一来，在故事的情节（plot/action）发展之外就多了一条描述细节和礼仪的叙述（detailed description of rituals），它让不少《圣经》学者和读者当真，于是去核对波斯国历代国王的年表，从而造成这方面的考据不必要的过剩。这说明"以斯帖记"的作者在追求故事给人以真实感方面的确达到了目的。②

但是，也正是上面这种极端东方化的渲染使"以斯帖记"变得像《一千零一夜》那样的阿拉伯神话故事。而且也正是这一段的详尽而近乎夸张的叙述留下了与作者意愿向背的不大真实的疑点。按照故事里的说法，为了选出替代瓦实提的女子，在希该管辖下的待招美女要用12个月的时间净身并修礼仪，这也够夸张了。不知这12个月里亚哈随鲁王是否夜夜孤独？就算他原来还有嫔妃可以陪伴他，那在这些待选美女开始被招见之后，每晚进宫一人，国王都必须应对如一，直到他遇到真正心爱的人为止。这不外是要说明以斯帖多么出众，能在那么多美丽、贤惠女子中胜出，独占鳌头。但实际生活里恐怕没有哪个男人能够连续应付这样多的女人。这一类夸张恰恰增加了故事的传奇色彩。

类似的情节不但在一些传说和童话里再现，就连莎士比亚也采用了类似"以斯帖记"开始的情节。在他的喜剧《训悍记》里，莎翁就设计了两个男人在宴席上打赌，差仆人去叫出自己的太太。结果，那以凶悍著称的凯瑟丽娜立即应招来到丈夫跟前，而平时很贤惠的那位太太却像瓦实提那样让仆人回话说自己忙着应酬其他太太而不能马上出来。这让她丈夫丢了脸面还输了钱。我们没有根据说莎士比亚就是从"以斯帖记"获得了灵感，但我们可以看到这类故事情节具有再生和变化的巨大潜力，它不能被简单地局限在历史事实范围之内。

（2）反讽架构："以斯帖记"包含了一个巨大的反讽（irony）结构，那就是为了取得故事最后末底改和以斯帖的彻底胜利，作者一直让哈曼对以斯帖的民族、身份及她与

---

① King Xerxes 即薛西斯一世，以斯帖丈夫波斯王亚哈随鲁（Ahasuerus）的希腊称呼。

② 关于"以斯帖记"真实性的考证，可见派吞（L. B. Patton）著《"以斯帖记"的国际评论》（*International Critical Commentary to Esther*，New York，1908）第 64—77 页。萨森认为这方面太多的考据没有必要。见《圣经的文学导读》第 342 页注①。

末底改的关系毫不知情。这一安排实际上已经脱离了真实可能,进一步强化了这个故事的传奇色彩。以斯帖是末底改叔叔亚比该的女儿,在叔叔去世后他待以斯帖似自己女儿并的确嘱咐过姑娘为了安全不要将籍贯宗族告诉别人。但自从以斯帖入选希该的女院,末底改天天在女院前边行走,打听以斯帖是否平安。也就是说,他在大约一年的时间内,天天在王宫女院前面晃来晃去,还打听以斯帖是否安好。这过程中末底改好像始终是个低层官员,而且成天不离宫门,同那里的人混得很熟。因此,在整个选美过程中,以及以斯帖中选之后,好像不断有人出出进进给末底改通风报信。亚哈随鲁王第三年废除了瓦实提,第七年立以斯帖为王后,接着末底改发现了反国王阴谋,故事写道:2:[22]末底改知道了,就告诉王后以斯帖。以斯帖奉末底改的名,报告于王。[23]究查这事,果然是实,就把二人挂在木头上,将这事在王面前写于历史上。(Esth 2:[22] Mordecai learnt about it and told Queen Esther, who then told the king what Mordecai had found out. [23] There was an investigation, and it was discovered that the report was true, so both men were hanged on the gallows. The king ordered an account of this to be written down in the official records of the empire.)显然,末底改和以斯帖经常联系。哈曼受宠后,不可一世,进出王宫人人对他行跪拜礼,唯独末底改不理睬他。这样造成了他们之间的尖锐矛盾,引发了哈曼要灭亚哈随鲁王治下所有犹太人的阴谋。但从他们产生矛盾到矛盾公开化大约有五年之久。在这样一个长时间内,哈曼对自己的头号敌人的背景和关系应该了如指掌才合理。结果不然,故事把他写成一个大傻瓜,始终不知道以斯帖和末底改的关系。恐怕他是当时宫廷里除了国王外唯一不知情的人了,而国王也先于他从以斯帖那里得知了她的犹太身份,以及自己的救命恩人末底改是以斯帖的堂兄。作者这样违反真实性的描写取得了好人与坏人在知情和智慧上的巨大反差,让以色列的民族英雄显得更加出色,而以色列的敌人则成为不堪一击的纸老虎。

哈曼的愚蠢还表现在糊涂地自以为把持和掌控了局面,以至为末底改打造了一个绞架,但却最终自投罗网,被吊死在自己建造的绞架上,大快人心。这样的设计不仅营造了故事的悬念,增加了戏剧性,而且意识形态目的也更加突出。故事好看了,但传奇性也毫无疑问地随之增强了。

3. 人物分析和人物塑造的意识形态目的

"以斯帖记"里一共写了四个主要人物:以斯帖、末底改、亚哈随鲁王和哈曼。哈曼如上面所分析的,是以色列的头号敌人,不共戴天,因此从故事内容上看他是占据了半边天的对立面。但是从叙事上分析,他却是一个类型性的恶人,一个起着工具作用的平面化角色。他这个人可以用专权、自负、愚蠢、狠毒等词语来概括,他最后被挂在自己为对手树立的绞架上,也可谓恶有恶报,用英文说叫做实现了"诗的公正"(poetic justice)。更有胜者,他的全家族都被屠杀了,这种处置是叛国罪才会有的极刑。由于到死他也不知道以斯帖和末底改的关系,所以他在被送上绞架时还不知道为什么王后以斯帖忽然变脸指控他,更没想到这一切的背后操纵者就是自己的敌人末底改。他先是看到国王封赏末底改,便产生了对自己敌人的莫名恐惧,加之家人和朋友预言他将输给犹太人,心里就更是不安。所以,当以斯帖忽然变脸,在第二次宴席上指控他时,他的极度恐慌就很容易理解了。于是,他伏身去求王后为他说情,又进一步造成国王误解。

作者还特别提到了哈曼家人和朋友预言他必败在以色列人手里:6:13······"你在末底改面前始而败落,他如果是犹大人,你必不能胜他,终必在他面前败落。"(Esth 6:13 ... "You are beginning to lose power to Mordecai. He is a Jew, and you cannot overcome him. He will certainly defeat you.")这样的描写并不是要表示哈曼和他的一伙人有预感,有智慧,而是要强调《圣经》所传达的意识形态,那就是:虽然以色列人遭了难,寄人篱下,但他们有耶和华神庇护,往往会反败为胜;这样的名声仍然在该地区有巨大影响,即便他们处于困境,那些欺压他们的人还是畏惧耶和华。在哈曼的描写上,我们可以说作者为了突出正面的英雄人物而相当程度地牺牲了这个人物的深度和丰富性。

女主人公以斯帖是这个故事的亮点,作者对她的喜爱和推崇之情溢于笔端。首先,他给了以斯帖最多的表述自己心态和思想变化的机会。比如她时时关心她的堂兄和养育人末底改,有了情况就为他担心:4:4 王后以斯帖的宫女和太监来把这事告诉以斯帖,她甚是忧愁,就送衣服给末底改穿,要他脱下麻衣,他却不受。(Esth 4:4 When Esther's servant-girls and eunuchs told her what Mordecai was doing, she was deeply disturbed. She sent Mordecai some clothes to put on instead of the sackcloth, but he would not accept them.)当她听从末底改的话决心冒着性命危险来营救自己的族人后她传话给末底改:4:16"你当去招聚书珊城所有的犹大人,为我禁食三昼三夜,不吃不喝,我和我的宫女也要这样禁食。然后我违例进去见王,我若死就死吧!"(Esth 4:16 "Go and gather all the Jews in Susa together; hold a fast and pray for me. Don't eat or drink anything for three days and nights. My servant-girls and I will be doing the same. After that, I will go to the king, even though it is against the law. If I must die for doing it, I will die.")这里主要是决心为民族牺牲的表态,但也流露出她不愿意死和有些害怕的心理状态。她有时很富女人气,同国王周旋时利用得宠的地位还卖点关子,比如她第二次邀请亚哈随鲁王和哈曼赴宴时就颇有些神秘:5:8"我若在王眼前蒙恩,王若愿意赐我所要的,准我所求的,就请王带着哈曼再赴我所预备的筵席。明日我必照王所问的说明。"(Esth 5:8 "If Your Majesty is kind enough to grant my request, I would like you and Haman to be my guests tomorrow at another banquet that I will prepare for you. At that time I will tell you what I want.")她不

能先说明意图首先是斗争策略的要求,但她撒娇地要王等到届时再听下文又增加了国王的好奇和兴趣。她还显示了操控和组织安排的能力,在她得到国王接见和恩宠后她婉转要求废除哈曼杀害犹太人的旨意:8:⁴王向以斯帖伸出金杖;以斯帖就起来,站在王前,⁵说:"亚甲族哈米大他的儿子哈曼设谋传旨,要杀灭在王各省的犹大人。现今王若愿意,我若在王眼前蒙恩,王若以为美,若喜悦我,请王另下旨意,废除哈曼所传那旨意。⁶我何忍见我本族的人受害?何忍见我同宗的人被灭呢?"(Esth 8:⁴The king held out the gold sceptre to her, so she stood up and said, ⁵"If it please Your Majesty, and if you care about me and if it seems right to you, please issue a proclamation to prevent Haman's orders from being carried out—those orders that the son of Hammedatha the descendant of Agaag gave for the destruction of all the Jews in the empire. ⁶How can I endure it if this disaster comes on my people and my own relatives are killed?")在哈曼被绞死并举家灭杀后,以斯帖再次建议彻底绝灭哈曼家族的影响以巩固战果:9:¹³以斯帖说:"王若以为美,求你准书珊的犹大人,明日也照今日的旨意行,并将哈曼十个儿子的尸首挂在木架上。"(Esth 9:¹³Esther answered, "If it please Your Majesty, let the Jews in Susa do again tomorrow what they were allowed to do today. And order the bodies of Haman's ten sons to be hung from the gallows.")她这些言行体现了一个女政治家的面貌。然而,她最精彩的言谈出现在第二次宴席上,当亚哈随鲁王乘着赴宴的兴头要赏赐以斯帖时,她用了短短的两句话讲述了以色列人面临的危机,其中夹有对国王的奉承,有恳求,有谴责,甚至还有讽刺:7:³王后以斯帖回答说:"我若在王眼前蒙恩,王若以为美,我所愿的,是愿王将我的生命赐给我;我所求的,是求王将我的本族赐给我。⁴因我和我的本族被卖了,要剪除杀戮灭绝我们。我们若被卖为奴为婢,我也闭口不言,但王的损失,敌人万不能补足。"(Esther 7:³Queen Esther answered, "If it please Your Majesty to grant my humble request, my wish is that I may live and that my people may live. ⁴My people and I have been sold for slaughter. If it were nothing more serious than being sold into slavery, I would have kept quiet and not bothered you about it; but we are about to be destroyed—exterminated!")①在下面7:5—6两句话中以斯帖接着上面的话造成的紧张气氛和悬念,单刀直入地点出了哈曼的名字,让刚刚进门的哈曼听到,并马上惊慌失措。

  女人用美色介入政治并为争斗的一方获得胜利的事例古今中外皆有之,我国也有

---

  ① 这里的中文译文"但王的损失,敌人万不能补足"不知是怎么翻译得来的,引文对应的英文"but we are about to be destroyed—exterminated"指的是"但是我们将要被毁灭——被除灭",是接着上文表示犹太人的处境不止是被卖为奴,而是要被杀灭。

貂蝉、西施等故事。她们同以斯帖类似，在历史上确有其人，也都是为了自己确认是正义的一方献身，为民除害，或者消灭侵略者、压迫者。但是几千年下来她们的故事的具体细节被无数文人墨客添枝加叶，很难分清真假成分，也具备了很强的传奇性和再生性。相对来说，因为以斯帖的故事记载在《旧约》里，它不能被随意改动，它的传奇性仅仅局限在《圣经》文本版本已有的那些，基本上没有貂蝉、西施等故事的随意再生和演绎的可能。

以斯帖是民族的骄傲，而末底改实际上才是以色列民族真正的功臣。是他抚养了以斯帖，在关键时刻引导她，斥责她不问以色列民族死活，也是他在除掉哈曼后出面执行了亚哈随鲁王亲犹太人的政策，对以色列的敌人进行了彻底的诛剿。开始他虽然是个小官，但是整个斗争是以宫廷官员斗争形式出现的。

不少《圣经》阐释者注意到故事中的一个问题，那就是哈曼仇视犹太人的起因是末底改不肯对他施礼。作者没有对末底改以个人傲视哈曼而几乎给以色列民族造成灭顶之灾的行为做任何评论，但是这一表现始终给读者留下了疑问：个人尊严固然重要，但是与整个民族安危相比哪一样更为当紧是不言而喻的。万一以斯帖没能成功，末底改为了维护个人的自尊心给全民族造成毁灭，那就是不折不扣的民族罪人了。何况，众臣对待哈曼的恭敬态度是亚哈随鲁王允准的，末底改胜利后身为王的重臣时其威风也不减哈曼。除以色列人，恐怕惧怕他、恼怒他的人也不是少数。而且，在这之前以色列人的祖先亚伯拉罕、雅各等为了存活而忍气吞声的例子并不鲜见。当然，末底改位置低下却不肯屈从不可一世的哈曼的表现，还代表了在逆境中不会低头的犹太民族的形象，有他的符号意义。我们也许还可以把他的所作所为同参孙很多惹来麻烦的行为类比。在参孙的故事里文本明确地说参孙做的很多不能理喻的事情都是上帝想要借参孙之手诛杀以色列的敌人才让他那样行事的。如果这样来看，我们就可以说是上帝造成了末底改对哈曼的挑战，以便彻底解决以色列人在异乡的低下地位和朝不保夕的命运。另外，从宗教的意识形态上，末底改也不能向哈曼低头。在这一卷的2：5中我们被明确告知末底改是扫罗的后人便雅悯人基士的曾孙，而在3：1中交代了哈曼是亚甲族哈米大他的儿子。在扫罗的故事里，扫罗击败了亚玛力人后却违背耶和华旨意没有杀死头领亚甲，冒犯了耶和华而从此失宠。[①] 这次两人的后代再次交手，末底改绝对不可重蹈覆辙，犯扫罗的错误而与哈曼共处，相安无事。末底改本人似乎也意识到了这次斗争的历史背景和耶和华在注视他们，因此才对以斯帖说：4：13"你莫想在王宫里强过一切犹大人，得免这祸。14 此时你若闭口不言，犹大人必从别处得解脱，蒙拯救，你和你父家必至灭亡。焉知你得了王后的位分，不是为现今的机会吗？"（Esth 4：13

---

① 见《旧约》"撒母耳记上"15：1：23。

"Don't imagine that you are safer than any other Jew just because you are in the royal palace. 14 If you keep quiet at a time like this, help will come from heaven to the Jews, and they will be saved, but you will die and your father's family will come to an end. Yet who knows—maybe it was for a time like this that you were made queen!")

  故事给了执政后的末底改充分的描述,我们这时看到了一个犹太人民的领袖形象,他深受本族百姓的拥戴和信任,对自己族人亲如手足,事事维护他们的利益,替他们说话,正如经文指出:10:³ 犹大人末底改作亚哈随鲁王的宰相,在犹大人中为大,得他众弟兄的喜悦,为本族人求好处,向他们说和平的话。(Esth 10:³ Mordecai the Jew was second in rank only to King Xerxes himself. He was honoured and well-liked by his fellow Jews. He worked for the good of his people and for the security of all their descendants.)类似约瑟,他也很有治理国家的才能和魄力,出任亚哈随鲁王的宰相,王授予他生杀大权,他终身受到宠信。但是故事的最后叙述也显示了国舅专政,除了以色列民众所有百姓都畏惧末底改的事实。

  然而,末底改受到宠爱并非无缘无故。他及时地发现了一起试图谋杀亚哈随鲁王的阴谋,并通过以斯帖报告了国王,得以诛杀两个宫人。这一功绩被载入史册又及时被国王读到并回忆起来,给予了他最高的奖赏,即穿上王的朝服,骑上御马走遍全城,被称为王最喜爱的人。因此有分析认为在哈曼触怒国王的三件事(要屠杀王治下所有的犹太人,有调戏王后以斯帖之嫌和树起了绞架要吊死国王的恩人末底改)当中,要加害末底改是最重要的罪行,也是最后让亚哈随鲁王把哈曼处死的最重的罪行。① 也许亚哈随鲁王把哈曼当成了两个要谋杀他的宫人的同伙,认为他是为此报复末底改才要加害他的。

  第四个人物就是掌握生杀大权的亚哈随鲁王。这个人物写得很有趣,他实际上是个相当糊涂和无能的君主,一个漫画式的人物。首先,亚哈随鲁事事都要听从朝臣们的意见,毫无主见。王后瓦实提该如何处理?废弃瓦实提之后他应该怎么办?他都是按照大臣们的建议行事,虽然他们都是先说"王若以为美"(if it please Your Majesty),似乎还是由国王决策。最后就出现了一个大讽刺,他不知如何嘉奖举报谋杀阴谋的末底改,就问刚好来朝见他的哈曼。6:⁶ 王问他说:"王所喜悦尊荣的人,当如何待他呢?"哈曼心里说:"王所喜悦尊荣的,不是我是谁呢?"(Esth 6:⁶ and the king said to him, "There is someone I wish very much to honour. What should I do for this man?" Haman thought to himself, "Now who could the king want to honour so

---

  ① 见艾尔特和柯莫德编《圣经的文学导读》中杰克·M·萨森(Jack M. Sasson)撰写的"以斯帖",第335—342页。

much? Me, of course.")于是他就建议让立功者身着王袍,骑上戴冠御马,在城里巡游。亚哈随鲁毫不思考就下令照办了。从隐喻的层面上看,哈曼以为受奖人是自己而要求穿王袍骑御马,这正是他内心想篡位取代亚哈随鲁的暴露。而这个待遇落在了以色列人末底改身上,象征了以色列人的最后胜利,也预示了后来末底改几乎代替了亚哈随鲁王在国内行事。

第二个可笑的例子出现在以斯帖向国王控诉那个迫害以色列人的恶棍时,亚哈随鲁马上问这人是谁,而且也很气愤。以斯帖于是说了前面已经引过的那段为犹太人申诉的话,求王解救她的民族不受除灭之灾。听了以斯帖这番话,亚哈随鲁王问王后以斯帖说:7:5"擅敢起意如此行的是谁?这人在哪里呢?"6以斯帖说:"仇人敌人就是这恶人哈曼。"(Esth 7:5 "Who dares to do such a thing? Where is this man?"6 Esther answered, "Our enemy, our persecutor, is this evil man Haman!")实际上哈曼的后台就是亚哈随鲁,他不但同意了消灭以色列人,而且把代表他权力的戒指也给了哈曼,任凭哈曼处置他们。所以,以斯帖指控要消灭她的族人的人既是哈曼也是国王。而亚哈随鲁王似乎完全记不得这仅仅发生在两周前的事情,居然问"擅敢起意如此行的是谁?"于是,他又把权力戒指授予了末底改。这个角色的昏庸由此可见一斑。

亚哈随鲁王是这个故事里的喜剧因素,他之所以被描绘得如此可笑无能,一方面是突出犹太人的两个英雄,另一方面还是由《圣经》的意识形态来决定的。掌控整个局面使末底改和以斯帖获胜的只能是以色列的神耶和华,亚哈随鲁王只不过是一个人间的傀儡而已。既然有权无实又要施行权力,那自然就难免可笑了。

4. 希腊文《七十贤士译本》的"以斯帖记"

希腊《七十贤士译本》(The Septuagint)中的"以斯帖记"比希伯来圣经多107行,而且故事开始比亚哈随鲁王十二年哈曼掣签要早十年。其中描写的末底改比较超脱,更能意识到犹太人在整个宇宙中的渺小地位。故事中末底改做了个梦,梦里有许多令人不解的景象。他醒来就在那里琢磨,恰恰就撞上了两个宫人阴谋策划谋杀国王,他马上举报并立功引得哈曼妒忌和仇恨。这样来写两人矛盾的起因就比只因末底改不肯跪拜哈曼更能说服人。而且,希腊文本里还特意交代了为什么末底改拒绝按照国王授给哈曼的权位来礼拜他。文本里有末底改对耶和华祈祷的一句话:"主啊,你知道我不是因为自己狂妄、傲慢,或者虚荣才不肯向哈曼鞠躬⋯⋯我这样做是为了不把人的荣耀置于上帝之上。"①此外,在希腊文版本中,除掉哈曼之后末底改在当权过程中有不少自我反省的祈祷,并且不断用十年中发生的事件与他当初的梦对照。这样一个版

---

① 见《七十贤士译本》"以斯帖记"5—7。原文是:"You know, Lord, that it was not because of insolence or arrogance or vanity that I... did not bow down before arrogant Haman.... But I did this in order that I might not put the glory of man above the glory of God."

本也许减弱了末底改和以斯帖个人的英雄业绩，更多地把他们当作上帝预先安排的计划的执行者和工具，但却解决了现在文本中许多生硬之处，加强了这次胜利中神的因素，也展示了一个更加亲和和谦恭的以色列民族领袖。

结　语

作为一部早期的短篇小说，"以斯帖记"不论在结构上还是在人物塑造上都相当成功，并且该作者时时不忘突出耶和华与以色列人同在的意识形态主旨。上面所做的分析只能是抛砖引玉的一个尝试，这个文本可以谈论的方面还有许多。比如在结构方面，故事中所有重大事件和转机都围绕着宴席发生。一共有四次重要的宴请，它们贯穿起整个的故事。亚哈随鲁王宴请宾客导致废除王后瓦实提，与以斯帖被选中并封后的喜庆宴席成为对仗的两次宴席。后来以斯帖两次宴请国王和哈曼，第一次宴席上以斯帖进一步赢得了王的欢心，而第二次她就亮牌，抛出了杀手锏。我们也可以进一步深入探讨作品对宫廷官宦之争及国王的昏庸的讽刺，一枚戒指的权限如此之大，国王随意把它授予这个人或那个人，该人就可以持它而进行种族屠杀，真有些令人毛骨悚然。这里，我们不妨引用杰克·M·萨森来结束对这部短篇小说的阐释。作为结束语，萨森幽默地写道："在'以斯帖记'中，张扬的恶棍们遭了厄运；骄傲的抗争者们获得彻底翻身；可爱的女英雄们得到所有人的爱戴；而愚钝又缺心少肺的君王们在故事中被众人利用。"①这真是对一场生死斗争最轻松的总结了。

故事二十四　约伯记

《旧约》经文

"约伯记"②

撒但试探约伯

1 乌斯地有一个人，名叫约伯，那人完全正直，敬畏神，远离恶事。² 他生了七个儿子，三个女儿，³ 他的家产有七千羊，三千骆驼，五百牛，五百母驴，并有许多仆婢。这人在东方人中就为至人。⁴ 他的儿子按着日子，各在自己家里设摆筵宴，就打发人去请了他们的三个姐妹来，与他们一同吃喝。⁵ 筵宴

---

① 原文是："In Esther, unsubtle villains meet with brutal fates; proud partisans are fully vindicated; lovely heroines retain the affection of all; and stolid, dim-witted monarchs are there to be used by all."艾尔特和柯莫德编《圣经的文学导读》，第 342 页。

② 由于"约伯记"十分长，也没有什么故事线索，因此节选经文很困难。这里的节选取用了戴维斯（O. B. Davis）在《圣经文学导读》中现成的选段（第 227—238 页），但篇幅仍旧太长，我就在他的基础上又删去了很多。认真研讨故事的读者最好还是读《圣经·旧约》里"约伯记"全文。

单元四 《旧约》：短篇小说和哲理故事

的日子过了，约伯打发人去叫他们自洁。他清早起来，按着他们众人的数目献燔祭，因为他说："恐怕我儿子犯了罪，心中弃神。"约伯常常这样行。

6 有一天，神的众子来侍立在耶和华面前，撒但也来在其中。7 耶和华问撒但说："你从哪里来？"撒但回答说："我从地上走来走去，往返而来。"8 耶和华问撒但说："你曾用心查看我的仆人约伯没有？地上再没有人像他完全正直，敬畏神，远离恶事。"9 撒但回答耶和华说："约伯敬畏神岂是无故呢？10 你岂不是四面圈上篱笆围护他和他的家，并他一切所有的吗？他手所作都蒙你赐福；他的家产也在地上增多。11 你且伸手毁掉他一切所有的；他必当面弃掉你。"12 耶和华对撒但说："凡他所有的都在你手中，只是不可伸手加害于他。"于是撒但从耶和华面前退去。

约伯丧失儿女和财产

13 有一天，约伯的儿女正在他们长兄的家里吃饭喝酒，14 有报信的来见约伯说："牛正耕地，驴在旁边吃草，15 示巴人忽然闯来，把牲畜掳去，并用刀杀了仆人；惟有我一人逃脱，来报信给你。"16 他还说话的时候，又有人来说："神从天上降下火来，将群羊和仆人都烧灭了；惟有我一人逃脱，来报信给你。"17 他还说话的时候，又有人来说："迦勒底人分作三队，忽然闯来，把骆驼掳去，并用刀杀了仆人，惟有我一人逃脱，来报信给你。"18 他还说话的时候，又有人来说："你的儿女正在他们长兄的家里吃饭喝酒，19 不料有狂风从旷野刮来，击打房屋的四角，房屋倒塌在少年人身上，他们就都死了；惟有我一人逃脱，来报信给你。"

20 约伯便起来，撕裂外袍，剃了头，伏在地上下拜，21 说："我赤身出于母胎，也必赤身归回。赏赐的是耶和华，收取的也是耶和华；耶和华的名是应当称颂的。"

22 在这一切的事上，约伯并不犯罪，也不以神为愚妄（或作"也不妄评神"）。

撒但再试探约伯

2 又有一天，神的众子来侍立在耶和华面前，撒但也来在其中，2 耶和华问撒但说："你从哪里来？"撒但回答说："我从地上走来走去，往返而来。"3 耶和华问撒但说："你曾用心查看我的仆人约伯没有？地上再没有人像他完全正直，敬畏神，远离恶事。你虽激动我攻击他，无故地毁灭他；他仍然持守他的纯正。"4 撒但回答耶和华说："人以皮代皮，情愿舍去一切所有的保全性命。5 你且伸手伤他的骨头和他的肉，他必当面弃掉你。"6 耶和华对撒但说："他在你手中，只要存留他的性命。"

7 于是撒但从耶和华面前退去，击打约伯，使他从脚掌到头顶长毒疮。8 约伯就坐在炉灰中，拿瓦片刮身体。

9 他的妻子对他说："你仍然持守你的纯正吗？你弃掉神，死了吧！"10 约伯却对她说："你说话像愚顽的妇人一样。哎！难道我们从神手里得福，不也受祸吗？"在这一切的事上，约伯并不以口

《圣经》文学阐释教程

犯罪。

三个朋友来安慰约伯

11 约伯的三个朋友,提慢人以利法、书亚人比勒达、拿玛人琐法,听说有这一切的灾祸降临到他身上,各人就从本处约会同来,为他悲伤,安慰他。12 他们远远地举目观看,认不出他来,就放声大哭。各人撕裂外袍,把尘土向天扬起来,落在自己头上。13 他们就同他七天七夜坐在地上,一个人也不向他说句话,因为他极其痛苦。

约伯咒诅自己的生日

3 此后,约伯开口咒诅自己的生日,2、3 说:
"愿我生的那日
和说怀了男胎的那夜都灭没。
……。"
11 "我为何不出母胎而死?
为何不出母腹而绝气?
……
20 受患难的人为何有光赐给他呢?
心中愁苦的人为何有生命赐给他呢?
21 他们切望死,却不得死;
求死,胜于求隐藏的珍宝。
22 他们寻见坟墓就快乐,
极其欢喜。
23 人的道路既然遮隐,
神又把他四面围困,
为何有光赐给他呢?
……
26 我不得安逸,不得平静,
也不得安息,却有患难来到。"

第一轮对话

4 提慢人以利法回答说:
"……
3 你素来教导许多的人,
又坚固软弱的手。
4 你的言语曾扶助那将要跌倒的人,
你又使软弱的膝稳固。
5 但现在祸患临到你,你就昏迷;
挨近你,你便惊惶。
6 你的依靠,不是在你敬畏神吗?
你的盼望,不是在你行的事纯正吗?
7 请你追想,无辜的人有谁灭亡?
正直的人在何处剪除?
8 按我所见,耕罪孽、种毒害的人都照样收割。
9 神一出气,他们就灭亡;
神一发怒,他们就消没。
……。"
"我在静默中听见有声音说:
17 '必死的人岂能比神公义吗?
人岂能比造他的主洁净吗?
18 主不信靠他的臣仆,
并且指他的使者为愚昧;
19 何况那住在土房,根基在尘土里被蠹虫所毁坏的人呢?
……。'"

5 "你且呼求,有谁答应你?
诸圣者之中,你转向哪一位呢?
2 忿怒害死愚妄人,
嫉妒杀死痴迷人。
……
6 祸患,原不是从土中出来;

单元四 《旧约》：短篇小说和哲理故事

患难,也不是从地里发生。
7 人生在世必遇患难,
如同火星飞腾。
……。
15 "神拯救穷乏人,
脱离他们口中的刀和强暴人的手。
16 这样,贫寒的人有指望,
罪孽之辈必塞口无言。
17 神所惩治的人是有福的,
所以你不可轻看全能者的管教。
18 因为他打破,又缠裹;
他击伤,用手医治。
19 你六次遭难,他必救你;
就是七次,灾祸也无法害你。
……
27 这理我们已经考察,本是如此。
你须要听,要知道是与自己有益。"

6 约伯回答说:
2 "惟愿我的烦恼称一称,
我一切的灾害放在天平里,
3 现今都比海沙更重,
所以我的言语急躁。
4 因全能者的箭射入我身,
其毒,我的灵喝尽了;
神的惊吓摆阵攻击我。
……
8 惟愿我得着所求的,
愿神赐我所切望的;
9 就是愿神把我压碎,
伸手将我剪除。"
……
11 "我有什么气力使我等候?
我有什么结局使我忍耐?
12 我的气力岂是石头的气力?
我的肉身岂是铜的呢?
……

24 请你们教导我,我便不作声,
使我明白在何事上有错。
25 正直的言语力量何其大!
但你们责备,是责备什么呢?
……
27 你们想为孤儿拈阄,
以朋友当货物。
……
29 请你们转意,不要不公;
请再转意,我的事有理。
30 我的舌上,岂不辨奸恶吗?"

7 "……
4 我躺卧的时候便说,
我何时起来,黑夜就过去呢?
我尽是反来复去,直到天亮。
5 我的肉体以虫子和尘土为衣,
我的皮肤才收了口又重新破裂。
6 我的日子比梭更快,
都消耗在无指望之中。
……
20 监察人的主啊,我若有罪,于你何妨?
为何以我当你的箭靶子,
使我厌弃自己的性命?
21 为何不赦免我的过犯,
除掉我的罪孽?
我现今要躺卧在尘土中,
你要殷勤地寻找我,我却不在了。"

8 书亚人比勒达回答说:
2 "这些话你要说到几时?
口中的言语如狂风要到几时呢?
3 神岂能偏离公平?
全能者岂能偏离公义?
……
6 你若清洁正直,
他必定为你起来,

使你公义的居所兴旺。
……。"
8 "请你考问前代，
……
10 他们岂不指教你，告诉你
从心里发出言语来呢？
……
20 神必不丢弃完全人，
也不扶助邪恶人。
他还要以喜笑充满你的口，
以欢呼充满你的嘴。
恨恶你的要披戴惭愧；
恶人的帐棚，必归于无有。"

9 约伯回答说：
2 "我真知道是这样。
但人在神面前怎能成为义呢？
3 若愿意与他争辩，
千中之一也不能回答。
4 他心里有智慧，且大有能力。
谁向神刚硬而亨通呢？
……。"
16 "我若呼吁，他应允我，
我仍不信他真听我的声音。
17 他用暴风折断我，
无故地加增我的损伤。
18 我就是喘一口气，他都不容，
倒使我满心苦恼。
……。"
20 "我虽有义，自己的口要定我为有罪；
我虽完全，我口必显我为弯曲。
21 我本完全，不顾自己，
我厌恶我的性命。
22 善恶无分，都是一样，
所以我说：完全人和恶人他都灭绝。
23 若忽然遭杀害之祸，
他必戏笑无辜的人遇难。

24 世界交在恶人手中，
蒙蔽世界审判官的脸，
若不是他是谁呢？
……

10 我厌烦我的性命，
必由着自己述说我的哀情，
因心里苦恼，我要说话。
2 对神说：不要定我有罪，
要指示我，你为何与我争辩。
3 你手所造的，
你又欺压，又藐视，
却光照恶人的计谋。
这事你以为美吗？
4 你的眼岂是肉眼？
你查看岂像人查看吗？
5 你的日子岂像人的日子？
你的年岁岂像人的年岁？
6 就追问我的罪孽，
寻察我的罪过吗？
7 其实，你知道我没有罪恶，
并没有能救我脱离你手的。
8 你的手创造我，
造就我的四肢百体，
你还要毁灭我。
9 求你记念，制造我如泥一般；
你还要使我归于尘土吗？
……。"

11 拿玛人琐法回答说：
2 "这许多的言语岂不该回答吗？
多嘴多舌的人岂可称为义吗？
3 你夸大的话，岂能使人不作声吗？
你戏笑的时候岂没有人叫你害羞吗？
4 你说：'我的道理纯全，
我在你眼前洁净。'
5 惟愿神说话，

愿他开口攻击你,
6 并将智慧的奥秘指示你;
他有诸般的智识。
所以当知道神追讨你,
比你罪孽该得的还少。
7 你考察,就能测透神吗?
你岂能尽情测透全能者吗?
8 他的智慧高于天,你还能作什么?
深于阴间,你还能知道什么?
9 其量,比地长,
比海宽。
……"
13"你若将心安正,
又向主举手。
14 你手里若有罪孽,
就当远远地除掉,
也不容非义住在你帐棚之中。
15 那时,你必仰起脸来,毫无斑点;
你也必坚固,无所惧怕。
16 你必忘记你的苦楚,
就是想起也如流过去的水一样。
17 你在世的日子要比正午更明,
虽有黑暗,仍像早晨。
……"

12 约伯回答说:
2"你们真是子民哪!
你们死亡,智慧也就灭没了。
3 但我也有聪明,与你们一样,
并非不及你们。
你们所说的,谁不知道呢?
4 我这求告神,蒙他应允的人,
竟成了朋友所讥笑的;
公义完全人,竟受了人的讥笑。
……"

13"这一切我都见过,

我耳都听过,而且明白。
……
3 我真要对全能者说话,
我愿与神理论。
4 你们是编造谎言的,
都是无用的医生。
5 惟愿你们全然不作声,
这就算为你们的智慧。
6 请你们听我的辩论,
留心听我口中的分诉。
7 你们要为神说不义的话吗?
为他说诡诈的言语吗?
8 你们要为神徇情吗?
要为他争论吗?
……
11 他的尊容,岂不叫你们惧怕吗?
他的惊吓,岂不临到你们吗?
……"
13"你们不要作声,任凭我吧!
让我说话,无论如何我都承当。
14 我何必把我的肉挂在牙上,
将我的命放在手中?
15 他必杀我,我虽无指望,
然而我在他面前还要辩明我所行的。
16 这要成为我的拯救,
因为不虔诚的人不得到他面前。
……"

14 ……
7"树若被砍下,
还可指望发芽,
嫩枝生长不息,
8 其根虽然衰老在地里,
干也死在土中;
9 及至得了水气,还要发芽,
又长枝条,像新栽的树一样。
10 但人死亡而消灭,

他气绝,竟在何处呢?
……。"
13 "惟愿你把我藏在阴间,
存于隐秘处,等你的忿怒过去;
愿你为我定了日期记念我。
……。"

第二轮和第三轮对话(Verses 15—21;22—28)略①
约伯最后的申诉（Verses 29—31)略②

以利户的发言
32 于是这三个人,因为约伯自以为义,就不再回答他。² 那时有布西人兰族巴拉迦的儿子以利户向约伯发怒,因为约伯自以为义,不以神为义。³ 他又向约伯的三个朋友发怒,因为他们想不出回答的话来,仍以约伯为有罪。⁴ 以利户要与约伯说话,就等候他们,因为他们比自己年老。……
6 布西人兰族巴拉迦的儿子以利户回答说:
"我年轻,你们老迈,
因此我退让,不敢向你们陈说我的意见。
7 我说,年老的当先说话,
寿高的当以智慧教训人。
8 但在人里面有灵,
全能者的气使人聪明。"
……

34 ……
16 "你若明理,就当听我的话,
留心听我言语的声音。
17 难道恨恶公平的,可以掌权吗?
那有公义的,有大能的,岂可定他有罪吗?
18 他对君王说,你是鄙陋的。
对贵臣说,你是邪恶的。
19 他待王子不徇情面,
也不看重富足的过于贫穷的,
因为都是他手所造。
20 在转眼之间,半夜之中,
他们就死亡。

---

① 因为这两轮对话还是在约伯和那三位朋友间进行的,三人的观点基本不变,约伯坚持自己无罪受罚的立场也没有改变。因篇幅所限就不在教程里引这部分文本了,但阐释和分析时仍包括这两轮辩论。希望读者自己查看《圣经》原文。

② 此处删节原因同上。

单元四 《旧约》:短篇小说和哲理故事

百姓被震动而去世,
有权力的被夺去非借人手。
21 神注目观看人的道路,
看明人的脚步。
22 没有黑暗,阴翳能给作孽的藏身。
23 神审判人,不必使人到他面前再三鉴察。
24 他用难测之法打破有能力的人,
设立别人代替他们。
25 他原知道他们的行为,
使他们在夜间颠倒灭亡。
……
31 有谁对神说
'我受了责罚,不再犯罪。
32 我所看不明的,求你指教我;
我若作了孽,必不再作'?
33 他施行报应,
岂要随你的心愿,叫你推辞不受吗?
选定的是你,不是我。
…… 。"
35 "<u>约伯</u>说话没有知识,
言语中毫无智慧。
36 愿<u>约伯</u>被实验到底,
因他回答像恶人一样。
37 他在罪上又加悖逆,
在我们中间拍手,
用许多言语轻慢神。"

36 ……
5 "神有大能,并不藐视人,
他的智慧甚广。
……
26 神为大,我们不能全知,
他的年数不能测度。
27 他吸取水点,
这水点从云雾中就变成雨。
28 云彩将雨落下,沛然降与世人。
29 谁能明白云彩如何铺张,

217

和神行宫的雷声呢？
30 他将亮光普照在自己的四周，
他又遮覆海底。
31 他用这些审判众民，
且赐丰富的粮食。
32 他以电光遮手，
命闪电击中敌人。
33 所发的雷声显明他的作为，
又向牲畜指明要起风暴。"

37 "……
2 听啊，神轰轰的声音，
是他口中所发的响声。
3 他发响声震遍天下，
发电光闪到地极。
……
14 约伯啊，你要留心听，
要站立思想神奇妙的作为。
……
18 你岂能与神同铺穹苍吗？
……
23 论到全能者，我们不能测度；
他大有能力，有公平和大义，
必不苦待人。
24 所以人敬畏他。
凡自以为心中有智慧的人，他都不顾念。"

耶和华回答约伯
38 那时，耶和华从旋风中回答约伯说：
2 "谁用无知的言语使我的旨意暗昧不明？
……
4 我立大地根基的时候，你在哪里呢？
你若有聪明，只管说吧！
5 你若晓得就说，是谁定地的尺度？
是谁把准绳拉在其上？
6 地的根基安置在何处？
地的角石是谁安放的？

7 那时，晨星一同歌唱，
神的众子也都欢呼。
……
16 你曾进到海源，
或在深渊的隐秘处行走吗？
17 死亡的门曾向你显露吗？
死荫的门你曾见过吗？
18 地的广大你能明透吗？
你若全知道，只管说吧！

……
25 谁为雨水分道？
谁为雷电开路？
26 使雨降在无人之地，
无人居住的旷野，
27 使荒废凄凉之地得以丰足，
青草得以发生。
28 雨有父吗？
露水珠是谁生的呢？
29 冰出于谁的胎？
天上的霜是谁生的呢？
……
31 你能系住昴星的结吗？
能解开参星的带吗？
……。"

39 "山岩间的野山羊几时生产，你知道吗？
母鹿下犊之期，你能察定吗？
……
19 马的大力是你所赐的吗？
它颈项上挓挲的鬃是你给它披上的吗？
……
26 鹰雀飞翔，展开翅膀一直向南，
岂是藉你的智慧吗？
27 大鹰上腾，在高处搭窝，
岂是听你的吩咐吗？
……。"

40 耶和华又对约伯说：
2 "强辩的岂可与全能者争论吗？
与神辩驳的，可以回答这些吧！"

约伯在主面前自卑
3 于是约伯回答耶和华说：
4 "我是卑贱的！我用什么回答你呢？
只好用手捂口。
5 我说了一次，再不回答；
说了两次，就不再说。"

神的权能和智慧
6 于是耶和华从旋风中回答约伯说：
7 "你要如勇士束腰；
我问你，你可以指示我。
8 你岂可废弃我所拟定的？
岂可定我有罪，好显自己为义吗？
……。"

约伯顺服耶和华
42 约伯回答耶和华说：
2 "我知道你万事都能作，
你的旨意不能拦阻。
3 谁用无知的言语使你的旨意隐藏呢？

我所说的是我不明白的；
这些事太奇妙是我所不知道的。
……
5 我从前风闻有你，
现在亲眼看见你。
6 因此我厌恶自己（"自己"或作"我的言语"），
在尘土和炉灰中懊悔。"

耶和华加倍赐福给约伯

7 耶和华对约伯说话以后，就对提慢人以利法说："我的怒气向你和你两个朋友发作，因为你们议论我不如我的仆人约伯说的是。8 现在你们要取七只公牛，七只公羊，到我仆人约伯那里去，为自己献上燔祭，我的仆人约伯就为你们祈祷。我因悦纳他，就不按你们的愚妄办你们。你们议论我，不如我的仆人约伯说的是。"9 于是提慢人以利法、书亚人比勒达、拿玛人琐法，照着耶和华所吩咐的去行，耶和华就悦纳约伯。

10 约伯为他的朋友祈祷，耶和华就使约伯从苦境转回（"苦境"原文作"掳掠"），并且耶和华赐给他的比他从前所有的加倍。11 约伯的兄弟姐妹和以先所认识的人都来见他，在他家里一同吃饭，又论到耶和华所降与他的一切灾祸，都为他悲伤安慰他，每人也送他一块银子和一个金环。12 这样，耶和华后来赐福给约伯比先前更多。他有一万四千羊，六千骆驼，一千对牛，一千母驴。13 他也有七个儿子，三个女儿。……15 在那全地的妇女中，找不着像约伯的女儿那样美貌。他们的父亲使他们弟兄中得产业。16 此后，约伯又活了一百四十年，得见他的儿孙，直到四代。17 这样，约伯年纪老迈，日子满足而死。

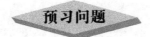

故事内容问答题：

1. 约伯是哪里人？他为人怎样？生活如何？
2. 有一天上帝坐廷，撒旦谈起了什么问题？
3. 为了检验约伯，上帝同意撒旦去做什么？
4. 撒旦降了哪些灾难在约伯和他家人身上？之后，约伯是什么态度？
5. 当上帝夸奖约伯时，撒旦还有什么异议？
6. 这次撒旦如何考验约伯？
7. 约伯的妻子说了些什么？约伯如何回答她？
8. 有几位朋友来看望约伯？他们是谁？
9. 他们来后在开始的7天7夜做了什么？
10. 7天7夜后，约伯开始说话，他说了些什么？
11. 三个朋友劝告约伯时主要说了些什么？约伯是如何回答他们的？
12. 他们一共进行了几轮辩论？请大概陈述各方的论点和意见。

13. 最后来的以利户批评约伯的主要论点是什么？他比那三位朋友的说法有哪些不同？
14. 耶和华是怎样同约伯对话的？他主要强调了哪些道理让约伯臣服于他？
15. 为什么耶和华更欣赏约伯？他为什么批评那三个约伯的朋友？
16. 最后耶和华是如何补偿约伯的？

深入思考题：
1. 约伯的三个"好心的"朋友对约伯的劝慰暴露了他们自身的哪些问题？
2. 以利户强调的"智慧"是什么？
3. 以利户的出现在辩论以及全故事结构中起什么作用？
4. 上帝最后如何让约伯信服了自己，不再埋怨？
5. 上帝肯定约伯的是什么？批评那三个朋友的是什么？
6. 这则哲理寓言说明了哪些人生道理？从宗教的角度看，它能起什么样的作用？

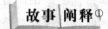
故事 阐释①

分析要点：
1. "约伯记"的成书背景
   (The Background of the Production of "Job")
2. 故事的结构及叙述的推进简介
   (A Synopsis of the Book with Discussions in Theme and Technique)
3. 框架故事构成的反讽
   (The Overarching Ironic Frame Story)
4. "约伯记"诗歌的特点
   (The Poetic Features of "Job")

阐释解读：
1. "约伯记"的成书背景

先知以西结(Ezekiel)把约伯和挪亚、但以理(Daniel)并列为义人，作为典范向犹大亡国后流亡在希腊一带的犹太人宣讲。当时犹太人熟知的以西结版散文故事中的约伯远不是目前经书里的约伯那么矛盾和复杂，他仅仅是一个十分能忍耐的形象，一点没有怨言地承受着所有的灾难考验，直到最后得到上帝的丰厚褒奖。在那时，他的事迹像一个民间故事在犹太民众中传扬，就是为了向灭国后处在水深火热中的犹太民众宣传一个道理，即"不带任何功利色彩的纯信仰和忠诚才是美德，并会最终得到回

---

① 这个故事的阐释主要来自格林伯格(Moshe Greenberg)撰写的"约伯记"("Job")一文，见艾尔特和柯莫德编《圣经的文学导读》，第283—304页。

报"。

　　后来,有一个思想深邃,也许经历过灭国和被掳到巴比伦的灾难及信仰危机的犹太诗人重新用诗歌改写了以西结宣讲的简单故事,成为目前《圣经·旧约》里十分复杂和费解的"约伯记"。现在的"约伯记"挑战了传统的教义,呈现了二元对立的思维,和一个包纳了耐心和不满的约伯。故事中充满了突然的情绪转换,还有反讽和讽刺,而且没有系统和前后一致的论争。因此,有的考据研究提出了文本可能遭受过毁坏,没能全部复原的假说。不论这种假设是否成立,这经过改写的诗体的"约伯记",无论如何都与以西结宣讲的散文体故事不能同日而语,它已经上升到文学经典和哲理语言的层面。

　　2. 故事的结构及叙述的推进

　　长期以来,对"约伯记"的研究总不能摆脱困扰,学者们要从中梳理出一个连贯的叙事却做不到,还要努力去找理由来解释叙事中所有的不一致。但是格林伯格认为不连贯恰恰是这部经文叙事的主旨,因此我们最好就是承认它并按照实情展示它。

　　故事的第1章和第2章介绍约伯受难的背景,共分了5个小节。第一节(1:5)介绍了约伯居住在以色列东部一个叫做乌斯的地方,北边与亚兰接壤,南面是以东。他是一个无可挑剔的义人,敬仰上帝并远离邪恶。他十分富有,有7个儿子和3个女儿,7千头羊,3千头骆驼和5百对牛。儿女们时常轮流宴请宾客,过着无忧无虑的日子。然而,约伯却始终谨小慎微,每日敬拜耶和华,替子女供奉烧祭,唯恐触犯上帝。第二节开始于经文的"一天"(1:6)上帝在天廷夸奖约伯,撒旦①对上帝的褒奖表示怀疑。于是上帝同意让撒旦去考验约伯的忠诚,但不许撒旦伤害约伯本人。接下来是第三节(1:13—22)。一系列的不幸接踵而来,降落在约伯的头上,他的孩子都死去,所有的财产都化为乌有。但是约伯在极度的痛苦中仍旧诚信上帝,不做任何不轨的事情。第四节又回到天廷,上帝再次表扬约伯,他对撒旦说:2:³"……你虽然激动我攻击他,无故地毁灭他;他仍旧保持了他的纯正。"(Job 2:³"... you persuaded me to let you attack him for no reason at all, but Job is still as faithful as ever.")但是撒旦提出了再进一步考验约伯的要求,即让他自身遭难,患上一种无法忍受的病痛。上帝同意再次检验约伯,但不许取他的性命。约伯全身生疮,痛痒难忍,他只好坐在户外肮脏的尘土里,不断抓挠全身,景象非常可怜。此时他的妻子再也无法忍受,发牢骚说:2:⁹"你仍然持守你的纯正吗?你弃掉神,死了吧!"(Job 2:⁹"You are still as faithful as ever, aren't you? Why don't you curse God and die?")可是约伯驳斥了她,他反问道:2:¹⁰"难道我们从神手里得福,不也受祸吗?"(Job 2:¹⁰"You are talking nonsense! When God

---

① 这里的英文是 Adversary,指的不是造反入地狱的撒旦,而是犹太经文中那个常常到人世间勘察人类不当行为的神。他是对上帝提出异议的一个角色,但一般的《圣经》中就翻成了魔鬼,或撒旦。

sends us something good, we welcome it. How can we complain when he sends us trouble?")不过,在使用修辞问句(rhetorical question)来表态并把上帝降给他的灾祸直接说成坏事(trouble)时,约伯已经从过去的盲目服从开始向做出个人判断迈出了一步。叙述的第五节交代了约伯的三个朋友获知约伯的不幸后匆匆赶来探视和安慰他。他们陪他坐在尘土地上整整7天,约伯不说话,他们也一言不发。

在这开始的五个步骤描述中,我们可以注意到诗歌的对称结构(poetic parallelism),也就是撒旦两次质疑约伯的品质和他对上帝的信念。这两次虽然对称,却并非简单的重复。除去在考验的内容和程度上不同,第一次降灾时,叙事并没有直接提及撒旦,而且也没有强调上帝同意考验约伯和降灾是发生于同一天。而第二次考验明显地速度紧迫起来,不但降灾就在当天,而且撒旦自己亲自前往。这种对称中的变化就让读者感到撒旦在头一次输了之后是多么急切地要在第二次打赌时当赢家。我们很容易注意到的第二个特点是对话在叙事中占据的垄断地位。只有最后第五小节以沉默结束,约伯和他的朋友一言不发地坐了7天,其余各小节都少不了对话或内心独白。在第一节的描写结尾处是约伯的内心独白,担心他的孩子们对上帝不敬;第二节和与之对称的第四节的前半部分由上帝和撒旦的对话构成,撒旦的话语效仿了豪言壮语,使用了重复强调和谚语等手段。就连第三节降灾给约伯孩子的叙述,也是对话,是通过报信人的话来传达的。约伯听到消息之后,虽然十分伤痛,却毫无怨言地接受了上帝的责罚。他此时说的话是十分优美、对仗的诗句:1:21"我赤身出于母胎,也必赤身归回。赏赐的是耶和华,收取的也是耶和华;耶和华的名是应当称颂的。"(Job 1:21 "I was born with nothing, and I will die with nothing. The Lord gave, and now he has taken away. May his name be praised.")约伯和他妻子的对话却是反讽的好例子。当她在埋怨中说:"你弃掉神,死了吧!"她无意中点明了撒旦做这件事的目的;但同时她又使用了上帝表扬约伯持守纯正的话来表示她的气愤。这样由一个人物采用另外一个人物的话语来表达自己相反或不同观点的做法在"约伯记"里十分普遍,构成了这个故事的一大叙事特点,它有助于故事的前后衔接,并取得对比和反讽等效果。

静坐7天后,叙事进入了论争部分,也是故事的主体部分,这是以诗体来完成的。约伯先说了话,他很激烈地诉说了自己的伤痛心情,质疑为什么上帝要让人出生来无端承受这么大的苦难,不能理解为什么自己一辈子敬畏耶和华上帝,谨小慎微,却仍然躲不过灾祸。他非常强烈地申讨命运不公,要求速死,他的话代表了世上所有不幸的人的感受。第一个回应他的朋友以利法提醒约伯他以往如何鼓励受难者要坚强,并温和地批评约伯说,现在他自己却没有做到。他的话里使用了大量的修辞问句;他劝导的主要内容是人生来有罪,因此要受苦,被上帝选中来承受苦难是一种幸运,约伯唯一该做的就是好好悔过。以利法的话给后面其他人的发言定下了基调,接下来朋友们基本都在进一步陈述原罪、惩罚和赎罪的传统宗教观念。他们都认为自己比约伯聪明,以站着说话不腰疼的姿态来劝说约伯忍耐,并指责他不检查自己。约伯不服气,不承认自己做了任何错事,并且把自己平白落难的遭遇与世界上所有受苦人遭受的不公正待遇联系起来。他指责朋友们抛弃了他,并且讽刺地反问:7:¹⁷"人算什么,你(指上帝)竟看他为大,/将他放在心上,/¹⁸每早鉴察他,/时刻试验他。……?"(Job 7:¹⁷ "Why is man so important to you? / Why pay attention to what he does? /¹⁸ You inspect him every morning, and test him every minute. ...")这段话是约伯戏仿弥撒里的布道词而来的,①内含的讽刺意思是约伯希望上帝不要时时刻刻盯着他,哪怕转过身去一小会儿,约伯这样一个不足为道的人就可以偷空平安地过完他的余生。

约伯的反驳吓坏了朋友比勒达,他质问:8:³"神岂能偏离公平?全能者岂能偏离公义?"(Job 8:³ "God never twists justice; / he never fails to do what is right.")然后就把约伯子女的死归咎为他们自身的罪孽,教导约伯要敬神,不要说些不敬的话。他再次引经据典来说明上帝绝不会冤枉无辜,只要约伯真心忏悔,他一定会有好的前景。这次约伯的回答不再是情绪的发泄,他接过前面两个朋友的修辞问题,用了许多法律词语来谴责上帝无端责罚他,置他的权利于不顾,不分良莠地降灾,并要求给他一个申辩的机会。这时第三个朋友琐法说话了。他指责约伯说话的嘲弄口吻和自以为是,他以一个了解上帝意图之人的身份说,如果上帝回答约伯的指责,他就会指出约伯多么无知,因为事实上约伯已经得到比他该得到的更好的对待。上帝的目的是莫测的:11:⁸⁻⁹"他的智慧高于天,……/深于阴间,……/……比地长,/比海宽……。"(Job 11:⁸ "The sky is no limit for God, ... /⁹ God's greatness is broader than the earth, / wider than the sea.")他教导约伯乖乖地祈祷,等待上帝恩赐他光明和宁静。这时约伯做了他最长的回答,占据了整整12至14三个章节。他首先讽刺地承认朋友们无以比拟的"智慧",但是宣称自己并不亚于他们。他接过他们的词语,用天空、海洋和大地上的飞禽走兽来教他们什么是智慧。他把"但以理书"中歌颂上帝揭示了最深的黑暗处的隐秘(Dan 2:22)拿过来说:12:"……²²他将深奥的事从黑暗中彰显,/使死阴显为光明。……"(Job 12:"...²² uncovers deep things out of darkness, brings deep gloom to light. ...")②此话话中有话地在指责上帝揭开了地下的阴暗力量,死亡和混沌,允许它们冒出来破坏秩序。③ 约伯指责他的朋友们强加给上帝一些本不存在的原则和道理,并且坚持相信上帝能够看到一个人的纯真。他说:

---

① 弥撒里这句话是:"人算什么,可你还那样惦记着他;/人是肉体凡身,可你还注意到他。"(What is man, that you are mindful of him; /mortal man, that you take note of him?)布道词的原意是称颂上帝关爱人类。

② 这里的英文采用了《钦定圣经》,因为《福音圣经》太简化,与中译文对不上。

③ 这是格林伯格对这句话的解读,有些勉强。主要根据是英文字"uncover"。可能很多人不会同意,尤其中文译文里一点也看不出这层隐含的指责意思。

13:"……¹⁵他必杀我,我虽无指望,
然而我在他面前还要辩明我所行的。
¹⁶这要成为我的拯救,
因为不虔诚的人不得到他面前。……"
(Job 13:"... ¹⁵I've lost all hope, so what if God kills me?
I am going to state my case to him.
¹⁶It may even be that my boldness will save me.
Since no wicked man would dare to face God. ...")

然而,约伯毕竟是肉身凡人,在这样的抗衡宣言之后他陷入了片刻哀痛,意识到自己面对全能的上帝是多么渺小。他再次呼求上帝给他一个面对面申诉的机会,告诉他到底他犯了什么罪,还请求上帝让他平静地度过余生。

约伯沉浸在忧愁和伤痛中,从第15章到21章朋友们开始了第二轮劝导。他们基本上重复着第一轮说过的观点,特别强调了人生来有罪,要把约伯定论为罪人。约伯十分可怜地描述了自己的灾痛,把上帝比喻为一个向他冲过来要刺杀他的英雄,自己完全是被动的,从而颠覆了前面以利法描绘的罪人充当英雄要抗拒上帝的图画。约伯在这个过程中一会儿强烈要求给以公正,要天廷的证人替他在上帝面前作证,一会儿又陷入悲观之中,情绪低迷。他让朋友们闭嘴,举例说明有很多坏人活得很自在,而他却蒙冤受苦。但他始终不承认自己是罪有应得,并且不放弃最后能得到公正评判的信念。

第三轮论争的一大特点就是约伯主动地先猜测朋友们要说什么,或用他们说过的话来堵他们的嘴。以利法叫约伯要懂得自己的渺小,不要以为上帝会对他的公义表现感兴趣,或会因他的纯正而得利。(Job 22:3)他的可笑在于他不知道上帝恰恰很在意约伯的表现,约伯坚持好品行就能让上帝在打赌中获胜。以利法在劝说无效之后甚至宁可完全不顾事实地指责约伯是欺负弱小的最坏的人,也不放弃他那顽固的信念,即上帝决不会惩罚一个好人。他扮演着最知道上帝想法的人,却没有料到最后他要靠约伯替他和其他两个朋友求情才获得上帝的宽恕。对以利法无中生有的指责,约伯毫不让步,他用一段独白回答,要求面对上帝,不是悔过,而是同上帝争辩,而且预言他最终将被证明如金子一样纯正。比勒达的第三轮劝说只有六行诗,完全词穷地重复着以利法说过的话。接着约伯在回答中说了些同比勒达相似的教条论调。许多圣经阐释学者都把这六行诗归为是文本有了错,是错把比勒达发言的结尾安在约伯身上了。但格林伯格不这样想,他认为这是约伯有意地模仿比勒达,以显示比勒达说的那一套他也会说,比他说得还要好。琐法在第三轮中没有发言,一般评论认为他没有必要说了,因为在诗句27:13里约伯实际上换了法子把前面琐法说过的话总结式地重复了一遍。于是,这三个朋友都没词了,对话无法继续。约伯还是不承认自己是罪人,并且重申只要自己活着就永做纯正之人。同时,他开始提到人只有小智慧,不会知道上帝为什么做某些事情。这里,我们看到约伯不认罪恰恰投合了耶和华上帝的心。因为如果他认罪,他就否认了上帝对他的看法,就帮助了撒旦在打赌中得胜。而那些自以为聪明,自以为维护了上帝意图的朋友们扮演了上帝代言人,却反而不会讨上帝欢喜。更重要的是,此时的圣经诗文塑造了一个身受多种折磨又被朋友歪曲和围攻,还能坚持正义、捍卫自身清白的高大的约伯形象。在诗句 29:31 约伯最后的自白中,他再次回忆了过去的好日子,自己一贯对上帝的敬畏,自己对未来平静度过晚年的期盼。但是最后他还是为自己无力改变命运而悲泣。然而从 31 章开始,约伯用表面诅咒自己的办法再次一一诉说了他自己的各种美德,显示了他的情绪虽多次起伏,他的精神并没有被摧垮。

此时叙事中引入了一个新角色,一个年轻的布西人以利户。(Job 32:6)他十分不满那三个朋友的劝说,也批评了约伯自以为是。接着他长篇大论地说了三番话,他的话既抽象又时时不知所云。他批评约伯不满上帝不回答他,指出上帝一贯通过梦境或者用降灾难和疾病来与人类对话,让他们谦卑,不敢胡作非为。作为宇宙和人类的统治者,上帝不可能胡来,不顾公正。他进一步发展了以利法和约伯的想法,即上帝不会对约伯这样一个渺小的人感兴趣。① 但他的结论却不同,他认为由于人很渺小,他们做好事或做坏事,并不影响上帝,只能影响世上的其他人。人类的苦难因此都是人类自身造成的,但上帝不能袖手旁观,他最终会惩罚恶人。在最后一番话中,以利户指出好人受苦是锤炼,上帝在雷电风雨中显现自己的无比威力。以利户讲的多是大话和空话,许多重复。格林伯格以为这说明不是出自一个作者之手,但是这些空洞的议论反映出以利户因年轻而狂妄。但是,用一个年轻人来教训老年人是对旧约传统的颠覆。他反驳了那几个老头子,要证明上帝确实与人交流,对人说话,受难并非永远是为了惩罚。这样以利户就既给上帝无端降灾约伯做了解释,又为约伯的人品做了开脱。而且在渲染大自然的威力时,以利户已经为后来约伯接受上帝的宏大,以及上帝通过暴风雨同约伯对话做了准备和铺垫。除了上述以内容为线对以利户的侃侃而谈做的分析,格林伯格还从修辞角度引入古代埃及的一种叫做"善言辞的农夫"(The Eloquent Peasant)的叙事来证明以利户这种文体体现了埃及影响,取这种叙事风格是"约伯记"那位诗人作者自己的偏爱。②

以利户发言之后,暴风雨来临。上帝在暴风雨里呼唤约伯。这段诗文仍然以对话为形式。上帝问约伯是否了解宇宙是怎样创造的,它的生成及秩序怎样来的。约伯答曰自己太渺小,无法回答耶和华上帝的问题。上帝又问他为什么指责他不公正,并提

---

① 以利法和约伯都强调约伯作为渺小的人在上帝眼里微不足道,但是约伯说的是:因为他太微不足道,即使他做错了事上帝也不会在意。两人是从相反的方面说一个结论。
② 见艾尔特和柯莫德编《圣经的文学导读》中格林伯格撰写的"约伯记"一文,第 297 页。

出让约伯来替他主持公正。约伯承认自己的无知和无能。这里诗文中提到两个巨型怪兽:河马(Behemoth)和鳄鱼(Leviathan)①的无比威力,来对比嘲笑人类的无力和无能。最终约伯认识到无法用人的是非概念来判断上帝,人只能惧怕上帝,乖乖做人,其他无法知晓和掌控。此时,约伯不但为自己的狂妄向上帝认错,并为上帝能与他对话,让他认识到自己的局限和上帝的不可知而感谢上帝。他从此不被有罪、惩罚和赎罪这些教条概念束缚,因此感到满足。"约伯记"并没有正面解答人和上帝应该是怎样的关系,它只强调了要畏惧上帝的全能,要有信念。但诗歌体"约伯记"的作者明显地反对《旧约》中宣传的上帝动辄严惩子民的教义,通过上帝十分反感那三个朋友的描述,作者描写了一个反对把自己看成是简单按是非处理问题的审判官的上帝。所以在结尾时,上帝重新并加倍地赐予约伯财富和幸福的生活。而那三个迂腐的、自以为理解上帝的朋友却不得不求约伯替他们向上帝求情,以获得宽恕。

"约伯记"的结尾(即上帝褒奖了不服气还同他抗争的约伯,并要惩罚那几个自以为是,一直努力捍卫他的三个朋友)虽然反对了传统上对"旧约"中人神关系的理解,却与全书精神高度统一。约伯在危难时仍旧向上帝呼求,但是他因受难看到了这个世界并非由公正来掌控,然后他责备上帝不分好坏地对待子民的残酷,几乎走向了大不敬。那些朋友也不能解答约伯的困惑,他们只能想当然地把罪人的帽子戴在约伯头上。最后,约伯明白了宇宙之博大,上帝之博大深邃,自己的个人遭遇在其中是无法理论是非的。于是,他承认了自己无知,自己狂妄,彻底地诚服了上帝。

3. 框架故事构成的反讽

对约伯的考验以上帝获胜而结束,约伯也得到了丰厚的褒奖。然而,仔细查看一下,我们就会发现在貌似十分严肃的哲理和宗教教义背后,这个故事的叙事还存在一个由框架故事构成的反讽内容。约伯受考验的故事核心部分是由上帝和撒旦打赌的头和尾框起来的,因此我们既看到约伯在前台承受的苦难和他与几位朋友为这场灾难的原因激烈的争辩,我们也同时知道这场灾难后面的因果。我们看到了几位上帝的虔诚信徒徒劳地在搜寻上帝降下如此大灾祸的原因,而我们很明白这不过是上帝与撒旦打的一个赌,没有任何可以追寻的道理。由于有这样一个对照的阅读,那几个劝说人物一板正经地高谈上帝的公正并坚持约伯肯定有问题才会受罚,便显得极为无知和可笑。

然而,从他们进行的对话的表层去看,双方的意见并非没有道理。特别是约伯,他坚持说上帝对那些忠实、虔诚的信徒根本无所谓,却朝那些邪恶的人微笑。而他的朋友们把社会描述为道德严谨,完美,则纯粹是粉饰。寓言最后宣传的不是上帝总会按照道德表现和虔诚程度来惠顾子民。它说明的恰恰是有智慧的义人决不会期盼上帝

---

① 《圣经》的中文翻译按照了西方一部分人的理解,但是这两个巨兽更多是一种传奇的魔怪野兽。

的赏赐,而是懂得宇宙的博大,知道畏惧其不可知因素而从善。要想协调约伯受难的真实原由和人物的对话,读者也许只能把这个故事看成一个哲理寓言,一个教我们如何承受无端苦难并宣传做好人要非功利的寓言。

4. "约伯记"诗歌的特点①

"约伯记"的诗歌特点简单可列为三个方面。(1)全诗表现了崇高美,或称壮美,符合古典意义所说的:宏大主题必须要用与之匹配的意象和词语,以达到震撼人心,激发情感,并令思想升华的效果。约伯的故事包含了整个宇宙这个话题,大自然的辉煌,动物和植物的神奇。诗中这一切既令我们希望又让我们绝望,既带给我们恐惧,又同时带来大彻大悟般的宁静。虽然可以说《圣经》中不乏壮美的篇章,但是如此集中和强势地演绎壮美还非"约伯记"莫属。(2)"约伯记"中采用了各式各样的圣经诗体,既有抒情诗行又有智慧诗句;有"诗篇"中那种个人怨恨的发泄,还有"箴言"中那种人物道德善恶的描述。而约伯对宇宙自然,气候,动物等现象的描绘则很难在经文里其他地方找到能与之匹敌的篇章。(3)"约伯记"的诗句里充满了富于独创性的意象。比如描绘被砍倒的树又从树根上抽出新枝芽,织布机上不停穿来穿去的梭子,进攻的军队,翱翔的雄鹰,象征胚胎的凝固奶等等。这些意象都与诗文的主题紧密联系,大大丰富了诗文的表达,突出了主题。(4)还有不少外来词语,让非以色列的景象得以更地道地展现,比如来自古代亚兰地区的影响就比较明显。当时中东地区用诗歌表意和抒怀十分普遍。这也说明为什么"约伯记"的作者选择了用诗体来写这部经文。

结　语

"约伯记"实际上讲的是人类经受灾难的问题,而且是全方位地显示了灾难这个现象及其效果。约伯首先遭遇的当然是物质层面的损失,失去了他全部的财产;从私人生活层面上,他被剥夺了所有儿女并且与妻子生出隔阂;在身体方面,他遭到病痛无休止的折磨;在社会层面上,他还要对付歪怪他、不理解他的种种"劝告";从心理方面,他还承受了对上帝公平质疑带来的痛苦思想斗争。他受难的例子显示了人类遭受灾难时从来都是全方位的,而且经常没有道理好讲。

在约伯这个具体案例中,上帝同撒旦打赌,上帝赢了。约伯受到严峻考验,但最终却没有因此失去对上帝的信念而拒绝上帝,也没有后悔自己一直做正派人。他驳斥了撒旦挑战上帝的命题,即约伯是因为受了好处才跟随上帝的。约伯受灾前按照希伯来经文以遵守上帝律法来兢兢业业跟随上帝,而受灾后明白了上帝和宇宙间的事物并非

---

① 这一节的讨论主要来自格林伯格对"约伯记"的诗歌特点分析。见艾尔特和柯莫德编《圣经文学导读》,第301—303页。

简单用是否守法、是否善良为衡量标尺就能解决的。人的渺小决定了人的遭遇不可预测,但正因懂得了这个道理,人类要更谨慎地为人,更诚服于博大深邃的上帝。在此,"约伯记"已经上升到了认识世界的哲学层面,只不过这个宇宙和世界以上帝为代名词而已。它反映了犹太教从认同"创世记"的以法律人一路走过来,正向着基督教过渡,其中也体现了希腊影响,即把上帝同希腊哲学中对宇宙和存在的理念逐渐联系了起来,反映了超越纯宗教信仰的一种唯心的宇宙观。

单元四读后思考题/写作题(Essay Questions):

1. 试析路得和波阿斯这两个人物。
2. "以斯帖记"有哪些传奇因素和东方色彩?
3. 谈谈"约伯记"里面涉及的人生道理。

单元五 《新约》:福音书

篇头:《新约》福音书介绍①

福音书是什么？马可在他的福音书开篇处宣称他的书是关于耶稣基督的福音(the Gospel of Jesus Christ)。在希腊文中"宣讲福音"(evangelion)这个字意思是"有好消息"，常用在古希腊宫廷宣布事情的文件或场合中，并由此派生出后来的福音使者/教士(the evangelists)这个词。在书面形式出现之前，耶稣的到来和教导是以口头形式传播的。福音书写下来之后，福音(Gospel)这个字就多了一层意思，它不仅是指耶稣诞生、传教、殉难和复活的消息，它还指那本记录这些内容的书。而且到了公元2世纪，福音书变成了多数(Gospels)，出现了许多福音书，在众多的福音书中最后被接受为正典并收入《新约》的有四部，它们就是"马可福音"、"马太福音"、"路加福音"和"约翰福音"。

福音书大约写在耶稣殉难50年之后，当时基督教已经成为一个宗教力量，耶稣的事迹和教导一直以口头形式在教众中流传。用文字记载和宣传耶稣基督的业绩与当时的斗争需要紧密联系在一起，文字的福音再次强调地展示出基督教众对自"旧约"就期盼的救世主弥赛亚到来的坚定信念，不过文字的福音书对口头流传的耶稣事迹和教导也做了应时事需求的再构建，而且四部福音书的侧重也是不同的。"马太福音"在四部福音书中最得早期教会首肯，也享有最大的权威，安纳甘教会布道和举行仪式时往往只引用这部福音。这内中的原因可能是"马太福音"里收录的耶稣教导最多，当然"路加福音"也有这个特点。后面出现的福音书在耶稣生平和业绩等细节上都借鉴和参照了第一个产生的"马可福音"，但在对情节的取舍和顺序先后方面各有各的特色。最后出现的"约翰福音"比较另类，或叫做独特。它是作者为了反击当时一股怀疑耶稣的潮流而有针对性地撰写的，因此与其他三部福音书的差异较大，以至于一直有人不承认它为福音书。下面就稍微详尽些介绍一下这四部福音书。

I. "马可福音"是最早的耶稣生平、业绩、殉难和复活的文字记载，作者是个基督

---

① 这部分的讲解主要依据艾尔特和柯莫德编《圣经的文学导读》中的"新约前言"，第375—386页，并参考派特森(Charles H. Patterson)编写的《新约》，克利夫斯丛书(*New Testament.* Ciliffes Notes, 1965, reprinted 1998)。

徒,名叫约翰·马可,是安条克教会巴纳巴斯的亲戚,曾经陪同巴纳巴斯去塔瑟斯(Tarsus)说服保罗回安条克,并陪伴使徒彼得在罗马度过了他最后的日子。"马可福音"相对篇幅较短,但是它记载的内容后来大多被其他福音书重复使用过,它主要的来源是作者陪伴彼得时听来的。"马可福音"的第一个特点是书里没有记载耶稣诞生,也没有任何有关他孩童时期的内容。它开篇就是施洗约翰,把他尊为基督教的前驱,是他在约旦河为拿撒勒的耶稣施了洗礼,由此引入了弥赛亚在人世间的活动。但是马可的耶稣从不声称自己有什么特殊的能力,他强调自己演示的神迹都是为了展示上帝的力量,而且还告诫被救治的人不要宣传他的神力。第二个特点是"马可福音"中的耶稣一直不言自己是弥赛亚,对他的门徒们也守口如瓶,直到进入耶路撒冷之前才亮出身份。因此,"马可福音"造成一个疑问,那就是耶稣本人是否从一开始就知道自己的特殊身份,还是他在传教过程中逐渐有了这种意识?第三个特点就是"马可福音"记载的耶稣神迹多于他的教导,只是到了耶稣受审和上十字架的那段时间,"马可福音"才充分记载了耶稣说的话。但福音书最后的 12 行文字经考证是后人添加的,因为原件中关于耶稣复活的叙述到这个地方就中断了,是丢失了呢,还是出了什么其他问题就不得而知了。

II. "马太福音"虽不是第一部耶稣故事的记载,却是宗教意义上最重要的一部,因为它在"马可福音"的基础上加入了大量耶稣的谈话和训导。正是源于这个理由,在《圣经·新约》里它被编排在"马可福音"的前面,成为《圣经·新约》里第一部福音书。作者一直被认为是耶稣的 12 门徒之一,他是个税务官,名叫利未(Levi),但在"马太福音"中他叫做马太。近年来,这个推断逐渐没有了市场,理由是在福音书内有文本证据,说明它成书的时间晚于耶路撒冷被摧毁,大约在公元 80—85 年,因此不可能是耶稣的门徒的手笔。在结构上,"马太福音"以一个开头和一个结尾为框架,中间非常清晰地分成了 5 个部分。根据考察,耶稣的谈话和训导主要来自一个叫做"耶稣的训导"("The Sayings of Jesus",或 *Logia*)的文献,又称 Q 文献[①]。但是,"马太福音"里有些内容在其他福音书里都找不到,比如开头部分关于耶稣诞生的故事里提到从东方来的博士探访婴儿耶稣,称他为犹太人之王,希律王听到这事下令诛杀男婴,耶稣一家逃到埃及,定居加利利等。为此,有猜测马太参阅了另外一个 M 文献。马太还特别重视《旧约》的关联性,经常回头联系《旧约》的先知们的预言,强调耶稣的言行兑现了他们的话。"马太福音"还是唯一一部提到教会和教会事务的福音书,它直接把耶稣的教导同教会的工作挂上钩,特别有利于解决公元 1 世纪教会里出现的许多具体问题。

III. "路加福音"的作者曾陪伴保罗,他很熟悉当时基督教众对耶稣及其生平的认

---

① 见派特森《新约》,第 59 页。也可参看本教程后面教辅资料中第二章"《圣经》背景知识介绍"的第二节"《圣经》的成书过程和翻译史概况",其中有《新约》成书的详细介绍。见第 363—369 页。

识。这部福音书和"使徒行传"表面上都是写给一个叫做提阿非罗（Theophilus）的基督徒的，给他展示一个完整的早期基督教运动历史，但实际上，在福音书的开篇文字里路加就亮明了自己的目的。他看到了当时教会中不同教派之间的意见不一，争斗激烈，他想通过自己的福音书来缩小教派间的分歧，促进教会内部的和谐。因此，"路加福音"从头至尾都致力用耶稣的活动和训导来证明指责耶稣是个激进分子，或革命者，或他造成了对罗马政府的威胁的说法是毫无根据的。此外，在协调基督教内部分歧方面，"路加福音"综合了两派意见。以保罗为代表的基督教派坚信救赎只能来自每个人同上帝的结合，来自上帝的灵入驻个体的心灵和头脑，就像上帝与耶稣的关系。而犹太教的传统则宣传上帝将在未来通过人子降临这个世界，来建立他的地上王国。在"路加福音"中我们看到作者对两种说法的中和。他采用了"马可福音"里的未来启示，但把这个概念弱化，不强调天国降临这一天就在不远的将来。同时他指出天国可以说已经与我们同在，它就驻落在每个人心中。"路加福音"写于公元85—90年，它帮助人们认识耶稣不是谣言歪曲的那种意在推翻当权政府的人，就连判处他上十字架的罗马巡抚彼拉多都明白这个道理，而不愿判耶稣死刑。"路加福音"比其他福音书还多收录了许多资料，比如童子耶稣在耶路撒冷圣殿里同拉比们谈经论道，好撒玛利亚人，财主和拉撒路，浪子回头等故事，都是"路加福音"独有的。为此，学者们一般认为该作者参看了 Q 文献之外的更多资料，这第三个来源被称作 L 文献。①

  IV. "约翰福音"是四部福音书中最后写成的一部，从时间和内容来判断，它的作者不可能是耶稣12门徒之一的约翰。当时基督教作为一个宗教信仰，正面临着危机，从犹太人、罗马人、怀疑论者等多个方面遭到批评和攻击。这个叫做约翰的人希望用自己的福音书重新展现基督教信仰，展现一个能驳倒那些反对意见并获得有文化知识的群体接受和尊敬的信仰。因此，"约翰福音"省去了许多先前福音书的内容，并且改变了对犹太人的态度，为一些神迹提供了寓言式的解读，不提耶稣第二次降临，而且给弥赛亚以新的概念。作者明确宣布他的福音是要证明拿撒勒的耶稣就是基督，是上帝的儿子，只有相信和跟随耶稣人们才会获得永生。由这样的目的所决定，约翰的福音书首先免谈或少谈牵涉到迷信的内容，把希腊哲学中的形而上思想引了进来，强调一个超越人类世界的神圣逻各斯（Logos）的存在，即"道"（the Word）的存在。它把上帝与"道"（逻各斯）等同起来，明确地提出了耶稣是"道成肉身"。约翰避开其他福音书宣传的耶稣奇特的降生，把他当成是真正的血肉之躯，不同的就是在他身上驻住着上帝的道，使他变得不同凡人。约翰试图用逻各斯在神和人之间建立起联系。既然上帝的道驻住在耶稣身上，我们就可以把他看做上帝的儿子，而且任何人，约翰认为，有了上

---

① 见派特森《新约》，第 64 页。

帝之道驻体,都同耶稣一样。在整个福音书里,约翰只记载了七个神迹,①而且侧重点不再是要读者相信耶稣是神不是人。"约翰福音"引导我们关注神迹的精神寓意,把它们当作证实上帝的道与耶稣同在的"迹象"(signs)。比如五饼二鱼的故事,在其他福音中,它只是意在说明耶稣就是弥赛亚,他有神力。而在"约翰福音"中,作者把这些让人存活的食物与人所需的精神食粮结合起来,强调是来自耶稣的精神食粮支撑了他的信徒们。所以,在这个神迹之后"约翰福音"安排了耶稣关于精神食粮的一段话:"我就是生命的粮。……人若吃这粮,就必永远活着。……吃我肉喝我血的人就有永生,在末日我要叫他复活。"②"约翰福音"十分重要,它提出的"道成肉身"的概念已经被基督教众普遍认可,而且它的语言简易通俗,能为广大没有受过良好教育的群众接受,而它那形而上的深度又吸引了知识阶层。是"约翰福音"让耶稣从神坛的高处走了下来,成为同我们一样的凡人,我们因此也可以追求像他那样紧跟上帝而获得"道",即永生。

故事二十五 耶稣降生③

《新约》经文

"马太福音"1:18—25,2:1—23

耶稣基督降生

1……¹⁸耶稣基督降生的事记在下面:他母亲马利亚已经许配了约瑟,还没有迎娶,马利亚就从圣灵怀了孕。¹⁹她丈夫约瑟是个义人,不愿意明明地羞辱她,想要暗暗地把她休了。²⁰正思念这事的时候,有主的使者向他梦中显现,说:"大卫的子孙约瑟,不要怕,只管娶过你的妻子马利亚来,因她所怀的孕是从圣灵来的。²¹她将要生一个儿子,你要给他起名叫耶稣,④因他要将自己的百姓从罪恶里救出来。"²²这一切的事成就,是要应验主藉先知所说的话,²³说:

"必有童女怀孕生子,

人要称他的名为以马内利。"

("以马内利"翻出来就是"神与我们同在"。)²⁴约瑟醒了,起来,就遵着主使者的吩咐,把妻子娶过来,²⁵只是没有和她同房,等她生了儿子(有古卷作"等她生了头胎的儿子"),就给他起名叫耶稣。

---

① 这七个神迹是:(1)在迦拿婚宴上把水变成酒;(2)把一个大臣将死的儿子救活;(3)在毕士大池边治愈一个久病的人;(4)在海面上行走;(5)用五张饼和两条鱼使五千人吃饱;(6)让生来是瞎子的人重见光明;(7)让拉撒路死而复生。
② 见"约翰福音"6:41—59。中文译文引自中国基督教协会编,南京爱德印刷有限公司出版《圣经》,1998。
③ 进入耶稣生平叙事后,较少深层阐释的余地,特别是他诞生的故事几乎都是简单的事实。但是这又是个家喻户晓的故事,并且通过圣诞节与我们的生活紧密相连,何况在介绍耶稣生平时也无法略去。所以,本书编写者只能从文化和历史背景方面对他的诞生故事做些探讨。
④ "耶稣"(Jesus)的意思是"上帝拯救"(the Lord saves)。

博士朝拜

2 当希律王的时候,耶稣生在犹太的伯利恒。有几个博士从东方来到耶路撒冷,说:²"那生下来作犹太人之王的在哪里?我们在东方看见他的星,特来拜他。"³希律王听见了,就心里不安;耶路撒冷合城的人也都不安。⁴他就召齐了祭司长和民间文士,问他们说:"基督当生何处?"⁵他们回答说:"在犹太的伯利恒。因为有先知记着,说:

6 '犹大地的伯利恒啊,
你在犹大诸城中并不是最小的,
因为将来有一位君王要从你那里出来,
牧养我以色列民。'"

7 当下希律暗暗地召了博士来,细问那星是什么时候出现的,⁸就差他们往伯利恒去,说:"你们去仔细寻访那小孩子,寻到了,就来报信,我好去拜他。"⁹他们听见王的话就去了。在东方所看见的那星,忽然在他们前头行,在行到小孩子的地方,就在上头停住了。¹⁰他们就看见那星,就大大地欢喜,¹¹进了房子,看见小孩子和他母亲马利亚,就俯伏拜那小孩子,揭开宝盒,拿着黄金、乳香、没药为礼物掀给他。¹²博士因为在梦中被主指示不要回去见希律,就从别的路回本地去了。

逃到埃及

13 他们去后,有主的使者向约瑟梦中显现,说:"起来!带着小孩子同他母亲逃往埃及,住在那里,等我吩咐你,因为希律必寻找小孩子,要除灭他。"¹⁴约瑟就起来,夜间带着小孩子和他母亲往埃及去,¹⁵住在那里,直到希律死了。这是要应验主藉先知所说的话,说:"我从埃及召出我儿子来。"

屠杀男孩

16 希律见自己被博士愚弄,就大大发怒,差人将伯利恒城里并四境所有的男孩,照着他向博士仔细查问的时候,凡两岁以里的,都杀尽了。¹⁷这就应了先知耶利米的话,说:
18"在拉玛听见号啕大哭的声音,
是拉结哭她儿女,
不肯受安慰,
因为他们都不在了。"

从埃及回来

19 希律死了以后,有主的使者在埃及向约瑟梦中显现,说:²⁰"起来!带着小孩子和他母亲往以色列地去,因为要害小孩子性命的人已经死了。"²¹约瑟就起来,把小孩子和他母亲带到以色列地去,²²只因听见亚基老接着他父亲希律作了犹太王,就怕往那里去,又在梦中被主指示,便往加利利境内去了。²³到了一座城,名叫拿撒勒,就住在那里。这是要应验先知所说他将称为拿撒勒人的话了。

预习问题

故事内容问答题：
1. 耶稣的母亲是谁？她是怎样怀上耶稣的？
2. 约瑟是谁的后代？他得知未婚妻怀孕时打算做什么？谁制止了他？
3. 几个博士从东方来做什么？希律王得知耶稣降生如何反应？他盼咐博士们做什么事？
4. 博士们怎样找到了耶稣？他们怎样拜见耶稣？之后他们去了哪里？
5. 为了避免希律王加害孩子，约瑟带妻子和儿子逃往什么地方？
6. 希律王在他的境内做了什么伤天害理的事？
7. 耶稣如何得名的？他的名字有什么含义？
8. 希律王死后，约瑟一家流动的情况？他们最后在哪里安顿下来？为什么是拿撒勒？

深入思考题：
1. 马利亚未婚受孕的故事与一般世俗神话中同样内容的故事有何异同？
2. 作为一个伟大的人的诞生故事，耶稣的诞生符合哪些惯例和格局？
3. 试比较不同的福音书在记载耶稣诞生的故事方面做的取舍。
4. 为什么在耶稣诞生的故事里要不断回头参照《旧约》？

故事阐释

分析要点：
1. 救世主（弥赛亚）的历史来源
   (The Historical Origin of Messiah)
2. 耶稣诞生的故事与类似故事的比较
   (A Comparision of Jesus's Story with Other Similar Stories)
3. 四部福音书在处理这个故事上的异同
   (Similarities and Differences between the Four Gospels)
4. 圣诞节的内涵
   (The Significance of Christmas as a Festival)

阐释解读：

1. 救世主（弥赛亚）的历史来源

在《旧约》显示的以色列历史中，苦难的犹太人一直希望建立一个强大的国家，但开始时只有亚伯拉罕家族为代表的很弱小的一支犹太人相信耶和华，并移居迦南要繁衍壮大。出埃及时以色列人民经历了红海的洗礼，之后摩西带领他们在蛮荒中游走40年，克服了种种困难，建立法制，并与信仰不坚定的民众不断斗争，终于在走出荒原时形成了一个一神教的、有健全律法和行政建制的民族。此时以色列人民离建立国家的目标，可以说是万事俱备只欠国土了。接下来的"士师记"记载了他们进入迦南，夺取存生之地的艰苦和血腥的历程，直到扫罗和后继他的大卫王时，以色列建立自己国家的愿望才得以逐步实现。在这个过程中以色列人民期盼的是一位世间的强人和明君来拯救他们。大卫王应了他们的期盼，在一定意义上实现了救民安邦的理想。但是他很快就表现出肉身俗人的许多弱点与不足，而且他不能永远活在世上来保护和引导以色列百姓。他去世后以色列又遭遇了内部分裂、外强侵略，以至最终灭国的惨剧。于是，人们不再寄期望于国王或任何这个世上的强有力的领袖，而是把希望转向一个超越人世的救星，一个神，或神人。在《旧约》中，尤其是以色列灭国之后，先知们曾多次预言，上帝将给人世派来一位救世主，一位弥赛亚，他将拯救受难的以色列民族。因此耶稣的诞生在《旧约》里早有铺垫。然而《新约》是基督教文献，不同于犹太教。基督教有普世性，所以这个上帝派往人世来的弥赛亚不是单单拯救以色列，而是拯救全人类。他的使命也不是建立某个民族的国家，而是在人世间建立上帝之国，也就是用对上帝的信念来占领人的精神和心灵，以拯救人类的灵魂。当然，这个神子仍然降生在以色列帝王世家里，经文明确交代马利亚丈夫约瑟是大卫的后人，大卫又是亚伯拉罕的后代。于是，基督耶稣的人世间出身是响当当的帝王之后，而且还属于《旧约》中耶和华与之立约的子民亚伯拉罕家族。有此出身背景，耶稣的弥赛亚身份更不容置疑，而且通过他很自然地就串联和统一了《旧约》与《新约》中拯救苦难百姓的弥赛亚概念。

2. 耶稣诞生的故事与类似故事的比较

这样一个救世主肩负了伟大的使命，承受了超凡的苦难，是一位英雄。按照文学的传统套数，他的身世必须不同凡响，才与他的英雄身份相匹配。正如我们在解读摩西的故事时已经提到的，身世的传奇性是神话般的英雄所不可缺少的背景特点。摩西诞生后奇迹般逃脱了法老灭杀，上帝之子耶稣投胎人世的过程首先就成为了他不同凡响之处。"马太福音"是这样写的：1:18 耶稣基督降生的事记在下面：他母亲马利亚已经许配了约瑟，还没有迎娶，马利亚就从圣灵怀了孕。(Mt 1:18 This was how the birth of Jesus Christ took place. His mother Mary was engaged to Joseph, but before they were married, she found out that she was going to have a baby by the Holy Spirit.) 接下来就是类似摩西诞生后的遭遇，希律害怕耶稣，2:16 差人将伯利恒城里并四境所有的男孩，照着他向博士仔细查问的时候，凡两岁以里的，都杀尽了。(Mt 2:16 He gave orders to kill all the boys in Bethlehem and its neighbourhood who were two years old and younger—this was done in accordance with what he had learned from the visitors about the time when the star had appeared.) 摩西被埃及公主发现和收养没有上帝干预，其传奇性在于他大难不死，不同普通人。但耶稣脱险不是传奇二字能定义的了，他自降生，每一步都有神护佑，有天使提前托梦给约瑟，让他带着妻子和孩子转移；事态安定后又有天使告诉他们回到加利利的拿撒勒。他从受孕到诞生的叙述展现了他那神子的独特。

然而，即便《圣经》叙事有简约的特点，"马太福音"中神让马利亚怀孕的描述也还是太简略了。实际上，神通过人世的女子生子的故事在古代神话和传说中十分普遍，单单希腊、罗马神话里就可以找到数例。然而，那些故事都包含着非常明显的性交媾描述，比如宙斯化做金雨，降落在他看中的人间女人达奈（Danaë）的卧室里和身上，令她受孕，或者化做一只天鹅与阿伊托利亚（Aetolia）公主蕾达（Leda）亲热、嬉戏，使她怀孕等等。在《圣经》中不然，造人是用语言命令来完成的，不孕的母亲们则靠祈祷上帝获得感应来怀孕，如参孙的母亲。这恰恰说明其他神话里的神祇都不同于上帝这样一个无处不在的、创造宇宙万物的神。希腊的神祇有肉身存在，自然也就有欲望，以及肉身要求的性行为。上帝的存在却常常是无形的，按照基督教信念，他还是圣父、圣子和圣灵三位一体。他们既是一体，又可分开行事。让马利亚受孕的就是圣灵，而她产下的圣子，又是与圣父一体的。除了上帝的全知和全能使得马利亚受孕变得几乎不知不觉之外，《圣经》不同于世俗神话的神圣性也决定它不宜于多描述马利亚受孕的细节，甚至不提具体时间、地点，或当时马利亚是否有感应。通过交代出马利亚未婚怀孕，使她受孕的是上帝，经文就达到了目的。而且，恰恰是这种极度的简略叙述维持了这件事的神秘性和神圣性。

除了同希腊、罗马这类故事比较，在《旧约》的故事中，马利亚未婚怀孕也有一定的铺垫。加拿大学者格兰特注意到了"马太福音"在开篇的族谱里提到了耶稣家族的四个女前辈，她们是他玛、喇合、路得和拔士巴。这四个女人在男女关系的行为方面都不规范：他玛装扮成妓女同自己的公公发生关系而得以为大卫家族传宗接代；喇合（Rahab）是个妓女，但因为帮助约书亚攻占了耶利哥而受到特殊保护，在"马太福音"的族谱里说她后来同大卫家族的撒门生了波阿斯；路得虽然明媒正娶，也没有任何不良的记录，但是她来自外邦，而且是一个从乱伦起源的部族；①而拔士巴同大卫先偷情后结婚的犯罪行为导致上帝取走他们头生儿子的性命。我们不知道马太是否有意识地在耶稣的族谱里列出了这四个性行为不规范的女前辈，但她们的经历可以使我们对马利亚未婚怀孕的不规则性关系有个思想准备。前面我们也已经讨论过《圣经》，尤其《旧约》，对男女性关系的是非判断的不一般。在一切服从以色列的大局和上帝的宏观计划的前提下，许多事情是没有绝对是非可言的。上帝的招数常常令人吃惊，也往往超越了凡人的理解。不论是支持默许许多违反常规的性行为，还是无端惩罚约伯，世人都无法究竟是非，最好就是接受经书所言的"事实"。但是从文学阐释的角度，格兰

---

① 见《创世记》第 19 章罗得和他女儿们的故事。路得所属的摩押部族是罗得与大女儿生的儿子摩押的后人。

特指出了马太在写福音时可能具备通过耶稣的族谱揭示前后历史关联的意识,并把这种关联用四个女性祖先和马利亚的遭遇形成的对比性格局展示给了读者。①

3. 四部福音书在处理这个故事上的异同

四部福音书对待基督诞生采取了不同的策略。前面开篇处已经提到"马可福音"根本没有这段故事,它的叙事从耶稣受洗开始,因为那位作者可能认为耶稣受洗后才真正有了值得记述的业绩。在严格意义上讲,"约翰福音"也没有这一段,开篇就大谈"道成肉身",也是先提施洗约翰,说他来到世上是要见证"道成肉身"。关于耶稣诞生,这部福音书只有一句话:1:¹⁴道成了肉身,住在我们中间,充充满满地有恩典,有真理。我们也见过他的荣光,正是父独生子的荣光。(Jn 1:¹⁴ The Word became a human being and, full of grace and truth, lived among us. We saw his glory, the glory which he received as the Father's only Son.)接下来就是约翰向人们宣传基督的诞生,并为耶稣施洗。前面已经提到,"约翰福音"的写作目的是为了捍卫危机中的基督教,驳斥从犹太人、罗马人、怀疑论者等多个方面对基督教的批评和攻击。约翰的贡献就在于他把上帝的存在以及耶稣降临都上升到形而上的层面,用"道"/"终极真理"化作肉身的说法让基督教有了哲学概念,从而摆脱了来自神秘主义和迷信的干扰,维护了对上帝和耶稣基督的信仰。

唯一与"马太福音"一样记载了基督诞生的是"路加福音","路加福音"出现在"马太福音"之后,它在参照和借鉴马可、马太、Q文献、L文献等资料的基础上,在内容上做了不同的选取和安排。它的相关段落是这样的:

预言耶稣降生

1:……²⁶到了第六个月,天使加百列奉神的差遣,往加利利的一座城去,这城名叫拿撒勒。²⁷到一个女童那里,是已经许配大卫家的一个人,名叫约瑟。童女的名字叫马利亚。²⁸天使进去,对她说:"蒙大恩的女子,我问你安,主和你同在了!"²⁹马利亚因这话就很惊慌,又反复思想这样的问安是什么意思。³⁰天使对她说:"马利亚,不要怕!你在神面前已经蒙恩了。³¹你要怀孕生子,可以给他起名叫耶稣。³²他要为大,称为至高者的儿子,主神要把他祖大卫的位给他。³³他要作雅各家的王。直到永远,他的国也没有穷尽。"³⁴马利亚对天使说:"我没有出嫁,怎么有这事呢?"³⁵天使回答说:"圣灵要临到你身上,至高者的能力要荫庇你,因此所要生的圣者,必称为神的儿子!(或作"所要生的必称为圣,称为神的儿子")。³⁶况且你的亲戚伊利莎白,在老年的时候也怀了男胎,就是那素来称为不生育的,现在有孕六个月了。³⁷因为出于神的话,没有一句不带他能力的。"³⁸马利亚说:"我是主的使女,情愿照你的话成就在我身上。"天使就离开她去了。

---

① 参看格兰特(Patrick Grant)著《读〈新约〉》(*Reading the New Testament*. Grand Rapids, Michigan: William B. Eerdmans Publishing Company, 1989),第32页。

马利亚看望伊利莎白

尊主颂 1……⁴⁶马利亚说：

"我心尊主为大，

47 我灵以神我的救主为乐。

48 因为他顾念他使女的卑微，

从今以后，

万代要称我有福。

49 那有权能的，为我成就了大事，

他的名为圣。

50 他怜悯敬畏他的人，

直到世世代代。

……

54 他扶助了他的仆人以色列，

为要纪念亚伯拉罕和他的后裔，

施怜悯直到永远。

……

耶稣降生

2 当那些日子，凯撒奥古斯都有旨意下来，叫天下人民都报名上册。²这是居里扭作叙利亚巡抚的时候，头一次行报名上册的事。³众人各归各城，报名上册。⁴约瑟也从加利利的拿撒勒城上犹太去，到了大卫的城，名叫伯利恒，因他本是大卫一族一家的人，⁵要和他所聘之妻马利亚一同报名上册。那时马利亚的身孕已经重了。⁶他们在那里的时候，马利亚的产期到了，⁷就生了头胎的儿子，用布包起来，放在马槽里，因为客店里没有地方。

天使报喜信给牧羊的人

8 在伯利恒之野地里有牧羊的人，夜间按着更次看守羊群。⁹有主的使者站在他们旁边，主的荣光四面照着他们，牧羊的人就甚惧怕。¹⁰那天使对他们说："不要惧怕，我报给你们大喜的信息，是关于万民的。¹¹因今天在大卫的城里，为你们生了救主，就是主基督。¹²你们要看见一个婴孩，包着布，卧在马槽里，那就是记号了。"……

15 众天使离开他们升天去了，牧羊的人彼此说："我们往伯利恒去，看看所成的事，就是主所指示我们的。"¹⁶他们急忙去了，就寻见马利亚和约瑟，又有那婴孩卧在马槽里。¹⁷既然看见，就把天使论这孩子的话传开了。¹⁸凡听见的，就诧异牧羊之人对他们所说的话。¹⁹马利亚却把这一切的事存在心里，反复思想。²⁰牧羊的人回去了，因所听见，所看见的一切事，正如天使向他们所说的，就归荣耀与神，赞美他。

21 满了八天，就给孩子行割礼，与他起名叫耶稣，这就是没有成胎以前，天使所起的名。

对比"路加福音"和"马太福音"，我们起码可以发现以下的三点不同之处：

（1）"路加福音"对马利亚未婚受孕不再是"马太福音"那样用一句话带过了。相反，它描述了天使事先来通知马利亚这件事，并记载了马利亚积极配合的态度和说的话。如果说"马太福音"让我们觉得马利亚是个年轻、纯洁的姑娘，在这件事上显得很幼稚和被动的话，"路加福音"展示了一个相当成熟和主动的女人，她在短暂的害怕和听明白天使的意思之后，就做了一个肯定的表态：1：38 马利亚说："我是主的使女，情愿照你的话成就在我身上。"(Luke 1：38 "I am the Lord's servant," said Mary, "may it happen to me as you have said.")她的主动还特别明显地表现在第 1 章里她主动去探视怀了约翰的伊利莎白，对那妇人长篇赞颂上帝(1：40—54)。这样的记叙就彻底改变了"马太福音"给我们造成的印象，即马利亚莫名其妙就怀了孕，被约瑟发现时他们都不知道她怀的是神的孩子，以至约瑟想要休掉她。而且，"路加福音"里干脆就没有对约瑟的态度做任何报道。

(2) 这部福音里有天使对马利亚交代情况的长篇解释：1："31 你要怀孕生子，可以给他起名叫耶稣。32 他要为大，称为至高者的儿子，主神要把他祖大卫的位给他。33 他要作雅各家的王，直到永远，他的国也没有穷尽。"(Luke 1："31 You will become pregnant and give birth to a son, and you will name him Jesus. 32 He will be great and will be called the Son of the Most High God. The Lord God will make him a king, as his ancestor David was, 33 and he will be the king of the descendants of Jacob for ever; his kingdom will never end!")这话听起来很像上帝在创世时的语气和句式："要有光"，"天下的水要聚在一处"，等等。正如我们前面已经多次提到的，语言在《圣经》中具有重要地位，如果说上帝用语言创造了世界，这里他是否也是通过他的使者，用语言让马利亚得到他的灵感？这种理解可以补充和支撑我们上面对马利亚怀孕与其他神话和故事里的类似描述不同所做的分析。上帝让世间女人怀孕，不论是他自己的孩子或是帮助世上某个男人成功地让他妻子受孕，都是通过语言来完成的，因为托梦或派遣天使去交代他的意图都是通过语言。这里再次印证了《圣经》是个抬高语言作用和重要性的文本。

(3) 从叙事的角度，这两部福音书在耶稣诞生的描述方面也有很大的区别。"马太福音"主要采用了第三人称的总结归纳性叙述，很扼要和简洁；而"路加福音"却在第三人称叙事的框架内大量采用直接对话和独白，如天使和马利亚的对话，马利亚赞颂主的长段祈祷文。这样的叙事策略把"马太福音"的客观报道姿态转变为充分体现当事人心理和态度的主观表述。马利亚的虔诚和主动配合无疑让她更有资格被尊为圣母，大大丰富了她的形象。

4. 圣诞节的内涵

圣诞节在欧洲和美国是一年中最重要的节日，举行全民纪念和庆祝，其规模和重要程度就相当我们中国的春节。它在庆祝基督诞生的同时实际上还是宣传和倡导仁爱和慈善的一个节日。这一方面的意义从英美每年圣诞节都要播放英国作家查尔斯·

狄更斯的不朽之作《圣诞欢歌》(A Christmas Carol)的影视版本就可以看出来了。自19世纪资本主义在英国快速发展之后，阶级分化剧烈，越来越多的穷苦人，特别是工人大众和城市贫民生活在社会底层，阶级矛盾日益尖锐，引起了工人运动和社会动荡。为了缓解矛盾，此时以卫理公会(the Methodists)为主的基督教教会开始大力提倡仁爱和慈善，许多教士下到基层劳工群众当中用基督教的忍耐、同情和自省等美德影响和教育大众，这样就使得宗教在稳定社会方面发挥了不可替代的作用。也是从19世纪下半叶开始，圣诞节就逐渐变成以发扬仁爱和慈善精神为主旨的一个节日，越搞越热闹。《圣诞欢歌》正是在这样的大环境下出台的，故事中那个冷酷又吝啬的资本家就是在圣诞节时受到了教育，从此变成一个富于同情心、肯对穷人施舍的善良老人。小说还赞扬了贫穷人家的和睦和慷慨大度，最后以普天同庆、皆大欢喜拉下帷幕。

  然而，在20世纪之后的今天，圣诞节在西方，特别在美国，已经变了味道。它被彻底地打造为消费社会的产物，变成了一年下来全民消费的顶峰时节和商家促销和赚钱的黄金时段。这样的节日庆祝对我国春节一类非宗教的时庆节日是没有大问题的，尽管中国春节也要强调和谐、富足和对新一年的美好期盼。圣诞节不同，它是个宗教节日，而且从耶稣诞生之时就带着赴死的任务，所以把纪念活动变成民众吃喝热闹，商家促销赚钱就很不恰当了。虽然美国街头巷尾还可看见为穷苦人募捐的活动，虽然电视上还在放映《圣诞欢歌》这类宣讲同情、怜悯和互助的节目，人们头脑里的圣诞节几乎变成了采购、送礼的代名词。那五彩缤纷的霓虹灯饰，处处可见的圣诞老人，鹿拉雪橇，还有为博士引路找到婴儿耶稣的星星，画着马厩里的圣母和圣婴的圣诞卡，家家装点的圣诞树等等，虽然充满喜庆，却仅仅构成了没有精神内涵的消费文化盛典。作为一个宗教节日，可以说它已经走样了，背弃了初衷。圣诞节物质化的问题在欧洲大多数国家比美国要有节制，起码少了许多采购疯狂。不少宗教人士和学者都看到并指出了圣诞节已经失去了它最初的深刻含义，庆祝基督诞生已经很少引发人们从耶稣来到人世的自我牺牲来思考我们自身对这个世界应该担负的责任。在美国，因为清教在建国后发展得非常实用，圣诞节的物质化就尤为严重。拿福音教士为例，他们宣讲如何用人世间的富足和成功来衡量上帝的恩宠，而不谈作为基督徒的义务、社会责任及精神追求。所以，美国社会中流行的是追求钱和权的成功，美其名为实现美国梦。宗教也宣传用物质方面的成功来衡量一个人是否是个好基督徒，是否受到上帝的恩宠。于是富人被肯定、受仰慕。他们成为追随的榜样，只要再捐点钱，行点善事就皆大欢喜了。在这样的氛围里，耶稣降生的悲剧性，他是为人类赎罪才来到人世的前提就被抛到脑后，更谈不到在纪念这个节日时要记住耶稣降生的本身并没有什么可纪念和庆贺的，恰恰是因为他后来被钉在十字架上，用自己的死挽救了有罪的人类，这才使他的人世之行成为一件我们应该庆贺的事，庆贺我们有救了。如此看来，圣诞节更多是应该缅怀为人类受难的耶稣，是个喜中有悲的严肃节日，不应该被扭曲成灯红酒绿，促销和抢购。现当代版本的圣诞节不能不说是远离了基督教的核心教义。

结　语

耶稣降生虽然在福音书的内容里比不上他传教和殉教部分重要,但他的降生因完成了道成肉身而成为《圣经·新约》和基督教思想的核心,是基督教对犹太教的重大发展。道("the Word")这样一个形而上的概念从此就有了承载它的实体。圣母从受孕、生产到逃避希律王的迫害都是一流的文学素材,同所有英雄和神人的故事同样富于传奇色彩,因此历代为小说、影视、绘画等多种艺术表现形式所钟爱。最后要说的是,由于耶稣献出血和性命替人类赎罪,他的降生便成为人类将被拯救的福音。然而几千年流传下来,基督诞生已经逐渐淡化了它那肃穆的内涵,他的诞生日演变成了当前这种由宗教色彩做点缀的消费性很强的节日。这不能不说是一大遗憾。

故事二十六　耶稣遇难与复活

《新约》经文

"马太福音"26:1—68,27:1—66,28:1—10

祭司长图谋杀害耶稣

26 耶稣……就对门徒说:²"你们知道,过两天是逾越节,人子将要被交给人,钉在十字架上。"³那时,祭司长和民间的长老聚集在大祭司称为该亚法的院里。⁴大家商议要用诡计拿住耶稣杀他;⁵只是说:"当节的日子不可,恐怕民间生乱。"……

犹大出卖耶稣

14 当下,十二门徒里有一个称为加略人犹大的,去见祭司长,说:¹⁵"我把他交给你们,你们愿意给我多少钱?"他们就给了他三十块钱。¹⁶从那时候,他就找机会要把耶稣交给他们。

和门徒同度逾越节

17 除酵节的第一天,门徒来问耶稣说:"你吃逾越节的筵席,要我们在哪里给你预备?"¹⁸耶稣说:"你们进城去,到某人那里,对他说:'夫子说:我的时候快到了,我与门徒要在你家里守逾越节。'"¹⁹门徒遵着耶稣所吩咐的,就去预备了逾越节的筵席。²⁰到了晚上,耶稣和十二个门徒坐席。²¹正吃的时候,耶稣说:"我实在告诉你们:你们中间有一个人要卖我了。"²²他们就甚忧愁,一个一个地问他说:"主,是我吗?"²³耶稣回答说:"同我蘸手在盘子里的,就是他要卖我。²⁴人子必要去世,正如经上指着他所写的,但卖人子的人有祸了!那人不生在世上倒好。"²⁵卖耶稣的犹大问他说:"拉比,是我吗?"耶稣说:"你说的是。"……

设立圣餐

26 他们吃的时候,耶稣拿起饼来,祝福,就擘开,递给门徒,说:"你们拿着吃,这是我的身体。"²⁷又拿起杯来,祝谢了,递给他们,说:"你们都喝这个,²⁸因为这是我立约的血,为多人流出来,使罪得赦。²⁹但我告诉你们:从今以后,我不再喝这葡萄汁,直到我父的国里同你们喝新的那日子。"³⁰他们唱了诗,就出来往橄榄山去。

预言彼得不认主

31 那时,耶稣对他们说:"今夜,你们为我的缘故都要跌倒。……³²但我复活以后要在你们以先往加利利去。"³³彼得说:"众人虽然为你的缘故跌倒,我却永不跌倒。"³⁴耶稣说:"我实在告诉你,今夜鸡叫以先,你要三次不认我。"³⁵彼得说:"我就是必须和你同死,也总不能不认你。"众门徒都是这样说。……

耶稣被捕

47 说话之间,那十二个门徒里的犹大来了,并有许多人带着刀棒,从祭司长和民间的长老那里与他同来。⁴⁸那卖耶稣的给了他们一个暗号,说:"我与谁亲嘴,谁就是他。你们可以拿住他。"⁴⁹犹大随即到耶稣跟前说:"请拉比安",就与他亲嘴。⁵⁰耶稣对他说:"朋友,你要来作的事,就作吧!"于是那些人上前,下手拿住耶稣。⁵¹有跟随耶稣的一个人伸手拔出刀来,将大祭司的仆人砍了一刀,削掉了他一个耳朵。⁵²耶稣对他说:"收刀入鞘吧!凡动刀的,必死在刀下。⁵³你想我不能求我父现在为我差遣十二营多天使来吗?⁵⁴若是这样,经上所说事情必须如此的话怎么应验呢?"⁵⁵当时,耶稣对众人说:"你们带着刀棒出来拿我,如同拿强盗吗?我天天坐在殿里教训人,你们并没有拿我。⁵⁶但这一切的事成就了,为要应验先知书上的话。"当下,门徒都离开他逃走了。

耶稣在公会里受审

57 拿耶稣的人把他带到大祭司该亚法那里去,文士和长老已经在那里聚会。⁵⁸彼得远远地跟着耶稣,直到大祭司的院子,进到里面,就和差役同坐,要看这事到底怎样。⁵⁹祭司长和全公会寻找假见证控告耶稣,要治死他。⁶⁰虽有好些人来作假见证,总得不着实据。末后有两个人前来,说:⁶¹"这个人曾说:'我能拆毁神的殿,三日内又建造起来。'"⁶²大祭司就站起来,对耶稣说:"你什么都不回答吗?这些人作见证告你的是什么呢?"⁶³耶稣却不言语。大祭司对他说:"我指着永生神叫你起誓告诉我们,你是神的儿子基督不是?"⁶⁴耶稣对他说:"你说的是。然而,我告诉你们,后来你们要看见人子坐在那权能者的右边,驾着天上的云降临。"⁶⁵大祭司就撕开衣服,说:"他说了僭妄的话,现在你们都听见了。⁶⁶你们的意见如何?"他们回答说:"他是该死的。"⁶⁷他们就吐唾沫在他脸上,用拳头打他;也有用手掌打他的,说:⁶⁸"基督啊,你是先知,告诉我们打你的是谁?"

彼得三次不认主

69 彼得在外面院子里坐着,有一个使女前来说:"你素来也是同那加利利人耶稣一伙的。"70 彼得在众人面前却不承认,说:"我不知道你说的是什么。"71 既出去,到了门口,又有一个使女看见他,就对那里的人说:"这个人也是同拿撒勒人耶稣一伙的。"72 彼得又不承认,并且起誓说:"我不认得那个人。"73 过了不多的时候,旁边站着的人前来对彼得说:"你真是他们一党的,你的口音把你露出来了。"74 彼得就发咒起誓地说:"我不认得那个人。"立时,鸡就叫了。75 彼得想起耶稣所说的话:"鸡叫以先,你要三次不认我。"他就出去痛哭。

耶稣被交给彼拉多

27 到了早晨,众祭司长和民间的长老,大家商议要治死耶稣,2 就把他捆绑,解去交给巡抚彼拉多。……

耶稣在彼拉多面前受审

11 耶稣站在巡抚面前,巡抚问他说:"你是犹太人的王吗?"耶稣说:"你说的是。"12 他被祭司长和长老控告的时候,什么都不回答。13 彼拉多就对他说:"他们作见证告你这么多的事,你没有听见吗?"14 耶稣仍不回答,连一句话也不说,以致巡抚甚觉希奇。

耶稣被判死刑

15 巡抚有一个常例,每逢这节期,随众人所要的,释放一个囚犯给他们。16 当时有一个出名的囚犯叫巴拉巴。17 众人聚集的时候,彼拉多就对他们说:"你们要我释放哪一个给你们?是巴拉巴呢?是称为基督的耶稣呢?"18 巡抚原知道,他们是因为嫉妒才把他解了来。19 正坐堂的时候,他的夫人打发人来说:"这义人的事你一点不可管,因为我今天在梦中为他受了许多苦。"20 祭司长和长老挑唆众人,求释放巴拉巴,除灭耶稣。21 巡抚对众人说:"这两个人,你们要我释放哪一个给你们呢?"他们说:"巴拉巴。"22 彼拉多说:"这样,那称为基督的耶稣,我怎么办他呢?"他们都说:"把他钉十字架!"23 巡抚说:"为什么呢?他作了什么恶事呢?"他们便极力地喊着说:"把他钉十字架!"24 彼拉多见说也无济于事,反要生乱,就拿水在众人面前洗手,说:"流这义人的血,罪不在我,你们承当吧!"25 众人都回答说:"他的血归到我们和我们的子孙身上。"26 于是彼拉多释放巴拉巴给他们,把耶稣鞭打了,交给人钉十字架。

兵丁戏弄耶稣

27 巡抚的兵就把耶稣带进衙门,叫全营的兵都聚集在他那里。28 他们给他脱了衣服,穿上一件朱红色袍子;29 用荆棘编作冠冕,带在他头上;拿一根苇子放在他右手里,跪在他面前,戏弄他说:"恭喜,犹太人的王啊!"30 又吐唾沫在他脸上,拿苇子打他的头。31 戏弄完了,就给他脱了袍子,仍穿上他自己的衣服,带他出去,要钉十字架。

耶稣被钉十字架

32 他们出来的时候,遇见一个古利奈人,名叫西门,就勉强他同去,好背着耶稣的十字架。33 到了一个地方名叫各各他,意思就是髑髅地。³⁴兵拿苦胆调和的酒给耶稣喝。他尝了,就不肯喝。³⁵他们既将他钉在十字架上,就拈阄分他的衣服,³⁶又坐在那里看守他。³⁷在他头以上安一个牌子,写着他的罪状,说:"这是犹太人的王耶稣。"³⁸当时,有两个强盗和他同钉十字架,一个在右边,一个在左边。³⁹从那里经过的人讥诮他,摇着头,说:⁴⁰"你这拆毁圣殿,三日又建造起来的,可以救自己吧!你如果是神的儿子,就从十字架上下来吧!"⁴¹祭司长和文士并长老也是这样戏弄他,说:⁴²"他救了别人,不能救自己。他是以色列的王,现在可以从十字架上下来,我们就信他。⁴³他依靠神,神若喜悦他,现在可以救他,因为他曾说:'我是神的儿子。'"⁴⁴那和他同钉的强盗也是这样地讥诮他。

耶稣的死

⁴⁵从午正到申初,遍地都黑暗了。⁴⁶约在申初,耶稣大声喊着说:"以利,以利!拉马撒巴各大尼?"就是说:"我的神,我的神!为什么离弃我?"⁴⁷站在那里的人,有的听见就说:"这个人呼叫以利亚呢!"⁴⁸内中有一个人赶紧跑去,拿海绒蘸满了醋绑在苇子上,送给他喝。⁴⁹其余的人说:"且等着,看以利亚来救他不来。"⁵⁰耶稣又大声喊叫,气就断了。⁵¹忽然,殿里的幔子从上到下裂为两半,地也震动,磐石也崩裂,⁵²坟墓也开了,已睡圣徒的身体,多有起来的。⁵³到耶稣复活以后,他们从坟墓里出来,进了圣城,向许多人显现。⁵⁴百夫长和一同看守耶稣的人看见地震并所经历的事,就极其害怕,说:"这真是神的儿子了!"⁵⁵有好些妇女在那里,远远地观看,她们是从加利利跟随耶稣来服侍他的。⁵⁶内中有抹大拉的马利亚,又有雅各和约西的母亲马利亚,并有西庇太两个儿子的母亲。

耶稣的安葬

⁵⁷到了晚上,有一个财主,名叫约瑟,是亚利马太来的,他也是耶稣的门徒。⁵⁸这人去见彼拉多,求耶稣的身体,彼拉多就吩咐给他。⁵⁹约瑟取了身体,用干净细麻布裹好,⁶⁰安放在自己的新坟墓里,就是他凿在磐石里的。他又把大石头滚到墓门口,就去了。⁶¹有抹大拉的马利亚和那个马利亚在那里,对着坟墓坐着。

封石妥守

⁶²次日,就是预备日的第二天,祭司长和法利赛人聚集来见彼拉多,说:⁶³"大人,我们记得那诱惑人的还活着的时候,曾说:'三日后我要复活。'⁶⁴因此,请吩咐人将坟墓把守妥当,直到第三日,恐怕他的门徒来把他偷了去,就告诉百姓说:'他从死里复活了。'这样,那后来的迷惑比先前的更利害了。"⁶⁵彼拉多说:"你们有看守的兵,去吧!尽你们所能的把守妥当。"⁶⁶他们就带着看守的兵通衢,封了石头,将坟墓把守妥当。

耶稣复活

28 安息日将尽,七日的头一日,天快亮的时候,抹大拉的马利亚和那个马利亚来看坟墓。²忽然,地大震动,因为有主的使者从天上下来,把石头滚开,坐在上面。³他的相貌如同闪电,衣服洁白如雪。⁴看守的人就因他吓得浑身乱战,甚至和死人一样。⁵天使对妇女说:"不要害怕!我知道你们是寻找那钉十字架的耶稣。⁶他不在这里,照他所说的,已经复活了。你们来看安放主的地方,⁷快去告诉他的门徒,说他从死里复活了,并且在你们以先往加利利去,在那里你们要见他。看哪,我已经告诉你们了。"⁸妇女们就急忙离开坟墓，又害怕，又大大地欢喜，跑去要报给他的门徒。⁹忽然，耶稣遇见她们，说："愿你们平安！"他们就上前抱住他的脚拜他。¹⁰耶稣对她们说："不要害怕！你们去告诉我的弟兄，叫他们往加利利去，在那里必见我。"

预习问题

故事内容问答题：
1. 祭司们如何策划缉拿耶稣？
2. 在门徒中谁出卖了耶稣？
3. 耶稣如何安排逾越节晚餐？席间耶稣讲了哪些关于他被出卖的话？
4. 基督教后来实行的领圣餐仪式是怎样开始的？
5. 讲述一下耶稣被捕的过程。哪些过程应了先知的预言？
6. 哪个大祭司审判了耶稣？祭司们给耶稣罗列了什么罪行？
7. 祭司长们把耶稣转交给彼拉多审理，这个人是什么身份？他审理时耶稣如何表现？
8. 彼拉多为什么害怕判处耶稣死刑？他想用什么方法救耶稣不死？
9. 为什么彼拉多没能救耶稣性命？判决把耶稣钉十字架后彼拉多说了什么？
10. 兵丁们如何戏弄耶稣？
11. 耶稣断气前说了什么？断气后出现了什么奇特的征兆？
12. 耶稣被钉上十字架的过程里，在围观的妇女中有哪些耶稣的亲友？
13. 谁安葬了耶稣？他把耶稣葬在了什么地方？
14. 为了抵制耶稣会复活的预言，祭司们和法利赛人做了什么？
15. 耶稣死后哪一天复活？复活时有什么奇特的现象？复活后耶稣讲了什么？

深入思考题：
1. 耶稣惨死的故事算不算悲剧？这个故事在文类发展史上有何启迪意义？
2. 试析彼拉多在祭司们的压力下决定释放盗贼而钉死耶稣的社会历史背景和象征意义。
3. 梳理耶稣从逾越节到上十字架和断气这整个过程中的言行表现，并做出力所能及的解释。
4. 耶稣临死为什么呼喊："我的神，我的神！为什么离弃我？"他是在埋怨吗？
5. 试着讨论耶稣、十字架和耶稣之死的多种含义。

故事阐释

分析要点：
1. 耶稣遇难和复活的梳理分析
   （A Detailed Analysis of Crucifixion and Resurrection）
2. 耶稣故事的悲剧性探讨
   （A Discussion of Jesus's Death as Tragedy）
3. 耶稣遇难的象征内涵和深远意义

(Symbolic Significances of Crucifixion)

阐释解读:

1. 耶稣遇难和复活的梳理分析①

耶稣遇难和复活可以分成(1)最后的晚餐;(2)被出卖、审判和判刑;(3)钉十字架和埋葬;和(4)复活升天这四个阶段。下面就依顺序做一下梳理解读。

(1)最后的晚餐:福音书把耶稣遇难放在逾越节期间,加上紧接的无酵节,为时8天,庆祝以色列人从埃及的苦难中最终获得解放。《新约》的作者看到了耶稣之死与以色列人脱离苦难之间的对应关系,把耶稣描绘成为人类牺牲的"上帝的羔羊",来同逾越节宰杀的羊羔类比,即把耶稣看做为拯救人类而牺牲的羔羊。② 在他死前耶稣与门徒们共进逾越节晚餐,他此时预言了他将被出卖并即将死去。这个意义重大的时刻被达·芬奇用他不朽的作品《最后的晚餐》(*The Last Supper*)生动地表现了出来。席间,耶稣设立了圣餐:"马太福音"26:[26]他们吃的时候,耶稣拿起饼来,祝福,就擘开递给门徒,说:"你们拿着吃,这是我的身体。"[27]又拿起杯来,祝谢了,递给他们,说:"你们都喝这个,[28]因为这是我立约的血,为多人流出来,使罪得赦。"(Mt 26:[26] While they were eating, Jesus took a piece of bread, gave a prayer of thanks, broke it, and gave it to his disciples. "Take and eat it," he said, "this is my body."[27] Then he took a cup, gave thanks to God, and gave it to them. "Drink it, all of you," he said,[28] "this is my blood, which seals God's covenant, my blood poured out for many for the forgiveness of sins.")在此话后面"路加福音"添上了一句 22:[19] "你们也应当如此行,为的是纪念我。"(Lk 22:[19] "This is my body, which is given for you. Do this in memory of me.")这里提到了饼象征他的身体,酒象征他的血,喝酒是立约的仪式。就这样,耶稣在最后的逾越节同门徒们吃饭时立下了圣餐,这就是一直沿至现时的教会领圣餐仪式(Holy Communion, or Mass)的来由。最后的晚餐是文学和艺术中常见的题材,除了达·芬奇,好几个艺术家画过最后的晚餐,英国前浪漫主义诗人和雕刻艺术家威廉·布莱克(William Blake)作于 1799 年的《最后的晚餐》,目前收藏在华盛顿国家艺术馆里。文学方面从 16 世纪起就不断有关于最后晚餐的作品,比如 1633 年玄学诗人乔治·赫伯特(George Herbert)的诗《圣餐》(*Holy Communion*)和 T·S·艾略特(T. S. Eliot)1944 年发表的名诗(*Four Quartets*)。

---

① 这一部分的分析主要采用了迪亚斯和修斯著《西方文化中的圣经:学生导读》和刘光耀、孙善玲等著《四福音书解读》(北京:宗教文化出版社,2004)。

② 逾越节(Passover)的意思来自当时每一户以色列人都悄悄地宰一只羊羔,把它的血涂在门楣上,这样上帝降灾打杀埃及男婴时,就越过门上有血的人家。见"出埃及记"12:21—27。

这里需指出最后的晚餐在"约翰福音"里时间上出现的问题。按照这部福音书,大祭司审耶稣之后把他送交比拉多时,祭司们还没有吃逾越节宴席。经文写道:18:²⁸ 众人将耶稣从该亚法那里往衙门内解去,那时天还早,他们自己却不进衙门,恐怕染了污秽,不能吃逾越节筵席。(Jn 18:²⁸ Early in the morning Jesus was taken from Caiaphas'house to the governor's palace. The Jewish authorities did not go inside the palace, for they wanted to keep themselves ritually clean, in order to be able to eat the Passover meal.)而耶稣又是在被抓捕之前就同门徒们吃了逾越节饭,这是怎么回事呢?一种解释是:当时在犹太民众中存在两种年历,其中一种的逾越节要早一天,很明显耶稣和他的门徒是依据了早一天的年历。①

席间耶稣预言了他将遇难,并指出门徒中将有一个人出卖他:26:²³ 耶稣回答说:"同我蘸手在盆子里的,就是他要卖我。²⁴ 人子必要去世,正如经上指着他所写的,但卖人子的人有祸了!那人不生在世上倒好。"²⁵ 卖耶稣的犹大问他说:"拉比,是我吗?"耶稣说:"你说的是。"(Mt 26:²³ Jesus answered, "One who dips his bread in the dish with me will betray me. ²⁴ The Son of Man will die as the Scriptures say he will, but how terrible for that man who betrays the Son of Man! It would have been better for that man if he had never been born!" ²⁵ Judas, the traitor, spoke up. "Surely, Teacher, you don't mean me?" he asked. Jesus auswered, "So you say.")基督教宣传犹大是撒旦的工具,但是他也是上帝计划的组成部分。犹大在耶稣定罪后十分后悔,他试图把得到的三十块钱报酬退还祭司和长老,被拒绝后他扔下钱出门去上了吊。那钱就被用来置了一块地,专门埋葬外乡人。犹大从此成为背叛和出卖主子之人的代名词,在文学和艺术作品中也被反复使用。著名画家伦勃朗(Rembrandt)1629年曾画过一幅叫做《犹大退还三十块钱》的油画,相关的画、诗歌和乐曲等作品还有许多。

(2) 被出卖、审判和判刑:大祭司该亚法把耶稣转交到罗马巡抚彼拉多那里,因为祭司和长老没有司法权。耶稣遭到了严刑拷打和侮辱,他被审讯和判死刑的经历不但展现了当时的宗教矛盾,也揭露了罗马治下的国家的复杂政治局面。大祭司该亚法指控耶稣企图毁坏圣殿,还自称与上帝齐肩来污蔑神。耶稣被鞭打,被嘲笑是假先知,他的门徒们吓得四散奔逃,而彼得也在天亮前三次否认他认识耶稣,应验了耶稣的预言。当他听见鸡鸣,意识到自己果然背叛了耶稣,彼得的心灵震撼了,他失声痛哭。但是耶稣原谅了他,在复活后仍然接受他为门徒。彼得的故事说明人天生的软弱,也说明人可以改过更新,而耶稣明知他会不认自己,却泰然处之,并容许他回头,这就是《新约》和基督教核心思想的表现。所以彼得否认耶稣也成为艺术家和文学家的选题,比如伦

---

① 参见《四福音书解读》,第107页。

勃朗于17世纪20年代发表的油画《彼得不认基督》,目前就收藏在明尼阿波利斯美术馆里。

四部福音书都显示出彼拉多并不想置耶稣于死地,这里故事叙述中就出现了一个小转折和悬念,即彼拉多想利用逾越节可以赦免一个犯人的律法解救耶稣,要在场的人从耶稣和臭名昭著的囚犯巴拉巴之间挑选一个免死。祭司长和长老挑唆众人,要求释放巴拉巴,除灭耶稣,把他钉死在十字架上。尽管彼拉多的夫人传话说她梦中得到警告,不可杀害耶稣,但巡抚经不住祭司和长老们,以及仇视耶稣的暴民们的压力,害怕生乱。于是他 27:24……就拿水在众人面前洗手,说:"流这义人的血,罪不在我,你们承当吧!"25众人都回答说:"他的血归到我们和我们的子孙身上。"(Mt 27:24... he took some water, washed his hands in front of the crowd, and said, "I am not responsible for the death of this man! This is your doing!"25 The whole crowd answered,"let the punishment for his death fall on us and our children!")这段审判被描绘得出神入画,有以下三个方面可以讨论。首先,所有的福音书都强调面对污蔑、伪证和暴力、酷刑,耶稣没有为自己做任何辩护,他平静地接受了死刑判决,应验了《旧约》"以赛亚书"预言的:53:6"耶和华使我们众人的罪孽都归在他身上。7他被欺压,在受苦的时候却不开口,他像羊羔被牵到宰杀之地,……。"(Is 53:6"But the Lord made the punishment fall on him, the punishment all of us deserved.7 He was treated harshly, but endured it humbly; he never said a word. Like a lamb about to be slaughtered,....")这种刻画无疑要突出耶稣那代罪羔羊的形象。其次,我们看到耶稣主要死于他的宗教主张,他对祭司和长老们,法利赛人,以及犹太教的许多做法的批评。从律法上他并无过错,所以司法长官彼拉多不想治他罪。而那些宗教狂热分子不但要钉死耶稣,而且被仇恨和妒忌蒙住了眼睛,居然用自己和自己的后代发誓,以求达到处死耶稣的目的。最后,我们从文学性极强的二选一情节上可以读出好几层含义。巴拉巴是个什么犯人,经书里没有说明,但是交代了他很有名,或者是臭名昭著。这样的安排突出了两个人的对仗、对比和反差,显示了《圣经》作者高度的文学意识。首先,赦免大盗或杀人犯,而把无辜的耶稣送上刑场的这种安排造成了强烈的反讽效果。进一步看,耶稣是因宗教"异端"而获罪,而历来宗教异端和政治异己往往比刑事犯罪更被统治者视为洪水猛兽,巴拉巴被免罪讽刺性地说明政治/宗教冒犯一贯大于刑事犯法的世道。最后,耶稣不仅同巴拉巴平列,而且他上十字架时还有其他贫民犯人一道。这种与强盗同罪同罚,恰恰说明了耶稣的贫民性,强化了他死时的低下身份,符合耶稣的普世性。而且卑微也是基督教宣扬的一个美德,在此耶稣上十字架就同英勇就义之类的牺牲区别开来了。莎士比亚的著名悲剧《麦克佩斯》(*Macbeth*),培根的散文《论真理》(*Of Truth*)等文学经典都提到了耶稣受审判,而关于这个话题最著名的画作恐怕要算凡·戴克(Anthony Van Dyck)1620年发表的《鞭刑》(*Flagellation*)和卡拉瓦乔

(Caravaggio)1606年画的同名作品。前者现收藏在马德里的一家博物馆里,后者收藏在意大利那不勒斯的一家博物馆内。

(3) 钉十字架和埋葬:耶稣钉死在十字架上构成基督教的核心教义,这个日子被后人纪念,称为 Good Friday,它同耶稣诞生一道成为文学和艺术表现得最多的内容。钉十字架是罗马人为奴隶、外国人和罪大恶极的刑事犯人设立的死刑,它最痛苦,也最具侮辱性。① 犯人被钉上十字架后,围观的民众可以对他进行各种人身侮辱。耶稣就遭到路过的人、围观的祭司和长老的嘲笑,他们叫他证明自己是上帝的儿子,从十字架上下来。兵丁们戏弄他,给他带上荆棘冠加冕他为犹太王,往他脸上吐唾沫,还抽签分他的衣服。由于耶稣之死是上帝救赎人类的计划之核心,福音书的作者们并不强调暴力和悲惨,而是记载了耶稣的高姿态,他从最后的晚餐开始就预言自己的死期,他不但宽恕所有对他犯下罪行的人,还为那些钉死他的兵丁祈祷。当时的死刑设置在耶路撒冷城外,耶稣被带到一个叫做各各他(Golgotha)的乱岗子上,意思就是髑髅地(the place of skull)。犯人一般要自己扛着十字架走到那里,但耶稣因为遍体鳞伤无法独自完成这个路程,当局就找了一个叫西门的古利奈人替他扛十字架。后世的阐释常把耶稣扛着杀死自己的十字架走向刑场同《旧约》中亚伯拉罕让年幼的以撒背着用来烧死自己的木柴上山进行类比,更突现了耶稣是献牲羔羊的身份。第一次世界大战中不少诗人如萨松(Siegfried Sassoon)和欧文(Wilfred Owen)都曾把无辜的士兵们比作扛着十字架的耶稣。而"扛十字架"(carry the cross)也成为英语中常见的忍辱负重或承受艰辛的代名词。

我们已经说过,福音书的作者们没有详细记载耶稣被钉死的残忍细节,只是强调他对待周围人,包括钉死他的兵丁们的宽恕和原谅,他为他们祈祷,并接受了一个同他一起钉在十字架上的犯人表示的悔过。经文还强调了他死时出现的自然奇观以证明他的神性。他断气时天昏地暗,圣殿的帷幕从上至下撕裂,还有类似地震的地动山摇。这些都显示他不是一般人,在场的兵丁都吓坏了,当场认同了耶稣确如他所说是上帝的儿子。② 这样的反常自然现象让我们想到类似窦娥上法场时的六月雪,它大大增强了当时的悲剧气氛:连天都哭泣了,为窦娥的冤屈鸣不平。但耶稣死时的异象更多的效果不是悲壮,而是上帝向世人表示耶稣的不一般,以证明圣子的神奇身份。

耶稣断气之前喊出了:27:46"我的神,我的神!为什么离弃我?"(Mt 27:46"Eli, Eli, Lema sabachthani?")= ("My God, my God, why did you abandon me?")首先这句话被注意到是应了《旧约·诗篇》22章19—21的内容,那几句诗是这样的:22:19 耶

---

① 关于十字架的知识及象征含义,可见刘建军著"基督宗教十字架的象征"一文,载于梁工主编《圣经文学研究》,第二辑,人民文学出版社,2008/9,第248—258页。
② 这个情节只有"路加福音"记载了,见该福音书23:39—43。

和华啊,求你不要远离我;/我的救主啊,求你快来帮助我!/²⁰求你救我的灵魂脱离刀剑,/²¹救我的生命脱离犬类,/救我脱离狮子的口;你已经应允我,使我脱离野牛的角。(Ps 22:¹⁹ O Lord, don't stay away from me! /Come quickly to my rescue! /²⁰ Save me from the sword; /save my life from these dogs. /²¹ Rescue me from these lions; /I am helpless before these wild bulls.)但对它还是引起了很多争议,一种传统的宗教理解可以认为这只是耶稣最后宣布他要断气了,因为只有上帝完全撒手不管,他才会死。这样说延续了他一直宣传的他和上帝不一般的关系。假设他用告示式的文字向众人宣布:"现在上帝要让我死了",或者用命令口气说:"上帝啊,现在让我死吧"都不如用问句形式合适。但是问上帝为什么抛弃他难免使我们产生了耶稣在最后一分钟不愿死,而且心存哀怨的看法。这就是争论的来由。"路加福音"就记载了他在最后的晚餐之前有过对将要发生的灾难的恐惧和不情愿:22:⁴³有一位天使从天上显现,加添他的力量。⁴⁴耶稣极其伤痛,祷告更加恳切,汗珠如大血点,滴在地上。(Lk 22:⁴³ An angel from heaven appeared to him and strengthened him. ⁴⁴ In great anguish he prayed even more fervently; his sweat was like drops of blood falling to the ground.)因此他断气前对上帝的呼叫似乎还是表现了他心里的委屈。但另一方面,耶稣从设立圣餐开始到受审、判刑、拷打、扛十字架,到钉上十字架都表现得非常高尚、情愿做替罪羔羊,并预言了自己的复活升天。这样来看就无法把他最后对上帝的呼喊当作心中有怨气了。我们最好还是把这个行为看做是同耶稣死前尝了醋,死后士兵拿枪刺他肋部以验证他真死了的一种程式性言行,而"路加福音"记载的最后的呼叫则不同于马太和马可福音书,它变成了:23:⁴⁶耶稣大声喊着说:"父啊,我将我的灵魂交在你手里!"(Lk 23:⁴⁶ Jesus cried out in a loud voice, "Father! In your hands I place my spirit!")"约翰福音"就更简单,它写道:19:³⁰耶稣尝了那醋,就说:"成了!"便低下头,将灵魂交付神了。(Jn 19:³⁰ Jesus drank the cheap wine and said, "It is finished!" Then he bowed his head and died.)①福音书的不同当然可以是它们的资料来源有所不同,但也不排斥后来的"路加福音"和"约翰福音"由于肩负捍卫耶稣和基督教的任务,就对前面福音书中引起疑虑和争议的文字有意识地做了修正。

　　耶稣上十字架的绘画太多了,比如1635年鲁宾斯(Paul Rubens)的作品《钉死在十字架上》(*Crucifixion*)。音乐方面亨德尔(Handel)著有《弥赛亚》,海顿(Haydn)也有《我们的救世主在十字架上留下的最后七句话》②,巴赫(Bach)的作品《圣马太的耶

---

　　① 这段文字中的英文"cheap wine"在我引用的中文《圣经》中被译成了"醋"。在其他英文本里是"sour wine"。

　　② 这7句话按顺序是:(1)Lk 23:34, 43; (2) Jn 19:26, 27; (3) Mt 27:46; (4) Mk 15:34;(5)Jn 19:28; (6)Jn 19:30; (7) Lk 23:46。

稣受难》(St. Matthew Passion)等。由于福音书,特别是"约翰福音",突出了妇女对耶稣的忠诚,她们一直陪同在耶稣身旁见证了他的受难和献身,所以在西方这个议题的绘画里十字架旁边几乎总是站着一些女人。有的画展示了十字架上的耶稣一边站着一个女人,穿蓝色或白色衣袍的是圣母马利亚,而穿红色衣裙的就是抹大拉的马利亚。文学方面牵涉或利用这个主题的作品就更多,从 17 世纪就有多恩(John Donne)著的诗 *Good Friday*,赫伯特(George Herbert)的《赎罪》(*Redemption*),班扬(John Bunyan)的小说《天路历程》(*The Pilgrim's Progress*),19 世纪克丽斯蒂娜·罗塞蒂(Christina Rossetti)的诗作 *Good Friday Morning*,20 世纪叶芝(Yeats)的 *Calvary*,和乔伊斯(James Joyce)的小说《一个青年艺术家的画像》(*The Portrait of the Artist as a Young Man*)。

(4) 复活升天:由于下一天是犹太休息日(Sabbath),是个肃穆的日子,不允许做事,所以当局命令打断十字架上人的腿,把他们取下来,挪到别处。但耶稣已死,他们就没有打断他的腿。有一个士兵用枪刺他的肋旁,随即有血水流出来。① 这些据福音书说都印证了前面有过的经文预言。犹太人要赶在休息日之前埋葬耶稣,刚好有一个名叫约瑟的财主,他也信仰耶稣,把自己家的一座新坟献了出来。获彼拉多允许后,约瑟取了耶稣身体,用干净细麻布裹好,放进坟墓,又用大石头封住坟墓口。当时只有抹大拉的马利亚和另一个马利亚守在那里见证了埋葬耶稣。从十字架上取下耶稣也是绘画的热衷主题,不少油画都是圣母把死去的儿子搂在怀里,这种画的设计与不少描绘圣母怀抱圣婴的画形成派对。鲁宾斯、卡拉瓦乔和提香(Titian)等名画家都有这个议题的佳作。

关于内容,不同福音书有较大的区别。马太的版本是安息日将尽,七日的头一日,天快亮的时候,抹大拉的马利亚和另一个马利亚来看坟墓。由天降下的白衣天使告诉她们耶稣复活了,并嘱咐她们去通报使徒们到加利利去见耶稣。她们在去找使徒们的路上耶稣现身亲自同她们交谈。这段英文如下:

Mt 28:¹After the Sabbath, as Sunday morning was dawning, Mary Magdalene and the other Mary went to look at the tomb. ²Suddenly there was a violent earthquake; an angel of the Lord came down from heaven, rolled the stone away and sat on it. ³His appearance was like lightning, and his clothes were white as snow. ⁴The guards were so afraid that they trembled and became like dead men. ⁵The angel spoke to the women. "You must not be afraid," he said. "I know you are looking for Jesus, who was crucified. ⁶He is not here; he has been raised, just as he said. Come

---

① 这几处细节只有"约翰福音"有记载,见该福音书 19:31—35。

here and see the place where he was lying. ⁷Go quickly, now, and tell his disciples, 'He has been raised from death, and now he is going to Galilee ahead of you; there you will see him!' Remember what I have told you."⁸ So they left the tomb in a hurry, afraid and yet filled with joy, and ran to tell his disciples. ⁹Suddenly Jesus met them and said, "Peace be with you."They came up to him, took hold of his feet and worshipped him. ¹⁰ "Do not be afraid," Jesus said to them. "Go and tell my brothers to go to Galilee, and there they will see me."

"马可福音"16章说过了安息日三个女人,即抹大拉的马利亚,雅各母亲马利亚和撒罗米去耶稣坟上,带着香膏想膏抹耶稣身体,结果发现石头已被挪开。她们走进坟墓看见一个白衣少年坐在里面,这天使接着说的一番话同马太的天使说的类似。在随后的记载里马可的耶稣向抹大拉的马利亚现身后还从她身上驱赶掉七个鬼,以此神迹证明他的确就是耶稣。路加版本的妇女更多,并且没有具体名字,她们也是来膏抹耶稣身体的。发现石头被推开,她们就进了洞,看见坟里空空。正疑惑时,突然两个衣服闪亮的天使出现,告诉她们 24:⁶"他不在这里,已经复活了。当纪念他还在加利利的时候,怎样告诉你们,⁷说:'人子必须被交在罪人手里,钉在十字架上,第三日复活。'"⁸她们就想起耶稣的话来,⁹便从坟墓那里回去,把这一切的事告诉十一个使徒和其余的人。¹⁰那告诉使徒的,就是抹大拉的马利亚和约亚拿,並雅各的母亲马利亚,还有与她们在一处的妇女。(Lk 24:⁶"He is not here; he has been raised. Remember what he said to you while he was in Galilee:⁷ 'The Son of Man must be handed over to sinful men, be crucified, and three days later rise to life.'"⁸ Then the women remembered his words,⁹ returned from the tomb, and told all these things to the eleven disciples and all the rest. ¹⁰The women were Mary Magdalene, Joanna, and Mary the mother of James; they and the other women with them told these things to the apostles.)

路加的记载明显地强调了两点:(1)发现耶稣复活的不只是马太说的抹大拉的马利亚一个人,也不是马可说的三个人,而是以抹大拉的马利亚为核心的一群妇女。这种写法无疑加强了耶稣的群众性,不止是少数人在追随他。而且验证耶稣复活的人多了,这神奇之事的可信程度也大大增加。(2)路加的天使不像马太和马可的天使那样只是交代了耶稣复活的消息以及女人们和门徒们接下来该做的事。路加的天使用耶稣以前对自己牺牲和复活的预言提醒女人们,令她们顿悟,并且更容易接受这整个事件是上帝的安排,从而坚定了信念。在这些处理方面,路加明显地优于前两部福音书,但人工雕琢的痕迹也大于前面比较直接地来自口头流传或原始材料的福音书。约翰的叙述就更自由,如前所述他的目的是捍卫基督教,他的重点不在耶稣生平的如实记载,而在于推出耶稣是道成肉身这一形而上哲理。所以在他的福音书里,抹大拉的马利亚一人发现了空坟,然后就马上跑去找耶稣的门徒西门彼得和另一个耶稣所爱的门徒。那门徒率先跑回坟墓查看,彼得随后赶到,发现了丢下的裹尸布,两个门徒见证了耶稣复活之后离去,留下抹大拉的马利亚在坟墓外哭泣,然后天使向她显现,复活后的耶稣亲自现身安慰她,让她去传播耶稣复活的福音。看起来,约翰似乎要在耶稣复活的事情上强调使徒们的重要性,但是他又不能完全篡改史料上传说的抹大拉的马利亚的所作所为,所以他只好在门徒们进坟墓时不提通知他们此事的马利亚,然后忽然上不接下地另起一段说马利亚站在坟墓门外哭泣,好像两个门徒不让她一道进去,而且见证了基督复活后他们离去时都没有把这个喜讯告诉站在外面的女人,以至她一直哭泣,以为有人偷走了尸体。应该说这里的叙述脱节得厉害,前后无法接上,但有了互补的其他福音书,这种毛病也就不伤大雅了。

2. 耶稣故事的悲剧性探讨

俄尔巴赫在他的名著《模仿:西方文学中对现实的表现》一书中指出西方文学从荷马史诗到古希腊罗马戏剧遵循了严格的文类等级原则(the levels of style),即史诗写的是神和贵族头领和英雄的业绩,悲剧写有神介入的古代帝王将相的人生经历,而普通百姓则没有资格做文学中悲壮主题的主人翁,他们只能成为喜剧和闹剧中的角色。这种严格的等级原则到了18世纪现代小说兴起时开始有所改变,比如笛福小说中的鲁滨逊和理查逊小说中的帕美勒就是中产阶级、市民,甚至贫民出身的主人翁。直到19世纪巴尔扎克和司汤达等作家的伟大现实主义小说出现时,普通百姓的经历才真正成为悲壮主题的载体。但是,有趣的是,古老的《圣经》虽非史诗和悲剧这种高档文类,却在描述以色列的头人和贵族亚伯拉罕和他的后代的故事中,在他们世世代代的艰苦卓绝的奋斗中与荷马史诗一样体现了史诗和悲剧的壮美境界。[1] 而《新约》福音书比《旧约》又进了一步。通过记载贫民身份的耶稣因承载了拯救全人类的崇高使命而献出性命的故事,就打破了传统西方文学中的文类等级,普通人耶稣[2]受难的故事不仅升华到了产生壮美效果的悲剧高度,而且早早地就播撒了后世现实主义小说的种子。

然而,按照亚里士多德的悲剧理论,悲剧主人翁决不是完人,他自己的性格或错误部分地造成了他的悲惨下场。唯其如此,悲剧的受众才会感到切身的畏惧,因为我们也会犯类似的错误,或遭遇类似的经历。但是耶稣不同,他太完美了,他是圣者、神人,远远高于我们。我们对他和他的献身只有敬仰,而没有认同的那种体会,因此在耶稣受难上十字架算不算悲剧的看法上长期存在着争议。圣徒那种献身的、殉道的求死,

---

[1] 见俄尔巴赫著《模仿:西方文学中对现实的表现》,第22—23页。
[2] 在宗教意义上耶稣当然不是普通人,他是符合史诗和悲剧主人翁身份的神人,出身也高贵。但是从福音书记载的他诞生在普通百姓家,睡在马槽里,以及他的整个成长、传教和上十字架的现世经历都是下层的普通百姓的故事。所以他的遭遇从文学角度是普通人的遭遇。

一般引不起亚里士多德定义的悲剧效果：catharsis（敬畏和恐惧），而且基督教的救世宗旨同悲剧也是对立的，所以耶稣以献身为目的来人世走一遭被称为福音。事实是，哲学家、神学家和许多文学评论家都否认存在"基督教的悲剧"，强调基督徒的本质与悲剧格格不入。他们也否认"约伯记"的悲剧性，声称基督教超越了悲剧，没有任何文学作品可以既是基督教的又是悲剧的，福音书尤其如此。他们的依据是(1)悲剧同福音书相比显得十分微不足道，(2)不论是什么样的灾祸，福音都给人希望与出路。① 但是持不同意见者还是大有人在，比如罗杰·L·科克斯（Roger L. Cox）就提出基督耶稣是同俄狄浦斯一样的悲剧英雄，因为他的故事符合悲剧的特点，即严肃地讲述了一个主人翁遭遇的重大厄运，而他本人对这样的结果要部分地承担责任。② 弗洛伊德对悲剧曾经做过以下的分析：悲剧的英雄必须要反叛，要代表一个群体反对神权或人世的权威，而且要为他的"悲剧性的过错"（tragic guilt）受到相应的惩罚。悲剧中的合唱队代表悲剧主人翁的群众，围在他身边，专心地听他讲话，附和他，对他表示同情，提醒他，警告他，并为他最后遭到应有的惩罚而伤悼。弗洛伊德指出悲剧英雄之所以要受惩罚是因为他是原初之父（primal father）的代表，他重复着人类最原始的悲剧（the primordial tragedy），那就是他必须担起那"悲剧性的过错"来替犯了反叛权威罪的群众赎罪。实际上该受罚的是合唱队代表的群众，他们造成了英雄受责罚的悲剧，可他们却好像没有事的好人，在一旁表示同情，而悲剧英雄必须自己承担一切后果，为他的兄弟姊妹受难。这种英雄悲剧可以在狄奥尼索斯（Dionysos）的故事里看到，也可以从"耶稣受难文学"（the Passion Literature）中体现。③ 因此弗洛伊德毫无疑问是把耶稣受难的故事归为了悲剧。

  按照希腊悲剧的程式，悲剧英雄必须部分地为自己的下场负责，也就是说悲剧悲在主人翁固执地追求一个目标，而不顾违背神意或人间权威，比如俄狄浦斯不顾知情者阻止非要追查是谁给他的城邦和百姓带来了灾难，结果只能自己挖出双眼，流放自己；而安提戈涅不顾法律禁止，坚持埋葬自己因叛乱而被杀的哥哥，最后导致自己和未婚夫死亡。他们都是执意追求某种责任和完美而遭到了惩罚，表现了性格的固执，但他们勇于承担责任是令人钦佩的。他们可以说是为了美德而遭到惩罚，因此这样严酷

---

  ① 参看梅伊尔（John Maier）和托勒斯（Vincent Tollers）编《文学环境中的圣经：当代评论文集》（*The Bible in its Literary Milieu: Contemporary Essays*）中罗杰·L·科克斯（Roger L. Cox）著文"悲剧和福音叙事"，第299—300页。

  ② 同上书，第298页。原文是："Tragedy is a 'literary work, predominantly somber in tone, in which the main character encounters some significant misfortune for which he himself is partly, though not wholly, responsible.'"

  ③ 同上书，第301页。因为原文有两段，很长，笔者没有直接引弗洛伊德的话，只是介绍性地转述了他的意见。

的惩罚让我们觉得不公正。观众的敬畏和恐惧也正是这种"必要执行的不公正"（necessary injustice）造成的，他们的这种反应就是亚里士多德说的情感上的升华（catharsis），或换一种说法叫情感上的超越（transcendence）。用这样的标准来察看耶稣受难，这个故事的悲剧性是相当明显的。首先，被钉死在十字架上应该说是主人翁的巨大厄运，而且"福音书"描写他像凡人一样不十分情愿死，还害怕。我们读到耶稣最后被捕前的一次祈祷：22：⁴²"父啊，你若愿意，就把这杯撤去，然而，不要成就我的意思，只要成就你的意思。"（Lk 22：⁴² "Father," he said, "if you will, take this cup of suffering away from me. Not my will, however, but your will be done."）英文中不只是"杯"，是"受难的杯"，此时耶稣请求的是上帝改变让他死的安排。他有了动摇，所以马上就有一个天使显现来强化他的信心，但耶稣还是很痛苦，对即将到来的苦难和死亡表现了畏惧。请看《路加福音》22：⁴³有一位天使从天上显现，加添他的力量。⁴⁴耶稣极其伤痛，祷告更加恳切，汗珠如大血点，滴在地上。① 这段经文起码从下面三个方面显示出耶稣受难故事的悲剧因素：(1) 尽管耶稣受难是殉道，是自愿的，但是福音书强调了他是为人类受过的羔羊。正如弗洛伊德论悲剧所说的，他用自己的死为那些跟随他的群众赎了罪；(2) 早在《旧约》人类犯罪被贬之初，上帝之子就主动表示愿意自我牺牲为人类赎罪。耶稣因此同俄狄浦斯和安提戈涅一样要部分地为自己的悲惨下场负责，但不是全部，因为他的死也是上帝的全盘计划的一部分，可以称作命定的，必然的；(3) 而他的美德换来了"必须执行的不公正"，这种不公正的惩罚同样唤起了我们对命运不可理喻的恐惧和对无罪羔羊的怜悯这种希腊悲剧带来的 catharsis 效果。

不过，耶稣之死与一般悲剧的不同仍旧存在，首先耶稣没有任何错误，哪怕是性格的固执。其次，他死后复活了，因此钉在十字架上的耶稣在后人看来不是个失败者，而是胜利了。对此我们该怎样看呢？认为不是悲剧的意见指出，既然复活、升天就无悲剧可言了；相反的看法则指出所有的悲剧都必须有升华（或超越，即 transcendence），"没有（对现世的）超越就不是悲剧。"②也就是说，没有复活/超越，上十字架受难就完全失去了意义，也没有记载下来的必要。这样推理就可以得出相反的结论，即没有后来复活的神迹，耶稣惨死的事件本身根本就不够悲剧的水准。争论虽各有理由，然而无可争议的是，基督教宣传的耶稣精神和悲剧两者都源自"不该承受却必须承受的苦难"（unmerited but necessary suffering），也就是悲剧所需要的"必须执行的不公正"。

---

① 这里引文的英文在前面讨论耶稣上十字架时已经给过了。在"马太福音"里相应的段落是 26：39，没有后面关于他痛苦和汗流如雨的描写；在"马可福音"里是 14：36，也没有"路加福音"对耶稣人情化的描写。

② 见《文学环境中的圣经：当代评论文集》中罗杰·L·科克斯著"悲剧与福音叙事"，第 311－312 页。该引文的原文是："There is no tragedy without transcendence."此话是科克斯从卡尔·耶斯珀斯（Karl Jaspers）的评论《悲剧是不够的》（"Tragedy Is Not Enough"）引来的。

综上所述，在这个问题上我们也许不追求定论为好，而是认识到基督教福音和悲剧的两面关系。一方面，钉死在十字架上的耶稣是人世间失败的象征，死得很惨。但是由于他自己知道要失败，还努力实现这样的失败，并拥抱它，他的死就谈不上悲剧了。耶稣完全同意并把自己交给了这样的下场之后，他也就从悲惨中解放了自己。另一方面，人类犯罪和耶稣用自己的血和肉换取人类被宽恕在整体上是悲剧性的。这一悲剧过程是通过福音书叙事来记载和传播的。因此基督教信仰者即便从宗教意义上认为基督教超越了悲剧，也应该承认福音书作为文学叙事还是成功地讲述了耶稣上十字架的悲剧，他的复活和升天的胜利并不能抹掉他自愿为一个更高目标而承受"必须执行的不公正"的悲惨。

3. 耶稣遇难的象征内涵和深远意义

耶稣遇难的总体象征意义在前面的分析中已经提到了，那就是《新约》的作者首先把耶稣之死与以色列人脱离苦难联系起来，称他为以色列人期盼已久的弥赛亚，进而再把他描绘成为"上帝的羔羊"，为了拯救人类而献出了性命。与这样的教义相连，耶稣之死就被安排在逾越节，而钉在十字架上的耶稣也就明显地喻指了被宰杀的羊羔，因为逾越节起始于以色列人把杀死的羊羔血涂在门楣上，来避免上帝打杀邪恶埃及人的孩子时以色列孩子们被误杀。

耶稣遇难故事里彼得不认主的情节也很重要。彼得的胆小和懦怯说明人天生的软弱，但他并非无羞耻心。事后他失声痛哭，说明人可以改过更新。而耶稣明知他会不认自己，却能理解，并容许他回头，这就体现了《新约》和基督教不同于《旧约》和犹太教而主张宽容的核心思想。基督教兴起的初期环境相当恶劣，大多数民众不理解，甚至敌视耶稣和他的门徒。所以，对彼得的表现必须放在当时的历史环境中去判断。福音书特别强调了耶稣受难时似乎"众叛亲离"的孤独处境，自然是为了突出基督教初起时的艰难，以及代表真神的耶稣为上帝事业献身时的形象。但与此同时，通过彼得的背叛和事后耶稣的宽容，《新约》经文从一开始就不忘其招募广大民众的宗旨。虽然基督教拯救世界的教义已经决定了它必须包容所有人，但只有不计前嫌，允许民众改正后投靠，基督教才得以发展壮大成为世界上最有势力和影响的宗教之一。

所有的福音书都强调面对污蔑、伪证和暴力、酷刑，耶稣没有为自己做任何辩护，他平静地接受了死刑判决。这种刻画无疑要突出耶稣那代罪羔羊的形象，而且他知道他的所作所为都是在完成圣父既定的安排，在应验经文上的话。所以，他很平静，没有愤怒，更没有反抗。然而，耶稣这种采用被动抵抗的方式，坦然而平静地对待暴力和不公的不怕牺牲的基督精神，对后世的社会和政治运动也有潜移默化的影响。比如19

世纪在基督教意识形态占主导地位的美国就出现了梭罗提倡的非暴力抵抗。① 而后，他的这种主张被印度民族独立运动的领袖甘地接过去，发展成一种非暴力反抗形式。甘地本人也成为带有浓重基督献身精神的民族英雄，一个坚持自己主张，毫不退让，却选择忍受迫害来唤醒民众的公众领袖。

耶稣上十字架时与贫民犯人一道，与强盗同罪同罚。这种设计说明了耶稣的贫民性，他死时的低下身份符合耶稣的普世性，与卑微是基督教的美德也一致。文本中这种反英雄化处理在耶稣进入耶路撒冷时就先有伏笔。耶稣进入耶路撒冷，步入他短短人生的最后艰难历程时骑了一头驴，而不是高头大马。按说，耶稣是上帝之子，身份无限高贵，应该骑马进城，神神气气。但他却选择了骑驴，这很说明问题。大家都知道驴是低下的牲畜，最能吃苦耐劳。通过选择坐骑，耶稣进一步向世人表明了他是普通百姓的一员，他来到世上的任务艰辛，他要给世人做牛马，而不是高高在上。

在耶稣受难的故事里，最主要的象征物有两个，一个是用来接过他的血的杯子，还有一个就是十字架。在最后的晚餐上耶稣用过的杯子后来被用来盛了他钉在十字架上流的血。因此，这只杯子就被称做圣杯（The Holy Grail），引出许多传奇故事，比如亚瑟王的圆桌骑士寻找圣杯的故事等。名著中采用圣杯故事也屡见不鲜，如艾略特在诗歌《荒原》里，就设计了解除荒原诅咒的唯一办法就是由一个外来的清纯勇士去寻找圣杯，当他最后到达 Chapel Perilous 后，他必须就杯与矛（cup and lance）提出问题。如果提的问题正确，也就是关于男女结合的问题，荒原就会恢复生机。这里的杯和矛有明显的女人和男人的性隐喻，因此与生育、繁衍联系在一起。在基督教的教会仪式里也因圣杯盛过基督耶稣的血而衍生出了领圣餐的仪式，即信徒从神父手里领取一片饼干为耶稣肉身象征，饮一口红酒为耶稣鲜血的象征，以示与基督耶稣共患难，同心同德。

十字架在耶稣受难故事中最关键，它因此也有了多重寓意。(1) 十字架是罗马帝国惩罚和行刑中采用的最严酷的方式，是处死耶稣的刑具，因此成为基督教信仰的象征物被信徒们配挂在胸前，代表耶稣之死已为人类赢得了上帝的原谅与宽恕。(2) 由于耶稣之死挽救了人类，在中世纪艺术中用新鲜树枝和叶子编织的十字架还代表生命之树。(3) 在耶稣遇难的时代，犯人一般要自己扛着十字架走到行刑的地点，因此后世的阐释常把耶稣扛着杀死自己的工具十字架走向刑场②同《旧约》中亚伯拉罕让年幼的以撒背着用来烧死自己的木柴上山进行类比，更突显了耶稣是献牲羔羊的身

---

① 梭罗（Henry David Thoreau）因拒付他认为不合理的人头税被地方司法机构拘禁了一夜，之后他发表了著名的文章《论公民的不服从》（"Civil Disobedience", 1849），阐述自己非暴力反抗的主张，成为后来这类运动的发端。

② 但耶稣因为遍体鳞伤无法独自完成这个路程，当局就找了一个叫西门的古利奈人替他扛十字架。

份。"扛/背十字架"也因此成为英语里的一个广为接受的比喻,成为忍辱负重或承受艰辛的代名词。第一次世界大战中不少诗人如萨松和欧文都曾把无辜的士兵们比作扛着十字架的耶稣。(4)耶稣被钉在十字架上即将咽气时,士兵们嘲笑他自称为上帝的儿子,要他用神迹救自己,但却没有这样一个神迹显现。就此,有评论指出可以把十字架看成没有神迹或反神迹的标志。尽管被嘲笑,尽管有能力施神迹,但耶稣严格按照圣父意图承受了十字架死刑而不诉诸神迹。马可福音特别强调这一点,是要通过耶稣拒显神迹来说明真正的信仰不依靠神迹左右。十字架是耶稣的标志(sign),一个耶稣无能自救的标志。因此,它也成为基督教信徒们的一个警示,警告了那些单纯寻求显圣迹象来决定信仰的人们。真正的信仰者要接受耶稣这个神人会被钉死在十字架上的事实却不怀疑他的神性。①

结 语

福音书里的耶稣遇难描写得非常生动、细致,表现出已经生为凡人的神子面临被捕和酷刑时的忧伤和害怕,他甚至在祷告中希望上帝改变计划。这种对耶稣去神化的人性描写是《圣经》叙事中现实主义文学特征的体现。而门徒们浑浑噩噩,大难临头照样睡觉,一点不理解耶稣的话的种种描述则代表了最普遍的人神关系状态,即只要跟着走,不明白也行。然而,门徒们的这种表现也是早期基督教众的现实,它更加突显了耶稣的孤军奋战以及他用死和复活来教育基督教教众的一片苦心。

故事二十七 伯大尼女人膏浇耶稣

《新约》经文
"马可福音"14:3—9

14 ……。

珍贵的香膏

3 耶稣在<u>伯大尼</u>长大麻风的<u>西门</u>家里坐席的时候,有一个女人拿着一玉瓶至贵的真哪哒香膏来,打破玉瓶,把膏浇在耶稣的头上。⁴有几个人心中很不喜悦,说:"何用这样枉费香膏呢?⁵这香膏可以卖三十多两银子周济穷人。"他们就向那女人生气。⁶耶稣说:"由她吧!为什么难为她呢?她在我身上作的是一件美事。⁷因为常有穷人和你们同在,要向他们行善,随时都可以;只是你们不常有

---

① 见迪亚斯和修斯著《西方文化中的〈圣经〉》"A—Z人名、地名和术语"部分"Cross"的解释,第234页。

我。⁸她所作的,是尽她所能的,她是为我安葬的事,把香膏预先浇在我身上。⁹我实在告诉你们:普天之下,无论在什么地方传这福音,也要述说这女人所作的以为纪念。"

预习问题

故事内容问答题:
1. 一天耶稣在哪里坐席?
2. 席间发生了什么事情?
3. 一些在座的人为什么生气?
4. 耶稣生气吗?他说了什么?

深入思考题:
1. 在犹太传统中用香膏涂抹某人或浇在某人头上是什么意思?试举例说明。
2. 那些不高兴的人是什么样的人?他们遵从的是什么教导?
3. 耶稣接受那女人的香膏是遵从了什么犹太习俗?
4. 耶稣为什么给这女人的行为如此高的评价?

故事阐释

分析要点:
1. 泼膏事件详解
  (A Detailed Reading of the Annointing Story)
2. "伯大尼女人膏泼耶稣"在《新约》叙事中的内在关联
  (A Study of the Unity-in-Allusion Strategy in the Story)

阐释解读:
1. 泼膏事件详解①

伯大尼女人给耶稣泼膏不是神迹,也不是寓言比喻,它是福音书记载耶稣生前发生过的事情,是耶稣遇难前的一个小小的"事件",但却得到耶稣的重视,他说这个女人的作为会永远被纪念。耶稣给出了这么评价该事件的理由,他说:14:"⁸她所作的,是尽她所能的,她是为我安葬的事,把香膏预先浇在我身上。"(Mk 14:"⁸ She did what she could; she poured perfume on my body to prepare it ahead of time for burial.")从安葬之前要给死人涂膏的犹太习俗入手,格兰特对伯大尼女人给耶稣泼膏的事件做了较深入的解析。首先他指出"马可福音"整个致力宣传的思想是信与不信不能依赖

---

① 这个故事的细读内容主要来自格兰特著《读〈新约〉》,第14—17页。

神迹,神迹只是不具备决定意义的现象而已。耶稣不断被世人和敌人要求用神迹来证实他的身份,但都遭到他的拒绝。比如魔鬼就挑战他,叫他把石头变成食物,又要他从圣殿顶上跳下去,受到耶稣申斥("马太福音"4:1—11);又有法利赛人让他显一个来自上天的迹象,耶稣却正告他们:8:¹² "这世代为什么求神迹呢?我实在告诉你们,没有神迹给这世代看。"①(Mk 8:¹² "Why do the people of this day ask for a miracle? No, I tell you! No such proof will be given to these people!")他还有不少训导都是警告人们不要上那些用神迹(miraculous signs)来欺骗他们的假弥赛亚和先知的当,指出法利赛人最爱天真地相信神迹,这是错误的。格兰特分析说迹象/符号(signs)是人类话语中(discourse)的一个基本组成部分,但是它们是变化的、不稳定也不肯定的。马可的耶稣比其他三部福音书对耶稣的门徒更不客气,指出他们依赖神迹,不能听懂耶稣的话,达不到耶稣期望的那种真正的信仰。

耶稣所坚持的不靠显神迹来招募信徒,实际也成为基督教与邪教的根本区别。然而,耶稣又置身于一个怪圈之中,他虽然不肯靠神迹来建树身份,但又不得不因仁慈和救助世人的使命所致,而不断施神力来起死扶伤。每次显神迹之后,他总叮嘱门徒们保密,有评论称这种秘密为"弥赛亚秘密"(messianic secret)。② 彼得在第8章29节发现他就是基督时,耶稣马上告诫他不要告诉别人。但实际上是无法保密的,魔鬼一眼就识别了他("马可福音"1:34),还有不少普通人,那些被他神迹治好或救助过的人,甚至还有一些有灵性的,没有直接接触过他的人似乎也认出了他不一般。伯大尼的女人就属于这后一类,按照"马可福音"她不认识耶稣,这一行为很奇特,耶稣对她泼膏的解读也很奇特。

伯大尼的女人来到之前,耶稣在13章里预言圣殿将被毁,子民要受难,但最终必会得救。由于他不便直言,他的话对那些门徒来说就像天书,他们并没有听懂。不久就是最后的晚餐,耶稣已经准备上十字架了。此时发生了伯大尼的女人把一瓶香膏浇在耶稣头上的事件,当场使徒们就全都生了气。因为平日耶稣教导他们要节俭,他们都认为不该把如此珍贵的香油浪费掉,于是纷纷责备这个女人。然而他们只知其一,却不知其二。耶稣止住他们,告诉他们这女人膏他是提前为他送葬,不是无缘无故。这里格兰特引用了杰利米阿斯对这个事情的阐释,杰利米阿斯③介绍了犹太教对爱的训导,爱有两种表示,一是用礼物示爱,或称"爱的礼物"(gifts of love),另一种是用行

---

① 这里的 generation 翻译为"世代",实际是"这一代人","今天的人"。
② 见瑞德(William Wrede)著《弥赛亚秘密》(*The Messianic Secret*. tran. J. C. G. Greig. London:James Clarke,1971)。
③ 杰利米阿斯(J. Jeremias)著有《新约神学》(*New Testament Theology:The Proclamation of Jesus*. tran. John Bowden. London:SCM Press,1971)。格兰特引用了他对礼物的分类来分析伯大尼女人的作为。见格兰特著《读〈新约〉》,第14—15页。

动示爱,或称"爱的行动"(work of love)。这个女人用珍贵的香膏浇耶稣,首先是用礼物表示她对圣子的爱。那么,门徒们可以评论她的礼物是否太贵,是否浪费。但是耶稣把她的行为解释成爱的行动,为了爱而做的工作,是提前给他的尸体膏油。膏油是犹太人安葬亲人前必须做的事,这样就不能用香膏是不是贵来衡量这件事,因为她是在执行一个责任,完成一个表示爱心的仪礼。

耶稣这样说是由于他知道他被从十字架上取下来后,不会有举行正常葬礼的可能。但是接下来的问题就是伯大尼的女人难道也预见到他会遇难,知道他死后不会有葬礼吗?答案应该是不大可能。她可能听到不少耶稣的作为,感觉到这个人不平凡,是以色列盼望已久的救星,一个弥赛亚一样的领袖。所以她采用了撒母耳膏封扫罗和大卫为以色列帝王的礼仪来膏封耶稣,表示她尊耶稣为王的敬意。然而,进一步细读这个故事,我们会发现事情没有这么简单。经文说那女人打破玉瓶,把膏浇在耶稣的头上。格兰特指出,在犹太习俗中,葬礼上泼完香油后必须把容器摔碎。如果是按封王仪式做,那女人不必打碎瓶子。那么,这个女人的确是在预示耶稣不久要死吗?她是谁?怎么会有这种先知先觉?我们无法解答,因此这件事充满悬念,给耶稣上十字架增添了神秘感。

然而,其他几部福音却不一样。"路加福音"没有记载这件事。"马太福音"没有打碎瓶子的话,它只有 26:⁷ 有一个女人拿着一玉瓶极贵的香膏来,趁耶稣坐席的时候,浇在他的头上。(Mt 26:⁷ While Jesus was eating, a woman came to him with an alabaster jar filled with an expensive perfume, which she poured on his head.) 而"约翰福音"把这件事情完全改头换面,说这个女人是马大的妹妹马利亚:12:³ 马利亚就拿着一斤极贵的真哪哒香膏抹耶稣的脚,又用头发去擦。(Jn 12:³ Then Mary took half a litre of a very expensive perfume made of pure nard, poured it on Jesus'feet, and wiped them with her hair.) 当门徒批评马利亚浪费时,12:⁷ 耶稣说:"由她吧!她是为我安葬之日存留的。"(Jn 12:⁷ But Jesus said, "Leave her alone! Let her keep what she has for the day of my burial.")格兰特的细读虽然显示了文化和习俗资料进入阐释后的丰富可能,但与其他福音书的写法相比较之后,他的解读就失去了意义。首先马太和约翰两部福音都没有打碎油瓶的细节,格兰特从马可福音里挖掘的伯大尼女人神奇的先知先觉可能性在这两部福音书里就都不存在了。而约翰的福音让耶稣熟人马利亚来抹膏,还是抹在脚上,这也就取消了马可的伯大尼女人为耶稣封王而涂膏的可能。还不仅于此,之后耶稣为马利亚用昂贵的香膏为他抹脚辩护说"由她吧!"就像个溺爱妻子或女儿的男人。这样来写,即耶稣明着说马利亚的珍贵香膏就是特为他死后安葬准备的,那么抹香膏这件事就没有伯大尼女人带来的神秘和悬念了,倒好像耶稣自己的家里人或好友,一直听他说他要死了,现在感到这一刻越来越近,就把早已准备给他送葬的膏油拿出来给他抹身体。按照人们通常理解"约翰福音"的宗旨,作者这样处理肯定是为了更明确地表现耶稣受到百姓的热爱,将死之前,以马利亚为代表的爱他的民众十分悲伤。但是这样把无名女人具体到一个熟悉的女人反倒适得其反,因为这样的处理减低了围绕耶稣遇难的整个形而上的神秘性,似乎是个凡人死前家人无奈又悲痛地送行,而且还让读者感觉耶稣的支持者很少,就是几个门徒和马利亚姐妹。约翰低估了一个无名女人代表群众敬爱耶稣的广度,还毁掉了膏泼耶稣这件事情的多元解读可能,最终结果是不利于塑造耶稣的神子形象。

2. "伯大尼女人膏泼耶稣"在《新约》叙事中的内在关联

前面我们多次提到罗伯特·艾尔特在他的著作《圣经的叙事艺术》一书中从貌似杂乱无章的《圣经》各章节之间找到了叙述上内在的联系和文字及内容上前后的呼应;他还证明《圣经》看上去充满了毫无目的的重复叙述和杂乱的各种文类,而事实上却存在着内在的关联。通过上下文伏笔,或对比和呼应结构,《圣经》叙述形成了一个整体。艾尔特把《圣经》叙事中借助潜在的前后呼应因素做提示所取得的叙述上的相关性称作"提示性的统一"或译作"在提示性隐喻中取得的统一"(Unity in Allusion),并由此得出了《圣经》叙述在思想性和艺术性上都形成了有机整体的结论。①

艾尔特的理论在"伯大尼女人膏泼耶稣"这个故事里也得到了印证。在这件事之后,耶稣同门徒们一起吃了逾越节饭,叫做最后的晚餐。席间,耶稣预言一个门徒要出卖他,这个人就是犹大。"马可福音"这样写的:14:[10]十二门徒之中,有一个加略人犹大[②]去见祭司长,要把耶稣交给他们。[11]他们听见就欢喜,又应许给他银子,他就寻思如何得便,把耶稣交给他们。(Mk 14:[10] Then Judas Iscariot, one of the twelve disciples, went off to the chief priests in order to betray Jesus to them. [11] They were pleased to hear what he had to say, and promised to give him money. So Judas started looking for a good chance to hand Jesus to them.)这里说了给银子,但没说给多少。在"马太福音"中,就有了银子的具体数目:26:[14]当下,十二门徒里有一个称为加略人犹大的,去见祭司长,[15]说:"我把他交给你们,你们愿意给我多少钱?"他们就给了他三十块钱。(Mt 26:[14] Then one of the twelve disciples—the one named Judas Iscariot—went to the chief priests[15] and asked, "What will you give me if I betray Jesus to you?" They counted out thirty silver coins and gave them to him.)"马太福音"还交代了耶稣定罪后犹大后悔了,要去退掉三十块钱,祭司们不收,他把钱丢在殿里就回家吊死了。谁都不敢拿那钱,因为是出卖耶稣的血价。最后用它买了一块田来埋葬死于非命的人,叫做"血田"。格兰特从"马太福音"提到三十块钱同"马可福音"里

---

① 艾尔特的详细理论可见他的专著《圣经的叙事艺术》和他为他与柯莫德合编的《圣经的文学导读》撰写的《旧约》部分"前言",第13—14页。本教程的第二部分"教辅资料"第一章第三节也有简单介绍。

② "加略人犹大"的英文是 Judas Iscariot。

伯大尼女人的香膏价三十元做了联想，印证了艾尔特关于《圣经》叙事存在的关联现象。伯大尼女人用三十块钱的香膏预先为耶稣送葬，接着就有犹大为三十块钱出卖耶稣上十字架，然后又有人用这三十块血钱买了一块血地。这样的对仗和前后呼应结构不能不引起我们的注意，它的确说明《圣经》的作者（们）在写经书时有文学创作意识，使文本里似乎单独存在却并无关系的事件有了互相指涉的联系，同时加强了伯大尼女人膏泼耶稣事件的前瞻性。

结　语

不论是耶稣生平故事还是神迹和寓言都存在四个不同作者因目的和强调重心有别而做出的不同选取。结果造成基督教教会在教堂中更倾向引用"马太福音"；知识精英们可能更能接受带有形而上哲学因素的"约翰福音"；而从文学角度入手来解读福音书，比较它们叙事上的呼应和内在的关联，还有人物塑造等便成为主要讨论的内容。本教程的编写者认为马可和马太记载的"伯大尼女人膏泼耶稣"的故事较好地显示了福音书的文学特点，提供了一定的文学阐释余地，而"约翰福音书"把这则故事完全改头换面，结果并不太有利塑造耶稣的形象。

单元五读后思考题/写作题（Essay Questions）：

1. 试谈四部福音书的不同目的和各自特点。
2. 你了解的圣诞节意义和目前西方圣诞节现状。
3. 试用西方的悲剧理论讨论耶稣和耶稣遇难。
4. 简介耶稣诞生、上十字架和复活的宗教意义。
5. 举例说明耶稣诞生、上十字架和复活对西方文学和艺术中的深刻影响。

单元六 《新约》:神迹、寓言和寓言比喻

篇头:《新约》的神迹、寓言和寓言比喻介绍[①]

神迹(Miracles):

神迹指奇特的事件,一般被认为直接或间接地由神或神的使者造成,它是有史以来一切文化里的文学和宗教不可缺的成分。神迹的意义往往不在它自身,而在它要说明或显示什么,在它的意图。神迹,尤其《圣经》里的神迹,不能用自然法则去衡量,因为信仰者已经先入为主地相信这个世界是上帝制造的,上帝必然在不断参与和干预人世间的事务,而神迹就是上帝表明态度或左右事态的重要方式。

在《希伯来圣经》,即《旧约》中存在下列几种神迹:(1)肯定性表态神迹(Confirmatory Miracles),通过这类神迹上帝表示他选择了谁,支持谁,比如他多次向亚伯拉罕、雅各和摩西显现,指点他们该如何行动;(2)审判性神迹(Judgmental Miracle),典型例子是上帝降给埃及人的那些灾难;(3)拯救或超度某个信徒的神迹(Miracle of Divine Deliverance of Individuals),比如上帝施法,使但以理和他的朋友们免遭炉火焚烧,不挨饿,不被饿狮吞噬。所有的神迹都旨在显示上帝的意图,奖励和保护他的子民,并惩诫那些以色列的敌人。

在《新约》里,情况有了变化。神迹大多用来帮助宣传和理解耶稣是什么人以及他来到这个世上的使命。不论是耶稣医治不治之症,起死回生,还是用五个饼两条鱼喂饱了五千人,都是证明他的神子身份。在"约翰福音"里神迹的象征层面含义也得到进一步展示。

另外福音书里的神迹都是耶稣演示的,它们与信不信耶稣和基督教紧密相连,因此不能简单地斥之为迷信。随着科学的发展,基督教国家的近代和现代人都采取把《新约》整体当作既成事实,只谈一种唯心主义信仰而不纠缠其中神迹的真实性。因此,考据神迹也不是这部教程的内容。

[①] 关于神迹和寓言的解释,请参看布鲁斯·M·美茨格和迈克尔·D·库根编《牛津圣经词典》,第519—520页,第567—570页。

寓言和寓言比喻（Story Parables and Allegory）①：②

《圣经·新约》中有许多 Parables，它们是一种图像式的比喻性语言，用来与相似的现实形成类比。在《希伯来圣经》里这个字可以指箴言（proverb，见"以西结书"18：2—3），谜语（riddle，见"以西结书"17：2—10），或寓言比喻（allegory，见"以西结书"24：2—5），而更多的情况是有一定长度和情节的寓言故事（story parables，见"撒母耳下"12：1—4）。因此在《新约》里，Parables 沿袭了《旧约》的多样性，除了包括上述那些形式，甚至还有警句、格言（aphorism，见"马可福音"9：5），暗喻（metaphor，见"马可福音"7：14—17）和类比（similitude，见"马可福音"4：30—32）。不少人试图把《新约》里的寓言分类，但一直不成功，比如按其主题分成神学、文学等。

耶稣的寓言比喻和寓言故事使用的都是日常生活素材，因此有很浓厚的巴勒斯坦地方色彩。他这样做的目的很明确是为了让听众更容易接受他的教导，而在今天读时就让人感觉更真切。虽然寓言/比喻故事的素材都取自日常生活，但故事并非都讲每天发生的正常事情，而是常有夸大和出人意料的内容。然而需要注意的是，尽管夸张，耶稣所有的寓言比喻都限制在可信度之内，没有类似老虎说话这种童话色彩。

故事二十八　好心的撒玛利亚人③

《新约》经文

"路加福音"10：25—37

10 ……

好撒玛利亚人

25 有一个律法师起来试探耶稣说："夫子，我该作什么才可以承受永生？"26 耶稣对他说："律法上写的是什么？你念的是怎样呢？"27 他回答说："你要尽心、尽性、尽力、尽意爱主你的神；④又要爱邻舍如同你自己。"⑤28 耶稣说："你这样行，就必得永生。"29 那人要显明自己有理，就对耶稣说："谁是我的邻舍呢？"30 耶稣回答说："有一个人从耶路撒冷下耶利哥去，落在强盗手中。他们剥去他的衣裳，把他打个半死，就丢下他走了。31 偶然有一个祭司从这条路下来，看见他，就从那边过去了。32 又

---

① 也有人把 parables 译为"比喻故事"，仍应该是寓言的一种。因不好翻译，最好就用原来的英文，算做《新约》里的一个特殊文学形式。

② 这里的"寓言比喻"指《圣经·新约》里特有的那些比喻或比喻式的故事，一般出自耶稣和他的门徒之口，很难找到一个独特的中文表达方式，就使用了"寓言比喻"这个合成的词。

③ 这个故事若按照准确的《新约》意思应该译成"好撒玛利亚人"，指的是耶稣提倡的好与坏的是非界限，而非简单的好心或坏心。但因在笔者的《〈圣经〉的文学阐释》一书中已经这样用了，而且念起来比较顺畅，就决定不更改了。

④ 这段律法引文前一半可见《旧约》"申命记"6：5。

⑤ 后面一半律法引文可参考《旧约》"利未记"19：18。

单元六 《新约》：神迹、寓言和寓言比喻

有一个利未人来到这地方，看见他，也照样从那边过去了。³³惟有一个撒玛利亚人行路来到那里，看见他，就动了慈心。³⁴上前用油和酒倒在他的伤处，包裹好了，扶他骑上自己的牲口，带到店里去照应他。³⁵第二天，拿出二钱银子来交给店主说：'你且照应他，此外所费用的，我回来必还你。'³⁶你想，这三个人哪一个是落在强盗手中的邻居呢？"³⁷他说："是怜悯他的。"耶稣说："你去照样行吧！"

故事内容问答题：

1. 耶稣在什么样的场合中讲了"好心的撒玛利亚人"的故事？
2. 从耶路撒冷下耶利哥去的人是哪个民族的人？
3. 强盗们对他做了什么？
4. 他躺在路边时，谁走了过来？这来人如何表现？
5. 第二个走过去的是什么人？
6. 路过的撒玛利亚人见了他之后做了哪些事？
7. 耶稣问哪一个人可以被当作邻居，那位律法师如何回答？

深入思考题：

1. 耶稣选择一个外邦人帮助犹太人的故事用意何在？
2. 犹太祭司和利未人对同胞见死不救说明了什么问题？
3. 试从撒玛利亚人的故事推断耶稣的"邻人"标准。
4. 从"天国的"意义（the heavenly）上来解读这则寓言，我们可以读出什么？

故事 阐释^①

分析要点：

1. 《新约》的叙事策略及阐释的特点

    (The Strategies and Features of the New Testament)

2. 《新约》里的"道德说教性寓言"介绍

    (An Introduction to the Moral Parables in the New Testament)

3. "好心的撒玛利亚人"故事阐释

    (A Reading of the Story of the Good Samaritan)

---

① 这个故事的阐释主要参考了哥特森特著《〈圣经〉：文学的研究》，见该书第十三章（"The Good Samaritan: A Question of Ethics"），第91—95页。

阐释解读：

1. 《新约》的叙事策略及阐释的特点

《新约》和《旧约》在叙事语言上有很大的不同，这主要和它们的内容有关。《旧约》是古代希伯来历史和宗教史，主要是历史叙事，其中有许多相当于短篇小说的故事，也有各种诗歌，如民歌、战歌和抒情诗。《新约》主要是福音书和使徒的书信，还有使徒活动记载，传教色彩更浓些。所以，一般在讨论《圣经》的文学性、叙事特点，并进行解析时，西方学者大多偏重《旧约》。《新约》作为文学阐释的对象主要讨论的是它的"道德说教性寓言"又称"比喻"或"寓言故事"（parables），因为耶稣传教时讲了许多寓言比喻，通过它们来揭示基督教教义和预示未来。所以我们在这里也就选用了两则最有名的寓言比喻故事来阐释。

然而，《新约》的叙事策略不同于《旧约》还有更深层的原因，那就是对语言看法的改变。前面讨论创世记神话时提到，在希伯来传统里语言和东西是一个字（davar）。《希伯来圣经》里的上帝是无形的，他像一阵风运行在水面上（Gen 1∶2）。而且他主要是用语言创造了世界，后又用语言同亚伯拉罕和雅各立约。因此，在希伯来传统里经文，即上帝的话，就等于上帝。古代的犹太教法学博士们（拉比们）持有阐释经文的权力，可以根据当时的需要和各人的理解任意解读经文。《希伯来圣经》，即后来的《旧约》，由于简约和含蓄的叙事文体，也提供了多样阐释的可能。

《新约》就不一样了，它是基督教出现后的经文，受到了希腊哲学和认知传统的影响。在希腊文里语言（word）这个字 onoma 不代表物，对希腊人来讲"语言"相对"存在"是第二位的，①它永远努力表现真理却不代表真理本身。在这种本体论的思想影响下就出现了耶稣，一个道成肉身的存在，而《新约》的教导主要体现在耶稣的言行和榜样上。有了实体可依靠，解读经文语言的分量就减轻了。这是《新约》和《旧约》的一个巨大区别。② 寓言和比喻的好处就是用事物表达事物，减少了文字的干扰。按照希腊哲学，使用寓言表意好像更靠近存在本身。大约是因为耶稣爱使用寓言比喻，这种基督教影响在西方文学里经久不衰，尤其在早期基督教文学和17世纪以前的西方文学里我们常常看见梦中的经历，如《农夫皮尔斯传》、《神曲》、《天路历程》，以寓言形式出现的文学还有《仙后》等。事实上，寓言成为中世纪到文艺复兴之后很长一段时间内西方作者们偏爱的一种文学形式。

就阐释本身来说，道德说教性寓言故事的语言比较简单，由讲述者把来龙去脉讲一遍，很少包含重复叙事、典型场景、填补空档或视角变换这些造成《旧约》叙事富有解

---

① 如果算上形而上理念中第一位的"理念"/"道"/"绝对或终极真理"，语言就是第三位了。
② 这方面本书作者在不同的文章里都有过阐述。可见《圣经》的阐释与西方对待希伯来传统的态度"。

读戏剧性的技巧。从早期教会起始,寓言阐释分为字面意思、道德教义和精神内涵三个层次。因此,对《新约》寓言的阐释主要是思想内容和意识形态方面的。也就是说,既然它是为了道德教化,我们就重点探讨一下它想传播什么做人的道理,分析中也会间或牵涉这些寓言对西方社会和文化、文学的影响。

2.《新约》里的"道德说教性寓言"(parables)介绍

"道德说教性寓言"又叫比喻,它是利用类比来形象地阐释一个道德上或宗教上的道理。《希伯来圣经》里这个字是 māšāl,它也指"箴言"(proverbs)。在《七十贤士译本》里 māšāl 被翻译成希腊字 parabolē,拓宽了"道德说教性寓言"的涵盖内容。下面我们来粗粗地梳理一下《新约》里"道德说教性寓言"的种类:

(1) 故事性箴言(parable),如"撒母耳记下"12:1—4 拿单用富人夺穷人的小母羊的比喻来批评大卫,"以赛亚书"5:1—7 讲以色列是个需要众人耕耘和爱护的葡萄园,虽然不太典型,但都应该包括在这种寓言的范围内。

(2) 箴言(proverb):如"路加福音"4:23 耶稣对他们说:"你们必引这俗语向我说:'医生,你医治自己吧!'"

(3) 格言、警句(aphorism),如"马太福音"13:12 凡有的,还要加给他,叫他有余;凡没有的,连他所有的也要夺去。

(4) 暗喻(metaphor),如"马可福音"13:14 耶稣又叫众人来,对他们说:"你们都要听我的话,也要明白。15 从外面进去的不能污秽人;惟有从里面出来的,乃能污秽人。"

(5) 明喻(simile),如"马可福音"4:30 又说:"神的国,我们可用什么比喻表明呢?31 好像一粒芥菜种,种在地里的时候,虽比地上的百种都小,32 但种上以后,就长起来,比各样的菜都大,又长出大枝来,甚至天上的飞鸟可以宿在它的荫下。"

(6) 寓言故事(story parable),如"路加福音"14:16 耶稣对他说:"有一人摆设大筵席,请了许多客。17 到了坐席的时候,打发仆人去对所请的人说:'请来吧!样样都齐备了。'18 众人一口同音地推辞。头一个说:'我买了一块地,必须去看看。请你准我辞了。'19 又有一个说:'我买了五对牛,要去试一试,请你准我辞了。'20 又有一个说:'我才娶了妻,所以不能去。'21 那仆人回来,把这事都告诉了主人。家主就动怒,对仆人说:'快出去,到城里大街小巷,领那贫穷的、残疾的、瞎眼的、瘸腿的来。'22 仆人说:'主啊,你所吩咐的已经办了,还有空座。'23 主人对仆人说:'你出去到路上和篱笆那里,勉强人进来,坐满我的屋子。24 我告诉你们:先前所请的人,没有一个得尝我的筵席。'"

(7) 寓言比喻(allegory),如"马可福音"12:1 耶稣就用比喻对他们说:"有人栽了一个葡萄园,周围圈上篱笆,挖了一个压酒池,盖了一座楼,租给园户,就往外国去了。2 到了时候,打发一个仆人到园户那里,要从园户收葡萄园的果子。3 园户拿住他,打了他,叫他空手回去。4 再打发一个仆人到他们那里。他们打伤他的头,并且凌辱他。5 又打发一个仆人去,他们就杀了他。后又打发好些仆人去,有被他们打的,有被他们杀的。⁶园主还有一位，是他的爱子，末后又打发他去，意思说：'他们必尊敬我的儿子。'⁷不料，那些园户彼此说：'这是承受产业的，来吧！我们杀他，产业就归我们了。'⁸于是拿住他，杀了他，把他丢在园外。⁹这样，葡萄园的主人要怎么办呢？他要来除灭那些园户，将葡萄园转给别人。¹⁰经上写着说：'匠人所弃的石头，/已作了房角的头块石头。/¹¹这是主所作的，/在我们眼中看为希奇。'①这经你们没有念过吗？"

与亚里士多德传统不一样，《圣经》新、旧约和犹太拉比传统都不认真区别明喻、暗喻、寓言和寓言比喻。② 正因为界线不清楚，所以很难给《圣经》里寓言一个统计数字，在希腊文译本中明确用了 *parabolē* 来界定的耶稣教诲有三十处，把所有寓言和比喻加在一起大约达八十例之多。也可以说数字远大于八十，因为耶稣说的所有的话都可以看做 *parabolē*。③

在耶稣的寓言比喻和故事里，他采用的都是日常生活内容，富于巴勒斯坦，尤其是加利利地方的地域色彩。他当时这样做是为了让他的说教更贴近百姓，更易懂，但今天看来这些地方内容的比喻和故事恰恰可用来证明它们的真实性。比如"马可福音"4：2—20 的故事里讲的播种办法，即撒种时不先犁地，就是当时巴勒斯坦地区的农耕习俗。另外，在我们选的这则"好心的撒玛利亚人"里面，律法师、祭司、利未人、撒玛利亚人，以及一条从耶路撒冷下耶利哥去的大路等，都是当时巴勒斯坦的实情。因此大多数《圣经》学者认同这些寓言的真实性。

虽然这些寓言和比喻来自日常生活，但是它们的内涵却远不是日常生活范畴的。有时里面还出现夸大，如"马太福音"18：24—27 故事里面一个人欠了一千万银子，25：5 的故事里讲十个童女都睡着了，但是夸大都有限度，耶稣寓言里从来没有出现过神话般的动物说话或树唱歌。另外，这些比喻和寓言都富于艺术性。比如对浪子的描绘以及他老父亲在儿子失而复得时的激动都是绝妙之笔。

一般人会认为，耶稣采用大量生动、贴切生活的比喻和寓言主要为的是说明他的教义，让老百姓容易接受。但是不完全如此，甚至根本相反。在"马可福音"4：11—12 里，耶稣说："神国的奥秘只叫你们知道；若是对外人讲，凡事就用比喻，叫他们看是看见，却不晓得；听是听见，却不明白。恐怕他们回转过来，就得赦免。"(Mk 4:¹¹ "You have been given the secret of the kingdom of God," Jesus answered. "But the others, who are on the outside, hear all things by means of parables,¹² so that 'They may

---

① 见《旧约》"诗篇"118：22 对这几句话的呼应。
② "寓言比喻"是我个人对 allegory 在《圣经》这一特殊情况下的翻译法，因为耶稣就称它为比喻。在我国一般把它翻成"讽喻"，对此翻法，我也有保留，因为许多西方文学中采用的 allegory 与讽刺没有什么关系。如英国诗人斯宾塞的《仙后》里面出现的大量 allegory。
③ 这些数据和例子取自《牛津圣经词典》，第 567 页。

look and look,/ yet not see;/ they may listen and listen,/ yet not understand./ For if they did, they would turn to God,/ and he would forgive them.'")这段话引来历代无数学者的争议,为什么耶稣布道,却又有意让人听不懂?历代也没有一个令人真正满意的解答,比较自圆其说的解释是:听不懂不是不信耶稣的原因,而是结果。换句话说,谁听不懂是因为他根本不相信耶稣的话,而不是因为听不懂而没有相信。这里又牵扯到基督教的选民受优惠的概念。但是,正因为有耶稣这个考虑,许多比喻和寓言的确意思不清楚,比如"马可福音"7:15"从外面进去的不能污秽人;惟有从里面出来的,乃能污秽人。"还有第二个原因,用寓言也是耶稣的自我保护手段,让他可以传播基督教教义和天国而不被敌视他的罗马行政长官抓住把柄。用寓言的第三个原因是为了让听众解除警惕,毫无戒备之心地听故事,这样耶稣的教义就能更好地渗入他们的脑海。最后一个理由是寓言容易记住,耶稣是口头传教,听众必须靠记忆来储存他的教导,因此用故事、比喻和寓言可以帮助受众记牢听过的内容,并同新的内容比较和联系。

早期的教会在寓言和比喻中开发三层意思:文学的(the literary)、道德的(the moral)和精神的(the spirit)意义。到中世纪,意义又多出一层,叫做"天国的"意义(the heavenly),多层的意思全靠解读和阐释来揭示,"好心的撒玛利亚人"就是阐释得比较充分的例子,我们会在下面具体分析中介绍。宗教改革时期所有的《圣经》阐释都试图终止寓言性的解读,但没有做到,这些寓言和比喻持续不断地衍生出新内容。近年的研究在区分寓言故事(story parables)和寓言比喻(allegory)方面做出一些贡献,界定allegory为一种包含多种不同含义的隐喻(metaphor),而parable则表达整体的一个意思,所以不应该在道德说教性寓言故事/比喻(parables)的具体细节上做文章,去衍生一些牵强的含义。每个寓言故事主要只说明一个问题,尽管某些寓言故事的细节上还是有寓言比喻(allegory)意义的。阐释道德说教性寓言故事的第二个原则是不要脱离故事的历史背景,而且要放在耶稣所宣讲的整体精神里察看。耶稣并不是针对当代听众讲的这些故事,听众是公元1世纪的人,自然我们应该先了解它们是在什么情况下讲的,在当时要达到什么目的。然而,当我们现在按照古代的背景去认识耶稣的道德说教性寓言故事/比喻时,我们也还是不断发现他们与现代的相关性,为故事的解读增加新意义和现实性。近年来对这些寓言故事的阐释已经向文学性和美学成就转移,因此多元含义的解读正在取代或丰富原来的基于历史和宗教背景的一元理解。①

3. "好心的撒玛利亚人"故事阐释

"好心的撒玛利亚人"是个伦理寓言故事。一个人应该怎样对待别人始终是人类

---

① 欲对寓言故事详细了解,请参看《牛津圣经词典》,第567—570页。

历史上最久远和深刻的一个议题，直到今天我们也面对是否应该跳进河里去舍生救人，或者是否应该对仇人伸出援助之手的困惑。希腊人围绕这个问题发展出伦理学，这是一整套哲学体系，《希伯来圣经》的"律法书"也是为此而立的，耶稣在《新约》里几乎每次宣讲基督教教义都牵涉如何对己对人，其中最经典的要算撒玛利亚人的故事了。关于怎样读耶稣的说教寓言故事一直存在争议，主要分歧在于是否要把 story parable 当成 allegory 来读，也就是说是否除去故事的中心比喻外，我们还应该把里面的文字细节都对上寓意，包括撒玛利亚人付给店主的二钱银子（two denarii）是什么含义。但更多的人认为这种寓言故事是个整体类比，主要传达耶稣的一个观点，在撒玛利亚人的故事里这个观点就是：要好好地对待你的邻人，要爱别人。哥特森特认为两种读法都有道理，如何选用读法取决于许多因素，比如寓言故事的长短，内容简单还是复杂，而且最好是把两种读法合起来使用。

耶稣讲这个故事是因为一个律法师问他：10:25"夫子，我该作什么才可以承受永生？"(Lk 10:25 "Teacher," he asked, "what must I do to receive eternal life?")律法师不是普通百姓，他识文断字，读过摩西五经，因此知道该经文里面有 10:27"你要尽心、尽性、尽力、尽意爱主你的神；又要爱邻舍如同你自己。"(Lk 10:27 "Love the Lord your God with all your heart, with all your soul, with all your strength, and with all your mind"; and "Love your neighbour as yourself.")但是他不懂得"邻舍"指的是什么样的人，在这样的情况下耶稣讲了撒玛利亚人的故事。选择撒玛利亚人做救助犹太人的角色，是耶稣有意之为。当时从耶路撒冷到耶利哥的大路不安全是周边都有名的，路过受伤者的犹太祭司和利未人都是宗教上层人士。这个犹太人已经被打得半死，奄奄一息(Lk 10:30 "There was once a man who was going down from Jerusalem to Jericho when robbers attacked him, stripped him, and beat him up, leaving him half dead...")，他们不愿管这闲事的一个原因是怕沾了死人自己变得污秽，就不宜参加圣殿里的仪式。① 后来路过的撒玛利亚人是以色列的仇人，他们属于北部的以色列部族，公元前8世纪，在被亚述帝国征服后一直与外邦人通婚。在耶稣诞生前数个世纪里就同以色列的犹太人不和，彼此芥蒂很深。耶稣选择这样一个敌对部族的人来帮助受伤的以色列人为的就是要宣传以色列人也好，外邦人也好，只要都信基督和上帝，按照他的教导行事，大家便都是朋友。通过这个寓言故事，他教导的伦理是：不论国籍和部族，有难者都是我的邻人。

然而，仅仅这样认识似乎还不够。那路过而没有伸出援助之手的祭司和利未人都被人公认为上帝的子民，但看来上帝的子民并不一定就会按照上帝的意思做事。因

---

① 见哥特森特的著作《〈圣经〉：文学的研究》，第92页。

此,仅仅属于正确的群体还远远不够。甚至,他们也许是在遵守某个宗教规定或做法,比如要进圣殿参加仪式就要保持清洁,不可沾上血腥之类,但是他们遵守了具体的细则却违反了更高的法则,仁爱的法则。另外这个故事也告诉人们,基督教之外的"圈外人"可以做得比"圈内人"好,因此"爱"是超越宗教和国界的。这个撒玛利亚人帮助受难的以色列人时并没有询问他祖先是谁,他不顾自己可能被强盗攻击,不考虑这是不是一个陷阱,停下来为受伤的人洗伤口,把他驮到附近的客店里,又花银两安顿他食宿并为他请医生。他所做的在当时可被看做是不理智、缺思考,或疯癫的行为。所以,当我们回头再来查看律法师的问题"谁是我的邻舍呢?"时,我们就发现他这个问题本身就是错的,因为他希望耶稣给他的邻舍划个范围,指出他该帮助和关爱哪些人而不理睬哪些人。耶稣的回答并没有告诉他关爱的对象是谁,或者该做哪些事,而是指点他要认识自己,该学习这个无私心的撒玛利亚人。

  上文已经提到,中世纪教会对这些故事的阐释在早期教会的文学、道德和精神寓意上又加上一个"天国的"层面。对"好心的撒玛利亚人"里面几乎每一个细节他们都附以了寓意。这样一来,这个从耶路撒冷到耶利哥的人就喻指亚当;耶路撒冷就是天堂,耶利哥是人世俗的一生;强盗们喻指魔鬼撒旦和追随他的天神;律法师代表律法;利未人是先知;好心的撒玛利亚人则指耶稣;旅店就是教会;二钱银子象征仁爱的那两条戒律;旅店老板是使徒保罗;撒玛利亚人再次回旅店被说成是耶稣的复活。这种解读就失去了这个说教故事原来教导人们要彼此关爱的初衷,但也是一种读法。

  "好心的撒玛利亚人"也是最有影响的《新约》故事之一,在西方文学中直接引用或暗指它的例子都有。比如英国18世纪小说家菲尔丁在他头一部反映英国社会的著名小说《约瑟夫·安德鲁斯传》开篇不久,就描写主人公约瑟夫在路上被强盗抢劫,剥去了衣服,痛打一顿之后,遍体鳞伤地丢在路边的沟里。这完全就是撒玛利亚人故事里从耶路撒冷去耶利哥的人的遭遇。约瑟夫遇到的是一辆路过的驿车,车上的年轻律师(菲尔丁有可能用他来讽刺问耶稣问题的律法师)、阔太太和龌龊无聊的老绅士,为了要不要营救约瑟夫而争论不休,各有各的自私考虑。最后,为了怕吃官司,这几个虚伪的先生和太太勉强同意让约瑟夫上车,把他带到一家旅店。故事里没有一个对应的好心的撒玛利亚人,真正同情受难人的是车夫的副手,一个没有文化、语言粗俗,后来因偷了一只鸡而被逮捕并遣送国外的穷小伙子,还有旅店里行为不大检点却满怀热心助人的女佣。菲尔丁是个憎恨虚伪,同情穷苦人并提倡仁爱的作家,他选用《新约》里的这则故事是再合适不过的了。当然他根据他的时代对故事做了改动,以求最大的讽刺效果。因此在菲尔丁研究中,对《约瑟夫·安德鲁斯传》的《圣经》含义和影响的解读始终是理解这部小说的一个主要方面。

结　语

　　道德说教寓言是《圣经》的一个重要文类,而《圣经》中对比喻、隐喻、寓言故事等的界限又十分含混,因此需要人们进一步认识和研究。道德说教寓言故事与寓言比喻不同,它给我们一个总体的类比,说明一个道德问题,而一般不在细节上搞寓指和象征。但是在教会的阐释传统中,一直有试图把细节与基督教大背景一一对照的努力,这种尝试有时看上去有些道理,但很多情况下比较牵强。"好心的撒玛利亚人"是影响深远的一则经典《新约》故事,菲尔丁对它成功的借鉴使用说明它在西方文化和文学中无尽的生命力。

故事二十九　浪子回头

《新约》经文

"路加福音"15:11—32

15……。

浪子的比喻

11 耶稣又说:"一个人有两个儿子。12 小儿子对父亲说:'父亲,请你把我应得的家业分给我。'他父亲就把产业分给他们。13 过了不多几日,小儿子就把他一切所有的都收拾起来,往远方去了。在那里任意放荡,浪费资财。14 既耗尽了一切所有的,又遇着那地方大遭饥荒,就穷苦起来。15 于是去投靠

那地方的一个人,那人打发他到田里去放猪。16 他恨不得拿猪所吃的豆荚充饥。也没有人给他。17 他醒悟过来,就说:'我父亲有多少的雇工,口粮有余,我倒在这里饿死吗?18 我要起来,到我父亲那里去,向他说父亲,我得罪了天,又得罪了你,19 从今天以后,我不配称为你的儿子,把我当作一个雇工吧!'20 于是起来,往他父亲那里去。相离还远,他父亲看见,就动了慈心,跑去抱着他的颈项,连连与他亲嘴。21 儿子说:'父亲,我得罪了天,又得罪了你,从今以后,我不配称为你的儿子。'22 父亲却吩咐仆人说:'把那上好的袍子快拿出来给他穿,把戒指戴在他指头上,把鞋穿在他脚上,23 把那肥牛犊牵来宰了,我们可以吃喝快乐。24 因为我这个儿子是死而复活,失而又得的。'他们就快乐起来。25 那时,大儿子正在田里。他回来离家不远,听见作乐跳舞的声音,26 便叫过一个仆人来,问是什么事。27 仆人说:'你兄弟来了,你父亲因为他无灾无病地回来,把牛犊宰了。'28 大儿子却生气,不肯进

去。他父亲就出来劝他。²⁹他对父亲说:'我服侍你这么多年,从来没有违背过你的命,你并没有给我一只羊羔,叫我和朋友一同快乐。³⁰但你这个儿子和娼妓吞尽了你的产业,他一来了,你倒为他宰了肥牛犊。'³¹父亲对他说:'儿啊,你常和我同在,我一切所有都是你的,³²只是你这个兄弟是死而复活,失而又得的,所以我们理当欢喜快乐。'"

故事内容问答题:

1. 小儿子向父亲提出了什么要求?
2. 他在外乡变得十分穷苦的原因是什么?
3. 他在外乡落到什么样的地步?为什么放猪是无法忍受的生活?
4. 他决定回家时打算对父亲说什么话?他打算回家后做什么?
5. 父亲看见归来的儿子时有什么表现和举动?为什么他那么高兴?
6. 大儿子为什么不能理解父亲的态度?父亲是怎么回答和劝解他的?

深入思考题:

1. 你觉得老父亲是否偏爱小儿子?说明你这样想的理由。
2. 寓言要讲的是个道理。你觉得这则寓言说明了哪些人生道理?
3. 可否从象征层面上说明老人和两个儿子的关系以及对他们不同的态度喻指什么?
4. 这是耶稣讲的寓言,因此它有基督教内涵。请试说这则寓言里的基督教教义。
5. 你同意它所宣扬的宽恕和包容吗?说明你同意或不同意的理由。

故事 阐释

分析要点:

1. 故事的伦理和宗教内涵
   (The Ethical and Religious Implications)
2. 故事的梳理阐释
   (A Detailed Discussion of the Story)

阐释解读::

1. 故事的伦理和宗教内涵

家庭是社会的基础单位,家庭成员间的关系构成伦理学的重要部分。除了夫妻关系,一个家庭里兄弟姊妹间是否能和睦相处也是很复杂的一个问题,其中牵涉到财产继承、才智和能力差异,以及争夺父母关爱等等矛盾。在我们每个人成长的过程中大概都有过与兄弟姊妹攀比,并感到心理上不平衡的体验。人们常常认为自己在家中没有得到公平的待遇,父母对家中其他孩子比对自己好得多。在文学里,这个主题经常出现。事实上,《创世记》从头到尾都有兄弟(或姐妹)之争,上帝往往惠顾小儿子的做法更加剧了这个矛盾。该隐杀死亚伯成为人类第一起兄弟残杀之案例;雅各和以扫争夺继承权;利亚和拉结争夺丈夫雅各的爱;约瑟因为父亲偏爱而遭到他的十个哥哥仇恨,被卖到了埃及等等,例子不一而足。"浪子回头"讨论的主题也是弟兄间的妒忌和家长怎样才算得公正。

除了讲家庭中的人际关系和公正问题,"浪子回头"更主要的议题是如何对待犯过错误但愿意悔改的人。这是《新约》里不同于《旧约》的一个很重要的思想。众所周知,《旧约》是原希伯来民族作为上帝的选民与上帝立的约。这个契约以立法的形式出现,上帝对亚伯拉罕的后代约法三章,他们必须敬仰和信奉耶和华这唯一的神,并按照摩西具体订立的律法行事,上帝就会保佑他们繁荣昌盛,不受外邦人侵犯。反之,他们就会遭到严厉的惩罚,被上帝抛弃,受外族和异教徒的压迫、统治和迫害。上帝是个严酷的父亲和家长形象,是个奖惩一清二楚的法官,犯了罪的人很少能得到原谅。到基督教时就不一样了,从教义来看,基督教强调上帝派儿子耶稣来世上拯救人类,用他自己的死来为人类赎罪。耶稣也做预言和判断,但是拯救人类是他的旗号,他对犯过错误而愿意悔改和投靠的人总是不计前嫌,持欢迎态度。这里的道德伦理讨论和基督教的宗教教义就融为一体了。

进一步察看这则寓言,我们还可以挖掘出更深层的宗教内涵。因为基督教走出了上帝只关照亚伯拉罕后代的小范围,把救赎目标扩大到全世界,欢迎各民族的信徒和追随者,所以《新约》体现了世界性、包容性和以信取义的原则。在浪子回头的故事里,如果不理会老人是否是犹太人,把故事拿到象征层面上,我们就可以把老父亲看成上帝,他创造人类时并没有分出选民和外邦人。但是因为人类邪恶,他有一段时间同亚伯拉罕和雅各的后人立约,他们就好比他大儿子(犹太人),一贯紧跟他,侍候他,表现有佳。但另一个儿子(外邦人,gentiles),一直不听话,不跟随他,在外面游荡。但是他们都是他的孩子。小儿子(代表犹太人之外的全世界人)最后能回归父亲的家,就是老人(上帝)最最期望的。而他对大儿子的教导也就是耶稣当时希望犹太人能够做到的,即平等对待外邦人,原谅他们原来没有信仰上帝的恶行,并张开双臂来欢迎他们归顺。这是上帝的意思,上帝的希望。因此,从宗教的角度,"浪子回头"这则寓言的含义就更为重要了,它宣传了基督教教义,教导犹太人要正确对待外邦人,不要自视为上帝的选民而瞧不起他们,不肯包容他们。

2. 故事的梳理阐释

下面就让我们把这个故事具体地放在《新约》的上下文里来察看,做梳理式的细读。在"路加福音"第 15 章里法利赛人指责耶稣同罪人来往和吃饭:15:众税吏和罪人都挨近耶稣,要听他讲道。[2]法利赛人和文士私下议论说:"这个人接待罪人,又同他们吃饭。"(Lk 15: One day when many tax collectors and other outcasts came to listen to Jesus,[2] the

Pharisees and the teachers of the Law started grumbling,"This man welcomes outcasts and even eats with them!")为此,耶稣用三则寓言对他们做了答复,一则是牧人找到了丢失的羊,欢喜异常,邀邻人和朋友共餐来庆祝(Lk 15：3—7);一则是一个妇人复得丢失了的钱(Lk 15：8—10);第三则就是我们目前选用的浪子回头金不换的故事。它们讲的都是失而复得的欢喜,即有罪的人能够悔过就应该欢迎。

犹太家庭的家长长期习惯把财产分给儿子一份。在这个故事里,父亲有两个儿子,所以他很可能是把财产一分为三,小儿子拿到的是1/3。① 当时巴勒斯坦的犹太人移居外邦人领地也是经常发生的事,所以这个小儿子完全可能这样离家远走。但是,他耗尽了自己那份家产后,无以生计,只好去给一个外邦人打工,受尽了贫穷和屈辱,这方面的描写是十分成功和生动的:15：15于是[他]去投靠那地方的一个人,那人打发他到田里去放猪。16他恨不得拿猪所吃的豆荚充饥。也没有人给他。(Lk 15：15 So he went to work for one of the citizens of that country, who sent him out to his farm to take care of the pigs. 16 He wished he could fill himself with the bean pods the pigs ate, but no one gave him anything to eat.)犹太人认为猪不洁净,可是他被派去放猪,难以忍受的饥饿使他想吃猪食,但连猪食也吃不上。他堕落的程度可想而知了。然后,他觉悟了,想到家里的温暖,父亲的富足。他认识到与其在外挨饿受辱,不如回家认错,给自己的父亲打工。

故事对老父亲迎接浪子回家的情感描绘也十分优美动人。老人先从远处看见了衣衫褴褛、面黄肌瘦的小儿子。马上,他的心就软了,他跑过去拥抱儿子,亲吻他,并且立刻发话让仆人拿来最好的衣袍和鞋子给儿子穿,给他戴上戒指,还杀牛摆席招待这不肖子。(Lk 15：20 He was still a long way from home when his father saw him; his heart was filled with pity, and he ran, threw his arms round his son, and kissed him.... 22 But the father called his servants. "Hurry!"he said. "Bring the best robe and put it on him. Put a ring on his finger and shoes on his feet. 23 Then go and get the prize calf and kill it, and let us celebrate with a feast.")这位父亲先是按照法律公正地分给儿子他应有的一份产业,但与此同时他也给了儿子自由,随他处理自己的产业,不限制他的去向和行为。这就像是对年轻人的考验,老人十分有耐心地等待儿子自己入世去经历,去教育自己,等着儿子觉悟和悔过。所以,老人给儿子的远远不止财产,而是一次使用财产的经历。对年轻人的成长来说,经历社会比财产本身更为重要。亨利·詹姆斯的小说《一个贵夫人的画像》中拉尔夫说服父母让伊莎贝尔继承财产时,他的目的也是要让这个聪明美丽的姑娘有自己决定命运的自由。伊莎贝尔由于没

---

① 见哥特森特著《〈圣经〉:文学的研究》,第97页。

有经验做出了错误的婚姻决定,但是通过这个经历她成熟了,有勇气正视自己的错误,不后退或自暴自弃,而是用自己的地位为她的继女的幸福做出贡献。

　　回头的浪子是如何回应父亲的宽容和执爱呢?浪子意识到自己不配回到原来的地位,他准备谦卑地要求做个仆人:15:18"……父亲,我得罪了天,又得罪了你,19从今天以后,我不配称为你的儿子,把我当作一个雇工吧!"(Lk 15:18"... Father, I have sinned against God, and against you. 19 I am no longer fit to be called your son; treat me as one of your hired workers.")但是老父亲没有让儿子把话说完,他的接待远远超过了儿子的期望。就像前面两则故事里找到丢失的羊的牧人和钱失而复得的妇人,这个父亲因找到了失去的小儿子而无限欣喜,他要好好地庆祝。但是大儿子不理解,也很不高兴。弟弟回来时他在地里干活,看来他一直都很勤劳,同嬉戏游玩、不务正业、倾家荡产的小儿子形成了鲜明对比。他感到父亲不公正,他很气愤,拒绝进屋。老父亲这时做了件动人的事,他不压制长子,非要他服从,而是不顾自己长辈的身份,出到屋外来求大儿子理解。大儿子说多年来是他侍候了老人,他从来不违背父亲的意愿,可是父亲却好像对他的勤劳、节俭和孝顺视而不见。(Lk 15:29 But he answered his father, "Look, all these years I have worked for you like a slave, and I have never disobeyed your orders. What have you given me? Not even a goat for me to have a feast with my friends!")相反,这个浪荡儿子吃喝嫖妓,父亲却宰了肥牛设宴欢迎他回来。(Lk 15:30 But this son of yours wasted all your property on prostitutes, and when he comes back home, you kill the prize calf for him!")在他的话里,大儿子甚至不肯称呼小儿子为弟弟。这话里充满很明确又强烈的妒忌。摆在每个读者面前的是大儿子到底对不对的问题。按一般常识,善有善报,恶行理应惩罚。这个浪子的确不配这样的欢迎和款待,连他自己也明白这一点,所以他回来时只打算父亲接受他做仆人。可是老父亲看到了比公正更重要的事情,那就是救赎。他说:15:"32你这个兄弟是死而复活,失而又得的,所以我们理当欢喜快乐。"(Lk 15:"32 But we had to celebrate and be happy, because your brother was dead, but now he is alive; he was lost, but he has been found.")法利赛人以为同罪人为伍是错误的,但是耶稣恰恰相反,他要教育和感化罪人,让他们回头从善。"浪子回头金不换"是《新约》里贯穿始终的思想,哥特森特总结得好:"公正的意思是:如果你丢失了你的羊、你的钱、你的儿子,或你的家,命运对你真残酷——你必须直面厄运的一切后果。失而复得指的却是你要超越是否公正的局限,去体会一种从未有过的快乐。"①这个故事教导听众和读者纠缠

---

① 见哥特森特著《〈圣经〉:文学的研究》,第 100 页。原文为:"Justice means if you lose your sheep, your coin, your son, or your home, that's tough—you've got to face the consequences. Reclamation means you go beyond justice to a greater joy than the simply just can ever know."

单元六 《新约》：神迹、寓言和寓言比喻

公正与否只能引发兄弟姊妹之间的攀比和妒忌,父母实际上不是对孩子们不公正,他们有更高一层的道理,只是孩子们往往不能理解。

　　这个故事当然不局限于家庭关系的认识,在基督教教义里上帝就是父亲,他对人类的奖惩自有他的道理。因此,基督教教导人们在经受磨难时不要怨天尤人,如约伯受难的故事,而且要谦卑,不要自大。老头的长子之所以埋怨,就是因为自恃有功,居功就会发展成自傲,这是最最危险的。原本是十分神气和漂亮的大天使撒旦之所以造反和堕落,就是由于骄傲,不服后来者上帝的儿子。这里牵涉到非常政治化的一些原则,不论在宗教的还是在世俗的政治里都讲求要绝对信仰和服从神或领袖。与信仰和服从相比,其他问题和错误都变得次要。耶稣在传教时不断欢迎改过和弃暗投明,他欢迎过妓女,因为她忏悔了,用眼泪洗耶稣的脚,给耶稣脚上涂油。在某个意义上,罪过越大,投明越受欢迎,因为影响大,能带动一批人。在中外历史和政治上都不乏因弃暗投明而受到欢迎的例子。这方面的确没法用简单的公正不公正衡量。如果一个人认为自己正确而不买账,那么他反而不如有毛病知罪而谦卑的人好。所以基督教的七大罪恶,为首的罪恶不是通奸、不是偷盗,而是骄傲。撒旦犯的罪就源自类似这个故事里大儿子的妒忌。

　　"浪子回头"也是西方的教育或成长故事的一个前身。文学中描写年轻人成长和成熟过程的作品被叫做"成长小说"或"教育小说",在德文里是 *bildungsroman* 或者 *entwicklungsroman*,这个次文类(sub-genre)得名于歌德的小说《威廉·迈斯特的学习时代》(*Wilhelm Meisters Lehrjahre*,1795—1796)和《威廉·迈斯特的漫游时代》(*Wilhelm Meisters Wanderjahre*,1829)。很多有名的小说都可以从这个角度去讨论,比如狄更斯的《伟大的前程》中皮普的成长,霍桑短篇小说《好青年布朗》成长的失败等都曾被当作成长的故事/教育的故事解读。"浪子回头"这个故事也可以从年轻人成长和成熟的角度来阐释。

　　年轻人要经历磨难,甚至犯错误才能成熟,才能找到自己的位置。这个吃喝嫖赌,浪尽财产,最后沦为牧猪人的犹太青年吃尽了自己种下的苦果,人格和宗教人格备受侮辱,他终于懂得了应该回家去老老实实地劳动和生活。他的变化让父亲快活不已,因为浪子回头对父母来说比金子还宝贵。基督教也好,西方的经验哲学也好,都认为人需要负面经历来达到成熟,包括认识和经历邪恶。《圣经》是一部充满了善恶辩证关系的书,从亚当夏娃犯天条那一刻起,世界就有了善恶转换的斗争,没有善,就无所谓恶。基于这个认识,西方的文学作品里在讲述成长途程时大多要经历邪恶的考验。耶稣就经受过撒旦的引诱,而不为所动。前面在解读约瑟的故事时也列举了一些西方文学中关于这一主题的成功之作。霍桑在探讨善与恶,以及罪与罚的同时也探讨过年轻人的成长和道路的问题。在他的小说和短篇小说里不断描绘的就是如何经历邪恶引诱并战胜它,成为胜利者。他有一个黑洞穴的比喻,每个人都要经历这个代表邪恶的黑洞穴,有的人进去了就再也没有出来,就像好青年布朗。那些从黑洞穴的另一头钻了出来的年轻人就成长了,如《我的亲戚马里诺少校》里的罗宾就是个善于从反面经验里吸取教训的人,他的波士顿之行让他成熟起来,他回到家乡,决定靠自己的力量来发展。"浪子回头"的寓言故事虽短,却包含了一个成长故事的雏形。可以与许多后来的名著进行比较阅读。

结　语

　　耶稣的道德说教寓言是他传教活动的重要部分。历来的阐释都偏重它们的历史背景、道德伦理和宗教目的,同时关注其间的人物塑造和象征寓意。耶稣的故事和比喻多出自每日生活,通俗,但并非每一个的意思都很清楚,有的就像个谜语。另外,道德伦理教人如何言行、做人,它总是一定历史阶段的产物,脱离不开时代和阶级背景,而且包含着从常识或政治角度出发的一些理念,比如耶稣的故事是维持社会和财富等级的,对有能力致福的人,还要多给,让他更福("马太福音"25:14—30,"按才受托的比喻"),决非我们社会主义的平分财富和平权。而他宣传的守法、诚实、博爱和宽恕虽然对建立和平、公正、友爱的社会有利,但其首要的目的是招募信徒,其宽恕和施恩的标准是十分政治化的,与我们世俗社会里结党的标准有类似之处。这些方面的认识,我以为,都是我们在理解《圣经》的,特别是《新约》的寓言和比喻时需要具备的。

故事三十　拉撒路死而复活

《新约》经文
"约翰福音"11:1—44

拉撒路的死
　　11 有一个患病的人,名叫拉撒路,住在伯大尼,就是马利亚和她姐姐马大的村庄。² 这马利亚就是那用香膏抹主,又用头发擦他脚的,患病的拉撒路是她的兄弟。³ 她姐妹两个就打发人去见耶稣说:"主啊,你所爱的人病了。"⁴ 耶稣听见就说:"这病不至于死,乃是为神的荣耀,叫神的儿子因此得荣耀。"⁵ 耶稣素来爱马大和她妹子并拉撒路,⁶ 听见拉撒路病了,就在所居之地仍住了两天。⁷ 然后对门徒说:"我们再往犹太去吧!"⁸ 门徒说:"拉比,犹太人近来要拿石头打你,你还往那里去吗?"⁹ 耶稣回答说:"白日不是有十二小时吗?人在白日走路,就不至跌倒,因为看见这世上的光;¹⁰ 若在黑夜走路,就必跌倒,因为他没有光。"¹¹ 耶稣说了这话,随后对他们说:"我们的朋友拉撒路睡了,我去叫醒他。"¹² 门徒说:"主啊,他若睡了,就必好了。"¹³ 耶稣这话是指着他死说的,他们却以为是说照常睡了。¹⁴ 耶稣就明明地告诉他们说:"拉撒路死了,¹⁵ 我没有在那里就欢喜,这是为你们的缘故,好叫你们相信。如今我们可以往他那里去吧!"¹⁶ 多马,又称为低土马,就对那同作门徒的说:"我们也去和他同死吧!"

复活在主,生命在主

17 耶稣到了,就知道拉撒路在坟墓里已经四天了。18 伯大尼离耶路撒冷不远,约有六里路。19 有好些犹太人来看马大和马利亚,要为她们的兄弟安慰她们。20 马大听见耶稣来了,就出去迎接他,马利亚却仍然坐在家里。21 马大对耶稣说:"主啊,你若早在这里,我兄弟必不死。22 就是现在,我也知道,你无论向神求什么,神也必赐给你。"23 耶稣说:"你兄弟必然复活。"24 马大说:"我知道在末日复活的时候,他必复活。"25 耶稣对她说:"复活在我,生命也在我;信我的人,虽然死了,也必复活。26 凡活着信我的人必永远不死。你信这话吗?"27 马大说:"主啊,是的,我信你是基督,是神的儿子,就是那要临到世界的。"

耶稣哭了

28 马大说了这话,就回去暗暗地叫她妹子马利亚说:"夫子来了,叫你。"29 马利亚听见了就急忙起来,到耶稣那里去。30 那时,耶稣还没有进村子,仍在马大迎接他的地方。31 那些同马利亚在家里安慰她的犹太人,见她急忙起来出去,就跟着她,以为她要往坟墓那里去哭。32 马利亚到了耶稣那里,看见他,就俯伏在他脚前,说:"主啊,你若早在这里,我兄弟必不死。"33 耶稣看见她哭,并看见与她同来的犹太人也哭,就心里悲叹,又甚忧愁,34 便说:"你们把他安放在哪里?"他们回答说:"请主来看。"35 耶稣哭了。36 犹太人就说:"你看他爱这人是何等恳切。"37 其中有人说:"他既然开了瞎子的眼睛,岂不能叫这人不死吗?"

拉撒路复活

38 耶稣又心里悲叹,来到坟墓前。那坟墓是个洞,有一块石头挡着。39 耶稣说:"你们把石头挪开。"那死人的姐姐马大对他说:"主啊,他现在必是臭了,因为他死了已经四天了。"40 耶稣说:"我不是对你说过,你若信,就必看见神的荣耀吗?"41 他们就把石头挪开。耶稣举目望天说:"父啊,我感谢你,因为你已经听我!42 我也知道你常听我。但我说这话,是为周围站着的众人,叫他们信是你差了我来。"43 说了这话,就大声呼叫说:"拉撒路出来!"44 那死人就出来了,手脚裹着布,脸上包着手巾。耶稣对他们说:"解开,叫他走!"

故事内容问答题:

1. 拉撒路是什么人?他同耶稣的关系如何?
2. 听说拉撒路病了,耶稣说了什么话?他马上就起程去看望拉撒路了吗?

3. 耶稣对门徒们说："拉撒路睡了,我去叫醒他。"这话是什么意思?
4. 耶稣到达时,拉撒路入坟墓已经几天了?
5. 迎接他的马大说了些什么?耶稣怎样回答的?
6. 耶稣为什么哭了?
7. 讲述一下耶稣让拉撒路复活的过程。

深入思考题:
1. 拉撒路复活的神迹在整个《新约》中的地位是什么?
2. 耶稣为什么特别喜爱拉撒路姐弟?
3. 耶稣为什么不立即出发去探视拉撒路,而要等候四天?
4. 通过拉撒路复活的神迹,耶稣想向众人表明什么?

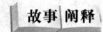

故事 阐释

分析要点:
1. 平行先行结构解析
   (A Discussion of the Story's Parallel Narrative Structure)
2. 拉撒路复活的神迹细解
   (A Close Reading of the Miracle of Lazarus's Coming Back to Life)

阐释解读:
1. 平行先行结构解析

"死而复生"的神迹是《新约》福音书里的关键,因为福音书讲的就是神子耶稣来到人世,以自己的死为人类赎罪,然后复活升天的这个过程以及耶稣遇难而复活对人类的重大意义。耶稣死而复活的神迹是圣父上帝的直接手笔,然而做为平行和呼应的结构,《新约·福音书》里还讲述了多个治愈疾患,起死回生的神迹。它们是上帝通过圣子耶稣来间接完成的,从地位和重要性上都次于耶稣本人的复活神迹。它们起到了陪衬、呼应或前瞻耶稣复活这一中心神迹的作用。比如耶稣在拿因城门口遇见一个寡妇给刚死的儿子出殡("路加福音"7:11—17)。他怜悯这个女人,就叫她不要哭泣,并上前止住抬棺材的人,对死尸说:14"少年人,我吩咐你起来!"(Lk7:14"Young man! Get up, I tell you!")那死人就坐起来了。又比如,耶稣在睚鲁管理的会堂碰到一个女人求他去救治她将死的12岁女儿("路加福音"8:40—56)。路上一个患血崩的女人来摸耶稣的袍子,治愈了顽疾,因为她相信耶稣。此时有人来传报说小女孩已经死去,不劳耶稣跑一趟了。耶稣却对那母亲说:8:50"不要怕,只要信,你的女儿就必得救。"(Lk 8:50"Don't be afraid; only believe, and she will be well.")耶稣不顾围观的人们讥笑,进屋拉住小孩的手,呼叫她的灵魂回来,她就立刻起来了。(Lk 8:52 Everyone there was crying and mourning for the child. Jesus said, "Don't cry; the child is not dead — she is only sleeping!"⁵³ They all laughed at him, because they knew that she was dead. ⁵⁴ But Jesus took her by the hand and called out, "Get up, my child!"⁵⁵ Her life returned, and she got up at once.)

起死回生可以说是所有文化都公认的最了不起的神迹,这些耶稣令人死而复生的故事的宗旨只有一个,那就是证明了耶稣的神人身份,显示他有世人没有的神奇力量,而福音书告诉我们这个力量来自圣父,至高无上的上帝。如果撇开宗教意义不谈,从《圣经》叙事的策略和文学性来分析,这些起死回生的神迹显示了福音书作者(们)的叙事策略,这些故事无不前瞻上帝最大的神迹,即耶稣本人的死而复生,是福音书核心神迹的先行小神迹,也可说是许多平行的结构,环绕中心神迹制造了一个上帝/耶稣万能的氛围。而在这些平行结构中拉撒路复活的故事最为详尽,也最具备与耶稣复活的可比性。首先是表面上的相同,按照犹太习俗,拉撒路和耶稣死后手脚和脸上都裹上了麻布,放进了坟墓,又用大石头封住坟墓口。耶稣复活是在三天后,有天使来搬开了封住坟墓口的石头;而拉撒路的复活是四天后,由耶稣指点众人搬开了石头。两个人的复活都令在场的目睹者们大吃一惊,构成这些目睹者的主要成员都是两人的亲友和信徒,而且以妇女为主。见证耶稣复活的是以抹大拉的马利亚为核心的一群妇女,而耶稣救活拉撒路时,人群中的主要见证人是死者的亲人抹大拉的马利亚和她姐姐马大。这些类似的结构真让我们感到先于耶稣复活的拉撒路起死回生的神迹是耶稣在先行演示自己复生的经历。此外,这两个不同层次上的神迹还有一个重要的深层可比之处。耶稣素来爱马大和她妹子并拉撒路,所以他进村后看到那姐妹两人哭泣,他也难过地哭了。耶稣之与拉撒路的尊长关系可以同圣父之与圣子的关系形成类比。在耶稣遇难时,经文没有告诉,也不可能告诉我们上帝的心情,但是《新约》绝对传达了圣父和圣子的亲情,让读者领会到了上帝让自己疼爱的儿子钉死在十字架上是十分痛心的。所以,我们是否可以把耶稣哭拉撒路之死及而后施救看做是喻指和暗示上帝在儿子耶稣遇难后的反应和作为。在这个意义上来解读拉撒路的故事,我们就可以更深刻地体会福音书作者(们)使用平行先行结构的匠心。

2. 拉撒路复活的神迹细解

拉撒路复活的神迹还有几个细节需要阐释。首先,这个故事只有"约翰福音"有记载,其他福音书有耶稣救女孩的故事,而没有这个分量最重的起死回生的神迹(the crown miracle)。福音书的这种区别不能作为怀疑是否有此故事的理由,因为福音有很长一段时间是通过口头流传,后来成书时,作者对丰富的口头资料做了符合自己想法的选取。为什么单单"约翰福音"记载了这个神迹呢?我们应该从它作者的宗旨来寻找解释。前面也提到了,约翰写这部福音书时正当基督教面临着危机,受到犹太人、罗马人、怀疑论者等多个方面的批评和攻击。约翰希望用自己的福音书驳倒那些反对意见,令基督教获得有文化知识的群体的接受和尊敬。因此,"约翰福音"的主旨是要证明拿撒勒的耶稣就是基督,是上帝的儿子,只有相信和跟随耶稣人们才会获得永生。由这样的目的所决定,约翰的福音书与时俱进地引入希腊逻各斯形而上哲学,强调耶稣是"道成肉身"(The Word becomes flesh.),也就是他是上帝所代表的终极真理的人世化身。为此,"约翰福音"聚焦信与不信的辩证对立,他的耶稣也就比其他福音书的耶稣更致力于反复证明他是圣子,从天父那里获得了教导和力量。而让民众通过亲眼目睹上帝的作为,亲耳听到上帝的教诲,也就成为"约翰福音"叙事的侧重。耶稣救拉撒路固然是因为这年轻人是马利亚和马大的弟弟,他的一个好友,但是他主要是为了证明他的弥赛亚身份。从这个角度来理解"约翰福音",拉撒路复活的神迹独独在这个福音书里记录在案就不奇怪了。其实在故事一开头的地方,当耶稣闻知拉撒路死了时,他就说过:11:⁴"这病不至于死,乃是为神的荣耀,叫神的儿子因此得荣耀。"(Jn 11:⁴"The final result of this illness will not be the death of Lazarus; this has happened in order to bring glory to God, and it will be the means by which the Son of God will receive glory.")这样,他就点明了这件事的宗教意义。然而,这种太过分的宗教目的性也影响了福音书的文学性,如人物刻画,而带上了功利性的简单化说教色彩,引起了评论家的一些批评。比如英国学者加布利尔·约斯泊维齐就认为约翰和马太不遗余力地要证明耶稣的身份,表现了一种"身份焦虑",因此在他们的福音书里许多故事的处理上不如马可,甚至牺牲了基督教的其他教义来突出耶稣的弥赛亚神性。①

第二点要提及的是为什么在出发去拉撒路家之前,耶稣讲了一段关于光亮和黑暗的话。门徒提醒他白天去有危险,会遭反耶稣的人用石头打他们,但耶稣却所答非所问地说:11:⁹"白日不是有十二小时吗?人在白日走路,就不至跌倒,因为看见这世上的光;若在黑夜走路,就必跌倒,因为他没有光。"(Jn 11:⁹"A day has twelve hours, hasn't it? So whoever walks in broad day-light does not stumble, for he sees the light of this world. ¹⁰But if he walks during the night he stumbles, because he has no light.")这里耶稣借白天去还是晚上去的话题,对"上帝的光亮"做了阐述。就像上面说的,"约翰福音"反复传达的主题就是要相信耶稣的神性,因此书中多处直接把耶稣比作光亮(light),那些不相信他的人被说成是生活在黑暗中(in the dark)。从《旧约·创世记》起始,上帝就被比作光亮,与上帝三位一体的耶稣自然也代表光亮/光明。再衍生一下,耶稣就是真理,因此不信仰他的人就生活在虚假之中;耶稣属于天国,不信仰他的人就永远属于这个人世,与天国无缘。在"约翰福音"中多次用了光亮这个比

---

① 参看加布利尔·约斯泊维齐(Gabriel Josipovici)著《上帝之书:对〈圣经〉的一个回应》(*The Book of God: A Response to the Bible*. New Haven and London: Yale University Press, 1988)第 XI 章"耶稣:叙事和化身"("Jesus: Narrative and Incarnation"),第 210—234 页。

喻,在这部福音书开篇处我们读到:

<u>道成了肉身</u>
1:¹太初有道,道与神同在,道就是神。²这道太初与神同在。³万物是藉着他造的;凡被造的,没有一样不是藉着他造的。⁴生命在他里头,这生命就是人的光。⁵光照在黑暗里,黑暗却不接受光。
⁶有一个人,是从神那里差来的,名叫<u>约翰</u>。⁷这人来,为要作见证,就是为光作见证,叫众人因他可信。⁸他不是那光,乃是要为光作见证。⁹那光是真光,照亮一切生在世上的人。¹⁰他在世界,世界也是藉着他造的,世界却不认识他。¹¹他到自己的地方来,自己的人倒不接待他。¹²凡接待他的,就是信他名的人,他就赐他们权柄,作神的儿女。¹³这等人不是从血气生的,不是从情欲生的,也不是从人意生的,乃是从神生的。

这样开篇明义地介绍施洗约翰要见证神子下凡,神子是光、是道,与造物主为一体的写法,在其他三个福音书里都没有:"马太福音"一开始是亚伯拉罕的族谱,以梳理耶稣的出身,"马可福音"开篇是施洗约翰在约旦河畔给耶稣施洗,而"路加福音"在约翰给耶稣施洗前面加了一个四句话的序,向他写作的对象提阿非罗大人声明所记载的耶稣事迹都是事实。可见"约翰福音"超越了简单传记,带有强烈的形而上论证色彩。在这部福音书的 8:12 里耶稣又说 8:¹²"我是世界的光,跟从我的就不在黑暗里走,必要得着生命的光。"(Jn 3:¹² "I am the light of the world," he said, "Whoever follows me will have the light of life and will never walk in darkness. ")"必要得着生命的光"在这里就指得到永生,与福音书的开篇中对光的说法是一致的。通观了"约翰福音"对光的强调和执迷,我们也就可以理解为什么在谈白天去拉撒路的村庄不安全时,耶稣会就白天有光照,夜里黑暗发了一番议论,从而强调与光亮在一起的重要。然而他发的议论往往都不能被当时的民众理解,这也是福音书叙事需要营造的效果,证明他的高深和不平凡。

第三个小问题是为什么耶稣要逗留到四天以后才去救拉撒路。这样做的原因在于犹太人的文化习俗。犹太人相信灵魂需要死后三天才能离开肉体,因此要到第四天人才算得上真的死了。耶稣故意拖延了四天,说明他熟悉这个民间想法,不想让人怀疑他的神迹,要做得天衣无缝,把尸体已然发臭的拉撒路救活,让民众彻底相信他是神子,是降临人世来营救众生的弥赛亚。事实上,"约翰福音"把拉撒路起死回生的神迹安置在耶稣即将胜利进入耶路撒冷之前,处在这部福音书的中间位置,可见作者是多么重视这个神迹,以及这个神迹的成功在当时宣传耶稣和招募信徒方面所起的巨大作用。

耶稣曾说:17:³³"……凡想要保全生命的,必丧掉生命;凡丧掉生命的,必救活生命。"(Lk 17:³³ ". . . Whoever tries to save his own life will lose it; whoever loses his life will save it.")拉撒路的起死回生还反讽地证明了这个论断。拉撒路故事体现的这种反讽对仗在《新约》叙事中并不鲜见。比如"路加福音"16:19—31 讲到的财主和讨饭穷人拉撒路的故事就是个精彩的例子,虽然它讲的反讽结果不是耶稣说的想死和想长生不老,而是富得流油的财主死后落在水深火热的阴间受煎熬,而与野狗为伍,满身疥疮的乞丐拉撒路死后却被天使带去安放在亚伯拉罕的怀里,得到爱和呵护。基督教面向普通民众,起死回生的拉撒路是个贫民百姓,耶稣让他死而复生既表现了他的贫民立场,又反讽地验证了他自己说过的话,使丧生的人再次获得生命。

我们还注意到耶稣说到死时,常用委婉词语"睡着了"(Euphemism)来代替,而周围的人和门徒们往往不明白他说的"睡"就是"死"。在拉撒路的故事里,耶稣一开始说的就是:"我们的朋友拉撒路睡了,我去叫醒他。"经文告诉我们耶稣说"睡了"指的就是死了。当那些百姓听不懂这层意思时,耶稣才明白地用了"拉撒路死了"这样的表达。在其他起死回生的神迹故事里也有把死称为睡的例子,但不同于拉撒路的情况,有时的确让读者怀疑那些说是被救活的人是否真正死了。"马太福音"里耶稣救女孩的神迹就比较含糊,原文是:

9:²³耶稣到了管会堂的家里,看见有吹手,又有许多人乱嚷,²⁴就说"退去吧!这闺女不是死了,是睡着了。"他们就嗤笑他。²⁵众人既被撵出,耶稣就进去,拉着闺女的手,闺女便起来了。

(Mt 9:²³ Then Jesus went into the official's house. When he saw the musicians for the funeral and the people all stirred up, ²⁴ he said, "Get out, everybody! The little girl is not dead—she is only sleeping!" Then they all laughed at him. ²⁵ But as soon as the people had been put out, Jesus went into the girl's room and took hold of her hand, and she got up.)

我们知道,在"约翰福音"那孩子的母亲跑来求救时,孩子还活着,只是病危。但耶稣被那个患血崩的女人耽搁了。孩子的死讯是一个邻人来报告的。故事没有给出任何其他信息,只交代耶稣到达后一边进屋,一边说女孩是睡着了。他拉起孩子手并喊她起来,那女孩就睁开眼睛起来了,好像那女孩并没有死,可能是昏迷,或是假死。所以前瞻耶稣遇难又升天的最核心的起死回生神迹,"拉撒路复活的故事"里,"约翰福音"的作者就不能留下半点对耶稣神力的疑惑,他有意写成耶稣在死人下葬四天后再让他起死回生来强化神子施行神迹的功力。

结 语

神迹故事都有固定格局,一般来说神人先不露声色,有时还卖关子,而围观者都很迟钝,持不信任,甚至仇视的态度,最后才会被神迹震撼。虽然耶稣不同一般施神迹的法师,他不会故意卖关子,但是上述的故事格局基本存在。其次,被他神力慑服的多是那些无知的随从和旁观者,然后他们就信他是神子来世,皈依了基督教。拉撒路和他的姐姐就是耶稣在以色列打开局面的基本群众,耶稣自己说拉撒路的死是安排好来显示他的神子身份的。另外,丧事是个社会场合,有人群可以扩大影响,到此时耶稣已经以治愈绝症而知名,从而引发犹太祭司们加倍的妒恨,他们于是决心除掉耶稣。不过,在科学发展后,耶稣是否是神的儿子,以及如何看待神迹都引发了争议。到了19世纪,实证主义成为一个流行的研究方法和理论,宗教也就面临了巨大挑战。以阿诺德为代表的西方精英知识分子就提出了折中的办法,即不承认《圣经》之外的,尤其是《新约》之外的,任何神迹。也就是说他们默认了,或不予追究耶稣手到病除和起死回生种种神迹了。

单元六读后思考题/写作题(Essay Questions):

1. 就你所了解的西方文学,讨论"浪子回头"这个主题格局在西方文学中的再现和意义。

2. 试探寓言作为西方文学中的一个主要表现形式,它与西方哲学思想和基督教传统的关系。

3. 以"好心的撒玛利亚人"为例浅谈基督教的普世精神。

4. 试析耶稣起死回生神迹的宗教意义和它们在福音书的整体叙事中所起的作用。

5. 就19世纪后西方精英们对基督教神迹采取的妥协态度谈谈你的看法。

第二部分　教辅资料

第一章 《圣经》文学性研究介绍

（一）概述

　　《圣经》的文学研究是 20 世纪的现象了。严格讲，从一开始读经的僧侣和信徒们就注意到《圣经》叙事里面很有技巧。到了文艺复兴和新教改革时期，不少诗人把《圣经》当作效仿的模式，而阐释它的僧侣和学者对它的艺术性也有所关注。然而一直以来很少有人认为《圣经》本身可以算做文学作品，不论是基督教徒，犹太人，还是世俗读者都倾向把《圣经》文本看做形式上比较杂乱的一个集子，它包含了律法、家族谱系、历史故事、神话寓言、传说、诗歌等多种文类。就语言而论它也比较复杂，前后用过希伯来文和希腊文记述，又经过拉丁文和英文的漫长翻译和编辑历史，所以似乎无法谈及它有何艺术上的完整性和特点。[①]

　　然而，这种看法到 20 世纪 40 年代被一个西方文化饱学之士的独创见地给改变了。他就是犹太学者艾里克·俄尔巴赫（Erich Auerbach）。[②] 二战期间俄尔巴赫为了躲避希特勒的迫害，逃亡到土耳其，在不具备搞研究的起码条件下撰写了具有划时代意义的文学评论专著《模仿：西方文学中对现实的表现》(*Mimesis: The Representation of Reality in Western Literature*)。这部文论的目的是讨论历代对文学反映现实，或称模仿现实的不同理解，以及由此而产生的多种表达手法和效果。俄尔巴赫在这部书里探讨了上起荷马史诗和《圣经》下至弗吉妮亚和普鲁斯特的主要西方文学作品，达到了无可比拟的宽度和深度，充满了独特的见解，并在理论、批评和历史等方面提出了许多至关紧要的问题。也就是在这部书里，《圣经》的文学性和文体上的独特之处得到了首次阐释。我们可以毫不夸张地说，是俄尔巴赫的《模仿》，具体来说是书中十分出名的第一章"奥得修斯的伤疤"，开启了从 20 世纪下半叶到如今仍方

---

　　① 关于《圣经》包含的众多文类以及《圣经》的翻译史和版本，在本教程"教辅资料"第二章"《圣经》背景知识介绍"里有较详尽的资料。

　　② Erich 的拼写还可以是 Eric。

兴未艾的《圣经》文学性研究和多元文学解读。①

在俄尔巴赫之后,《圣经》的文学性研究大部分属于文体和叙事分析以及结构与形式等方面的批评,但是也不乏从神话原形、意识形态、解构主义、心理学和女权主义等多个角度的审视。越来越多的人认识到《圣经》本身是一部伟大的文学作品,它的文本应该得到同所有其他文学巨著一样的关注。在这些进行《圣经》文学研究的学者里,罗伯特·艾尔特(Robert Alter)可以称得上是位元老。这位资深的文学教授在从事《圣经》的文学阐释方面做出了突出成绩,最有影响的要算他的著作《圣经的叙事艺术》一书(The Art of Biblical Narrative),该书成功地在《圣经》貌似杂乱的叙述中寻求潜在的联系和规律,并且用新批评的细读文本手段阐释了许多精彩篇章。继艾尔特之后最有建树并超越和批评了纯文学解读《圣经》的学者是以色列特拉维夫大学诗学和比较文学教授梅厄·斯腾伯格(Meir Sternberg)。斯腾伯格的力作《圣经的叙事诗学:意识形态文学和解读的戏剧性》(The Poetics of Biblical Narrative: Ideological Literature and the Drama of Reading)强调了《圣经》首先是一部意识形态著作,因此任何忽略了这一点的纯文学评论都有简单化歪曲《圣经》的可能。他试图纠正文学阐释的偏差,并且致力于建立一个《圣经》文学批评的更系统化的理论体系。除去上述两位学者的研究外,值得提到的还有加拿大文学教授和评论家诺索普·弗莱(Northrop Frye)和他论《圣经》的专著《伟大的代码:〈圣经〉与文学》(The Great Code: The Bible and Literature)。弗莱是研究神话和文学原型理论的,在这本著作里,他对语言、意象和隐喻在《圣经》和西方文学中的表现以及对创世记神话都做了精彩的论述。叙事学学者米柯·巴尔(Mieke Bal)著有《死亡和相反的对称:"士师记"里的对应政治》(Death and Dissymmetry: The Politics of Coherence in the Book of Judges),书中从女权主义角度对《旧约·士师记》描述的牵涉女人的谋杀和死亡进行解读,很有特色。马里兰大学教授苏珊·韩德尔曼(Susan Handelman)在她的《杀死摩西的人:现代文学理论中出现的犹太教士解读影响》(The Slayers of Moses: The Emergence of Rabbinic Interpretation in Modern Literary Theory)一书中,更是进一步探讨了犹太教士对《旧约》解读的方法和认识论如何影响了弗洛伊德的解梦学说,并成为拉康和德里达解构主义理论的基础。下面就逐一把上述提到的几位学者的研究成果做个简略的介绍。

---

① 大卫·杰弗里(Jeffrey, David Lyle)在他的文章《20世纪80年代〈圣经〉的文学研究:给困惑者的引导》("The Bible as Literature in the 1980s: a guide for the perplexed")中对西方的《圣经》文学研究形势做了总结归纳性评述。该文载于《多伦多大学季刊》(The University of Toronto Quarterly. vol. 59, Number 4, Summer 1990),第570—580页。

(二) 俄尔巴赫:简约、含蓄的《圣经》文体

俄尔巴赫在《模仿:西方文学中对现实的表现》一书的第一章"奥德修斯的伤疤"里对比了荷马史诗同《旧约》在文体上的巨大差异,分析了造成各自叙述风格的原由,并得出结论说:《圣经》是同荷马史诗比肩的伟大史诗,是世界文学宝库中的一颗璀璨明珠。

《奥德赛》第19卷描绘奥德修斯结束了十年特洛伊战争后在海上又漂泊了十年,最终回到了伊萨卡自己的家中。在他滞留异乡期间许多无耻的求婚者住到他家里来向他妻子佩涅洛佩求婚,并大肆挥霍他的家产。为了安全,奥德修斯回家时只能装扮成一个乞丐请求主人容许留宿。老管家尤利克里娅曾是奥德修斯的奶娘,按照待客规矩侍候奥德修斯洗脚,发现了主人腿上的伤疤,认出了奥德修斯。[①] 俄尔巴赫选择了《奥德赛》里的这段故事,用它同《旧约》中亚伯拉罕将以撒做祭品献给上帝的故事做了详尽的比较,深入又令人信服地揭示出两个完全不同的叙事文体,证明了《圣经》的简约、含蓄文体同洋洋洒洒、气魄宏大的荷马史诗一样伟大。[②]

俄尔巴赫首先带领我们回忆了奥德修斯化装回家,洗脚时因腿上的伤疤而几乎暴露身份的故事,然后指出,荷马史诗总是竭尽铺陈之极来描述每一个事件和人物,场面气魄宏大,常常采用插叙、倒叙来交代因果和往事,可以说没有任何细节被遗忘,也决不留存任何疑点。在荷马史诗里不仅一切都交代得一清二楚,而且是用华丽铺陈的语言娓娓道来。他称这种毫无保留的描述为"外化的叙述"(Externalization of All Elements)。[③] 俄尔巴赫还对荷马史诗里离题的铺陈式叙述是不是制造悬念提出了自己否定的看法。他指出荷马在叙述中忽然插入大段回忆的做法往往是把过去前置,用它完全占据了读者现在的时空,讲到精彩处便令读者几乎忘却前面叙述中发生了什么事情。因此,与其说插叙会令读者更紧张地等待被打断的情节的下文,担心奥德修斯暴露身份后可能发生的危险,还不如说是一剂舒缓剂。这种插入是史诗叙述文体中常见的做法,它一方面可以带来更博大和宏伟的氛围,另一方面还可以让读者或听众的紧张心情得到片刻的松弛,从而能够更悠哉地欣赏诗文之美。

俄尔巴赫认为荷马的史诗之所以没有含蓄和悬念,而是完全"外化和前置"所叙述的每一个事件,力尽铺陈豪华之极,其原因首先是美学考虑,要让诗文美,以给读者或听众最大的美感满足。这种文体是由史诗创作目的所决定的。荷马和他前后的诗人

[①] 关于"奥德修斯的伤疤"的详细内容,见俄尔巴赫著《模仿:西方文学中对现实的表现》,第3—23页。
[②] 这两个故事的详细比较可参见俄尔巴赫著《模仿》,也可见刘意青著《〈圣经〉的文学阐释:理论与实践》。
[③] 《模仿:西方文学中对现实的表现》,第4页。

创作史诗为的是愉悦听众,他是在讲故事,也就是在虚构,因此没有任何顾忌和约束。诗人就等同于全知全能的叙述者,怎么编能使故事更好听,怎么讲能使诗文更精彩,他就会那么去做。这个创作目的决定了荷马史诗那夸张、明了和铺陈的外化文体。

作为对比,俄尔巴赫接下来就分析了《旧约》"创世记"里第 22 章亚伯拉罕把以撒做祭品献给上帝的故事。同"奥德修斯的伤疤"那洋洋洒洒上百行诗[①]相比较,这段故事真是很短很短了。首先,俄尔巴赫提醒我们注意这个故事一开头就显示出与荷马史诗决然不同的叙事特点。叙述开头显得十分突然,上帝从什么地方呼唤亚伯拉罕?而亚伯拉罕当时又在什么地方?故事文本全都没有清楚的交代。在《圣经》里我们看不到上帝在哪里,也无法知道上帝什么样子。他不同于荷马史诗中描绘的奥林匹斯山上的宙斯及众神,我们知道他们如何议事,如何争风吃醋,而亚伯拉罕的上帝是无法描述的。亚伯拉罕听见上帝呼唤时回答的"我在这里"并没有说明他到底在哪里。俄尔巴赫指出,这句话不是要交代地点,而是反映了亚伯拉罕对上帝那种一叫即应的绝对服从的态度。这种描述不是为愉悦听众,而是要承载道德和宗教的内涵。恰恰是为了突出亚伯拉罕对上帝的绝对忠贞,《圣经》的作者省略了那许多可能喧宾夺主的细节,如对时间和地点的交代以及对背景和环境的描述。因此,"我在这里"的例子十分有力地说明了《圣经》文体把思想意识置于一切之上的特点。

同样受到简略对待的是亚伯拉罕去献祭的那漫长的三天路程。读者可以说对那三天发生了什么事情毫无所知。亚伯拉罕一行在第三天早上到达了上帝指点的目的地,但是这个地方在哪里,故事也没有交代,整个的三天旅途就这样被省略了,像是一段真空。这些叙述上的简约在荷马史诗中是绝对不可想像的,在那里一切都讲得清清楚楚,不留半点阴影,不引起读者丝毫疑虑,就连奥德修斯伤疤的来历都要用倒叙法插入解释。为什么《圣经》的作者不利用戏剧性的手法,把三天来路上的遭遇好好渲染一番呢?俄尔巴赫在这里又讨论了悬念问题。《圣经》叙事一切从简的目的就是要减少注意力不必要的分散,要把故事的紧张气氛绷紧,让读者时时不忘亚伯拉罕所受的考验,并集中精力体验事件的沉重和亚伯拉罕的忠贞品德。

除去地点和时间上的含糊,《旧约》叙述看上去也很干巴、简短,甚至常常没有对人物和景物的描绘,连个形容成分也很难得看到。亚伯拉罕和以撒长得什么样儿?他们的性格和脾气如何?两个仆人叫什么名字?他们对亚伯拉罕和以撒是否忠心?这些

[①] 第 19 卷整个讲的是奥德修斯那晚从化装回家到上床睡觉之前的遭遇,全卷共 604 行。佩涅洛佩吩咐尤利克里娅为客人端水洗脚从第 350 行开始,奥德修斯捂住老奶妈的嘴并承认了自己真正身份的一段话止于第 490 行,可算这个识别事件的结尾。这样算来"奥德修斯的伤疤"共有 140 行,其中猎野猪的倒叙从第 394 行至 466 行,共计 72 行。见诺顿评论版《奥德赛》(*Odyssey*. translated and edited by Albert Cook,1974),第 256－273 页。

都只字未提。对人物唯一的修饰词语只有两处,两处都是用在以撒身上的:一处是在上帝命令亚伯拉罕用以撒做祭品烧祭自己时说"你带着你的儿子,你独生的儿子,你所爱的以撒,往摩利亚地去"①;另一处是在上帝阻止亚伯拉罕杀死以撒后肯定他的忠心时,再次提到以撒是亚伯拉罕的独生子。为什么在总体上非常精简的叙述中以撒一个人就得到两处限定性的形容词语?俄尔巴赫指出这个例子非常有力地证明了《旧约》作者很有意识地对简繁叙述做出了抉择。上帝在要求亚伯拉罕献出以撒时,特别说了以撒是亚伯拉罕的独生子,是他所爱的儿子,这说明上帝不是不知道亚伯拉罕最爱以撒,却偏要他亲手杀子来表示对自己的忠诚,可见这是故意要考验亚伯拉罕。因此,即将要发生的杀子的可怕考验就形成了叙述中的一个巨大的悬念,令读者揪心地等待着以撒的恶运付诸实现。俄尔巴赫认为亚伯拉罕献祭以撒的故事完全达到了悲剧诗要求,而且取得了壮美的(sublime)效果,因此以它为代表的《圣经》叙事够得上史诗的标准,它只不过是与荷马史诗不同文体风格的另一类史诗。不同于荷马写的《奥德赛》,《圣经》是基督教宗教经文,它首先是要读者相信所讲的一切都是真的,俄尔巴赫把这叫做《圣经》叙事的"真理声称"(the truth claim)。《圣经》的叙事者宣称他所讲的都是代表上帝的真理,他要求读者绝对相信《圣经》里记载的一切。这一对真理的考虑压倒了包括美学考虑的一切其他写作因素。为此,《圣经》的叙事者不能任意铺陈,不能取代上帝像荷马史诗的叙事者那样成为全能全知。这种压倒一切的意识形态考虑就造成我们在亚伯拉罕的故事里所见到的,上帝从头到尾是神秘而不可及的,甚至故事中的许多事实和人物的心理活动也都从略,不去做清楚的交代。这种叙述给每个读者留下了极大的隐含内容去理解,去做自己的解读。在这个意义上,《圣经》的文本比《奥德赛》这样的史诗要深刻得多。这是因为它的简约、含蓄提供了多种理解可能,从而读者能在解读的戏剧性过程中获得极大的满足。

通过比较"奥德修斯的伤疤"和"亚伯拉罕献祭以撒",俄尔巴赫就这样得出了《圣经》是同荷马史诗和其他世界文学名著比肩的一部伟大文学作品,从而开始了20世纪下半叶研究《圣经》文学性的汹涌势头。②

(三) 艾尔特:《圣经》叙事的潜在关联

俄尔巴赫关于《圣经》是一部伟大史诗这一建树成为《圣经》文学性研究的发端,但是要称《圣经》为一部文学著作我们首先遇到的拦路虎就是它那杂乱无序的表象。在

---

① 亚伯拉罕不止一个儿子,但是只有以撒是他婚配的妻子撒拉所生,而且是两人老来才得的儿子。
② 俄尔巴赫对"奥德修斯的伤疤"的分析虽然精彩,但由此而得出的对《圣经》整个文体的结论也引起了争议。持不同意见者主要对"亚伯拉罕献祭以撒"这样简约的叙述是否可以代表整个《圣经》文体风格提出了疑问。

俄尔巴赫对《圣经》文体特殊性的认识基础上，许多文学批评家在赶开拦路虎方面又做出了努力，其中较为突出的有罗伯特·艾尔特，他对《圣经》，特别是《旧约》的叙述特点做了全面并富独创性的研究。艾尔特在他有关《圣经》文学性的论述中，特别在他最有影响的著作《圣经的叙事艺术》里比较成功地论证了《圣经》的各个故事、章节和卷书之间是有相互关照和联系的，这种联系主要通过使用同根字词、重现主题、重复格局或模式，还有对应等手段来体现。这样，艾尔特在貌似杂乱无章的《圣经》各章节之中找到了叙述上内在的联系和文字及内容上前后的呼应；他还证明《圣经》中看上去毫无目的的重复叙述，事实上大多是作者有意的安排，是要通过重复中的变化来刻画不同的人物形象，或为下文埋下伏笔，或形成对比和呼应结构。他把这种"重复中的变化"和"借助潜在的前后呼应因素做提示所取得的叙述上的相关性"称作"提示性的统一"（Unity in Allusion），并由此得出了《圣经》文本在思想性和艺术性上都形成了一个叙述整体的结论，这是一个建立在"提示性的统一"基础上的整体。①

    为了说明什么叫做"提示性的统一"，艾尔特把路得和亚伯拉罕做了对应比较。②《旧约》里的"路得记"（The Book of Ruth）出现在"士师记"（The Book of Judges）的后面，似乎是相对独立的一卷书，但艾尔特指出"路得记"并不是上下不着边际的一个孤零零的故事，作者写这个故事实际上是要同亚伯拉罕的故事作为对应。正如以色列之父亚伯拉罕是以色列的奠基者，是族长以撒、雅各和约瑟的先人一样，路得堪称以色列之母，从她的血脉里延伸出统一以色列民族的大卫王，后来上帝之子耶稣也诞生在她的后人门里。艾尔特从文本里找出了不少对应凭据来证明这两个人的相对性和相关性。③ 通过类比，艾尔特证明了"路得记"的故事不仅在思想内容上，而且在艺术格局方面都不是随意收入的一个史料记载，而是《旧约》文本里的有机构成部分。

    艾尔特精通希伯来文，因此他在论证路得故事同亚伯拉罕故事的并列地位时，还引证了一些希伯来文《圣经》中字词使用方面的对应例子，找出上帝对亚伯拉罕说的话与波阿斯对路得说的话的相似之处。虽然由于故事不同，上帝和波阿斯的言辞不可能完全相同，但是不难看出这两个故事里都有离开故土去个陌生地方发展的主题，都明确地指出了这是上帝所希望、所肯定并予以庇护的。通过这样的并列类比，艾尔特就向我们显示了《圣经》里贯穿始终的主题思想线如何把路得的故事纳入了叙事的整体，并且通过字词的重复出现及对路得和亚伯拉罕处境的平行性提示，使我们看到了貌似

---

    ① 艾尔特著《圣经的叙事艺术》，第 11—35 页。
    ② 同上书，第 13—14 页。
    ③ 除了查看《圣经的叙事艺术》的相关部分，还可以参照刘意青著《〈圣经〉的文学阐释：理论与实践》和《〈圣经·旧约〉的叙事特点、解读戏剧性和意识形态影响》，载于任光宣主编《欧美文学与宗教》（北京：人民文学出版社，2002），第 1—35 页。

第一章 《圣经》文学性研究介绍

随意的《圣经》叙述的确不那么随意,的确有着各种内在的关联。①

以《圣经》的叙述有内在的关联,而这种整体关联又是通过提示来获得的这一理论为基础,艾尔特进一步指出:既然"提示"或"隐涉"、"暗指"(allusion)是个文学概念,那么把《旧约》连成一体的就是文学因素。因此,那些主要从神学、法学或历史、道德角度去研究《圣经》的人们必须改变观念,他们应该对《圣经》的文学性给以重视,用新的眼光来审视《圣经》,否则他们在各自领域内研究的准确度就会受到影响。也就是说,用文学方法来解读《圣经》应成为理解《圣经》之根本,是各种解读的基础。②

艾尔特对《圣经》叙事研究的贡献很多,但最精彩的一笔要算他的"类型场景",或"类型格局"(type scenes)理论,也就是说《圣经》故事中存在某些固定的格局,它们多次重复出现,形成了一个个的叙事类型。这是一种套数,在中西文学作品里都常见。艾尔特发现《圣经》里有类似笔法,因此更坚定了他关于《圣经》是部文学著作的看法。他归纳出《圣经》叙述里出现的许多相似场面,找出了它们的不同,并从中察看到高超的叙事技巧。比如《圣经》里三次出现一个以色列族长被饥荒所迫,携妻逃到南方某个国度,在那里为了存活,他不得不撒谎说妻子是自己的妹妹,结果当地的王侯就对他妻子生出非分之念,以致需上帝出面干涉,降灾于那里的百姓,最后得以脱身。又比如亚伯拉罕迫于妻子撒拉对使女夏甲的不满两次把夏甲发送到荒野沙漠中去,在九死一生的当儿夏甲见到一口井,上帝帮助她和她的儿子以实玛利获得了生路。又比如,《旧约》中更常见的一个格局是受到丈夫喜爱的妻子总是怀不上孩子,而没什么感情的妻妾倒是十分多产,结果造成女人之间的争风吃醋。而且上帝最终偏爱的都不是长子,而是次子,往往还是那个不育的妻子终于怀上的儿子。上帝的偏护使这些小儿子得以子承父业。

那么,"类型场景"这种手段在《圣经》的叙事里起到了什么作用呢?在众多的"类型场景"里,艾尔特重点分析了"求/订婚场景"(the betrothal type scene),以此说明模式重复和变化对突出主题及刻画人物的巨大作用。③ 艾尔特对比剖析了《旧约》里的三个"求/订婚场景",即(1)以撒迎娶利百加,(2)雅各争娶拉结和(3)摩西招赘米甸,并从它们的区别中指出"类型场景"是《圣经》叙事技巧的精华之一,它不仅具备了融《圣经》为整体叙述的承上启下的"提示"功能,而且对人物不同性格的塑造起了关键作用,还暗示了人物的不同使命。④

---

① 关于用词重复的分析,见《圣经的叙事艺术》,第58—59页。
② 同上书,第19页。
③ 对"类型场景"的分析见《圣经的叙事艺术》,第47—62页。
④ 这方面的分析在此从略,因为前面的故事分析里已经提到很多相关内容,而且还可以参看《圣经的叙事艺术》对此的详细分析。

综上所述,艾尔特的贡献基本表现为通过寻找《圣经》,特别是《旧约》叙事中潜在的联系,来证实这个文本的整体文学价值。他对"类型场景"的对比分析使我们看到了貌似简单和重复的《圣经》叙事一点都不简单,其中包含了丰富的内容和寓意,的确值得我们细细地去挖掘和品味。

(四) 斯腾伯格:《圣经》叙事的意识形态研究

继艾尔特之后,《圣经》叙事研究中值得一提的是梅厄·斯腾伯格的力作《圣经的叙事诗学:意识形态文学与解读的戏剧性》。斯腾伯格于上个世纪60年代就开始发表有关《圣经》叙事和解读的文章,在初出茅庐之时还得到过艾尔特的鼎力支持。1985年他发表了《圣经的叙事诗学》(简称),这部专著已成为研究《圣经》文学特点最重要的成果之一。他指出了艾尔特等评论家片面强调文学性,不顾《圣经》首先是部意识形态文本,而是以对纯文学的细读去代替和压倒一切,因此他纠正了《圣经》文学性解读中的偏差。这部著作对《圣经》的意识形态控制其叙事的这一特点的分析,比先于它的任何研究都更明确地显示了《圣经》叙事的高度复杂和深奥精湛。

首先斯腾伯格从历史编纂学的(historiographical)角度来重新审视《圣经》,尤其是《旧约》的叙事特点,但是他特别申明他的历史学立场绝不等同于过去对《圣经》做的历史研究,因为他不探究《圣经》中的故事是否是历史事实,也不对经文做历史考据。他只是要把文学解读建立在对《圣经》原来的文字语言、对它的历史、文化和地域背景认识的基础上,也就是把《圣经》置于一定的历史和政治环境中来进行解读,并且要参考最早的经文学者包括犹太教教士所提供的研究心得,否则"纯文学"解读只会歪曲《圣经》原意,成为一种不负责任的文字游戏。① 斯腾伯格在书中提出了三个贯穿《圣经》叙事始终的操作准则。它们叫做:历史编纂学的原则(the historiographic principle)、意识形态的原则(the ideologic principle)和美学的原则(the aesthetic principle)。②

首先,他把《圣经》叙事与现代小说区分开来,以示它不是纯文学,用了俄尔巴赫的理论,强调了"真理声称"(truth claim),即《圣经》宣称它的文本里所讲的一切都是事实,代表了上帝的意旨,这是《圣经》叙事压倒其他一切考虑的首要原则。它的叙事要追求叙述的"真理价值"(truth value),要让读者相信所言皆真。斯腾伯格在此把议题扩大范围,表述了他对历史作品和文学作品的总看法。他说:"所谓历史作品,并不是它里面记载的都是真事——是真正发生了的事情,而在于这个话语声称它记载了历史

---

① 见斯腾伯格著《圣经的叙事诗学》的第一章("Getting Things Straight"),特别是第1—7页。
② 同上书,第41—48页。

真实;同样,虚构作品也不是真正的凭空创造,而只不过是那个话语声言它是出自作者想像。"①因此,对一个文本的研究关键不在于去究竟写的内容到底是否是真人实事,首先要注意的是作者的立足点,他写作的目的是什么,他是否要让文本具备写真实的价值。在这个意义上,《圣经》的作者们无疑是视历史真实性价值高于美学和其他考虑的。这就是斯腾伯格指出的《圣经》叙事的首要特点,是我们研究它时必须牢记不忘的原则。斯腾伯格的贡献还包括进一步区分了什么叫做有"真理价值",什么是做出"真理声称"的姿态。他指出:"宣称有真理"和实际上有无"真理价值"并不能等同起来,两者之间存在差距,这是认识《圣经》叙事的基本点,会极大地帮助我们理解和评估《圣经》,而且许多解读的戏剧性也来自叙述中存在的这个差距。他指出《圣经》的编纂历史的性质使它的叙述无处不持有与真实认同的姿态:比如驾驭整个叙述的是个全能全知的可靠的声音,叙述中充斥了对往事的记忆、描述和解释,还有家族谱系和习俗来源故事等,这些都表示《圣经》里讲的一切均有历史根据。更重要的是书中从头至尾都有上帝的权威指引和控制,所以在文本里几乎找不到一星点儿编造事实的语气、姿态或措辞。斯腾伯格用这第一个原则纠正艾尔特等人一味只搞新批评那类纯文本细读所造成的把《圣经》文本完全等同于虚构文学的偏差。

《圣经》叙事的第二大特点就是具备强烈的意识形态性质。斯腾伯格在指出其历史编纂性之后,笔锋一转提出了历史著作,特别是《圣经》这种声称是历史真实记录的作品,同神话有什么区别的问题。因为如果说只要摆出了一副讲真话的样子就可以算是与历史真实认同,也就具备历史编纂性质的话,那么许多神话也宣称自己是真的,为什么人们从不把它们当真呢?比如,同样是创世故事,为什么女娲补天、造人、战洪水的故事永远是个美丽的神话,而上帝造天地万物,用泥捏出亚当,又用亚当的一条肋骨造出了女人夏娃却被奉为是真实的人类和宇宙的起源,而成为了一个信仰呢?斯腾伯格解释说,这正是因为《圣经》在整体上已经以其博大的范围、涉世的深度和历史的全面关怀形成为一个意识形态,这是其他有关人类历史和社会的神话很少达到的。作为一部意识形态著作,《圣经》具备了自己的一整套世界观和价值体系,它们正是《圣经》的话语竭尽全力要向读者和受众传达的。所以,《圣经》叙事的第二大原则就是它内含的意识形态体系和目的。

然而,一反意识形态作品往往难免要说教的特点,斯腾伯格指出虽然《圣经》宣称自己具备真理,而且宣传和体现了自己的意识形态及价值观,但是它却绝不用简单的说教方式。它的叙述避免了直接教训,而选择了用文学的复杂表现手段,常常喜欢做迂回、微妙和隐晦的表述,迫使人们通过反复阅读和琢磨去理解其中的奥妙。尽管这

---

① 见斯腾伯格著《圣经的叙事诗学》的第一章("Getting Things Straight"),第 25 页。

种叙事风格往往会增添《圣经》传达其意识形态的难度，但是斯腾伯格认为，它恰恰是由《圣经》中人神关系以及人对上帝的认知存在着不可逾越的鸿沟的特殊性所决定的。这种叙事的复杂性主要表现于叙述者从不说谎话，即总是像他宣称的那样在讲他认为的真话，或者说他总是遵循上帝的意志来说话，但是他也从来不把也不能把真话全部说出来。他总是有所保留，给读者留下了许多谜团，许多不解之处。这种叙事特点完全与说教文风相反。比如《圣经》中不论是描述人物还是揭示动机，都要经过一个缓慢的，甚至是一两代人的漫长过程来完成。读者最终能接受并与经文的思想教诲认同的原因正是由于他们在阅读中同人物一道经历和体味了困难和考验的全程，是同他们一起一步步走过来的，因此最后也就很容易接受《圣经》文本要传达的道理了。这种叙事体现了《圣经》文本不同于简单化政治和道德说教文学的美学追求。这就是斯腾伯格所说的第三大叙事原则：《圣经》叙事的美学考虑。忽略了三条原则中任何一条去研究《圣经》的叙事特点都只能是片面的，就会误导《圣经》的文学研究。

斯腾伯格认为在研究《圣经》时，我们必须认识到，整部《圣经》的中心矛盾就是人与上帝之间的矛盾与亲和关系，这个矛盾并不直接围绕着生与死的斗争进行和展开。在《圣经》里，从伊甸园内上帝和亚当、夏娃产生矛盾开始，直到耶稣钉死在十字架上、后来又复活的全部惊心动魄斗争，都是一个认识论的矛盾。它不是人类有没有获得永生、想不想死的问题，而是一场始终围绕着人类到底信不信上帝，到底对上帝的存在、对他的威力和他的意图了解多少的这个焦点来展开的斗争。因此，在"创世记"里人类首次犯罪，违背上帝时，不是去偷吃生命树上的果子，而是吃了知识树上的禁果。自然，故事的这一笔首先是为了埋下人类从此背负了原罪恶果，并解释为什么人类后来失去了乐园和永生，为什么需要耶稣诞生和钉死在十字架上来为人类赎罪。但是，这一笔叙事还很巧妙地成为对全书中心矛盾是知识的一个喻指。正因为《圣经》的中心问题是人类把握了多少有关上帝的信息，而能够对这个信息把握多少又取决于上帝对待每个人的态度，所以《圣经》的叙述也就必然不能一目了然，它不但让以色列历代的族长头人费解，也给经文之外不论进行宗教阐释还是做文学解读的读者们留下了那么多认知方面的含混以及解读的余地。也就是说，《圣经》叙事的简约、隐晦、迂回，以至于存在许多信息空白，都与它的中心矛盾——认知矛盾有关，即人如何认识上帝，而上帝又是怎样有区别、有选择地让我们了解他的意图等等。一句话，在《圣经》的世界里，特别在《旧约》中，人对上帝而言有亲有疏，对上帝知道得越多，做事就会正确，就会繁衍发达。反之，一旦被上帝抛弃，对他的意图一无所知，那就意味着灾难即至，前景十分可怕。把握上帝的意图就成为《圣经》世界里以色列历代族长和帝王的成败关键，是以色列历史演进的症结所在。因此，我们可以说《圣经》的性质和目的就决定了解读成为它的中心矛盾，而且决定了文本内外的解读都会富于戏剧性。

然而，作为基督教的宗教文献，《圣经》又肩负向芸芸苍生宣传教义的任务，《圣经》

叙事技巧如此高深,暗藏不露的内容又那么多,这些普通百姓靠什么来了解上帝的经文呢?也就是说,如果如斯腾伯格所言《圣经》的叙事技巧高超,传达意思隐晦、迂回,那么信仰基督教的广大民众,包括没有文化或只受过很少教育的人岂不都与《圣经》无缘了?《圣经》又如何能成为西方家喻户晓,人人都能阅读,读懂,并遵循的文本呢?斯腾伯格在解答这个疑问时发明了另一个术语,叫做"防蠢人的编写原则"(foolproof composition principle)。这个原则指的是不同层次的读者可以在深浅不同层次上来读《圣经》,它的叙事采用了一些保住理解底线的措施。斯腾伯格指出,像所有伟大的文学作品一样,《圣经》可以给不同层次读者提供不同的思想收益和艺术享受。比如对莎士比亚的戏剧,T. S. 艾略特就曾指出"对最单纯的观众,那里面有故事情节;对善于思考的观众,那里面有人物和人物间的矛盾;对文学修养好的观众,那里有措辞和行文;对音乐感强的观众,那里有台词的节奏;而对那些特别敏锐、理解力超群的观众,莎剧能提供逐步揭示出来的更深刻的含义。"①《圣经》也是同样丰富和博大的作品,因此它不但为世界一流的神学家和文学评论家提供了去做无止境理解和认识的文本,它也能被文化初级的简单读者读懂和遵循,因为在它众多的叙述技巧里还采取了上面提到的"防蠢人的编写原则"。② 由于有这样的叙事策略来防范,每个人在阅读《圣经》的过程中,都能得到一些东西,不论那是思想内容,宗教信仰,还是美学满足,决不会有空手而归的人。我们可能会读不出某些含义,也可能多读出一些文本内没有的内容,甚至会误读,但是我们决不会把整个意思读成反的。③ 这正是《圣经》通过叙事的种种手段给予我们的保证,这种人人都能从《圣经》中获得教益的"防蠢人的编写原则"和技巧也进一步证明了《圣经》的首要考虑是保证其意识形态收到效果。

《圣经的叙事诗学》全书分成 13 章。在交代清楚自己的立场和对《圣经》叙事原则的看法之后,斯腾伯格进入了细致的文体和叙事技巧分析,比如对叙述模式和视角,叙述中的含混及填补空白的戏剧性,对人物的预期塑造手法,重复叙述的功能以及修辞方面的探讨等等,其中不乏许多精彩和独到的见解。比如,如何填补叙事中有意设置的信息缺漏(斯腾伯格称之为"填补叙事缺漏"的技巧),④如何解读出叙事中有意制造的前瞻性悬念(斯腾伯格把这一部分的讨论称为"前瞻与悬念"),⑤以及如何探讨已经发生过的行为的动机和目的(斯腾伯格把这种解读归为"好奇与回顾")。⑥ 此外,他还通过《圣经》中对三位老族长亚伯拉罕、以撒和雅各,以及对三位英俊的以色列领袖扫

---

① 《圣经的叙事诗学》,第 50 页。
② 同上书。有关"防蠢人的叙述原则"的详解见第 49—56 页。
③ 同上书,第 50 页。
④ 同上书,第 186—229 页。
⑤ 同上书,第 264—283 页。
⑥ 同上书,第 283—380 页。

罗、大卫和押沙龙的描述的异同对比来显示《圣经》叙事在刻画人物和传达意识形态方面的精工和匠心。①

在叙述模式方面，斯腾伯格重点讨论了《圣经》叙述者的特点。他指出自从韦恩·布思发表了《小说的修辞》(The Rhetoric of Fiction)之后，理论家们都喜欢鉴别真正的作者(the actual writer)、隐含的作者(the implied author)和叙述者(the narrator)之间的区别。那么，《圣经》的叙述在这方面的情况如何呢？斯腾伯格认为《圣经》遇到的不是概念上的问题，它的问题很实际。它的各卷书中的叙述模式和隐含作者的形象会有不同，但是这些变化都必须受控于《圣经》的意识形态需要，也就是说《圣经》叙述与其他文本的最大区别就在于它从头到尾要维护上帝的绝对权威。上帝总是通过某个圣灵附身的传媒体来说话，因此《圣经》的作者是个等同或近似上帝的角色。在这一意义上，《圣经》的叙事可以被称作"准神授叙述"(quasi-inspirational narration)，②在《圣经》的字里行间我们能读出作者代表上帝意旨，或具备神授智慧的特殊身份。这种叙述模式与历史真实记载出现了矛盾，也成为专家学者们长期争论不休的一个焦点。斯腾伯格承认有这个问题存在，但是他指出了做这方面的争论是无益的。这个争论的毛病在于争论双方都忽略了实际还存在另一个概念。也就是说，除了考虑"历史的叙述"(history-telling)和"仿历史叙述"(history-likeness)的差别，我们还要看到"叙述的仿历史品质"(historicity)这一点。"叙述的仿历史品质"指的是一个叙事文本即便不是历史，即便宣称自己的仿历史为历史，它的"仿历史品质"应可以从它本身的意义来获得价值并得到解读。所以我们不如把注意力集中在《圣经》叙述者的特殊身份而造成的仿历史的品质以及叙述的多层次和叙述的戏剧性效果等议题上。

《圣经》里隐含的作者和叙述者基本上可以等同为一。但由于《圣经》的世界里有上帝为最高权威，叙述者并不能全知，不能取代上帝。所以他的任务难度较大，说多说少，什么时候该说什么，都必须服从上帝对人类安排的大计划。这个意识形态的特点就决定了它的叙述不同于荷马史诗，而形成了简约、含蓄，甚至在一些事情上沉默的特征；同时还造成了《圣经》叙述中多出一个解读层次，增加了解读的复杂性。《旧约》里的上帝是无形的，无处不在但又不可知，他需要不断被认识。比如撒拉命定会生以撒，而亚伯拉罕和撒拉的视野却很局限，他们对上帝许诺撒拉生子充满怀疑。在《圣经》世界里存在因人而异的认知层次上的差别，先知和上帝选择的以色列领袖在知道情况和把握命运方面都优于普通百姓，最无知觉的是那些失去上帝宠爱的人和被上帝诅咒及惩罚的人们。在知与不知这两个层面上的种种不同视角交叉运作就编织出了五彩缤

---

① 《圣经的叙事诗学》，第58—83页。
② 同上书，第77页。

纷的图画。① "撒母耳记"中的扫罗就是这样一个例子。耶和华选他为以色列领袖,来对抗非利士人的涂炭。撒母耳受耶和华之命,给扫罗涂油封以士师。但是扫罗后来自作主张,不听上帝的命令,遭到抛弃,最终被大卫取代。他本人和读者都不知道上帝到底对他有几分关爱,我们都只好听凭先知撒母耳的言行来做出判断。但是撒母耳也有马失前蹄的时候,这时叙述者只好亲自上阵,驾驭局面,纠正先知造成的错误。

通过上面的见解,斯腾伯格在《圣经》叙事诗学方面理论的宏大和精深已可略见一斑,他提出了许多《圣经》的叙事技巧,并用阐释实例展示了由此造成的解读戏剧性。但是他最重要的贡献还是把《圣经》的文学阐释紧紧地同它的意识形态目的联系起来,显示了这一叙事不同于纯文学的特点。这方面的一个精彩例子就是对"以撒迎娶利百加"的故事做的解读,与艾尔特对这个故事的"类型场景"解读着重点完全不同。② 通过对该故事叙事中的重复手段中的微妙变化的分析,斯腾伯格成功地引导我们体会了《圣经》叙事的高超技巧和解读的戏剧性,但是更重要的是他的解读令人信服地揭示了《圣经》叙事中意识形态考虑的确是压倒一切的因素。③

(五) 弗莱:《圣经》的神话批评

诺索普·弗莱是加拿大知名文学教授和批评家,他以研究神话原型著称。除去他的重要文论专著《批评的解剖》(*The Anatomy of Literary Criticism*),他还著有有关《圣经》与文学的系列著作《伟大的代码:〈圣经〉与文学》和《语言的力量:〈圣经〉与文学》(*Words with Power:The Bible and Literature*)。在《伟大的代码》一书的前言里,弗莱讲述了自己是怎么样开始涉足《圣经》的文学研究,又如何起了念头来撰写这部著作的。起初,他只教授文学,特别是诗歌,但是在教学过程中,尤其当他教授弥尔顿和布莱克时,他发现学生们对《圣经》知之不多,因此也无从理解这些经典文学作品。于是他开设了一门介绍《圣经》的课程。然而不久他就感到这样上不行,因为把《圣经》当作文学的注释课程来讲不仅支离破碎,而且很难应付。于是,他就去查看了其他大学开设的类似课程,发现那些叫做"《圣经》文学"的课程实际上把《圣经》文本当作文学故事在讲授。弗莱对这种课程也不大满意,因为它们仍旧把《圣经》当作一个选文集来处理,没有一个整体观念。他决定要统一地察看《圣经》的语言、意象和隐喻等方面,把它作为一个整体来教授。这样教学之后,他就写成了《伟大的代码》和《语言的力量》,从

---

① 关于《圣经》中不同认知层面极其结果的分析见《圣经的叙事诗学》,第 84—128 页。扫罗的例子见第 94—97 页。
② 斯腾伯格和艾尔特对这个故事的阐释已经纳入本教程故事阐释部分,可见"以撒迎娶利百加"故事。
③ 见《圣经的叙事诗学》,第 131—152 页。

神话、修辞和语言几个方面汇报了他的教学和研究成果。弗莱曾说过："在某个意义上，从我1947年对布莱克研究开始到最后集大成于《批评的解剖》的全部批评著作，都是围绕着《圣经》这个中心的。"①他的话说明了《圣经》研究与西方文学研究和文学理论发展的不可分割的关系。在这里我们只能简略并有所选择地介绍一下他的著作《伟大的代码》。《伟大的代码》全书分为两大部分"词语体系"和"类型体系"，每部分里都设置了"语言"、"神话"、"隐喻"和"类型"几个章节，在词语和类型两个层面上从不同的角度反复讨论了《圣经》里牵涉的语言、神话、隐喻和类型等问题。弗莱对《圣经》中的神话因素的分析最为精彩，在这部教程的创世神话的阐释中我们比较详细地讨论了弗莱的看法，因此对这部分内容这里就不再赘述了。②

在《圣经》的意象体系方面，弗莱也不乏真知灼见。他指出《圣经》中有两个层次的存在，低层是人类犯了天条后进入的现实世界，由人类和耶和华订立的契约，特别是挪亚与上帝立的约来体现。据此约，人类被给予一个生活的世界，成为自然万物的主人。高层存在指的是亚当和夏娃被造出来之初生活的乐园、天堂。它就是人类毕生努力要争取死后返回的世界。在这两个层次的世界中充满了各种意象，如放牧牛羊的田园图景，收割和制作葡萄酒的农作生活，城市和寺庙、殿堂等也时时出现。但是贯穿《圣经》最突出的意象是沙漠里有水有树的绿洲。弗莱把整个《圣经》中的意象及其寓意做了梳理、归纳，提出了两大类别，即启示/福音意象（apocalyptic imagery）和魔鬼意象（demonic imagery），前者表现出繁荣、富足、欢乐，而后者典型的代表意象是废墟、是荒原。③ 自然，与上帝庇护的以色列和它的子民相关的一切都应该是启示意象范畴的，不信仰以色列的神的部落、民族和国家则属于魔鬼意象体系。弗莱还进一步把魔鬼意象这个大类分成了"明显的魔鬼意象"（manifest demonic imagery）和"魔鬼对启示意象的模仿"（demonic parody）。前者是一个荒原或废墟，到处是尖叫的猫头鹰、凶残又狰狞的豺狗；后者则是以色列敌对国家呈现的虚假并短暂的繁荣，最终必然朝着明显的魔鬼意象变化而成为荒原。④

拿女性意象为例。弗莱认为在《圣经》里启示意象的女性可分母亲和新娘两种。启示意象的母亲代表是圣母马利亚和"启示录"12章开头描述的那位神秘的女子，她也被呈现为弥赛亚的母亲。新娘的意象主要是"雅歌"里的新娘，"启示录"21章里的耶路撒冷也是象征意义上的新娘，请看这句话："我又看见圣城新耶路撒冷由神那里从

---

① 见《伟大的代码》，前言，xiv。
② 见本教程第一部分第一单元对《旧约》神话的分析。
③④ 见弗莱著《伟大的代码》，第二部分，第六章，第140页。下面关于意象的分析见该章第139—168页。

天而降,预备好了,就如新妇妆饰整齐,等候丈夫。"("启示录"21:1—2)①这新娘意象最后又从比喻耶路撒冷变成比喻基督教教会。魔鬼的母亲代表主要指利丽丝(Lilith),她出现在"以赛亚书"34 章 14 句中,被称为"夜间的怪物"。利丽丝是来自苏美尔传说的一个夜间的妖怪,有时被等同为尖叫的猫头鹰。在经外经(伪经)里利丽丝是亚当的头一位妻子,她因为反感男女性交时女人在下面的地位而离开了亚当,到魔鬼中去厮混,生了许多小魔鬼,但她的子女均被上帝打杀。于是复仇的利丽丝就在夜间出来,专门杀害孕妇和幼小的儿童。浪漫主义诗人曾描写过她,她也曾出现在歌德的《浮士德》中。魔鬼新娘则由"启示录"17 章里巴比伦大淫妇代表,她象征了迫害犹太人和基督教的巴比伦和罗马。在《圣经》中"卖淫"常常是宗教上不守一的代名词。以色列在象征意义上可以说是上帝选的新娘,但她却不断地对他不忠。在"以西结书"第 23 章和"何西阿书"第 1 章到第 3 章里都讲述了把妻子不忠比成以色列背叛上帝的故事。前者讲一母所生的两个女孩阿荷拉及阿荷利巴的淫荡,她们一个指撒玛利亚,另一个指耶路撒冷。姊妹两人行淫无度,遭到上帝的惩罚。后者的故事讲上帝让先知何西阿去娶一个淫妇为妻,这个妻子象征北方的以色列王国。后来上帝又让他再娶一个淫妇,这第二个不忠的女人指的是南方的犹大王国。她们虽然屡屡不忠,但神还是让何西阿原谅她们。这也是上帝对待以色列和广大信徒犯错误的态度。在启示意象的女性和魔鬼意象的女性之间是人间亚当的妻子夏娃和后来改名为以色列的雅各的妻子拉结。在"马太福音"里拉结被当作以色列民族之母("马太福音"2:18)。另外,大卫王的祖母路得也属于这一组女性,她们是上帝选民以色列人的女性祖先。②

除了女性意象,弗莱还讨论了树的象征意义,亚当和树(生命树)及十字架之间的象征关联,该隐杀亚伯故事中农、牧两种经济的矛盾,上帝在该隐头上做的杀人印记的双重作用,挪亚时的洪水与摩西出埃及时的红海、还有死海等意象的内涵,动物意象,城市意象等等。③ 在讨论城市时弗莱还指出《圣经》中的地理概念有一个逐渐缩小后又无限扩大的过程。逐渐缩小就是从无限大的伊甸园,到小了许多的亚伯拉罕的应许之地,再到更小的约书亚的应许之地;最后国破人亡而无立足之地就是耶路撒冷沦陷后,那时以色列人的耶和华崇拜只能局限在圣殿这个极小的范围里了。但当圣殿也被摧毁时,以色列人就没有了任何地盘,他们和他们的信仰反而从此撒向了全世界,基督教出现后终于不需要地盘而成为一个世界性的宗教信仰。④ 这就是置之于死地而后

---

① 这段的英文原文是:"And I John saw the holy city, new Jerusalem, coming down from God out of heaven, prepared as a bride adorned for her husband."
② 弗莱在书中还绘有一个三种女性意象的图表。请参看《伟大的代码》,第 142 页。
③ 见《伟大的代码》,第 139—168 页;或刘意青著《〈圣经〉的文学阐释:理论与实践》中第三章第四节"创世记神话与《圣经》的意象体系"中对此的内容介绍。
④ 见《伟大的代码》,第 158—159 页。

生的无限扩大和发展。

(六) 巴尔:《圣经》的女性主义批评视角

从英国女权主义者玛丽·艾丝特尔(Mary Astel,1666—1731)和玛丽·沃斯通克拉夫特(Mary Wollstonecraft,1759—1797)著书立说,为妇女的困境大声疾呼以来,三百多年已经逝去。在此期间欧美的女作家、女文人通过发表小说、诗歌,编辑期刊等各种途径为捍卫女人权利,为争取自由、平等的机遇进行了勇敢的斗争。然而女权运动作为一个文化批评和社会政治力量正式兴起,却是 20 世纪 60 年代初的事情了。1963 年贝蒂·弗里丹发表的《女性的奥秘》(The Feminine Mystique)[①]首次抨击了西方传统中塑造的贤妻良母形象,从而掀起了从传统角色中把妇女解放出来的运动。此后,女权运动在西方发展壮大,先后在美国和法国形成了较有影响的政治及文化势头。女权主义在美国,也包括英国,主要体现为在政治和社会范畴内争取修正民法和宪章中涉及歧视妇女的内容,呼吁女性团结,并在文学和文化领域里重新解读和评价权威男性作家,推荐和颂扬女性作家的优秀作品,以及挖掘过去被掩埋和忽略的女性经典作品。[②] 但是在法国,女权主义走上了纯文学和理论的路子,她们大量使用心理分析,研究女性自我、镜像、失语、被肢解、被餍食、被逼疯等性别政治和话语现象。[③] 一时间,弗洛伊德和女性解读风靡欧美,成为文学批评的一大流派。但是,随着对女性问题的认识加深,随着纯文学追求的脱离实际和弗洛伊德解读所暴露的种种荒诞,上个世纪末女性主义文学批评面临着修正方向和理论的严峻形势。然而,作为一种特殊视角和话语,女性批评仍然是现当代文学批评中不可或缺的一道风景线,而且也的确为我们提供了对文学经典的新颖而可贵的认识。

米柯·巴尔的专著《死亡和相反的对称:"士师记"里的对应政治》就是一部对《圣经》的女权主义解读比较出色的成果。在这部著作里巴尔从《旧约·士师记》中找出三

[①] Betty Friedan. *The Feminie Mystique*. New York:Norton,1963.

[②] 如 1966 年成立了"美国国家妇女组织"(National Organization of Women),70 年代争取修订民法和宪章的"美国黑人女权组织"、"红袜子宣言"、"荡妇宣言"、"第四世界宣言";还有玛丽·埃尔曼发表的《妇女问题思考》(*Thinking about Women*,1968)、罗宾·摩根编的《姐妹团结就是力量:妇女解放运动文选》(*Sisterhood Is Powerful:An Anthology of Writing from the Women's Liberation Movement*,1970)等。在挖掘被掩埋的女子文学经典方面有艾伦·莫尔斯出版的《文学妇女》(*Literary Women*,1976),介绍了 250 位英、美、法女作家;伊莱恩·肖沃特在 1977 年出版了《她们自己的文学:从勃朗特至莱辛的不列颠女小说家》(*A Literature of Their Own: British Women Writers from Brontë to Lessing*,1977),等等,例子数不胜数。

[③] 有关女权主义运动的发展、内容和流派的文章和著作很多。为了解概况,可参看文学批评流派介绍的著作,比如 Vincent Leitch 著 *American Literary Criticism*(纽约:哥伦比亚大学出版社,1988)。比较专门和深入的著作比如凯蒂·米利特著《性政治》(*Sexual Politics*,1970)。

个女人被杀害的故事,以及与之在内容和结构上对立的女人直接或间接杀死三个男人的故事,然后从文化、社会、意识形态和叙事特点方面对这个反对称的叙事结构做了十分独特和有趣的阐释。① "士师记"描述的是以色列民族出埃及之后在定居迦南过程中如何在地方头领士师们的带领下为以色列在当地占领土地而斗争,并同时抵御以非利士人为主要敌人的各种外族的侵犯,而在此过程中以色列各部族逐渐团结起来,为形成一个统一的国家做好了准备。所以,该卷的一大特征就是充满了战争、杀戮和暴力,而有趣的是战争和暴力的文学往往最容易用弗洛伊德心理学解析。

巴尔列举的第一个被杀女性是耶弗他的女儿,第二个被杀的女人是利未人的妾,第三个被杀害的女人是力士参孙的新娘。巴尔指出这三个受害者都没有名字,她们无名的状态本身就突现了《圣经》所描述的时代里女人无地位和无权利的生存现实。所以,巴尔为她们逐一起了名字:芭丝、贝丝和卡拉。首先巴尔认为耶弗他、利未人和参孙都是当时的"英雄",是强有力的男人,在希伯来语里这种男人被称作"gibbor hayil"(= hero of might)。耶弗他是个妓女的儿子,那个利未人没有名字,原本也是个普通百姓。这样的男人在尚未获得领袖地位并掌握民族命运之前,对自己的女儿、妻子都操持着生杀大权,而且用这一点点对女人的权力来为自己谋取领袖的地位。巴尔把这两个故事里杀死女人的行为解读为一种权力的交易。耶弗他为了换取自己的"gibbor"地位把女儿许给了耶和华神。而在贝丝的故事里,那利未人先是牺牲妻子来保自己的命,然后又用妻子之死来号召以色列人攻打便雅悯人。得胜后,他勉强也成为了一个"gibbor",跻身于以色列士师之列。

除了女人受欺压的社会和阶级分析,巴尔在这里还提出了一个文化层面的视角。她从以色列的历史研究里得出当时有两类婚姻的矛盾说。由于以色列人大多牧放牲畜为生,年轻男人绝大多数过着游牧生活,住在帐篷里,没有固定的家园。巴尔称其为"virilocal"的婚姻文化。与之对立的是巴尔称作"patrilocal"的婚姻文化,即女婿倒插门,女儿得以住在父亲家中过更安乐的日子,有富足的财产,不再过游牧生活。巴尔指出在上面提到的后两例谋杀里都存在这两种社会力量的斗争。利未人是个游牧婚姻的丈夫,他的妻子贝丝显然选择了长住娘家,偶尔才去夫家探望。这引起了丈夫的不满。这利未人到丈人家去接妻子时,假装得老老实实、毕恭毕敬,终于获得准许,女人同意随他回家。按照巴尔在贝丝的故事里采用的两种婚姻制度互相矛盾的视角,暴民围攻利未人也是"patrilocal"同"virilocal"两种社会文化体制斗争的体现。离开了父亲

---

① 请参看巴尔著作,第35—49页,第62—127页,第156—157页,第172—187页。由于对这三个被杀女人的分析是交替并混杂在一起,并且分别列在"Virginity","Body Language","Displaced Mother","Patrilocal and Virilocal Marriage"等议题下进行讨论的,因此很难具体标明出处。另外,本教程在第一部分第三单元的故事14、15、16和17中都使用了巴尔在她这部专著里的阐释和理论。

家园的庇护,那利未人的妻子只能任由丈夫摆布,在一个敌视游牧年轻人的地方留宿。而在被敌人围困之后,利未人便"行使夫权"抛出曾经"抛弃"他,投奔父亲的妻子做替罪羊,并借被屠杀的女人为契因来换取自己的领袖地位。

巴尔指出,暴民们索求的是对利未人的同性恋强奸,而同性恋强奸往往在两个意义上是对社会秩序的挑战和破坏。首先它是对以男女各为一方的传统性关系的侵犯,其次它否认了男婚女嫁的社会机制。巴尔认为这些暴民要对利未人施以非礼,是因为他作为一个反对"patrilocal"社会制度和婚姻关系的"virilocal"成员是无权要求"patrilocal"社会来提供他安全的食宿庇护的。既然利未人想充当改变社会制度的先锋,那么他就必须负责,必须显示他有胆量、有能力抵御敌对力量。但是,他却是个懦夫,他不愿面对暴民,而是把妻子推出做了替罪羊。他把妻子推出的做法实际上等于承认自己放弃了与"patrilocal"力量较量的初衷,是他在两个婚姻制度的社会斗争中失败的证明。因此,利未人最后发动以色列人去报复敌人,并非是为他死去的妻子复仇,而是要挽回他自己失去的面子,是为他在对方面前懦弱表现所蒙受的羞辱复仇。

在参孙的故事里,巴尔指出也存在这两种婚姻制度的矛盾,卡拉即死于这个争斗之中。参孙属于游牧的"virilocal"社会,他的新娘家显然很富足,老头子要行使的是"patrilocal"婚姻。那些猜谜的年轻喜客们明显是新娘娘家这边的,他们都属于参孙丈人的婚姻体制。当新娘受不住这些年轻人的哀求去替他们套出参孙谜语的答案时,她已经表示了自己在两者间的选择,帮助"patrilocal"战胜了"virilocal"。所以,当参孙一怒而去后,她的父亲就为她在自己的婚姻体制中选了一个丈夫。总结这三个故事,巴尔指出芭丝、贝丝和卡拉的悲惨遭遇都说明未婚女人处在最易受伤害的地位,她们无一不成为男人之间争斗的砝码,最终成为想做领袖、想成为强大男人但身份却有差距、能耐又不够的父亲或丈夫的牺牲品。

巴尔在她著作的后半部分解读了三个男人被女人直接或间接杀害的故事,以与被杀害的三个女人的叙事形成一个反对称结构。它们分别为:(1) 大利拉帮助非利士人找出参孙力量存在于头发的秘密,假装与参孙亲热之后剃掉了他的头发,造成参孙被擒和最终死亡("士师记"16:4—31);(2) 被以色列女士师底波拉和大将巴拉击溃的耶宾的将军西西拉,逃到貌似中立的基尼人希伯之妻雅亿的帐篷里躲避,被雅亿安抚睡着之后,用固定帐篷的木橛子钉进脑袋而杀死("士师记"4:1—22);(3) 耶路巴的儿子亚比米勒攻打提备斯城时,被城楼门上一个无名女人扔下的磨盘击中脑袋而命危,为了不落个死于女人之手的名声,他令为自己扛兵器的少年把他刺死了("士师记"9:50—57)。①

----

① 巴尔对这些故事的分析在本教程第一部分第三单元故事14,16和17的阐释中都又涉及了。

在分析这三则故事时,巴尔用了更多的弗洛伊德理论,比如从母亲资格被取代(the displacement of the mother)的视角来查看这些故事里复仇母亲的形象,也就是说从失去了孩子(在这里的上下文中特别指失去了女儿)的母亲如何杀死男人来复仇的角度分析。① 这里巴尔的分析路数完全是典型的后现代西方细读文本方法,比较成功地为雅亿正了名。特别是把她杀西西拉的所谓残忍与利未人的妾被丈夫推出门,任暴民轮奸,并被大卸12块放在相反对称的叙事结构里察看,的确展示了《圣经·士师记》里潜在的性别政治。但是,巴尔为了说明自己的观点,有时会出现不顾常识、不顾作者意图和社会历史背景的断章取义。因此,当这样的解读帮助读者认识了某些文本深层特点及含义的同时,它也会时而让我们感到过分和牵强。比如为什么雅亿不给干渴的西西拉喝水,而给他喝奶?我以为从常识来看也不奇怪,因为在沙漠里水可能比牛羊奶更难搞到。但巴尔却把这一点用来说明这是叙述在加强雅亿的母亲形象,铺垫了她那被剥夺的妻子和母亲身份,从而为她杀死西西拉是一个复仇母亲的行为的论点提供文本证据。

巴尔在"士师记"里看到了一个一对一,或称针锋相对,或称以牙还牙的反对称叙事结构,并从中演绎出《圣经·旧约》叙事里的性别政治。虽然她的解读有些地方有些牵强,但是她所指出的许多性别和社会问题仍然非常有价值。比如女性在未婚阶段因身份不定(还没有找到终身归属,既属于父亲,又不属于父亲)的困境,这种处境常常使她们成为男人争斗的牺牲品;比如古代以色列游牧婚姻和定居婚姻两种社会文化的矛盾所造成的问题;还有以色列男人在追求自身发展成为"gibbor"或领袖时,如何用牺牲女人来换取自己的成功,等等。这些都是十分深刻的见解。巴尔同在她之前的俄尔巴赫、艾尔特、斯腾伯格和弗莱等优秀学者一样再次向我们揭示和证明了《圣经》是一部伟大的文学作品,是一部意识形态很强的文本,它有着无穷的阐释潜力,而且像一切伟大的文学作品一样,解读它的过程充满了戏剧性,并会带给每一个愿意尝试的读者一种无与伦比的建树感。

(七) 韩德尔曼:现当代多元文论之溯源

然而,跳出《圣经》文本解读、进一步揭示希伯来传统在现当代巨大影响和意义的是20世纪80年代的另一部著作。这就是马里兰大学教授苏珊·韩德尔曼于1982年发表的《杀死摩西的人:现代文学理论中出现的犹太教士解读影响》。该书追溯了希腊哲学的主要内容和精神,并把希腊传统与希伯来传统,特别是与犹太教教士拉比们阐

---

① 巴尔对这些故事的分析在本教程第一部分第三单元故事14,16和17的阐释中都又涉及了,见《死亡和相反的对称》第七章"被取代的母亲"("The Displacement of the Mother"),第197—230页。

释经文的做法进行了比较。她指出后现代的文论多元现象实质是犹太传统对希腊哲学的逻各斯中心主义和抽象思维的叛逆行为。她的著作全面地评介了希伯来宗教思想对当代文学批评的不容置疑的重大影响,显示了从弗洛伊德到拉康和德里达,还有哈罗德·布鲁姆等人的文学理论如何体现和延续了希伯来的认知传统。

韩德尔曼指出,文学解读以及与此相关的方法和理论有两个发端:一个是《圣经》的阐释学,另一个则是希腊哲学中有关认知、阐释和解读的观点。她认为马修·阿诺德提出的希腊和希伯来的对立构成了西方文明在根本上的对立统一。这是雅典和耶路撒冷的对立,是哲学和教会的对立,也是基督教徒和犹太人的主要分歧所在。① 在书中,韩德尔曼从希腊哲学的根本点谈起,即从古代希腊哲学家对语言的功能及它与真理的关系入手来展示在认识论上它与希伯来传统的重大区别。她首先从希伯来文和希腊文对语言(word)这个字的不同看法谈起。在希腊文里相当于 word 的字是 onoma,它与"名字"(name)同义。这说明,希腊人不认为语言等于存在,它只是存在的事物的名称而已。名称是个比喻,有相当的随意性,由此希腊哲学认为语言和用语言所表达的文学只是对现实的模仿,它自然不能与现实相提并论,它次于真(存在)和善(行为),属于第三位的美(艺术/文学)的范畴。在这个认识基础上希腊哲学的中心思想就是逻各斯主义,强调本体(或终极存在/真理)的重要性,并要超越语言去够及本体。柏拉图在苏格拉底同克拉提鲁斯(Cratylus)的对话中,通过苏格拉底的嘴说出语言只不过是人类约定俗成的工具性符号而已,不是存在本身。研究语言就是研究它是否能代表所指事物,是研究所采用的工具是否恰如其分地反映了事物本质,而谈不到探究事物的内在真实价值。所以事物/存在与模仿它的语言之间横有不可跨越的一条沟壑,据此苏格拉底声称:那些追寻名称去探究事物和分析事物含义的人往往冒着被欺骗的巨大危险。②

亚里士多德继承了柏拉图对语言和存在关系的看法,但是他的贡献是更明确地提出了认知的逻辑公式,这基本上是个数理公式。亚里士多德强调类别属性,而不注意个体特点。根据他的理论,主语(subject)和谓语(predicate)之间是个一对一的等式关系(即 A=B)。这种逻辑的最有名成果就是三段论(syllogism),它采用的方法是推理,而不研究和调查。它把不沿用推理方法的认知模式,比如犹太读经模式,一律称之为非逻辑思维。然而亚里士多德的逻辑推理模式也存在着极大的局限性。因为是线性思维,它对世界上的现象的解释就出现了削减性的简单倾向。黑格尔早就提出亚里士多德的逻辑理念造成了思维的障碍(blockage of thought),因为这种把事物归类的认知模式不能揭示事物本身方方面面的特征,在 A=B 的等式里,A 的性质不能超越

---

① 见韩德尔曼《杀死摩西的人:现代文学理论中出现的犹太教士解读影响》,第 3 页。
② 同上书,第 5 页。

B 所界定的范围，也大不过，或丰富不过 B。如此三番地把事物用等式联系或区别，我们对事物的认识就受到极大的局限，就变得简单化了。

亚里士多德的另一贡献是对第一存在（first being）和第二存在（second being）做出了明确区别，也就是把上帝/物质世界当作终极存在，而其他通过语言来表现和反映的存在则次之。通过语言，人们可以构成对终极存在的一种认识，亚里士多德称这种用语言反映的终极存在内容为逻各斯（logos）。按照亚里士多德的认知理论，逻各斯便是语言要言说的内容，但这个内容却永远逃避语言的言说，它超越语言并永远是语言的核心表达目标。基于逻各斯中心的思想，亚里士多德提出了修辞（rhetoric）的概念。他指出既然语言是社会约定俗成的、是对客观存在的一个外化的名称或模仿，因此它是一个象征和比喻系统。人们为了够及事物的真实面貌，最好是跨越、摒弃语言的外壳，去使用意想、图像和符号等更为直接的认知手段，用哲学来克服修辞的弱点。这个希腊认识传统在早期基督教文化和文学中便体现为大量使用和偏爱象征和寓言手法，如但丁的《神曲》、斯宾塞的《仙后》、弥尔顿的史诗、班扬的《天路历程》等。事实上，哲学与修辞的斗争历时已久，最早的修辞指古代的演讲术（oratory），它是一种说服人的艺术，服务于政治、经济等各种世俗目的，因此被人们认为是十分危险的骗人之术。是亚里士多德首先努力把修辞与科学分开，而且最终用哲学把修辞统领起来。而随着历史衍进，修辞也失去了早年用于演讲之需的急功近利色彩，它被具体化为一门文体学问，甚至降低为明喻、隐喻等修辞手段的总括名称。

与希腊情况相反，在希伯来文中相当于 word 的字是 davar，它与"事物/东西"（thing）同义。因此，在希伯来传统，特别是犹太教传统中，语言和存在比肩，两者一样重要、一样可信，也就是说上帝的话/经文就等于上帝。结果是，在希伯来的认知体系里不存在超越语言的形而上层面，希伯来读经传统中也没有对文字和语言的任何怀疑和保留态度。犹太教士个个从实际需要和自己的理解来细读经文，并视各种解读行为为合理合法，而各种解读的内容都是对上帝指示的认识，不强调对错之分。这种读经模式的阐释成果叫做《米德拉西》（the Midrash），意思是《释经集》。由于希腊和希伯来之间就经文之外是否有本体/终极真理的看法上存在着分歧，当在希腊影响下基督教从犹太教衍生出来成为整个西方的宗教时，它的一大根本变化就是把原犹太教中无形的、只靠语言来代表的耶和华上帝具体化为肉身的耶稣。耶稣即是上帝的有形的代表，是个本体存在，是终极真理，而非虚无不定、变化多端的话语。这样，道成肉身则成为基督教与犹太教的一大区别，也带来了《新约》与《旧约》的根本区别，它可以说是希腊哲学传统渗入和改造了犹太教的结果。因此，基督教会追随的是希腊思维模式，在追求终极精神方面它可以说是形而上的，语言对它而言则是个模仿和比喻。西方在基督教影响下，整个 18 和 19 世纪都持上述的这种认识论。

但 20 世纪中后期，西方认识论产生了巨大变化。韩德尔曼在回顾了从柏拉图到亚里士多德的希腊哲学观和希伯来认知传统的重大区别之后，①就分析了当代多元文论现象。她指出德里达、利柯、拉康等人强调语言功能并否定有任何语言之外的存在的思想是与希腊哲学对立的观念，是对希伯来认知观念的承袭和发扬。②她首先坦言自己撰写这部书的念头来自拉康的一句话，拉康说："心理分析属于犹太教士的读经传统——属于那个犹太拉比们用近似自由联想的方式解读《圣经》文本的文类。"③她还有趣地提到现当代的许多伟大思想家和科学家都是犹太人（如马克思、爱因斯坦、弗洛伊德、德里达、俄尔巴赫、布鲁姆等），以此进一步说明现当代的多元思想、多元文化和文学理论现象确实与希伯来传统这一背景有关。在他对亚里士多德的批判中，德里达反对整个西方的形而上思想体系，并指责基督教的道成肉身，即把比喻/语言具体化到耶稣的做法是犯下了十恶不赦之大罪。④他把西方的形而上学称作"苍白的神话"（white mythology），一个被抹去自身神话性质，冒充真理的神话。⑤他力图将话语和事物一体化，并推翻实质与巧合、感知和话语、思想和语言之间的对立，解放语言，令其向无止境的阐释可能打开大门。同德里达异曲同工，弗洛伊德也承继了拉比的阐释传统，他努力把犹太认知和科学方法结合来探讨人类的意识和下意识。他说他的解梦方法之所以与其他解读不同，就是因为他把梦当成神圣的经文，并相信其含义可以在最琐细和不重要的细节中获取。这样，弗洛伊德的解梦学说和实践就把希伯来的阐释模式与文学批评结合了起来。他展示了每个文本都如同拉比解读的《圣经》，含有多重意义，这些意义并非任意加置于文本的，它们是用十分精到的阐释技巧获得的。

然而，韩德尔曼在该书的最后指出了现当代多元文论的叛逆姿态的不彻底性。她认为虽然这些多元文论的出现的确是受了希伯来传统的影响，而且其目的是对希腊哲学理论的解构和挑战，但是这些文论家们并没有能够完全追随摩西，回到犹太传统中去。以弗洛伊德为例，他曾经公开宣称要解构整个西方本体论和逻各斯中心主义。⑥但他因为受了希腊传统的教育和同化，挣扎在两种文化之间。他提出的心理分析理论实际是力图把拉比们用以读经的阐释传统与德国的科学实证传统结合在一起，以达到用他的心理分析的"福音"来取代摩西，因此他们是要杀死摩西。

在希伯来和希腊两大传统的斗争中，韩德尔曼尽量采取了客观的立场。在书里她

---

① 《杀死摩西的人》，第4—15页。
② 同上书，第15—25页。韩德尔曼在其后的章节里详细地剖析了拉比的读经传统背后的哲学思想以及后现代文论代表们与这个传统的密切关系。
③ 见韩德尔曼"Methodological Preface", xv. 拉康的原话为："Psychoanalysis belonged to the exegetical tradition of midrash—that genre of Rabbinic interpretation which is a searching out of meaning of Biblical texts through methods close to free association."
④⑤ 《杀死摩西的人》，第17页。
⑥ 同上书，第137页。

也点到了多元文论造成的问题。她引用了杰弗里·哈特曼(Geoffrey Hartman)的话指出，文论家们已经把世俗的分析理论变成了另一个宗教，成为崇拜语言的一种拜物教。① 实际上多元文化和解读在大大丰富了我们对文本的含义认识的同时，也使文学研究陷入了没有积淀、没有定论、没有标准的混乱之中。而且，这种多元解读的随意性最终则解构了阐释行为的道德责任。否掉你的前人，你自己不久又变成了下一个解读所否掉的对象，正如阿诺德所说："对批评来说，是有一片能够看到的应许福地，但是那块地方我们进不去，我们将死在荒漠里。"②西方文明和文学批评最终是否将会如阿诺德担心的那样成为一片荒漠呢？到了人类迎来21世纪之时，这个问题已经引起不少学者的关注。他们纷纷撰文申张了阿诺德传统，批评了后现代的多元文论的无政府状态。③

---

① 《杀死摩西的人》，xviii。
② 见阿诺德的文章"当前批评的功能"("The Function of Criticism at the Present Time")，转引自《杀死摩西的人》，第222页。
③ 比如大卫·杰弗里在他的文章"逻各斯中心主义与灵性传统"第89—90页对哈罗德·布鲁姆、希利斯·布鲁姆和希利斯·米勒提出了批评，进一步指出了解构主义等后现代文论造成的认知无政府状态。他认为虽然每个阐释者对文本的解读不会是唯一的，虽然每个看法的表述都是有意义的，但是它也是片面的，决不是终极的真理。也就是说文本阅读是需负责任的一种道德行为，应当以一种有道德的回应方式进行。只有具备对终极真理的追求，文本研究和解读才有意义。很多西方作家，如T. S. 艾略特，也是这种观念。

第二章 《圣经》背景知识介绍

一、历史概况

(一)希伯来历史、文化和地域背景简介①

希伯来族长时期

希伯来历史从何时开始一直难以定论。一般认为《圣经·旧约》里的希伯来民族起源于底格里斯河与幼发拉底河之间的一条狭窄的河谷地带,《圣经·创世记》就提到亚伯兰一家曾定居那地带南部的吾珥(Ur),②后来从吾珥向北迁到哈兰(Haran)居住了一段时间("创世记",11:31)。

从幼发拉底河向南伸展到埃及尼罗河的中间地段经过叙利亚和迦南,③被称为肥沃的月牙地带(Crescent),适宜农牧。它的一边是美索不达米亚,另一面傍邻埃及,成为周边各民族和部落争夺的一块宝地。具体到迦南(Canaan)这片地域,它南北150英里,东西75英里,早在公元前3000年它的原居民已经脱离了游牧生活转向了定居和务农,并在周围的古国埃及、腓尼基、苏美尔和巴比伦的影响下创造了"迦南文化",公元前18世纪"迦南文化"曾达到鼎盛,之后逐渐衰落。虽然他们文化较高,但始终未能形成一个统一的国家,遇到外敌时各个部落分散抵抗,终于被最后迁入的希伯来人征服、同化。

希伯来人迁入迦南的过程相当漫长。公元前2000年中叶,即埃及第12王朝时期,希伯来族所属的闪族,即《圣经》里称为亚摩利人(Amorites)④的闪族部落,开始正式移居到肥沃的月牙地来定居,甚至巴比伦有一阵子也成为亚摩利人的国家,公元前1792—前1750年这个地方由古巴比伦汉谟拉比(Hammurabi)国王统治。当时留下

---

① 这里介绍的希伯来历史、文化和地域背景知识主要来自派特森(Charles H. Patterson)编著《旧约》(*The Old Testament*. Lincoln, Nebraska: Cliffs Notes, 1965, Reprinted 1998)和布莱克伯恩(Ruth H. Blackburn)编著《作为鲜活文学的〈旧约〉》(*The Old Testament as Living Literature*. New York: Monarch Press, 1964);另外还参考了哥特森特编著的《〈圣经〉:文学的研究》。

② 即现今的伊拉克南部境内。关于希伯来民族的历史可参阅许鼎新著《希伯来民族简史》(中国基督教神学教育书丛之六),中国基督教协会神学教育委员会,1990。

③ 迦南即今巴勒斯坦西部。

④ 这部分历史介绍的人名和地名同前面的故事采用同一个中文《圣经》版本。

的资料中可以找到亚伯兰（Abram）、雅各（Jacob）、利未（Levi）和以实玛利（Ishmael）这些名字。《圣经·旧约》里所有的故事都源自亚伯拉罕（即亚伯兰）。亚伯拉罕、以撒和雅各似乎属于亚摩利的一个支派，叫做亚兰人（Aramaeans），因为雅各曾在"申命记"的第26章第5行里说："我的父亲是个流浪的亚兰人。"除了亚兰人，哈比鲁人（Habiru）也是当时常提到的一个族群。"哈比鲁"似乎是对流浪的商贩和奴隶的概括称呼，与后来的希伯来人没有必然联系。① 亚伯拉罕最早被明确地称作希伯来人是在《旧约·创世记》第14章第13行里。不过，在基督教把《希伯来圣经》作为《旧约》与《新约》一道统称《圣经》后，亚伯拉罕和以色列的先人就被看做整个人类的祖先，这一段历史也就被许多人读作传说性的史前故事。

按照《旧约》记载，亚伯拉罕携家眷向北迁移，在闪族聚居点哈兰定居后，他的亲眷中有的人就地取名叫自己哈兰或拿鹤（Nahor），在这里扎根繁衍下去，成为后来独立的希伯来部落分支的源头。这地方就是亚伯拉罕的故土，后来以撒和雅各都回到这里来寻找妻室。亚伯拉罕和撒拉（Sarah）到迦南时还没有孩子，而两人年事已经很高。按《希伯来圣经》的史前传奇，亚卫神干预了这件事，他们在百岁上生了以撒（Isaac）。以撒有二子，以扫（Esau）和雅各（Jacob），他们分别是以东人（Edomites）和以色列人的先祖。雅各生了12个儿子，他们就是以色列12个部落的发端。后来迦南遭遇饥荒，雅各的儿子们去埃及籴粮，其时，早先被卖入埃及为奴的约瑟（Joseph）已经身居高官重职，负责埃及粮仓。当他的哥哥们来买粮食时，他们受到了考验和教育，最后约瑟向他们显露了身份，雅各全家就前往埃及投奔约瑟，居住在歌珊（Goshen）地方，他们的后代一直逗留至法老迫害以色列人时才离开。很显然，早期的希伯来民族过的是游牧生活，那所谓的肥沃地带实际上包括了大片沙漠。我们阅读《希伯来圣经》的前几卷时应该记住他们的游牧背景。

《旧约》里的故事有不少神奇色彩，但故事牵涉到的地点和城镇却有据可查。亚伯拉罕受到上帝的召唤，最终迁移到迦南定居，他在幔利（Mamre）的橡树旁搭了帐篷；耶和华在别是巴（Beersheba）向以撒显现；神在伯特利（Bethel）赐福雅各；在示剑（Shechem）雅各的女儿底拿（Dinah）受辱，导致她的兄弟们屠城；最后约瑟把雅各接到埃及去度过粮荒，居住在歌珊。这些城市都有考古资料证实曾经存在，在它们的遗址上竖立了一些为纪念神显现或家族大事而立的柱子和石头堆。在这样的山地，以色列人的先祖们过着牧放的生活。如果亚伯拉罕的确生活在公元前1900年之后，那么在

---

① 过去曾有说法认为"哈比鲁"这个字与"希伯来"一词有关，并从这一点出发强调希伯来人曾是被放逐的人。但近年的研究有的否定了这种说法。可参见杨慧林、黄晋凯编写《欧洲中世纪文学史》（南京：译林出版社，2001）第一章，第3—11页。

那时约旦河谷和基色(Gezer)、米吉多(Megiddo)这些地方已经布满了迦南人的定居点。①

亚伯拉罕定居迦南的前后,在埃及当政的是强大的第12王朝。这是埃及和它的卫星国的一个鼎盛时代,它对迦南和叙利亚都有一些控制权。有史料证实当时亚摩利人的游牧部族可以随意从叙利亚进入埃及。在《旧约》里,我们因此也读到亚伯兰为躲饥荒逃到埃及,以及后来他的孙子雅各的部族全部迁移到埃及去的记载。讲述"创世记"第37—50章约瑟故事的人肯定相当了解当时埃及的社会和生活,比如埃及法老对梦和解梦的重视,埃及朝廷的官职头衔是怎样的,以及如何理事议政等情况在这些故事里都有所涉及。约瑟和他的家人有可能是在公元前17世纪定居埃及的,他们这一族人在埃及大约居留了400年。

从亚伯拉罕到约瑟的历史被称做希伯来的族长时期。这个时期内族长们的宗教信仰到底如何?我们只知道似乎亚伯拉罕、以撒和雅各信仰的是他们的家族神,并与他定了约,这个神直到"出埃及记"第3章才有了称呼,叫做亚卫(Yahweh)或耶和华(Jehovah)。实际上,亚卫的名字不止一个,比如在美索不达米亚文字里他叫做"Shaddai",意思是"攀登山峰的人",表示他的伟大和力量无边。但是希伯来的族长们起初并非只信仰一位神祇,亚伯拉罕在耶路撒冷就曾经膜拜过一个亚摩利和迦南的神El Elyon,②但是最终亚卫建立了他在希伯来人当中排斥一切其他神灵的唯一权威、绝对权威,希伯来人成为了一神崇拜的民族。

虽然直到在迦南定居之后才真正出现包括《旧约》在内的希伯来书面文学和历史记载,但这个民族的历史应该从出埃及之前算起。如前面已经提到的,学者们一般把出埃及之前的希伯来岁月,也就是族长阶段历史,称为史前阶段。当然,这段史前历史到底有多大可信程度也是从来没有定论的一个议题,因为它完全来自一代代人口头传下来的故事。不少学者倾向认为亚伯拉罕、以撒和雅各等人物形象都是后人描绘出来的,我们甚至永远无法证明他们真正存在过,说过哪些话,做过哪些事情。然而,从另一方面来看,口头流传的史料也并非完全无中生有,它们大多出自希伯来人民的亲身经历,尽管算不上正史,仍有参考价值。《旧约·创世记》里的叙事反映了公元前第二个千年的许多律法、习俗和道德取向。而且以亚伯拉罕家族为主线的族长故事已经构成了后世希伯来民族文化传统的核心,并反映了希伯来人的民族理想。

---

① 这里提到的大部分地理和历史细节都出自拉伊特(G. Ernest Wright)著《圣经考古学》(The Biblical Archaeology),费城:威斯敏斯特出版社,1962。

② 见《圣经考古学》,第32页。

第二章 《圣经》背景知识介绍

摩西和出埃及壮举

希伯来人中的某些部族，主要是雅各的后代，在埃及定居了近 400 年。起初他们受到埃及本地居民的接纳，但当他们的人口和占地面积增扩到一定程度时，埃及人感到害怕了，他们觉得自己种族的安全和利益将受到损害。为了自我保护，在约瑟死后的三、四百年后埃及的新国王，可能是拉美西斯二世（Rameses，公元前 1292—前 1225），开始对移民的希伯来人实施了一系列严酷的措施，强迫他们为奴，或从事重体力劳动。拉美西斯死后，他的儿子梅尼普塔（Merneptah，公元前 1225—前 1215）的统治逐渐动摇。这就是《旧约·出埃及记》第 1—8 章里提到的摩西（Moses）带领希伯来人反抗压迫，而后逃出埃及获得拯救的历史背景。

据传说，在离开埃及之后，他们首先渡过了"红海"，即"芦苇海"，指红海西北段苏伊士湾以北的湖海区，[①]在大荒漠里走了很久，最后才走了出来，进入西奈半岛。逃出埃及后逗留荒原时期内最重要的事情有两件：一是宣布律法，该律法据说是亚卫/耶和华神在西奈山（Mount Sinai）揭示给摩西的；第二件事是建约柜（又译法柜），或称与耶和华订约。这个圣约的基础是服从耶和华给以色列人立下的法律，而作为服从的回报，耶和华应允关照以色列民族，满足他们的需求，并保护他们不受敌人的欺负和侵扰。与耶和华订立的这种圣约关系是贯穿《旧约》的中心思想，它令耶和华有别于其他民族信仰的神。那些神同供奉他们的部族大多是自然的生养关系，因此他们不可能因人类的道德缺失而惩罚或放弃他们。耶和华与以色列人的关系则不然。他是一种签约立法的方式，耶和华庇护以色列人的条件是他们不能违约。后代的希伯来先知们会不断地提醒族人为了民族的安全和繁荣要记住前人与耶和华立的约。这就是为什么希伯来人的宗教表现出比其他宗教信仰多的道德关怀。这个圣约的律法内容主要见于"出埃及记"第 20 章第 23 行至第 23 章第 19 行有关圣约典章的内容，特别是有名的 decalogue，又称"十诫"，它包括在摩西的训诫内。许多世纪以来，不论是犹太教还是基督教都把摩西当作希伯来人民的伟大的立法者，他是《旧约》前五卷"摩西五经"的法律制定人。

摩西是个埃及名字，很有可能他的确在埃及宫廷长大。[②]后来他逃往米甸（Midian），结识了未来的岳父，一个希伯来祭司，从而形成了他的宗教思想。按照《圣经·旧约》的叙述，上帝通过燃烧的灌木丛向他显现自身。出逃前，摩西率领以色列人行了逾越的仪礼。在逃跑过程中，他们穿过的芦苇海（Reed Sea）在"七十贤士译本"里

---

① 见许鼎新《希伯来民族简史》，第 8 页。
② 同上书，第 7 页。按许先生的书，"摩西"的意思是"拉出来"，指他是被埃及法老的女儿在河边芦苇里找到后拉出来的。

被译成了红海(Red Sea),大大增添了这个经历的神话色彩。① 严格按历史标准,摩西的事迹有许多不实和夸大之处,芦苇海变成红海就是一例。那些威胁埃及的灾祸故事其中不少有可能是以真正的自然灾难史实为基础的。离开埃及后,希伯来人据说在荒原中度过了40年,这个数字也不表达精确的时间,而是代表一段很长的年月。就连有名的西奈山的位置也很难确定。然而不论有多少神话和不实成分,出埃及标志了希伯来民族历史的转折点。摩西把希伯来的一族人带到一片新地域迦南,定居下来,与那些没有经历埃及之难早已定居迦南的希伯来部族合在一起,统称自己为以色列民族。这样,希伯来形成国家的条件就初步具备了。希伯来人建立了他们自己的家园。以色列民族直到今日还在每年逾越节时纪念这一重大的历史事件。出埃及的意义重大,希伯来人最终从寄居其他民族地盘的处境中独立了出来,成立了自己的国家;在宗教上,这个事件更非同小可,它是后来许多希伯来先知和宗教领袖不断提及的由耶和华神给希伯来民族指引的获救之途。而逗留荒原的这段经历则意在强调以色列人最终归顺了耶和华,与他订了圣约,这个圣约的订立实际上标志着希伯来民族从此成为了一个政治和宗教的独立体。

定居迦南

征服和定居迦南大约发生在公元前13—前11世纪。这个过程可见"约书亚记"和"士师记"。但是这两卷的叙述出现了许多不一致的地方,说明它们的来源全都不同。而且关于定居迦南的历史情况学者们也一直争论不休,主要有两种十分不同说法,但有一点是肯定的,那就是当约瑟的后人到达应许地迦南时,那里已有许多民族杂居,并非专门为逃出埃及的以色列人所有。在《圣经》里提到的当时的不同部族就有赫人(Hittites)、亚摩利人(Amorites)、比利洗人(Perizzites)、耶布斯人(Jebusites)、迦南人(Canaanites)等等,而其中被以色列人视为最可恶的敌人的就是来自地中海东岸附近诸岛的一个航海部族非利士人(Philistines)。另外一个史实是,在迦南居住的以色列人中许多家族和派系并没有去过埃及,虽然他们不时地帮助从埃及来的约瑟的部族与外族作战。事实上,希伯来人进驻迦南的过程相当漫长,遭到当地迦南部落的拼死抵抗。占据迦南后受到先进的迦南农业文化影响,希伯来人自身的日常生活也发生了不少变化,比如他们逐步从游牧部族转化成定居的农牧庄户。关于征服迦南的两种说法之一可见"约书亚记"里的叙述,即约书亚率领以色列部族击败并俘获了五王,成功地攻占了耶利哥(Jericho)和艾城(Ai),最后夺取迦南诸城。但是在"士师记上"里最终定居迦南是通过好几个不同的犹太部族的努力逐渐完成的。前一种说法更体现宗

---

① 见布莱克伯恩编著《作为鲜活文学的〈旧约〉》,第13页。

教意图,它显示了耶和华神庇护的约书亚和以色列人如何战无不胜,攻无不克。但后一种说法可能更符合历史事实,因为当时以色列的敌人已经有铁制战车,而且就在"约书亚记"中我们还读到仍有许多地方不属以色列人所有。直至扫罗统领的时候,以色列也只占领着山地和约旦河边的部分土地。不过,考古学者确有证据来证明好几个山地城市在当时经历了摧毁性打击,比如底璧(Debir)、拉吉(Lachish)、伊革伦(Eglon)和伯特利(Bethel)。这一考古发现似乎支持了约书亚曾经获得决定性胜利的说法。在占领迦南的过程中,各部落逐渐达成了联合。"约书亚"卷第24章就谈到约书亚在约柜存放的城市示剑召集了各部族大会,再次肯定了摩西在西奈山与耶和华订立的圣约。虽然学者们可以肯定示剑从来没有被约书亚攻占过,而是一直住着从没去过埃及的以色列人,但是很有可能这些以色列人也同意加入联盟并接受耶和华为他们唯一的信仰。在约书亚带领下,部族间形成了某种联盟,那是一种宗教的,而不是政治的组织形式。虽然这种群体里的成员主要是希伯来人,它却并不受种族差异的限制。任何人,只要他信仰耶和华并保证遵循律法,就可以被接纳为成员。这些构成联盟的成员就是后来以色列的12支部落,约书亚主持了12支派的分地事业。

士师统领的时期

公元前12—前11世纪,士师统领着以色列局面,他们被认为是希伯来人与耶和华神直接沟通的渠道。据称他们通过梦、显圣或其他神授的权力可以从耶和华那里直接获得默示。在这早些时候埃及和美索不达米亚两大强国已然衰落,但是部分的迦南地区仍经常遭受一些小国的骚扰,比如摩押(Moab)、西宏(Sihon)、以东(Edom)、俄格(Og)等。最危险的敌人是非利士部族,因为他们有组织,而且有铁制的军器。他们在公元前12世纪登岸占据了迦南地区西南沿海的几个城市:迦萨(Gaza)、亚实基伦(Ashkelon)、亚实突(Ashdod)、以革伦(Ekron)和迦特(Gat),并把迦南改称巴勒斯坦,一有情况他们就联合行动,而以色列人这时仍旧维持一个松散的部族联合关系,以西宏为政治和宗教中心。有些历史学家认为他们此时的结构相当于古希腊和意大利之间互相寻求保护的邻邦同盟。①

士师在当时怎么称呼,我们不得而知。士师是当地联合部落的领袖,负责审判案件和抵御外敌的任务。"士师记"里一共记载了12位士师的事迹,他们是俄陀聂(3:7—11),以笏(3:12—30),珊迦(3:31),底波拉(4:1—24),基甸(6:1—7),陀拉(10:1—2),睚珥(10:3—5),耶弗他(11:1—40),以比赞(12:8—10),以伦(12:11—12),押顿(12:13—15),参孙(13—16)。这些士师的事迹繁简不一,有的极为详尽,有的则仅有

---

① 英文是amphictyonies,指古代希腊邻近诸邦以保护共同的神庙为名而结成的联盟。

寥寥几句。按照《旧约》的说法，靠耶和华的及时干预士师才得以带领以色列人在米吉多平原地带击败了敌人。比如士师基甸（Gideon）率领一支只有300人的小部队，在耶和华的庇护下夜袭敌人营地，击毙米甸首领，继而长驱直入彻底制服了米甸。在"士师记"里他们的故事看起来好像是前后承接的，但更可能的事实是这些士师同时存在在不同的部族里。他们通常与外敌交战，如摩押人、米甸人和亚扪人（Ammonites），唯一的一次例外是公元前1152年左右底波拉（Deborah）和巴拉（Barak）战败迦南人西西拉（Sisera）的战役，他是欺压以色列人的迦南王耶宾（Jabin）的将军。非利士人会炼铁来造战车和兵器，因此他们以所向披靡之势向内陆挺进，令松散的以色列部落难以阻挡。基甸去世后他的儿子亚比米勒（Abimelech）就试图称王，统一以色列，但他的企图失败了。大约在公元前11世纪中期，非利士人在西宏击败了以色列并掠走约柜。来自他们的威胁逼迫以色列建立更紧密的政治结构，因此希伯来人当中要求建立一个君主体制国家的呼声连续不断。直到最后条件成熟，士师撒母耳（Samuel）代表耶和华的旨意册封扫罗为国王，以色列终于建立了自己的国家。

联合王国时期

公元前11世纪和前10世纪之间，埃及国力中衰，希伯来人乘机形成了一个独立王国。这个联合王国的第一位国王是扫罗，以色列民族对强大的中央集权军事政体的需要是扫罗称王的历史背景。扫罗在许多方面堪称是有能力的统治者。他是便雅悯人（Benjaminite），英勇善战，得到耶和华的默示，用神的精神来鼓舞人民，并努力按照士师时期盛行的神授权力模式行事。当时的士师和先知撒母耳给他涂膏加冕，令他以耶和华的名义去战非利士人。他在位时期大约起自公元前1028年。他不专横霸道，一生中很多时间用于抵抗非利士人，保卫了以色列人居住的山地不受非利士人侵扰。他的成功为他赢得了百姓的赞扬和拥戴。但是他患有忧郁病，常常会陷于忧郁之中不能自拔。特别在他统治的后期，他变得越来越多疑和妒忌，再加上在对亚玛力人（Amalekites）作战的方式上他与撒母耳发生分歧，遭到这位先知的申斥，他便认为从此耶和华已经不再与他沟通而失去了信心。最后，他和他的几个儿子战死在基利波（Gilboa）山地。他死后非利士人又一次肆虐以色列人居住地。然而，作为统一以色列各部族的头一位国王，扫罗之功不可没。

扫罗是北方以色列人，南方犹太人一直对他存有二心。南方犹太部落出身的青年将领大卫曾是个牧童，有以弱胜强，用机弦甩石击杀巨人歌利亚的英雄业绩，同扫罗矛盾加剧后曾叛离他去投奔非利士人，大大削弱了以色列的力量。扫罗死后大卫王登基（公元前1013—前973），他频频对约旦河东的摩押人、亚扪人，对死海以南的以东人，以及西邻非利士人用兵，占领了迦特城，把非利士人逐出以色列和犹太地域。这样王国强大了，奴隶人数大增。此外，大卫模仿埃及的政体建制，①并且鼓励商贸，控制了从腓尼基到埃及的商队通道，奠定了犹太人经营商业的传统。大卫王的统治因此标志了联合王国进入鼎盛时期，他被后代认为是以色列最伟大的君主。自然，这中间有不少美化他的地方，而且后世百姓还为他开脱了一些他执政时犯下的错误。尽管如此，大卫当之无愧地是以色列的出色领袖，深得以色列人的拥戴。他成功地统一了南北的希伯来部族，建都于耶路撒冷。他还拟定了修建圣殿的计划，后来由他的儿子所罗门（Solomon）付诸实现。尽管如此，大卫的统治显示出了更像东方君王统治的集权倾向。他的妻妾生有11个儿子，宫廷生活混乱、子女之间矛盾重重，因此他在位时期国家并不太平，不仅常常有外来的进犯，还有他儿子押沙龙（Absalom）和一些便雅悯人的叛乱。但总体上看来，以色列民族兴盛繁荣起来。后世的以色列君王如果能与大卫王相提并论，都会感到无上荣耀。

所罗门王在位大约为公元前973/969至公元前931/930年间。他是大卫和拔士巴（Bathsheba）的儿子，从小享受荣华富贵。所罗门同他父亲大卫王一样也为后世人理想化，他主要的名声来自他断案的智慧，此外他热衷于大兴土木，建造宫殿楼台。他最大的成就可以说是建成了耶路撒冷的圣殿。他虽拥有比父亲更强大的军队，却从来没有任何战绩。在他执政的时期商贸得到大大提倡。他与埃塞俄比亚、阿拉伯也门搞贸易，买进贵金属、象牙和狒狒，还从腓尼基引进建筑工人来修庙。他很快就耗尽了大卫留下的家业，于是靠重课百姓税收以及把土地割让给推罗（Tyre）国王希兰（Hiran）来维持开销。为了扩大以色列在周边国家中的权力和影响，他又与一些外国女子成婚。他娶回的外国妻妾（摩押女子、亚扪女子、以东女子、西顿女子、赫人女子等）被容许继续她们原来的宗教信仰，这样就在耶和华的权威旁竖起了其他的偶像崇拜。他的这些做法大大降低了他的威信，逐渐引起民怨。以至他死后，当他的儿子罗波安（Rehoboam）即将即位时，他的属下要求改革。他被质问是否还要继续他父亲的压迫剥削政策，罗波安回答说不但要继续，还要更严厉。结果就造成了10个部落揭竿造反，成立他们自己的政府，这就是分裂出去的北边的以色列王国。②

南北分裂，王朝鼎立

由于所罗门的儿子罗波安拒绝北方部落提出的改良要求，北方便在埃及支持下独立出去，由耶罗波安（Jeroboam）率领建立了以色列王朝，建都示剑。因为在北方以法

---

① 见《圣经考古学》，第70—71页。
② 我对所罗门的评价主要参照了布莱克伯恩编著的《作为鲜活文学的〈旧约〉》里面的看法，评价比较低。许多评论和介绍都高度赞扬所罗门使国家进一步繁荣富强，并用联姻的办法交好四邻。但他们也不得不承认所罗门统治下宫廷骄奢、苛捐杂税特别重，最终导致百姓造反和北南分裂。

莲(Ephraim)部落最大,因此新的王国也常常被称做以法莲王国。没有造反的两个部落留在南边,成立了犹大王国(Judah)。南北分立的局面大约始于公元前922年,一直持续至公元前723或公元前722年,但是在宗教信仰和文化传统等方面南北两个王朝仍旧十分相似。公元前926或公元前925年,埃及王示撒(Shishak)掠夺了耶路撒冷。在这次劫难里,南北王朝损失都很惨痛,不少城市遭到打劫。在南方,大卫王的后代一直统治天下,而北方的以色列政局却十分不稳,朝代不断更替。"列王纪上/下"这两卷的作者明显地来自南方,因为他的叙述带有非常明显的偏向。对北方每个国王犯的错误,他总是说:"这位国王做了耶和华认为是邪恶的事情。"可是对南方的国王做的坏事,他总能为他们找到一些借口。有趣的是,由于当时并无固定的编史体系,不论南北哪个国王统治期间发生的事情都是以另一个王国的事件为比照来记载的。

北方以色列王朝

北方以色列虽然土地面积比南方犹大王国大、人口多,又处于通商要道,但是它建国不久就处于了困境。它国家内部不稳定,风气败坏,而且与周边的国度战事不停,有好多次,和平都是以对敌人退让和屈从换取的。后来情况有所好转,以色列夺回了大多数丢失的土地和权力。

在以色列诸王中,暗利(Omri)是个重要而且有作为的国王。他建都在撒玛利亚(Samaria),与腓尼基联盟,并恢复了以色列对摩押的控制。他的儿子亚哈(Ahab)娶了腓尼基公主耶洗别(Jezebel),她把崇拜巴力神(Baalism)的异教信仰带入了以色列,而且此时的战争重负造成农民破产,他们沦为奴隶,贵族却利用权势欺压百姓,强取横夺。这惹恼了先知以利亚(Elijah),从此引出一代代先知反对崇拜异教并申讨不公正社会现象的斗争。"先知书"里对这些阶级矛盾反映得相当充分。亚哈征服了叙利亚,①后来又同它联合去抵抗逐渐强大的亚述。公元前853年他们联合了一些小民族与亚述人交战。虽然损了兵折了将,但亚述王赢得了最终胜利。三年后,在企图收复失去的部分约旦河西土地的一场战斗里,亚哈阵亡。他的遗孀耶洗别和儿子们都被先知以利沙(Elisha)支持的大将耶户(Jehu)屠杀。

耶户用武力和屠杀来维持统治。到耶户的孙子耶罗波安(Jeroboam)二世当政时,以色列元气得以恢复到自从所罗门以来的最盛期。耶罗波安二世统治了半个多世纪,以色列享有了一段前所未有的繁荣时光。然而从公元前9世纪中期开始,土地分配带来了许多社会变化。大地主吞噬了农民的土地,贫富分化迅速加大。穷人的苦难引起了先知们的同情,国内的分裂和动荡愈演愈烈,没有几个国王能坐稳江山,有些被

---

① 在中国基督教协会的《圣经》译本中,叙利亚译为"亚兰",见"列王纪上",20。

取代,有些被谋杀。这样,在耶罗波安去世后,国家开始走下坡路,特别是腐败导致了政治上的衰弱,很快以色列就成为亚述帝国侵略的牺牲品。最后撒玛利亚被亚述王沙尔玛纳撒(Shalmanazer)五世围困。① 公元前 723/722 年,沙尔玛纳撒的接班人撒贡(Sargon)二世②攻占撒玛利亚,亚述帝国最终征服了北边的以色列,把它的国王何细亚(Hoshea)和臣民 27000 多人全部掳到美索不达米亚,结束了以色列王国 200 年的历史。

南方犹大王朝

南方的王国叫做犹大(Judah),它的版图小于北方的以色列,大多时间百姓安享太平,它比以色列多维持了一个多世纪。犹大的国王全都是大卫王的后人,这一点很重要,因为人们相信有一天弥赛亚(Messiah)会出自这条血脉,并领导希伯来人民实现他们既定的神圣历史使命。

南方虽然没有更换朝代,但是王室内部也有过残酷的斗争。北方的腓尼基王后耶洗别的女儿亚他利雅(Athalia)嫁给了南方国王约兰(Jehoram)。她也同母亲类似,引起了内乱。当她的儿子亚哈谢(Ahaziah)死去时,为了掌权她杀死了所有有资格继承王位的人,包括自己的孙儿们。唯一一个被藏起来的孙子成年后就把她杀死,这样一度造成了政局的动乱。北方以色列由耶罗波安二世统治时,南边正是了不起的亚撒利雅(即乌西雅,Uzziah)做国王,亚撒利雅登基后南方王国达到了繁荣的极点。但他死后犹大王国就遭到亚述军队的侵略,他的儿子被迫给亚述上贡。后来的国王希西家(Hezekiah)联合一些小部族共同抵抗亚述,而作为报复,亚述的国王西拿基立(Sennacherib)率兵穿过约旦,攻占了许多城池,并包围了耶路撒冷。后来忽发的流行疾病迫使西拿基立从耶路撒冷撤兵。亚述军队突然撤离使南方的希伯来王国得以保存下来。然而,在随后的年月里,犹大国被迫做出各种让步,包括每年向亚述头人们进贡大笔财物。亚述的强势一直延续到大约公元前 630 年,但它最后被塞西亚人(Scythians)、米堤亚人(Medes)和巴比伦人困扰。亚述帝国亡国之后,犹大王国又变成埃及以及后来巴比伦的臣属。

就在这个时期,犹大国出现了一个了不起的国王约西亚(Josiah),以及两个先知耶利米(Jeremiah)和西番雅(Zephaniah)。约西亚治理犹大时最重要的事件是公元前 623 或 622 年在圣殿里发现了古老的律法书,它成为"申命记"(Deuteronomy)的组成部分,并成为律法改革的基础。改革后各地的祭坛和异教的神祇都被扫除干净,所有的祭祀和宗教活动都集中在耶路撒冷的圣殿内进行。两个先知都认为动乱的时日是

---

① 在《希伯来民族简史》里,这个亚述王的名字被译成"撒缦以色"。见第 29 页。
② 撒贡的名字在《希伯来民族简史》里是"撒耳根"。页码同上。

世界末日即将到来的预兆。另一个先知那鸿（Nahum）则宣讲不久尼尼微（Nineveh）城就会陷落，这座城市果真在公元前612年被米堤亚人和巴比伦人攻占。

公元前609年，在米吉多（Megiddo）战役里埃及的法老尼哥（Necho）与亚述人联合起来。① 约西亚英勇迎战，壮烈牺牲，他的百姓伤痛不已，哀念这个领袖。他可以算是自大卫王之后最伟大和民主的以色列国王。他的继承人3个月就下台了，换之以埃及王尼哥扶持的傀儡约雅敬（Jehoiakim），一个像所罗门一样傲慢和热衷大兴土木的国王。

公元前605年，埃及军队在同巴比伦人交手的迦基米施（Carchemish）一战中几乎全军覆没。约雅敬接受了巴比伦的控制，但当他私下与埃及人勾结谋反时，巴比伦的国王尼布甲尼撒（Nebuchadrezzar）就举兵耶路撒冷，除掉了约雅敬，把他的儿子约雅斤（Jehoiachin）带回巴比伦作为人质，与此同时还劫持走许多知名的和能干的犹太人。约雅斤的叔叔玛探雅（Mattaniah）被立为王，巴比伦王赐他名字叫西底家（Zedekiah）。他是个用意好但却软弱的人。在埃及的影响下，西底家起兵造反，巴比伦的国王尼布甲尼撒出兵包围耶路撒冷一年半。公元前586年耶路撒冷被摧毁，圣殿被烧成灰烬，所有的百姓——贵族、士兵、手工业者、建筑师等，除去最低下的农民——都被强迫移往巴比伦，成为历史上提及的"巴比伦之囚"。西底家亲眼目睹自己的儿子们被屠杀，然后他被弄瞎双眼，用链子锁着带往巴比伦。犹大国在以色列分裂出去300年后最终灭亡。

流放和回归故土

公元前586年后，犹大王朝完全摧毁了。耶路撒冷城和城里的圣殿被捣毁，许多城镇夷为平地，而百姓中只要受过教育或有些技术和专长的人通通被押运到巴比伦。他们并非都沦为奴隶，不少人操持手工业和建筑业，其中不少人原本是奴隶主、高利贷者、祭司和文士。他们有的一直计划归国，有的后来逃往埃及，先知耶利米与他们同行。

在巴比伦的流亡犹太人被允许集中住在自己的群体里，他们被安排参加公共建设项目的劳动。这些犹太人一直没能融入巴比伦文化，始终保持了自己的习俗和宗教仪礼，比如遵守安息日休息，男子必须行割礼等。先知以西结（Ezekiel）和第二个以赛亚（Isaiah II）努力让民众相信：流亡是耶和华计划的一个部分，因为他们犯了罪；不过，通过灾难的考验，他们会获得救赎和新生，重新成为耶和华的仆人。第二个以赛亚还预言耶和华将回到耶路撒冷，并向所有的信徒显现。与先知们的宣传同时，以色列学者

---

① 有关埃及法老的态度，钦定本《圣经》的说法不同。"列王纪 II"的第23—29章里说法老是反对亚述的。见布莱克伯恩编著《作为鲜活文学的〈旧约〉》，第16页。

们则着手编纂律法、历史和预言集。

以色列人流亡和受奴役的日子随着巴比伦帝国灭亡而终止。公元前539年,波斯人征服了巴比伦,他们对犹太人表现出更大的容忍。波斯王居鲁士(Cyrus)在位时允许希伯来人归回故土。他甚至支援和帮助他们准备回归巴勒斯坦,建立傀儡政权。有不少犹太人选择留在巴比伦,有一小批人回到了耶路撒冷。但是,回归的流亡者并没有找到他们期望的幸福。他们发现圣殿被毁了,家园一片荒芜,到处都是灾荒、病虫害,还要不断防备周边国家来侵犯,他们的生存环境还不如被俘虏的日子。先知们来给他们解释为什么事情会这样,并用光明的未来鼓励他们。祭司们积极地组织宗教仪式,许多文学作品产生了,在整个过程中强调和尊信律法在犹太教信仰中起了主导的作用。

16年以后,在约雅敬的亲戚耶鲁巴别(Zerubbabel)执政时期,①更大一批犹太人回归了。公元前445年尼希米(Nehemiah)被指定为耶路撒冷所在地区的头领,他被允许重建城墙。他禁止犹太人与外族通婚,并大力支持遵守安息日和圣殿的宗教仪式。先知以斯拉(Ezra)完成了宣讲律法的任务,使犹太人普遍接受了《圣经》头五卷"摩西五经"(Pentateuch)的律法。以斯拉是个追求纯正的民族主义领袖,他严禁与外族通婚,并坚持已经联姻的犹太人离婚。② 在他的时期,大祭司(the High Priest)权威高过一切。

除了在巴比伦留下的犹太人,埃及和近东各地都有不少。因此,从耶路撒冷被攻占和犹大王国覆灭到回归故土的这段动荡年月也是犹太人散布到世界各地的开始。

希腊的统治和玛喀比叛乱

马其顿亚历山大大帝于公元前334年征服了叙利亚和巴勒斯坦,第二年打败埃及。在那里他建起了亚历山大里亚,又称亚历山大城。亚历山大城后来成为希腊化的犹太教(Hellenistic Judaism)中心地。亚历山大大帝死于公元前323年,在他之后管辖巴勒斯坦的两任统治者都允许犹太人享有一定的自由和自治权。逐渐,居住在亚历山大城的犹太人接受了希腊影响,他们学会并使用希腊语。大约于公元前280—前250年,犹太经文被翻译成希腊文,这就是众所周知的《七十贤士译本》,而《圣经》中的"约伯记"、四卷"福音书"和智慧文学体现的那种自由质疑的精神也许就与希腊影响有关。

波斯国的衰亡和亚历山大大帝去世带来了极为不利于希伯来民族的新形势。埃

---

① 在《希伯来民族简史》里,耶鲁巴别被译为所罗巴伯。见该书第60页。
② "路得记"被认为是针对 Ezra 这种狭隘的做法而写的。见布莱克伯恩编著《作为鲜活文学的〈旧约〉》,第17页。

及和叙利亚成为两大强国,彼此竞争极权,而弱小的犹太民族就夹在他们中间饱受凌辱。在耶路撒冷犹太人逐渐分裂为两个派别:一派保守,希望保持对亚卫的崇拜;另一派比较开放,愿意接受希腊思想和文化。这一斗争在"但以理书"中有所反映。到了公元前2世纪的后半叶,塞琉古(Seleucid)首领安条克四世(Antiochus IV,公元前175—前163年在位)想要把希腊化强加于他所有的属民,于是就在巴勒斯坦利用亲希腊的那派犹太人。在一系列的阴谋、谋杀和争吵之后,安条克就进行公开干涉,亵渎耶路撒冷圣殿,在城里建起供奉宙斯的神龛,而且明令不准任何人继续尊奉摩西律法、犹太安息日和行割礼的习俗,严重违反者格杀勿论。安条克的反犹太政策引发了玛喀比(Maccabean)战争,这是由耶路撒冷西北的莫顶城(Modein)老祭司马提亚(Mattathias)和他的儿子犹大(Judas)、约拿单(Jonathan)和西门(Simon)①带头的一次造反,得到了保守派和大多数乡村人口的全力支持。马提亚又被称做玛喀布(Maccabeus),即"抡锤的人"(the Hammerer),他打败了安条克的军队,攻占了耶路撒冷,重新建树了圣殿的权威。玛喀比造反是希伯来宗教历史最后500年中的一个亮点,是这个灾难重重的民族在最恶劣的生存环境下不屈不挠坚持民族尊严和宗教信仰的标志,因此至今犹太人每年要过犹太圣节(Chanukah)来纪念它。

　　安条克的继承人允许犹太人继续尊奉摩西律法。马提亚去世后,犹大和他的两个兄弟并不只满足已赢得的宗教上的自由,他们想进一步获取全面独立。此时塞琉古人正好发生了内部争端,还要应付对其他外敌的战争,犹大因此打了几个重要的胜仗,夺回了基列(Gilead)和加利利(Galilee)两个地方。犹大在公元前160年去世,他弟弟约拿单接班,他利用了塞琉古国内争夺王位的斗争为自己谋得大祭司和塞琉古下属省份的总督地位。玛喀比统治从他继位之时才算真正开始,但是他于公元前143年被谋杀。

犹地阿②独立和罗马吞并犹大

　　玛喀比家族最后的继位人西门继续扩充了领土,塞琉古王德米特利乌斯二世(Demetrius II)同意封他为大祭司和犹地阿的最高统治者。他于公元前134年被谋杀,他的儿子约翰·胡肯奴(John Hyrcanus)继位。尽管开始时他遇到许多困难,他还是征服了大部分巴勒斯坦,强迫他的新属民接受犹太教并行割礼。但是,就在他统治的时期法利赛(Pharisees)和撒都该(Sadducees)两大对立党派正式出现。撒都该派代表上层以色列人,他们支持玛喀比王朝争取独立以及维护和推行犹太教的政策。法利

---

　　① 许鼎新在《希伯来民族简史》里指出,马提亚有5个儿子分别叫做约翰、西门、犹大、以利亚撒和约拿单。而且根据它的说法,犹大的另一个名字也叫玛喀比。见第74页。

　　② 犹地阿(Judea),也有的译成"犹地亚",指古罗马统治下的巴勒斯坦南部地区,又可拼写成Judaea。

赛派却相反,他们认为犹大在恢复了神庙权威后就应该停止进一步扩张。他们得到相当多的群众拥护,而且在宗教仪礼方面他们已经显示出类似后来《新约》里提倡的那种注重宗教细节的特点。起初,约翰支持他们,但后来又转而反对他们,因此被称做邪恶的祭司(the wicked priest)。公元前104年约翰死去,玛喀比统治的盛世不再,他的继承人个个都野心勃勃、相互妒忌、争吵不休,整个以色列民族也逐渐失去了原有的理想和道德标准。

公元前104—前103年是亚里士多布鲁(Aristobulus)一世的短暂统治。他死后,他的弟弟亚历山大·詹尼亚斯(Alexander Janneus)娶了他的遗孀,惹来许多不满,因为他的行为与他担任大祭司的职位很不相称。百姓都不拥戴他,特别是法利赛派。由于为人残忍无德,他被称为又一个"邪恶的僧人"。他死于公元前76年,死后他的妻子撒罗米(又译莎乐美)·亚历山德拉(Salome Alexandra)自称女王,①她的儿子胡肯奴二世担任大祭司。在撒罗米当政约10年的期间法利赛派力量发展壮大,他们基本拥护女王。撒罗米死后把王位留给胡肯奴,但撒都该派却支持胡肯奴的兄弟亚里士多布鲁,他们想武装夺权。这样就开始了尖锐的派系和王室斗争,最后两派人都向罗马寻求支持。还有一个第三派,他们既反对哥哥也不要弟弟。其时罗马正是庞培当政,他出兵攻克了耶路撒冷,占领了圣殿,立胡肯奴为大祭司。②从这时起,犹地阿就沦为罗马下属的叙利亚的一个省份,由罗马来续写它的历史了。

《旧约》里体现的整个犹太民族历史给我们最重要的一个印象就是他们不断遭到外族的侵略和统治,从埃及开始,之后几乎每个近东地域的强权都要骚扰或征服希伯来人:亚述、巴比伦、波斯、希腊、古埃及托勒密王朝(Ptolemies)、塞琉古和最后的罗马人,犹太人独立自治的时候相当稀少。这种强迫与其他民族融合的历史在犹太文化里不可避免地留下了印记,如灭国、流放异国、散居世界各地。但是这种经历也有对他们的激励和鞭策,比如埃及的奴役促使犹太人建立统一的国家,流放逼得他们编写了一个自己民族传统的文献,以《希伯来圣经》形式永世存留。他们的这种经历也使得犹太民族形成了较强的民族主义思想。③

---

① 要施洗约翰人头的莎乐美也是这样拼写的,而且因王尔德的同名戏剧在中国的译本影响,一般译法都是"莎乐美"。
② 在《希伯来民族简史》里,许先生写的是庞培把弟兄两人都带到罗马去了。这与本书采用的布莱克伯恩编著《作为鲜活文学的〈旧约〉》里的说法不同。
③ 上面内容来自派特森的《旧约》,第8—16页;布莱克伯恩的《作为鲜活文学的〈旧约〉》,第11—19页。

（二）耶稣和使徒们出现及活动的历史背景简介[①]

我们可以肯定地说有史以来没有任何一本书比《圣经》，特别是《圣经·新约》对西方文明的影响更巨大和深远。因此，对它的了解已成为人文教育的一个不可缺少的部分。《新约》牵涉到公元1世纪中至2世纪中的犹太民族和它周边国家的历史，它是不同的人撰写的有关拿撒勒的耶稣在人世间活动的意义和重要性的文献集子。这些作品在耶稣去世后才问世。他本人没有留下任何有关自己的记载，因此我们只能从其他人写他的文献中去了解他和他活动的历史时代。

耶稣出现的犹太历史背景

从扫罗到大卫，先知们不断强调以色列的救世主/弥赛亚（Messiah）即将降临人世。开始时人们曾寄期望于一个明君，在先知以赛亚的预言里就提出了这个弥赛亚将出自大卫的后人。但许多犹太人的国王都令人失望，北方以色列先于南方犹大国灭亡，一个半世纪后南方王朝也开始摇摇欲坠，最后内外交困，不断受到外敌灭国的威胁。在这样的历史条件下，犹太人对救世主的看法有了巨大的转变。新的说法是：上帝的王国不会由明君领导着逐步改造现存社会来完成，而是要靠超人的，即神的突然干预来实现。当时机成熟时上帝会行动，惩恶扬善，为所有正直善良的人提供一个天国。这一天被描绘为摧毁性的灾难，它将是世界的末日，也是一个崭新纪元的开始。虽然说法各有差异，但各种说法都一致认为这个弥赛亚将是个神人，他会降临到人世上，对所有人做出审判。这个新弥赛亚说法对受难的犹太人有着特别重要的意义，给了他们度过各种困境的一个精神支柱，《旧约》的"但以理书"主要讲的就是如何用对弥赛亚的信念来对待叙利亚的迫害。而《新约》里的"启示录"对犹太人所起的作用与《旧约》里"但以理书"雷同，它要人民相信虽然邪恶势力当时十分嚣张，由上帝介入来为被迫害的犹太人惩治迫害者的日子不远了，一个和平、公正、仁爱的王国即将成为所有善良人的归属。

当然，不是所有的犹太人都满足于被动地等待上帝来惩治邪恶。革命的弥赛亚派主张自己也要行动起来尽力自救，成为上帝在人间贯彻意图的工具，帮助推动这一天早日到来。这些犹太人相信上帝会支持和庇护他们反抗迫害的斗争，因此就出现了后来类似马提亚和他的儿子们反对叙利亚的造反，他们夺回了耶路撒冷，恢复了圣殿里的宗教活动。在罗马人最后征服了巴勒斯坦地区、把犹太人置于罗马的统治之下以

[①] 这里介绍的有关《新约》的历史背景主要来自派特森编著《新约》和哥特森特的《〈圣经〉：文学的研究》。

后,这些革命的弥赛亚人继续号召犹太人起来反抗。就在耶稣诞生之前不久,加利利地方一个叫做犹大(Judas)的人就声称他是弥赛亚,组织了反对罗马的造反,被残酷镇压。为此,罗马人特别害怕任何声称同弥赛亚有关的犹太人出现。

下面就具体来介绍一下耶稣出现的时代犹太人如何受罗马政府的压迫以及他们的反抗。公元前63年罗马统帅庞培应犹地阿内部争权的双方请求亲自率军队进入耶路撒冷,用武力平定了那里的内乱。但是他的军队就此留了下来,把犹地阿置于罗马下属的叙利亚省份里,并任命约翰·胡肯奴二世为大祭司,可是他必须听从罗马指派的顾问的意见。公元前37年罗马皇帝屋大维(Octavian)(就是后来的恺撒·奥古斯都)指定安提帕特(Antipater)的儿子希律(Herod)为以色列王,为了和以后的几个希律王区分,他一般被冠之以"大希律王"(the great)。这个希律王有相当的自主权,但是他遭到犹太人普遍的仇恨,原因主要是他对罗马政权俯首贴耳,另外他的祖先以土买人(Idumeans)本不是犹太民族,他们被一个犹太国王征服后强迫信仰了犹太教,因此他被看做半个犹太人。还有一个原因就是他本人狭隘、记仇、手段毒辣,马太讲述的希律王为了杀死婴儿耶稣,命令把伯利恒(Bethlehem)城里所有新生儿杀掉的这件事就可以证明他的残忍。但他的统治相当稳固,他大兴土木,并重建圣殿。耶稣就诞生在他在位的时期,大约是公元前6年。

大希律王之后,从公元4至37年他的王国被三个儿子瓜分,东北部归腓力(这个腓力娶了希罗底的女儿,后来他兄弟把这个女人据为己有,在"马可福音"6:17—18里记载了施洗约翰对此事的指责)。加利利和比利亚(Perea)地区归了希律安提帕(Herod Antipas)(耶稣住在拿撒勒,在他的统治下长大。根据"路加福音"记载,也是在这个希律王面前耶稣受过审判)。犹地阿的中部,包括耶路撒冷分给了第三个儿子希律亚基老(Archelaus),但是他是个糟糕至极的统治者,以至罗马人最后把他撤掉,换了个罗马人来管辖,他叫彼拉多(Pontius Pilate)。他从公元26到36年担任犹地阿的巡抚(procurator),由当地70犹太人组成的叫做全公会(Sanhedrin)的司法委员会协助,这个委员会的头目就是大祭司。据"马太福音"26:57—68记载,耶稣受审的第一个晚上就是面对全公会。虽然百姓对罗马统治非常不满,但在耶稣有生之年这种统治局面没有能够发生变化。

耶稣可能是在公元27年钉死在十字架上的,10年之后巴勒斯坦地区的政权开始落入大希律王的孙子手里,他叫希律亚基帕(Herod Agrippa)一世,他逐步把领土扩大到他祖父执政时的版图。亚基帕死于公元44年,犹地阿又一次被罗马指定的巡抚统治,"使徒行传"里谈及保罗时提到过其中的两个:腓力斯(Felix,公元52—60)和非斯都(Festus,公元60—62)。公元66年,罗马管辖下的犹太人终于造反了,一批激进分子掌握了政府并宣布脱离罗马,从此开始了犹太战争。罗马人最终镇压了犹太人,于公元70年再次攻占耶路撒冷,同几百年前巴比伦侵略者一样几乎完全摧毁了这个城市,圣殿再也没有被重建起来。到公元 73 年所有的犹太抵抗力量,包括有名的马塞达(Massada)据点都被罗马人攻克,但反抗的火焰并没有熄灭。接下去的 60 年,除了星星点点的造反,巴勒斯坦总体上维持住了一个平稳的局面,但公元 132 年出现了新的起义。一个强有力的犹太领袖巴-柯克巴(Bar-Kochbah),意思是"星星的儿子",率领犹太人再次造反。有一阵子起义非常成功,犹太百姓把巴-柯克巴尊为弥赛亚来世。但是到了公元 135 年罗马再次占了上风,这一回古老的以色列王国可以说真正完结了。哈德良皇帝(Hadrian,公元 117—138)禁止犹太人进入耶路撒冷,并在那里建起一座供奉宙斯的神庙。犹太教作为宗教还在继续,它的中心移到巴比伦城(Babylonia),但是以色列作为一个国家却要等到 20 世纪才再现了。

另外要提到的与耶稣有关的犹太历史背景就是公元 1 世纪时期的犹太教状况。虽然基督教到后来是以非犹太的西方其他民族为主体,但是它最早建教的人和信仰者毫无疑问是犹太人。最常见的误解是犹太教是一体一元的信仰,而实际上不然。虽然犹太教徒在牵涉到《托拉》(Torah)是神的启示这种基本问题上有共同的观点,但他们同基督教一样分裂成了派别。犹太教的核心问题可以说是对律法的态度。犹太教虽然强调摩西为代表的律法是上帝的意图,要一字不差地绝对服从,然而,决定信徒是否做到了或违反了这些条款却并非一件容易的事情,而且经常还会出现特殊情况,需要不按常规对待。其实耶稣就是《新约》中被犹太人指责最经常打破律法规定的人。由于有理解、认识和实践"摩西五经"的差异,犹太人当中产生了分歧,形成派系。《新约》里批评最多的是法利赛人,他们比较灵活,在接受《托拉》之外,还承认"新的"先知和记载,并愿意接受希腊影响。实际上,接近 1 世纪末,法利赛人已经确立了希伯来经文的经典版本。他们还坚持着口头传统,努力把摩西经文用于日常生活之中。福音中攻击他们的主要就是这种把经文用于日常生活的试验,而且对他们的微词多来自对立派撒都该人。其实法利赛人并非都是《新约》指责的那样,他们当中有许多忠实于犹太教的正派人。在公元 70 年耶路撒冷最终被攻占和毁掉后,法利赛派成为最主要的派别,支撑着犹太教,这也许也是正在兴起的基督教信徒们不高兴他们的原因。撒都该派人数比较少,但是他们占据了祭司位置,有时用权力来营私。在做出影响以色列人生活的政策方面撒都该派作用很大,特别在耶稣生活的阶段更是如此。他们比较保守,只相信摩西的《托拉》,排斥《希伯来圣经》中的其他卷书,也不承认弥赛亚复活和他的重要地位。"马可福音"12:18—27 提到耶稣和撒都该人的辩论,反映了他们对耶稣会复活的怀疑,这也是当时犹太教徒中大部分人的想法。第三个派别叫奋锐党人(Zealots),也称狂热派。他们是激进分子,主张推翻罗马统治,发起了一系列造反,最后引发了公元 66 到 73 年的犹太战争。耶稣的门徒中起码有一个原是这一派的,他叫奋锐党的西门(Simon the Zealot)("路加福音"6:15 里提到了他)。有一个较老的流传把背叛耶稣的犹大也说成是奋锐党的,但缺少足够的证据来证实此说法。第四个派别叫艾赛尼派

(Essenes),这是一个规模小但却十分虔诚的宗教集团,20世纪以来得到越来越多的关注,因为就是他们撰写了有名的《死海古卷》,又名《库姆兰古卷》(*Qumran Scrolls*),从中我们了解了许多《新约》成书前的历史。艾赛尼这派人真正担忧当时在耶路撒冷内外发生的种种事情,认为周围的社会酝酿和庇护邪恶,因此感到必须脱离这个环境,去荒原里生活。在这方面他们有些类似中世纪的僧人,主张独身不婚,用增加信徒来维持他们的人数。后来婚姻被允许,但男女双方都必须遵守一系列严格的条例。这些人一心为弥赛亚最后来临做精神准备,成天研读和抄写经文,互相切磋交流。除了抄写的经文,他们还撰写了不少自己的文献,包括对他们举行的仪礼和庆典的描述记载。有个古老的说法宣称施洗约翰可能属于这个派别,但更多的研究认为这个派别故意将自己与公元1世纪的犹太人和基督教徒分开,因此不会与他们发生直接的关系或产生任何直接的影响。① 此外,还有些小派别因看不惯撒都该派的许多做法,而脱离出来。最后,但并非次要的一派,是广大的穷苦民众。他们被法利赛人和撒都该人瞧不起,因为他们对遵守律法有时懈怠。然而,就是从这批劳苦人里耶稣获得了许多信徒和追随者。在一个意义上,基督教在开始时也可算做犹太教分出的一个派别。最早的基督教徒称自己为拿撒勒派,即称自己为"追随那个拿撒勒人的信徒"之意,就像"使徒行传"中我们读到的,这些追随耶稣的人都保持了虔诚的犹太教信仰。因此,当基督教决定可以把非犹太教信徒吸收进来时,教会经历了地震般的变化,它促使了分裂。然而,真正的分裂要等到公元1世纪末保罗的希腊追随者们最后把握了管辖权之后才发生,基督教会那时才从犹太教里正式分裂出来,成为一个独立的、世界性的宗教。

基督教的非犹太影响

由于早期基督教不但以犹太人为对象,而且也开始面对非犹太的其他民族。基督教扩展到非犹太范围的这个过程中其教义受到了许多不同因素的影响,其中主要的影响来自三个方面,即神秘信仰(mystery cults)、帝王崇拜(emperor worship)和希腊哲学(Greek philosophy)。

神秘信仰

神秘信仰来自一些秘密组织,参加者都必须经过一段审核和考验期。在《新约》成书的时代希腊—罗马地区有许多这样的组织,它们虽各有不同,但却有一些共同的特点。首先,这些组织的成员都关心如何获得拯救,他们相信他们生活的这个世界充满了罪恶,不可能希冀这个世界有什么实质性的变化。因此,对他们来说获得救赎唯一

---

① 这里提到的大希律王之后的犹太历史及犹太教的派别,主要参考了哥特森特《〈圣经〉:文学的研究》。见该书 xix-xxiii。

的途径只能是肉体死亡后灵魂进入一个新的世界。其次，由于世间的植物有许多是年年春天重新抽芽生叶，所以这些神秘信仰组织成员也得出了人死后定能复活的结论。既然万物的生死循环是超人的力量控制和运作的，因此人类战胜死亡也必须通过神的力量来完成。他们称这个帮助人类在死亡后获得新生命的神为伟大的拯救者（heroic redeemer）。第三，这个拯救者与犹太人的弥赛亚不同，他不以在这个世上建立一个公正和仁慈的社会为己任，而是帮助所有信徒死后获得另一个世界。他会以凡人的形态来到人世，用他的神力做出许多奇迹，拯救人类。而且他的行动会遭到邪恶势力的反对，最终献出他自己的性命。但是他还会死而复生，升还天堂。第四，这个伟大的拯救者会把他的神力传给他的信徒。这些信徒要进行撒水或涂血的仪礼来纯化自己，并且通过观看拯救者如何被迫害者残杀而后升天的戏剧表演或举行一个象征性分食拯救者的肉和饮他的血的仪式，来建立与他的亲密联系。上述这些仪礼都被认为是改变信徒在这个世上的生活并准备好接受拯救，死后到另一个世上去生活的必经途径。神秘信仰的这些内容大多在耶稣的活动及他的门徒对他的宣传中得到了体现。

帝王崇拜

帝王崇拜古今中外历来有之，它主要是把人世间的政治或军事领袖推崇至神人的地位。这与原希伯来人和犹太教的思维恰恰相反。犹太教是严格的一神论，不承认亚卫（耶和华）之外的任何神。耶和华是人类的创造者，但不是肉体和生物意义上的父亲，因此对一般犹太人来说也就不可能存在父母有一方是神一方为人的可能。然而世界上有许多民族都接受这种由于父母一方是神而生下一个超人的可能。经常的情况是百姓把他们的帝王神化，认为他不同凡人。这种帝王崇拜举不胜举，比如希腊人神化亚历山大大帝，罗马人视恺撒为神。就拿后者为例吧。恺撒死后，罗马的元老院（senate）宣称他是个神人，并鼓励各地百姓祭拜他。后世的传说还加进了他出生前有天使来传递消息，天空出现了神奇的天象这类说法；在他一生的业绩里也加入了一些奇迹；而且他死后一个罗马的历史学家宣称他亲眼目睹了恺撒复活并升入了天堂。

帝王崇拜在中近东地区也不是件新鲜事了，在埃及和巴比伦一直就相当盛行，就在《新约》成书的时期那里就流行着不少把有成就的领袖人物解释为神人的说法。帝王崇拜的流行在罗马帝国统治时期给基督徒造成了很大的困难。有些罗马帝王等不得后世人来神化他们，于是就自封为神，修龛塑像，要求百姓去敬拜。这样，在罗马帝国管辖下的基督徒们就陷入了困境：如果他们拒绝膜拜罗马皇帝，他们就成为政府的敌人；但如果他们服从官方的命令，他们就违反了信仰唯一一个上帝的宗教准则。他们因此急需有人指点该怎么做，并给予他们坚持自己做法的勇气。坚持一神崇拜并反对膜拜罗马帝王也构成了耶稣与罗马统治者的矛盾并最终遭到杀害的部分政治背景。

第二章 《圣经》背景知识介绍

希腊哲学

当时希腊哲学的影响遍及整个希腊－罗马地域。希腊哲学的核心思想是围绕着逻各斯（Logos）而来的。在苏格拉底之前，赫拉克利特（Heracleitus）就提出逻各斯是驾御我们这个不停地变换着的世界的宇宙秩序（cosmic order）。世界由两种对立的力量构成，比如冷与热、干与湿、水与火、男人与女人等。如果没有逻各斯来控制调节，实现平衡，就无法维持我们世界的现存状态。逻各斯的作用也不仅仅局限于自然的物质层面，它还与道德范畴有关。当某些个人或国家践踏了公正，逻各斯会惩罚冒犯者，给受害方面以补偿，这样把失去的平衡局面找回来。赫拉克利特对柏拉图和亚里士多德影响很大，柏拉图认为逻各斯（又称理性 reason）是人类秉性中具备的一种神圣成分，是获得有意义的生活的关键。

然而特别强调逻各斯重要性的是斯多葛主义。斯多葛主义者把理性与上帝等同起来，认为理性同上帝一样无处不在。多亏有理性或逻各斯的作用，这个世界才能维持着一个完整的宇宙体，而没有成为一片混沌。理性存在在每个人的头脑里，它让人能接受自然界的知识。共同的理性也使人们彼此相连，这被斯多葛主义者当做人类和睦共存的基础。有了理性，每个人都有驾驭自己的能力，能控制自己的感情、遵守律法、执行职责。但是，斯多葛主义者也承认在每个人的生活中都可能出现他自己无法驾驭的局面，而聪明的人就应该接受命运安排，不要恐惧。这种哲学思想可见于《新约》里保罗的书信。他曾写道："我已经学会了安于我所处的不论是什么样的境遇。"（I have learned in whatsoever state I am there to be content.）他的话类似我们中国"知足者常乐"的概念。①

希腊哲学里与逻各斯（即上帝赋予人类的理性）相关的概念就是肉体与精神的对立。这个思想曾被柏拉图阐释过，他认为不是肉体，而是思想，或称精神世界，才是真正的现实，才是不变化的、永恒的范畴。与精神对立的，通过感官感受到的世界是变化不定的。因此，通过感性得到的是短暂的、临时的概念，靠它无法真正认识世界。我们得到的只有在某个具体时间和地点条件下，通过描摹永恒的理念而得来的一种表象，这种物质世界通过模仿精神而得来的现实总是比它的原版，即精神理念，要低一级。换句话说就是：相对精神而言，物质现实总是一种蜕化和腐败。因此，判断事物好坏的标准必然是它是否非常接近理想中的原来模样。柏拉图去世数个世纪之后，基督教徒们在对耶稣的态度上体现了这个思想。耶稣就是理想或理念中的完人，他也代表了终极的理念，是理念的肉身化，是所有人类善恶的衡量标准。

既然希腊哲学主张善的渊源是精神，而恶的根由是物质，那么接下去的推论，即头

---

① 关于斯多葛主义，这里的解释十分简单、零碎，主要选择了它对《新约》和耶稣现象有关内容做了介绍。见派特森《新约》，第21—23页。

脑主善,身体生恶,也就顺理成章了。但是,肉体是一切邪恶的来源这一思想,从来未被犹太教接受。犹太教认为上帝按照自己的样子创造了人,人的肉体、灵魂和精神是不可分的一个整体,因此它们都同样是好的。罪恶来自人类的第一次堕落,这个堕落影响了他的每一部分,包括肉体,也包括头脑。《新约》里的保罗在面对非犹太的基督徒时,他的书信和讲话经常体现希腊哲学的内容,比如在《新约》"罗马书"7:14—8:11里他专门讲了灵与肉的关系,他说:"7:¹⁸ 我也知道在我里头,就是在我肉体之中,没有善良。因为立志为善由得我,只是行出来由不得我。¹⁹ 故此,我所愿意的善,我反不作;我所不愿意的恶,我倒去作。……8:⁹ 如果神的灵住在你们心里,你们就不属肉体,乃属圣灵了。"(Rom 7:¹⁸ I know that good does not live in me —that is, in my human nature. For even though the desire to do good is in me, I am not able to do it. ¹⁹ I don't do the good I want to do; instead, I do the evil that I do not want to do. ... 8:⁹ But you do not live as your human nature tells you to; instead, you live as the Spirit tells you to —if, in fact, God's Spirit lives in you.)但是他是在犹太传统里成长的,他一直没有完全抛掉是人类的堕落带来了所有罪恶的犹太教影响。

希腊哲学从精神善、肉体恶的理论进一步发展了灵魂永恒说。希伯来人从未接受过灵魂可以脱离肉身存在的说法,而柏拉图和他的弟子们却相反。他们相信灵魂是既无始又无终的,灵魂属于精神的永恒世界,但它可以进入人体并停留到肉体死去为止。上面引用的"罗马书"之例就强调了圣灵在人的身体里永驻的重要性,可见《新约》受到的希腊哲学影响。在柏拉图的一篇对话里灵魂被描绘为类似一个马车夫的角色,他赶着两匹马,一匹性子暴烈,另一匹循规蹈矩,因此这马车夫就必须选择其中之一为准则来驾车。这个比喻强调了人的一生中灵魂要不断与肉体进行斗争,要扬善抑恶。因为柏拉图认为灵魂是永恒的,所以在这个世上没有得到应有幸福的灵魂将在另一个世界里得到补偿。他在描写苏格拉底之死的文章里就把肉体与灵魂的区别显示得一清二楚。当友人到监狱里探望苏格拉底时,苏格拉底叫他们不要悲伤,因为他的灵魂即将从肉体中解放出来,它是不死的,它将进入另一个世界,在那里不再会有人世上的这些苦难遭遇。实际上,这种哲学的效果之一就是解释了为什么恶人会享福而好人还会经受苦难。由于人们的灵魂在另一个世界里会得到扬善惩恶的公正处理,人们对今生的不公遭遇也就能够忍受了。这种死后还有另一个世界的信念为《新约》出现时期希腊一罗马地域的非犹太基督教徒们普遍接受,特别是早期的基督教运动更是建立在对耶稣死后复活、升还天堂的坚定信念上。从这些方面我们不难看到基督教同犹太教的不同,以及希腊哲学在基督教早期形成的过程里产生的重要影响。

耶稣的生平简介

耶稣本人没有留下任何的书面文字,我们对他的了解全凭《新约》里福音书的记载。福音书出现之前早就有了基督教民,他们已经形成了对耶稣、对他的死和复生的某些固定认识,福音书实际上反映了相当多教民已知的情况和已有的看法。这同一般的历史记载类似,写书的人很难不把自己的和周围人的认识带入所撰写的历史文献里去。《新约》的作者们也如此,他们在史实的基础上不免加进一些自己编撰的内容,但耶稣这个人看来是真有过,他生平虽充满传奇色彩,但其中的大事件也无可置疑。

按照大多数研究《新约》的学者的意见,最早的耶稣传记应该是"马可福音"。它基本没有提及耶稣的诞生和接受约翰洗礼之前的时期。其他的福音书提到耶稣诞生在犹地阿的伯利恒(Bethlehem),在加利利的拿撒勒城长大。他的宗教活动在受洗之后才开始,当时施洗约翰正在那一带积极进行宣讲,为他相信的要即将到来的上帝之国做准备。他号召犹太百姓忏悔自己的罪行,然后为这些悔罪的人施洗礼。耶稣接受约翰的施洗说明他完全同意约翰所做的一切,在这之后不久耶稣本人也到处宣讲即将到来的上帝之国。约翰后来被抓捕,希律王安提帕砍了他的头。耶稣继续宣讲下去,但是按照规定,他在正式开始宣讲和施洗之前曾像许多前辈先知那样独自进入蛮荒中去禁食和打坐(meditation)。我们在《新约》里读到耶稣在蛮荒中如何受到撒旦的诱惑,虽然诱惑的细节各福音书讲得不大一样,但是在蛮荒中思考和坚定信念这段经历可能是真有过的。撒旦的引诱象征地代表了所有人都会经历的善与恶的思想斗争及选择,耶稣能够成功地抵制诱惑的故事所要证明的是:我们每个人在上帝的帮助下都可以做到他那样。

"马可福音"说耶稣在加利利的城市和乡村宣讲上帝之国的降临,他在百姓家中、在湖边、或在人群聚集处通过犹太会堂(synagogues)形式对他们宣讲。他的活动有两个主要方面:一是教导众人,二是为他们治病去灾。其实,这两方面的目的是一个,那就是让人们认识到自己有罪,需要悔过,要做好迎接天国的准备。在人类的罪行中最为严重的是骄傲,是不认识自己需要悔过,而患病和治病恰恰是对精神上、灵魂上需要拯救的一个象征。有疾患的人必须先相信自己的病是因有罪而遭到的惩罚,然后他投奔耶稣,诚心接受治疗,这样就能发生奇迹。所以《新约》"福音书"里报道的耶稣医治病人的故事几乎千篇一律地重复着这一个道理。

耶稣早期在加利利的宗教活动相当成功,每次讲道都聚集了大批大批的听众,许多有病的人去找他医治。为了更大范围地开展工作,耶稣在追随者当中挑选了门徒。他们来自不同的行业,但都被耶稣感召,愿为即将来临的天国做准备工作。不过,他们显然并不完全明白会发生什么事,也不怎么懂得耶稣讲的话和做的事,因此他们彼此间看法总不能一致,而且对耶稣到底扮演个什么角色,以及他同上帝的计划的关系仍存怀疑。在"马可福音"里耶稣的弥赛亚身份一直保密,只有他本人和诱惑他的魔鬼知道。信徒们也一直蒙在鼓里,直到耶稣进入耶路撒冷之前,在恺撒利亚腓力比(Caesarea Philippi)与门徒们谈话时,他才明示身份并警告他们不得告诉任何人。

耶稣的宗教活动延续了多长时间,我们没有肯定的记载,但大约在一年左右。不过所有的"福音书"都一致表示耶稣从事的一切活动,宣讲也好,治病也好,都不是为了树立他个人的威望。他演示的奇迹全是为了证明上帝的神力,从而说服民众:只要他们愿意接受上帝,他们就可以获得上帝的神力帮助。有趣的是,耶稣在家乡拿撒勒宣讲时却受到冷遇,因此他说:"没有先知在自己家乡被人悦纳的。"("路加福音"4:24)但是,耶稣并没有因此而沮丧,他反而加倍地努力,扩大影响,把使徒们派往拿撒勒外围地区,获得了很成功的效果。之后耶稣及其门徒又去了加利利的东北部地区,包括推罗(Tyre)、西顿(Sidon)和恺撒利亚腓力比。返回加利利后他探访了迦百农(Capernaum),这时他决定出发去耶路撒冷。对他来说,在犹太人的圣地耶路撒冷开展活动,把自己进行的事业直面犹太首领们,是极为重要的一个步骤。这样做十分危险,在他之前那些反对当权政府或政策的以色列先知都遭到了残酷的迫害。然而他坚定地朝着耶路撒冷进发,并对门徒们预言了将会发生在他身上的事情。使徒们听后感到震惊,但是他们不相信任何人能伤害上帝派到人世间来的弥赛亚。耶稣努力给他们解释,但他们听不懂。

福音里把耶稣进入耶路撒冷城描写成一个胜利。显然,他作为应许的弥赛亚来到人间帮助建立天国的声誉早已传到四方,所以耶路撒冷百姓都出来欢迎他。不久,他对圣殿被滥用的指责就激怒了主要祭司和统治者。接着他又把圣殿里的买卖人赶走,公开谴责那里的宗教活动已被商业玷污。这样,犹太头领们就决定要除掉他。当时正是庆祝逾越节之际,耶稣同门徒们一道吃纪念逾越节的餐饭,而他的敌人此时就在策划害他,要指控他不仅不忠实于犹太教教义,而且还是罗马政府的敌人。逾越节餐饭结束后,耶稣的一个门徒出卖了他,他被士兵抓捕。审判当中,罗马长官彼拉多发现他无罪,要释放他,但是一群暴民堵在门口不依不饶,定要把耶稣钉在十字架上,彼拉多最终同意了这么做。对耶稣的信徒来说,这真是个阴暗的日子,似乎他们期盼的一切都丧失了,甚至耶稣的门徒们也抛弃了他,逃之夭夭。耶稣死在十字架上,之后埋在一个名叫约瑟的义士凿成的新坟墓里。

耶稣死去一段时间之后,他的门徒中发生了变化,他们转过弯来,认为耶稣的事业并没有失败。死在十字架上的那个人的一生是得到了上帝嘉许的,他不是因为自己有罪而死,他像耶和华的仆人以赛亚,是为了拯救他人而被害的。他们于是肯定了耶稣就是弥赛亚,他的死不是这个事业的终结,相反,他的事业比过去更加蓬勃。那个上帝应许之国还要建立,不久耶稣就会回到人世上来完成这个事业。就是这样的信念开创了基督教运动,在这个运动中产生了我们的《新约》。

二、《圣经》的成书过程和翻译史概况①

（一）《旧约》/《希伯来圣经》的成书概况

《圣经》的成书是个十分复杂的议题，长期以来争议不止，因此只能做些粗略的介绍。《圣经·旧约》诸卷不是按顺序写出来的，它们来自不同时期的资料。我们说不出任何一卷的作者的名字，但是有时知道一卷里某个部分是谁写的，而且许多卷书中的许多部分的成书时间也很难确定。在这两个问题上学者们的确意见分歧，无法统一。把这些不定因素讲清楚之后，我们就可以在下面的文章中把有把握的看法介绍给读者了。

首先希伯来文学必须被放在整个近东地区文学的大框架里来察看，比如以色列早期的说故事人借用了巴比伦的大洪水传说和其他一些人类起源的神话，而《圣经》的诗篇（psalms）有时接受了迦南和其他近东地区诗歌的影响。其次，所有民族的文学在书面作品出现之前都存在一个相当长的口头流传阶段，从世界的开始讲到英雄们的业绩，再讲到离奇的事件或某个神龛的神秘来源。这些故事都靠一代代口头传颂下来，直至后来识字的人多起来才把它们之中某些内容记载成文。《圣经·旧约》的成书过程也不例外地包括了口头传承的这个过程，流传中难免丢失部分宝贵的故事，即便后来有了书面文献。这是因为以色列人多次遭外族涂炭，书面记载也失落了不少。众所周知，耶路撒冷两次被巴比伦人攻陷，圣殿遭掠夺、焚毁，其中保存的文献不是丧失，就是散落民间，而有一部分资料被难民携带到了他乡。比如在失落的许多珍贵资料中有叫做"亚卫的战争"的一卷书，失传的还有"正直亚书尔"、"王室年鉴"、"圣殿年鉴"等。再者，书面记载也需要一个演变过程，不同的记载吸收了不同的口头版本，必须通过演化达到统一，才最终得到我们现在的《圣经·旧约》本子。《旧约》起头的五部律法书（Pentateuch）通称"摩西五经"，据说是上帝对以色列人的默示，在犹太教里叫做《托拉》（Torah，也有人翻译成《妥拉》）。随后是先知书及其他有关上帝默示的著作。据学者们的考据，"摩西五经"在成书过程中汲取过四个文献的内容。这四个本子分别被称为 J、E、D 和 P 文献。②

诗歌比散文形式更适合口头文学。五部律法书中散布着不少诗歌，有的是部族

---

① 这里谈到的《圣经》成书过程和翻译史概况主要根据布莱克伯恩的《作为鲜活文学的〈旧约〉》和派特森的《旧约》和《新约》。

② 关于《旧约》由这 4 个文献融合而成的看法被叫做"The Graf-Wallhausen 假说"，见派特森编写的《旧约》，第 20 页。

歌,有的是诅咒或赐福,有的是神谕,还有民间歌曲。① 诗和歌往往都是围绕大事件或为了纪念它们而创作的,比如"底波拉之歌"(Judges 5)纪念底波拉率以色列人打败了迦南王耶宾,"树的寓言"(Judges 9)寓指亚比米勒(Abimelech)想做以色列王没能成功,还有"拉麦的歌"(Gen 4:23—24)、"挪亚的诅咒和赐福"(Gen 9:25—27)、"利百加的赐福"(Gen 24:60)、"亚玛力的神谕"(Num 24:20)和"米利暗的歌"(Ex 15:21)等。有些最精彩的诗歌出自大卫和所罗门时期,它们表现了以色列民族当时刚刚建立的民族自尊和自信。此外,大卫悲悼扫罗和约拿单的哀歌(II Sam 11:27)和悲悼押尼珥的歌(II Sam 3:33)都是声情并茂,非常优美的诗歌。

然而建立了统一王国之后最恢弘的诗歌应数以色列的民族史诗,它被称做 J 文本,大约于公元前 950 年成稿。这就是五部律法书的最早本子,讲述了耶和华创造世界、人类的第一次犯罪和接受惩罚、大洪水、上帝与亚伯拉罕立约、约瑟的故事、出埃及和以色列人在这之后的遭遇,一直写到占领迦南。② J 文本是很杰出的的历史和文学文献,它汲取了口头文学和书面记载两个方面的精华。另一部民族史诗被定为 E 文献,是大约公元前 8 世纪中叶北方以色列王朝时期的作品。它没有讲创世和洪水等故事,而是从亚伯拉罕的故事开篇,后来的内容与 J 文本看来出自一个源头。不过,它比 J 史诗零散,也许是丢失了更多的部分。到了大约公元前 700 年这两个史诗逐渐合一,被称做 JE 文献。

犹太律法最早要算"圣约书"(The Book of Covenant),③它在摩西时就存在了。但书面的文字出现是很后来的事。律法书的第 12 章到第 28 章一般被称为 D 法规(D Code),指律法规则(Deuteronomic Code),于公元前 8 世纪成文,也有学者说是公元前 7 世纪,但是学者们一致同意它的前身就是公元前 622 年在修整圣殿时发现的那本律法书(Book of Law)。④ 这部律法书曾被犹大国王约西亚用来当作进行宗教改革的依据。这个 D 法规在《旧约》成书过程中被放置在摩西的讲话与 D 文献之间,合称 JED。D 法规号召把宗教礼拜和祭祀全都集中到耶路撒冷,摧毁各地方的神龛和崇拜偶像,结束宗教信仰上的不专一和分裂行为。此外,它也包括了战争法规、离婚、食物禁忌、对待奴隶和其他方面的律法。

---

① 想要详细了解律法书的口头文学传统和那里面的诗歌,请参见英国学者罗利(H. H. Rowley)著《〈旧约〉的衍变》(*The Growth of the Old Testament*. New York: Harper Torch Books, 1961)。
② 在 J 文本的终止点方面意见一直不一致,有一派认为 J 史诗写了占领迦南之后的历史。
③ 因为《圣经》的英文 the Bible,除非包含在其他书名内,一般都不用书名要求的斜体,因此在这部教程里凡是《圣经》里面的卷书的英文也都不用斜体。
④ 有关这个发现,见《旧约·历代志下》34:8—28。但是也有说法是并没有真正发现什么律法书,是约西亚授意大祭司编纂了一部律法,佯称是在圣殿中发现的摩西遗著。见文庸著《圣经蠡测》(今日中国出版社,1992),第 14 页。

D法规的发现和约西亚的改革激发了律法书专家们(Deuteronomists)的活动,他们开始编写大部头文献,用联合王国时期即有的大量资料编写了"约书亚记"、"士师记"、"撒母耳记"和"列王纪",把以色列的历史一直写到他们生活的时代。由于各卷编写的方法明显不同,现当代学者倾向认为有可能是由数个组分头撰写的,整个文献在公元前6世纪中叶完成,也有可能早于这个时间。这个就是D文献,它的目的是宗教的,是为了把以色列人的信仰统一,并把一切宗教礼仪和朝拜集中到耶路撒冷的圣殿,因此该文献中的领袖人物和发生的事件都以犹太教所提倡的宗教和伦理原则尺度来衡量。

谈到描绘联合王国成立前后的几卷书,我们还要强调一下它们的历史价值。比如在"撒母耳记下"和"列王纪上"里面,我们甚至能读到可称做大卫朝廷历史的生动记载("撒母耳记下"9:20;"列王纪上"1—2);而"士师记"中的一些故事,还有一些被归于出自所罗门的至理名言,都可能是在事发的当时就被记载了下来。在早期的散文叙述中关于大卫王事迹的记述叫做"王国建立的故事",后来也没被保留下来。它的作者肯定是大卫的热情拥戴者,并相信王权是最好的国家统治形式。故事从以色列人受非利士人压迫开始,写了撒母耳和扫罗,但重点歌颂的是大卫的英明和贤德,最后结束在所罗门继大卫之后登上王位。

流放巴比伦之后僧侣们整理和编写了P文献。一些僧侣作者对圣殿的仪礼、僧侣的等级系统、宗教节日、行割礼和耶路撒冷圣殿崇拜感兴趣,他们就把这些内容加进了《旧约》,被称做P文献。这样律法书就完整了。整个前五部律法书,即"摩西五经"于公元前410年成型,离最早J文件的成书前后整整用了500多年。

当律法书专家们忙着写D文献时,一些重要的先知们出现了,如约西亚执政时的先知西番亚,还有预示了尼尼微覆灭的那鸿和最了不起的先知耶利米。先知出现在公元前10世纪之后,是以色列奴隶制社会中阶级斗争的产物。他们不顾本人安危,奔走呼吁,为百姓请命,并批评时政,揭露贵族统治者和奴隶主的罪行。他们自称是耶和华的代言人,奉上帝的默示说话,用神谕抗议他们生活的时代的宗教和政治弊端。① 那些神谕起初可能都十分简短,是些临时的、即兴的发言,当时被人记住了,最终写成了文字,也许是先知自己写下来,也有可能是他的追随者记载的。除了神谕,这些先知书里有自传叙述,比如"阿摩司书"第7章,"何西阿书"第3章,和"以赛亚书"第6章,还有用第三人称讲述的有关该先知事迹的文字。这些内容都是在被讲述的事情发生后不久记载下来的。当然,所有的先知书后来都经过了反复修改,并添加进去了许多内容。虽然目前《旧约》里各卷先知书中有的已被肯定为他们自己的手笔,但是仍不能最

---

① 见文庸著《圣经蠡测》,第15页。

终定论。如"耶利米哀歌",就仍有学者指出不论哀歌的风格还是思想内容都不像耶利米的手笔。其他不定因素也很多,比如在流亡当中,以西结是最重要的先知,《旧约》里说他流落在巴比伦,与被俘的以色列人共甘苦。但是最新的研究显示他当时并不在巴比伦,而是在巴勒斯坦。关于"以西结书"中哪些神谕是他本人的作品一直也是个争论不休的问题。第二个以赛亚的真名无人知晓,但是因为他的作品被写在公元前8世纪以赛亚的书卷(scrolls)上,所以他就被叫做第二个以赛亚。此人的诗歌很出色,他预言了上帝将饶恕以色列的罪行,并帮助他们返回家园。犹太人回到耶路撒冷后的历史中记载了更多的先知,像哈该和撒迦利亚。他们两人都敌视撒玛利亚人,都忙于整修和恢复圣殿。他们之后还有玛拉基,他特别反对以色列人与异族通婚,致力于纯洁宗教信仰和行为。

《旧约》,即《希伯来圣经》,除了上述的"摩西五经"和"先知书"这两大版块,其余各卷可统称为"圣录",在公元前4—前2世纪中叶陆续成典。许多学者认为在P文献之后写出的"历代志"、"以斯拉记"和"尼希米记"出自一个作者之手。该作者利用了《旧约》从"创世记"到"列王纪"的大部分材料,参照了一些其他文献,从一个僧侣的视角重写了以色列历史,在很大程度上把它理想化了。比如,他强调大卫王如何建圣殿,而不提他和拔示巴的丑闻。他关心的是以色列在宗教上对古代传统的承袭,还特别对圣殿音乐和宗族谱感兴趣。这个作家的几卷书编写于公元前380—前300年之间。

"圣录"中尚未提及的其他几卷书几乎都没有准确的成书时间:"路得记"和"约拿书"一般被看成是对以斯拉和尼希米排斥外族和异教政策的反抗。路得的故事说明一个外族和异教的女子嫁给了犹太人后完全可以全心全意信仰以色列的神,成为大卫王和耶稣的祖先;而约拿的故事也反对狭隘的民族主义,提倡宽容。但是因为不知成书时间,这两卷书都没能肯定是否写在以斯拉和尼希米的时代,虽然它们毫无异议是出现在流亡回归之后。

智慧文学(Wisdom Literature)包括"箴言"、"约伯记"和"传道书",它们的成书时间起自公元前5世纪。"箴言"被认为更多地属于所罗门的作品,"传道书"几乎可以肯定是这三卷书中最迟编写成的,也许在公元前3世纪。"雅歌"有时被归入智慧文学,它主要是公元前4世纪早期收编的爱情诗歌。"诗篇"同"箴言"类似,零散地来自各个阶段,于公元前100年或早些时间完成。

"以斯帖记"和"但以理书"是《旧约》中成书最晚的两卷。前者充满了强烈的民族主义,颂扬在波斯的犹太人反迫害的胜利;后者力图通过托梦、解梦、异象征兆等内容来给予以色列人民对未来斗争的希望,在公元前164年安条克去世时完成。从上述的介绍中我们看到《旧约》的整个记载和编写过程前后延续了一千多年之久。

(二)《新约》的成书概况①

《新约》收集了多个作者记载的他们各人了解的拿撒勒人耶稣的一生和业绩,但是这些记述都是在耶稣死去一些年月之后才出现。正如前面已经提到的,耶稣本人一生什么文字都没有留下,所以有关他的一切情况我们都是从别人那里得知的。到公元1世纪,关于耶稣的传记就有好几个,其中的四个最后进入了《新约》。在这之前,基督教群体已经形成,这就是后来一个个的教会。为了指导教民遵循基督教教义以及解决地方上和个人的种种问题,教会的骨干们不但行走在教民之中,他们还通过书信来传播观点和信念。其中有不少信件是一个叫做保罗的人写的。保罗出生在正统的犹太教家庭,后来皈依了基督教,用他的余生进行传教活动,建立新教堂,培育信徒们的坚定信念。保罗死后,他的追随者继续向各教会、教堂送递书信。随着基督教徒数量增加,他们的影响在社会中越来越大,引来了抵制和反对基督教的势头。反对力量有的来自犹太人,他们看见不少自己的同胞弃犹太教去皈依基督教,感到不高兴。但最厉害的反对力量是罗马政府。它采取一切办法来压制基督教运动,理由是基督教对罗马帝国是个危险和威胁。

当迫害严重时,教会头领们就向教民发出信函或进行演讲,以此鼓励受难的教民们,并就他们的处境做出应对的建议。这些信和演讲有的已经成为《新约》的一部分,还有些信是为驳斥和批判教会中出现的假教义而写的,它们也被收入了《新约》。要指出的是,这些信件、讲话和文章的作者们当时并无任何入典的想法,更没有打算同《旧约》里的律法书或先知书等神圣经典相提并论。直到好久之后,基督教徒们才终于滋生了把它们纳入经典的念头。虽然保罗的书信和福音书成书较早,但直到公元4世纪,众多的教会才达成一致意见,从这一堆文章中选出了27件预备入典。不过,要用它们取代《希伯来圣经》或把它们塞到《希伯来圣经》里,难度实在太大,所以最终是把它们单独集成一本经典,称之为《新约》,并回过头来把原《希伯来圣经》称为《旧约》,以示它们的前后承接关系。

在进一步讨论《新约》之前,我们还必须讲清一个问题,即:虽然《新约》与早期罗马历史上的基督教运动和耶稣生活时期的犹太文化和文学有密不可分的联系,但是当时留下的基督教和非基督教资料都很少,而且各有各的偏见,我们只能从现有的资料里来察看和研究《新约》这部典籍。另外,同《旧约》类似,目前《新约》里的目录顺序并不等于它们成书或入典的次序。保罗书信是写得最早的,但"马太福音"被教会认为是最重要的福音,因此被放在《新约》最前面。下面就把《新约》各版块的成书情况和特点做

---

① 有关《新约》的成书概况,主要参照了派特森的《新约》,和文庸著《圣经蠡测》,第16—18页。

一些交代。

1. 保罗的书信

保罗的书信大约占《新约》的1/3篇幅，都是保罗写给他当代的教会和信众的，它们是后人了解早期基督教运动历史最可靠的资料。在他死后很久，教会才同意传阅他的信，并准许在教会做礼拜时同《旧约》的经文一道被诵读。

保罗据说是便雅悯人，原名扫罗，是为了纪念以色列人的第一个国王而起的名字。他从小就受到《旧约》的教育，家里人属于法利赛派。长大后，他被送往耶路撒冷去学习，师从当时很有名的犹太教拉比加马利耶（Gamaliel）。据说他结束这段学业后又进入一所希腊大学去念过书，一直打算做个犹太教士。他专心研究过"摩西五经"，对经文本身和当时知名拉比们对经文的阐释和评论都十分熟悉。起初，他坚信只要严格遵守经文中上帝默示的律法，就可以获得拯救。然而，钻研越深，他就越发困惑，因为他发现这些律法虽然正确，但并不能让人们自愿地去遵从，也就是说律法再好，也不能解决责任和愿望之间的矛盾。他于是放弃了做犹太教士的初衷。这时，他看到了新兴的基督教运动，这是一批声言紧跟耶稣的人发起的宗教运动，他们相信耶稣已经死而复生，回到了天国，并且将返回人世来审判众生。保罗认为这是邪教，十分危险，于是有一阵子他致力于追剿该运动的成员，把他们交付牢狱，或判处死刑。但是，不久他就发现这些人视死如归，不怕迫害，正好具备了他在犹太教里一直找不到的自觉自愿信仰上帝的愿望。通过进一步了解和思想斗争，保罗最终决定皈依基督教，为它的事业贡献自己。但是从决定的时刻到他变成一个基督教运动公认的领袖这中间整整用了13年。在这段时间里他作了反省和深入的思考，逐渐加深对耶稣的认识，并把它体系化。同时他有计划地在希腊—罗马地域内到处宣讲福音。最终，他被巴纳巴斯（Barnabas）邀请到安条克（Antioch）地方的教会去讲道，并帮助开展工作。这之后，他就开始了在许多教会的讲道旅行，要把基督教教义和福音传播开来。这过程中他写了后来收入《新约》的书信，它们是："加拉太书"、"帖撒罗尼迦书"（前书和后书）、"哥林多书"（前书和后书）、"罗马书"以及他被囚禁期写的"腓立比书"、"腓利门书"和"歌罗西书"。而"提摩太书"、"提多书"和"以弗所书"现在被证实写于保罗死后的时期。由于它们都明显地受到了保罗的影响，一般被认为是出自保罗的弟子之笔。

2. 福音书和使徒行传

福音书在耶稣死了约40年后才出现，因此有不少人对它们的真实性提出怀疑，尤其各福音书在事实上又存在出入。至今为止《新约》学者们都无法就许多有关问题达成完全一致的意见。一般同意的看法是："马可福音"是三篇讲耶稣业绩的福音中成书最早，并且被其他两篇参照和利用。大约"马可福音"里的1/3内容进入了"马太福音"和"路加福音"。因此,可以相当肯定地推测,后两篇福音的作者读过并搬用了"马可福音"。另外,由于这后两篇福音共有一些"马可福音"没有的内容,比如耶稣的训导,所以可以推测它们在"马可福音"之外都利用了另一个资料来源。学者们把这个来源称作 Q,而在"马太福音"中独有的内容被称做来源于资料 M,同样"路加福音"也有自己独具的资料来源 L。

"马可福音"的作者约翰·马可是个相对很少提到的人物。他是巴纳巴斯的一个亲戚,曾经是安条克教会的一个领袖。他曾陪同保罗和巴纳巴斯去传教,也在使徒彼得最后的罗马年月里陪伴过他。"马可福音"比较短,而且其中大多数内容在多年后都经过了改写。马可写福音的主要来源是耶稣的门徒彼得。彼得亲自经历并见证了耶稣的许多事迹,马可从他那里得到了第一手福音资料。这一点有公元 140 年的教会神父帕皮亚斯(Papias)的话为证。不过,既然"马可福音"的内容全部被后两篇福音涵括了,为什么它没有被它们取代?原因是这篇福音一直很受罗马教会的肯定,所以它不但入了典而且一直延存到现在。

"马太福音"虽然不是福音书中头一个成书的,但一向被人们认为是福音中最重要的一篇。所以,它在《新约》里被列在头一位。它比"马可福音"多收了许多耶稣的训导和其他福音书里没有的故事。由于收编耶稣的教导多,它也被看做报道耶稣活动最原真的版本,最能体现基督教的基本教义和精神。另外,"马太福音"的编排也十分有条理,全篇可分为 5 个部分,第一部分一开始有引入的介绍段落,全篇最后还有结尾,而作为主体的 5 部分中每一部分都叙述了耶稣的一些活动,同时配有相应的训导。总的来说,"马太福音"的作者沿用了"马可福音"的叙事线路,但是他不时打断叙事来加入耶稣的训导和言谈。"马太福音"还比较重视《旧约》里的教义和精神,不忘强调耶稣的出现及活动都是完成耶和华神在《旧约》里的预言。因此,福音书和整个《新约》都是继续和实现《旧约》提出的使命。"马太福音"的最后一个特点就是对教会事务的关照。它记录了不少公元 1 世纪基督教教会的活动以及耶稣关于教会的指示。

"路加福音"和"使徒行传"有较密切的联系,两者都是出自一个作者之手,而且为了同一个目的。"路加福音"和"使徒行传"都是写给提阿非罗(Theophilus)的,为了向他提供一个早期基督教运动历史的全貌。在引言段里,路加说自己对已有的耶稣事迹记载都不满意,所以立意要写一个新的。因此,路加的贡献主要并不在于内容新颖,而在于重新挑选和组织了已有的材料,这包括"马可福音"和 Q 资料。但是也有他独有的 L 资料。"马太福音"那时已经成书,但是看不出"路加福音"受了它的影响或路加知道有它存在。路加曾经是保罗的同伴,很熟悉各教会对耶稣生平的不同看法。他写福音的目的之一就是要尽量统一意见、缩小各宗教团体的分歧,以达到整个教会的和谐。在他的福音书中,路加特别回答了那些认为耶稣是个革命者从而造成了对罗马政府的威胁的观点,替耶稣驳斥掉那些不实的指控。路加是个很棒的作者,他的福音书在许多方面称得上是《新约》全书里最吸引人的文字。此外,只有"路加福音"记载了耶稣的童年,记载了耶稣12岁时如何跟随父母到耶路撒冷去参加逾越节庆祝宴会。在归途上,耶稣的父母发现孩子并没跟上他们,于是返回圣殿,却发现耶稣正与那些高僧们探讨深奥的问题("路加福音"2:41—51)。也是只有在"路加福音"里,我们读到关于好撒玛利亚人的故事("路加福音"10:25—37)、财主和拉撒路的故事("路加福音"16:19—31)、失钱的比喻("路加福音"15:8—10)、浪子的故事("路加福音"15:11—32)、不义的管家的故事("路加福音"16:1—13)、无知的财主的比喻("路加福音"12:13—20)和撒该爬上树去看耶稣的故事("路加福音"19:1—10)。路加把这些故事包括进他的福音书,因为他认为每个故事都表明了耶稣所进行的工作的性质,可以证明耶稣并没有反对罗马政府,也没有缺少对外邦人的同情;耶稣重视的是人的品行,不受民族不同的影响。

"使徒行传"接着"路加福音"讲基督教早期运动,也是第一篇关于基督教教会史的记载,写的是从耶稣死而复生和升天到使徒保罗之死这一段的教会历史。就是在这个阶段基督教形成了自己的思想和信仰,并开始走向世界。这卷的题目"使徒行传"实际名不副实,因为它基本上没讲多少12使徒的事迹。彼得的活动讲得比较多,有的地方还讲得相当详细,另外提到的是约翰和腓利,但是占篇幅最多的是保罗以及他与基督教运动的关系。关于这卷书的作者,学者们意见很不一致。路加肯定是部分内容的作者,但是卷中有被称为"我们的部分"(we sections)的文字常常引起争论,不能肯定"我们"指的是谁。一个解释是:路加是最原始的作者,但后来又有其他人介入,对其文字和内容作了编辑和修订才达到目前看到的最终定稿。"使徒行传"共有28章,前12章从耶稣最后会见他的门徒写到保罗的传教活动,一直到保罗被投入罗马监狱。

《新约》里的三篇短信是写给牧师(pastors)的。过去这三篇都被划为保罗的作品,认为是他在监狱里写的。其中两封是写给提摩太的,该年轻人的父母在保罗去他们家之前就成为了基督徒。提摩太加入了保罗的传教活动,在保罗入狱后继续为教会服务。第三封信是写给提多的,他的父母是外邦人,他皈依了基督教并成为代表安条克教会(Antioch Church)陪同保罗和巴纳巴斯去耶路撒冷出席大公会议(Council)的一个代表。然而,学者们已经达成共识,即目前这三封信的文本并非保罗的手笔,主要因为它们的风格、用词都与保罗先前写的信很不一样,很可能是他的一个仰慕者写的。

使徒们刚刚死后的时代是"使徒后"阶段的早期,是基督教教会历史上的关键时刻,因为此时基督教开始在世界各地发展信徒,教会的规模和影响都在迅速增长。由于使徒们已经不在了,十分需要从新成员中产生领袖。为了解决种种问题,教会开始给教众发放公开信,这些信也被叫做"天主教书信"。刚出现时,它们都是匿名的,后来它们逐渐有了作者,这些作者大多都是当时基督教运动中的头面人物。有一封的作者被说成是雅各,两封据说是使徒彼得写的,三封被认给了耶稣门徒约翰,一封的作者说是雅各的儿子/兄弟犹大,①但是实际上它们都是"使徒后"阶段的作品。

基督教存在数十年后,早期的宗教热情慢慢消失了。被期望要回到人世来拯救众生的耶稣始终没有露面,于是出现了一股逆流,反对和怀疑基督教运动。为了抵制这股逆流,为了巩固基督教信徒的信念,一批新书信诞生了,它们就是"希伯来书"。虽然又有人把这些信说成是保罗的,但是从时间上保罗绝不可能写这些信,何况它们的内容与那些保罗书信又截然不同。这些信的作者认为基督教决不等于一个个的运动,他相信基督教是唯一真正的信仰,远不是任何其他与之竞争的宗教可以比及的。这些信里对耶稣、他的事迹以及基督教运动作了与其他文献都不同的解读,在《新约》中占有一个独特的地位。

虽然基督教会众都相信耶稣就是人类世世代代期盼的弥赛亚,但是他们还需要不断加强对耶稣如何荣归以及他身负的重任的认识,并了解与耶稣第二次降临人世相关的惩恶扬善等问题。《新约》里交代这方面内容的一卷书叫做"启示录",又叫做约翰的启示。在第一章里我们已经提到公元1世纪帝王崇拜盛行,不仅在罗马城内而且在罗马帝国下属的各地基督徒都因拒绝崇拜帝王而遭到各式各样的迫害,许多人宁可以身殉教也不肯屈从世俗的淫威。就是在这样的形势下,一个叫做约翰的基督徒写了"启示录",把它发散给小亚细亚(Asia Minor)的7个教会。"启示录"的目的是加强教徒们的信念,让他们相信邪恶势力已经接近灭亡。约翰向他们保证那伟大的一天就要来到了,当那一天来到时耶和华上帝会干预的,也许一开始会发生很可怕的事情,因此他们的信念将遭受更加严酷的考验,基督徒要有思想准备。在形式上,启示常常用梦和显象来表达,或将要发生的事情通过奇怪的符号象征性地寓示出来,而其真实含义据说需要一个天使来揭示。

根据考据,写"启示录"的约翰与写"约翰福音"和三封约翰书信的不是同一个人,"启示录"也常被认为十分神秘,很多内容都不是一般人能看懂的。比如那里面对天神们和耶稣的描写,使用的神秘数字一、三、七、十二和它们的乘积(multiples),那些奇怪的野兽、象征性的名字等等都有各自隐含的意思,只有专家才能破解。由于这个原因,许多人过去都放弃了解读它的努力。实际上,"启示录"是《新约》里最缺乏原创性的一卷,它模仿在它之前启示文学的痕迹很重,所以生活在当时的那些熟悉先前启示文学的教徒们读懂它并不难。当时它起到了鼓舞受迫害的教徒们坚持信仰的作用,但是"启示录"的永久意义则在于作者所显示的对"善最终将战胜恶"的坚定信念。

"约翰福音"是四篇福音中最后写成的。作者虽叫约翰,但是他不是耶稣的12门徒中的约翰,也不是"启示录"的作者。在书中没有写任何个人与耶稣接触或对耶稣的

---

① 这个雅各不是《旧约》里叫做以色列的雅各;这个犹大(Jude)也不是出卖耶稣的犹大(Judah)。

印象之类的内容,它主要写的是公元 1 世纪基督教教众中流行的思想和他们的处境。这个期间基督教遭到来自犹太人、罗马怀疑论者和其他方面的攻击。"约翰福音"的作者明显是看到了前面的三篇福音里的一些内容给了这些敌对分子钻空子的可能。他立意要写一篇福音书把基督教的基本真理清楚地展示出来,既要做到所讲的事实经得起验证,又要用它表现的信念来压倒当时的反对者并争取有知识文化的群体的支持。因此,"约翰福音"就不像前面的福音那样重在叙述耶稣的生平事迹和神迹,它对犹太人的态度也向着包容兼纳的方向变化,并建树了一个对弥赛亚的新概念。在这篇福音里,中心的主题是强调神的话语就是神,它是神圣的逻各斯,这个逻各斯通过肉身化就体现在拿撒勒的耶稣身上。这就是后来常说的道成肉身。约翰努力建立了神和人的中介是耶稣,上帝则通过耶稣与人类沟通并行使他的旨意的这样一个理论;对神迹"约翰福音"里只写了七个,而且大大地强化了神迹的象征寓意。

以上是《新约》各卷成书的概括介绍,下面让我们再总结一下。《圣经·新约》各卷成书时间为公元 1 世纪到 2 世纪末。正如本书第一章已经提到的,初期的基督教信徒多数是犹太人,他们就把《希伯来圣经》当作经文来用。后来基督教传播到非犹太人当中,形成了"外邦人教会"。这些外邦基督徒不熟悉犹太经书,对它也不感兴趣。他们陆续撰写了一些新的传教材料,多半是有关耶稣的活动和训导的记载。在流传中一些材料逐渐获得威信,被公认为阐述教义的权威文献,将它们编辑成册后就是《新约》。"启示录"成书大约在公元 68 年,是《新约》中成书最早的部分。它深受《旧约》的思想影响(比如"但以理书"),表现了犹太启示文学的特点,文中许多隐喻都取自《旧约》,反映出犹太人对罗马统治者的强烈民族仇恨。但入典最早的不是"启示录",而是"福音书",它们产生于公元 1 世纪后半叶,到公元 2 世纪中叶才定型,并获得了经典地位。"保罗书信集"大约写于公元 1 世纪中期,定型于公元 2 世纪中期之后。"使徒行传"也是公元 2 世纪下半叶才入典的。保罗之外的书信和"启示录"是最后收入《新约》的。当时各教会间还流传着其他许多经卷,如"比得福音"、"腓力福音"、"十二使徒遗训"、"比得启示录"、"牧人书"等。这些书的出现不同程度地反映了当时教会内的宗派矛盾和斗争。随着社会发展,教会的宗派斗争逐渐趋向统一,到公元 4 世纪《新约》各卷陆续取得了多数教会公认的权威地位。公元 325 年,罗马帝国皇帝君士坦丁召开了著名的尼西亚宗教会议,承认基督教的合法地位。公元 330 年君士坦丁大帝委托撒利亚主教犹西比乌负责编选 50 部经典以皇帝的名义颁发给各主要教会来统一思想。公元 397 年,基督教第 3 次迦太基宗教会议才以教会名义做出决定,确定了《新约》的内容和目录编排。这就是我们现在看到的《圣经·新约》。后来,通过围绕《次经》的争议,《新约》里也有几卷遭到异议。比如 16 世纪宗教改革中马丁·路德曾拒绝承认"希伯来书"、"雅各书"、"犹大书"和"启示录"。但是,后来的基督教新教的多数教派仍旧承认了上述这四卷书在《新约》里的经典位置。①

（三）《圣经》的文学形式

1.《旧约》的文学形式

《旧约》不但由多卷组成，而且包含了各式各样的文学形式，其中大多形式在当时的中近东地区都是常见的。然而，这些文学形式及类别在许多情况下被混合使用，比如参孙的故事反映了犹太部族与非利士人斗争的真实历史，但又包含着民间故事和谜语的成分。因此，读者常常会感到归类十分困难。当然，不论是哪个文学类别和形式，我们都不能忘记《旧约》的书面成果经历过很长期的口头流传过程。口头文学的特点以及记录抄写所带来的问题都难免在《旧约》中留下了痕迹。

《旧约》所包含的不同文学类别/形式大致如下：②

A. 诗歌(Poetry)

（1）希伯来诗歌(Hebrew Poetry)，比如"创世记"里的"拉麦的歌"(The Song of Lamech, 4:23—24)。

（2）庆祝胜利的歌(Victory Songs)，比如"出埃及记"里的"米利暗的歌"(The Song of Miriam, 15:21)；"士师记"里的"底波拉之歌"(The Song of Deborah, 5)。

（3）祈天和符咒(Incantations)，比如约书亚乞求耶和华赐给以色列人长长的一天，以便把基遍一仗打胜("约书亚记"10:12—14)。

（4）劳动号子/歌(Work Songs)，比如"民数记"里的"打井歌"(The Song of the Well, 21:17—18)。

（5）祝福和诅咒(Blessings and Curses)，比如"创世记"里以撒错把雅各当以扫祝福(27:1—29)；挪亚对儿子含的诅咒和对儿子闪同时进行的祝福（9:25—27）。

（6）哀歌(Dirges or Laments)，比如大卫对扫罗和他的好友、扫罗之子约拿单的哀悼("撒母耳记下"1:17—27)。

（7）神谕(Oracles)，比如第二个以赛亚关于亚卫神将解救以色列的预言("以赛亚书"40:1, 3, 5)。

（8）情歌(Love Songs)，比如在"所罗门之歌"里包含的许多诗歌("雅歌"1—8)。

（9）诗篇(Psalms)，这是《旧约》中最多也最难清楚归类的诗歌，往往围绕一个主题形成一组诗歌，比如"王室诗篇"，传说为大卫、所罗门等国王作的诗歌；也有时按照类别分类，比如歌颂耶和华的诗歌、哀悼诗篇或神谕等。

---

① 文庸著《圣经蠡测》，第17—18页。
② 这里列出的类别主要依据了布莱克伯恩编写的《作为鲜活文学的〈旧约〉》。见该书第24—29页。

B. 诗化散文（Poetic Prose）

（1）神话（Myths），主要体现在"创世记"1—11。

（2）奇迹故事和民间故事（Miracles and Folk lore），比如罗得的妻子变成了盐柱子（"创世记"19：26）；该隐和亚伯（"创世记"4：1—16）以及雅各和以扫（"创世记"25：19—27：45）的兄弟矛盾故事；所罗门断案的故事（"列王纪上"3：16—28）等。

（3）圣地传说（Sanctuary Legends），比如毗努伊勒（Peniel）这个地方之所以有名是因为雅各夜间在此遇见神显现并与之摔跤（"创世记"32：22—32）。

（4）敬神的传说（Cult Legends），比如亚伯拉罕行割礼（"创世记"17）和圣殿里出现的蛇的形象（"民数记"21：4—9）。

（5）寓言（Parables and Fables），比如拿单指责大卫夺人之妻时讲的羊的故事（"撒母耳下"12：1—15）；约坦（Jotham）讲的关于树木选国王的故事（"士师记"9：7—21）。

（6）短篇故事/小说（Short Stories），比如"路得记"和"以斯帖记"。

C. 历史

（1）传说（Legends），时常很难把传说成分从历史事实中分离出来，比如大卫杀死歌利亚的历史事实恐怕就不会真正如此神奇（"撒母耳上"17：41—54）。

（2）年鉴（Annals），比如从扫罗到大卫，以及后来南北分裂后各国发生的事件和朝代更替记载。

（3）历史记载（History），比如大卫朝廷的历史（"撒母耳下"9—20）。

（4）律法（Law），主要见摩西十诫（"出埃及记"20：1—17；"申命记"5：1—21）。

（5）圣约书（The Book of the Covenant，Ex 20：23—19），其中包括关于个人的律法，如奴隶问题；谋杀和暗杀；关于财产的律法，如牲畜、葡萄园、田产、钱财；关于社会的律法，如借贷问题，流浪人问题等；宗教规定。

（6）律法法规（The DCode），见"申命记"12—26，主要是关于集中敬神、祭司权限和司法公正等问题。

（7）圣律（The Holiness Code），见"利未记"，特别是16、17、19、21—25，其中规定的法律是关于伦理道德、信仰纯洁和遵守安息日和行割礼等宗教规定的。

（8）祭司规定（The Priestly Code），是非正式的条文，主要见于P文献部分的"摩西五经"。

（9）智慧文学（Wisdom Literature），主要包括智言（wise sayings）和格言（proverbs）。

2.《新约》的文学形式①

(1) 书信(Letters),主要以保罗的书信为代表,如"罗马书"、"哥林多书"、"加拉太书"等。

(2) 家谱(Genealogical Tables),"马太福音"1:1—17 和"路加福音"3:23—38。

(3) 传记(Life Stories),在四篇福音书中有很精彩的例子,比如"路加福音"的 2、3 和 23。"马太福音"1:18 到 3:17,第 26—28 章。"马可福音"1:9—11 和 14:43 到第 15 章。

(4) 寓言和比喻(Parables and Metaphors),在《新约》中可算一个最普遍使用的形式。比如用两种果树比喻人的善恶都可以从其行为中显露出来("马太福音"7:15),用撒种子比喻若要信仰坚实,种子就要撒在好土里("马太福音"13:1—9,"马可福音"4:1—9),两个儿子的比喻("马太福音"21:28—32)。寓言的例子也很多,比如"迷失的羊"的故事寓指信徒迷途知返将受到天父的欢迎("马太福音"18:10—14),为儿子设喜宴的寓言讲的则是入天国的各种情况("马太福音"22:1—14)。

(5) 故事(Stories),常常与寓言异曲同工,比如"浪子回头"("路加福音"15:11—32)就同"迷失的羊"讲的是一个道理,"青年财主的故事"教人行善("马太福音"19:16—22,"马可福音"10:17—22),忠心与不忠心的仆人的故事("马太福音"24:45—51),财主和拉撒路的故事("路加福音"16:19—30)。

(6) 神迹(Miracles),这是耶稣传教活动中的一个主要内容,因此可以说在四篇福音书中比比皆是。比如治好萎缩的手("马太福音"12:9—14,"马可福音"3:1—6),治好瘫痪病人("马可福音"2:1—12,"马太福音"9:1:8),五饼两鱼喂饱五千人("马太福音"14:13—21,"马可福音"6:30—44),治好盲人("马太福音"20:29—34,"马可福音"8:22—26),治好麻风病人("路加福音"17:11—19)。

(7) 神谕(Oracles),如耶稣预言圣殿要被毁掉("马太福音"24:1—2),预言使徒彼得将不认主("马太福音"26:31—35),耶稣预言自己的受难和复活("马可福音"9:30—32,"路加福音"18:31—34)。

(8) 预兆(Omens and Signs),像无花果的预兆("马太福音"24:32—25)。

(9) 论证和分析(Argumentation),大多在耶稣布道中。比如"马太福音"第 5 章中耶稣论证律法并剖析人类行为规范许多方面的正确和错误之分别都是论证文字。

(10) 祈祷和祷文(Prayers),耶稣在客西马尼向天父祈祷("马太福音"26:39—40,42),在早期传道时的祷文("马太福音"6:9—13)。

(11) 诅咒和祝福(Curses and Blessings),耶稣诅咒了无花果("马太福音"21:

---

① 由于四篇福音有许多重复和摞叠的叙述和内容,因此在下面的各文类举出的例子的出处方面,笔者只注明一两处,不求全了。

19—22,"马可福音"11:12—14),祝福了儿童("马可福音"10:14—16)。

(四)《圣经》的英语翻译历史简介

  罗马帝国统治下拉丁语广泛传播。公元382年罗马达玛索(Damasus)主教(又译达马苏一世)责成圣杰罗姆(St. Jerome)搞一个比较可靠的《圣经》拉丁文译本。杰罗姆使用了希伯来原文本,并参考了希腊文的六卷译本,在犹太学者的协助下于公元405年完成了任务,前后耗时20多年,被称做《通俗拉丁文译本》(The Vulgate),因为它采用了通俗的拉丁文。尽管它曾遭到偏爱《古拉丁文译本》的学者的批评,但随着时间的推移,到8世纪末、9世纪初它最终取代了《古拉丁文译本》,被公认为质量高、文词优雅、重在意译的正典。

  在古英语时期,英国人使用的主要是杰罗姆的《通俗拉丁文译本》,凯德曼(Caedmon)的古英语诗歌里写到的创世记和其他圣经故事都是意译这个拉丁文本子;阿尔弗雷德国王(King Alfred)也让人翻译过部分《圣经》,但真正谈得上认真的《圣经》英译本要从中世纪的威克利夫译本算起。下面我们就把从威克利夫到20世纪主要的《圣经》英文译本做个浏览。

1. 威克利夫(Wycliffe)译本

  约翰·威克利夫是中世纪牛津大学的一位神学家和宗教改革者,他希望用《圣经》来纠正教会里的,特别是富裕的高级僧侣们对基督教的亵渎,并帮助普通百姓与教会沟通。1380年和1382年他和他的同事们先后从《通俗拉丁文译本》把《新约》和《旧约》翻译成了中古英语。尽管当时严禁读英语《圣经》,一旦被发现就会遭到没收土地、牛羊的重罚,但威克利夫的译本明显地很受欢迎,发行的手抄本中有170份一直留存到今日,而亨利六世、七世和爱德华六世、伊丽莎白一世都私藏了这个译本。

2. 廷代尔(Tyndale)译本

  威廉·廷代尔曾在牛津和剑桥两所大学就学,懂得数门语言,包括希伯来语。他决心要给普通百姓翻译一本好的英语《圣经》,于是冒着身家性命的危险,用伊拉斯谟(Erasmus)的希腊译本为基础,参考《通俗拉丁文译本》,还有可能咨询过马丁·路德,最后翻译出《新约》和《旧约》的一部分。[①] 他在翻译过程中备经困苦,《新约》部分是逃亡在莱茵河的沃尔姆斯(Worms)译成后偷偷运回英国的;在完成全部《旧约》任务之前他不幸被罗马天主教头领们抓住绞死。他的译文流畅、优雅,为后来的詹姆士标准

[①] 伊拉斯谟(Erasmus)于1516年用希腊语翻译了《新约》,是比以前译文质量高的译本。路德于1522年把《圣经》翻译成了德文。

本做出了榜样。1537年廷代尔的朋友约翰·罗杰斯(John Rogers)发表了全部《旧约》的英文译文,其中包括了廷代尔完成的《旧约》翻译部分。罗杰斯没敢用真名,而使用了马修这个笔名,因此这个版本被称为《马修圣经》。

3. 柯福代尔(Coverdale)译本

坎特伯雷大主教克兰麦(Cranmer)和克伦威尔(Cromwell)希望出版一部教区教堂里能够使用的大部头《圣经》,即令柯福代尔进行这项工作。他的成果叫做《大圣经》(*The Great Bible*),但当这部经文在巴黎印刷时不幸落入宗教裁判所(Inquisition)手里。柯福代尔幸运地逃脱迫害,而且他的文稿也被找了回来。《大圣经》于1539年在英国问世,它是参照拉丁译文对廷代尔和罗杰斯的版本修正的结果。

4.《日内瓦圣经》(*The Geneva Bible*)和《主教圣经》(*The Bishops Bible*)。

接下来的一部重要译本是《日内瓦圣经》,它是玛丽女王在英国复辟天主教时出版的。当时许多新教首领逃到日内瓦躲避迫害,他们在柯福代尔、诺克斯(John Knox)和威廷汉(William Whittingham)带领下完成了这部《圣经》,并于1560年出版,献给伊丽莎白女王。《日内瓦圣经》是16世纪最重要也最有影响的译本,它首次把经文的句子编了号,还附有加尔文味道十足的详细注释。由于版面小,便于携带和翻阅,它成为家家必备的《圣经》,一共翻印了140次,对莎士比亚、班扬这些作家和早期移民北美洲的清教徒们都产生过影响。但是伊丽莎白女王不大喜欢它那强烈的加尔文倾向,为了团结当时不同的宗教派别,女王和坎特伯雷大主教帕克(Parker)策划对《日内瓦圣经》做了修改,其结果是官方出版的《主教圣经》,它在英国教堂里用了整整40年。

5.《多阿伊圣经》(*The Douai-Rheims Bible*)

就在英国出版新教的《圣经》时,罗马天主教会也忙着出版白话文的天主教《圣经》。在弗兰德斯的杜威有一个英语学院,专门培训教士。在那里,牛津学者格利高里·马丁(Gregory Martin)和他的同事们从《通俗拉丁文译本》逐字逐句地翻译了《圣经》,但同时参考了柯福代尔和《大圣经》、《主教圣经》等版本。《多阿伊圣经·新约》于1582年出版《多阿伊圣经·旧约》问世是1609—1610年。于1738年(《新约》)和1749—1752年(《旧约》),这部译文又经过了理查德·查罗那(Richard Challoner)的重要修正。

6.《詹姆士王英语本》/《钦定圣经》(*The King James Version*)

詹姆士一世继伊丽莎白女王登上王位,他对《日内瓦圣经》十分熟悉。1604年他下令翻译和编写一部最好的英文《圣经》,组织了牛津和剑桥两所大学的学者进行这项工作。一共动用了 54 人,他们都是宗教界和大学的专家和学者,分成 6 个组开展编译(两组在伦敦,两组在牛津,还有两组在剑桥),大家按照共同制定的原则来进行,然后交换审核,最后由牛津大学迈尔斯·史密斯(Miles Smith)统一定稿。① 这部《詹姆士王英语本》又称《钦定圣经》,于 1611 年出版,它是在认真参照所有先前的英语版本的基础上做成的,在文风方面受廷代尔的版本影响最大。《钦定圣经》在 19 世纪又经过修正,但从出版至今近 400 年来它一直被各方面人士认为是最理想的英语版本,英国国教教会和清教等教派都使用它,对英语文学的影响尤其深远。1752 年《钦定圣经》首次在美洲殖民地出版。

7. 现代版本

19 和 20 世纪由于发现了更多早期《圣经》文本以及对希伯来和希腊语知识的增进,《圣经》的新译本层出不穷,可分为犹太译本、天主教译本和新教译本三大类别。比如新教和清教的重要译本有《不列颠修正版圣经》(The British Revised Version)、《美国修正版圣经》(The American Revised Version)、《美国译圣经全书》(The Complete Bible:An American Translation,1939;N. T. 1922,O. T. 1927)。天主教也出了不少译本,比如《西敏寺圣经》(The Westminster Version of the Sacred Scriptures,N. T. 1945,O. T. 1950)、《耶路撒冷圣经》(The Jerusalem Bible,1960)、《新美国圣经》(The New American Bible,1970)。犹太人一直喜爱白话文,1853 年拉比里色(Leeser)就出版过一个译本,在英美都广泛地得到过使用;1917 年出版的《Masocretic 版本圣经》(The Holy Scriptures according to the Masocretic Text)是一个犹太编委员会的集体成果,1955 年得以再版。下面我们只重点介绍 20 世纪的两部重要英译本。②

(1)《标准修订版圣经》(The Revised Standard Version,N. T. 1946,O. T. 1952)是国际宗教教育学会(The International Council of Religious Education)发起和主持的一个项目,该版本代表了美国和加拿大的大多数新教教会的意图。编译者提出这个版本要保持《钦定圣经》的优点,再把现代研究和发现的新内容包括进去。比如《钦定圣经》里起码有 500 左右词汇的意思在现代产生了变化,需要做必要的改动,像把亚卫神的"怜悯"(mercy)改成"坚定的爱"(steadfast love)。这类改动也惹来了持保守观念的人的反对和批评,最典型的一例就是《标准修订版圣经》把《钦定圣经》里预言

---

① 见布莱克伯恩第 34 页和文庸有关部分。另一说法是詹姆士一世命令 47 位圣经学者在大主教兰斯洛特·安德鲁斯(Lancelot Andrews)主持下完成了《钦定圣经》的编译。见文庸《圣经蠡测》,第 26 页。

② 我举的《圣经》译本来自布莱克伯恩的《作为鲜活文学的〈旧约〉》,第 35—37 页,重点译本也是按照她的观点选取的。

圣母将怀耶稣的"一个处女将受孕"("以赛亚书"7:14)改成"一个年轻女人将受孕"。一位愤怒的牧师因此在教堂门前把这一页撕下来当众烧掉。

尽管有抗议之声,《标准修订版圣经》在头十年就售出了 12,000,000 本,成为英美两国教会使用的一部基础版本,因为它能兼顾天主教和新教,对历史和文学研究也提供了方便。1968 年梵蒂冈(Vatican)正式认定《标准修订版圣经》为三部可以在弥撒上使用的《圣经》之一,它从此就成为全体基督教通用《圣经》。

(2)《新英语圣经》(The New English Bible,N. T. 1961, O. T. 1970)是英格兰和苏格兰新教教会发起编译的,它的标题已经显示出它不是个修订本,而是从希伯来文和希腊文重新进行翻译的。《新约》的翻译是由三个研讨型小组进行的,他们花很多时间斟酌译文以及如何选定词语,比如把希伯来文《圣经》里的利丽丝(Lilith)翻成"夜间的鹰"(nightjar),而不是像其他译本那样译成"夜间的女魔"(nighthag)。每个组完成了自己的部分后都要交给一个由作家和神职人员组成的第 4 组审校,以保证译文正确、简明、文风优雅。

《新英语圣经》出版后也是褒贬兼有,比如在承认它做了不少必要的替换和改动的同时,有学者指出它失去了《钦定圣经》的文学色彩,太平板,没有节奏和诗意等等。有些意见也十分强烈,比如 T. S. 艾略特就把这部经文的翻译看成是 20 世纪中叶英语退化的征兆。尽管如此,《新英语圣经》堪称与美洲《标准修订版圣经》旗鼓相当的一部英文《圣经》。①

(五) 次经和伪经问题

《圣经》中各个教派均无争议的部分叫做"正经"或"正典"(Protocanonicals),有争议的叫"次经"(Deuterocanonicals/Apocrypha)。这些次经很多,比如属于《旧约》范围的"多俾亚传"、"友弟德传"、"巴路克书"、"智慧篇"、"德训篇"、"玛加伯上"、"玛加伯下"、"以斯帖补篇"、"但以理补遗三篇"、"耶利米书信"等。② 这些卷篇收入了《七十贤士译本》,却不在《希伯来圣经》里面,因此不少学者对它们产生怀疑。1564 年教皇庇护四世宣布《通俗拉丁文译本》为天主教会承认的法定本《圣经》,其中收编的上述卷篇也就成为天主教的"正经"内容。②《新约》的 27 卷早在公元 2 世纪就被教会普遍承认,在公元 397 年迦太基宗教会议上又被正式确认,因此总体上没有"次经"问题。但是,

---

① 《圣经》的中文翻译过程和译本以及其他文字的主要译本这里就不做介绍了。有兴趣可见文庸《圣经蠡测》,第 31—39 页。
②② 文庸《圣经蠡测》,第 4—5 页。文庸的译名与许鼎新不同,他的"玛加伯上"和"玛加伯下"就是许鼎新的"玛喀比传"上卷和下卷;他的"友弟德传"、"巴路克传"和"多俾亚传"就是许鼎新的"犹滴传"、"巴录书"和"多比传"。

在《希伯来书》这一卷上还是有人持保留意见的。在"次经"问题上，天主教、基督教、新教和东正教各有各的划分法，比如马丁·路德不仅否定了《旧约》里的次经部分，他还把《新约》里"希伯来书"和其他好几卷书都划入了"次经"。天主教和基督教甚至在各卷的名称上也有区别，③这方面的情况就不在这里详细介绍了。④

---

③ 文庸《圣经蠡测》，第6—9页。
④ 在许鼎新著《希伯来民族简史》中也有一个《旧约》次经的目录，有的书名译法与文庸的不同。现列在此，以供参考。《次经》是："玛喀比传上卷"（约公元前105年），"玛喀比传下卷"（约公元前100—前50年），"以斯拉续篇上卷"（约公元前200—前100年），"多比传"（约公元前200前年），"犹滴传"（约公元前150年），"以斯帖补篇"（约公元前150—前50年），"巴录书"（约公元前150年之后），"苏撒拿传"（约公元前135—前105年），"三童歌"（约公元前168年之前），"彼勒与大龙"（约公元前139—前128年），"便西拉智训"（译于公元前132年），"所罗门智训"（约公元前100—前50年），"耶利米书信"（约公元前150年），"玛拿西祷言"（约公元前100年），"以斯拉续篇下卷"（约公元81—96年）。其中还有是否被列入了天主教第二正典之分。详情可参见《希伯来民族简史》，第130—131页。

教学参考书目[①]

西 文

DIFFERENT EDITIONS OF THE BIBLE（按出版时间排序）

The Holy Bible: *King James Version*: *A Reference Edition with the Apocrypha*. New York: American Bible Society, n. d. (The KJV was first published in 1611).

The Oxford Concordance of the Revised Standard Version. Eds. Bruce M. Metzger and Isobel M. Metzger. New York: Oxford University Press, 1962.

The Oxford Annotated Bible. Eds. Herbert G. May and Bruce M. Metzger. New York: Oxford University Press, 1965.

New American Standard Bible. Philadelphia: A. J. Holman Co., 1971.

Good News Bible: *Today's English Version*. United Bible Societies, American text 1966, British text 1976.

The New English Bible with the Apocrypha. Eds. Samuel Sandmel, M. Jack Suggs, and Arnold J. Tkacik, Oxford Study Edition. New York: Oxford University Press, 1976.

New Bible Commentary, 3rd edition. Eds. D. Guthrie, B. D., M. T. H., PhD, J. A. Motyer, M. A., B. D., A. M. Stibbs, M. A. and D. J. Wiseman, O. B. E., M. A., D. Lit., F. B. A., F. S. A., Guideposts edition. Carmel and New York: Wm. B. Eerdmans Publishing Co., 1970, reprinted 1984.

The New Oxford Annotated Bible: *New Revised Standard Version with the Apocrypha*, 3rd edition. Eds. Michael D. Coogan, Marc Z. Brettler, Carol A. Newsom and Pheme Perkins. New York: Oxford University Press, 1989.

DICTIONARIES & ENCYCLOPEDIAS（按编者姓氏排序）

Abrams, M. H. *Glossary of Literary Terms*. New York: Harcourt Brace College Publishers, 1971. the 7th edition, 1999.

Bridgwater, William and Seymour Kurtz, eds. *The Columbia Encyclopedia*. New York and London: Columbia University Press, 1963.

Dow, Rev. James L. M. A. *Dictionary of the Bible*. London and Glasgow: William Collins Sons & Co. Ltd., 1974.

Metzger, Bruce M. and Michael D. Coogan, eds. *The Oxford Companion to the Bible*. New York: Oxford University Press, 1993.

Miller, M. S. and J. L. Miller, eds. *Encyclopedia of Bible Life*. New York: Harper & Row, 1955.

Miller, M. S. and J. L. Miller, eds. *Harper's Bible Dictionary*. Revised. New York: Harper & Row, 1973.

Werblowsky, R. J. Z. and Geoffrey Wigoder, eds. *Encyclopedia of the Jewish Religion*. London: Phoenix House, 1965.

[①] 这个参考书目主要包括本教程涉及的资料，以及编写者有所了解的一些相关书籍，有相当的主观性。尤其是列出的《圣经》版本更不代表最佳选择，仅供参考。

REFERENCES（按编写者姓氏排序）①

Alter, Robert. *The Art of Biblical Narrative*. New York: Basic Books, 1981.

—— and Frank Kermode, eds. *The Literary Guide to the Bible*. Cambridge, Massachusetts: The Belknap Press of Harvard University Press, 1987.

Anderson, B. W. *Understanding the Old Testament*. Englewood Cliffs, New Jersey: Prentice-Hall, 1966.

Auerbach, Erich. *Mimesis: The Representation of Reality in Western Literature*, tran., Willard R. Trask. Princeton, N. J.: Princeton University Press, 1953.

Bal, Mieke. *Death & Dissymmetry: The Politics of Coherence in the Book of Judges*. Chicago and London: The University of Chicago Press, 1988.

——. *Reading Rembrandt: Beyond the Word-image Opposition*. Amsterdam: Amsterdam University Press, 2006.

Bewer, Julius A. *The Literature of Old Testament*. 3rd edition. Revised by Emile G. Kraeling. New York: Columbia University Press, 1962.

Blackburn, Ruth H. *The Old Testament as Living Literature*. Monarch Press, 1964. Reprinted 1976.

Booth, Wayne. *The Rhetoric of Fiction*. Chicago and London: The University of Chicago Press, 1961, 2nd edition 1983.

Bright, John. *A History of Israel*. Philadelphia: Westminster Press, 1959.

Cook, Albert. Tran. and ed. *Odyssey*. A Norton Critical Edition. New York and London: W. W. Norton & Company, 1974.

Crownfield, F. R. *A Historical Approach to the New Testament*. New York: Harper & Bros., 1960.

Danielson, Dennis Richard. *Milton's Good God: A Study in Literary Theory*. London: Cambridge University Press, 1982.

Davis, O. B. *Introduction to Biblical Literature*. Rochelle Park, New Jersey: Hayden Book Company, Inc., 1976.

Diekhoff, John S. *Milton's Paradise Lost*. New York: Columbia University Press, 1946.

Dyas, Dee and Esther Hughes. *The Bible in Western Culture: The Student's Guide*. London and New York: Routledge, Taylor & Francis Group, 2005.

Elledge, Scott, ed. *Paradise Lost*. A Norton Critical Edition. New York and London: W. W. Norton & Company, 1975.

Fischer, James A. *How to Read the Bible*. Englewood Cliffs, N. J.: Prentice Hall, 1982.

Fishbane, Michael. *Text and Texure: Close Readings of Selected Bible Texts*. New York: Schocken Books, 1979.

Freud, Sigmund. *The Standard Edition of the Complete Psychological Works of Sigmund Freud*. vol. 11, ed. James Strachey. London: The Hogarth Press, 1957.

Friedan, Betty. *The Feminie Mystique*. New York: Norton, 1963.

Frye, Northrop. *The Great Code: The Bible and Literature*. New York and London: Harcourt Brace Jovanovich, Publishers, 1982.

---

① 这个参考书单包括了本教程引用的书籍，但也收入了没有引用却比较有帮助的一些书目。

——. *Words with Power: The Bible and Literature*. New York and London: Harcourt Brace Jovanovich, Publishers, 1990.

Gable, John B. and Charles B. Wheeler. *The Bible as Literature: An Introduction*. New York and Oxford: Oxford University Press, 1986.

Good, Edwin M. *Irony in the Old Testament*. 2nd edition. Sheffield, England: Almond Press, 1981.

Gottcent, John H. *The Bible: A Literary Study*. Twayne's Masterwork Studies no. 2. Boston: A Division of G. K. Hall & Co., 1986.

Grant, Patrick. *Reading the New Testament*. London: Maemillam Grand Rapids: Eerdmans, 1989.

Gray, John. *Joshua, Judges, Ruth*. New Century Bible Commentary. Basingstoke: Marshall, Morgan & Scott Publishers, Ltd., 1986.

Gros Louis, Kenneth R. R. with James S. Ackerman and Thayer S. Warshaw. *Literary Interpretations of Biblical Narratives*. 2 vols. Nashville: Abingdon Press, 1974 (vol. 1), 1982 (vol. 2).

Handelman, Susan. *The Slayers of Moses: The Emergence of Rabbinic Interpretation in Modern Literary Theory*. Albany: The State University of New York Press, 1982.

Harrelson, Walter. *Interpreting the Old Testament*. New York: Holt, Rinehart & Winston, 1964.

Hunt, Ignatius, O. S. B. *Understanding the Bible*. New York: Sheed & Ward, 1962.

Jeffrey, David Lyle. "The Bible as Literature in the 1980s: a guide for the perplexed" in *The University of Toronto Quarterly*. vol. 59, Number 4, Summer 1990, pp. 570—580.

Jeremias, J. *New Testament Theory: The Proclamation of Jesus*. tran. John Bowden. London: SCM Press, 1971.

Josipovici, Gabriel. *The Book of God: A Response to the Bible*. New Haven and London: Yale University Press, 1988.

Kort, Wesley A. *Story, Text and Scripture: Literary Interests in Biblical Narrative*. University Park and London: Pennsylvania State University Press, 1988.

Kugel, James L. *The Idea of Biblical Poetry: Parallelism and Its History*. New Haven: Yale University Press, 1981.

Leitch, Vincent B. *American Literary Criticism from the Thirties to the Eighties*. New York: Columbia University Press, 1988.

Lukács, Georg. *The Theory of the Novel: A Historico-philosophical Essay on the Forms of Great Epic Literature*. Cambridge, Massachusetts: The MIT Press, 1971.

Maier, John R. and Vincent L. Tollers, eds. *The Bible in Its Literary Millieu: Contemporary Essays*. Grand Rapids, Michigan: William B. Eerdmans Publishing Company, 1979.

Millett, Kate. *Sexual Politics*. Garden City, N. Y.: Doubleday, 1970.

Mould, E. W. K. *Essentials of Bible History*. New York: Ronald Press, 1951.

Otwell, John. *A New Approach to the Old Testament*. Nashville: Abingdon, 1967.

Patterson, Charles H. *The Old Testament*. Cliffs Notes, Lincoln, Nebraska, 1965. Reprinted 1998.

——. *The New Testament*. Cliffs Notes, Lincoln, Nebraska, 1965. Reprinted 1998.

Petersen, Norman R. *Literary Criticism for New Testament Critics*. Guides to Biblical Scholarship, New Testament Series. Philadelphia: Fortress Press, 1978.

Price, James L. *Interpreting the New Testament*. New York: Holt, Rinehart and Winston, 1961.

Prickett, Stephen. *Words and the Word: Language, Poetics, and Biblical Interpretation*. Cambridge: Cambridge University Press, 1986.

Robertson, David. *The Old Testament and the Literary Critic*. Guides to Biblical Scholarship, Old Testament Series. Philadelphia: Fortress Press, 1977.

Robinson, H. Wheeler. *The Old Testament: Its Making and Meaning*. London: University of London Press, 1956.

Rowley, H. H. *The Growth of the Old Testament*. New York: Harper Torch Books, 1961.

Ryken, Leland. *The Literature of the Bible*. Grand Rapids, Mich: Zondervan Publishing House, 1974.

Sasson, Jack M. *Ruth: A New Translation with a Philological Commentary and a Formalist-Folklorist Interpretation*. Baltimore, 1979.

Sternberg, Meir. *The Poetics of Biblical Narrative: Ideological Literature and the Drama of Reading*. Bloomington: Indiana University Press, 1987.

Titus, Eric. *Essentials of New Testament Study*. New York: Ronald Press, 1958.

Trible, Phyllis. *God and the Rhetoric of Sexuality*. Overtures to Biblical Theology Series. Philadelphia: Fortress Press, 1978.

Vaux, Poland de, O. P. *The Bible and the Ancient Near East*. tran. Damian McHugh. New York: Doubleday, 1971.

Wrede, William. *The Messianic Secret*. tran. J. C. G. Greig. London: James Clarke, 1971.

Wright, G. Ernest. *The Biblical Archaeology*. Philadelphia: The Westminster Press, 1962.

中 文

《圣经》文本

《圣经》，中国基督教协会出版，南京：爱德印刷有限公司刊印，1998。

参考资料

白云晓编著：《〈圣经〉地名词典》，北京：中央编译出版社，2002。

《〈圣经〉人名词典》，北京：中央编译出版社，2002。

《〈圣经〉语汇词典》，北京：中央编译出版社，2002。

杰弗里(Jeffrey, David Lyle，亦用谢大卫这个译名)：《逻各斯中心主义与灵性传统》，中国人民大学基督教文化研究所主编《基督教文化学刊》2000年第4辑，第85—106页。北京：人民日报出版社刊印。

《圣经与美国神话》，中国人民大学基督教文化研究所主编《基督教文化学刊》2001年第5辑，第119—159页。北京：人民日报出版社刊印。

梁工主编：《圣经时代的犹太社会与民俗》，北京：宗教文化出版社，2002。

刘光耀、孙善玲等著：《四福音书解读》，北京：宗教文化出版社，2004。

刘建军：《基督宗教十字架的象征》，载于梁工主编《圣经文学研究》，第二缉，北京：人民文学出版社，2008/9，第248—258页。

刘意青：《中外创世记神话小议》，《外国文学》1999年第6期，第61—63页。

《〈圣经·旧约〉的叙事特点、解读戏剧性和意识形态影响》，任光宣主编《欧美文学与宗教》，第1—35页。北京大学欧美文学研究中心和北京大学外国语学院主办"欧美文学论丛"第2辑，北京：人民出版社，2002。

《〈圣经〉的阐释与西方对待希伯来传统的态度》，《外国文学评论》2003年第1期，第26—33页。

《〈圣经〉的文学阐释:理论与实践》,北京:北京大学出版社,2004。
王立新:《特质、文本与主题:希伯来神话研究三题》,《外国文学评论》2003年第2期,第111—116页。
文　庸:《圣经蠡测》,宗教文化丛书,北京:今日中国出版社,1992。
许鼎新:《希伯来民族简史》,中国基督教神学教育丛书之六,中国基督教协会教育委员会主编,南京:爱德印刷有
　　　限公司,1990。
杨慧林、黄晋凯:《欧洲中世纪文学史》,南京:译林出版社,2001。
朱维之:《基督教与文学》,上海书店,1992。
　　　主编《希伯来文化》,周谷城、田汝康主编"世界文化丛书",杭州:浙江人民出版社,1988。

期　刊
《基督教文化学刊》,中国人民大学基督教文化研究所主编,北京:人民日报出版社刊印。
《圣经文学研究》,梁工主编,人民文学出版社刊印。

词　典
《中国神话词典》,上海:上海辞书出版社,1958。

附 录

一、历史朝代与事件年表

1.《旧约》/《希伯来圣经》期间以色列和周边国家年表

- 如不注明,所有表中人物年代均为活动或在位年代。
- 这里不少年代是约数,由于出处不同,上,下有1—3年或更多的出入。

	古代——联合王国 2000—800 B.C.		
	古埃及国	古希伯来	美索不达米亚（古巴比伦国）
2000	第12王朝	亚伯拉罕生活时期	胡利安部族和亚摩利部族
1800		亚伯拉罕和家人离开吾珥西迁	汉谟拉比六世统治
1800—1700	喜克索人侵入埃及		
1700—1600	埃及（喜克索）第15—17王朝	约瑟和雅各家族居留埃及	巴比伦国衰落,赫人帝国兴起
1600—1500	喜克索第18王朝		
1500	赶走喜克索人 吐特摩斯三世 　c. 1490—1435 阿蒙特普三世 　c. 1406—1370		新赫人帝国
1400—1300	阿克纳敦 　c. 1372—1354		亚述兴起
1300	第19王朝 塞提 　c. 1308—1290		

续表

1200—1100	拉美西斯二世 　　c. 1290—1224 梅尼普塔法老 　　c. 1224—1216 第20王朝	出埃及 　　c. 1260—1250 士师时期 攻占示罗 　　c. 1050 （先知／士师撒母耳活动时期） 扫罗 　　1028—1013	提革拉毗列色一世 （亚述帝国复兴）
1000	埃及衰落 第21王朝 第22王朝	大卫任犹大国王、统一以色列并成立联合王国 1013／973（先知拿丹活动时期）所罗门统治 973—933	亚述衰落

南北两国分治阶段
——流放开始

	以色列国	犹大国	亚述帝国
900	耶罗波安一世 　　933—912 拿答　912—911 巴沙　911—888 以拉　888—887	罗波安 　　933—917 亚比央 　　917—915 亚撒　915—875	亚述帝国复兴 阿达德-尼拉里二世 阿述尔-拿西尔-帕尔二世
	心利　887—885 暗利　885—874 亚哈　874—853 （先知以利亚活动时期）	约沙法 　　875—851	沙尔玛纳撒三世

续表

860	亚哈谢 853—852 约兰 852—843 （先知以利沙活动时期） 耶户 843—816 约哈斯 816—800	约兰 851—844 亚哈谢 　844—843 亚他利雅 　843—837 约阿施 　837—798	 沙马什-阿达德五世
800	约阿施 800—785 耶罗波安二世 　785—745	亚玛谢 　798—780 乌西雅 　780—740	阿达德-尼拉里三世 亚述帝国削弱
750 （先知活动时期： 阿摩司 760—740； 何西阿 750—735； 以赛亚 740—701； 弥迦 725—690）	撒迦利亚 744 沙龙 744 米拿现 743—737 比加辖 737—736 比加 736—734 何细亚 733—723 撒玛利亚沦陷 723/722	约坦 740—735 亚哈斯 　735—720 希西家 　720—692 西拿基立入侵	提革拉毗列色三世 沙尔玛纳撒五世 撒贡(萨珥根)二世 西拿基立
700		玛拿西 　692—638	以撒哈顿 亚述巴尼拔

续表

650
(先知活动时期:耶利米 628—583;西番雅 630—625;那鸿 615)
		亚们 638
		约西亚
		  638—609
		律法改革
		(Deuteronomic Reform c. 623)
		尼尼微沦陷 612
		约哈斯 609
		约雅敬
		  608—597
			阿述尔-艾梯尔-伊拉尼
			
			埃及法老尼哥与亚述联合攻打犹大,约西亚于609年阵亡
			辛-山-伊什-库恩

			巴比伦帝国
			尼布甲尼撒 605—562 迦基米施战役(605),打败埃及

600
(先知活动时期:
哈巴谷 608—597;
以西结 592—570)
		约雅斤 597
		西底家
		  597—586
		耶路撒冷沦陷
		  586	

		流放时期 400 B. C.	
	希伯来	**巴比伦**	**米底国**
600	第一批流放 597 第二批流放 586 (先知第二个以赛亚活动时期)		库阿克撒列斯 625—585

363

续表

	所罗巴伯 520—515 再建圣殿 520—515 (先知哈该,撒迦利亚活动时期)	尼布甲尼撒入侵埃及 568	阿司杜阿该斯 584—550
550		居鲁士占领巴比伦 539	**波斯** 居鲁士推翻阿司杜阿该斯 550 建立波斯帝国 居鲁士 550—530 冈比西斯 529—522 大利乌一世／大流士王 521—486
500	(先知俄巴底亚活动时期) (先知玛拉基活动时期) 尼西希米统治 445—397		马拉松战役 490 薛西斯一世 486—465 萨拉米海战 480,波斯被希腊战败,开始衰落 亚达薛西一世 465—425 薛西斯二世 425—424
450	以斯拉任期 397—385 (先知约珥活动时期)		大利乌二世 424—404 亚达薛西二世 404—358 亚达薛西三世 358—338 大利乌三世 338—331

续表

	希腊时期		
400—323		亚历山大征服叙利亚和巴勒斯坦，334 建立亚历山大城／港	腓力二世 359—336，马其顿强大亚历山大大帝 336—323
	犹太教希腊化运动		亚历山大死后国家一分为三：(1)安条克统治的希腊（塞琉古）；(2)马其顿；(3)托勒密统治的埃及
300—30	《七十贤士译本》完成	托勒密王朝控制巴勒斯坦 托勒密王朝和塞琉古王朝长期争战（叙利亚战争，276—195） 塞琉古王朝安条克三世夺得巴勒斯坦 塞琉古王朝统治巴勒斯坦 马喀比起义（马提亚-犹大） 168/167—160 马喀比王朝 160—63 约拿单继位 160	**托勒密王朝** 托勒密二世 285—247 托勒密五世 205—180 **塞琉古王朝** 安条克三世 223—187 塞琉古四世 187—175 安条克四世 175—163 德米特利乌斯（底米丢）一世篡夺王位 162—150 德米特利乌斯（底米丢）二世 150—125

续表

	撒都该派和法利赛派斗争 艾赛尼派和奋锐党出现 艾赛尼派撰写《库姆兰古卷》	马喀比王朝开始 约拿单被杀 143 西门被刺杀 134 约翰·胡肯奴在位 134—104 亚里士多布鲁一世 104—103 亚历山大·詹尼亚斯 103—76 亚历山德拉·撒罗米执政 76—67 胡肯奴二世和亚里士多布鲁二世争权,向罗马求救 庞培出兵攻占耶路撒冷 63	罗马强大

2.《新约》"福音书"和"使徒行传"时期简单年表

基督教和犹太人活动	犹太人的罗马时期	罗马帝国
公元开始		庞培 106—48
	希律王朝	屋大维（恺撒·奥古斯都）63 B.C.—14 A.D.
	屋大维指定安提帕特的儿子希律统治巴勒斯坦，称大希律 公元前37—前4年	
耶稣诞生 约公元前7—前4年	大希律死后，王国分为三个：	屋大维在巴勒斯坦设罗马巡抚，6 A.D.
	(1) 希律亚基老 4 B.C.—6 A.D.；	
	(2) 希律安提帕 4 B.C.—39 A.D.；(科坡纽巡抚 6—9 和彼拉多巡抚 26—36)	提庇留 14—37
	(3) 希律腓力 4 B.C.—34 A.D.（科坡纽巡抚 6—9 和彼拉多巡抚 26—36）	
耶稣蒙难 约公元27年		
希律亚基帕一世迫害基督教徒	希律亚基帕一世 37—44	加力果拉 37—41 革老丢 41—54

50—200	犹太人大起义66年，70年攻占耶路撒冷，三个月后丢失，73年起义据点马塞达被提多攻克 （保罗传讲福音，60年代被拘捕） 巴—柯克巴起义132—135	希律亚基帕二世 50—100（腓力斯巡抚52—60和非都斯巡抚60—62）	尼禄 54—68 维斯帕先 69—79 提多 79—81 图密善 81—96 图拉真 98—117 哈德良 117—138 安敦尼 138—161 马可·奥利略 161—180 康茂德 180—192

二、汉英对照表

1.《圣经》人名汉英对照表

（此表仅限于本书中出现的《圣经》人名及古代以色列历史牵涉的人名）

A

阿巴　Hobab
阿达德-尼拉里二世　Adad-ninari Ⅱ
阿达德-尼拉里三世　Adad-ninari Ⅲ
阿荷拉　Aholah
阿荷利巴　Aholibah
阿克纳敦　Akhnaton
阿蒙特普三世　Amenhotep Ⅲ
阿摩司　Amos
阿述尔-艾梯尔-伊拉尼　Asshur-etil-ilani
阿述尔-拿西尔-帕尔二世　Ashur-nasir-pal Ⅱ
阿司杜阿该斯　Astyages
爱亚　Aiah
安敦尼（安东尼）　Antonia
安提帕（希律）　（Herod）Antipas
安提帕特　Antipater
安条克三世　Antiochus Ⅲ
安条克四世　Antiochus Ⅳ
暗利　Omri
暗嫩　Amnon
奥利略,马可　Aurelius,Marcus

B

巴-柯克巴　Bar-Kochbah
巴拉　Barak
巴拉巴　Barabbas
巴拉迦　Barachel
巴勒　Balak
巴纳巴斯　Barnabas
巴沙　Baasha
拔示巴　Bathsheba
保罗（原名扫罗）　Paul
比革他　Bigtha
比加　Pekah

比加辖　Pekahiah
比勒达　Bildad
比斯他　Biztha
必达　Pildash
彼得　Peter
彼拉多,彭提乌（巡抚）　Pilate,Pontius
彼土利（又译伯利尔）　Bethuel
辟拉　Bilhah
辟探　Bigthan
便雅悯　Benjamin
波阿斯　Boaz
波提乏　Potiphar
布斯　Buz

C

参孙（士师）　Samson

D

大利拉　Delilah
大利乌一世（大流士王）　Darius Ⅰ
大利乌二世　Darius Ⅱ
大利乌三世　Darius Ⅲ
大卫（王）　David
达玛索（罗马主教,又译达马苏一世）　Damasus
但以理　Daniel
德米特利乌斯（底米丢）一世　Demetrius Ⅰ
德米特利乌斯（底米丢）二世　Demetrius Ⅱ
底波拉（士师）　Deborah
底拿　Dinah
多马（低土马）　Thomas (Didymus)
多益　Doeg

E

俄巴底亚　Obadiah

俄备得　Obed
俄珥巴　Orpah
俄南　Onan
俄陀聂(士师)　Othniel
珥　Er

F

法勒斯　Phares
非斯都(巡抚)　Festus
腓力二世(马其顿皇帝)　Philip Ⅱ
腓力(希律)　Philip(Herod)
腓力斯(巡抚)　Felix
腓利　Philip
腓利门　Philemon

G

冈比西斯　Cambyses
该亚法　Caiaphas
该隐　Cain
歌利亚　Goliath
革老丢　Claudius
加力果拉　Caligula

H

哈巴谷　Habakkuk
哈波拿　Harbona
哈德良　Hadrian
哈该　Haggai
哈兰　Haran
哈米大他　Hammedatha
哈曼　Haman
哈抹　Hamor
哈琐　Hazo
哈他革　Hatach
含　Ham
汉谟拉比　Hammurabi
何西阿　Hosea
何细亚　Hoshea
胡肯奴,(约翰)一世　Hyrcanus, John Ⅰ
胡肯奴二世　Hyrcanus Ⅱ

J

加力果拉　Caligula
加马利耶(拉比)　Gamaliel
迦含　Gaham
基甸(士师,别名耶路巴力)　Gideon (Jerubbaal)
基连　Chilion
基列　Gilead
基母利　Kemuel
基士　Kish
基薛　Chesed
甲迦　Carcas
甲示拿　Carshena
居里扭(叙利亚巡抚)　Cyrenius
居鲁士　Cyrus
君士坦丁大帝　Constantine the Great

K

恺撒(屋大维)　Caesar, Gaius Julius(Octavian)
屋大维(恺撒·奥古斯都)　Octavian(Caesar Augustus)
康茂德　Commodus
科坡纽(巡抚)　Coponius
库阿克撒列斯　Cyaxares

L

拉班　Laban
拉比多　Lapidoth
拉结　Rachel
拉麦　Lamech
拉美西斯二世　Rameses Ⅱ
拉撒路　Lazarus
拉亿　Laish
喇合　Rahab
兰　Ram
里色(拉比)　Leeser
利百加　Rebecca (＝Rebekah)
利丽丝　Lilith
利斯巴　Rizpah
利未(人)《士师记》　the Levite
利未(雅各之子)　Levi

利未(人)("好心的撒玛利亚人")　the Levite
利亚　Leah
流便　Reuben
流珥　Reuel
流玛　Reumah
罗波安　Rehoboam
罗得　Lot
路得　Ruth
路加　Luke(St.)

M

马大　Martha
马可　Mark(St.,即约翰·马可)
马利亚(圣母)　Mary (the Virgin Mother of Jesus)
马利亚(抹大拉)　Mary Magdalene
马利亚(雅各、约西母亲)　Mary
马太　Matthew(St.,原名利未 Levi)
马提亚　Mattathia
玛迦　Maacah
玛喀布("玛喀比"的名词)　Maccabeus
玛拉基　Malachi
玛伦　Mahlon
玛挪亚　Manoah
玛拿西　Manasseh
玛探雅(西底家)　Mattaniah (Zedekiah)
玛西拿　Marsena
麦基舒亚　Melchishua
梅尼普塔(法老)　Merneptah
米户幔　Mehuman
米甲　Michal
米拉　Merab
米力　Meres
米利暗　Miriam
米母干　Memucan
米拿现　Menahem
弥迦　Micah
弥赛亚(希伯来语的救世主,后来就特指耶稣了)　Messiah
密迦　Milcah
摩西　Moses

末底改　Mordecai

N

那鸿　Nahum
拿八　Nabal
拿伯　Naboth
拿答　Nadab
拿单　Nathan
拿鹤(闪的儿子、挪亚的孙子)　Nahor
拿鹤(亚伯拉罕的兄弟)　Nahor
拿俄米　Naomi
拿顺　Nahshon
尼布甲尼撒　Nebuchadrezzar （Nebuchadnezzar）
尼珥　Ner
尼哥(法老)　Necho
尼禄　Nero
尼希米　Nehemiah
挪亚　Noah

P

帕皮亚斯(公元1世纪神父)　Papias
帕提(又译帕铁)　Paltiel
庞培　Pompey, Gnaeus Pompeius Magnus

S

撒该　Zacchaeus
撒贡/撒珥根二世(亚述王)　Sargon
撒迦利亚　Zechariah
撒拉(撒莱)　Sarah (Sarai)
撒罗米　Salome
撒玛利亚(人)　Samaritan
撒门　Salmon
撒母耳　Sameul
塞琉古四世　Seleucus Ⅳ
塞特　Seth
塞提　Seti
扫罗　Saul
沙尔玛纳撒三世　Shalmanazer Ⅲ
沙尔玛纳撒五世　Shalmanazer Ⅴ

沙甲　Shaashgaz
沙龙　Shallum
沙马什－阿达五世　Shamshi-Adah
闪　Shem
珊迦（士师）　Shamgar
示达　Shethar
示剑　Shechem
示拉　Shelah
示每　Shimei
示撒　Shishak
书亚　Shuah
所罗巴伯　Zerubbabel
所罗门　Solomon
琐法　Zophar

T

他拉　Terah
他玛（犹大的儿媳）　Tamar
他玛（大卫的女儿）　Tamar
他施斯　Tarshish
他辖　Tahash
提阿非罗　Theophilus
提八　Tebah
提庇留　Tiberius
提多　Titus
提革拉毗列色一世　Tiglath-Pileser Ⅰ
提革拉毗列色三世　Tiglath-Pileser Ⅲ
提列　Teresh
提摩太　Timothy
图拉真　Trajan
图密善　Domitian
吐特摩斯三世　Thutmose Ⅲ
托勒密二世　Ptolemy Ⅱ
托勒密五世　Ptolemy Ⅴ
陀拉（士师）　Tola

W

瓦实提　Vashti
维斯帕先　Vespasian
乌利亚　Uriah

乌撒　Uzzah
乌斯　Uz
乌西雅（亚撒利雅）　Uzziah

X

西庇太　Jebedee
西拨　Zippor
西达　Zethar
西底家（玛探雅）　Zedekiah
西番雅　Zephaniah
西宏　Sihon
西门（玛提亚之子）　Simon
西门（奋锐党）　Simon the Zealot
西门（使徒）　Simon
西门（麻风病人）　Simon the Leper
西门（古利奈人）　Simon
西缅　Simeon
西拿基立　Sennacherib
西坡拉　Zipporah
西西拉　Sisera
希伯　Heber
希该　Hegai
希拉　Hirah
希兰　Hiran
希罗底　Herodi
（大）希律　Herod（the Great）
希斯仑　Hezron
希西家　Hezekiah
悉帕　Zilpah
细利斯　Zeresh
夏甲　Hagar
夏娃　Eve
谢拉　Zarah
辛-山-伊什-库恩　Sin-shan-ish-Kun
心利　Zimri
薛西斯一世（又称亚哈随鲁王）　Xerxes Ⅰ / Ahasuerus
薛西斯二世　Xerxes Ⅱ

附 录

Y

亚拔他　Abagtha
亚比该(大卫妻)　Abigail
亚比该(末底改叔叔)　Abihail
亚比米勒(基拉耳国王)　Abimelech
亚比米勒(耶路巴力儿子,示剑王)　Abimelech
亚比拿达(扫罗儿子)　Abinadab
亚比拿达(大卫的约柜存放人)　Abinadab
亚比挪庵　Abinoam
亚比筛　Abishai
亚比央　Abijam
亚别　Aphiah
亚伯　Abel
亚伯拉罕(亚伯兰)　Abraham(Abram)
亚达薛西一世　Artaxerxes Ⅰ
亚达薛西二世　Artaxerxes Ⅱ
亚达薛西三世　Artaxerxes Ⅲ
亚当　Adam
亚得列　Adriel
亚多尼雅　Adonijah
亚哈　Ahab
亚哈斯　Ahaz
亚哈谢　Ahaziah
亚基老(希律)　Archelaus(Herod)
亚基帕(希律)一世　Agrippa(Herod)Ⅰ
亚基帕(希律)二世　Agrippa(Herod)Ⅱ
亚甲　Agag
亚兰　Aram
亚里士多布鲁一世　Aristobulus Ⅰ
亚里士多布鲁二世　Aristobulus Ⅱ
亚历山大大帝　Alexander the Great
亚历山德拉,撒罗米(莎乐美)　Alexandra,Salome
亚利马太　Arimathaea
亚伦　Aaron
亚玛力　Amalek
亚玛谢　Amaziah
亚米拿达　Amminadab
亚们　Amon
亚撒　Asa
亚述巴尼拔　Assurabanapal
亚他利雅　Athalia
亚希米勒　Ahimelech
亚希暖　Ahinoam
亚希突　Ahitub
亚希约　Ahio
押顿(士师)　Abdon
押玛他　Admatha
押尼珥　Abner
押沙龙　Absalom
睚珥(士师)　Jair
睚鲁　Jairus
雅弗　Japheth
雅各(以色列)　Jacob
雅各(使徒后时期天主教书信作者)　Jacob
雅各(马利亚之子,约西兄弟)　James(在中文《圣经》中译成雅各)
雅亿　Jael(Yael)
耶宾　Jabin
耶弗他(士师)　Jephthah
耶哥尼雅(约亚斤)　Jeconiah
耶户　Jehu
耶利米　Jeremiah
耶罗波安一世　Jeroboam Ⅰ
耶罗波安二世　Jeroboam Ⅱ
耶鲁巴别　Zerubbabel
耶路巴　Jerubbaal
耶路比设(耶路巴力)　Jerubbesheth(Jerubbaal)
耶西　Jesse
耶洗别　Jezabel
叶忒罗　Jethro
伊利莎白(施洗约翰之母)　Elizabeth
伊施波设　Ishbosheth
以比赞(士师)　Ibzan
以法莲　Ephraim
以笏(士师)　Ehud
以拉　Elah
以连　Eliam
以利法　Eliphaz
以利户　Elihu
以利米勒　Elimelech

373

以利沙　Elisha
以利押　Eliab
以利亚　Elijah
以利亚撒　Eleazar
以伦(士师)　Elon
以诺　Enoch
以挪士　Enosh
以撒　Isaac
以撒哈顿　Esarhaddon
以赛亚　Isaiah
以赛亚第二　Isaiah Ⅱ
以扫　Esau
以色列(雅各)　Israel
以实玛利　Ishmael
以斯拉　Ezra
以斯帖(哈大沙)　Esther(Hadassah)
以西结　Ezekiel
益拉　Jidlaph
约阿施(犹大国王)　Joash
约阿施(以色列国王)　Jehoash
约伯　Job
约珥　Joel
约押　Joab
约亚拿　Joanna
约哈斯　Jehoahaz
约翰(马提亚之子)　John
约翰(施洗约翰)　John the Baptist
约翰(12门徒之一)　John (one of the 12 disciples)
约翰(约翰福音的作者)　John (the auhtor of the Gospel)
约翰(约翰书信的作者)　John (the author of John's Letters)
约兰　Jehoram
约拿　Jonah
约拿单(扫罗之子)　Jonathan
约拿单(马提亚之子)　Jonathan
约瑟(雅各之子)　Joseph
约瑟(葬耶稣的义人)　Joseph
约瑟(马利亚丈夫)　Joseph
约沙法　Jehoshaphat
约书亚　Joshua
约坦　Jotham
约西　Joses
约西亚　Josiah
约雅斤　Jehoiachin
约雅敬　Jehoiakim
犹大(雅各/以色列之子)　Judah
犹大(马提亚之子)　Judas
犹大(加利利造反领袖)　Judas
犹大(加略人,出卖了耶稣)　Judas Iscariot
犹大(使徒后时期天主教书信作者)　Jude
犹西比乌　Eusebius

Z

詹尼亚斯,亚历山大　Janneus, Alexander

2. 《圣经》地名、部族和国名汉英对照表
(此表仅限于本书中出现的《圣经》里的及与古代以色列历史有关的地名、部族和国家名称)

A

盎格鲁-撒克逊人　Anglo-Saxons
阿拉伯　Arab
安条克城　Anitioch
埃及　Egypt
埃塞俄比亚　Ethiopia
艾城　Ai

B

巴比伦　Babylon
巴比伦城　Babylonia
巴比伦人　Babylonians
巴别塔　Tower of Babel
巴户琳　Bahurim
巴勒斯坦　Palestine
贝都因　Bedouin
比利亚　Perea
比利洗人　Perizzites
比逊河　Pishon, the
便雅悯人　Bejaminites
别是巴　Beersheba
波斯　Persia
波斯人　Persians
伯大尼　Bethany
伯利恒　Bethlehem
伯珊　Bethshan
伯特利　Bethel
布西人　Buzites

D

但　Dan
底壁　Debir
底格里斯河　Tigris, the
地中海　Mediterranean Sea

多坍　Dothan

E

俄格　Og
蛾摩拉　Gomorrah

F

非利士人　Philistines
腓立比　Philippi
腓尼基　Phoenicia
腓尼基人　Phoenicians

G

橄榄山　Mount of Olives
哥林多　Corinth
哥林多人　Corinthians
哥罗西　Colossae
哥罗西人　Colossians
歌珊　Goshen
各各他　Golgotha
古利奈　Cyrene
古实　Cush

H

哈比鲁人　Habirus
哈腓拉　Havilah
哈基拉　Hachilah
哈兰　Haran
哈列　Hareth
何烈山　Mount of Horeb
何珥山　Mount Hor
赫人　Hittites
红海　Red Sea
胡利安人　Hurrians

J

加低斯	Kadesh
加拉太	Galatia
加拉太人	Galatians
加利利	Galilee
迦百农	Capernaum
迦基米施	Carchemish
迦勒底人	Chaldeans
迦琳	Gallim
迦密	Carmel
迦南	Canaan
迦南人	Canaanites
迦萨	Gaza
迦太基	Carthage
迦特	Gat
基比亚	Gilbeah
基遍	Gibeon
基低斯	Kedesh
基顿河	Kishon, the
基拉耳	Gerar
基利波	Gilboa
基列（山）	Gilead
（基列）雅比	Gilead-Jabesh
基尼人	Kenites
基色	Gezer
基训河	Gihon, the
基悉	Chezib
吉甲	Gilgal
君士坦丁	Constantinople

K

恺撒利亚腓力比	Caesarea Philippi
客西马尼	Gethsemane
库姆兰	Qumran

L

兰族	Ram
拉巴	Rabbah
拉吉	Lachish
拉玛	Ramah
利未人	Levites
芦苇海	Reed Sea
罗马	Rome

M

马拉松	Marathon
马其顿	Macedon
马塞达	Massada
玛代	Media
玛哈念	Mahanaim
玛拿西	Manasseh
玛云	Maon
幔利	Mamre
美索不达米亚	Mesopotamia
米底国	Media
米甸	Midian
米甸人	Midianites
米何拉人	Meholathites
米吉多	Megiddo
米匿	Minnith
米斯巴	Mizpeh
米堤亚人	Medes
摩利亚	Moriah
摩押	Moab
摩押人	Moabites
莫顶（城）	Modein

N

拿弗他利	Naphtali
拿鹤城	Nahor
拿玛人	Naamathites
拿撒勒	Nazareth
拿细耳人	Nazarites

拿因　Nain
拿约　Naioth
尼罗河　Nile, the
尼尼微　Nineveh
挪伯　Nob
挪得　Nod

P
毗努伊勒　Peniel

S
撒玛利亚　Samaria
撒玛利亚人　Samaritans
撒拿音　Zaanaim
萨拉米　Salamis
塞琉古　Seleucid
塞西亚人　Scythians
闪族人　Semites
示巴人　Sabeans
示剑　Shechem
示罗　Shiloh
书念　Shunem
书珊（城）　Shushan
书亚人　Shuhites
死海　Death Sea
苏美尔　Sumeria
苏伊士　Suez
梭哥　Shochoh
梭烈谷　Sorek
所多玛　Sodom
琐拉　Zorah

T
他泊（山）　Tabor
塔瑟斯　Tarsus
提备斯　Thebez
提缦人　Temanites

帖撒罗尼迦　Thessalonica
帖撒罗尼迦人　Thessalonians
亭拿　Timnath
推罗　Tyre
托勒密　Ptolemies
陀伯　Tob

W
外邦人　Gentiles
乌斯　Uz
吾珥　Ur

X
西布伦　Zebulun
西顿　Sidon
西弗　Ziph
西弗人　Ziphites
西宏　Sihon
西奈（山）　Sinai (Mount)
西撒利亚　Caesarea
希腊　Greece
希伯来　Hebrew
希伯仑　Hebron
希实本　Heshbon
希未人　Hivites
喜克索人　Hyksos
夏罗设　Harosheth
夏琐　Hazor
小亚细亚　Asia Minor
叙利亚　Syria

Y
亚备勒基拉明　Abel Keramim
亚杜兰人　Adullamites
亚加亚王国（古希腊）　the Achaemenid Empire
亚甲族　Agaag
亚拉腊　Ararat

亚兰人　Aramaeans
亚历山大里亚（城）　Alexandria
亚利马太　Arimathaea
亚罗珥　Aroer
亚玛力人　Amalekites
亚美尼亚　Armenia
亚扪人　Ammonites
亚摩利人　Amorites
亚嫩河　Arnon(River), the
亚实基伦　Ashkelon
亚实突　Ashdod
亚述　Assyria
亚述人　Assyrians
亚斯他录　Ashtaroth
亚西加　Azekah
雅比　Jabesh
雅博河　Jabbok(River), the
雅杂　Jahaz
耶布斯（即耶路撒冷之别名）　Jebus
耶布斯人　Jebusites
耶和华以勒　Jehovahjireh
耶利哥　Jericho
耶路撒冷　Jerusalem
耶斯列人　Jezreelites
也门　Yemen
伊甸（园）　Eden
伊革伦　Eglon

伊拿印　Enaim
以东　Edom
以东人　Edomites
以法莲　Ephraim
以法他人　Ephrathites
以弗大悯　Ephesdammin
以弗伦　Ephron
以弗所　Ephesus
以弗所人　Ephesians
以革伦　Ekron
以拉　Elah
以色列　Israel
以色列人　Israelites
以实玛利人　Ishmaelites
以实陶　Eshtaol
以坦磐　rock of Etam
以土买人　Idumeans
隐多耳　Endor
隐基底　Engedi
印度　India
犹大　Judah
犹地阿（犹地亚）　Judea
犹太人　Jews
幼发拉底河　Euphrates, the
约旦河　Jordan(River), the
约旦河谷　Jordan Valley

3. 《圣经》宗教派别、节日和习俗汉英对照表
（此表仅限于本书中出现的宗教派别、节日和习俗名称，主要属于犹太教和基督教）

A

阿娜特（迦南女神） Anat
安条克教会 Antioch Church
安息日 Sabbath
艾里昂神（亚摩利和迦南的神） El Elyon
艾赛尼教派 Essenes
爱西斯（埃及女神） Isis

B

巴力神 Baal
巴力教 Baalism

C

除酵节 The Festival of Unleavened Bread

D

帝王崇拜 Emperor Worship

F

法利赛教派 Pharisees
梵蒂冈 Vatican
奋锐教派 Zealots
福音教派 Evangelists

G

割包礼 Circumcision

J

基督教 Christianity
基督教徒 Christians
加尔文教 Calvinism
加尔文教信徒 Calvinists
偈摩施（又称基抹，是摩押神） Chemosh

L

罗马天主教会（教廷） Roman Catholic Church

M

摩西十诫 Decalogue (The Ten Commandments)

N

拿撒勒派 Followers of Jesus Christ of Nazareth
诺斯替教派 Gnosticism
女娲 Nüwa

P

普世教会 Universal Church
普珥节（也可译为普林节） Purim

Q

清教 Puritanism
清教徒 Puritans
全公会 Sanhedrin

S

撒都该教派 Sadducees
斯多葛主义 Stoicism
神秘崇拜 Mystery Cults

T

天主教 Catholicism
天主教徒 Catholics
特里腾大公会议 The Council of Trent

W

外邦人（非犹太教信徒） gentiles
卫理公会 Methodists

X

希腊化犹太教　Hellenistic Judaism
新教（也是英国国教）　Protestantism
新教徒　Protestantists

Y

耶和华（亚卫神）　Jehovah(Yahweh)
耶稣（基督）　Jesus Christ

以马内利（耶稣别称）　Emmanuel
犹太会堂　Synagogues
犹太教　Judaism
犹太圣节　Chanukah
逾越节　Passover

Z

宗教裁判　Inquisition

人名索引（此索引不包括前面汉英对照表中的人名）

A

阿尔弗雷德国王　Alfred the Great 350
阿诺德,马修　Arnold, Matthew iv, 310
埃尔曼,玛丽　Ellmann, Mary 306n. 2
艾尔特,罗伯特　Alter, Robert 28, 29n. 1, 46, 57—60, 62—65, 67, 68, 75, 80n. 1, 81—84, 86n. 1, 87, 88, 101, 105, 107, 120, 125, 186n. 2, 189n. 1, 191n. 1, 194n. 1, 200n. 1, 208n. 1, 210n. 1, 221n. 1, 226n. 1, 228n. 1, 230n. 1, 263, 264, 292, 295, 296—299, 303, 309
艾略特,T. S.　Eliot, T. S. 41, 247, 258, 301, 313n. 3, 353
艾丝特尔,玛丽　Astell, Mary 306
爱因斯坦　Einstein, Albert 312
安德鲁斯,兰斯洛特　Andrews, Lancelot 352n. 1
安徒生　Anderson, Hans Christian 3

B

巴尔,米柯　Bal, Mieke 113n. 1, 115, 117, 123—125, 130—137, 139—145, 164, 292, 306—309
巴尔扎克　Balzac, Honoré de 254
巴赫　Bach, Wilhelm Friedemann 251
白,云晓　Bai, Yunxiao 3, 358
柏拉图　Plato 33, 310, 311, 333, 334
拜伦,乔治·戈登　Byron, George Gordon 19, 26
班扬,约翰　Bunyan, John 111, 252, 311, 351
布莱克,威廉　Blake, William 247
布莱克伯恩,露丝·H.　Blackburn, Ruth H. 314, 317, 321, 324, 325, 327, 336, 347, 352
布莱希特　Brecht, Bertolt 180
布鲁姆,哈罗德　Bloom, Harold 310, 313
布思,韦恩　Booth, Wayne 302

C

查罗那,理查德　Challoner, Richard 351

D

戴维斯,O. B.　Davis, O. B. ii, 3, 4n. 1, 6n. 1, 32n. 1, 43n. 1, 44n. 1, 102n. 1, 105n. 1, 210n. 2
但丁　Dante, Alighieri 311
但尼尔森,丹尼斯·R　Danielson, Dennis R. 18n. 1
德里达,雅克　Derrida, Jacques 9, 41, 292, 310, 312
狄更斯,查尔斯　Dickens, Charles 26, 279
迪可夫,约翰·S　Diekhoff, John S. 18n. 1
迪亚斯,狄　Dyas, Dee 25n. 1, 247n. 1, 259n. 1
笛福,丹尼尔　Defoe, Daniel 111, 254
多恩,约翰　Donne, John 252

E

俄尔巴赫,艾里克　Auerbach, Eric(h) 45—48, 57, 82, 88, 101, 254, 291—296, 298, 309, 312

F

凡·戴克,安东尼　Van Dyck, Anthony 249
菲尔丁,亨利　Fielding, Henry 273, 274
芬奇,达　Vinci, Leonardo da 134, 247
福克纳,威廉·H　Faulkner, William H. 171
弗莱,诺索普　Frye, Northrop 6n. 1, 8—12, 16n. 1, 17, 22, 31—35, 37n. 1, 42, 292, 303—305, 309
弗里丹,贝蒂　Freedan, Betty 306
弗洛伊德　Freud, Sigmund 9, 33, 41, 58, 124, 129, 130, 132, 133, 255, 256, 292, 306, 307, 309, 310, 312

G

甘地　Gandhi, Rajiv 258
哥特森特,约翰·H　Gottcent, John H. 186n. 1, 191, 267n. 1, 272, 277n. 1, 278, 314n. 1, 328n. 1, 331n. 1
歌德　Goethe, Johann Wolfgang 20, 100, 279, 305
格伯,约翰　Gerber, John 35n. 3
格兰特,帕特里克　Grant, Patrick 238n. 1, 260—263
格雷,约翰　Gray, John 116
格林伯格　Greenberg, Moshe 221, 222, 224—226, 228

H

海顿　Haydn, Franz Joseph 251
海明威,恩内斯特·M　Hemingway, Ernest M. 171

381

哈代,托马斯　Hardy,Thomas 70
哈特曼,杰弗里　Hartman,Geoffrey 313
韩德尔曼,苏珊　Handelman,Susan 9n.1,41n.2,292,
　309—311
荷马　Homer 32,45—48,254,291,293—295,302
赫伯特,乔治　Herbert,George 247,252
赫拉克利特　Heracleitus 333
亨德尔　Handel,George Frederick 251
黑格尔　Hegel,G. W. Friedrich 310
黄,晋凯　Huang,Jinkai 315,359
霍桑,那撒尼尔　Hawthorne,Nathaniel 20,26,40,
　70,279

J
加尔文,约翰　Calvin,John 351
杰弗里,大卫·L　Jeffrey,David Lyle 9n.2,29n.1,
　313n.3,358
杰利米阿斯,J　Jeremias,J. 261

K
詹姆斯,亨利　James,Henry 277
卡拉瓦乔　Caravaggio,Michelangelo Merisl da 249,252
凯德曼　Caedmon 350
柯尔律治,S.T.　Coleridge,S. T. 26
柯福代尔　Coverdale 351
柯莫德,弗兰克　Kermode,Frank 58n.1,120n.1,186,
　189n.1,191n.1,194n.1,200n.1,208n.1,210n.1,
　221n.1,226n.2,228n.1,230n.1,263n.1
科克斯,罗杰·L　Cox,Roger L. 255,256n.2
科斯比,比尔　Cosby,Bill 36
克拉提鲁斯　Cratylus 310
克兰麦(坎特伯雷大主教)　Cranmer 351
克里斯蒂,阿加莎　Christie,Agatha 178
克伦威尔　Cromwell,Oliver 351
库根,迈克尔·D　Coogan,Michael D. 32n.2,265n.1

L
拉康　Lacan,Jacques 292,310,312
拉伊特,G·恩尼斯特　Wright,G. Ernest 316n.1
李奇,爱德蒙　Leach,Edmund 23,27—29

李,潜夫　Li,Qianfu 180n.1
里色(拉比)　Leeser 352
理查逊,塞缪尔　Richardson,Samuel 254
利柯,保尔　Ricoeur,Paul 312
列维-斯特劳斯　Lévi-Strauss,Claude 28
梁,工　Liang,Gong 83n.1,250n.1,358,359
刘,光耀　Liu,Guangyao 247n.1,358
刘,建军　Liu,Jianjun 250n.1,358
刘,意青　Liu,Yiqing 7n.6,9n.2,11n.1,41n.1,46n.1,
　53n.1,57n.1,81n.1,293n.2,296n.3,305n.3,358
卢卡契　Lukács,Georg 100
鲁宾斯　Rubens,Paul 251,252
路德,马丁　Luther,Martin 346,350,354
罗杰斯,约翰　Rogers,John 351
罗利,H.H　Rowley,H. H. 338n.1
罗塞蒂,克丽斯蒂娜　Rossetti,Christina 252
伦勃朗　Rembrandt 131,134,248

M
马丁,格利高里　Martin,Gregory 351
马克思,卡尔　Marx,Karl 312
美茨格,布鲁斯·M　Metzger,Bruce M. 32n.2,265n.1
梅尔维尔,赫尔曼　Melville,Herman 40
梅伊尔,约翰·R　Maier,John R. 255n.1
弥尔顿,约翰　Milton,John 16—22,131,303,311
米开朗琪罗　Michelangelo 155
米勒,希利斯　Miller,Hillis 313
米勒,亚瑟　Miller,Arthur 157
米利特,凯蒂　Millett,Kate 306
摩尔,托马斯　More,Thomas 40
摩根,罗宾　Morgan,Robin 306n.2
莫尔斯,艾伦　Moers,Ellen 306n.2

N
诺克斯,约翰　Knox,John 351

O
欧文　Owen,Wilfred 250,259

人名索引

P

帕克（坎特伯雷大主教） Parker（Archbishop of Canterbury）351
派克，格利高里 Peck,Gregory 172n.1
派特森，查尔斯·H Patterson,Charles·H 230—232, 314n.1,327n.3,333,336n.1,337n.1,340
派吞,L.B Patton,L.B. 203n.2
普洛普，弗拉基米尔 Propp,Vladimir 186
普鲁斯特 Prust,Marce 291

Q

乔伊斯,詹姆斯 Joyce,James 41,252
屈,原 Qu,Yuan 7

R

任,光宣 Ren,Guangxuan 296n.3,358
瑞德,威廉 Wrede,William 261n.2

S

萨森,杰克·M Sasson,Jack M. 187n.1,194n.1, 200n.1,201n.2,203n.2,208n.1,210
萨松 Sassoon,Siegfried 250,259
莎士比亚,威廉 Shakespeare,William 23,156,175, 201,203,249,301,351
（圣）杰罗姆 St. Jerome 350
史密斯,迈尔斯 Smith,Miles 352
司马,迁 Sima,Qian 102
司汤达 Stendhal 254
斯宾塞,埃德蒙 Spenser,Edmund 270n.2,311
斯坦贝克,约翰 Steinbeck,John 26,27
斯特恩,劳伦斯 Sterne,Laurence 171
斯腾伯格,梅厄 Sternberg,Meir i,21,37,41,46, 53—57,60,70—78,82,95,96,98,105,113, 114,117,155,168,170—174,176,177n.1,178— 180,292,298—303
斯威夫特 Swift,Jonathan 20
苏格拉底 Socrates 310,333,334
孙,善玲 Sun,Shanling 247n.1,358
梭罗 Thoreau,Henry David 258

T

梯利亚德,E.M.W Tillyard,E.M.W. 17
提香 Titian 252
廷代尔,威廉 Tyndale,William 350—352
吐温,马克 Twain,Mark 35n.3
陀思妥耶夫斯基 Dosto(y)evsky 42

W

王,立新 Wang,Lixin 359
王,逸 Wang,Yi 7
威克利夫 Wycliffe,John 350
威廷汉,威廉 Wittingham,William 351
文,庸 Wen,Yong iii,338—340,346,352—354
沃斯通克拉夫特,玛丽 Wollstonecraft,Mary 306

X

肖沃特,伊莱恩 Showalter,Elaine 306n.2
修斯,艾斯特 Hughes,Esther 25n.1,247n.1,259n.1
许,鼎新 Xu,Dingxin iii,314n.2,317n.1,326n.1, 353n.2,354n.2,359

Y

亚里士多德 Aristotle 154,156,157,254—256,270, 310—312,333
雅各布森 Jakbson,Roman 28
杨,慧林 Yang,Huilin 315n.1,359
耶思珀斯,卡尔 Jaspers,Karl 256n.2
叶芝 Yeats,William Butler 252
伊拉斯谟 Erasmus of Rotterdam 350
伊丽莎白一世 Queen Elizabeth I 350
约斯泊维齐,加布利尔 Josipovici,Gabriel 284

Z

朱,生豪 Zhu,Shenghao 23,24n.1
朱,维之 Zhu,Weizhi 359
卓别林 Chaplin,Charles Spencer 35
詹姆士一世 James I 351,352n.1
詹姆斯,亨利 James,Henry 277

383

图书在版编目(CIP)数据

《圣经》文学阐释教程/刘意青编著.—北京:北京大学出版社,2010.6
ISBN 978-7-301-17139-4

(21世纪英语专业系列教材)

Ⅰ.圣…　Ⅱ.①刘…　Ⅲ.①英语-阅读教学-高等学校-教材②圣经-文学欣赏　Ⅳ.H319.4:I

中国版本图书馆 CIP 数据核字(2010)第 072747 号

书　　　名:《圣经》文学阐释教程
著作责任者:刘意青　编著
组稿编辑:张　冰
责任编辑:叶　丹　张　冰
标准书号:ISBN 978-7-301-17139-4/I·2223
出版发行:北京大学出版社
地　　　址:北京市海淀区成府路 205 号　100871
网　　　址:http://www.pup.cn
电子邮箱:zbing@pup.pku.edu.cn
电　　　话:邮购部 62752015　发行部 62750672　编辑部 62765014
　　　　　　出版部 62754962
印　刷　者:北京虎彩文化传播有限公司
经　销　者:新华书店
　　　　　　730 毫米×980 毫米　16 开本　24.75 印张　476 千字
　　　　　　2010 年 6 月第 1 版　2021 年 1 月第 3 次印刷
定　　　价:48.00 元

未经许可,不得以任何方式复制或抄袭本书之部分或全部内容。
版权所有,侵权必究　举报电话:010—62752024
　　　　　　　　　　电子邮箱:fd@pup.pku.edu.cn